OSSERVATORIO SULLA CODIFICAZIONE E SULLA FORMAZIONE DEL GIURISTA IN CINA NEL QUADRO DEL SISTEMA GIURIDICO ROMANISTICO

"Sapienza" Università degli studi di Roma
Università degli Studi di Roma "Tor Vergata"
Università della Cina di Scienze Politiche e Giurisprudenza(CUPL)

Volume pubblicato con il contributo dello stesso Osservatorio

本文选的编辑出版活动由下列机构组织:

中国政法大学比较法学研究院中意法与罗马法研究所

中国政法大学罗马法与意大利法研究中心

罗马法体系下的中国法典化和法学人才培养研究中心（由意大利罗马第二大学、意大利罗马第一大学、意大利国家科研委员会文化遗产部、中国政法大学共同组建）

罗马法·中国法与民法法典化（文选）

——二十一世纪民法典的科学体系

DIRITTO ROMANO, DIRITTO CINESE
E CODIFICAZIONE DEL DIRITTO CIVILE

IL SISITEMA SCIENTIFICO DEI CODICI CIVILI DI XXI SECOLO

顾　　问 ◆ 江　平

主　　编 ◆ 费安玲　［意］桑德罗·斯奇巴尼

执行主编 ◆ 罗冠男

副 主 编 ◆ 李　媚　戴宇鑫　［意］司德法

中国政法大学出版社

2020·北京

DIRITTO ROMANO, DIRITTO CINESE
E CODIFICAZIONE DEL DIRITTO CIVILE
IL SISITEMA SCIENTIFICO DEI CODICI CIVILI DI XXI SECOLO

CURATORE ONORARIO◆Jiang Ping

CURATORI◆Fei Anling, Sandro Schipani

REDATTORE◆Luo Guannan

ASSISTENTI CURATORI◆Li Mei, Dai Yuxin, Stefano Porcelli

Casa Editrice della Università della Cina di
Scienze Politiche e Giurisprudenza(Beijing)

2018 年 10 月，中国政法大学罗马法与意大利法研究中心在蓟门秋色中迎来了第六届"罗马法·中国法与民法法典化国际研讨会"的召开。"罗马法·中国法与民法法典化国际研讨会"自 1994 年举办第一届开始，每四年举行一次，这是中外学者在罗马法和民法方面每四年一次的学术盛典。

本次会议召开的时候我国民法典的编纂正如火如荼地进行，而本次会议的主题正是"二十一世纪民法典的科学体系"，二百余名来自意大利、法国、巴西、秘鲁、智利、日本、韩国、中国台湾地区和中国大陆地区的罗马法学家、民法学家齐集蓟门桥下，他们也许不讲同一种语言，但是他们又都讲同一种语言，那就是罗马法、民法和法律的语言。学者们的发言和讨论从古至今，纵横中外，为中国民法典编纂的各个议题提供历史的素材和现实的线索，在这个特定的时间点，这些发言和讨论更加富有现实关怀。

感谢中国政法大学法硕学院对本次会议的筹备工作，使得此次会议得以顺利召开；感谢中国政法大学罗马法与意大利法研究中心的顾问桑德罗·斯奇巴尼（Sandro Schipani）教授，他在年近八十的高龄仍然在不遗余力地为罗马法的研究和传播而努力工作，让人肃然起敬；感谢中国政法大学出版社总编室柴云吉主任对我们会议文集出版工作的支持；同时要感谢所有文章的译者，他们不管是国内的老师还是海外的学子，都放下自己手头的工作，为此次会议作出了重要的贡献，翻译是一项非常重要又困难的工作，没有他们，作者的思想就没有办法被理解和进行交流；最后，我们还要特别感谢组织本次会议翻译活动的罗冠男副教授、李媚老师和司德法博士（Stefano Porcelli）以及为本次会议的顺利召开付出了辛勤劳动的戴宇鑫博士。

本届研讨会共收到中外文论文百余篇，但是因为文集的篇幅有限或因作者的发表需要，并没有完全收录。但是，通过本论文集收录的论文，读者足以感受到在每四年一次的罗马法和民法的学术盛宴上，学者的深刻的思想和相互碰撞的火花。因为民法法典化一直是六届会议的议题，而在本次会议之后，2020 年民法典的正式出台对于我们持续二十余年的会议来说是一个重要的里程碑，也是一个新的开始。对照已经出台的民法典和学者们在文章中提出的观点，会让我们对民法典的内容有更加深刻的认识和进一步的思考。在古罗马帝国，法学家们以自己的智慧和努力塑造着罗马法的精神和制度，我们今天的法学学者，也希望能够利用罗马法的智慧，关照现实，通过我们的不懈努力，为实现法治的梦想而前行。

费安玲

2020 年 7 月 12 日

一、民法典的编纂

二、民法典与总则

三、民法典与债权

四、民法典与物权

五、民法典与婚姻家庭、继承

六、民法典与刑法

目 录
Indice

II. Codice Civile e Parte Generale

III. Codice Civile e obbligazioni

IV. Codice Civile e diritti reali

V. Codice Civile, matrimonio, famiglia e sucessioni

VI. Codice Civile e diritto penale

一、民法典的编纂

重温《学说汇纂》，编纂当代法典

◉ ［意］Sandro Schipani* 著

翟远见** 译

一、作为立法者和法学家通力合作成果的优士丁尼诸法典

在成熟于公元 2 世纪至 3 世纪并被后来的优士丁尼诸法典承继的制度体系中，罗马法的法源包括居于首位、体现人民意志的法律，由之变种而来的平民会决议、元老院决议、皇帝谕令，以及与法律并行的习惯法。此外，法源中还有几乎处于另一端的法学家的观点与解答，它们体现了法学家的知识、能力和在法律领域先被其他法学家承认、后被人民承认的权威。[1]裁判官和其他由选举产生、有权发布告示的执法官所颁布的告示，亦自成一统。[2]

在这个体系中，诸法典构成了连续演进脉络上一种新的形式。

我们可以发现，自公元 3 世纪末开始，法律在新法创制上所扮演的角色越来越重要。这一历史时期的法律主要是君主谕令。到了公元 5 世纪至 6 世纪，该趋势在第二罗马君士坦丁堡与汇集、筛选、补充、协调、重编法律的活动同频共振。

后一种活动的历史更为久远。古典法时期的法学家在承认皇帝具有创制新法职权的同时，就已经开始实施如下作业：从皇帝颁布的不同文件中筛选构成新法的文件，并在自己的作品中引用它们；[3]强调皇帝的立法权来源于一部人民投票通过的

---

* 桑德罗·斯奇巴尼（Sandro Schipani），意大利罗马第一大学教授。

** 翟远见，中国政法大学副教授，意大利罗马第二大学法学博士。

[1] 需要强调的是，法学家解答作为法源是建立在法学家的才能基础之上的。该才能来自于对法的持续研习和对其他专家的认真倾听，来自于相互切磋过程中日渐被其他专家认可的专业水准。通过这种非正式的认可，法学家的权威首先在耕耘和执行法律之人那里确立，继而又逐渐被人民所承认。因此，在古罗马，法学家"在人民看来享有最高威望"（D. 1，2，2，35）。法学家因其才能而具有权威。对于他们的观点，君主只是予以解读和支持。决不能荒谬地认为法学家的权威是君主赐予的（D. 1，2，2，48 – 49；关于法学家的权威，参见下文注释 6 和第四部分前几段的论述）。

[2] 《盖尤斯法学阶梯》1，1 – 7；D. 1，2，2，pr. – 12 中彭波尼的论述；D. 1，1，7 中帕比尼安的论述。

[3] 比如，D. 29，1，1pr. 提及的关于军人遗嘱的特别法的制定过程，D. 29，1，24 谈到的图拉真皇帝作出的一项相关批复。在《盖尤斯法学阶梯》2，109 中，皇帝们的这些干预措施均被归到"君主谕令"的范畴之下；在 Coll. 12，7，5 – 6 中，我们还可以看到为了支持杰尔苏的观点，如何引用塞普蒂米乌斯·塞维鲁皇帝（Septimius Severus，公元 193 ~ 211 年在位）的一项批复。

法律；[4]对君主谕令作汇编。而值得注意的是，这些汇编作品，无论是在流通环节，还是被引用时，其作者都被认为是编排谕令的法学家。[5]

当狄奥多西二世（公元401–450年）于429年酝酿编纂其法典时，决定沿着法学家们的这种工作形式，继续推进汇编工作与立法者干预之间的互动。[6]然而后来，他部分调整了原计划。狄奥多西二世原打算汇编一般性的君主谕令，并整理古典法时期法学家们的著作，将后者作为前者的评注。[7]他这样做会使这些著作丧失独立价值，尽管它们的价值在法庭上还在显现。作为立法者，狄奥多西二世的批准令体现了其计划吸收法学著作的愿望。或许编纂委员会的成员感到力不从心，难以实现这一目标，或许他们认为本就没有这个必要，总之，委员会最终并未拿出皇帝想要的东西。435年，狄奥多西二世削减了原计划，仅要求委员会收集、筛选、修订和整理一般性的谕令。于是，公布于438年和正式实施于439年的《狄奥多西法典》诞生了。[8]

优士丁尼（公元482–565年），在527年被选为皇帝不久，便于528年着手沿着《狄奥多西法典》的轨迹，编纂新的法典，以更新谕令汇编。他还决定将最古老的谕令，以及虽然最初不具有一般性、但是最终保存了下来且拜法律科学之功取得了一般性的谕令，都收录其中。对于收录进法典当中的所有谕令，优士丁尼授予编纂委员会修改的权力。[9]该法典于529年4月颁布。优士丁尼冠之以自己的名字，他之所

---

[4]　《盖尤斯法学阶梯》1，5；D.1，4，1pr. 中乌尔比安的论述。

[5]　比如，公元2世纪末的法学家帕皮里乌斯·尤斯图斯（Papirius Iustus），其20卷本《论谕令》在《学说汇纂》中即被作为他的著作而引用（例如D.8，2，14）；在近古时代，人们在引用《格雷哥里安法典》和《赫尔莫杰尼安法典》时，也是把它们作为"法学家们的"著作（参见西哥特人对《狄奥多西法典》1，4，3的"解释"）。可以看到，优士丁尼本人也指出了在承认皇帝谕令具有法源效力问题上，"法的古老创建者"发挥了重要作用（C.1，14，12，1）。本文不再列举法学家先为执法官、后为君主提供的建议，因为这些建议为执法官或者君主作出的文件所吸收，并不自动独立成为面向不特定第三人的作品，除非法学家将提供的建议同时写入了自己的著述，而成为其作品的一部分。

[6]　在此之前，君主与法学家们之间的互动便已存在。兹举几例。公元1世纪君主凭自己的威严授予某些法学家解答的职权和权威（D.1，2，2，48–49）。关于法学家根据他们讨论和交流的方法而提出的意见，《盖尤斯法学阶梯》1，7告诉我们，公元2世纪的哈德良皇帝在一项批复中规定，审判员（iudex）在裁判相关案件时遇到法学家意见一致时，应当遵循该意见；遇到意见不一时，可以选择他认为最佳的方案，但不得作出与所有意见均不相同的判决。在《狄奥多西法典》1，4，3中，我们看到，瓦伦丁尼安三世和狄奥多西二世通过426年颁布的"关于援引的法律"规定，帕比尼安、保罗、乌尔比安、莫德斯汀和盖尤斯（即四位塞维鲁时期的法学家，再加上盖尤斯）的著作具有法源的效力；其他法学家，例如夸沃拉、萨宾、尤里安、马尔切罗等，其意见被上述五人的作品提及或者引用的，只要与原著核对无误，也具有法源的效力；如果这些法学家的意见不一致，则多数人的观点有效；如果持正反两种观点的人数相等，则应当按照帕比尼安的观点裁判；如果帕比尼安对相关问题未发表看法，则审判员可以从中选择自己赞同的观点。该谕令还重申，不得适用保罗和乌尔比安对帕比尼安论著所作的注释。

[7]　《狄奥多西法典》1，1，5。

[8]　《狄奥多西法典》1，1，5。

[9]　529年《优士丁尼法典》1，14，12。

以这样做，或许是因为彼时还没有编纂其他法典的想法，或许是因为该法典仅由皇帝谕令组成。在这部法典中，很明显，法学家创制的法仍然有效，而且在不同法学家的意见存在分歧时，"关于援引的法律"的规定依然适用。[10]因此，在编纂《优士丁尼法典》之际，法律科学对法的创制作用仅仅体现在对之前的制度财富进行盘点，编纂者还没有谋划制定一部以法学为内容的法典。

不过，我们也注意到，有一种观点认为，需要重新评估当时的法学家在授课[11]和运用其专业能力将谕令编纂为法典方面所起的作用。尽管当时的法学家与之前的法学家在工作方法上略有不同，但是特里波尼安无疑是那个时代志在继承前辈法学家传统、重新找回本应扮演的社会角色的法学家群体中的主要战将和代表人物。借鉴自公元前1世纪由塞尔维的弟子开启、[12]继而被不少古典时期法学家沿用的《学说汇纂》（Digesti）编纂方法，[13] 530年12月，特里波尼安被委以编辑新的《学说汇纂》的重任。[14]他可以自行选择合作者，来完成此项任务。[15]在作为立法者的皇帝的大力支持下，又一部新的法典于533年12月面世了。[16]优士丁尼强调，法学家是"这一工程的奠基人"。[17]与此同时，根据530年的"Deo auctore谕令"，法学家们还编写了一部教材，此即533年公布的《法学阶梯》。之后，《优士丁尼法典》亦被重新修订，并于534年再次颁布。[18]

这三部法典为罗马法体系的形成阶段画上了句号。它们整合法的创制渊源，使法成为一个有机整体。它们自身作为活的法源，在融合建立在人民意志之上的法律，以及建立在能力、知识和相应威望之上的法学家观点与学说方面，堪称后世的典范。

---

[10] 从埃及奥克西林库斯出土的著名纸莎草文献（P. Oxy. 1814）可以得知，关于法庭上引用法学家们的著述，《优士丁尼法典》保留了所谓的"关于援引的法律"。凭借这一证据以及优士丁尼只字未提要汇编法学家们的著作，人们一般推测，当时优士丁尼还没有打算编辑新的《学说汇纂》。

[11] 狄奥多西二世还创建了君士坦丁堡大学，且为该校延聘了两位法学教员。无论是编纂法典，还是组建大学，该皇帝之举对于提高法治人才培养质量和首都法学研究水平，都起到了推动作用。

[12] 参见 D. 1, 2, 2, 44。例如，阿尔芬就编了40卷的《学说汇纂》。

[13] 著有名为"学说汇纂"作品的法学家，除了首屈一指、写了90卷的尤里安外，还有写了39卷的尤文第·杰尔苏，写了31卷的马尔切罗，写了40卷的杰尔维迪·夏沃拉。

[14] 《优士丁尼法典》1, 17, 1。

[15] 特里波尼安选择的法学家其素质之高，在"Tanta谕令"中已有说明（《优士丁尼法典》1, 17, 2, 9）。该谕令列举的名单，似乎有意与 D. 1, 2, 2, 35−53 中彭波尼列举的他之前的古典法时期的法学家名单保持某种对应性。所列举的古典法时期的法学家与优士丁尼时期的法学家之间存在本质的相似性：后者亦不受前文提到的"关于援引的法律"中生硬规则，或者不同法学家权威大小评价的限制，而是如同前者，以就相关学术争议谁"能提出更公正的解决方案"论英雄（Const. Deo Auct. C. 1, 17, 1, 6）。

[16] 《优士丁尼法典》1, 17, 2。

[17] 《优士丁尼法典》1, 17, 2, 17。

[18] 三部作品均被定性为"法典"（Deo auct. 11 三部均有提及；Deo auct. 6；8；12；13；14 和 Tanta 15 提及了《优士丁尼法典》与《学说汇纂》；Tanta 23 提到了《学说汇纂》与《法学阶梯》）。

此外，其组成部分，无论是法律，还是法学家的观点与学说，也均堪称后世的典范。用《学说汇纂》中彭波尼的话来讲就是，只有法学家不断将法引向更良善的方向，法方能作为一个牢固的整体存在。彭波尼的这一论断，不仅对于诸法典本身，而且对于体系的未来发展而言，都具有现实意义。[19]

对三部法典长达 15 个世纪的解读，使得它们和创制它们并在后来不断丰富它们的两类法源一直生机勃勃。

在新的千年，重新解读三部法典的原则与演进历史，仍然可以达到同样的功效。重新解读它们还可以在法的逻辑连贯性和法学方法与说理的可检验性框架下，观察法律制度的持续贡献。如果没有人民立法者和法学的持久批评性控制，法律制度容易仅以权力和既定事实之名，沦为与一般原则不符的交易、行政和司法习惯，并成为不平等的渊源。这是重新解读优士丁尼及其法学家的三部法典的第一个重要收获。

二、法典、法学及法的一般原则

行文至此，有必要就现在得出的结论，作些与当今罗马法体系的发展所表现出来的形式相关的说明。

在现代法典化运动伊始和发展进程中，存在一种不断抬高法律（legge）的地位、甚至使之成为一家独大的法源类型的趋势。

普鲁士国王腓特烈二世于 1746 年下令以王国法律取代罗马拉丁共同法，最为明确地阐述了这一目标。[20] 1794 年《普鲁士国家普通邦法》生效时腓特烈二世已经去世，然而整部法典还是按照其生前意愿设计的。虽然该法典借鉴了法学家的著作，且部分内容取材于罗马法，但是它本身构成一个只承认法律的规范效力的封闭制度体系。这部法典被视为完整而没有漏洞；即使有漏洞，也只是表面上的，且可以基于法律本身的规定自我修复。如果存在疑问或者真正的漏洞，只有立法者才享有填补的权力。[21] 法学家在法源问题上不再扮演任何角色。几近荒谬的是，类似方案在一个世纪后被"法律国家主义"（nazionalismo giuridico）推崇。此种主义在 19 世纪的西欧

---

[19] D. 1, 2, 2, 13. 很显然，片段中"更良善（migliore）"意味着持续改进。"更良善（migliore）"是片段 D. 1, 1, 1pr. 中杰尔苏给法下定义时使用的"良善（buono）"一词的比较级。对于 D. 1, 1, 1pr.，下文还将涉及。关于持续改进与禁止评注之间的关系，有必要说明的是：翻译、解述和制作索引等并不在禁止之列；因为有些事项要么已经隐含其中，要么须作新的理解，所以，为了整体协调和澄清文义，作些简短的解释亦不在禁止之列（Cost. Tanta 15. 19. 21. 22）。禁止评注主要想达到保证手抄文本的可靠性、所援引文件的统一性的目的。参见 S. Schipani, "I Giuristi Iuris Conditores / Fondatori del Diritto", *Roma e America. Diritto Romano Comune*, 13/2002, 275 ss.. 中译见 ［意］ 桑德罗·斯奇巴尼："法学家：法的创立者"，薛军译，载《比较法研究》2004 年第 3 期。S. Schipani, Huius Operis Conditores, *Le Sfide del Diritto*. Scritti in onore card. A. Vallini, a cura di G. Dalla Torre-C. Mirabelli, Roma, 2009, 395 ss.. 此外，不应忘记的是，很显然，诸法典并未直接尽收而只是间接规定了习惯法（D. 1, 3, 32 - 36；D. 1, 3, 37 - 38；D. 1, 3, 39；C. 8. 52）。

[20] 1746 年 5 月 9 日国王令。

[21] 1794 年《普鲁士国家普通邦法》第 47、49 条。

取得绝对统治地位，并演变为"国家立法主义"（statual-legalismo）。它在每个国家都享有绝对主权的大旗之下，惧怕与其他国家的法对话，宣称仅仅承认民族国家的意志也就是法律（legge）具有法的效力；或者，最近，它借助民主原则，以体现人民意志的宪法之名，行只承认法律（legge）效力之实，因为宪法也是一部法律（legge）。[22]

也是在现代，法学在受到冲击后，又东山再起，其作用再次凸显。另一条法典化路径是由 1756 年《巴伐利亚民法典》开辟的。这部法典是第一部现代"民法"典，与之并行的还有一部刑法典和一部诉讼法典。该路径体现了如下趋势：将法典看作是以学说汇纂现代运用学派的标准，重新解读和科学重构优士丁尼诸法典及在这些法典基础之上发展成熟起来的其他制度的产物；将法典看作是居于罗马法体系内部且始终能与体系保持对话的产物；在体系内部，法典能够借助学说的外部完善作用不断生长，而学说直接以体系为依归，并不断发展着体系。[23]尽管具体贯彻存在差异，[24]但是在制定 1804 年《拿破仑民法典》、1811 年《奥地利民法典》和以这些法典为主要蓝本的民法典，直至 19 世纪中下叶的 1865 年《意大利民法典》和 1889 年《西班牙民法典》，还有拉丁美洲最初的所有民法典时，这条路径都占据了上风。[25]

现代法典的第二条编纂路径始终保持与整个体系的对话，通过提炼"法的一般原则"不断完善自身。"法的一般原则"这一短语，指的是决定罗马法体系的整体风貌和具体制度内容的结构性要素，决定罗马法体系和制度形式的最初前提。法律科学对体系本身进行解读时，应当根据理性的学术批评仔细筛选提炼原则，针对历史演进中总是出现的畸变、矛盾和错误，要敢于坚守和扩展，要通过谨慎和专业的勇

[22] N. Irti, "Stato di Diritto come Stato della Legge", *Nomos-Lex. XV Colloquio Internazionale ILIESI*（论文集在版中），指出了这种方案面临的困境，清晰论证了它与建立在一部法律之上的德国纳粹主义的兴起之间的关联。F. Gallo, *Celso e Kelsen*, Torino, 2010. 强调了法评价本身如何成为法的一部分。G. Tarello, *Storia della Cultura Giuridica Moderna. I. Assolutismo e Codificazione del Diritto*, Bologna, 1976, 16 s.；18 s.. 向读者展示了启蒙运动时期该方案如何使法学家不再对法的质量负有责任。

[23] 1756 年《巴伐利亚民法典》第 1 编第 2 章第 9 条；1756 年 1 月 2 日的颁布令。

[24] 关于这一时期的争论和不同观点，笔者认为有必要提一下意大利法学家德·希摩尼（De Simoni）在 19 世纪最初几年、《法国民法典》颁布之前发表的观点。德·希摩尼起草了一部民法典草案。他积极反思和试图重新界定法典本身的功能，阐述了一种广为流传、让人饶有兴味的观点。作为法学家的他起草的草案，建立在对罗马法体系重读的基础之上，且不乏与后来爆发的法国大革命的氛围相吻合的创新。德·希摩尼认为，立法者应当通过法典表达人民的意志，但不应以包罗万象的法典和立法为追求目标。他勾勒出了一种三角联系：他承认法官有必要享有一定的自由裁量空间（暗含其他执法者亦同之义），而法，除了法律外，还要由法学指引方向，接受法学建立在罗马法体系基础之上的评头论足。参见［意］桑德罗·斯奇巴尼："法典、法官和学说——意大利民法典草案起草者阿尔博特·德·希摩尼为视角"，李超译，载费安玲、［意］桑德罗·斯奇巴尼主编：《罗马法·中国法与民法法典化（文选）——从罗马法到中国法：权利与救济》，中国政法大学出版社 2016 年版，第 521–534 页。

[25] 关于拉丁美洲的民法典，参见 S. Schipani, "Voce Codici Civili nel Sistema Latinoamericano", *Digesto delle Discipline Privatistiche. Sezione Civile. Aggiornamento*, Torino, 2010.

气不断丰富体系的内涵。[26] 与此同时，第二条路径肯认了法律科学在解释法典乃至全部法律、以及对它们进行外部填补方面所具有的功用。

在今天"民族国家立法主义"（statual-legalismo nazionalistico）和"目光短浅的国家至上论"（miope statolatria）[27] 面临危机之时，前文已经指出，重新解读优士丁尼及其法学家们的三部法典，可以保留和为我们指明现在及未来决定我们体系特征的两种法源所起的作用。这种解读还丰富了我们的体系。现代，"法的一般原则"具有两层含义。其一，它是对国家完全垄断立法、无视法典具有开放性的科学成分诉求，死守法典的封闭性的有力回应。其二，为在传统和经验中一直存在的批评性评价指明了道路。只有这种评价可以使法的原则充满生机、持续向好和保持稳定；同时也为法典之间的相互对话，不同法典与所有民族共同适用的法之间的对话疏通了渠道；对于所有民族共同适用的法，体系内部既存的和未来的法典，已经做出或者将要做出它们的贡献。[28]

三、"所有法均为人而设"的法的一般原则；包括"我们"的复数的"人"作为全人类法律文化的宝贵财富的基础

公元 3 世纪的法学家赫尔莫杰尼安在其《法之摘要》一书中写道："因为所有法均为人而设，所以我们先谈人的身份，然后再谈其他主题……"他的这些话被《学说汇纂》照单全收。[29]

---

[26] "法的一般原则"是在最初几部近代民法典制定过程中，汇集和解读不同观点而成熟起来的概念。尽管它也受到了古代思想的启发，但是主要是罗马法体系现代发展的结果。古罗马法学家仅仅使用了"原则"这一概念。而演说家和政治家西塞罗，对于公共生活、法律及裁判官告示的规定产生了巨大困惑，尝试使用"法的一般原则"来指称检验上述法源规定的正当性的理性、批判性的根本标准（《论法律》1，5，18；1，10，28）。对于法典存在的漏洞，按照主张法典要具有封闭性和要排斥体系及共同法属性的观点，"原则"被表述为"本法典（或者法律）的原则"。但是，后来《皮埃蒙特民法典》和《撒丁民法典》规定的"法的一般原则"的提法被广泛接受。"法的一般原则"是一条连接各部法典与罗马法体系先前演进历史的纽带，是一座架在各自法律和共同体系之间的桥梁，是严肃理性地甄别由此生发的制度并不断丰富其自身内涵的工具。罗马法体系形成的这个概念亦被国际法所采用。它向多个制度保持高度的开放性，为诸多国际法院列为法源之一（包括现在的海牙国际法院的章程）。参见 S. Schipani，"Principia Iuris. Potissima Pars Principium est. Principi Generali del Diritto"，in S. Schi-pani，*La Codificazione del Diritto Romano Comune*，2 ed. con Note aggiuntive，Torino，2011，82 ss. .

[27] 顺便指出，法律（legge）垄断法的创制渊源，并不符合法治国家建设的要求。相反，可能因为在法的制定过程中排斥批判性评价和忽视法学家的责任而导致悲剧结果的发生。关于将法典视为先于和外在于法学家活动，纯属国家立法主义的产物，从而忽视法学家的责任，参见前引注 22 中 G. Tarello 与 F. Gallo 的著作。

[28] 只承认法律具有法源效力的观点当下还相当流行。但是罗马法体系的基础以及今天对它的解读，为我们指明了另外一条道路，并通过让法学家对法官、律师、公证员、行政官员和私人等不同社会成员的活动作指向、引领和批判性审视，为各个国家法律制度的发展提供了共同基础。关于三者之间的关系，参见 ［意］桑德罗·斯奇巴尼："法典、法官和学说——意大利民法典草案起草者阿尔博特·德·希摩尼为视角"，李超译，载费安玲、［意］桑德罗·斯奇巴尼主编：《罗马法·中国法与民法法典化（文选）——从罗马法到中国法：权利与救济》，中国政法大学出版社 2016 年版，第 521－534 页。

[29] D. 1，5，2。

这一片段不涉及具体规则，而只是指出了我们应当依据什么原则构建法律。以法律体系的逻辑视之，这句表面上看只是对"论述顺序"的介绍，但蕴含着实质性的内容。

可以马上发现，片段中使用的不是"civitas"（城邦）或者"populus"（人民）之类具有组织起来的全体市民含义的集合名词，也不是更为抽象的单数名词，而是囊括每一位具体的人的复数"人"（uomini）。片段也没有使用复数的"市民"（cittadini），而是使用了更具开放性的概念：涵盖我们所有的人的"人"。法以"我们"为出发点。"我们"居于所有分类之前，将每个人聚集到这个概念之下，并与"物"区分开来。概念"我们"试图取消区别对待，像市民、拉丁人、异邦人、解放自由人等，[30]优士丁尼及其法学家制定的几部法典实际上都取消了他们法律地位的不同。[31]"我们"这个概念还试图保护很多领域中的男女平等，尽管这与当时的习惯有冲突。[32]令人遗憾的是，自由人与奴隶的区分当时还没有取消，取消是几百年以后的事情了，但是罗马法也为这一伟大进步奠定了基础。三部法典规定罗马帝国东西两部分适用相同的法律。根据该原则，它们为罗马人和异邦人提供了"许多共同法"的财富，最终发展成为了"适用于一切人的共同罗马法"，用江平教授的话说就是，全人类法律文化的宝贵财富。[33]然而，还要指出的是，它们并没有取消不同民族、公民之间的多样性，也没有取消与多种不断丰富体系内涵的市民法对话的可能性。由于罗马法内含的科学元素具有超越法律疆界的固有特征，这些市民法借助罗马法逐渐趋于和谐或者说一体化。[34]

保护所有的人，这个原则照耀着整个法律领域。它是法律解释的基本方向。比如，在所有权方面，正是因为有必要保障最弱小之人的生活条件，罗马法提出了含义相当广泛的原则："我们不得滥用自己的权利"和"每个人都善用自己的，此乃共和国利益之所在"，[35]以及"因为所有孳息都是自然界为人们创造的，所以把人当作

---

[30] 狄奥尼修斯（Dionigi di Alicarnasso）先于赫尔莫杰尼安约3个世纪在其《罗马古事记》1，9，3中强调，古罗马超越古希腊城邦而变得更加强大的原因之一，就是古罗马"不轻视任何一个人"，甚至可以"授予被统治的人市民籍"。这种开放性在古罗马起源时便已扎根。

[31] 确实，我们在 C. 6，24，1 中可以发现"peregrinus"一词，它用来指那些因为被判流放刑而丧失市民身份的人。在 C，9，18，6 中可以读到"naturae peregrini"这一表述，它用来指那些玩弄魔术迷惑他人的人。在 CTh. 4，6，3 中，可以读到短语"peregrinus a Romanis legibus"，它指那些受罗马法规制的异邦人，但是规定它的谕令并未被收录进《优士丁尼法典》。

[32] 关于在遗产继承方面的男女平等，536年的第21号新律规定，"男女之间不应当存在任何差异"。此规定符合罗马法的传统，但是与"蛮族"的地方习惯相悖。

[33] 江平、米健：《罗马法基础》，中国政法大学出版社2004年版，第4页。

[34] D. 1，1，1，3 至 D. 1，1，7；D. 1，1，9，《盖尤斯法学阶梯》1，1；《优士丁尼法学阶梯》1，2，1－11。

[35] 参见《盖尤斯法学阶梯》1，53（该片段是对《十二铜表法》一项规定的发展）；Coll. 3，3，1－3 中安东尼·庇护皇帝的规定；D. 1，6，2；《优士丁尼法学阶梯》1，8，2。

孳息是荒谬的"。[36]另外一个例子是"照顾债的关系中弱势一方当事人即债务人"（favor debitoris）。[37]关于处理基本人际关系的准则，乌尔比安在其《规则集》中道出了三项"法的戒条"："诚实生活，毋害他人，各得其所。"这句话被《学说汇纂》第1卷引用，被《优士丁尼法学阶梯》重申。[38]

我注意到中国《民法总则》第2条将人身关系置于财产关系之前。[39]对此，我表示赞赏。

"我们"囊括了所有的人。该理念有助于建立上文提到的两种法源之间的双向交流。今天就此进行反思尤为迫切。

四、一般概念的作用：从《法学阶梯》到《学说汇纂》《优士丁尼法典》和现代法典

与现在提到的原则相关的问题是，原则建立于其上的一般概念的作用：复数的"人"和借向所有的人都开放的体系来促进人与人的平等。

科学创制法的一种方法是，对于具体的情形和关系，如果它们具有法律意义的事实相同，则即使存在其他方面的不同，也等同视之。如此处理不单具有描述性的效力，而是主要具有判断性的效力，蕴含同样事情同样对待之义。生活在公元前2世纪～公元前1世纪的法学家昆特·穆奇·夏沃拉，深谙此种方法的优势和它从人出发并运用严格逻辑得出结论的潜力。这种方法唯一的优势不是来自共和国权力的行使，而是来自科学、方法、法律理性的一贯（tenor iuris rationis）和对法律理性的信仰，尽管法是脆弱的，且永远需要进一步完善。夏沃拉沿着市民法的奠基人普布利乌斯·穆奇乌斯（Publius Mucius）、布鲁图斯（Brutus）和马尼里乌斯（Manilius）开创的道路继续前行，运用并强化了当时普遍发展了的这种方法。夏沃拉主要运用该方法，在其作品中"借助'属'和'种'构建"市民法。[40]如此便确立了最高标准的方法论意义上的目标，于是法学家说理的好坏和可验证性要置于其他法学家审视的目光之下。这样有助于确立每一位法学家的权威，为他们的观点具有法源效力提供支撑。

古罗马法学家提炼"属"概念时非常谨慎，从不脱离具体的情形和关系。提炼"属"概念时要关注它们的方方面面，避免将相同的规则适用于不同的情形，要像为我们自己创

---

[36]　D. 7，1，68 和 D. 22，1，28，1 中盖尤斯的论述；J. 2，1，37. 片段 D. 1，18，6，5 中有我在另外一篇文章中举的一个保护弱势一方当事人的例子，参见 [意] 桑德罗·斯奇巴尼："民法典制定中法学家的贡献——在第五届'罗马法·中国法与民法法典化'国际研讨会闭幕式致辞"，翟远见译，载费安玲主编：《罗马法与学说汇纂》（第8卷），中国政法大学出版社2017年版，第83页以下。

[37]　例如，可参见 D. 50，17，173pr.；D. 17，2，63pr. 以及下文注释91。

[38]　D. 1，1，10，1；J. 1，1，3。

[39]　中国《民法总则》第2条："民法调整平等主体的自然人、法人和非法人组织之间的人身关系和财产关系。"

[40]　参见 D. 46，3，80；Cic.，Top. 4，23；Gai. 1，188−1，195。不消说，一个已经包含多个"种"的"属"，也可能与另一个"属"之间有共同特征。由此，相对于这个已经包含多个"种"的"属"，还可以再确立一个更上位的"属"概念。

制法律那样，为不同情形中法应为之而设的人们创制良法。[41] 阅读古罗马法学家的论述，我们会发现这种提炼方式经常若隐若现，有时通过阐释范畴相对更窄的概念来体现。我们在《学说汇纂》和《优士丁尼法典》中还可以看到该方法的运用。[42]

公元 2 世纪至 3 世纪初期，随着更多人被授予罗马市民籍，来源不同却都适用罗马法的人越来越多，产生了以新的形式将他们组织起来的必要。上文所说的彼时已经广泛运用的种属方法，开始特别回应这一新的社会需求。

盖尤斯是一位很能体谅帝国这部分人口感受的法学家。在其编写的教科书《盖尤斯法学阶梯》中，他简明扼要对相关问题作了论述。他先是提出了几个含义相当宽泛的概念，依次对它们作了解释，借此阐述了法的一般基础和逻辑。盖尤斯以不多的笔墨介绍了法的分类和渊源，紧接着重点详细讨论了三个宏观概念（macro-categorie）：人、物、诉讼。[43] 这种编写体例被特里波尼安、狄奥菲尔和多罗特遵优士丁尼之命编辑的《优士丁尼法学阶梯》借鉴。优士丁尼向有志于研习法律的年轻人推荐了自己的《优士丁尼法学阶梯》。他称这些年轻人为"新的优士丁尼"。[44] 虽然两部教科书有所不同，为篇幅计，本文作一体论述。

前文我已经论述了复数的生物"人"（uomini）的含义。这个概念居于一切分类之上，包括所有的人。对于宏观概念人格"人"（persone），该论述亦适用。特别是，我们从罗马法中可以看到如何用人格"人"的概念，涵盖对家庭及其成员享有父权的家父、监护人或者保佐人以及没有能力照管自己利益之人这些分类。上述不同的种类（specie），都被归到同一个概念即人格"人"（persone）之下。该概念促进了在家庭中处于支配地位的家父之间的平等。对于一位家父而言，其他人格"人"要么与他平起平坐，要么可能在他死后替代其位置。[45]

宏观概念"物"则蕴含了所有外在于人、可能会引起诉讼纠纷的客观存在的意义。该客观存在（cose-realtà）被以典型的形式规定，法学家根据社会需求不断增加其种类。

---

[41] D. 2, 2。

[42] 关于古罗马法学家的实事求是精神，参见 F. Gallo, G. Grosso, L. Lantella 在专题研讨会上发表的论文 "La Concretezza della Giurisprudenza Romana", in Index, 5, 1974/75, 1ss. 和 G. Grosso, *Tradizione e Misura Umana del Diritto*, Milano, 1976, passim.

[43] 《盖尤斯法学阶梯》1, 1 - 7；1, 8。

[44] 《Omnem 谕令》2。

[45] 我们知道术语 "potestas"（权力，支配）的最初含义是"之最"，即"最自足"，也就是说，某人有能力支持他人。从这种抚养保护的能力与责任，还演化出了具有公共性质的规定和维护秩序的权力（《盖尤斯法学阶梯》1, 55 强调了罗马法在这一点上的特殊性。狄奥尼修斯在其《罗马古事记》2, 26 s. 中指出了在古罗马发展史中 "potestas" 含义之广，它也用于公共制度领域，还可以指人民拥有的"主权"。参见［意］吉奥瓦尼·罗布拉诺："家庭（familia）：解读笔记"，罗冠男译，载［意］桑德罗·斯奇巴尼、朱勇主编：《罗马法·中国法与民法法典化（文选）——从古代罗马法、中华法系到现代法：历史与现实的对话》，中国政法大学出版社 2011 年版，第 392 - 401 页）。

物的概念既包括不能成为个人财产的物，也包括可以成为财产的物。[46]关于前一类别，人们讨论较少。它们涉及多个法律领域。这些法律领域旨在保护非财产性的客观存在，尽管有时它们也会具有经济价值。非财产物或者与全人类的共同生活相关，[47]或者与每个民族的共同生活相关，[48]或者与每个城市的共同生活相关，[49]或者涉及与神灵的对话，[50]或者涉及对先辈的追思，[51]或者涉及保护边界的城墙和城门[52]。后一类别财产物，包括可以触摸到的有体物和不能触摸、存在于权利之中的无体物。[53]此类权利主要有三类：可以对有体物一般支配的所有权和以特定权能为内容的他物权；[54]继承权；[55]债

---

[46] 《优士丁尼法学阶梯》2，1pr。除了这一分类，笔者认为有必要提及之前《盖尤斯法学阶梯》2，14a ss. 谈到的要式物（res mancipi）和略式物（res nec mancipi）的二分。后一分类中的"物"，都属于正文中所说的财产物，换言之，都具有财产价值。土地最初被界定为"世袭地产"（heredium），因为当时土地是维持一个家庭生计必不可少的条件，只能基于继承发生移转。质言之，最初，土地具有经济价值，但不具有财产交换价值。后来，土地可以通过要式买卖（mancipatio）在生者间转让。从此土地不再属于权力支配（potestà）的范畴，而进入了具有财产交换价值的物的类别，成为了所有权的客体。但是，所有权上仍然留下了支配（potestà）的历史烙印，即所有人可以在遵守一般原则的前提下（参见前注35、36），依自己的意志对物使用和收益。

[47] 全人类的共用物，比如有空气、河流、海洋和海岸等。参见《优士丁尼法学阶梯》2，1，1。

[48] 关于公有物或者供公共使用的物，参见《优士丁尼法学阶梯》2，1，2–5。

[49] 关于属于集体的物，参见《优士丁尼法学阶梯》2，1，6。

[50] 关于神息物，参见《优士丁尼法学阶梯》2，1，9。

[51] 关于神圣物，参见《优士丁尼法学阶梯》2，1，8。

[52] 关于神护物，参见《优士丁尼法学阶梯》2，1，10。

[53] 《优士丁尼法学阶梯》2，2。

[54] 《优士丁尼法学阶梯》2，1，1，11–2，9。这种归属关系最初并没有专有的名称，只是针对作为客体的人或者物说："meum est"（是我的）。它是一种对客体的直接关系，清楚地通过对物之诉来体现，最早表现为家父的权力。物作为客体的特殊性及其财产交换价值的演进，使得这种归属关系与其他支配关系逐渐区别开来，并先是被命名为"dominio"，后又命名为"proprietà"。与所有权相伴，还有同属于归属关系的限制物权（"通行权是我的"，"我有使用和收取孳息的权利"，等等）。对于物权的权利人，他人主要负有不干涉、不插手、不打扰权利人行使权利的义务。此种一般性的义务无法作为担保的对象（参见 G. Grosso, *I Problemi dei Diritti Reali nell'Impostazione Romana*, Torino, 1944; G. Grosso, *Schemi Giuridici e Società nella Storia del Diritto Privato Romano. Dall'epoca Arcaica alla Giurisprudenza Classica: Diritti Reali e Obbligazioni*, Torino, 1970）。《优士丁尼法学阶梯》的体例安排反映了上述业已成熟的理论，即继人和家父权之后紧接着论述物权关系。这种安排可以使人忆起它们在很多方面都起源于共同的支配关系。至此，涉及到财产的属性，要式物和略式物（前注46）以及可以成为财产的物和不能成为财产的物（《优士丁尼法学阶梯》2，1pr.）的分类，以权力支配关系来构建相关制度已经成为历史陈迹。

[55] 《优士丁尼法学阶梯》2，7，10–3，12。继承人享有的权利，或者说死因权利，构成了另一个概念下的权利群。这些权利原来也通过权力支配（potestà）来体现，因为最初"家父和家子为同一个人"（pater et filius eadem persona），他们具有身份同一性。该同一性在家父去世后仍然延续，家父在世时的家庭关系和个人关系依旧具有效力，去世家父的意志、担心和可能的矛盾冲突也继续存在。笔者认为，在《学说汇纂》中没有哪个领域像继承法这样，关注一个人的意志和意思与表示之间的微妙关系；另外，也没有哪个领域像继承法这样，由于个人关系的重要性，要求裁判官和法律介入，以在保护家庭和保护个人意志之间寻求平衡。

权[56]。这些概念又包含各自的子概念。

诉讼是与上面概念并行的又一宏观概念。[57]诉讼也是类型化了的，根据审判中的主张不同而不同。在类型化了的诉讼体系中，诉讼概念汇集了法构建的通过司法程序救济他人对我们权利的侵犯的共同特征。[58]诉讼也有一些子概念。首先，诉讼可以分为对物之诉和对人诉讼。[59]对物之诉因某人所有某物，或者某人享有物的特别支配权能，或者某人可以继承某遗产等人对物的直接关系而提起。也就是说，原告在此类诉讼中主张对某物享有权利，或者否认他人对某物享有权利。因此，这类主张，本质上只需对方当事人放弃相反的主张，即可获得满足。对物之诉的一个共同原则是，被告不必辩护，只需放弃、归还某物或者不再实施干扰行为即可。[60]而在对人之诉中，相对于原告，具有独立法律地位的被告应当为积极和特定的协作行为。上述差别体现了"物"这一宏观概念下聚集的不同权利在结构上的差别，且影响了新的"种"概念的形成。[61]特别是，该差别可以使我们看到两类主张的对照关系：一类由权力支配（potestà）关系演进而来，其中包括所有权、他物权和与承继权力支配地位密切相关的继承权；一类是债权债务关系，表现为相互独立的当事人之间要积极开展内容特定的合作。此外，还存在一些与诉讼这一宏观概念密切相关、均由司法审判实践产生的概念：抗辩、反抗辩、令状，等等。

---

[56] 《优士丁尼法学阶梯》3，13-4，5。债的概念，起源时便意味着约束不属于同一个家庭的双方当事人完成特定合作的关系。债不属于权力支配（potestà）的范畴。即使最初债的不履行会导致"因债受役者"产生，也就是说，另一个人或者债务人本人可能要被带上锁链。因债受役者在社会上的地位与奴隶相似，但是在法律上二者有所不同：被带上锁链的因债受役者只是一种"人质"，一个为了实现特定目的而被约束的人（ob-ligatus），他只是因为要以人身担保特定给付行为而被捆缚，而给付行为的特定化众所周知，他还可以自备伙食（参见《十二铜表法》3，3.4.5）；奴隶处于家父的支配之下，要终生遵从命令行事。公元前326年的《博埃得里亚法》（lex Poetelia）废止了以约束躯体担保债务履行的制度，规定只能以债务人的财产作为担保。参见［意］桑德罗·斯奇巴尼："债之概念反思及其在体系中的地位"，陈汉译，载《北方法学》2015年第3期。这种只限于财产性质的责任还要受到"能力限度照顾"原则的规制，避免债务人无以度日（D.42，1，22，1）（参见 V. Abelenda, *Beneficio de Competencia: Fuentes Romanas, Derecho Intermedio y Latinoamericano. Ejemplos y Propuestas de Extensión en su Proyección Contemporanea*, Buenos Aires, 2010）。债的关系中，合作的形式多种多样，渊源和内容纷繁复杂。

[57] 《优士丁尼法学阶梯》4，6至书末。

[58] 《优士丁尼法学阶梯》4，6pr。

[59] 《优士丁尼法学阶梯》4，6，1。

[60] D.50，17，156pr.；D.6，1，80；参见 G. Grosso, *I Problemi dei Diritti Reali* cit., 232 ss.. 如果这一主张无法实现，就需要提起对人之诉以救对物之诉之穷，比如物本身受有损害（例如，可参见 D.6，1，33 和代表后来发展的片段 D.6，1，13；D.6，1，36，1，以及 S. Schipani, *Responsabilità del Convenuto per Danni alla Cosa Oggetto della Lite*, Torino, 1971）。

[61] 参见 G. Grosso, *Schemi Giuridici e Società nella Storia del Diritto Privato Romano. Dall'epoca Arcaica alla GiurisPrudenza Classica: Diritti Reali e Obbligazioni*, Torino, 1970; G. Grosso, *Problemi Sistematici del Diritto Romano. Cose-contratti*, a cura di L. Lantella, Torino, 1974.

简而言之，不能不强调分类和顺序的重要性。人——物，突出了后者是为前者服务的，即财产要素要满足人的基本需求，用《优士丁尼法学阶梯》中的话来讲就是："如果对法为之而设的人不了解，对法的了解也会非常了了。"[62]此外，也不应当忽视在财产法领域三大概念的重要性以及与之对应的三大制度体系：所有权及他物权、遗产、债。当然，也不能忽视本文不讨论的刑法、行政法等其他制度的重要性。

《学说汇纂》和《优士丁尼法典》构成了对《优士丁尼法学阶梯》涉及和未涉及内容的深化、丰富和补充。与前二者不同，《优士丁尼法学阶梯》只勾勒法的基本框架，阐述可以持续开放解释的宏观概念。后世的解读、发展和现代诸法典与这种开放解释密切联系。

科学宏观概念的阐明，使得某些具体制度在部分保留各自规范的特殊性和典型性的情况下，凸显出了它们之间的共性。有时，这种阐明还为超越分类和取消某些特殊的制度，进而构建一般性的制度开辟了道路。与一般性的制度相比，某些具体制度之间的差别要么应予以禁止，比如人的身份差别；要么应交由私人自治，比如地役权或者契约法领域中的部分内容。

五、优士丁尼及其法学家制定的各部法典：重新解读和翻译它们

如前文所述，优士丁尼及其法学家制定的三部法典，都非常关注罗马法体系的发展。在罗马法体系中，法具有强制性，指向未来，与时俱进；它的创制不是在实验室里完成的，而是产生于人民与具体制度的对话，产生于专家们的反思和争议，产生于其是否真正满足人类生活需求的事实证据。法的创制以实现林林总总情形中的公正为指引，还要像乌尔比安引用的杰尔苏给法下的定义那样，使善良和公正与日俱增。后来，该定义又被优士丁尼《学说汇纂》照单全收，置于第 1 卷的最前面；[63]这样做做法与优士丁尼皇帝命令编纂委员会要达到的目标完全一致。该目标也应该成为我们的追求。[64]

在君士坦丁堡希腊语化的环境中，将优士丁尼及其法学家编纂的各部法典从拉丁文译为希腊文的工作迅速启动。翻译工作开创了一个伟大先河：双语规定一种法。在此之前，罗马法中使用希腊语已有数个世纪了，但还没有达到拿来作为教学和立法语言的程度。[65]这一革新与重视文化和具有权威的官僚系统的连续性有一定联系。与此种连续性并行的是，这些法律规定开始超越帝国的疆域，被不乏创新意义地译为其他语言介绍给其他民族。其中就包括斯拉夫民族，在他们的土地上，继 1453 年土耳其占领君士坦丁堡后，第三罗马莫斯科异军突起。自此，罗马法与另外一条发

---

[62] 《优士丁尼法学阶梯》1，2，12。

[63] D. 1，1，1pr.

[64] 前注 15 中 C. 1，17，1，6。

[65] 参见 S. Schipani，"Tradurre i Digesti：Una Riflessione sulla 'Pulizia Terminologico-concettuale'，A proposito della Traduzione di Lex，alla Ricerca del Diritto"，*Roma e America*，35/2014，183 ss. .

展主线再次汇合（re-incontro）。[66]

先从意大利的拉维纳到博洛尼亚，后来延展到克拉科夫和科英布拉，再到墨西哥城和利马，直至莫斯科和圣彼得堡，在不存在官僚系统连续性的情况下，形成了一批法学家，他们从文本的科学性和其中采用的方法中汲取营养，以此赢得威望，发挥自己的专长。法学家倾力"重读"文本，超越碎片化，使法恢复连贯或者使法变得更加连贯。他们发展丰富法的基础，是所研究的文本所蕴含的内容不相互矛盾的体系；是相对于中世纪的制度，在更大的地理范围内，为新的社会背景供给良法并扩大平等，作与时俱进的解读的必要；是在不同的语言中，使法能够满足多样化的需求。一种法、多种语言的局面由此形成。[67]

借助优士丁尼各部法典，在法律教学和研究中使用各民族的语言进一步加速。[68]今天，先把优士丁尼及其法学家编纂的法典翻译为本国的语言，是重读它们的关键一步。重读的大门不应只向罗马法专家，而应向所有法学家敞开。法学家应当从阅读的全部文献的内在逻辑中，汲取提炼知识，作出立足当下、面向未来的重新解读。[69]

---

〔66〕 参见 S. Schipani，"Premessa"，*Iustiniani Augusti Digesta seu Pandectae. Digesti o Pandette dell'Imperatore Giustiniano. Testo e traduzione*，I，1 – 4，a cura di Sandro Schipani con la collaborazione di Lelio Lantella，Milano，2005，Ⅷ ss. 中文翻译参见 ［意］桑德罗·斯奇巴尼："扬弃优士丁尼《学说汇纂》以继承发展和解读罗马法体系"，曾建龙译，载徐国栋主编：《罗马法与现代民法》（第6卷），厦门大学出版社 2008 年版，第 1 – 33 页。

〔67〕 参见 S. Schipani，"Tradurre i Digesti：Una Riflessione sulla 'Pulizia Terminologico-concettuale'，A proposito della Traduzione di Lex，alla Ricerca Del Diritto"，*Roma e America*，35/2014，192 ss. .

〔68〕 不同语言的译本，在法国有 H. Hulot-P. A. Tissot-J. F. Berthelot-A. Bérenger，*Corps de Droit Civil Romain*，vol. 1 – 7，ed. Behmer et Lamort，Metz-Paris，1803 – 1804. 在德国有 C. E. Otto-B. Schilling-C. F. F. Sintenis，*Das Corpus Iuris Civilis（Romani）in's Deutsche übersetzt*，vol. 1 – 4，ed. C. Focke，Leipzig，1830 – 1832. 在意大利有 F. Foramiti，*Corpo del Diritto Civile*，vol. 1 – 4，ed. G. Antonelli，Venezia，1836 – 1844；G. Vignali，*Corpo del Diritto*，vol. 1 – 10，ed. V. Pezzuti，Napoli，1856 – 1862；Avv. Italiani，*Corpus Iuris Civilis*，ed. E. Perino，Roma，1885. 在西班牙有 I. L. García del Corral，*Cuerpo del Derecho Civil Romano*，vol. 1 – 6，ed. Jaime Molinas，Barcelona，1889 – 1898（"序言"第 9 页提到 A. Rodriguez de Fonseca 于 18 世纪末翻译了一个版本，该版本于 1874 年重印，以及 1861 年和 1867 年在马德里曾出版有不完整翻译。可惜几个译本笔者未能一饱眼福）。

〔69〕 20 世纪有如下翻译面世：葡萄牙语版本由 M. da Cunha Lopes 和 Vasconcellos 在 1896 年至 1915 年完成，但是现在只能在 *Digesto ou Pandectas do Imperador Justiniano*，a cura di E. C. Silveira Marchi-B. O. Queiroz De Moraes-D. R. Martins Rodrigues-H. França Madeira，vol. 1 e 2，Libri 1 – 4；5 – 11，São Paulo，2017 中找到，这套翻译还在陆续出版中；西班牙语版本 A. D'Ors-F. Hernandez-Tejero-P. Fuenteseca-M. García Garrido-J. Burillo，*El Digesto de Justiniano*，vol. 1 – 3，ed. Aranzadi，Pamplona，1968 – 1975；俄语选本 E. A. Skripilev，*Iustiniani Digesta：Fragmenta Selecta*，1 vol.（对应第 1 – 26 卷），ed. Nauka，Mosca，1984；英语译本 A. Watson（eds.），*The Digest of Justinian*，vol. 1 – 4，ed. University of Pennsylvania，Philadelphia，1985. 在 20 世纪，前面提到的 18 世纪的法语、德语和西班牙语翻译分别被 ed. Scientia，Aalen，1979；ed. Scientia，Aalen，1984；ed. Lex Nova，Valladolid，1989

六、从优士丁尼《学说汇纂》《法学阶梯》和对它们的重新解读，到 20 世纪的现代法典特别是其中某些法典的体系

继注释法学派、评论法学派、人文主义法学派、优雅法学派、学说汇纂现代运用学派、拉丁美洲巴洛克时期的法学家、卢西塔尼亚学者、自然法学派的重读之后，在现代，重读优士丁尼的各部法典已经构成现代法典的基础。

（1）关于现代法典，我会毫不犹豫首先提起波蒂埃（Pothier，1699 – 1772 年）通过其《新编优士丁尼学说汇纂》（1748 – 1752 年在巴黎出版）对罗马法的解读。

重新解读《学说汇纂》是复杂而艰难的，但是一定会收获满满。《学说汇纂》代表了古罗马法体系的最高峰。我们可以在不同层面对它进行解读。

《学说汇纂》是一部文选。它由特里波尼安领衔的法学家组成的委员会编纂，其中充满了继承法学智慧遗产和推崇改革创新的伟大精神。它不是一部简单的汇编或者图书库，而是对法学文献严格筛选的结果（仅使用了全部文献的 5%）。他不是为了记录过往，而是为了指向未来才创制法。

《学说汇纂》是特里波尼安领衔的委员会对古代法学家的约 2000 本著作认真研究和仔细摘录的结果。波蒂埃在其作品《新编优士丁尼学说汇纂》中，打破了《学说汇纂》中片段的先后顺序。他在博洛尼亚学派法学家们开启的长达几个世纪的工作而取得的成果的基础上，重新排列《学说汇纂》中片段的顺序，以便于按照法律事实的构成要件和法律效果重构各项制度。虽然他只使用了原始文献，但是改变它们之间的联系本身也是一种崭新的解读方法。[70]

年再版。21 世纪，正在进行或者已经完成的翻译有：德语译本 O. Behrends-R. Knütel-B. Kupisch-H. H. Seiler, *Corpus Iuris Civilis. Text und übersetzung*, vol. 1 – 3（*Institutionese Digesta*, libri 1 – 34 – continua），ed. C. F. Müller, Heidelberg, 1990 – 1999；荷兰语译本 J. E. Spruit-R. Feenstra-K. E. M. Bongenaar, *Corpus Iuris Civilis. Tekst en Vertalig*, vol. 1 – 6, ed. Walburg Pers, Zutphen, 1994 – 2001；意大利语译本 a cura di S. Schipani, con la collaborazione di L. Lantella, e, nel Gruppo di revisione, con R. Cardilli, E. Calore, A. Petrucci, A. Saccoccio, M. Vinci, *Iustiniani Augusti Digesta seu Pandectae. Digesti o Pandette dell'Imperatore Giustiniano. Testo e traduzione*, I, 1 – 4；II, 5 – 11, Milano, 2004；II, 12 – 19, Milano, 2007；IV, 20. 27, Milano, 2011；V/1, 28 – 32, Milano, 2014（进行中），（在网址 https://www. sci-enzegiuridiche. uniroma1. it/Digesta_ILC 或者 http://dbtvm1. ilc. cnr. it/digesto/上可以阅读和下载）；俄罗斯语译本 L. L. Kofanov, *Digesty Yustiniana*, vol. 1 – 8, Mosca, Ed. Statut, 2002 – 2006（进行中）；中文最初为选译本，桑德罗·斯奇巴尼主编，黄风等译，第 1 – 6 册，中国政法大学出版社 1992 年至 2001 年版，现有 D. 1 – 6；D. 8 – 9；D. 12 – 13；D. 16 – 18；D. 21 – 24；D. 41；D. 48 已由中国政法大学出版社出版（进行中）；日本学者也翻译了多卷《学说汇纂》，但我也无幸看到这个日语译本；新的法语译本 D. Gaurier, *Le Cinquante Livres du Digeste*, vol. 1 – 3, Paris, Ed. La mémoire du Droit, 2017.

[70] 在我为《学说汇纂》多卷的中译本写的"序言"中，除第 9 卷和第 12 卷外，我几乎严格遵照了波蒂埃的解读顺序。第 9 卷和第 12 卷的"序言"分别是在我和萨科乔（A. Saccoccio）的研究基础上写就的，我们都提出了与波蒂埃不同的解读建议。波蒂埃和我们提出的阅读顺序，都应被理解作为了更好理解原始作者撰写、经过后世法学家特别是优士丁尼的法学家的修改的片段而给出的一种解读，而原始片段本身则是阅读者要面对的原典。阅读的过程就是不断与原始片段对话，不断反思的过程。

此外，波蒂埃还借助《学说汇纂》第 50 卷第 17 章"古法中的不同规则"，增加了 269 个片段，将从全部 50 卷中摘取的 2025 个规则汇集到该章之下。他将规则从通常所举例子中抽取出来，按照规则作用的领域不同，结合其他例子，并根据《法学阶梯》的论述顺序重新作了调整。在新的论述顺序中，波蒂埃增加了一些制度，比如有一部分是专门对公法的论述。他还重新整合了一些制度，对它们或增添或删减，比如对于无体物和诉讼部分作了较大改动。如盖尤斯在其《法学阶梯》和效仿它写成的著作部分中所做的那样，[70] 论述顺序用来根据规则形态的不同确定各自的效力领域，即将规则从例子中抽取出来，按照概念的一般性层级确定适用范围。在解读的过程中，波蒂埃重新评估了"所有权"制度；相对于中世纪分割归属的形式，他赋予了物的主要使用人完全收益的权利，以此为 18 世纪的法国制度作了预先设计。这代表着深刻的制度转型。[71] 另一个例子是，《优士丁尼学说汇纂》3, 13pr. 已经给债下了一个定义，波蒂埃则在债的定义之后，论述了债的某些一般规则。这些一般规则发展了债的定义，构成了第一部债法总论。[72] 其中，波蒂埃特别强调了契约的合意性和其他债的渊源中居于中心地位的当事人意志的重要性。[73]

总体而言，《优士丁尼法学阶梯》的编排体例，以及经包括《学说汇纂》和《优士丁尼法典》在内的其他材料对概念和规则丰富过的内容，成了 1804 年《法国民法典》的雏形。虽然有所修订，但《法国民法典》的大致结构仍是：人；财产及所有权的各种限制（用益权和地役权等）；取得所有权的不同方式（包括继承、赠与和债）。有人认为《法国民法典》的体例安排体现的是所有权至上主义。不过对于这种评价，也可以质疑说，人（公民）和合意也构成了法典制度体系的另外两个关键支柱。

（2）关于构成民法典体系的宏观概念和宏观体例，1856 年《智利民法典》（厄瓜多尔和哥伦比亚也曾采用）之父贝略（Bello），不仅研读了《法国民法典》和优士丁尼及其法学家们编纂的《法学阶梯》，还研读了建立于其上的芬纽斯（Vinnius）海内丘斯（Heineccius）的著作。贝略撰写了一部自己的作为教材使用的《法学阶梯》。[74] 很显然，他起草的民法典没有照搬《法国民法典》，而是更加忠实地按照

---

〔70〕 效仿的著名例子当然是海内丘斯的《法学阶梯市民法原理》（Elementa iuris civilis secundum ordinem Institutionum）。该书因为其译本和 140 多个版次而广泛传播。

〔71〕 也可参见 R. Pothier, *Traité du Droit de Domaine de la Proprieté*, Paris-Orléans, 1772. 这种解读比如在 Domat（1625 – 1696），*Les Loix Civiles dans Leur Ordre Naturel*, vol. 3, Parigi, 1689 – 1694 中我们还看不到。

〔72〕 理论上的发展还可参见 R. Pothier, *Traité des Obligations*, vol. 2, Paris-Orléans, 1761 – 1764.

〔73〕 通过重排片段顺序，波蒂埃还发展了有关不同契约、占有、丧偶妻子曾经获得的嫁资等问题的理论，撰写了包括前述专著在内的多部著作。

〔74〕 A. Bello, *Instituciones de Derecho Romano*, Santiago de Chile, 1843. 相关讨论参见 S. Schipani, "Andrés Bello Romanista-institucionalista", *Andrés Bello y el Derecho Latinoamericano. Congreso Internacional. Roma 1981*, Caracas, 1987, 205 ss.（意大利文版参见 S. Schipani, *La Codificazione del Diritto Romano Comune*, cit., 199 ss. e 279 ss.）.

《优士丁尼法学阶梯》中四大部分内容的内在逻辑，将《智利民法典》分为四编：人法（包括婚姻法和监护）；物权法（包括物、所有权、占有和用益权、使用权、居住权、地役权等用益物权）；死因继承和生者之间的赠与；债的一般规定与合同法。通过这样的体例安排，贝略凸显了物权与债权的结构差异，以及它们在取得方式上的不同。[75]关于外国人的法律地位，与 1804 年《法国民法典》规定的外交互惠原则和 1811 年《奥地利普通民法典》规定的事实互惠原则不同，贝略肯定是受到了罗马法原始文献的启发，借鉴了优士丁尼法的做法，确立了"不论是智利人还是外国人，都可以取得和享有本法典规定的民事权利"之原则。

（3）关于最后一点，巴西人弗雷塔斯（Freitas）对罗马法原始文献的解读更为清楚。弗雷塔斯在其《民事法律汇编》——这部为制定民法典做准备的著作中，深入研究了欧洲民法典的制定过程。但是，关于外国人的民事权利能力，他明确主张按照卡拉卡拉告示的精神予以规定。在告示的基础上，他超越了限制外国人民事权利能力的模式，引领拉丁美洲在民事权利能力上对本国公民和外国人一视同仁。[76]在欧洲，只有 1865 年《意大利民法典》第 3 条如此规定。但是，非常遗憾，后来法律民族主义和更糟糕的种族主义甚嚣尘上，最终 1865 年《意大利民法典》第 3 条的规定被 1942 年《意大利民法典》第 1 条取代（法西斯倒台后，带有种族主义色彩的第 1 条第 3 款于 1944 年废止）。

人法领域对原始文献的重读亦构成了法学家们对话的基础。比如，弗雷塔斯和阿根廷人萨尔斯菲尔德（VélezSarsfield）在罗马法的基础上发展了胎儿保护的制度。[77]

（4）德国自萨维尼到温德萨伊德的潘德克吞法学派，对原始片段也作出了另外一种伟大的解读。他们在前人研究的基础上，从方法论的角度，在尊重古老文献字面含义的前提下，努力从中挖掘新理念，以此为罗马法体系的发展奠基。[78]这些理念成了新的社会转型的调节器，它们一方面紧密连接着作为源头的古代制度，一方面密切关注着那个世纪的社会现实。

另外一个典型例子是，对于古代法学家有关不同于自然人的法律关系的归属中

---

[75] 贝略不赞成《法国民法典》第 1138 条规定的契约产生物权变动的间接效力，而是认为还需要交付行为才能使物权发生移转（《智利民法典》第 670、675 条）。参见《智利共和国民法典》，金桥文化出版（香港）有限公司 2002 年版，其中第 4 页以后有本文作者撰写的"序言"（该"序言"亦收录于《桑德罗·斯奇巴尼教授文集》，费安玲译，中国政法大学出版社 2010 年版，第 139 - 149 页）。

[76] 参见 S. Schipani, "Codici Civili del Risorgimento e Codici dell'Indipendenza Latinoamericana: Base Comune e Consonanze (Principi Generali del Diritto e Considerazione Giuridica degli Stranieri)", *Il Risorgimento Italiano in America Latina. Atti del Convegno internazionale.* Genova, Ancona, 2006, 209 ss. .

[77] 关于胎儿的法律问题，参见 P. Catalano, "Osservazioni sulla 'Persona' dei Nascituri alla luce del Diritto Romano (da Giuliano a Teixeira de Freitas)", in P. Catalano, *Diritto e persone*, Torino, 1990, 195 ss. .

[78] 萨维尼重要著作的名称很耐人寻味，Savigny, *System des Heutigen Römischen Rechts*, vol. 8, Berlino, 1840 - 1849 e Obligationenrecht, 1851 - 1856, trad. it. di V. Scialoja, *Sistema del Diritto Romano Attuale*, Torino, 1886 - 1888; G. Pacchioni, *Le Obbligazioni*, Torino, 1912 - 1915.

心（比如自治市、尚未继承的遗产、用于公益目的的遗产等）的重新解读。这种解读是为了构建一种新的"人"：法人。这些法律关系的归属中心与自然人一道也被归到"人"的概念之下。它们遵循的不是家庭的逻辑，引起的再体系化使自然人本身疏离了生活于其中的家庭。[79]这种疏离伴随着对于作为中级社会单元的家庭的法律反思。家庭的财产方面的意义得到加强，特别是在继承法领域。还有一个著名例子就是，潘德克顿法学派主要通过对遗嘱、要式口约、买卖的解读，在古老术语的启发下，提炼出了法律行为的概念。对于法律行为中行为人的意思，这个在继承法领域研究尤为深入的要素，潘德克顿法学派借鉴教会法和自然法学派的相关理论，以最抽象的方式作了理论描述。重新解读原始文献的成果集中体现为《德国民法典》的编排顺序：总则（主要包括人，即自然人和法人；物；法律行为等）和债法、物权法、亲属法和继承法等四个分则编。这些制度来自盖尤斯探讨的几大制度版块，但是相较于盖尤斯的理论，《德国民法典》中的人法（包括婚姻、收养、监护和保佐），缺少对人的讨论以及人相对于作为财产的物的制度地位（先后顺序也发生了变化）。

（5）20世纪，意大利一种对原始文献的解读取得了长足的发展。这种解读与之前两个世纪极端主观主义的解读相比，承认行为的客观意义。它将不同的差异归结为古典法和优士丁尼法之间的差异。撇开将差异放入体系的历史演进框架不谈，更为重要的是，这种解读注意到了原始文献特别是《学说汇纂》中的多种视角。例如，在合同法领域，注意到了作为人的正直标准的诚实信用的意义，或者不单是注意一方和/或另一方当事人的意愿，还关注具体合同中当事人实际做出的行为（quod actum est）。与这种解读相关，1942年《意大利民法典》没有采纳法律行为这一概念，对于民法典的体例也作了相应调整。这些都构成了罗马法体系的另外一种发展模式。

（6）结合重大社会冲突作出的一种解读，其表达形式就是宏观概念"劳动"以及1942年《意大利民法典》在这方面的创新。这部法典专辟一编规定劳动关系。

"劳作租赁"只在1804年《法国民法典》第1779条至第1781条三条和1865年《意大利民法典》第1627条至第1628条两条中有所体现。为了推翻农奴制和其他一切奴役形式，两部法典都规定："任何人仅得就一定时间或者确定事务，对他人负担提供劳务的义务。"（分别是两部法典的第1780条和第1628条。）需要提请注意的是，1794年《普鲁士普通邦法》保留了不同社会阶层的区分，将农村人口划分为所有权人和农奴两大类（《普鲁士普通邦法》第2章第7节第1条以下）。1900年《德

---

[79] 可以看到，法人这个概念虽然积极回应了自然人的某些真正需求，但也危及了后者一直以来的中心地位。法人本应只是服务于自然人的工具，却有悄然异化为纯粹追求物质生产、经济和金融等目的的幽灵的风险。因此，对于法人，我们应时刻抱有警惕批判之心。在这一点上，持续借原始文献作反思一定多有裨益。参见 P. Catalano, "Alle radici del Problema delle Persone Giuridiche", in P. Catalano, *Diritto e Persone. Studi sulle origini e attualità del sistema romano*, Torino, 1990, 163 ss. .

国民法典》第624条规定，以终身或者5年为期订立的雇佣合同，经过五年后，雇佣劳动者得终止合同，目的是"确保雇佣劳动者的经济自由"。为了不泛泛而论，兹举一例。1903年意大利艾米莉亚的一个小镇上所有权人和雇佣劳动者之间在农忙收获季节发生了一场冲突。雇佣劳动者以罢工相威胁，要求增加报酬。市长立即组织了所有权人和雇佣劳动者双方代表参加的碰头会，促使达成了一项协议。但是，无论民法典还是在其他法律都没有任何一条规定，可以以集体合同的形式约束所涉及群体中的人员，而不用理会其中某个成员到底是赞成还是反对。有一位所有权人在农忙结束后拒绝多付酬金。后来初审法官创造性地解读了《学说汇纂》D.3，5，20pr.，作出了有利于雇佣劳动者的判决。D.3，5，20pr.引用了公元前1世纪的法学家塞尔维的观点，即无因管理中可以没有甚至违背被管理人的意愿。

不过，很显然，法律对童工劳动、女性劳动、社会救济等问题的回应，已经溢出了既有概念所构建的容器。人是法的首要目的，以及寻求和设计具体贯彻方案的解读方法，有必要再次重申。

在《瑞士债务法》中，我们会发现"劳动合同"这个概念。其下包含了个人劳动合同、培训实习、劳动关系持续时间问题、对解聘的保护、通知终止、[80]实习合同、集体劳动合同以及大量的强制性规范（第361条以下）。继几部法典作出相应规定后，1942年《意大利民法典》专编规定劳动关系。这部法典各编的体例安排顺序是：人与家庭、继承、所有权、债、劳动、权利保护。在这个简要的介绍里，我不打算涉及劳动编的具体内容，只想说该编是对社会问题的体现和回应。劳动关系是如此的重要，以致《意大利宪法》第1条明确规定，劳动是共和国及其民主的"基础"。宏观概念"劳动"在一部法典中出现，彰显了人在物的生产环节也处于优先地位：物及它们的生产，很大一部分对人自身而言是必需的，但是在组织劳动的过程中应当优先维护人的尊严。劳动法的设计，很大程度上应当避免债异化为对"人的自由的一部分"的转让，就像格劳秀斯曾经提出的（错误）观点和其后某些现代理论学说继续羞羞答答地支持的那样。债应当是一种合作关系。在劳动领域，对于完成作为债的内容的"辛苦的"给付，应当充分尊重双方当事人的尊严。[81]

后来对《学说汇纂》的解读也越来越多地关注古罗马法学家们的不同观点，对民法的发展产生了持续性的影响。比如，在合同法领域，公元1世纪的法学家拉贝奥（Labeone）强调的债权合同的"双务性"（sinallagma）再次得到了重视。根据拉贝奥的理论，要在合同中承认相互负担的债务构成彼此的原因，也就是说，一个债务是另外一个债务的原因。与拉贝奥的观点不同，法学家图贝罗（Tuberone）更关注财产上经济付出的平衡。但是两种观点都强调交易中隐含的对等原则。对等与否由

---

[80] 参见《瑞士债务法》第336、337、346条。1889年《西班牙民法典》第1586条则规定，非因"正当理由"不得在工作完成前终止合同。

[81] 尽管"企业"的概念也与劳动相关，但是我认为以"劳动"来统领相应关系，更能清楚描绘在所有的生产活动中都存在体力、脑力的付出的特征。因此，相对于2002年《巴西民法典》专编规定"企业"的做法，我更赞同1942年《意大利民法典》在这方面的结构安排。

当事人衡量，也可以以一个正直的人的判断作为标准，这使得市场更加透明。[82]

对于"空气的清洁"、水源的管理、"共用物"以及"民众诉讼"和"令状"等相应的程序性措施，本文不再展开论述。

七、我的其他一些解读：侵权责任，既关注交易活动的经济性也关注保护债权关系中的弱势一方的债法总则，人身侵权行为

最后，请允许我仅就本人对优士丁尼及其法学家们编纂的各部法典再谈几点理解：

我就不再讨论前面已经阐述过的一般问题了：法律和法学两种法的渊源在法的创制和后来法典制定中的协同作用；在提炼体系的宏观概念和在法典中体现这些宏观概念上，《法学阶梯》与《学说汇纂》之间的对话；"法的一般原则"的弥合作用，特别是居于首位的一般原则，即所有法均为人而设，整个法的体系都围绕着该原则而建。

（1）通过对罗马法的解读，我个人研究了现代责任概念的形成，[83]指出在优士丁尼及其法学家的各部法典中，是如何形成一个尚不太明确的概念以统领不同契约外责任类型的。[84]这些类型都造成了损害，属于被定性为"私犯"或者当作"私犯"制裁的事实（即准私犯）。制裁就是集惩罚和赔偿于一体、以支付一定数额的金钱为内容的债。

当然，将损害事实的法律效果规定为产生债权债务关系，并不排除受害人仍然可以合法地采取行动以制止侵权行为。以法的形式规定赔偿之债，开辟了减少自力救济发生的途径，是迈向防止社会成员之间暴力蔓延的重要一步。因此，通过将带来损害的行为归入债的渊源，首要的目的是减少暴力的发生，而不是合法化暴力的反击行为。[85]

此外，关于这些导致损害发生和主要被类型化为债的渊源的行为，确立了过失责任原则。同时，基于各种原因（比如，特定地点或者特定生产活动的安全），还存

---

[82] 参见 D. 50, 16, 19 和 D. 2, 14, 7, 2 理论上最早的反思见 F. Gallo, "Contratto e Atto secondo Labeone: Una Dottrina da Riconsiderare", *Roma e America*, 7/1999, 17 ss..

[83] S. Schipani, "Schede sull'Origine del Termine Responsabilità (Contributo per una Riflessione su Problemi dell'Elaborazione del Concetto Sistematico Generale Designato da tale Termine)", *Le Ragioni del Diritto. Scritti in onore di L. Mengoni*, 1, Milano, 1995, 885 ss. (= in S. Schipani, *Contributi Romanistici al Sistema della Responsabilità Extracontrattuale*, Torino, 2009, 1 ss.).

[84] 一些典型的法律事实种类经过几个世纪的发展，形成了一些共同的规则，规定在了《学说汇纂》第9卷，包括：四足动物致害，物受到毁损灭失，高层建筑上泼洒物或者抛掷物致害，处于家父权之下的他人致害。除了这些类型以外，还有审判员误判致害（D. 50, 13, 6），船东、旅馆或者客栈的主人所属员工致害（D. 4, 3），在他人土地放牧时牲畜致害（D. 19, 5, 14, 3），囚养野兽致害（D. 21, 1, 40, 42），因贿赂他人奴隶致害（D. 11, 3），土地测量员错误报告致害（D. 11, 6），等等。

[85] 典型的是片段 D. 9, 2, 39 中的例子。这个片段涉及针对造成损害的行为进行私力救济的限度问题。受害人超出必要限度，要承担以损害赔偿为内容的债。

在多种需要承担客观责任的典型情况，针对它们适用其他不同的归责原则。[86]

前面讲的关于契约外责任的基本问题，即它作为债的渊源的社会意义和多种归责原则的精密安排，都与现代法典中将之作为债的渊源的体系设计，以及影响特别立法的整体框架形成对照。尽管具体情形会有所变化，但是上面的解读能够满足不变的需求。特别是，同时规定一般归责原则和特别归责原则的做法，可以避免责任推定和/或举证责任倒置，尽管后者也绝对以过错责任为一般原则。[87]

（2）我还就债的体系位置演进作了重新解读。从起源时起，债的法律结构就与归属关系的形式相对，旨在直接实现彼此独立的人之间的合作。[88]我回顾了债的体系化演进过程，直至最终形成债法总则。在现代民法典的债法总则部分，诚实信用原则被越来越完整地规定为所有债及其履行的基本原则，不论对于合同之债，还是对于其他原因产生的债，均是如此。当然，不仅诚实信用原则是所有债的共同规则。

对原始文献的解读和现代民法典的制定者之间的讨论，促成了民法典中债法总则的形成。债法总则，与合同法总则相似，提取了共同的规则，简化了对单个合同或者从中产生的债的关系的规定，使得事无巨细规定它们或者交由私人在订立合同时完成这一艰巨任务变得不再必要，也明显具有减低实际交易成本的优势（涉及的更多是任意规范，亦即当事人可以排除适用的规范；而对于强制规范，立法者要做的则主要是清晰、统一地集中规定它们）。另外，债法总则部分还要规定不是产生于

---

〔86〕［意］桑德罗·斯奇巴尼："从《阿奎利亚法》到《学说汇纂》第 9 编：罗马法的体系与契约外责任诸问题"，薛军译，载江平、［意］桑德罗、斯奇巴尼主编：《罗马法、中国法与民法法典化（文选）——罗马法与物权法、侵权行为法及商法之研究》，中国政法大学出版社 2008 年版，第 252 页以下。此文还载于费安玲主编：《学说汇纂》（第 1 卷），知识产权出版社 2007 年版，第 140 – 169 页；以及《桑德罗·斯奇巴尼教授文集》，费安玲译，中国政法大学出版社 2010 年版，第 286 页以下。某些适用无过错责任原则的情形可能也会产生赔偿限制的问题，G. Rosso 在解读原始文献的基础上提出了该问题，参见 G. Rosso, *Los Límites de la Responsabilidad Objetiva. Analisis en Elámbito de la Responsabilidad Extracontractual Desde el Derecho Romano hasta el Derecho Civil Latinoamericano Moderno*, México, 2016.

〔87〕在这一领域，我曾经指出，"预防"原则还有必要进一步深入研究。参见［意］桑德罗·斯奇巴尼："侵权法当今问题之思考——罗马法原始文献的重新解读"，翟远见译，载［意］桑德罗·斯奇巴尼、朱勇主编：《罗马法·中国法与民法法典化（文选）——从古代罗马法、中华法系到现代法：历史与现实的对话》，中国政法大学出版社 2011 年版，第 262 页以下，尤其是第 3 部分。该原则与无法预见损害事实发生就无责任、不尽预防义务就不要承担责任的古典法原则不同，要求采取积极预防措施，防止发生损害事实。因为此原则现在成了指引公共管理领域整体规则形成的基本原则，所以我认为它已经被过错标准所吸收，换言之，实施一定行为之人要遵守相应的规程。但是在特定领域，例如环境、卫生、食品领域，就该原则展开新的反思，或许可以对民法典的制度起到价值引领的作用。在环境保护领域，1992 年《里约宣言》第 15 项原则和《欧盟条约》第 174 条第 2 款都规定了"预防性措施"。

〔88〕S. Schipani, "Obligationes e Sistematica. Cenni sul Ruolo Ordinante della Categoria", *Linguaggio e Sistematica nella Prospettiva di Un Romanista. Atti della Giornata di studi in onore del Professor Lelio Lantella* (Torino, 22 marzo 2013), Napoli, 2014, p. 123；［意］桑德罗·斯奇巴尼："债之概念反思及其在体系中的地位"，陈汉译，载《北方法学》2015 年第 3 期；同时请参考本文第四部分和注释 56 的简单概括。

合意或者单方允诺的债的关系。当然，这些关系不能由当事人在做出行为之时自创规则。这些债产生于无因管理、不当得利、非债清偿，也可能在遗产继承、家庭财产关系和监护以及其他类似形式的类家庭关系中产生；在物权法领域与特定的给付相关，也会产生债的关系（propterrem），等等。债法总则使得一些特殊之债，如可分之债与不可分之债、选择之债、连带之债、种类之债、金钱之债等，更具有确定性。[89]

债法总则促使人们重新思考"照顾债权关系弱势一方当事人"和"要有利于自由"的原则。后一原则也很有可能被运用到共同法和国际贸易中。[90]

重新研读原始文献，成了致力于完善和简化债法的体系学说的汇合点。没有哪部法典能回避债法问题，相反，都越来越聚焦于共同的原则。我了解到中国民法典不打算规定债法总则，对此我不予评论。但是，我要指出，如果民法典不规定债法总则，则学说应当通过尽可能提炼统一的规则以方便公民活动和减少纠纷的发生，承担起弥补漏洞的重任。在国际层面，比如说，围绕债法，拉丁美洲法律和谐化小组正在牵头学界同仁起草一部法律一体化（和谐化）草案。[91]

（3）通过对《学说汇纂》中"侵辱"（iniuriae）的解读，[92]我认为，对于"侵辱"这种私犯和更为一般的"冒犯尊严的私犯"，[93]应当重新认识对侵犯人身权的不

---

[89] 比如，因债务人的过错导致选择之债中的一项给付嗣后履行不能，其后另外一项给付非因债务人的原因履行不能，法律效果如何；或者对于雇员的行为，雇主应当承担何种责任。

[90] 事实上，关于发展中国家负担的国际债务，现实情况是否有违债法中的"法的一般原则"，不无疑问。关于这一点，我对于原始文献和几部现代法典的解读，参见 S. Schipani，"Principi Generali del Diritto e Iniquità nei Rapporti Obbligatori.（Primo rapporto provvisorio su una ricerca in corso sui principi istituti e norme a tutela del contraente più debole e sulla necessità di applicazione di essi al debito internazionale dei Paesi dell'America Latina）"，*Apollinaris*，65，1992，627 ss.. 在"贸易战"硝烟四起的今天，我认为，对它们进行持续反思十分重要。S. Schipani，"Ius Romanum Commune ed Uguaglianza tra i Popoli nelle Prospettive del BRICS"，*Aspetti Giuridici del BRICS-Legal Aspects of BRICS*，San Pietroburgo，2011，48 ss.（testo completo in *Roma e America*，33/2012，283 ss.）；S. Schipani，"Il Sistema Giuridico romano：un Ponte fra i Diritti di Cina"，Europa e Paesi dell'America Latina. Il ruolo del BRICS，Relazione Svolta a Macao al Congresso su，"Il Sistema Giuridico Romanistico：un Ponte tra Diritti Propri e Diritto Comune dell'Europa Continentale，della Cina e dell'America Latina"（中文翻译在版中），= in it. in *Verità e Metodo in Giurisprudenza*. Scritti dedicati al Cardinale Agostino Vallini，a cura di G. Dalla Torre e C. Mirabelli，Roma，2014，603 ss..

[91] 参见 G. Rosso 在本次研讨会上的报告，以及之前发表在 Roma e America，28/2008 上的研究。AA. VV.，"De Lasobligaciones en general"，*Coloquio de Iusprivatistas de Roma e América*，Quarta reunión de trabajo，ed. R. Morales Hervias-G. Priori Posada，Lima，2012.

[92] D. 47，10；J. 4，4. 参见［意］桑德罗·斯奇巴尼："侵辱之诉的遗孤——重读《学说汇纂》，透过罗马法学家的贡献来看对人的法律保护"，翟远见、张长绵译，载费安玲主编：《学说汇纂》（第4卷），元照出版有限公司 2012 年版，第 204－230 页。意大利文版本参见"Orfani dell'Actio Iniuriarum，Rileggere i Digesti：Contributi Romanistici per una Riflessione sulla Tutela Giuridica della Persona"，*Roma e America*，30/2010，43 ss..

[93] 例如《意大利刑法典》第 594 条以下的规定。

法行为一般性追究责任的重要性。对于此类行为，仅仅让行为人承担填补财产价值减少的赔偿责任是不够的，应当为了"修复创伤"规定一定数额的惩罚性赔偿。这样更有利于维护人的价值平等和人之所以为人的尊严。对于这一类法律事实，无论是从它的范围还是它的法律效果的角度来看，《意大利民法典》规定的"非财产损害"，[94] 或者"惩罚性赔偿"，都是更为妥当的制度安排。对"损害"概念进行反思时，一定不要忘记"人的身体是不能够成为经济－财产性衡量的对象的"。[95] 此外，对于此类法律事实，即使不类型化规定个人人格尊严的各个方面，法学和立法者充分互动，非强制性地指出人格尊严可能遭受侵犯的某些方面，肯定不无裨益。[96]

我了解到中国全国人大常委会决定在中国民法典中专编规定人格权。我认为这一尝试对于中国立法者和法学界，甚至罗马法体系的所有法学家而言，都非常值得关注。它将丰富组成民法典的宏观概念。我认为这一编的合理位置是在总则编后、婚姻家庭法编前。

《学说汇纂》的文本——优士丁尼及其法学家们编纂的其他法典的文本也是如此——与其"读者"一起成长，与其"阅读"一起成长，且至今仍在继续成长，甚至超出了自身原有的范围。它的原则，它的渊源，决定它全部内容方向的"原因"，都建立在牢固的根基之上。正如我试图指出的，它是开放的，一直期待着有新的发展。

---

〔94〕 1942 年《意大利民法典》第 2059 条如此规定，缘于看到了 1804 年《法国民法典》和 1865 年《意大利民法典》缺少一项不受"损害"思想或者民法不能惩罚、只能填补损害的思想束缚的规定。

〔95〕 D. 9，1，3；D. 9，2，1，5；D. 9，3，7；D. 14，2，2，2.

〔96〕 在前文注释 93 所引文章中，我列举了《学说汇纂》中可以归到侵辱之诉下的各种侵犯人身的行为类型，并强调指出类型还会不断增加。D. 47，10，15pr. 中所举的例子与现在在意大利已经泛滥、在青少年或者年轻人中最为严重的问题有关，即有些物质如毒品的供应，会使人失去理解和判断能力，虽然有时只是暂时地失去。另外一个例子是，通过不同的具体形式，玷污妇女或者青少年的贞操（D. 47，10，15，19ss.）。如前文提到的，在劳动关系领域，也可能有新的发展。

规范与实践中的民法，民法法典化的演进轨迹

◎ ［意］Marina Timoteo * 著
乌 兰** 译

我们今天聚集在一起共同参加的本次会议是关于中国近几年正在进行的民法典编纂活动。我们知道中国很早就开始进行民法典编纂工作，当然直到 2014 年 10 月《中共中央关于全面推进依法治国若干重大问题的决定》[1]才将民法典的制定置于了法律改革计划的核心地位。实际上，中国民法法典化的历史可以追溯至一个世纪以前，当时的中国为了摆脱签订的不平等条约及其他束缚，开始进行法律现代化改革并参照西方模式进行民法法典化。中华人民共和国成立以后，制定一部民法典一直是社会主义中国最重要的立法目标之一，尽管一直在努力前行但仍未完全实现。

民法典虽未完成，但是长达一个多世纪以来，它在中国领导者的纲领性规划中以及中国学者的话语中仍是坚实的奋斗目标。这再次展现了"法典形式"的文化实力，其在 18 世纪至 19 世纪的欧洲大陆是绝对的历史典型，并且也是法律发展史上承前启后、划分西方法律与非西方法律的具有划时代意义的历史转折。由此，历史学家将"法典形式"又称为"法典符号"或者"法典神话"。[2]

法典代表着法律产生的一种新的构思方式，这也是所有问题的起源。这种来源于法国大革命中法律实验室的现代化成果，代表着法律的确定性以及包括所有规范体系在内的新的法律渊源。

法国大革命后，民法典作为法律现代化过程中国家和立法最重要的法律形式而得以产生。众所周知，这一现代化的产物早已经脱离了其原始形式存在的法国与德国国家法律体系，成了今天仍在运动与流转中的法律模式。

然后法典成了经验。作为经验，法典在世界范围内作为一种存在模式被不断重现，但在其周围却逐渐、不可避免地出现了法律渊源的危机，正如早期那些法典被

---

* Marina Timoteo，意大利博洛尼亚大学法学院比较私法教授。
** 乌兰，中国政法大学法律硕士学院讲师，意大利博洛尼亚大学民法学博士。
〔1〕《中共中央关于全面推进依法治国若干重大问题的决定》，载 http://news. xinhuanet. com/ziliao/2014 – 10/30/c_127159908. htm.
〔2〕 Paolo Grossi, "Codici: qualche Conclusione fra un Millennio e l'altro", in ed. *Paolo Cappellini and Bernanrdo Sordi*, *Codici. Una Riflessione di ne Millennio*, Giuffrè Editore, 2002, pp. 579 – 599.

最初构思出来时一样。〔3〕

因此我们看到现代化法典的确定性在更灵活、更多变的法律领域内被逐渐消磨。法律的流动性与灵活多变的特点在法典化过程中被重新提及与讨论。

几十年以来，意大利（且不仅仅是意大利）的民法学者们一直对民法法典进行反思，包括法典的立法形式、相关性、其中存在的困难及其范式等。通过这些思考确立了一些基本思想。首先，用 Rodolfo Sacco 的话来说："编纂法典是立法无法回避的必经之路"。〔4〕

现实告诉我们。法典编纂在被一个非常重要的信念推动着进行，这种信念可以从法典中看到，尤其是民法典，它既是一种象征也是一种典范。这在中国的立法过程体现得非常明显，即编纂民法典是中华人民共和国自成立以来一直想要完成的法治工程。迄今为止，这一目标虽未完全实现但依旧坚定。编纂民法典不仅成了法学领域的重要责任，更是中国领导人心中所期望的纲领性计划。2017 年，《民法总则》通过生效，是此项立法工程的首次具体化。〔5〕

在民法总则中，关于法律渊源的规定是总则部分的核心之一，也是民法典编纂中的立法技术与法典形式之间的连接点。从这个角度来说，其目的在于阐述一个核心问题：案例法、风俗习惯和法学理论是否可以作为法律渊源，以及法律解释者能为规则的具体化作出哪些贡献。如果将这一主题作为研究内容，那么它会推动中国的法律进程并得到很令人兴奋的发展成果。

我试图通过比较法上的反思找出一些问题，来进行主旨讨论。

第一个问题：立法的语言表达。立法者的表达方式？立法者向谁进行表达？

毋庸置疑，"规则"受很多的相关因素的影响，其中最首要的便是规范的语言表达方式。目前有许多关于中国立法语言的研究，都指出中国立法语言极为模糊，〔6〕许多规定必须通过次级立法进行解释。

这里有许多关于法律层级的讨论，立法者认为，高层级的法律渊源不是法官的解释，而是来自于中央或者地方的较高的立法机构制订的法律规范。当然，这种思维方式正在改变，而且我相信《民法总则》也清楚地凸显了这种变化。《民法总则》并不是一部全新的法律。我们发现，在其中有着许多的条款，是来自于中国过去二十年来制订的民事法律——合同法、侵权法、物权法等。我们还发现其中许多规定受到了中国最高人民法院司法解释的影响。这些解释大多都不以案例法的方式呈现，因为它们虽是法律和司法活动之间的一个连接点，但并不涉及某一具体的案例。

---

〔3〕 关于法律渊源的危机以及新近对此问题的反思，参见 Paolo Grossi, *Ritorno al diritto*, Laterza, 2015, pp. 77~81.

〔4〕 Rodolfo Sacco, "*Codificare: un Modo Superato di Legiferare?*", *Riv. Dir. Civ.*, I, pp. 117 – 135.

〔5〕 《中华人民共和国民法总则》（Zhonghua renmin gongheguo minfa zonzge）.

〔6〕 关于中国法律语言的不确定性，参见 Deborah Cao, *Chinese Law-A Language Perspective*, Aldershot: Ashgate Publishing Limited, 2004, pp. 94 – 121.

从法律适用的对象来看，另一个重要问题是，法典如何处理现实中的复杂性问题，即中国民法典要与谁对话？我们发现，在当前复杂的社会环境中，其适用对象不再是抽象的民众，而是消费者、弱势合同方、大型跨国公司、"无形资产"的生产者和使用者或是接受人工遗传生物技术的人，即所谓的"不成熟方（big minors）"。民法总则考虑到了社会日益的复杂化，民法典也亦逐步对现实社会进行回应。那么，在民法典分编编纂过程中我们就非常有必要了解这些复杂的社会现象如何参与立法进程。

第二个问题：司法判决的撰写方式（ius dicere），即法官的表达方式。

司法判决是如何撰写的？这些判决篇幅如何，说理是否充分？其呈现的内容是否具备合宪性？法官在判决时是否会与法学理论进行对话？学理是否会被判决引用呢？

在这方面，意大利的比较法学者曾展开过很重要的研究，目的在于阐述法典在其他法律形式中的作用。Antonio Gambaro 教授向我们解释了，法学理论是如何通过一定的规则来自我表达的，而这些规则通过典型的立法语言形成。故而在法律形式易变的情形下，司法更倾向于与国家的其他权力直接进行对话，而不是法学理论。[7]

在中国，法官与国家其他权力机构之间的关系十分清晰。我们在此观察到了法院的判决文书形式发生了很有意思的转变。在改革开放的前几十年，中国法官的判决文书相对而言较单一，大多与法律条文一致，更类似于行政公文。而在最近的十五年里，我们可以看到裁判文书的行文方式在循序渐进地改变，这在民法领域尤为显著。

我们还必须考虑到最高人民法院的司法解释所扮演的角色。在中国有许多法律规范来源于最高人民法院，它们与具体的案件（外在表象）相分离，（解释、规定、决定）也并不以案例判决的形式生效。它们展示了基层法院法官与上级法院法官之间一个十分有趣的联系模式。除此之外，案例指导制度为法院的判决文书形成方式提供了新的视角。还有一个自下而上的因素：经济、社会和科技的飞速发展。这样的发展使得立法层面的处理速度无法与之匹配，法官不得不对此进行更多的思考并创造性地适用和解释法律。例如，现在已经有大量案件是关系到未出生胎儿与被冷冻卵（精）子的。

基于这样的状况，司法判决的篇幅会增加，且内容更具争议性，也就需要更充分和广泛的论证，甚至需要引用法学理论。

尽管存在着具体的法律规范，但法官越来越频繁地参考原则条款或者习惯，特别是诸如公序良俗、公平合理之类的基本原则。但是，所有关于习惯与公序良俗的

[7] Antonio Gambaro, "Codici e Diritto Giurisprudenziale", in ed. Paolo Cappellini and Bernanrdo Sordi, *Codici. Una Riflessione di ne Millennio*, Giuffrè Editore, 2002, pp. 533 – 534.

引用并没有被适用于判决。法官仅将其作为判决文书中表明支持或反对论点的依据。Gorla 曾明确区分遵循先例判决而形成的规则与为解决争议而创设规则的判决，中国的案件处理方式明显属于后者。[8]

不过，关注公序良俗、公平合理等基本原则，以及风俗习惯的作用依旧很重要，因为它们是新法典中所建立的民法体系的基石。

事实上，《民法总则》中也明确提及这些原则。在民法的世界中，我们发现越来越多的法律因素出现并且影响着民法典的定位。这也使得，法律规范变得越来越多元化。正如 Paolo Grossi 教授所说，形式上的法律和事实上的法律需要保持沟通，以防止前者变成"一个没有内在意义的空壳"。一般条款和风俗习惯便具有这样的作用。

在中国，有两个不容忽视的重要因素：第一个是具有政治性质的或者具有政治－行政混合性质的规则，其严重影响着中国的法律渊源。第二个是地方的司法文化，虽然其受到了西方法律影响，但它显然有自己的本土处理方式。

为此我们必须回顾一下比较法上的经典问题，即法律移植与本土法律之间的关系。以民法典为例，我们或许可以将其视为一种标准的外来模式，且已经成为主流趋势并融入本土法律体系。但还有很多东西有待发现，司法解释可为此提供许多重要的线索。对我本人来说，有一个经典的讨论主题：合理。合理，在西方的法律传统中有自己的历史发展轨迹，[9]使得民法在对规范及其构成事实进行抽象之外，重新思考公平概念。

现在，在《民法总则》中，我们看到合理的标准，与公平同时出现在财产领域，即为了公共利益征收、征用私人财产的，《民法总则》第117条规定："为了公共利益的需要，依照法律规定的权限和程序征收、征用不动产或者动产的，应当给予公平、合理的补偿"。此处，《民法总则》在为了公共利益而征收征用的问题上，提供了一个旨在将规范与事实联系起来的解释学标准。值得思考的是，这个标准不是对西方模式的简单复制，而是对中国经典解释传统的再发现。

对"理"这个字的语义分析，可以告诉我们更多关于这个"合理性"的内涵。它是一个形声字，是由左右两个文字复合成体，字义从"玉"从"里"，字音从"里"。其中"里"意思为"本质""纹理"：美玉、木头和石头的纹路。追本溯源，这个字最古老的含义为事物本身的"图案"：玉石是一种很容易被雕琢的珍贵宝石，需要雕刻师遵循它的自然纹路。理作为一个动词，意思是"顺着自然规律或者分工处理具体事务"。故在更广泛的意义上，判决的形成过程意味着追寻事物的本质，并观察和遵循它的自然样式。

---

[8]　Gion Gorla, "Precedente Giudiziale", *Enciclopedia Giuridica Treccani*, 23 (1990), pp. 4–8.

[9]　关于基本观点，参见 Neil Maccormick, "Reasonableness and Objectivity", *Notre Dame Law Review*, 74 (1999), pp. 1575–1604.

　　显然，从最深刻的历史层面来说，"合理性"是一种文化。因此，在我们西方人研究中国法律的时候，主要是要讨论与倾听，因为中国的过去很明确地表明了，编纂法典并不是一项简单的起草工作或是一项技术操作。

　　民法典与其适用的环境无法剥离，其必然由法律职业共同体中的人员所编纂。民法典形成的过程也是法典对其自身定位的找寻。如果我们想要详细地了解民法典的形成过程，也就需要仔细地研究法典化进程本身。

　　法典化在法律规则与法律实践相互衔接、形式上的法律与事实上的法律融洽共生的基础上才能得以实现。

民法典的外部体系效益及其扩张

◉谢鸿飞 *

摘要：民法典是事实、逻辑和价值的统一。外部体系和内部体系都是描述性概念，在立法过程中，外部体系的建构可以相对独立。民法典的体系效益主要体现为拓展法律的调整范围，保障法律自治、自洽和自足，最终强化法律的拘束力和安定性。在复杂社会中，民法典的体系效益更为明显。体系效益源于民法调整范围的综合性、规范内容的层次性和法律意义的脉络性，民法典的体系效益高于民事单行法。民法典有决疑法、原则法和抽象法三种风格，抽象法最能增进体系效益。民法典依据调整事项，分别设定一般条款、固定构成要件条款和弹性条款，可使体系效益最大化。在外部体系上，中国民法典应尽可能保持纯粹私法性质，剔除公法条款，删除无益的引致条款；避免过度抽象和过度具体，既增加重要规则的供给，又提升对新情势的适应力；尽可能采用完全法条，以裁判规范为主；法条表达的精确与通俗不能得兼时，精确优于通俗。

关键词：民法典；外部体系；法律的安定性；概念法学；动态体系；债法总则

一、导论：民法典的底限标准

中华人民共和国第四次民法典编纂工程启动前，已有数量可观的民事单行法，故学界对编纂民法典的价值多有怀疑，一种强有力的主张是起草"松散式、邦联式"的民法典，即汇编各单行法，无须追求体系，[1] 民法典编纂的重点无非增删补缺，如此不仅立法可计日程功，而且修法也刃迎缕解，可谓事半功倍。2014 年，中国决定编纂民法典，学界对放弃指导性案例、法律重述、制定示范法等民法完善路径，亦不乏惋惜之情。[2]《民法总则》通过后，全国人民代表大会常务委员会法制工作委

---

* 谢鸿飞，中国社会科学院法学研究所研究员。

〔1〕 参见梁慧星："当前关于民法典编纂的三条思路"，载《中外法学》2001 年第 1 期。

〔2〕 参见张谷："对当前民法典编纂的反思"，载《华东政法大学学报》2016 年第 1 期。庞德在观察 1929-1931 年中华民国民法后，认为两类国家编纂了法典：一是法治相当先进的国家，已无法通过司法发展法律；二是法治后进国家，需要法典激发司法和法学发展。Roscoe Pound，"Chinese Civil Code in Action"，*29 Tul. L. Rev.*，277，289（1954-1955）。

员会民法室黾勉从事，陆续完成民法典分则各编的《室内稿》（以下简称《室内稿》）。然而，对中国民法典编纂中较为明显的汇编色彩，甚或从编纂转向汇编的忧虑，似乎始终未能彻底消解。在所有中国法中，惟民法将被冠称"典"，但到底什么是民法典？或者说，一部法律要满足哪些底限条件，才能称为民法典？这是民法典编纂应达成的基本共识。

被称为"法典"的法律种类芜杂，甚至连家族相似性都不存在：《汉谟拉比法典》和《德国民法典》的观念、内容和表达天壤悬隔；按照字母区分主题，依据卷、章、节、条顺序编排法条的《美国法典》，在欧洲只能被称为法律汇编（digest，consolidation 等）。因此，为避免"中国古代有无民法"之类的争议，有必要首先界定民法典。

现代意义上的法典滥觞于启蒙运动。狄德罗等人主编、1779 年出版的《百科全书》将法典界定为"以普遍方式体现法律"，但体现方式迥异，至少包括五种形态。[3]后世学者多从法典的要素入手界定，又分为结合法治原则的界定和纯粹对法典的界定。前者较为典型的观点认为，法典包括如下要素：①权威性，即必须由有权机关制定，民间文本不能成为法源；②整全性，即一览无遗地调整某个或多个社会领域；③体系性；④革新性；⑤统一性，即统一相关领域的法律；⑥简洁性。[4]后者如认为法典应具有调整事项的综合性、依循逻辑和科学方式编排法条的体系性、超越个案主义的抽象性、对现有规范的革新性等。[5]几乎所有对法典的界定均强调两个根本特征——综合性和体系性，前者要求法典调整其权限内的全部事项；后者强调条文的理性化编排和表达、法条之间的融贯性和关联性。[6]1815 年，边沁结合拉丁文名词 codex 和动词 facere，创设了"法典化（codification）"一词，用以表达兼具整全性（pannomion）和体系性的理想法典。在他看来，欧陆诸国民法典都不是法典，不仅因为它们没有贯彻功利原理，而且其体系性也没达标。[7]

在形式上，作为理想类型的民法典，是运用醇熟的理论理性，体系化组织和整合法律素材的产物。其底限要求是综合性和体系性，前者往往又被后者吸纳。贝格尔据此循名责实，将民法典分为实质民法典和形式民法典。前者重视超越具体个案的普遍规则，是一个理性体系；后者并未建构某个领域的法律秩序，不过将现行零

---

[3] Damiano Canale and Hasso Hofmann （eds.）, *A History of the Philosophy of Law in the Civil Law World*: 1600 – 1900, Springer, 2009, p. 136.

[4] Gunther A. Weiss, "The Enchantment of Codification in the Common-Law World", 25 *Yale J. Int'l L.*, 435, 454 – 458 (2000).

[5] Aharon Barak, "Towards Codification of the Civil Law", 1 *Tel Aviv U. Stud. L.*, 9, 11 (1975).

[6] James Gordley, "Codification and Legal Scholarship", 31 *U. C. Davis L. Rev.*, 735, 735 (1998); Michael Mc Auley, "Proposal for a Theory and a Method of Recodification", 49 *Loy. L. Rev.*, 261, 263 – 267 (2003).

[7] Dru Stevenson, "Costs of Codification", 2014 *U. lll. L. Rev.*, 1129, 1131 n2. (2014).

散的规则合并为统一文本，避免法条出现重复或不一致，缺乏体系。[8]形式民法典严重偏离了启蒙时期的法典理念和立法技术，甚至被称为"假法典"（pseudo-codes）[9]。

在内容上，早期民法典都是自然法系统化和实证化的结果。[10]立法者的共同目标是经由对法律素材的高度理性化和体系化，化约琐碎和复杂的社会事实，实现社会全面理性化，达致"一个国家，一部法律，一个市场"的政经目的。在民事单行法已全面覆盖民事生活领域的中国，民法典编纂的恢弘目标和高远意义，很大程度上都被体系化这一技术目标所取代。学界呼吁编纂民法典的理据也集中在体系性上：即使民事单行法一应俱全，它们"也不是高层次的、科学的民法体系……单行法各有其相对的独立性，不能体现民法整体的内在联系和运行规律"。[11]"制定一部体系混乱、不讲逻辑的民法典所可能给中国造成的弊害，将比中国没有民法典更甚千万倍!!"[12]惟学界对民法典的体系效益都视为当然，未揭示其实质内容。

本文的问题意识是：民法典何以比民事单行法更有体系效益。与此相关的是：体系效益的内容到底是什么，值得我们引首以望？民法典到底要体系化到何种程度，才配称民法典？体系效益至少要满足哪些条件才能实现？

在所有学科中，体系的基本特征都是由诸多个体形成的统一秩序，秩序的类型取决于素材的属性和体系的建构目的。目前，民法学界基本接受了黑克（Heck）1932年提出的外部体系和内部体系的分类。其中，外部体系是依据形式逻辑规则，通过抽象概念或类型整合法律素材形成的外部架构；内部体系则是决定法律规范内容的基础价值、法律理念和法律原则。本文讨论学界最关注的民法典外部体系。

必须说明，外部体系和内部体系主要是描述性概念，两者无法实质切割，而是"你中有我，我中有你"的互生状态。任何民法典都是生活事实、基础价值和形式逻辑的统一体，外部体系中的法律规则无非运用逻辑连接事实和价值的产物。它强调概念的逻辑构造，但概念的形成必然受到价值的强烈影响。[13]在民法典适用和解释时，通过外部体系即可达成共识的，内部体系隐而不彰，至多发挥事后审查的功能；反之，内部体系即直接扮演主角。[14]因此，卡纳里斯依据体系是否表彰了价值评价的融贯性，将体系分为两种，进而认定不体现融贯性的外部体系并非真正

---

〔8〕 Jean Louis Bergel, "Principal Features and Methods of Codification", 48 La. L. Rev., 1073, 1077 – 1093 (1988).

〔9〕 H. Patrick Glenn, "The Grounding of Codification", 31 U. C. Davis L. Rev., 765, 770 (1998).

〔10〕 参见［德］费朗茨·维亚克尔：《近代私法史：以德意志的发展为观察重点》，陈爱娥、黄建辉译，上海三联书店2006年版，第319页以下。

〔11〕 魏振瀛："我国为什么需要民法典"，载《上海法治报》2016年9月14日。

〔12〕 梁慧星："松散式、汇编式的民法典不适合中国国情"，载《政法论坛》2003年第1期。

〔13〕 参见黄茂荣：《法学方法与现代民法》，法律出版社2007年版，第618页。

〔14〕 参见汤文平："民法教义学与法学方法的系统观"，载《法学》2015年第7期。

的体系。[15]在民法典编纂时，外部体系的建构是将基于事实和价值确定的法律素材，组织为法命题综合体，这一过程不再审查规范内容的合目的性，相对独立于内部体系。限于篇幅，本文仅讨论外部体系。

二、民法典外部体系效益的内容与决定因素

（一）民法典的体系效益的内容

体系效益到底是什么，学界着墨不多。苏永钦先生提到了体系储存大量规范、内化规则间矛盾、便利推论规则适用次序、减少找法成本等功能，但民法典原始的体系功能多已不复存在。[16]可以肯定，在互联网时代，储存等功能退居其次，依然重要的体系效益主要包括：

1. 最大限度覆盖社会生活。民法典作为践行启蒙理念的产物，承载了使人类社会摆脱各种无法预测的偶然性，按照固有规律运行的理想。法律应将整个社会纳入治理轨道，并使社会诸领域紧密互动，是启蒙以来的立法雄心，也是边沁整全法的支柱。[17]概念（实证）法学的基点也是法律完备无缺，能将所有案件涵摄于既定规则或原则，[18]凡法律无法涵摄的案件，在社会生活中都无足轻重，在法律世界无需存在。正因为此，在向来不信任司法权、严格界分立法权和司法权的大陆法系，其民法典才有底气规定，法院不得以于法无据为由拒绝裁判（《法国民法典》第 4 条、《澳门民法典》第 7 条第 2 款等）。韦伯敏锐地指出，这种观念以法律内含了一个毫无漏洞的体系为前提。[19]需要解释的问题就成了：体系何以能产生无缝覆盖社会生活的效果？

答案是：法律体系可以自我繁殖，不断产生新的知识或规则，无限拉长知识或规则的链条。早期理性法学依从笛卡尔的方法论，模仿自然科学，先归纳公理和最高概念，然后从体系出发，不断通过演绎创造更多概念和规则，因为每个概念在体系都有固定位序，概念当然就成了演绎的主要工具。但在概念法学形成时期，对自然科学的盲从就略有改观。普赫塔将体系界定为"特殊的有机体，自我发展为一个身体（Koeper）"，[20]耶林也使用了"法学身体"一词，将求善的法学与求真的自然

---

[15] 这种体系包括如下六种：①黑克的外部体系；②施塔姆勒、凯尔森等人的纯粹体系；③形式逻辑体系；④问题关联的体系（Problemzusammenhang）；⑤生活关系的体系；⑥黑克的"利益决断"体系。Vgl. Canaris, *Systemdenken und Systembegriff in der Jurisprudenz*, 2 Aufl. Duncke & Humblot, 1983, ss. 19 ~ 34.

[16] 参见苏永钦："现代民法典的体系定位与建构规则"，载《交大法学》2010 年第 1 期。

[17] Terry DiFilippo, "Jeremy Bentham's Codification Proposals and Some Remarks on Their Place in History", *22 Buff. L. Rev.*, 239, 240 (1972).

[18] 参见［美］罗斯科·庞德：《法律与道德》，陈林林译，中国政法大学出版社 2003 年版，第 62 页。

[19] 参见［德］马克斯·韦伯：《韦伯作品集：法律社会学》，康乐、简惠美译，广西师范大学出版社 2005 年版，第 29 页。

[20] G. F. Puchta, *Cursus der Institutionen*, Bd. I, *Die Geschichte des Rechts bey dem roemischen Volk*, 3 Aufl. Leipzig, 1850, p. 98.

科学拉开了一定距离。用身体比拟体系的重要意义之一是，确认"概念具有再生性，它们配对并孕育新的概念"。[21]法学家甚至可以"如化学家一样析出最基本的元素，然后将元素加以组合，得出新物质。概念具有生育能力，与其他同类交配，产下新概念"。[22]个案导向的普通法也承认判决的生殖功能："每个判决都有一种生殖力，按照自己的面目再生产。"[23]如果这种观点成立，民法典将具有强大的概念层级优势，通过演绎既有规则顺应社会新情势。这种潜能远大于调整单一领域、概念层次不明显的民事单行法。

如所周知，法律无漏洞的乐观主义一百余年来饱受重创。"借抽象概念建构一个封闭、无漏洞体系的理想，即使在概念法学鼎盛的时期也从未完全实现"；[24]法律无漏洞"展示的不是法典化理念的力量，而是现实意识的缺乏"。[25]纽约州反对菲尔德法典的理由之一也是大陆法系不精确，存在漏洞。[26]根本原因在于，法律是无法通过形式逻辑获得新知的，新知产生于类推、扩张解释等类立法方法的适用，正如卡多佐所强调的那样，类推"是没有哪个法律体系能够放弃不用的工具"。[27]民法典的体系效益因此也更值得追求：通过多位阶的规范构造，不仅可以减少类推，还可为类推提供更多参照标准。

2. 确保法的安定性。法的安定性落脚点是基于平等原则的要求，在司法中"同案同判，类案类判"。其前提是法律为社会行动者提供稳定的行为预期，满足其对规范的信赖，使其可以理性筹划，反过来促进社会行为的常规化和稳定化，将社会生活建立在理性基础上。无论是韦伯的形式理性法律，还是卢曼的法律规范预期，[28]都强调法律的可计算性和可预期性。法典化多少隐含了这一假定：法律规定的都是社会运行的固有规律；未规定的，都是有争议的事项。第一波欧陆民法典几乎都被赋予实现国族整合、统一法律的目标，美国的成文法域如路易斯安那州等，其民法

---

[21] Jhering, *Der Geist des Römischen Rechts auf den Verschiedenen Stufen seiner Entwickelung*, Teil 1, Leipzig 1852, s. 29.

[22] Jhering, *Scherz und Ernst in der Jurisprudenz: Eine Weihnachtsgabe für das juristische Publikum*, 9 Aufl. Leipzig, 1904, s. 7.

[23] ［美］本杰明・卡多佐：《司法过程的性质》，苏力译，商务印书馆2000年版，第9页。

[24] ［德］卡尔・拉伦茨：《法学方法论》，陈爱娥译，商务印书馆2003年版，第330页。

[25] ［德］卡斯滕・施密特："法典化理念的未来"，温大军译，载《北航法律评论》2012年。

[26] Gunther A. Weiss, "The Enchantment of Codification in the Common-Law World", *25 Yale J. Int'l L*, 435, 510 (2000). 深受萨维尼影响的卡特甚至将判例法与民主，法典化与专制联系一起。Aniceto Masferrer, "The Passionate Discussion Among Common Lawyers About Postbellum American Codification: An Approach to Its Legal Argumentation", *40 Ariz. St. L. J.*, 173, 199 (2008). 详见徐国栋主编：《比较法视野中的民法典编纂》，北京大学出版社2007年版，第79页。

[27] ［美］本杰明・卡多佐：《司法过程的性质》，苏力译，商务印书馆2000年版，第28页。

[28] Niklas Luhmann, *Law as a Social System*, Oxford University Press, 2004, p. 157.

典追求的首要目的，也是通过稳定性强的法典增强法律的确定性。[29] 这种可预期性构成市场经济稳定基础，更是长期投资的信心来源。

若将民法典视为自然法的实证化，其源泉就应系国民生活和社会通行的交往规则，它就并不会改变人们在社会化过程中已经习得的常识，对民法规范的预期也就未必一定要学习民法典才能获得。因此，在民事领域，法的安定性主要是对法官的拘束，即法院必须依法裁决，正如《奥地利民法典》起草人蔡勒（Zeiler）所说："若法官不是诉诸法律规范而是诉诸自身的哲学观点……裁决的矛盾将会与日俱增。"[30]

体系对实现法律的安定性、司法权非人身化的首要作用在于，它使法律形成了一个自治、自洽、自足的畛域。前述法律（法学）身体论的宗旨，就是将法律构建成一个自我封闭的领域：它首先排除了道德和伦理，其后排除了所有无法被精确计算的政经、文化等现实考量。即便不得已要纳入这些考量，也须将其内化于法律，实现法律的自我纯化。这种观念的极致，是将合法性（legitimacy）完全等于"合法律性"（legality），法律因此陷入自我指涉中，即什么是法律，什么不是法律，是由法律本身确定的。但是，正如卢曼在分析法教义学时指出的，"体系是秩序和分类的手段，因此是认知的保证和成立的手段，不能把体系直接视为实在（既不是中世纪的实在，也不是现代意义上的实在）"。[31] 将人类建构的法律实体化，将从社会事实中抽离出来的概念等同于社会事实，是怀特海所称的"错置具体的谬误"（fallacy of misplaced concreteness）。然而，它将法律适用归于简单的三段论涵摄，法院依据客观的事实、明确的规则和充分的逻辑裁判，委实可保障法律的安定性。

体系效益的一个重要内容是通过法条之间的紧密脉络关联，保障法律解释的正确性。普赫塔就指出："在形式上，体系知识包括了法律的各个部分，可以保障确定性。若法律仅仅是法律规则的集合体（Aggregat），我们就不可能把握整体的联系……法律是一个体系，只有我们认识到这一点，才能真正理解其本质。"[32] 前述耶林用化学元素比拟法律元素，背后也有这样的信念：各元素相互作用，缺乏任何一个都不足成为整体。法律的意义网络越复杂，解释者的自由空间就越小；对法律适用和解释的事后审查和评价就更为容易。在运用体系解释中部分和整体之间的"解释学循环"时，法律规范层次越多，出现多个解释结论的可能性就越低；在目的解释时，通过多位阶法律规范获知立法目的的可能性就越大。运用民法典解释时，法

[29] John A. Lovett, "On the Principle of Legal Certainty in the Louisiana Civil Law Tradition: From the Manifesto to the Great Repealing Act and Beyond", *63 La. L. Rev.*, 1397, 1397 (2003).

[30] Damiano Canale and Hasso Hofmann (eds.), *A History of the Philosophy of Law in the Civil Law World: 1600 – 1900*, Springer, 2009, p. 136.

[31] Nikolas Luhmann, *Rechtssystem und Rechtsdogmatik*, Verlag W. Kohlhammer, 1974, S. 11. 需要说明，卢曼所称的系统和民法体系不同。

[32] G. F. Puchta (Fn. 20) 101.

院置身于同一整体法律网络中，各单行法成为一个整体的部分；运用民事单行法解释时，法院置于效力相同的多个法律网络中——显然，前者保障法律解释结论唯一性的体系效益远大于后者。

3. 消除体系内部的逻辑矛盾。建构外部体系的底限是遵循形式逻辑法则，如同一律、排他律、充分律等，确保规范之间的逻辑一致。民事单行法当然可以保障彼此之间的规范内容无矛盾，但将单行法编纂为民法典，置于更高的整体时，更易查知逻辑矛盾，如《合同法》第 121 条（第三人原因的违约责任）、第 302 条（承运人对旅客人身伤害的责任）和《侵权责任法》第 37 条（安保义务）的冲突。

更重要的是，通过民法典比单行法更容易发现法律规范之间隐蔽的"规则—例外"结构（Regel-Ausnahme-Struktur）。如《合同法》第 122 条规定在侵权与违约竞合时，债权人可以选择行使请求权，但许可债权人选择《侵权责任法》主张请求权，有时将架空某些条文的规范意旨，如《合同法》第 374 条至第 375 条对保管人责任的限制。在单行法模式下，《合同法》和《侵权责任法》效力相同，识别这种隐藏结构显然比同时纳入两者的民法典模式更难，也更容易让法官依违于不同单行法。

4. 降低找法和法学教育成本。将各单行法整合为一部民法典，将减少在不同单行法之间往还的搜法成本，从分则到总则的找法程序也使找法过程更为简便。兹举一例说明：甲租用乙的塔吊，但合同到期后拒绝返还。按照请求权规范基础的思维方法，乙可依法主张如下几种请求权：违约（《合同法》第 107 条等）、侵权（《侵权责任法》第 2 条等）、不当得利（《民法总则》第 122 条）、所有权返还（《物权法》第 34 条）和占有回复（《物权法》第 245 条）。通过一部民法典即可穷尽相关法条，无需在不同单行法中寻找。

在法学教育方面，体系化的民法典更有助于形成有机的知识体系，整合碎片化的知识点，融会贯通各个层次的概念，而且通过"将构成要件可变的、被想象出来的法律案件，涵摄到正确的法律请求权"，[33]更有助于培养法律共同体统一的思维和达成共识。

综上，民法典比民事单行法更能发挥体系效益，从体系效益角度可以证成民法典编纂的必要性。社会领域的数量越多、专业越细化、社会变迁速度越快，对法律的需求就越急迫，民法典的体系效益也更为突出。拉伦茨说："即使在今天，也只有少数法学家能不目眩于抽象概念式体系的魅力。"[34]其根由或源于此。

（二）体系效益的决定因素

民法典的体系效益的有无及其大小，取决于如下三个因素。

1. 调整范围的大小。民法典调整的范围越大，越能匹配民法典作为社会基本法

---

〔33〕 参见［德］弗朗茨·维亚克尔：《近代私法史——以德意志的发展为观察重点》，陈爱娥、黄建辉译，上海三联书店 2006 年版，第 420 页。

〔34〕 参见［德］卡尔·拉伦茨：《法学方法论》，陈爱娥译，商务印书馆 2003 年版，第 317 页。

的地位，体系效益也越明显。因此，立法者有必要考量一切社会事实，尽可能安排所有实证法材料，减少法外空间，使法典"不与自然性相妥协，不受模糊或生疏的影响"。[35]

根本上，民法典的调整范围取决于内在体系，即主体之间的平等性，不过不同时期平等的范围有别而已。民法典可以依两种思路选择调整范围：一是依据《民法通则》，凡平等主体之间的人身关系和财产关系，皆可入典。二是按照法律关系，将社会关系分为人和物的关系和人与人的关系，后者的模型包括两个人之间的关系、任何人和任何人之间的关系、三个人之间的关系。

在比较法上，民法典调整范围的根本差异在于是否纳入亲属法。一些国家或地区的民法典排斥亲属法，或基于对抗教会的政治考量，或源于社会主义国家对家庭重要性的考量，但这种模式渐被扬弃。[36]中国亲属法回归民法已成各界共识和立法实践。亲属法存在保护家庭弱者权益、维护家庭稳定的特殊原则，回归民法必然与财产法理念产生碰撞，[37]比较妥当的是采俄罗斯的民法和特别法双轨制，民法典与亲属特别法构成一般法和特别法的关系，单行法贯彻对亲属关系的特别考量，[38]民法典可考虑用债权手段调整夫妻间的财产关系，[39]使财产法和亲属法的逻辑尽量一致。

2. 结构层次的数量。结构层次是指体系的上下层次或者位阶。在民法典中，它体现为"总则—分则"结构或"一般规定—特殊规定"。

结构层次性实质上是对规则抽象性的要求。如果法律不具有抽象性，沦为就事论事的决疑规则，不仅不具有任何体系效益，而且在韦伯看来，它们连形式理性都不具备，追求的只是实质正义。[40]结构层次性也必然使法律规范并非直观地反映社会事实，而是通过理论理性抽象后在概念和类型中反映；民法规范不能还原为任何一个社会事实，相反，所有社会典型事实都可被涵摄于法律规范。

民法典的层次是由不同的"编纂概念"决定，概念的层次依据两个标准确定：一是概念的抽象性。构成要素即内涵越多的概念，层次越低，越少越高；二是概念负荷价值的根本性。概念负荷的价值越根本，层次越高，越具体越低。[41]在法典编

---

[35] [法]皮埃尔·勒格朗："反对欧洲民法典"，周维明译，载《北航法律评论》2013年第1辑。

[36] 参见林易典："告别民法典!?——论独立于民法典外之亲属法其立法成因"，载《成大法学》2010年第20期。

[37] 参见巫若枝："三十年来中国婚姻法'回归民法'的反思"，载《法制与社会发展》2009年第4期。

[38] 参见鄢一美："俄罗斯社会转型与民法法典化"，载《比较法研究》2015年第3期。

[39] 参见贺剑："论婚姻法回归民法的基本思路——以法定夫妻财产制为重点"，载《中外法学》2014年第6期。

[40] 参见[德]马克斯·韦伯：《韦伯作品集：法律社会学》，康乐、简惠美译，广西师范大学出版社2005年版，第292页。

[41] 参见黄茂荣：《法学方法与现代民法》，法律出版社2007年版，第125、511页。

纂时，抽象概念先于具体概念，上位阶价值概念先于下位阶概念，但在法律适用时，顺序则相反，因为法律规范使用的概念越具体，立法者拘束法官的目的就越明确。

概念的层级最终来源于社会事实的秩序，即从社会行为角度观察"事物的秩序"。法国民法奠基人多玛就指出，民法调整的事项本身都有一个简单和自然的秩序，这些事项构成一个存在等级秩序的整体。[42]这种秩序是经过理性加工的事物秩序，其基础是社会运行的不同层面。通过这种秩序建构，社会事实丧失了多样性和差异性，只留下了法律关注的共性。

3. 规范脉络关联的紧密程度。规范脉络要求规范之间存在法律意义关联，即"法律规范不仅相互补充、支撑，毋宁自始就交结在一起。"[43]民法典由数量众多条文组成，条文之间若没有法律意义脉络的关联，即便条文再多，也不过是汇编和拼贴，无法产生体系效益。只有规范之间存在脉络关联，才能形成整体与部分、部分与部分之间的有机关系，体系效益中的体系解释循环、规范冲突时的目的解释也才能实现。

在民法典中，规范之间的意义脉络关系包括两个层面：

（1）相同或相似规范群之间的脉络关联。要将调整不同社会事实的法律规范建构为体系，至少要求规范的内容或调整的社会事实具有相似性。这种相似性按照其相似程度可分为两类。

一是初级相似性，即构成要件的相似性。民法典调整模式化、定型化的社会事实，在社会行为领域，它包含韦伯概括的四种行为类型：目的理性行为（如有偿合同）、价值理性行为（如公益赠与）、情感行为（如婚姻、被继承人的原宥）和传统行为（如彩礼）。[44]非社会行为包括不可抗力等。在凸显某类社会事实的某些特征，忽视其他特征后，社会事实被提炼为概念，如支付金钱取得某种权利的合同，无论其取得的是物权，还是知识产权，都界定为买卖。在这方面，民法典外部体系建构一个疑难问题是，亲属法体系是如何构成的？通说认为，亲属法基于真实的家庭构造而成，[45]但买卖合同也以真实的买卖合同为基础，所以这种立论较为牵强。比较合理的解释是，两者都以社会事实的相似性为基础，但亲属法仅仅止步于构成要件的相似性，不可能再做进一步抽象。

二是高级相似性，即法律效果的相似性，是比构成要件更高层级的抽象。最典

〔42〕 Jean Domat, *The Civil Law in Its Natural Order*, tran. by By William Strahan, Chables C. Little and James, 1850, p. 96.

〔43〕 参见〔德〕卡尔·拉伦茨：《法学方法论》，陈爱娥译，商务印书馆2003年版，第207页。

〔44〕 参见〔德〕马克斯·韦伯：《韦伯作品集：社会学的基本概念》，顾中华译，广西师范大学出版社2005年版，第31-32页。

〔45〕 F. Bydlinskim, *System und Prinzipien des Privatrechts*, (1996) s. 172、351. 卡纳里斯认为，德国民法部分为概念体系，部分则以生活领域为基础，他称为"生活关系体系"（Lebensverhiiltnisse）。Caranis (Fn 15) 34.

型的是物权和债权，它们种类繁多，不对应于统一的生活领域，只是基于相同或类似的法律效果被归入一个规范群。如基于合同、侵权、不当得利都产生债权这一相同的法律效果，完全不同的社会事实被归入债法规范群。

（2）不同规范群之间的脉络关联。即民法典整体意义上的规范关联。各编之间的关联解释了民法典为什么可以对不同社会领域进行调整：总则和亲属编的关联，如未成年订立的合同；债编与物权编的关联，如订立买卖合同，通过物权变动行为取得物权、为担保债权的实现而设定担保物权；亲属编和债权编的关联，如离婚时的损害赔偿请求权……

整体观之，如果上述法律脉络关联存在，民法就不应是一个无机的建筑，而是一个有机的生命体，各部分相互依存，不可或缺。这可能也是普赫塔等提出"法律身体"概念的原因之一。

（三）民法典外部体系效益与民法典的结构

1. 民法典外部体系与民法典的分编。在编纂民法典的法律规范齐备后，一种观点认为，如何分编与体系效益无关，因为分编无非对按照主题排列的内容取个名而已，即便不分编，也只是有损阅读的愉悦，增加找法麻烦而已。有学者极端地说，为什么法国法系的法典是三编？——无他，本来如此（a priori）。[46]《法国民法典》第一编"人"共509条，第二编"物"只有195条，第三编"取得财产的方法"却有1571条，对这种不均衡结构，立法者解释说，"如果不均衡符合事物的本质，三编就是合理的。前两编服务于第三编，各编可以从不同角度观察，如何分编多少是有些随意的。"[47]学界提出的分编主张更是五花八门。如多玛认为，民法可以一分为二：自己创设的法律关系和继承而来的法律关系；[48]另有学者建议的两编为：第一编为人的保护，如家庭法、所有权保护、劳动保护、结社保护等；第二编为权利交易（Rechtsverkehr），包括合同法、继承法、时效等。[49]各国的民法典结构也判若云泥：三编（法国等）、四编（智利、西班牙等）、五编（德国）、六编（意大利、越南等）、七编（俄罗斯、蒙古国等）、十编（荷兰）均有立法例。

但上述观点掩盖了一个事实，民法典编纂必须依据一定的标准排列不同的主题，这一标准是什么？换言之，在分则层面，某一主题的内容何以和其他部分并列？对此可以考虑两个标准：一是领域的独立性，这要求其内容不能与其他部分重复过多；二是抽象层次的一致性。《意大利民法典》因为劳动关系对法西斯体制的运作具有重

---

[46] Alain Levasseur, "Civilian Methodology: On the Structure of a Civil Code", *44 Tul. L. Rev.*, 693, 695 – 697 (1970).

[47] Shael Herman and David Hoskins, "Perspectives on Code Structure: Historical Experience, Modern Formats, and Policy Considerations", *54 Tul. L. Rev.*, 987, 993 (1980).

[48] supra note 42, p. 96.

[49] Hermann Eichler, *Gesetz und System von Hermann Eichler*, Duncker & Humblot, 1970, ss. 101 – 123.

要意义，将劳动合同独立成编，[50]《荷兰民法典》鉴于运输业的经济重要性，将商法中的运输法（包括海运、内陆河运、公路和航空运输）纳为第八编，[51]皆不足为训。因为它们都是有名合同而已，实在难以和物权等分编等量齐观。中国民法典若将债编分拆为债法总则、合同和侵权三编，也只能理解为这三编是基于条文均衡所作的选择，三编构成一个债法整体，和其他各编并列。

2. 民法典外部体系与条文顺序。民法典各编的位序，在逻辑上存在多种可能性，不存在唯一正确的答案。[52]如不设总则的民法典，人法均先于物法；设总则的民法典，物法都先于人法。德国、葡萄牙的民法典的债编先于物权编，日本、韩国的民法典则相反，两者都有合理性。实质上，排序根本不是形式逻辑问题，而是"道理"（实践理性或生活经验）问题。如继承是家庭成员之间的关系，可置于亲属编后（《德国民法典》）；同时也是一种财产取得方式，可以和合同并列（《法国民法典》）。分则内部的小体系顺序亦如此。如对占有的位序，德国、日本将其置于物权编之首，瑞士、意大利将其置于末。前者的理由是，占有是物权法乃至整个民法的核心制度；[53]后者则认为，占有只是类物权，与所有权等本权存在层级差异，或认为占有仅为对物的事实管领状态。[54]这两种体例对体系效益均没有影响。

三、民法典外部体系效应与民法典的风格和规范模式

（一）民法典外部体系与民法典的三种风格

民法典的外部体系效益的基础之一是调整事项的综合性，即将立法者预见到的全部社会事实涵摄于法体系。不同风格的民法典完成这一任务的路径并不完全相同。拉伦茨依据外部体系的不同特征，将民法典分为三种理念类型——决疑式、指令准则式（Richtlinienstil）和抽象概括式，[55]当今各国和地区的民法典多少都兼具这三种风格。本文对这一分类略作改变，分析这三类民法典的体系效益。

1. 决疑法。决疑主要是法学和伦理学使用的概念。它关注特殊情境中法律和伦理规则的适用，并不预设任何普遍性的观念、原则和规则作为公理，而是借助范例确定个案的特定性质，然后将个案与一般道德规则连接。[56]传统意义的决疑术多以

---

[50] 参见［意］蒙那代里："关于中国民法典编纂问题的提问与回答——以民法典的结构体例为中心"，薛军译，载《中外法学》2004年第6期。

[51] Eltjo Schrage, J. H., "The New Dutch Civil Code: Some Old, Some New", 4 Sri Lanka J. Int'l L., 99, 112 (1992).

[52] 参见［意］鲁多尔夫·萨科："思考一部新民法典"，薛军译，载《中外法学》2004年第6期。

[53] 参见张双根："占有的基本问题——评《物权法草案》第二十章"，载《中外法学》2006年第1期。德国有学者认为，占有、人和合同三者作为德国民法典的基础。［德］奥科·贝伦茨："《德国民法典》中的私法"，吴香香译，载朱庆育等主编：《中德私法研究》（第7卷），北京大学出版社2011年版，第77页以下。

[54] 参见陈华彬："我国民法典物权编占有规则立法研究"，载《现代法学》2018年第1期。

[55] Vgl. Larenz/Wolf, Allgemeiner Teil des Buergerlichen Rechts, 8. Aufl. C. H. Beck, 1997, 80. ff.

[56] 参见舒国滢："决疑术：方法、渊源与盛衰"，载《中国政法大学学报》2012年第2期。

特定情境中的道德困局为例，运用旧例获得新知。在法学方法论中，它往往等同于个案导向（对应于原则—规则导向）的类推思维。[57]在立法上，它指对具体社会事实不作任何抽象，就事论事提供解决方案的法律规则。

古代法几乎都是决疑法，即便法律文化高度发达的古罗马法亦莫能外。《十二铜表法》就是"高度决疑式的个案取向的一件立法"。[58]如第8表第3条规定，若用手或棒子打断自由人的骨头，应罚300阿司；受害人为奴隶的，罚150阿司。[59]这与具体案件的裁决结果很难区分。耶林甚至还指出："罗马法学家从来没有从历史与哲学角度研究法律的最终渊源；他们也没有发展出一套理论工具，来探讨一般性事物的直观（allgemeinen Anschauungen）及其方法论。"[60]

在欧陆法典化时期，决疑法的代表是1794年的《普鲁士普通邦法》（以下简称ALR）。立法者的理想是制定一部包罗万象的整全法，使任何个案都对应于某个具体法律规则。其主要立法者史瓦茨（Savrez）指出，法院不受限制地援引自然法将导致法律极不确定，因此立法的任务之一就是通过制定明确的法律，使市民通过法律对抗忽左忽右的、恣意的判决。[61]要实现这一目的，法律必须是理性的、完备的、无缺陷的，尽可能调整当事人之间的全部经济和社会生活，因此"社会等级越多，居民数量越多，社会活动和职业活动越复杂，法律规范就越复杂"。[62]

ALR编码不连续，约19 000个条文，[63]15 000个条文涉及民法。它包括三部分：序言（多为宪法规范）和其他两部分（无标题），它既调整公法关系（行政法和刑法），也调整民事关系。

该法被称为决疑法的重要原因，是其条文过于繁琐细碎，最有名的是第二编第二章中用了61个条文（第42条到第102条）规定主物和从物。其第42条是定义条款，以"某物与另一物的长久联系"为认定标准，第43条至第47条较为抽象，规定的是不动产之间的附合等。其后条文都是对从物的具体列举，第48条至第63条规定农庄的从物；第64条至第66条规定狩猎时的从物；第67条至第69条规定葡萄园的从物……其细致程度无以复加，如第96条规定书架为图书馆的从物，第102条规定装珠宝的盒子为珠宝的从物。对这一问题，《德国民法典》（第97条至第98条）和《瑞士民法典》（第644条至第645条）均只用了两个条文。

---

〔57〕 参见〔德〕卡尔·拉伦茨：《法学方法论》，陈爱娥译，商务印书馆2003年版，第286页。

〔58〕 参见舒国滢："罗马法学成长中的方法论因素"，载《比较法研究》2013年第1期。

〔59〕 世界著名法典汉译丛书编委会编：《十二铜表法》，法律出版社2000年版，第35页。

〔60〕 J R. Jhering, *Geist des römischen Rechts auf den verschiedenen Stufen seiner Entwicklung*, Bd. III, 8 Aufl. Darmstat, 1954, S. 316.

〔61〕 Vgl. Helmet Coing und Walter Wilhelm（hrgs.）, *Wissenschaft und Kodifikation des Privatrechts im 19. Jahrhundert*, Vittorio Klostermann, 1974, S. 146.

〔62〕 supra note 3, at 169~171.

〔63〕 全文见 https://opinioiuris.de/quelle/1621. 最后访问日期：2018年1月12日。

　　ALR 之所以成为决疑法，还有一个核心原因是它虽然以普鲁士自然法学派伍尔夫（Christian Wolff）等人的理性法学为依据，是"普鲁士启蒙绝对主义的总体法典化"，但还是以身份为组织法律的主要线索，并没有实现启蒙的身份平等原则。[64] 以身份确定不同主体的权利义务内容，是无法实现法律体系化任务的，因为民法规范抽象性的前提必然是平等的主体、同类型的社会事实，否则只能因人而异，设定不同规则。

　　公允地说，ALR 的实际情形是，立法者对所有预想到的事实，都提供了抽象原则和琐碎规则。以债权为例，其第一编第三部分"行为及其产生的权利"规定了意思表示、合同、侵权等该内容，设置了一般性规则。它还按照主题对条文进行分类，如条件下分延缓条件（第 101 条至第 113 条）和解除条件（第 114 条至第 125 条）。但即便对较为抽象的内容，其规定也相当繁琐，如关于行为形式有 10 条规定，意思表示解释 10 条，错误 9 条，欺诈 10 条。

　　后世对 ALR 的评价并不高，甚至奚落的评论居多。"立法者无论多么努力，都永远无法列举所有的情况，列举得越详细，就越是漏洞百出。"[65]"不完美、落后的作品……不简洁、不明确。"[66] 但维阿克尔做了公道的评价，认为它是高度法律文化的表现："它在欧洲立法史上几乎是无与伦比的，它由人类社会的原则性纲要出发，精心描绘了建构国家的庞大计划。"[67]

　　决疑法完全不具有抽象性和灵活性，体系效益极低——立法者可能也并不想让法律产生体系效益。ALR"序言"第 6 条明确规定，不考虑学说和法官对法律的看法。但立法者也意识到，没有漏洞的法律是不存在的。ALR 第 47 条规定，法院对法律的真实意思产生疑问时，可以在不告知当事人身份的情形，向法律委员会咨询，听候其裁决，第 50 条规定，法院应将缺陷同时告知司法部长。但其第 49 条规定：法官在审理案件无法可依时，应当按照法典采纳的一般原则和法典中的类似规定裁决。这种立法目的前后矛盾的法条，亦印证了韦伯的观点："真的要将法律知识传达给大众，靠罗列数万条文的浩瀚巨作是不可能的。"[68] 饶是如此，通过巨细靡遗地列举来限制法院自由裁量权的做法，在现代法律中也并不鲜见。即便极为抽象的《德国民法典》，其第 961～964 条有关飞离蜂群的所有权、所有权人的追寻权、蜂群的合并与混合，也有决疑法的痕迹。

---

〔64〕 Vgl. Hans Schlosser, *Neuere Europaische Rechtsgeschichte*, Verlag C. H. Beck, 2012, S. 209.

〔65〕 Vgl. Larenz/Wolf（Fn. 55）81.

〔66〕 Vgl. Helmet Coing und Walter Wilhelm（hrgs.）, *Wissenschaft und Kodifikation des Privatrechts im 19. Jahrhundert*, Vittorio Klostermann, 1974, S. 146.

〔67〕 参见［德］弗朗茨·维亚克尔：《近代私法史——以德意志的发展为观察重点》，陈爱娥、黄建辉译，上海三联书店 2006 年版，第 328 页。

〔68〕 参见［德］马克斯·韦伯：《韦伯作品集：法律社会学》，康乐、简惠美译，广西师范大学出版社 2005 年版，第 291 页。

2. 原则法。这里的"原则法"用于指仅表达立法理念、目的、原则和一般条款的法典，亦可称为民事政策法。它只宣示民事领域最重要事项的处理方针和原则，并不采用"要件—后果"的法律规则，实质上是内部体系的外化。

原则法可能源于三种背景：一是法教义学尚无力为立法提供理论支援；二是新社会事实出现时，各方缺乏规则共识，但社会又有规则渴求；三是民事活动为国家权力挤压，空间逼仄，无需大张旗鼓立法。

1961 年的《苏联和各加盟共和国民事立法纲要》是较为典型的原则法。共 8 章 129 条，调整的对象却相当广泛，包括总则、所有权、债权、著作权、发现权、发明权、继承权、涉外法律问题等。《民法通则》作为微缩版的民法典，亦可归入原则法。

原则法的立法成本最低，但司法成本最高。一方面，立法者仅仅使用宏大语词，宣示抽象价值理念和法律原则，无需从中立旁观者的立场充分权衡各方当事人的利益状态，进而设置具体规则。另一方面，因为原则法不确定性过于强烈，裁判者依据原则的指引获致平等裁决结果的成本激增。原则法要获得法律的安定性，必须有配套的实施细则或司法解释，如《苏联和各加盟共和国民事立法纲要》就规定"苏维埃主席团根据纲要制定实施细则"；[69]《民法通则》还允许民事政策作为裁判依据（第 6 条），此后还衍生了浩如烟海的司法解释。

从体系效益看，一方面，与穷尽列举的决疑法相比，原则法通过空洞的价值、理念和原则，可以无限扩大民法的调整范围，更能将社会生活尽入彀中。另一方面，由于具体规则的阙如，立法者其实将自己的立法权授权给了司法者，完全由后者决定个案应适用的规则内容。如果说"抽象化常导致荒谬的结论"[70]，原则法则将彻底戕害法的安定性，导致体系效益丧失殆尽。

正如决疑术对立法者始终有无法抗拒的吸引力一样，原则法无与伦比的适应社会变迁能力，也确实让立法者神往。波塔利斯就说，"立法者应规定涵蕴丰富的原则，而不是往下制定调整所有可能事项的细节规定。"[71]在中国，原则法至今亦余绪未泯，如《物权法》第 84 条要求不动产的相邻权利人按照"有利生产、方便生活、团结互助、公平合理的原则，正确处理相邻关系"。若无相邻关系的具体规则，这种空洞的条文几无价值。

3. 抽象法。抽象法是介于决疑法和原则法之间的法典，它既要避免原则法的空疏不实，又要克服决疑法适用时的计穷途拙。包括法典化时期及其后的大多数民法典。

德国民法典无疑是抽象法的巅峰，迄今无出其右者。作为"潘德克顿法学的晚

〔69〕 《苏联民法纲要和民事诉讼法纲要》，中国科学院法学研究所译，法律出版社 1963 年版，第 1 页。

〔70〕 参见 [德] 卡尔·拉伦茨：《法学方法论》，陈爱娥译，商务印书馆 2003 年版，第 333 页。

〔71〕 Ole Lando, "On Legislative Style and Structure", *11 Juridica Int'l 13*, 16 (2006).

生子",[72]它将近代民法学完美地转化成了法典。体系效益要求的领域综合性、规范的层次性和脉络性要素均到极限状态。通过概念的层次建构体系，是最常规的外部体系架构方法。概念的层次性既可通过归纳由下而上寻找终极概念，也可通过演绎衍生次级概念。[73]这种方法源于普赫塔的"概念的系谱（Genealogie der Begriffe）"观念："法学的任务是通过体系性的联系把握法律原则……我们可以一直往上追溯这些具体的原则的谱系，一直到其最顶端；同时也可以从最顶端一直追溯到最底部。"[74]通过对典型社会事实不同层次的提炼和往下延伸，最终可以形成概念金字塔。《德国民法典》的特色在于它的塔尖概念，如"人"、"权利"与"法律行为"等。

抽象法蕴含了一个为后世多少忽略的、启蒙时期的雄心：超越决疑法的个案正义，通过理性将个案中的正当理由化约或升华为法命题，使它们像自然法则一样，成为社会行为的基本原理。换句话说，要成为罗马法以后的"世界自然法"。韦伯隐约指明了这一点。[75]这一雄心要实现，就必须尽可能剥离、剔除典型事实中的特质，仅保留最抽象的个别要素，如所有合同到最后就只剩下了"意思表示"。事实的特质被消除越多，规则的普遍性就越强，就越能跨越时空限制，越具有普世功效和超越政经情境的中立性。而在"受社会利益集团所左右时，民法典是最脆弱的"。[76]正是因为这种立法技术，马车时代的《德国民法典》才能跨越时空，适用于立法者根本无法预见到的互联网交易。如果它采用有轨电车、马车等概念，或就事论事的决疑规则，恐怕它早就成为故纸堆了。在适应社会生活的弹性方面，它与决疑法可谓天冠地屡。也正因为此，《德国民法典》部分有关特殊社会情境的规定（如蜜蜂飞离蜂巢）才饱受揶揄。

整体而言，《德国民法典》的体系效益达到了无以复加的程度：它不仅覆盖了当下和未来的生活，还约束了法官的自由和恣意，裁判工作被限定为解释法条和合同，成为法的自动贩卖机：人们从上头丢入事实，下头吐出判决及其理由。[77]但它忽视社会行为的个性、只重视典型的做法，完全可能背离个案当事人的特殊目的和经济利益，事实上，对情境正义的追求也催生了众多法官造法。

那么，是否只有最高程度的抽象才能实现体系效益最大化？作为抽象的极致，民法总则最受争议的地方，是它和原则法一样的"危险性"："规则越是一般，它在

---

[72] Franz Wieacker, *Industriegesellschaft und Privatrechtsordnung*, Scriptor Verlag Kronberg/TS 1974, S. 15.

[73] Walter Wilhelm, *Zur Juristischen Methodenlehre im 19. Jahrhundert*, Frankfurt, 2003, S. 83.

[74] Vgl. G. F. Puchta（Fn. 20）101 – 102.

[75] 参见［德］马克斯·韦伯：《韦伯作品集：法律社会学》，康乐、简惠美译，广西师范大学出版社2005年版，第286页。

[76] ［德］卡斯滕·施密特："法典化理念的未来——现行法典下的司法、法学和立法"，温大军译，载《北航法律评论》2012年。

[77] 参见［德］马克斯·韦伯：《韦伯作品集：法律社会学》，康乐、简惠美译，广西师范大学出版社2005年版，第326页。

以后导致人们不认为公平的裁决的危险就会越大。"[78]反对总则的意见认为，总则对专业和非专业人士都是多余的，其抽象性不仅没有使法律适用更加清晰，反而使其困难重重。要确定一个违反买卖合同行为的法律后果，就要查找意思表示、债务关系、一般交易条件、合同之债、不当得利和损害赔偿法等内容。[79]而且，财产关系和身份关系的主体、客体、内容存在显著差异，总则很多规范无法适用于身份法，未必是真"总则"。[80]最后，德国的民法总则的抽象性也遇到一些麻烦，如第232条至第240条详细规定了为保障权利，当事人未约定债务担保时，担保应如何处理。"它们对学习来说没有什么意义，在实践中的意义也微不足道。"[81]

另一种抽象化的思路是不设总则，将总则的内容分解到人法和物法编。法律行为制度也通过准用合同法规范予以贯彻，如《瑞士民法典》第7条、《意大利民法典》第1324条。《荷兰民法典》不要总则的理由也是总则只是财产法的总则，不如以财产法总则代替。[82]但其第326条规定，只要自然人和家庭的法律规则不和法律行为或法律性质抵触，就可准用财产法总则，这就淡化了财产法总则和民法总则的差异。但《法国2015年新债法》第1100条引入了法律行为制度，原法中的第三编标题"合同或一般协议之债"亦被修改为"债的渊源"，下设合同、合同外责任和其他债的渊源三部分，抽象化程度明显增强。[83]可见，是否设立总则并不根本影响体系效益，前提是通过准用条款安置法律行为制度，采取何种做法主要取决于立法者对抽象性的偏好程度。当然，在没有充分理由时，中国亦无必要通过其他方式获得总则既有的体系效益。

（二）民法典外部体系与民法规范的三种内容模式

在规范内容上，为实现体系效益，如何尽可能覆盖社会生活，又保障法的安定？其实质是在将"恒河沙数"的社会事实提炼为法律规范时，如何在一般和具体之间取得平衡？这是两大法系面临的共同问题。[84]对应于前述三种民法典风格，本文亦提炼出三种规范模式。

1. 固定要件条款。即法律规范最通行的"if-then（Wenn-Dann）"模式，它规定在一定社会事实出现时（假定），其法律效力如何（处理）。它可以表述为：如果法

---

[78] ［德］恩斯特·齐特尔曼："民法总则的价值"，王洪亮译，载张双根等主编：《中德私法研究》，北京大学出版社2014年版。

[79] Vgl. Helmut Koziol, "Glanz und Elend der deutschen Zivilrechtsdogmatik: Das deutsche Zivilrecht als Vorbild für Europa?", *AcP*, 212 (2012), SS. 6 – 9.

[80] 参见冉克平："民法典总则的存废论"，载易继明主编：《私法》（第15辑），华中科技大学出版社2018年版。第283页。

[81] ［德］迪特尔·梅迪库斯：《德国民法总论》，邵建东译，法律出版社2000年版，第134 – 135页。

[82] Eltjo Schrage, "The New Dutch Civil Code: Some Old, Some New", *4 Sri Lanka J. Int'l L.*, 99, 112 (1992).

[83] 参见李世刚："中国债编体系构建中若干基础关系的协调"，载《法学研究》2016年第5期。

[84] Arthur T. von Mehren, "Some Reflections on Codification and Case Law in the Twenty-First Century", *31 U. C. Davis L. Rev.*, 659, 659 (1998).

律事实 A 产生、变更或者消灭，那么得出法律后果 B。立法者试图通过明确构成要件，既将所有某类典型事实纳入法律调整，又保障法律适用的安定性。

固定要件模式的瓶颈在于，它经常不得不采用明显带有价值判断和评价取向的功能性概念。如违约金"过分高于"实际损害"相应的责任""合理期间"，法官在进行裁判涵摄作业时，会遇到案件事实和构成要件之间的裂缝，此时需要进行价值填充，或者通过更多的构成要件来界定，如什么是"过分高于"。中国诸多司法解释采取了类似决疑方法来认定，如《关于审理铁路运输人身损害赔偿纠纷案件适用法律若干问题的解释》第 6 条至第 7 条、《关于适用〈中华人民共和国担保法〉若干问题的解释》第 7 条至第 8 条等。

2. 一般条款。一般条款是指不明确构成要件，由法官在个案中决定规则内容的原则性条款。其效果是放松了对法官拘束力的条款，授权法官对个案规则行使立法权。在中国民法学中，它用于以下两种情形：

一是真正一般条款，即民法基本原则。某些固定要件规范也可能使用这些条款的表达，（如《合同法》第 60 条中的诚实信用原则、《民法总则》第 153 条第 2 款的公序良俗原则）。这类规范虽然为固定要件规范，但在不确定方面和一般条款没有本质区别，法院也需进行价值填充："对诚实信用原则的确切意义，（立法者）什么也没说，原因是没什么可说的，可以说对个案的裁决又没什么帮助。"[85]这类条款的存在，是催生大陆法系国家司法造法的重要原因。

二是非真正一般条款。侵权领域通常无法以当事人的合意作为裁判依据，又无法像刑法那样采取"罪刑法定原则"将所有侵权行为法定化，唯有通过宽泛的一般条款认定一般侵权行为类型。中国学界通常将这种条款界定为侵权法的一般条款，即在侵权法中居于核心地位的、作为一切侵权请求权基础的法律规范。[86]但各家对其范围宽窄的理解不同，主要差异在于是否纳入无过错责任和替代责任。如王利明教授将其界定为两类：侵害他人的人格权、物权、知识产权等民事权利的侵权行为；故意或违背善良风俗侵害他人的合法利益的侵权行为。[87]显然采取了狭义的界定，其中，公序良俗要件接近于真正一般条款。

3. 弹性条款。这里的弹性条款用于指内容确定性介于前两种条款之间的条款，可以总结为两类：

一是动态条款。动态条款是民事立法技术晚近以来最大的发展，它是一般条款和固定要件之间的第三条道路，[88]有学者将其基础归为源于古希腊的中庸思

---

〔85〕　Vgl. Helmut Koziol（Fn. 79）56.

〔86〕　参见张新宝："侵权行为法的一般条款"，载《法学研究》2001 年第 4 期。

〔87〕　参见王利明："侵权法一般条款的保护范围"，载《法学家》2009 年第 3 期。

〔88〕　Canaris（Fn. 15）82；Helmut Koziol，"Das bewegliche System：Die goldene Mitte für Gesetzgebung und Dogmatik"，*ALJ*，3/2017，S. 169.

想。[89]在立法技术上，它的问题意识是：一般条款过于抽象，授予法官的自由裁量权过大，法的安定性和可预测性随时危若累卵；固定要件条款又失之僵化，过分限制了法官发展法律的自由空间，影响法律续造。[90]《欧洲侵权法原则》第1：101条等采取了动态条款，其特色是不明确界定侵权保护的客体范围，而只是列举了法院确定保护客体时应权衡的要素。因为动态体系主要涉及民法内部体系，本文不再铺展。

二是列举+兜底条款。其特征是对要件进行类型列举而不使用过于抽象的表达，同时将抽象构成要件设置为兜底条款的核心要素。在将一般条款具体化时，这种方式适用空间较大。如《合同法》第42条第·1款并未界定缔约过失责任的要件，而是列举两种类型，同时在兜底条款规定"其他违背诚实信用原则的行为"，明确将违反诚信作为缔约过失责任的核心要件。《德国民法典》第311条有关缔约过失的规定，在列举合同磋商和合同准备两种类型后，也用了"类似的交易接触"作为兜底。

（三）小结

综上，民法典外部体系的体系效益会遭遇抉择困境：原则法、一般条款的抽象性足可使法律拓展到全部社会生活领域，实现对社会的理性规划，但遗留了法的安定性隐忧；决疑法、过于具体的固定构成要件条款能确保法的安定性，但其灵活性的缺失将使类似案件无法可依，或者出现类案不类判的结果，有违平等原则。抽象法和弹性构成要件作为中间方案，通过明确法院适用一般条款应权衡的要素或将构成要件类型化，既拘束法院自由裁量，又保持规范的伸缩性，但适用空间不大。三类规范类型的使用取决于不同的民法制度、司法和学理的具体情况，无法一概而论。

四、中国民法典外部体系效益的扩张

中国学界呼吁民法典编纂的技术理据是体系化，学者对民法典亦有强烈的"体系情结"。如果民法典编纂的最高技术追求是体系化，依据体系效益来检视民法典分则各编就有相当意义。以下选择三个重要问题分析。

（一）民法典的纯化

1. 民法典与公法规范。中国民事单行法饱受诟病的一大问题是公法和私法混杂。民法典编纂也延续了这一做法。《民法总则》在法人部分，规定了事业单位法人（第88条至第89条）、机关法人（第96条至第98条），社会团体法人亦包括公法人。民法典不可能规定公法人的设立依据、组织构造、目的事业等内容，它纳入公法人唯一的意义是明确公法人从事民事活动时应适用民法典，这完全可以在法人的一般规定部分用简单的一条明示。目前，分则各编的室内稿也有诸多公法规范：《物权编》（2017年11月8日室内稿）涉及公法规范的，总共有44条，占全部条文的17.81%。

---

〔89〕 Vgl. Franz Bydlinski, "Die Suche nach der Mitte als Daueraufgabe der Privatrechtswissenschaft", *AcP*, 204 (2004), p. 309.

〔90〕 Vgl. Helmut Koziol (Fn. 88), pp. 162 – 163.

其第 10 条沿袭了《物权法》第 13 条，规定了不动产登记机构不得要求动产进行评估等禁令，第 40 条照录了《物权法》第 42 条；《合同编》（2017 年 8 月 8 日室内稿）第 54 条对《合同法》第 127 条只字未动，规定了工商行政管理部门和其他有关行政主管部门对合同的监督权。

无疑，公法和私法相互影响甚至交融是国家职能转化和社会复杂化的必然结果，但这并不意味着在体系上公法和私法就应杂糅。公法和私法的特异混合，多少也显示了立法者对民法作为万能法的寄望，是用一部民法典治理社会的"泛民法思维"。[91] 在当今中国，过于强调民法典传统上的宪法功能，不仅是极强的历史感错误，而且不利于中国法整体的体系化。这些规定在中国可能有限制行政权力滥用等特殊功能，但借民法典编纂立法良机，系统整合中国法，倒逼公法的完善，价值更为重大。因此，我认为，民法典应剔除公法规范，使公法私法各归其位，即便是控权功能突出的征收制度，民法典也不宜规定。[92] 此外，民法典也不宜简单采用引致性规范，通过"法律另有规定"的但书转致到公法，因为私法自治和公法管制存在价值冲突，只有在权衡私法是否容让公法、容让到何种程度后，才能决定到底采取转介规范还是引致规范。这涉及私法内部体系问题，此处不再铺陈。

2. 民法典和特别民法。如何处理民法典与特别民法的关系，是后发国家编纂民法典面临的巨大挑战。在中国民法典编纂中，两者的关系主要涉及两个重要问题。

（1）如何区分民法典和特别民法的调整范围。在社会分工日趋细密、社会领域分化明显的情形，民法典尽可能扩大调整领域，彰显其私法基本法地位，充分激发体系效益，自然值得追求。但当领域的扩张与民法典的社会基本法属性发生冲突时，应确保民法典的中立性和稳定性。由此，民法典进入社会新领域的前提是：这些领域将长期存续，且形成了稳固的、类似实践中的自然法规则。[93] 如果能从特别民法中能提炼一般规则，将其纳入民法典，当然值得期待，但目前希望还不大。

在界分民法典和特别民法的调整内容时，最疑难的领域是同时涉及民商的领域。可以考虑的思路是：若该领域法律规范众多，民法典可设立总则性规定，由商事单行法作出具体规定，如民法典合伙协议部分可作为《合伙企业法》的总则，法人部分可以成为《公司法》的总则。在合同领域值得一提的是，《合同编（室内稿）》依循《合同法》民商合一的传统，在分则部分增加了特许经营合同。按照民法典选择法律素材的标准，有名合同入编至少要满足合同的普遍性和规则的稳定性两个要件。特许经营合同在商业实践中适用广泛，且作为一种交易模式无可替代。但与保理、信用卡等新兴业务领域一样，它的规则还在生成，并未固定。如其第 363 条第 2 款未

---

〔91〕 参见林来梵、朱玉霞："错位与暗合——试论我国当下有关宪法与民法关系的四种思维倾向"，载《浙江社会科学》2007 年第 1 期。

〔92〕 参见苗连营、郑磊："民法典编纂中的宪法三题"，载《法制与社会发展》2015 年第 6 期。

〔93〕 参见谢鸿飞："民法典与特别民法关系的建构"，载《中国社会科学》2013 年第 2 期。

区分特许经营的不同类型，一概规定"被特许人应当允许特许人合理地查阅自己的会计账簿"，可能就会危及被特许人的自由。第 368 条规定合同可以约定，被特许人在合同终止后承担竞业禁止业务，但期限不能超过 2 年。是否还应限制合理地域？合同存续期间，被特许人是否就不承担这一义务？此外，特许人过度控制被特许人的，是否可以参酌"刺破法人面纱"规则，特许人亦对特特许人经营过程中造成的损害承担连带责任？在这些规则并未达成共识时，留待兼具公法和私法规范的行业立法或司法解释可能更好。

如果传统民法调整的某种模式化社会行为，在新社会情势下已由特别法部分调整，则应同时将其纳入民法典。最典型的就是雇佣合同。鉴于雇佣的普遍性，传统民法典几乎均将其作为有名合同纳入。中国民事单行法却一直未纳入雇佣合同，原因可能受苏联法影响，认为劳动力是人格的一部分，不能构成商品，否则将导致人的严重异化。但司法实践一直区分劳务关系和劳动关系，前者即雇佣关系。《最高人民法院关于审理人身损害赔偿案件适用法律若干问题的解释》第 9 条、第 11 条亦规范了雇佣关系中的侵权责任。在合同领域，大量的劳务关系只能按照合同法一般原则进行审理，实际上是无法可依的。[94] 民法典接纳不具有从属性的劳务关系，将其有名合同化，既能为大量的雇佣合同提供制度资源，又可充分尊重劳动法的特殊性。[95]劳动法未规定的内容，同样适用民法典。

（2）有无必要通过"法律另有规定"连接特别法。中国民法一大特征是设置"法律另有规定"的但书，如《民法总则》法律除外条款高达 47 条，占全部条文的 22.81%。其中很大一部分引致的是特别民法，而且并没有清楚说明引致的到底是哪部法律。虽然有学者主张民法典作为基本私法，其规范构成哈特意义的承认规则，[96]但依据中国《立法法》，民法典和特别民法的效力位阶相同，不过两者存在优先适用和补充适用的关系而已，民法典并不具有授权全国人民代表大会常务委员会制定特别民法的功能。况且《民法总则》第 11 条还明确规定了它和特别法的适用关系，民法典的其他条款实在没有必要再重复这种但书。它不仅没有太多价值，反而会"减损了法典化的价值和功用，使得法典化在相当程度上蜕变为某种形式的汇编"。[97]

（二）民法典的抽象与具体

民法典体系效应的前提之一是规范的层次性。民法典应抽象到何种程度才能使体系效益最大化，是编纂技术的最大难题。这里分析两种不利于体系效益的立法思路。

---

[94]　参见郑尚元："民法典制定中民事雇佣合同与劳动合同之功能与定位"，载《法学家》2016 年第 6 期。
[95]　参见谢增毅："民法典编纂与雇佣（劳动）合同规则"，载《中国法学》2016 年第 4 期。
[96]　supra note 7, at 1133.
[97]　石佳友："民法典的立法技术：关于《民法总则》的批判性解读"，载《比较法研究》2017 年第 4 期。

1. 过度具体化。与理论界的体系情结截然不同，中国民事立法尤其是司法解释更多呈现的是实用倾向，其代表首推《侵权责任法》。它不仅尽量纳入了各种侵权行为类型，而且不厌其烦地列举，如第 2 条列举了 18 种合法民事权益。中国学者也认为，《侵权责任法》关于特殊侵权责任制度的规定，借鉴"美国侵权法的元素比较丰富"，借鉴了英美侵权行为的类型化经验。[98] 域外观察者甚至认为，"在许多方面，它看起来更像普通法国家的侵权法"，是大陆法和英美法的"杂交体系"。[99] 其立法思路委实不太容易理解：一方面，它规定了侵权责任的大小一般条款，覆盖了全部侵权责任类型；一方面它又规定了诸多以过错为归责原则的侵权责任类型（如医疗责任等）。即便其第 2 条繁琐地列举，也难以明确侵权责任的要件，如加害人导致股权蕴含的财产减少，恐怕很难构成对股权的侵权，[100] 将股权笼统作为侵权责任客体的弊端显而易见。这种个案导向的规范风格具有强烈的决疑色彩，与通过一般条款规范侵权的大陆法传统相去甚远，甚至可被视为"法律技术不发达时期"的立法产物。[101]

为矫此弊，中国民法典编纂的抽象化努力可着眼于如下方面：

（1）在分编层面，增设债法总则。在民法典编纂工程启动之前，学界对债权总则单独成编基本已形成共识，即将传统债编扩为债法总则、合同法、侵权法三编。晚近的立法计划明确放弃了债法总则，在学界却未引起太多议论。

债法总则在体系上的重要性毋庸置疑。实务中，裁判者不仅熟稔债权概念，而且对债法法理的运用亦有相当深度，如涉及"不真正连带责任"的判决书都不在少数。[102] 在侵权责任独立成编后，学界主张废除债法总则的根本理由是：赔礼道歉、消除影响、恢复名誉不具有财产属性，并非债；侵权行为的全部法律效力都是责任。[103] 但作为民法体系支柱的债权，其内涵只是请求他人为或不为一定行为的权利，并不限于必须具有财产利益。[104] 中国债编体系化的真正难题在于侵权责任独立成编，将

---

〔98〕 参见杨立新："中国侵权责任法大小搭配的侵权责任一般条款"，载《法学杂志》2010 年第 3 期。

〔99〕 参见〔美〕Jacques deLisle："中国侵权法的普通法色彩和公法面向"，熊丙万、刘明、李昊译，载《判解研究》2014 年第 2 辑。

〔100〕 参见贺栩栩："侵权责任体系构造的方法论基础"，载陈小君主编：《私法研究》（第 18 卷），法律出版社 2015 年版。

〔101〕 参见石佳友："民法典的立法技术：关于《民法总则》的批判性解读"，载《比较法研究》2017 年第 4 期。

〔102〕 以"不真正连带责任"在中国裁判文书网检索到的案例共 955 篇：民事案由 954 件，执行案由 1 件；判决书 886 篇，裁定 69 篇；最高人民法院 7 例、高级人民法院 34 例、中级人民法院 494 例、基层人民法院 413 例。2014 年之后每年相关案件量在 200 件左右。

〔103〕 参见张素华："有关债法总则存废的几个基本理论问题"，载《法学评论》2015 年第 2 期。

〔104〕 参见梁慧星："松散式、汇编式的民法典不适合中国国情"，载《政法论坛》2003 年第 1 期。
MüKoBGB/Bachmann BGB，2012，§ 241 Rn. 1.

侵权的法律后果界定为责任而不是债，[105]违约的后果也是责任，但不当得利、无因管理却产生债的效力。因此，即便制定债法总则，逻辑上也只能称为"债与责任"，[106]这也无法根本解决债与责任分离的难题。一种替代思路是将侵权责任编修改为"侵权编"，与合同编对应，并以违约救济取代违约责任，但这涉及《合同法》结构的大调整，恐难践行。

若不规定债法总论，也应尽可能利用债权概念的体系效益。可以考虑的做法是：其一，将合同、侵权之外的其他债权并入侵权编，名称修改为"非合同之债编"，分别规定侵权行为、无因管理、不当得利和单方允诺。这样既可区分合同和非合同之债，也扩大了侵权编的容量，结构还更为匀称，[107]比《合同编（室内稿）》将不当得利等置于合同总则部分亦更符合逻辑。其二，设置其他债之关系参照适用或准用合同规范、侵权规范的具体规定，[108]如其他债权可准用代位权或清偿规则。

（2）在各编内部，尽可能增设一般性规定。中国单行法向来重视总则—分则的层次区分，但在分则的层次建构方面尚有待深挖。以下以两例说明。

为保障体系效益要求的调整范围的综合性，《合同法》第124条和第174条规定了无名合同和其他有名合同的准用规范，但准用未必契合某些合同的特质。在分则内部，还可以考虑提炼服务合同的一般规则。因为市场交易的标的无非商品和服务，服务又可分为提供工作成果（承揽、运输等）和提供单纯劳务（雇佣、委托）的合同。这些合同的普遍性和规则的稳定性，可以支撑服务合同的一般规定。《欧洲示范民法典草案》规定了服务合同的一般规则，下设建筑合同、加工承揽合同、仓储合同、设计合同、信息和咨询合同、医疗合同等有名合同。[109]《欧洲服务合同法原则（PELSC）》（2005年）也确立了服务合同法一般规则，下设建设合同、承揽合同、保管合同、设计合同、信息合同、医疗合同。《荷兰民法典》第一次对服务类合同作了普遍规定，日本债权法修改过程中亦有此类提案。[110]《合同编》可考虑设置服务合同的一般规定，其抽象性介于合同法分则与总则之间，同时保留承揽、保管和委托

---

〔105〕 孙宪忠研究员认为，《侵权责任法》"不仅使民法科学的内在逻辑遭到损害，而且为我国制定民法典制造了障碍"。孙宪忠："我国民法立法的体系化与科学化问题"，载《清华法学》2012年第6期。

〔106〕 参见王竹："民法典起草实用主义思路下的'债法总则'立法模式研究"，载《四川大学学报（哲学社会科学版）》2012年第3期。

〔107〕 参见朱广新："论债法总则的体系地位与规范结构"，载明辉、李昊主编：《北航法律评论》，法律出版社2013年版；杨代雄："我国民法典中债权法的体系构造"，载《法学杂志》2007年第6期。

〔108〕 参见张家勇："一般债法在未来民法典中的规范配置"，载李昊、明辉主编：《北航法律评论》，法律出版社2016年版。

〔109〕 参见高圣平：《欧洲示范民法典草案：欧洲私法的原则、定义和示范规则》，中国人民大学出版社2012年版。

〔110〕 参见战东升："民法典编纂视野下的服务合同立法——日本立法经验及其借鉴"，载《法商研究》2017年第2期。

三大类具体服务合同。[111] 因中国法以严格责任为违约归责原则，通过区分结果义务与手段义务的违反后果，限缩严格责任在服务合同中的适用有其必要。若不作一般规定，则可选择承揽或雇佣合同为服务合同的原型，通过准用条款将其适用于其他类服务合同。

又如，《物权法》第 176 条只规定了混合共同担保，即"被担保的债权既有物的担保又有人的担保"，未涉及共同抵押、共同质押或质押混合担保等共同物保行为。《物权编（室内稿）》第 180 条通过提取公因式，将其扩大"债权有多个担保的"情形，值得肯定。

2. 过度抽象化。这针对的是中国法固有的"宜粗不宜细"立法思路。民法典作为私法基本法，应尽可能为经济和社会生活提供制度资源，民法典规则不宜过于简陋，否则可能导致司法解释过多，也可能损伤民法典的权威。

"宜粗不宜细"的思路在民法典编纂过程中亦有体现。这里以占有制度为例说明。《物权法》关于占有的规定只有区区 5 条，《物权法（室内稿）》亦原封不动，忽视了占有的重要性，无法支撑司法实践。可以考虑新增占有的重要分类，至少纳入直接占有与间接占有、单独占有与共同占有；其次，对所有人—占有人关系规则，《物权法》用了 3 个条文，虽然数量接近于域外法典，但其内容过于简单，宜作补充。

立法者在具体与抽象之间的抉择遭遇的最大问题，是如何区分哪些内容应由法律规范，哪些内容应由学理解决。如是否规定故意侵权之债不能作为主动债权抵销？《民法总则》未规定单方虚伪意思表示是否构成体系瑕疵？从比较法经验看，这一边界相当模糊。必须承认，每部民法典调的细节规定各有不同，民法典的特色有时不是它调整了什么，而是它没有调整什么。建议考虑的标准是：如果某个问题无法从既有法律规范和社会普遍交往规则中导出结论，当事人又均可能援引民法基本原则支持自己主张的，宜作出规定。如《民法总则》删除的意思表示撤销能否对抗善意第三人的规范，涉及胁迫受害人能否对抗的特殊问题，有必要规定；又如占有人的追寻权涉及双方的绝对权益冲突，亦应由法律明确。值得一提的是，中国民法似乎偏好定义性条款，忽视了立法与学理的差异。法谚云"法律中的定义都是危险的"；波塔利斯也指出："用于定义的词语比定义还难界定。凡定义、教育和学说都属于科学，凡秩序和规则都归法律。"[112]《德国民法典》第 241 条第 1 款对债权的界定，也被认为只是理论界定，并没有多强的表达力。[113] 因此，除非法律上的定义与生活术语明显有别，否则不宜明确定义；专业定义也可留待学理阐释。

---

[111] 参见周江洪："服务合同在我国民法典中的定位及其制度构建"，载《法学》2008 年第 1 期。

[112] supra note 46，at 698.

[113] MüKoBGB/Bachmann BGB，2012，§ 241 Rn. 1.

（三）民法典规范的表达

现行民法存在诸多行为规范，已遭受较多批评。实质上，行为规范都是裁判规范，但裁判规范不必然是行为规范，[114] 大多数规范同时兼具两者的属性。问题出在现行法存在大量使用"不得""应当"的条文，导致规范呈现强烈的行为引导和调整色彩，如"不得非法买卖、提供或者公开他人个人信息"（《民法总则》第 111 条），全然背离了民法作为权利法的属性，将其改造为标准的"if—then"型的请求权基础规范更佳。

行为规范和裁判规范的深层问题在于民法典应追求精准表达还是通俗表达。因为"不知法不免责"，强调法律公开、易懂是法治的基本要求。边沁就极其强调法典的通俗化："法律使用的是普通人熟悉的语言，人人都可按需查找法律。法典和其他书籍的区别就在于它明白晓畅，通俗易懂。一家之主无需他人帮助，就能用它教育孩子。"[115]《法国民法典》和受其影响的《魁北克民法典》都隐藏了这样一种观念："法典不应当是写给专家看的，而是给普通人看的。"[116] 追求法律通俗化的极端例子是《普鲁士普通邦法》。尽管它尽可能使用了通俗表达，而且都是短句（几乎每条就一款），其起草人史瓦茨（Svarez）还是认为，法典如果过于庞杂，国民就不可能了解其内容。其后，该法公布了两个版本，一个专业版，一个市民版（第二法典或民众法典），最终后者还是未施行。[117]

如果法典能表达能以通俗语言精准表达的，当然应以通俗为佳。然而，正如法国民法典的奠基人波塔利斯（Portalis）清醒意识到的，法律的通俗表达容易与法律无漏洞的追求产生矛盾。[118] 在精准与通俗成为鱼和熊掌时，民法典应倾向前者。原因在于民法规则无非社会交往中的实践理性的表达，并未偏离普通人朴素的正义感情和道德直觉，立法者要强调民法的行为引导功能，可能有点南辕北辙了；民法规范更多的是对裁判者的强制和约束，而不是引导当事人的行为选择。与其为了通俗使用暧昧不明的术语，不如使用更为精确的专业语言，后者更具有适应新情势的延展性。"当法律术语作为法律推理的工具时，不能因为'人民法典'这样的修辞说法而弱化其复杂性。"[119] 当然也没必要刻意追求法律家语言。比较法上的一个有趣例子是，英国 1987 年的《消费者保护法案》第 3 条在落实欧盟产品责任指令（85/374/EEC）第 6 条时，对"产品说明"（the presentation of the product）这六个字，用了 45

---

〔114〕 参见黄茂荣：《法学方法与现代民法》，法律出版社 2007 年版，第 141–142 页。

〔115〕 supra note 4，at 480.

〔116〕 Paul-A. Crepeau, "Civil Code Revision in Qudbec", *34 La. L. Rev.*, 921, 932 (1974).

〔117〕 参见［德］马克斯·韦伯：《韦伯作品集：法律社会学》，康乐、简惠美译，广西师范大学出版社 2005 年版，第 291–293 页。

〔118〕 supra note 4，at 469.

〔119〕 参见［意］索马："第三个千年之中的民法典编纂：对法律史与立法政策的反思"，薛军译，载《中外法学》2004 年第 6 期。

个单词，却没有增加任何实质内容。循此，中国民法典编纂时，应修订不在少数的不精确表达，如不区分解除、终止等。

五、结束语

民法典外部体系的建构只是立法者将社会纳入形式理性治理计划的外化，其实质是表达的艺术，但不是艺术的表达，而是关乎社会治理和法律适用的立法活动。"一部民法典有它的质地，它的声音，它的基调。它的质地归于社会，归于经济，归于政治，归于伦理。它的声音源于人民、源于学者、源于编撰者、源于法官……"[120] 外部体系决定了民法典的风格，是衡量民法典品质的重要标准，不可谓不重要。

庞德对 1929－1931 年《中华民国民法》适用的建议是，中国必须建立一个可靠的、契合中国国情的法律解释和适用的理论体系。[121] 中国民法典要实现编纂的技术目的，避免将民法典汇编为后现代意义的拼贴（Collage），就应建构领域广泛、层次分明、意义关联、前后一致的外部体系。若民法典的体系效益过小，司法界不得不承担艰难的法律解释职责，理论界不得不承担繁重的再体系化任务。两相比较，编纂时参互考寻，抉奥阐幽，使民法典成为不刊之典，更为稳妥。

---

[120]　Michael Mc Auley，p. 269.

[121]　supra note 2，at 290.

单行法思路及其影响之克服

——以民法典编纂为视角*

●柳经纬**

摘要： 单行法思路是我国民法发展过程中与法典化思路相对的民事立法思路。改革开放以来，我国民事立法选择了单行法的思路，制定了一大批民事法律，实现了民事领域"有法可依"的法制目标，但也对民法典编纂工作产生了消极的影响。克服单行法思路的消极影响，实现民法典编纂既定的目标任务，至为重要的是要尊重民法的知识体系，完善民法典的体系设计，正确处理民法典编纂与现行民事法律的关系。

关键词： 民法；民法典；单行法思路；法典化思路

单行法思路是我国民法发展过程中与法典化思路相对的一种立法思路。单行法思路形成于改革开放之初、民事立法恢复之时，在长期的民事立法中占据着主导的地位，为我国民事法律制度的重建发挥了重要的作用。然而，单行法思路也使得我国的民事立法呈现出"碎片化""去法典化"状态，并对当下的民法典编纂工作产生一定消极的影响。如何克服单行法思路的影响，是民法法典化需要面对和解决的重要问题之一。这一问题解决得如何，在某种程度上直接决定着未来民法典的品质，决定着民法典编纂既定目标任务能否切实完成，因此不能不引起高度重视。

一、单行法思路的成因

1949 年，共和国的缔造者们对中华民国时期形成的法律制度（"六法全书"）采取了彻底否定的态度，并试图重新建立共和国的法律制度。[1]在民事领域，虽然 20

---

* 本文系国家社科基金重点项目"中国民法理论体系构建问题"（批准号：11AFX003）成果之一。

** 柳经纬，中国政法大学比较法学研究院教授、博士生导师，国家"2011 计划"司法文明协同创新中心研究人员。

[1] 1949 年 1 月 1 日，蒋介石发表《元旦公告》，提出"中华民国的法统不致中断"等和谈先决条件，毛泽东于 1 月 4 日发表《评战犯求和》一文，断然予以拒绝；14 日又发表《关于时局的声明》，明确提出"废除伪法统"等八项和谈条件；2 月 22 日中共中央发出《关于废除国民党〈六法全书〉与确立解放区的司法原则的指示》；1949 年 9 月 29 日中国人民政治协商会议第一届全体会议通过的《中国人民政治协商会议共同纲领》第 17 条规定："废除国民党反动政府一切压迫人民的法律、法令和司法制度，制定保护人民的法律、法令，建立人民司法制度。"

世纪 50 年代中期和 60 年代前期曾经两度起草民法典，但均没有最终完成，[2]仅有的立法成果是 1950 年制定的《婚姻法》和个别零星的规定。[3]

十一届三中全会确立了加强社会主义民主法制建设的目标，即"有法可依，有法必依，执法必严，违法必究"，其首要任务是加强立法。十一届三中全会明确提出"从现在起，应当把立法工作摆到全国人民代表大会及其常务委员会的重要议程上来"。[4]1979 年 2 月，彭真受命担任新设立的全国人大常委会法制委员会主任（1979年 6 月被补选为全国人大常委会副委员长，兼任法制委员会主任，1983 年 6 月当选为全国人大常委会委员长），即着手安排民法的起草工作，成立了以杨秀峰（时为法制委员会副主任）、陶希晋（时为法制委员会副主任）为负责人的民法起草小组。[5]民法起草小组的工作卓有成效，到 1982 年 5 月先后完成了《中华人民共和国民法（草案）》四稿，[6]为后来的民事立法尤其是 1986 年的《民法通则》打下了良好的基础。[7]

与民法起草工作并行，制定单行法的工作也在进行着。1979 年 7 月 1 日，彭真在法制委员会全体会议上提出：民法典和民事单行法同时并进，哪个成熟了，就先制定哪个。民法典由法制委员会负责起草，民事单行法由有关主管部门负责起草。11 月 3 日，在民法起草小组成立会议上，彭真重申了民事单行法与民法典并行的思路。[8]1981 年 5 月 27 日，彭真参加民法座谈会再次强调"制定民法可以同制定单行法同时并行"。[9]此所谓单行法，是指相对于法典的一种成文法律形式。按照梁启超的说法，单行法与法典是成文法发展的不同阶段。他认为，"成文法之初起，不过随时随事，制定为多数之单行法，及单行法发布既多，不得不撮而录之，于是所谓法

---

〔2〕 第一次起草民法发生在 1954 – 1958 年，只是形成了总则、所有权、债等若干稿，并未形成完整的民法典草案；第二次起草民法发生在 1962 – 1964 年，形成了《中华人民共和国民法草案（试拟稿）》。参见赵晓耕主编：《新中国民法典起草历程回顾》，法律出版社 2011 年版，第 92 – 104 页，第 137 – 154 页。

〔3〕 如 1950 年颁布的《商标注册暂行条例》《保障发明权与专利权暂行条例》《机关、国营企业、合作社签订合同契约暂行办法》。

〔4〕 本文所引中国共产党历次全国代表大会的文献，均来自中国共产党新闻网"中国共产党历次全国代表大会数据库"（http://cpc. people. com. cn/GB/64162/64168/index. html），恕不一一标注。

〔5〕 《彭真传》（第 4 卷），中央文献出版社 2012 年版，第 1540 页。

〔6〕 这四稿民法草案分别是 1980 年 8 月 15 日的《中华人民共和国民法（草案）》（征求意见稿）、1981年 4 月 10 日的《中华人民共和国民法（草案）》（征求意见二稿）、1981 年 7 月 31 日的《中华人民共和国民法（草案）》（第 3 稿）和 1982 年 5 月 1 日的《中华人民共和国民法（草案）》（第 4 稿）。何勤华、李秀清、陈颐编：《新中国民法典草案总览》（增订本）（中卷），北京大学出版社 2017 年版，第 1151 – 1342 页。

〔7〕 王家福："新中国的民事立法感言"，载《法学家》2009 年第 5 期。

〔8〕 《彭真传》（第 4 卷），中央文献出版社 2012 年版，第 1540 页。

〔9〕 《彭真文选（一九四一——一九九〇年）》，人民出版社 1991 年版，第 424 页。

典者见焉。"[10]根据我国民事立法的实际情况，民事单行法只是特定民事制度的法律，而非作为法律部门的民法的系统性法律，作为民法部门的系统性法律是民法典。

根据民事单行法与民法典并行的思路，民事单行法的立法工作取得了实质性的成效。新的《婚姻法》（1980 年）、《经济合同法》（1981 年）、《商标法》（1982 年）、《专利法》（1984 年）、《继承法》（1985 年）、《涉外经济合同法》（1985 年）、先后得以颁行，开启了民事法律制度构建的序幕。

随着民事单行法的陆续颁行，民法起草工作实际上无法继续推进。1982 年 5 月，民法起草小组负责人之一的杨秀峰辞去职务，民法起草小组随之而解散。[11]这不仅标志着此次民法起草工作的终止，同时也标志着最高立法机关在民事立法的指导思想问题上暂时放弃了法典化的思路而选择了单行法的思路。直到 2014 年 10 月中共十八届四中全会提出"编纂民法典"的立法任务之前，单行法的立法思路在我国民事立法中一直占据着主导的地位，深深地影响着我国民法的发展。

我国民事立法当时放弃法典化的思路而选择单行法的思路，有其主客观原因。

（一）从客观方面说，改革目标的不确定性决定了法典化思路的不可行而采取单行法思路

法是一定社会经济生活的再现，尤其是民法，必须反映社会经济发展的要求。中共十一届三中全会只是指出我国经济体制存在"权力过于集中"的问题，提出要大胆下放权力，要按经济规律办事，重视价值规律的作用，但并没有明确经济体制改革的目标。在经济运行体制改革方面，1982 年中共十二大提出"计划经济为主、市场调节为辅"，1984 年十二届三中全会提出实行"有计划的商品经济"，直到 1992 年中共十四大提出建立社会主义市场经济体制的目标之前，改革一直徘徊在计划与市场之间。在所有制改革方面，直到 1997 年中共十五大提出"公有制为主体、多种所有制经济共同发展，是我国社会主义初级阶段的一项基本经济制度"之前，所有制改革只是在公有制内部围绕着公有制的实现而展开，农村土地承包制，公有制企业承包经营制、租赁经营制和股份制，[12]都只是作为公有制的实现方式而得到推行，个体经济、私营经济、外资企业只是作为公有制经济"必要的和有益的补充"而存在。[13]

---

[10] 《梁启超法学文集》，中国政法大学出版社 2000 年版，第 120 页。

[11] 《彭真传》（第 4 卷），中央文献出版社 2012 年版，第 1544 – 1545 页。

[12] 1984 年，中共十二届三中全会通过的《关于经济体制改革的决定》提出了"两权分离"（所有权和经营权分离）的国有企业改革思路，指出"企业有权选择灵活多样的经营方式"。1987 年，中共十三大对企业承包经营制、租赁经营制、股份制给予了肯定。

[13] 1982 年，中共十二大提出"坚持国营经济的主导地位和发展多种经济形式"，此所谓"多种经济形式"指集体经济和个体经济，个体经济是"公有制经济必要的、有益的补充"。1987 年，中共十三大进而确认，私营经济是"公有制经济必要的、有益的补充"，外资企业是"我国社会主义经济必要的有益的补充"。

改革之初目标的不确定，客观上对民事立法起到了制约作用，直接影响着民事立法思路的选择。1979 年，彭真在提出民法典和民事单行法并行的主张时，就指出"我们的经济体制处于改革中，制定完整的民法典恐怕还有困难，条件不成熟。恐怕需要采取'零售'的方法，根据实际需要，成熟一个制定一个。"〔14〕此所谓"零售"，即先制定单行法。〔15〕1981 年 5 月 27 日，彭真在民法座谈会上又一次谈到制定民法的困难，他说："现在情况很复杂，现在我们不仅是处在社会主义这个历史过渡时期，而且正处在大调整的过渡时期，政治、经济、文化等各方面的情况都在变化，面临着大量的新问题，而且很多是根本性的问题"，在这种情况下，"搞民法就有困难"。〔16〕关于制定民法典的困难，之后主持制定《民法通则》工作的顾昂然如是说："制定民法要从实际出发，那要体现经济体制改革的新经验。而经济体制改革首先是从农村开始的，城市大规模的体制改革是在十二届三中全会以后。1982 年，城市的经济体制改革还没有全面开展，有些问题还没有底。"〔17〕相对于制定一部完整的民法典，制定民事单行法则容易把握得多。1979 年 7 月 1 日，在全国人大法制委员会全体会议上，彭真指出"单行民事法律调整的范围相对明确、有限，问题容易看得清楚，无论从实践上还是从立法技术上，都能够主动把握。"〔18〕他在 1981 年 5 月 27 日召开民法座谈会上还说"单行法比较容易搞些，比较灵活，错了也比较好改。民法就要比较谨慎，制定不久就得改，那就不大好。"〔19〕

（二）从主观方面说，借鉴但不照搬照抄，立法要从实际出发、解决实际问题的观念决定了法典化思路的不可行而采取单行法思路

民法发展史的经验表明，后法典化国家可以通过移植外国法来构建本国的民法制度。《法国民法典》《德国民法典》颁行后，均有不少的国家采取"拿来主义"的策略，或直接采用，或作为参照制定本国的民法典。〔20〕我国民国时期编纂的民法典，也是移植德国、瑞士等国民法典的结果。吴经熊说："我们试就新《民法》从第 1 条到第 1125 条仔细研究一遍，再和《德意志民法》及《瑞士民法》和'债编'逐条对校一下，倒有百分之九十五是有来历的，不是照帐誊录，便是改头换面！"〔21〕梅仲协指出："现行民法，采德立法例者，十之六七，瑞士立法例者，十之三四，而法、日、苏之成规，亦尝截取一二，集现代各国民法之精英"。〔22〕然而，在我国民事立法

〔14〕 《彭真传》（第 4 卷），中央文献出版社 2012 年版，第 1539 – 1540 页。

〔15〕 顾昂然：《新中国民事法律概述》，法律出版社 2000 年版，第 9 页。

〔16〕 《彭真文选（一九四一——九九〇）》，人民出版社 1991 年版，第 421 – 422 页。

〔17〕 顾昂然：《新中国民事法律概述》，法律出版社 2000 年版，第 9 页。

〔18〕 《彭真传》（第 4 卷），中央文献出版社 2012 年版，第 1539 – 1540 页。

〔19〕 《彭真文选（一九四一——九九〇）》，人民出版社 1991 年版，第 424 页。

〔20〕 陈卫佐："法国民法典的影响——与德国民法典的比较"，载《清华法学》2006 年第 2 期。

〔21〕 吴经熊：《法律哲学研究》，清华大学出版社 2005 年版，第 172 页。

〔22〕 梅仲协：《民法要义》，中国政法大学出版社 1998 年版，"初版序"。

中，移植外国法的历史经验并没有获得认同。在对待外国法问题上，最高立法机关的基本态度是"借鉴但不照搬照抄"。[23]他还说，现在搞民法，我们没有一下子照搬外国的物权和债权之类的东西，而是先搞自己的各种单行法。[24]

在民事立法问题上，无论是制定民法典还是制定单行法，彭真都强调要从实际出发，解决实际问题。[25]1981年5月27日，在民法座谈会上，彭真重点阐述了"立法必须从中国的实际出发"的原则，他说"我们的民法是中华人民共和国民法，不是苏联、东欧的民法，也不是英美、欧洲大陆的或者日本的民法。我们的民法从哪里产生，要从中国的实际产生。""只有从我国实际情况出发，按照社会主义法制原则，制定我国的民法，才能行得通。"他还深情地说，"如果说什么是民法的母亲的话，……归根到底，还是中国的实际是母亲，九百六十万平方公里的十亿人民是母亲。"[26]1985年12月4日，彭真在"全国民法通则（草案）座谈会"上，仍然坚持"我国民法要从实际出发，解决中国的实际问题"的原则。[27]

作为立法机关的负责人，彭真关于民事立法的主张，对改革之初的民事立法产生了极大的影响，决定了在改革之初的社会经济条件下，法典化的思路不具有现实的可行性，我国民事立法只能暂时放弃法典化的思路而采取单行法的思路。杨秀峰的辞职和民法起草小组的最终解散充分说明了这一问题。1982年5月，杨秀峰的辞职显然与彭真关于民事立法的主张有着直接的关系。《彭真传》的作者指出，杨秀峰态度的变化，可以理解为，经过两年多起草民法的实践，"再考虑彭真的意见"，在没有搞清楚经济改革目标和有关问题的前提下，起草出符合实际的民法典是不现实的。[28]

二、单行法思路的得与失

采取单行法的思路推进立法工作，是我国民事立法的基本做法，也是一项基本的经验。[29]它对改革初期民事立法的恢复、民事法律制度的初建，起到了重要的作用。1986年，《民法通则》颁布后，顾昂然在回顾选择单行法思路的决定时，不无肯定地说："现在看来，这个决定是对的。如果等整个民法典都成熟了再制定，那么民

[23] 2011年国务院新闻办发布的《中国特色社会主义法律体系（白皮书）》在谈到"借鉴人类法制文明成果"时指出中国特色社会主义法律体系的形成"注意研究借鉴国外立法有益经验，吸收国外法制文明先进成果，但又不简单照搬照抄"。2014年，十八届四中全会通过的《中共中央关于全面推进依法治国若干重大问题的决定》仍强调"借鉴国外法治有益经验，但决不照搬外国法治理念和模式"。
[24] 《彭真传》（第4卷），中央文献出版社2012年版，第1548页。
[25] 《彭真传》（第4卷），中央文献出版社2012年版，第1540页。
[26] 《彭真文选（一九四一——一九九〇）》，人民出版社1991年版，第421、422-423页。
[27] 彭真：《论新时期的社会主义民主与法制建设》，中央文献出版社1989年版，第302页。
[28] 《彭真传》（第4卷），中央文献出版社2012年版，第1544-1545页。
[29] 《彭真传》（第4卷），中央文献出版社2012年版，第1548页。

事立法到现在还可能是一篇白纸。"[30]实际上，单行法的思路不只是对改革开放初期的民事立法发挥作用，而且直到 2014 年十八届四中全会提出编纂民法典的立法任务之前，单行法的思路始终占据着主导的地位，对我国民事法律制度的发展也发挥着重要的作用。顾昂然的上述说法，如果放在今天来看，似乎也可以成立。因为，我国改革开放后第二次起草民法再次说明了这一点。2000 年，我国重启民法典编纂工作，2002 年 12 月 23 日全国人大常委会首次审议民法草案，但这次民法起草同样无功而返，最终还是回到单行法的思路，这才有了 2007 年《物权法》和 2009 年《侵权责任法》的颁行，如果要等民法典的颁行，物权法和侵权责任法也势必延后。

单行法思路对我国民事立法的贡献主要体现在如下两个方面：

1. 适应改革开放不断深化的需要，制定一大批民事法律，解决了民事领域"无法可依"的问题，实现了"有法可依"的法制目标。2011 年 10 月，国务院新闻办发布《中国特色社会主义法律体系（白皮书）》，宣布中国特色社会主义法律体系已经形成。民商法作为社会主义法律体系的重要组成部门，现行有效法律 33 部，[31]涵盖了几乎所有的民事领域。这其中，还不包括随着改革发展的需要而被废止的《经济合同法》《涉外经济合同法》和《技术合同法》。这些法律大多数是因适应改革发展的需要而制（修）定，及时反映了改革开放的要求。在外资企业法领域，1979 年，改革开放刚刚开始，为了吸引外资的需要，及时制定了《中外合资经营企业法》，之后又于 1985 年制定《外资企业法》，1988 年制定《中外合作经营企业法》，以满足外商投资形式多样化的要求。在合同法领域，1981 年，为了规范法人（企业）之间的合同关系，制定了《经济合同法》；1985 年，为了满足对外经贸发展的需要，制定了《涉外经济合同法》；1987 年，为了适应科技体制改革的需要特别是科技成果商品化的客观要求，制定了《技术合同法》；1992 年市场经济体制的目标确立后，立法机关于 1993 年及时对《经济合同法》进行了修订，并于 1999 年制定了《合同法》，建立了适合社会主义市场经济体制要求的统一的合同法律制度。1992 年，社会主义市场经济体制的目标确立后，除了《合同法》外，立法机关陆续制定了《公司法》（1993年）、《担保法》（1995 年）、《保险法》（1995 年）、《拍卖法》（1996 年）、《合伙企业法》（1997 年）、《证券法》（1998 年）、《个人独资企业法》（1999 年）、《招投标法》（1999 年）、《信托法》（2001 年）、《证券投资基金法》（2003 年）、《电子签名法》（2004 年）、《农民专业合作社法》（2006 年）等直接反映市场经济要求的法律。

---

〔30〕 顾昂然：《新中国民事法律概述》，法律出版社 2000 年版，第 9 页。

〔31〕 这 33 部法律分别为：《民法通则》《物权法》《合同法》《侵权责任法》《婚姻法》《继承法》《收养法》《专利法》《商标法》《著作权法》《担保法》《电子签名法》《公司法》《合伙企业法》《个人独资企业法》《破产法》《证券投资基金法》《中外合资经营企业法》《中外合作经营企业法》《外资企业法》《全民所有制工业企业法》《商业银行法》《证券法》《票据法》《保险法》《信托法》《海商法》《农村土地承包法》《农民专业合作社法》《招投标法》《拍卖法》《消费者权益保护法》《涉外民事法律关系适用法》。

这 33 部民事法律与改革开放的进程相伴而生，不能不说是单行法思路的贡献。

2. 民事单行法的制定，为民法典的编纂奠定了制度的基础，积累了立法的经验。早在 1979 年民事立法恢复之初，彭真提出民法典和单行法同时并进的主张时，就已阐明了制定单行法和制定民法典的关系。他说，制定单行法既可以适应实际需要，又可以为制定民法典打下基础；单行民事法律制定多了，对各类民事法律关系的认识就会变得清晰，立法的经验就愈加丰富，在这个基础上制定完整的民法，就水到渠成了。[32] 1981 年 10 月 16 日，彭真在法制委员会全体会议上再次说，制定单行法和制定民法并不矛盾，相反，先搞单行法可以使民法制定的进度快点儿。[33] 民法典是民事法律体系的核心，编纂民法典涉及民商关系的处理和法典体例的安排。依据当前民法典编纂的工作计划，[34] 我国在民商关系上采取折衷的民商合一制，[35] 编入民法典的只有主体制度（自然人制度、法人制度、非法人组织制度）、民事法律行为与代理制度、诉讼时效制度、物权制度、合同法律制度、侵权责任制度、婚姻家庭制度、继承制度，公司法律制度、合伙企业法律制度、个人独资企业法律制度、外资企业法律制度以及票据法律制度、保险法律制度、信托法律制度、证券法律制度、海商法律制度等，均保留单行法地位；在法典体例上，采取"总则—分则"的体例，主体制度、民事法律行为与代理制度、诉讼时效制度等构成总则，分则包括物权法律制度、合同法律制度、侵权责任制度、婚姻家庭制度和继承制度。无论是民商关系还是法典的体例，所涉的法律制度，都已制定了相应的单行法。这些单行法为民法典编纂奠定了必要的制度基础。在立法经验上，《民法通则》《合同法》《物权法》等法律的制定，均为在单行法思路下对民法典之构成制度进行体系化的立法活动，可以看作是民法典编纂的前期准备工作。这些法律的制定为民法典的编纂不仅奠定了基础，也积累了宝贵的经验。2014 年 10 月，中共十八届四中全会决定编纂民法典，不无这种考虑。

在看到单行法思路对我国民事法律制度构建贡献的同时，也应该看到单行法思

---

[32] 《彭真传》（第 4 卷），中央文献出版社 2012 年版，第 1540 页。

[33] 《彭真传》（第 4 卷），中央文献出版社 2012 年版，第 1544 页。

[34] 我国民法典编纂工作计划，参见李适时（时任全国人大常委会法制工作委员会主任）："关于《中华人民共和国民法总则（草案）》的说明"，载 http://www.npc.gov.cn/npc/lfzt/rlyw/2016 - 07/05/content_1993422.htm，访问时间：2016 年 7 月 6 日；李建国（时任全国人大常委会副委员长）："关于《中华人民共和国民法总则（草案）》的说明"，载 http://www.npc.gov.cn/npc/xinwen/2017 - 03/09/content_2013899.htm，访问时间：2017 年 3 月 9 日。

[35] 前引李适时、李建国关于民法总则的立法说明，均表示"我国民事立法秉持民商合一的传统，通过编纂民法典，完善我国民商事领域的基本规则，为民商事活动提供基本遵循……"但是，此所谓"民商合一"，并非意味着要编纂一部包括公司、票据、海商、保险、信托、证券等商事制度在内的大一统的民法典，其意义仅在于民法典之外不另定商法典，商事制度保留单行法的地位，与民法典形成特别法与普通法的关系。这是一种折衷的民商合一制，而非典型的民商合一制。参见柳经纬："民法典编纂的体系性困境及出路"，载《甘肃社会科学》2018 年第 2 期。

路存在的不足：

1. 单行法思路主导下的民事立法呈"碎片化"状态，使得法典化目标的实现越来越难。相对于法典化的思路，单行法思路缺乏对民商事法律体系的整体设计，它强调的是根据实际需要，成熟一个制定一个。[36] 单行法的制定通常"只考虑自圆其说的小体系，而不顾及立法动议和其他已经制定的法律的衔接，更不考虑中国民法典制定的体系化整合的基本逻辑要求"。[37] 其结果是法与法之间缺乏制度上的协调，民事法律体系的整体性得不到有效保障，立法标准杂乱、法律规定重复、法律概念不统一、法律规范不一致、法律观念严重冲突、法律制度无法衔接等体系性缺失问题十分突出。[38] 例如，在现行企业法中，既有按照所有制标准制定的各种类型的《全民所有制工业企业法》《乡镇企业法》和三个外资企业法以及《私营企业暂行条例》，又有按照组织形式标准制定的《公司法》《合伙企业法》和《个人独资企业法》；关于民事主体的概念，《民法通则》采用"公民（自然人）"和"法人"，《合同法》采用"自然人""法人"和"其他组织"（第2条），《物权法》则采用"国家""集体"和"私人"，时而又使用"单位""个人"（如第93条）；《物权法》与《担保法》《农村土地承包法》的内容大量重复；《民法通则》规定的民事主体有公民和法人，法人以独立责任为必要，合伙企业、个人独资企业在《民法通则》中找不到其主体地位。诸如此类的情况不仅严重影响了法的体系性，而且也没有使得民法典编纂如当初最高立法机关领导人所预期的那样，收到"水到渠成"的效果，而是"使得民法整体立法越来越难以整合，使得民法典立法的目标实现越来越遥远"[39]，呈现出"去法典化"的状态。

2. 单行法思路主导下的民事立法与改革开放的进程呈现出"亦步亦趋"的现象，导致法律的许多规定跟不上改革的步伐而变得"不合时宜"，无法满足适应改革不断前行的需要。单行法的立法思路强调立法条件的成熟，强调立法必须从实际出发、解决实际问题。在这种思路指导下制定的法律，固然能够收到"立竿见影"的效果，能够及时反映改革实践中提出的新问题，然而也使得立法存在着前瞻性不够、常常赶不上改革开放步伐的问题。我国改革开放是一个不断深化的过程，从实际出发制定的法律，只能反映改革特定阶段的实际需要，解决这个阶段的实际问题，而难以适应后续改革阶段出现的新的实际情况，无法解决新的实际问题。这样，随着改革的不断深入，之前制定的法律就会变得滞后，变得"不合时宜"，甚至可能成为改革前行路上的法律障碍。这一点在1992年中共十四大确立社会主义市场经济体制的目标之前制定的法律中表现得很突出。1981年制定的《经济合同法》（已失效，

---

[36] 《彭真传》（第4卷），中央文献出版社2012年版，第1540页。
[37] 孙宪忠："防止立法碎片化、尽快出台民法典"，载《中国政法大学学报》2013年第1期。
[38] 柳经纬："民商事法律体系化及其路径选择"，载《河南财经政法大学学报》2014年第6期。
[39] 孙宪忠："防止立法碎片化、尽快出台民法典"，载《中国政法大学学报》2013年第1期。

下同）反映的是计划经济条件下企业间交易关系的要求，国家计划对企业间合同活动的刚性约束贯穿于全部法律之中。例如，第 1 条将"保证国家计划的执行"列为立法的宗旨；第 4 条规定订立合同必须符合计划的要求，当事人不得利用经济合同破坏国家计划；第 7 条规定违反计划的合同无效；第 17 条规定购销合同的产品价格"执行国家订价的，在合同规定的交付期限内国家价格调整时，按交付时的价格计价"；第 27 条规定当事人协商同意变更解除合同的，不得影响国家计划的执行。1986 年制定的《民法通则》也有不少反映旧体制的规定，如第 80 条第 3 款规定"土地不得买卖、出租、抵押或者以其他形式非法转让"；第 81 条第 4 款规定"国家所有的矿藏、水流，国家所有的和法律规定属于集体所有的林地、山岭、草原、荒地、滩涂不得买卖、出租、抵押或者以其他形式非法转让"；第 91 条规定合同的转让"不得牟利"。《经济合同法》《民法通则》的上述规定，随着后续改革的深入而变得"不合时宜"。例如，1987 年实行的国有土地使用权出让改革，[40]就使得《民法通则》第 80 条第 3 款的规定变得"不合时宜"；1990 年开设郑州粮食批发市场，[41]以合同转让为基础的期货交易正式登场，突破了合同转让不得牟利的限制，《民法通则》第 91 条关于"不得牟利"的规定也变得"不合时宜"。1992 年十四大确立市场经济体制的目标后，此前制定的《经济合同法》等法律中反映计划经济体制要求的规定都变得"不合时宜"。[42]不仅十四大之前制定的法律如此，十四大之后制定的法律也存在类似的情形。1993 年 11 月，十四届三中全会通过了《中共中央关于建立社会主义市场经济体制若干问题的决定》，确立了建立现代企业制度的国有企业改革方向，具体措施是对国有企业实行公司制改制，随后通过的《公司法》的许多规定直接反映了国有企业公司制改制的要求。随着国有企业公司制改制工作的完成，这些

---

[40] 1987 年 4 月，国务院首提土地使用权有偿转让；9 月，深圳经济特区率先试行土地使用权出让，中航深圳工贸中心以 106 万元人民币购得 5300 平方米国有土地 50 年使用权；11 月，国务院确定在深圳、上海、天津、广州、厦门、福州进行国有土地使用制度改革试点。

[41] 1988 年 3 月 25 日，时任总理李鹏在《政府工作报告》中提出，要"加快商业体制改革，积极发展各类批发贸易市场，探索期货交易"。1990 年 7 月 27 日，《国务院批转商业部等八部门关于试办郑州粮食批发市场的报告的通知》（国发［1990］46 号）同意试办郑州粮食批发市场（1993 年更名为"郑州商品交易所"）。1992 年 10 月深圳有色金属交易所推出第一个标准化期货合约，1993 年 3 月苏州物资交易所、上海金属交易所分别推出标准化合约。

[42] 1993 年 6 月 22 日，杨景宇（时任国务院法制局局长）在经济合同法的修改说明中指出"现行的经济合同法在若干重要问题上显然已经不能适应发展社会主义市场经济和转变政府职能的要求，甚至同宪法修正案不一致，有关条款需要立即调整。"杨景宇："关于《中华人民共和国经济合同法修正案（草案）》的说明"，载《全国人民代表大会常务委员会公报》1993 年第 5 期。1993 年 9 月 2 日，八届全国人大常委会第三次会议通过《关于修改〈中华人民共和国经济合同法〉的决定》，删去了其中反映计划经济体制的内容。

规定也就"不合时宜"了。[43]

三、单行法思路对法典化的影响

改革开放之后，我国先后三次组织民法典编纂工作，均不同程度受到单行法思路的影响。这种影响主要表现为单行法的思路侵蚀了民法典编纂工作，消解了法典化的效果。

从1979年成立民法起草小组到1982年5月小组解散，是改革开放后第一次组织民法典编纂工作。这次民法典编纂工作的成果是起草了《中华人民共和国民法草案》四稿，终因立法机关选择了单行法的思路而终结，未能进入立法程序。随之而来，民法草案的内容也被单行法化，以单行法的形式面世。1981年5月27日，彭真在民法座谈会上谈到民法与单行法可以并行时就明确说："也可以把民法草案中比较成熟的部分，作为单行法规先提出审议、公布。"[44]合同法是民法固有的内容，1981年12月13日五届全国人大四次会议通过的《经济合同法》可看作是民法单行法化的一个先例，1985年4月10日六届全国人大三次会议通过的《继承法》又是一例，[45]1986年4月12日六届全国人大四次会议通过的《民法通则》同样是民法单行法化的结果。[46]与《经济合同法》《继承法》以及其他单行法不同，《民法通则》不是关于特定民事领域的专门法，它的内容包括民法的调整对象、基本原则、效力、公民和法人的主体地位、民事法律行为与代理、民事权利、民事责任、时效等，属于"民事活动中的一些共同性的问题"。[47]虽然《民法通则》在客观上一直扮演着民事基本法的角色，被形象地称之为"微型的民法典"，[48]但它并不是民法典，也不是民法典

---

[43] 1993年《公司法》第4条第3款："公司中的国有资产所有权属于国家。"；第7条："国有企业改建为公司，必须依照法律行政法规规定的条件和要求，转换经营机制，有步骤地清产核资界定产权，清理债权债务，评估资产，建立规范的内部管理机构。"；第21条："本法施行前已设立的国有企业，符合本法规定设立有限责任公司条件的，单一投资主体的，可以依照本法改建为国有独资的有限责任公司，多个投资主体的，可以改建为前条第一款规定的有限责任公司。"；第75条第2款："国有企业改建为股份有限公司的，发起人可以少于五人，但应当采取募集设立方式。"；第81条："国有企业改建为股份有限公司时，严禁将国有资产低价折股低价出售或者无偿分给个人。"2005年《公司法》修订，删去了这些内容。

[44] 《彭真文选（一九四一——一九九〇年）》，人民出版社1991年版，第424页。

[45] 王汉斌（全国人大常委会时任秘书长、法制工作委员会主任）在《继承法》的立法说明中指出，继承法草案是"在民法草案（四稿）财产继承编的基础上"修改拟定的。王汉斌："关于《中华人民共和国继承法（草案）》的说明"，载《全国人民代表大会常务委员会公报》1985年第3期。

[46] 王汉斌（全国人大常委会时任秘书长、法制工作委员会主任）在《民法通则》的立法说明中说："在民法草案（四稿）的基础上，起草了民法通则草案"。王汉斌："关于《中华人民共和国民法通则（草案）》的说明"，载《全国人民代表大会常务委员会公报》1986年第4期。

[47] 王汉斌："关于《中华人民共和国民法通则（草案）》的说明"，载《全国人民代表大会常务委员会公报》1986年第4期。

[48] 江流："民法通则：我国的'微型民法典'"，载《中国人大》2008年第16期。

的总则。[49]它虽然包括了传统民法典总则的主要内容，其制定之初也曾被作为总则来考虑，但其内容与传统民法典总则比较，既少了权利客体和权利救济，又多出民事权利和民事责任，因此最后被命名为"通则"而非"总则"。[50]因此，《民法通则》并不是法典化的成果，而是单行法思路的产物。改革开放后的第一次民法典编纂工作成效在单行法思路的侵蚀下完全被消解了。

2000年开始，九届全国人大常委会时任委员长李鹏连续三年在全国人大常委会工作报告中提出编纂民法典的立法任务。[51]在2002年所作的全国人大常委会工作报告中，李鹏提出"要加快物权法的起草和民法典的编纂工作"。2002年12月23日，《中华人民共和国民法（草案）》提交全国人大常委会审议。这是改革开放后第二次组织民法典编纂工作。与上一次民法典编纂不同的是，这一次民法典编纂工作不仅形成了民法典草案，而且进入了立法程序。然而，这一次民法典编纂工作与上一次民法典编纂一样，在单行法思路的侵蚀下未能修成正果。《中华人民共和国民法（草案）》总计九编，分别为：总则、物权法、合同法、人格权法、婚姻法、收养法、继承、侵权责任法、涉外民事关系的法律适用法。顾昂然（时任全国人大常委会法制工作委员会主任）在九届全国人大常委会第31次会议上对这部法律草案作了说明，他着重说明了新起草的总则、人格权法、物权法、侵权责任法、涉外民事关系的法律适用法五编，对合同法、婚姻法、收养法、继承法四编则一笔带过，只说它们"是民法的重要组成部分，这次先编进来，暂未作改动……"此所谓"先编进来""未作改动"，是指将现行的《合同法》《婚姻法》《收养法》《继承法》未作修改地

---

[49] 1986年《民法通则》颁布后，张友渔著文称："《民法通则》和一般所说的民法总则不同，总则是民法典的一部分，民法通则的内容不限于总则的范围。它具有我们中国的特点，这就是既不同于一般的民法典，又不同于作为民法典的一部分的民法总则。"张友渔："为什么制定这部《民法通则》"，载《中国法学》1986年第4期。

[50] 关于《民法通则》的立法过程及其名称之由来，参见《彭真传》（第4卷），中央文献出版社2012年版，第1545－1548页；顾昂然：《回望：我经历的立法工作》，法律出版社2009年版，第91－93页。

[51] 2000年3月9日，李鹏在《全国人民代表大会常务委员会工作报告（2000）》中提出"在民事主体制度、物权制度、债权制度、知识产权制度、婚姻家庭制度等单项法律基本齐备的基础上，力争在本届人大任期内编纂一部比较完整的民法典。"参见李鹏："全国人民代表大会常务委员会工作报告（2000）"，载《全国人民代表大会常务委员会公报》2000年第2期；2001年3月9日，李鹏在《全国人民代表大会常务委员会工作报告（2001）》中提出"在民法商法方面，要完成婚姻法的修改，制定物权法，力争在各项民事法律基本齐备的基础上着手民法典的编纂工作。"参见李鹏："全国人民代表大会常务委员会工作报告（2001）"，载《全国人民代表大会常务委员会公报》2001年第3期；2002年3月9日，李鹏在《全国人民代表大会常务委员会工作报告（2002）》提出"在民法商法方面，要加快物权法的起草和民法典的编纂工作。"参见李鹏："全国人民代表大会常务委员会工作报告（2002）"，载《全国人民代表大会常务委员会公报》2002年第2期。

编入民法典。[52]他还说，除民法总则外，"草案的其他各编由单行法律组成，这样便于今后修改，更能适应经济社会不断发展变化的要求"[53]。这部民法草案采取的是"汇编"的方式。顾昂然在回忆这次民法起草工作时说"民法草案按汇编搞，每编都是一部单行法"，"每编自己定条文次序，都从第一条开始定条文"[54]。这种单行法汇编式的立法无法完成法典化的任务。这部民法草案自 2002 年底首次提交审议后，立法机关没有再次组织审议这部法律草案，而是回到单行法的思路上，"继续采取分别制定单行法的办法"[55]。物权法、侵权责任法和涉外民事关系的法律适用法三编在后续的立法中均采取了单行法的方式[56]。改革开放后第二次民法典编纂工作成效在单行法思路的侵蚀下再次被消解。

从 2014 年 10 月十八届四中全会提出编纂民法典开始至今，这是改革开放之后第三次组织民法典编纂工作。与前两次民法典编纂工作不同，这一次民法典编纂是在"全面依法治国"的背景下由执政党作出的政治决定，[57]编纂民法典不仅是一项立法任务，更是一项政治任务，其受重视的程度前所未有。因此，这一次民法典编纂工作应不会出现前两次那样半途而废的局面。按照立法机关的工作计划，民法典编纂采取"两步走"的思路：第一步是编纂总则编，第二步是编纂分则各编，到 2020 年形成统一的民法典。[58]目前第一步已经完成，《中华人民共和国民法总则》（即总则编）如期于 2017 年 3 月获得通过，第二步分则各编的编纂工作正在进行之中，截至本文完稿之时，物权编、合同编、人格权编、婚姻家庭编、继承编、侵权责任编的草案征求意见稿已经下发征求意见。

---

[52] 实际上，《中华人民共和国民法（草案）》合同法编，在《合同法》基础上增加了"保证合同"（第 24 章），内容来自《担保法》第 2 章 "保证"。

[53] 顾昂然："关于《中华人民共和国民法（草案）》的说明"，何勤华、李秀清、陈颐编：《新中国民法典草案总览》（修订本）（下卷），北京大学出版社 2017 年版，第 1543 - 1547 页。

[54] 顾昂然：《回望：我经历的立法工作》，法律出版社 2009 年版，第 161 页。

[55] 李建国："关于《中华人民共和国民法总则（草案）》的说明"，载 http://www.npc.gov.cn/npc/xin-wen/2017 - 03/09/content_2013899.htm，访问时间：2017 年 3 月 9 日。

[56] 《物权法》2007 年 3 月 16 日经十届全国人大五次会议审议通过，《侵权责任法》2009 年 12 月 26 日经十一届全国人大常委会第 12 次会议审议通过，《涉外民事关系法律适用法》2010 年 10 月 28 日经十一届全国人大常委会第 17 次会议审议通过。

[57] 法国前宪法委员会主席、司法部长罗贝尔·巴丹戴尔为纪念法国民法典 200 周年撰写的"伟大的财产"一文中指出："任何编撰法典的举措要想取得成功，必须具备三个条件：有利的时机，有才华的法学家，有政治意愿。"（《法国民法典》，罗结珍译，法律出版社 2005 年版，中译本代序第 2 页）。《中共中央关于全面推进依法治国若干重大问题的决定》提出编纂民法典，这在执政党的文献上还是第一次，表明了编纂民法典的"政治意愿"。

[58] 李适时："关于《中华人民共和国民法总则（草案）》的说明"，载 http://www.npc.gov.cn/npc/lfzt/rlyw/2016 - 07/05/content_1993422.htm，访问时间 2016 年 7 月 6 日；李建国："关于《中华人民共和国民法总则（草案）》的说明"，载 http://www.npc.gov.cn/npc/xinwen/2017 - 03/09/content_2013899.htm，访问时间：2017 年 3 月 9 日。

从目前民法典编纂的实际情况来看，不难发现，单行法的思路依然在影响着民法典编纂工作。主要表现在三个方面：

1. 除了《人格权编（草案）》因无现行法基础而无从判断外，总则编和分则其余编草案均存在过度依赖现行民事法律的现象，其间不难见到单行法思路的影子。例如，已经颁行的总则编较之《民法通则》虽然有许多"亮点"，如确认了胎儿的主体地位（第16条），规定了个人信息保护和虚拟财产保护（第111条、第127条），放弃了民事法律行为的合法性定位（第133条），对诉讼时效效力采取"抗辩权发生说"（第192条）等，但在内容、体例和语言表达上均延续了《民法通则》，[59]甚至《民法通则》中不合时宜的一些规定在总则编中也保留了下来，如将民法的自愿原则（意思自治原则）表述为法定的义务（第5条），[60]忽略自然人权利能力存在差异的"自然人民事权利能力一律平等"的规定（第14条），[61]与"抗辩权发生说"不相协调的诉讼时效的概念（第188条），[62]因此说总则编是《民法通则》的"修订版"并不为过。[63]《物权编（草案）》《合同编（草案）》《侵权责任编（草案）》《婚姻家庭编（草案）》《继承编（草案）》的征求意见稿也大多如此。因此，作为各编基础的现行法背后存在的单行法思路就不可避免地继续影响着民法典各编的编纂。例如，《物权编（草案）》延续了《物权法》有关土地承包经营权合同、建设用地使用权出让合同、地役权合同、抵押合同、质押合同的规定，这就使得物权编变成了物权制度与合同制度的混合物，而不是单纯的物权制度。在单行法思路下，鉴于这些合同与他物权设立的关系，《物权法》规定这些合同，似无不当。但在法典化思路下，物权与合同各自独立成编，物权编再规定合同就会影响到民法典体系的科学性，实属不妥。由此亦可见《物权编（草案）》背后的单行法影子。《合同编（草案）》也是如此。《合同法》总则编规定了诸多债的一般规范，如债的履行、债的保全（代位权

---

[59] 以内容、体例为例，《民法通则》分9章：基本原则、公民（自然人）、法人、民事法律行为与代理、民事权利、民事责任、诉讼时效、涉外民事关系的法律适用、附则。《民法总则》分11章：基本规定、自然人、法人、非法人组织、民事权利、民事法律行为、代理、民事责任、诉讼时效、期间计算、附则。除了"涉外民事关系的法律适用"外，其余章基本相同；各章的顺序，除民事法律行为与民事权利的位置调换外，也基本相同。

[60] 《民法通则》第4条："民事活动应当遵守自愿……的原则"；《民法总则》第5条："民事主体从事民事活动，应当遵守自愿原则……"

[61] 《民法通则》第10条："公民的民事权利能力一律平等。"《民法总则》第14条："自然人的民事权利能力一律平等。"

[62] 《民法通则》第135条："向人民法院请求保护民事权利的诉讼时效期间为2年……"《民法总则》第188条："向人民法院请求保护民事权利的诉讼时效期间为3年……"

[63] 《民法总则》审议期间，笔者曾发文表达这一观点，指出公开征求意见的民法总则草案"虽然在个别问题上较之《民法通则》有所进步，但总体看，民法总则草案只对《民法通则》作了'小修小补'，最多不过是《民法通则》的'修订版。'"（参见柳经纬："民法总则不应是《民法通则》的'修订版'"，载《法学》2016年第10期）。现在《民法总则》已经颁行，笔者仍然持这一看法。

和撤销权）、债的转让（债权让与、债务承担）、债的消灭（提存、抵销、混同）等。这些规范适用于合同，因为《合同法》制定之时，并无民法典或债法之立法安排，《合同法》规定这些内容自无不妥。但在法典化思路下，将这些不仅适用于合同而且适用于侵权行为、不当得利和无因管理等法律关系的规范安排在合同编，而不考虑设立债法总则编，则非民法典编纂的最佳方案。这里仍可看到单行法思路的影子。

2. "两步走"思路采取的工作方案是总则与分则分别起草、分编审议，而不是整体起草、分编审议。这说明，民法典编纂"两步走"的思路缺乏整体的设计，人们只看到实行民商合一制，采取"总则—分则"的法典体例这样的安排，而没有看到民法典体系性设计的详细方案。因此，在编纂总则编时，人们并不十分清楚总则编和分则编在具体内容上的划分和安排。这样一来，总则编的编纂只能就总则论总则，而无法充分顾及分则各编和民法典的体系。由于缺乏分则编与总则编一并作为对象，就总则论总则的讨论常常会偏离法典化的目标，而落入单行法思路的窠臼。这一点在总则编的审议过程中表现得十分明显。在总则编草案的审议过程中，人们关心的是诸如胎儿的民事主体地位、无行为能力人的年龄界限、成年人为自己设立监护、英烈人格保护、环境保护入典等具体问题，编纂民法典的目标，总则编和民法典的体系是否科学，基本被忽略了。例如，全国人大会议审议时，因代表反映英烈人格保护问题，于是增设一条将英烈人格保护纳入总则编（第185条），[64] 英烈人格保护在民法典体系中应处的位置如何则不在考虑范围内。如果存在民法典的整体设计，立法工作部门完全可以告知提议英烈人格保护的代表们，英烈人格保护在民法典体系中所处的位置和立法的安排，而不必急匆匆地将其列入总则编。这一期间，学者关于总则编编纂问题的研究，也大多如此，民法典的体系问题少有学者论及。这种情形导致了总则编的体系性得不到有效的保障。如果按照"总则—分则"的体例，总则编的内容应属于对分则编和民事单行法具有"普遍适用性"的规范，然而总则编的许多内容并不能满足这一要求。例如，总则编第五章关于物权（第114条至第116条）、债权（第118条至第122条）、知识产权（第123条）、继承权（第123条）等具体民事权利的规定，第八章关于多数人责任（第177条、第178条）、不可抗力（第180条）、英烈人格利益保护（第185条）、责任竞合（第188条）等规定，均不属于具有"普遍适用性"的规范；总则编第二章"自然人"第二节"监护制度"也不属于具有"普遍适用性"的规范。这些内容均应属于分则编，其中关于物权的规定应属于物权编，关于继承权的规定应属于继承编。关于债权以及按份责任、连带责任、不可抗力、侵害英烈责任、责任竞合的规定，在民法的知识体系里，应属债法的范畴。监护主要发生在亲属之间，与婚姻家庭制度更为密切，应属

---

[64] 杜涛主编：《民法总则的诞生：民法总则重要草稿及立法过程背景介绍》，北京大学出版社 2017 年版，第 414 页。

婚姻家庭法。总则编的体系性得不到保障，直接影响到分则编和整部民法典的体系性，后者也因此得不到有效保障。例如，由于总则编已经规定了物权及其类型（第114条）、物权的客体（动产、不动产等）（第115条）、物权法定原则（第116条），《物权编（草案）》为了避免重复，不再规定这些内容，物权制度被不合理地割裂开来。又如，总则编规定了债，并将合同、侵权行为、不当得利和无因管理均纳入债的范畴（第118～122条），但分则不设债法总则，只设合同编和侵权责任编，于是勉为其难地将债的一般规范安排在合同编，这不仅导致债法体系的割裂，而且也使得合同编变得不伦不类。

3. 2017年11月15日，全国人大法工委民法室提出的《人格权编（草案）》（室内稿）计七章54条，2018年3月15日，法工委下发的《人格权编（草案）》计6章49条，后者删去了前者的第七章"人格权的保护"，其余内容与前者基本一致。关于《人格权编（草案）》（室内稿），已有学者逐条进行分析，指出大量条文重复了总则编、《侵权责任法》以及其他特别法的规定，"不讲法理和立法科学"的问题十分严重。[65]《人格权编（草案）》也同样存在这些问题。此外，《人格权编（草案）》还存在着立法错位的规定，例如第5条（侵害死者人格的责任）、第6条（英烈人格保护）、第8条（人格侵权的责任形式）、第9条（人格侵权责任承担的考量因素）、第10条（人格侵权之停止侵害责任）、第11条（赔礼道歉等非财产责任的承担）均属于侵害人格权的责任的问题，应归侵权责任的规定；第12条规定的是违约精神损害赔偿问题，则应归合同编；第19条关于新药人体试验的规定，应属于特别法；第六章关于个人信息的诸多条文属于个人信息收集和处理的规定，应属于个人信息特别法。如果将《人格权编（草案）》与总则编和其他法律重复的内容以及立法错位的内容均移出人格权编，那么其内容就少之又少。因此，《人格权编（草案）》实在有点为人格权而人格权的味道，而不考虑法律体系的科学性。这正是单行法思路的影响之所在。

当前民法典编纂工作尚未完成，因此就单行法思路对此次民法典编纂工作的影响作出最终的判断也许为时尚早，但是单行法思路的影响及法典化的效果因此而被弱化却是不争的事实。

四、单行法思路影响之克服

十八届四中全会提出编纂民法典的立法任务，意味着我国民事立法从此走出单行法的时代，迈进法典化的时代。然而，单行法时代的终结并不意味着对这一时期民事立法的否定，法典化时代的开启也不意味着民法典编纂可以不顾民事立法已经取得的成就。编纂民法典是改革开以来民事立法的继续，是民事立法发展的新阶段，必须建立在现行民事法律的基础之上。民法典编纂本身也是一次对现行民事法律进

---

[65] 孙宪忠："关于《人格权编（草案）（法工委民法室室内稿）》的评审意见之一"，载 http://dy.163.com/v2/article/detail/DA2KPVMV0516C2P4.html，访问时间：2018年4月10日。

行梳理和整合使之体系化的立法活动，不可能脱离现行民事法律这一基础。但是，单行法思路与法典化思路毕竟是两种不同的民事立法思路，编纂民法典并不是单行法思路的延续。由于现行民事法律均产生于单行法时期，因此在强调以现行民事法律为基础编纂民法典的同时，尤其要注意克服单行法思路的影响，否则法典化的效果将大打折扣。

当前，我国民法典编纂已经迈出了"第一步"，进入了"第二步"，虽然我们已经看到了单行法思路的消极影响，但是民法典编纂工作毕竟尚未完成，距离预定的2020年最终形成民法典还有一段时间。因此，现在提出克服单行法思路的影响，虽然有点晚，但还不全算是"马后炮"，"亡羊补牢"未为晚矣！

笔者认为，根据民法典编纂的实际情况，要克服单行法思路的消极影响，至为重要的是，尊重民法的知识体系，完善民法典的体系设计，正确处理民法典编纂与现行民事法律的关系。

所谓民法的知识体系，主要是指大陆法系国家围绕民法典形成的一套私法的知识体系。它由民法的概念、原理、制度、法典体例和民商体制以及私法的理念构成。不同的国家虽然因私法的发展和法学理论的传统不同，其民法知识体系有所区别，但是均存在自己的民法知识体系。在我国，历经清末民初对大陆法系私法的继受和改革开放后民法学的理论转型，也基本形成了自己的民法知识体系。在民法的理念上，主体平等、私权保障和意思自治等私法理念获得普遍的认同；在民商关系上形成了折衷的民商合一制，在民法典之外不再谋求编纂商法典，但保留公司、票据、保险、海商等单行法的地位；在法典体例上，采取德国式的"总则—分则"的结构，将主体制度、法律行为制度、时效制度、物权制度、债权制度（合同、侵权行为、不当得利、无因管理）、婚姻家庭制度和继承制度纳入民法典的体系；在概念上，基本沿用德国民法的概念体系，以奠定民法知识体系的基础。在民法典编纂中，强调尊重民法的知识体系，意在将法典的体例安排、制度设计、条文编排以及法条的表达纳入民法的知识体系，强化民法知识体系的刚性约束，防止立法的任意性和随意性，确保法典化目标的实现。《民法通则》和当前民法典编纂关于债的制度的安排充分说明了这一点。物权与债权是民事关系基本分类中对世关系和对人关系的典型，坚持物债二元体制是民法知识体系的基础，也是构建民法典体系的基础。1986年《民法通则》没有采用物权的概念但采用了债权的概念，然而《民法通则》没有沿袭传统债的体系，而是对债的体系作了切割，债的项下只保留合同（违约责任除外）、不当得利和无因管理，而将侵权行为和违约责任归入民事责任。这就人为地破坏了债的制度体系，甚至割裂了合同制度的体系。总则编在总结以往立法经验的基础上，于第五章"民事权利"既规定了物权也规定了债权，关于债权，总则编第118条将合同、侵权行为、不当得利和无因管理均规定为债的发生根据，这就为恢复债的制度体系奠定了基础。如尊重民法的知识体系，那么在法典编制上理应分设物权编和债编，将物债二元体制贯彻到底。然而，在民法典编纂计划中，仅有物权编而无债编，关于债的内容，分设合同编和侵权责任编；同时在总则编中，又保留了《民法通则》民事责任独立一章的旧例，内容包括了违约责任和侵权责任的部分内容；在总则编已规定不当得利和无因管理的同时，又在《合同编（草案）》专章规定了不当得利和无因管理，造成债的制度"七零八落"。由此亦可证明，尊重民法的知识体系对于防止立法的任意性和随意性，克服单行法思路的影响，确保法典化目标的实现是何等的重要！

客观地说，此次编纂民法典，不同于单行法思路主导下的民事立法，并非没有体系设计。采取折衷的民商合一制、"总则—分则"的法典体例，均属于体系设计。然而，这样的体系设计太过粗糙和模糊，缺乏精确性，每一项制度、每个条文在法典中的位置并不十分清楚，制度与制度之间的关系、法条与法条之间的联系不是十分清晰，在实际操作中容易出现偏差，容易走样。因此，尽管立法机关确立了编纂一部"体例科学、结构严谨、规范合理、内容协调一致的法典"的目标，提出要"尊重立法规律，讲法理、讲体系"，要"注重与民法典各分编和其他部门法的有机衔接"，要"采取'提取公因式'的办法，将民事法律制度中具有普遍适用性和引领性的规定"写进民法总则，但实际效果却是"南辕北辙"。从总则编来看，一些条文设置没有达到"提取公因式"的立法技术要求，不属于具有"普遍适用性"的规范。除上述"民事权利"章和"民事责任"章的诸多条文和监护的规定外，第三章第三节"非营利法人"除不得分配利润（第87条）、不得分配剩余财产（第95条）外，其余条文属于事业单位法人、社会团体法人、捐赠法人的分别规定，达不到"提取公因式"的要求。从总则编和各分编草案来看，还存在着部分条文设置无序的现象。例如，总则编第124条、《物权编（草案）》第60条第2款、《继承编（草案）》第2条都有保护继承权的内容，总则编第135条、第140条、《合同编（草案）》第6条第1款规定的都是法律行为（意思表示）的形式，实属不必要的重复。《物权编（草案）》规定纠纷解决方式（第29条）、企业出资人的权利义务（第64条）和法人的财产权（第65条），则是立法的错位。可以设想，如果民法典的体系设计是高度完善的，不是粗糙的、模糊的，在这个体系内，每一项制度、每一个法条均按照法的内在逻辑来安排，都有其确定的位置，那么上述那些法律制度、法律条文无序、错位的现象均可以得到避免，而且也可依此摆脱对现行法的过度依赖，消除单行法思路的影响。因此，有必要在民商合一制、"总则—分则"法典体例的既定框架下，重新进行民法典的体系设计，各项制度、各个条文各归其位，做到制度有序、法条有序，进而按照新设计的法典体系调整总则编和分则各编草案。[66]

关于民法典编纂与现行民事法律的关系，李建国副委员长在总则编的立法说明中说"编纂民法典是对现行民事法律规范进行系统整合……"他还说"编纂民法典

---

[66] 关于总则编的调整方案，参见柳经纬："民法典形成之时总则编的调整"，载《政治与法律》2018年第6期。

不是制定全新的民事法律，而是对现行的民事法律规范进行科学整理；也不是简单的法律汇编……"〔67〕此所谓"系统整合""科学整理"究竟何指？"不是简单的法律汇编"又该如何理解？在实际层面上应当如何操作？这些都涉及如何对待现行民事法律的问题。笔者认为，如果只是将现行民事法律进行修修补补，整体上不作改变地编入民法典，肯定不符合"系统整合""科学整理"的精神，反而会落入"简单的法律汇编"的套路。2002 年底提交审议的民法草案，之所以被认为是"法律汇编"，并非因为它对现行民事法律没有进行任何修补，而是它将现行民事法律和当时正在起草的物权法、侵权责任法草案整体上不变地编入其中。例如，这部民法草案的总则编总计九章，整体上与《民法通则》相似，但与《民法通则》比较也有变化，如增加了"取得时效"，删去了"涉外民事关系的法律适用"，无民事行为能力人的年龄上限从 10 周岁调到 7 周岁，简化了法人的内容，民事法律行为中突出了意思表示（设专节规定意思表示），罗列具体民事权利而不分节，民事责任也简化不再单设违约责任和侵权责任专节，条文从《民法通则》的 156 条减到 117 条。这不能说对《民法通则》没有修补，其修补的程度并不亚于今天的总则编。又如，这部民法草案的合同法编，整体上与《合同法》一致，但增加了"保证"，条文数从《合同法》的 428 条增加到 454 条。因此，仅仅是对现行法进行修修补补，不作体系性的调整，不符合对现行法进行"系统整合""科学整理"的要求，因而也就无法摆脱"简单的法律汇编"的结局。笔者认为，在对待现行民事法律的问题上，应当将现行民事法律作为编纂民法典的素材之一。〔68〕编纂民法典的素材，可以是现行民事法律及其司法解释，也可以是域外民法，还可以是民法的法理（教科书）。为了编纂一部科学的民法典，必须广泛采用各种法律素材，法律素材的取舍应服从民法典的体系安排。作为一种法律素材，现行民事法律反映了我国民事立法的成就，在法律实践中得到了检验，为调整民事关系发挥了巨大作用，因此在编纂民法典时应当尽可能予以采用，使得编纂的民法典在规范社会关系服务社会方面具有延续性。但是，采用现行民事法律应以服从民法典的体系性为准则，否则就会背离法典化的目标。这一点务必引起重视，2002 年"汇编式"的民法草案应被引以为戒！

〔67〕 李建国："关于《中华人民共和国民法总则（草案）》的说明"，载 http://www.npc.gov.cn/npc/xin-wen/2017-03/09/content_2013899.htm，访问时间：2017 年 3 月 9 日。
〔68〕 苏永钦教授在总则编颁行之后，提出"以五法为主要素材，潘德克顿模式的体系逻辑为指引，就其内容做一定程度的筛滤与重新分编，以达到德国民法水平"，也不失为一种选择。此所谓"五法"，指《物权法》《合同法》《侵权责任法》《婚姻法》《继承法》。苏永钦："中国民法典编纂的理由、最佳模式与基本功能"，载《北京航空航天大学学报（社会科学版）》2018 年第 1 期。

日本民法编纂与当代罗马法学教育

——一位罗马法学家的概述

◉ ［日］林智良* 著

郭　歌**译　陈景善***校

一、引言——罗马法学家眼中的现代日本

笔者在本文解释罗马法学领域的成就及起草《明治民法典》的穗积陈重（1855 - 1926 年）、富井政章（1858 - 1935 年）和梅谦次郎（1860 - 1910 年）三位学者的学术背景。笔者从事罗马法学研究，而非现代日本法律史，研究方法着重于前述三位在罗马法学研究中取得的成就。为了便于理解核心问题，笔者将从环境与其他因素做出解释，希望笔者的独到见解能够引起共鸣，得到在东亚研究比较法的同行们的关注。

二、19 世纪 70 年代的西方法学教育

众所周知，1867 年明治天皇正式组建新政府，新成立的明治政府的政治领导人面临着一项非常艰巨的任务。他们必须改变传统的法律制度，其中包括偶尔引用的中国法律制度。19 世纪 70 年代到 80 年代，日本法律以及中央政府或氏族的原始法律向现代转变，即向欧洲或美洲的法律转变。这种变化是为了解决辖区领事问题，并恢复国际贸易中的税收主权。然而，不同于殖民地，日本可以在多种西方模式中进行选择。除了移植西方国家的法律外，政府还考虑用西方法律知识培养本国法学家，在日本建立西方法律教育体系。首先邀请法律制度比较完善的国家的教授，继而派遣日本学生出国学习。日后，日本学者回国，在他们的国家建立了法律体系。虽然一些国外的教授仍在日本工作，但他们在教育体系中不再占据主导地位。

日本最初设立着两所法学教育机构。司法部设立了一所法学院——司法省学校，由日本司法部于 1875 年开办，该校的教授来自法国，其中包括著名的古斯塔夫·埃米尔·德·布瓦索纳德教授（Prof. Gustave Emile Boissonade de Fontarabie）（1825 - 1910 年）（以下简称"布瓦索纳德"）和负责法语及翻译教学的教授乔治·希莱尔·布斯凯（Georges Hilaire Bousquet）律师。布瓦索纳德受邀来到日本时已经是巴黎大

---

* 林智良，日本大阪大学法律与政治研究生院教授，日本罗马法学研究会主席。

** 郭歌，中国政法大学博士研究生。

*** 陈景善，中国政法大学教授，博士生导师。

学的教授，他作为民法和罗马法学教授已经名声远扬。在司法省学校，他教授"自然法"课题，其中包括民法。这所学校培养出大批法律精英，包括梅谦次郎，最终该校于 1885 年并入东京大学。

日本教育部在东京开成学校开设了法律系，这所学校后来成为东京大学，由一位美国公民和一位英国律师授课英美法律。尤其是，一个年轻的英国律师格雷斯比受邀前来并于 1874 年到 1878 年间留校任教。格雷斯比在日本首次根据司法局的英文译本讲授罗马法时，日本武士班的青年精英学生穗积陈重就是他的学生之一。该校于 1885 年与司法省学校合并，共同组建了东京大学法律教育系。

因此，我们能够发现日本法制西化和现代化初期法国模式的学校与英国模式的学校是并行的。人们经常谈论德国作为日本法律制度模式的重要性，但转向德国模式的做法是之后的事情，甚至在此之后，笔者认为这两种传统的影响仍然存在。

三、民法编纂进程——《布瓦索纳德草案》的挫折与《明治民法典》的颁布

日本民法的编纂最初采取的形式是受到 1890 年以来法国民法研究影响而形成的。

在学生和同事的帮助下，布瓦索纳德在其中发挥了主导作用，该草案被称为《布瓦索纳德草案》。它于 1890 年由元老院和枢密院颁布，并于 1894 年宣布生效。但是，曾经颁布的法典涉及严重的政治冲突遂被正式废止。这一日本近代历史上众所周知事件被称为"法典论争"。

1893 年政府成立了法典调查会即新法典研究委员会，该委员会由总理 Hirohumi ITO 领导，由领先的政治家、官僚、法学家、法官和商人等组成。它的目的是恢复先前争论中受到打击的大家的共识。法案的实际起草由法律学者进行，其中带头人为三名博士，穗积陈重、富井政章和梅谦次郎。新的民法典草案后来被称为明治民法典，它采用了潘德克顿体系，旨在提供更简明的方案。先例法典的实质是对新起草明治民法典进行检查，而布瓦索纳德和他的同事们阐述的法国民法研究的内容是否被删除，有待查证。笔者的意思是法国影响力下的先例法典具有实质的连续性。毕竟，明治民法典的内容于 1898 年生效。此后经过一些修改，最新修订的版本将于 2020 年生效，传承了自 1898 年的连续性。

四、《明治民法典》草案及"三位博士"的学术背景——罗马法知识与成就的雏形

下面笔者将简述三位博士的学术背景。穗积陈重出生于 1855 年，作为四国宇和岛市氏族中产阶级武士家庭的儿子，他并没有因明治维新的变化而受苦，这是一场可以被定义为最低级的武士对前机构的政变。在十几岁的时候，他接受了严格的中国人文和社会科学学科教育。在那些日子里，日本知识分子可以学习欧洲科学，尤其是荷兰科学，但学习领域仅限于包括医学在内的自然科学。成为江户政府管理的英语学校的学生后，穗积陈重去了东京，那的大部分教授都是美国人或英国人。在那里取得了很好的成绩后，穗积陈重主修法律，并由一位年轻的英国律师 W. Ebenezer Grigsby 授课，他为学生讲授普通法和罗马法。然后他被选中去英国学习。1876 年穗

积陈重前往伦敦并在国王学院学习，然后在中殿终于得到了大律师资格，1879 年在伦敦实习后，他向文部省提出前往柏林大学学习，他的请求获得许可，因此从 1880 年到 1881 年间他在柏林大学读书。

然后，穗积陈重回到日本，1881 年在东京开始他的职业生涯。格雷斯比教授的罗马法也就是司法局的英语翻译是他最初学习的内容。他对罗马法的关注贯穿于他的职业生涯，他曾向大正皇帝讲授过罗马法。

富井政章，1858 年出生于京都。他的父亲 Masatsune Tomii 是守卫皇室成员的武士。他最初在东京外国语学校研究法语，1877 年至 1883 年获得富商的资金支持从而在里昂大学学习。他向教师提交了一份博士论文，并于 1883 年获得了 "docteur en droit" 的称号。他的论文解决了在销售合同中未支付销售费用的供应商的权利问题。它由罗马法部分和现代法律部分组成，后者实际上是当代法国民法。1885 年回到日本后，富井政章成为东京大学法学院的教授。因此，作为法学教授他于 1893 年被任命为明治民法典的主要起草人之一。

梅谦次郎，出生于 1860 年，是三位之中最年轻的，他是松江氏族官方医生的儿子。梅谦次郎的家庭状况受到明治维新的严重影响，他的婴儿期十分贫苦。梅谦次郎在东京外国语学院学习，随后在布瓦索纳德教授的 Shihoh-shoh 司法省学校学习。他已然习得后者的学习不仅是自然规律，但也为罗马法。他在学校里是最好的学生，后来 1886 年到 1889 年去了里昂大学进一步深造。1889 年他提交了博士论文并获得博士学位，成功成为一名 28 岁的年轻有为的博士。随后他前往柏林大学学习，后回到日本。他于 1890 年开始在东京大学担任法学教授，并为布瓦索纳德民法典的实际颁布而活动。他于 1893 年被任命为明治民法典的主要起草人之一。

这一段文字献给对罗马法学研究作出巨大贡献的梅谦次郎。有能力的人可能出国学习并掌握当地的现代语言。在现代外语权威教科书的帮助下，有可能掌握罗马法学说。在现代翻译的帮助下，可以阐述罗马法律文本。但是梅谦次郎所取得的成就远超于此。他的法学论文仍在法国出版至今供参考，这印证了他的声誉。他的论文总共有 658 页，包括三部分。即：（Ⅰ）罗马法；（Ⅱ）古法国法；（Ⅲ）现代法国法。罗马法律长达 270 页，由 9 章组成，内容翔实全面。文中经常引用拉丁文的法律来源以进行文本批评，并提到 Basilica。现代的法律学说有时可以追溯到 Cujas。

五、结论——罗马法学是西方法学与其他法典的支撑

综上所述，笔者应该充分表达了三位博士起草明治民法典所带来的对罗马法的兴趣和知识。知识的类型肯定是不同的。或许梅谦次郎最接近古典罗马律师，而穗积陈重对法律的发展有更全面的理解。通过阅读中国经典书籍（例如四书五经），三位在阅读文本时均持有严谨的态度，并能够将其应用于新的文本之中。不仅是这样的精英人士，即便是普通的法律学生都有机会在日本的州立法学院学习罗马法。因为在日本，更强调罗马法学教育的重要性。因此，笔者坚信罗马法律不论从哪个特定部分衍生出来，都成了西方法律体系中不可分割的一部分。

20 世纪初期中国对罗马法体系的继受：最早用中文写作的罗马法教科书以及中国的法典化过程

◉ ［意］ Lara Colangelo *

一

有关罗马法的信息最早大概在 19 世纪末传入中国，主要是在西方传教士及其与中国人合作翻译或编写的书籍中出现。[1] 在这种背景下，当时中国的一些重要知识分子也读到了这些信息并将其写入自己的作品中，使其获得更广泛的流通。[2] 19 世纪末也是中国最早的现代大学创设的时期（即所谓 "学堂"，如天津中西学堂，京师

---

* 腊兰 （Lara Colangelo），意大利佩斯卡拉大学外语系研究员，罗马第一大学 "罗马法体系下的中国法典化和法学人才培养研究中心" 合作人。

[1] 在这个意义上，起重要作用的几部作品为：1885 年出版的由英国传教士傅兰雅 （J. Fryer） 和应祖锡翻译的《佐治刍言》（作者不详，*Political Economy, for Use in School and for Private Instruction*，Chambers Educational Course，1852 年，Edimburgh）；1886 年出版的由英国传教士艾约瑟 （J. Edkins） 翻译的《罗马志略》（M. Creighton，*History of Rome*，1879 年，London）；德国传教士花之安 （E. Faber） 所编的《西国学校》（又名《德国学校论略》或《泰西学校论略》，1873 – 1874 年间连载于《教会新报》上，1897 年与同作者 1875 年的《教化议》以《泰西学校教化议合刻》为书名由商务印书馆作为一个整体一起出版于上海）。更详细的论述参见王健："罗马法传播中国文献稽考"，载徐国栋主编：《罗马法与现代民法》（第 3 卷），中国法制出版社 2002 年版；L. Colangelo， "L'introduzione del Diritto Romano in Cina：Evoluzione Storica e Recenti Sviluppi Relativi alla Traduzione e Produzione di Testi e all'Insegnamento"，载 *Roma e America. Diritto romano comune*，第 36 卷，2015 年，第 175 – 210 页。

[2] 有关清末知识分子作品中的罗马法相关信息更详细的论述参见：L. Colangelo， "L'introduzione del Diritto Romano in Cina：Evoluzione Storica e Recenti Sviluppi"，第 175 – 210 页。有关康有为所起的具体作用，参见：L. Colangelo， "L'introduzione del Diritto Romano in Cina tra la fine del XIX secolo e l'inizio del XX：il contributo di Kang Youwei"，载 *Atti del XV Convegno dell'Associazione Italiana di Studi Cinesi-AISC, Università di Macerata 24 – 26 settembre 2015*，T. Pellin-G. Trentin （主编），Venezia，Libreria Editrice Cafoscarina，2017 年，第 40 – 49 页。

大学堂等）。这些学校通常会开设西方法律课程，有时专门教授罗马法。[3]这个时期，越来越多的中国学生（包括法学学生）也开始赴国外留学，19 世纪末 20 世纪初在欧洲或者日本学习法律的中国学生的人数也不断上升。

在这种有关罗马法的信息初步流通的背景下，最早的罗马法教科书也在中国问世（包括翻译成中文的文献和直接用中文编纂的书籍）。这些书籍的作者一般为曾在国外留学的学者，因此他们有机会参考大量的外文文献，但他们读的大概不是用拉丁文编写的罗马法原始文献，而是其他语言的译本。他们编写的罗马法教科书很多是介绍性质的，但其价值也是无疑的，对重构罗马法在中国的继受这一过程曾起过甚为重要的作用。更具体地说，这些书籍的重要价值体现在不同方面：从语言学的角度来看，它们在某种程度上为汉语中罗马法方面专业词汇的形成做出了一定的贡献；此外，这些书籍在历史和文化方面也很有价值，因为它们参与塑造了当时一般读者和法学家眼中的罗马法形象。

根据笔者的研究结果，最早的中文罗马法教科书是从日语翻译成中文的一本罗马法史教材，书名为《罗马法》。这本书由南京的启新书局于 1903 年出版，作者不详，译者也不详，共有 46 页。[4]这本书在费安玲教授的文章[5]和王健教授的文章[6]中有所提及，但除此之外，笔者还没能够找到与其相关的其他介绍。该书为日本早稻田大学使用的教材，并非罗马法教科书，而是罗马法史的教科书，分总论和四个章节，分别对应罗马法的不同阶段：从罗马建城到《十二铜表法》，从《十二铜表法》到西塞罗，从西塞罗到亚历山大·塞维鲁，从亚历山大·塞维鲁到优士丁尼皇帝。

就启新书局出版的这本书所提供的罗马法形象而言，总论的第 1 页中就载有很有意义的描述：罗马法被描写为欧美国家法律的渊源。作者还简明扼要地指出，罗马法是活法，在这些国家中仍然有效。此后，作者强调在如日本这样的国家中（也包括中国）罗马法的价值和学习罗马法的重要性。他说，日本在过去一段时间根本不了解罗马法，所以说，它的法学"没有进步"，但后来决定参考罗马法系来进行国家法律改革并编纂民法典（1898 年）：

---

[3] 有关最早开设罗马法课程的中国现代大学以及中国的罗马法教学史，参见徐国栋："中国的罗马法教育"，载《中南法律评论》2002 年第 1 期；王健："罗马法传播中国文献稽考"，载徐国栋主编：《罗马法与现代民法》，中国法制出版社 2002 年版。

[4] 本文聚焦于该教材中的罗马法形象以及该教材的结构。有关该书的综合分析，参见 L. Colangelo, "La Ricezione del Sistema Giuridico Romanistico e la Relativa Produzione di Testi in Cina all'inizio del XX secolo: le Fonti del Diritto Romano in due dei Primi Manuali in Lingua Cinese", 载 *Bullettino dell'Istituto di Diritto Romano "Vittorio Scialoja"*, Milano, Giuffrè editore, IV/2016, 2017 年，第 195－217 页，该文聚焦于启新书局出版的书及杨霆垣编写的教科书中对罗马法渊源的介绍和汉语中罗马法方面专业词汇的形成有关内容。

[5] 费安玲："罗马法研究在中国的态势与展望"，载《比较法研究》1994 年第 2 期。

[6] 王健："罗马法传播中国文献稽考"，载徐国栋主编：《罗马法与现代民法》（第 3 卷），中国法制出版社 2002 年版，第 59－98 页。

> 罗马法为欧美现行法律之渊源。中世以来欧美学者悉力考求……我国从来研究罗马法者不少概见。足征法学尚未进步也……夫罗马法为有用之学，无烦言解……盖我国新布之法典多探自法德二国法律。而法德之法律实渊源于罗马者也。[7]

值得注意的是，当时的中国读者在阅读此片段时，很有可能会类比中国的情况和日本的情况：日本也曾经受过帝国主义国家的压迫，但后来通过国家改革（包括法律改革）摆脱了它们的控制并在较短时间内变成了强国。部分中国人当时可能希望自己的国家也会走上同样的路。

接下来，作者解释为何学习罗马法如此重要。他首先再次强调，罗马法是所有发达国家法律的渊源（"罗马法为近世开明诸国法律之渊源"[8]）并说明罗马法被欧洲国家继受后，它的精神仍然不同程度地反映在这些国家的法律制度中（"罗马法之精神至近世益有势力"[9]）。最后他补充说明，学习法律者一定要考察和了解法律的沿革，因此不得不从罗马法开始。

为了更好地说明罗马法的价值与性质，作者还引用德国著名法学家耶林的话，即"罗马三次征服世界，第一次是以武力，第二次是以宗教，第三次是以法律"：

> 德国硕儒伊林古有言。罗马号令世界统一万国者三。起初当罗马盛时以武力制服万国，统一邦土。继自帝国衰颓以后尚籍宗教之力征服宇内以统一宗教社会。终自中世以来使欧洲诸国在其法律范围之下以统一法律是也。[10]

之后，作者解释说，既然罗马法为许多国家法律的根源，罗马法与这些国家现行法律的关系可理解为"母子关系"（"然则今世诸国所行之法律必以古代罗马法为母法明矣"[11]）。他还更具体地介绍这种关系的直接表现，即德国法、法国法和英国法。很明显，在这本教科书的总论中，罗马法是作为罗马帝国的凝聚因素出现的——因此，在一般意义上，也可以作为其他国家的凝聚因素。罗马法被描述为同时具有两种功能，一个是国家强盛和统一的基础，另一个是维持国家完整、稳定和国家权力的有利因素，具有重要作用。

总论之后是介绍罗马法史的四个章节。在不同的章节里作者论及罗马法不同时期的主要制度。在描写罗马法的演变时，他在多数场合使用了一些新的专业术语。

---

[7] 作者不详，《罗马法》，南京启新书局1903年版，第1页。这一片段和本文中引用的原始文献所有片段里标点符号有时被笔者按现代的用法所调整。

[8] 作者不详，《罗马法》，南京启新书局1903年版，第2页。

[9] 作者不详，《罗马法》，南京启新书局1903年版，第2页。

[10] 作者不详，《罗马法》，南京启新书局1903年版，第2页。

[11] 作者不详，《罗马法》，南京启新书局1903年版，第3页。

这些术语可能是对罗马法系中的许多基本原理和制度的最早中文翻译，即使不是作者专门在此书中所创造的，也因此使这些鲜为人知的词语得到更广泛的流通。比如说，书中出现的像"鸠里亚"（curia）、"塞拿坦士即元老院"（Senatus）、"康沙尔"（consul）、"特里卑由"（tribunus）、"曼士巴斯阿"（mancipatio）、"家长权"（patri-apotestas）等翻译，从语言学角度来说具有甚大的价值，在法律汉语历史研究方面无疑值得进一步分析。同样值得提及的是本书四个章节中对罗马法渊源的介绍，尤其是对《民法大全》（即书中的"奢士芝尼亚法典"）的介绍，这是最早对《民法大全》进行具体描述的中文文献之一。但因为这不是本文的焦点，这里不详细叙述，仅引用有关《民法大全》的描写中相当有意义的一句："奢士芝尼亚法典……其精美完备，无以复加，后世言法律者所不能出其范围也。"[12] 由此可见，作者明显了解《民法大全》在罗马法史中所起的作用及其对诸多国家的法系所起的影响，并且特意向中国读者加以介绍。

　　根据笔者目前的研究结果，由南京启新书局出版的书为最早以中文写作的罗马法史教材。但如前所述该书为译作，而且主要是从历史视角展开论述的。最早由中国学者创作的罗马法教科书则是樊树勋编写的《罗马法》，该书为纯粹的教科书，其内容更加专业，1905 年由湖北法政编辑社于武汉出版。这本著作也仅为极少数人所知，据笔者所知仅于费安玲教授[13]与何勤华教授的文章[14]中有所提及。笔者未能找到有关作者的任何消息，书中提供的唯一有关信息是他的家乡或当时生活的地方，即当阳市。总论之后，书的本论分"人之法"与"物之法"两部分，家庭法于"人之法"中论述。书的结构大致上随盖尤斯及优士丁尼《法学阶梯》的分法体系，[15]但不包括专门有关诉讼的部分。作者在例言中专门阐释了该书的此种结构及其原因：

　　　　"罗马法《优斯启利安》法典之法学阶梯分人、物、诉讼三编。是书但分二编。曰人之法。曰物之法。因近世法律发达诉讼法已独立为一部。姑从节略。"[16]。

　　更具体而言，"人之法"部分包括："人事法之位置""人""身份""婚姻""家长权"及"后见"六个章节；"物之法"包含："物权法之位置""物""所有

---

〔12〕　作者不详，《罗马法》，南京启新书局 1903 年版，第 43 页。

〔13〕　笔者对费安玲教授所提供的有关樊树勋教科书的信息和在收集资料上非常珍贵的帮助甚为感激，借此机会像她表示真诚的谢意。费教授提及樊树勋教科书的文章为上面已提到的：费安玲："罗马法研究在中国的态势与展望"，载《比较法研究》1994 年第 2 期，第 191 – 196 页。

〔14〕　何勤华：《法律名词的起源》，北京大学出版社 2009 年版，第 180 页．

〔15〕　有关盖尤斯及优士丁尼《法学阶梯》的分法体系更详细的论述参见 S. Schipani，"Linguaggio e Sistematica nella Prospettiva di un Romanista"，*Atti della Giornata di Studi in onore del Professor Lelio Lantella* (Torino, 22 marzo 2013)，Napoli，2014，第 136 – 155 页。

〔16〕　樊树勋：《罗马法》，湖北法政编辑社 1905 年版，第 1 页。

权""占有""役权""永借权""地上权"和"质权"八个章节。

樊树勋还在例言中指出，书在词汇与内容方面主要以日本法为参考点，尤其是户水宽人、田中逊和刚本芳二郎三位学者的著作。[17]

总论的前几页中作者就直接强调，所有欧洲国家都继承了罗马法传统，将其作为国家法律基础。与启新书局的作者相同，樊树勋也专门引用耶林著名的说法：

> "罗马帝国灭亡既千余年。今日欧洲诸国犹研究其国之法律，此第一烦头脑之问题，不可不先解决之也。德国法律学大家耶林（Jhering）氏罗马法精神论之首曰，罗马号令世界者三。统一万国者三。当其隆盛之时以威力征服万国。为邦国之统一及其衰败之后尚握教法之大权。为宗教之统一中世以降欧洲诸国相率继受罗马法。为法律之统一。曾是罗马法于近世为一统法律世界乎。"[18]

他还指出，不仅是在欧洲各个国家普遍认为学习罗马法极为重要，同样情况也出现在日本，而且耶林所说的三种权力工具中只有罗马法才是至今不朽的，因为其精神已渗透到全世界：

> "故欧洲诸国讲法律，大半以罗马法为第一学年教授，日本亦然。夫罗马帝国与其兵力共灭亡，罗马教又与法皇之权力共衰颓，独法律一学自古迄今尚骎骎乎有扩张其范围之状态。伊氏所谓不仅遗传与欧洲，全世界之法律亦将为其精神所贯注也。"[19]

在论及为何中国急需研究比较法时，作者指出自己的国家正处于观察和分析他国法系的状态，寻找合适的参考模式来进行法律改革，因此需要对比较法学有很深刻的了解，而罗马法就是比较法学中必不可少的部分。与此同时，樊树勋向中国读者解释罗马法从《十二铜表法》到《民法大全》甚为悠久的历史，并称该方面上其他国家的法律传统是比不上罗马法的：

> "比较诸国之法律制度研究其利害得失发现其真理，此谓比较法律学。……吾国法学既未发达，今探诸种法制之模范，当亦以比较法律学为必要。而罗马法尤为比较法律学至重大之材料也。岂可数典而忘其祖哉。罗马法由来甚远，非一朝一夕之间所能完成者。自十二标法律出世至见「优斯启利安」（Justinian）

---

〔17〕 樊树勋：《罗马法》，湖北法政编辑社 1905 年版，第 1-2 页。

〔18〕 樊树勋：《罗马法》，湖北法政编辑社 1905 年版，第 1 页。

〔19〕 樊树勋：《罗马法》，湖北法政编辑社 1905 年版，第 1 页

法典之大成实经九百八十四年之星霜。溯罗马建国（纪元前七百五十三年）起算亘千二百八十七年之久。此他国法律所不能与京也。"[20]

如启新书局出版的教材中已论述的那样，樊树勋教科书中也强调，为了适当了解法律演变的历史不得不从罗马法的研究起步："讨寻法律之历史不可不先知罗马法何也。今日欧洲诸国法律无一不汲其源于罗马法也。"[21]

该书中也包含对罗马法渊源的非常有意思而较为详细的描述，尤其是有关《民法大全》的部分。这种描述不仅从语言学的角度上具有很大的价值（即对重构汉语中罗马法相关词汇的历史相当重要），而且从历史和文化的角度上看也很有意义（即对重构罗马法在中国所继受的过程起主要作用）。对书中这种描述的研究无疑是很值得进行的，但这并不是本文的重点，因此这里不仔细论述。关于该教科书在语言方面所具之价值，这里仅举几个简单例子，即 "Corpus Iuris Civilis" "Digesto" 和 "Institutiones" 三部著作的译法，分别为：《民法大全》《学说汇纂》和《法学阶梯》。这三种译法至今仍在使用，它们最早有可能是出现在樊树勋教科书中的，据笔者所见，在比樊树勋教科书更早的文献中虽然也提及这三部作品，但并未使用这三种译法。[22] 从内容上看，尽管本文不详细论述书中对罗马法原始文献的描述，但这里还是提到有关该书供给中国读者的罗马法形象的片段。笔者认为该片段极其有意义，因为作者表示，《民法大全》的价值及所起的作用并不止于罗马帝国的灭亡："优斯启利安帝之法典与帝国灭亡共失外形之效力，而其实际上之势力依然犹存。"[23]

上述引用的所有片段都明确显示，作者多次强调罗马法在世界上所起的影响和作用、其古老传统的独一性及其作为比武力与宗教更为有效的权力工具的实际优越性。从这个意义上而言，罗马法被描写为能保障国家稳定与繁荣的主要因素。

在早期罗马法教科书问世的同时，20 世纪初的中国经历了一个新的立法活动阶段，特别是在民事领域。在清末的国家危机中不仅是中国的知识分子，而且中国政府本身也意识到改革的紧迫性，尤其是法律方面的改革。1905 年清政府特派 "五大臣" 赴欧美日本等东西洋各国考察宪政。1907 年委派沈家本、俞廉三、英瑞为修律

---

[20]　樊树勋：《罗马法》，湖北法政编辑社 1905 年版，第 2 页。

[21]　樊树勋：《罗马法》，湖北法政编辑社 1905 年版，第 3 页。

[22]　启新书局出版的教科书中当然载有有关《民法大全》以及其中四部著作的提及，但对这些书名的译法后来被淘汰。而樊树勋一书中对 Digestum、Institutiones 和 Corpus Iuris Civilis 的译法至今仍然使用。有关这些严格意义上的语言学方面的论述，参见 L. Colangelo, "La Ricezione del Sistema Giuridico Romanistico e la Relativa Produzione di Testi in Cina all'inizio del XX secolo: le Fonti del Diritto Romano in due dei Primi Manuali in Lingua Cinese", pp. 195–215. 此外，据笔者所知，对《民法大全》最早的描写载于《论中西刑律轻重异同之故》一文中（此文作者不详，被收入麦仲华辑《皇朝经世文新编》，1898 年版，大同书局印行），但此文不包含对《民法大全》（作为一个整体的大著作）这一书名的译法，只包含对《民法大全》里四部作品书名的译法，这些译法后来也都被淘汰。

[23]　樊树勋：《罗马法》，湖北法政编辑社 1905 年版，第 10 页。

大臣，设立修订法律馆，主持起草民刑法典。沈家本邀请日本法学家（松冈义正、冈田朝太郎、小河滋次郎和志田钾太郎）来华，协助起草法典，并在京师法律学堂担任教习。这个时候，中国对于外国法的继受过程正式拉开序幕：1908 年民法典起草正式开始。到 1910 年底，民法典起草完成，名为《大清民律草案》，包括"总则""债权""物权""亲属""继承"五编，其概念体系、编制体例及前三编内容，参考德国民法典（及日本民法典）潘德克顿式结构。后来，因为清王朝被辛亥革命所推翻，《大清民律草案》未能颁行，但这一次民法起草的重要意义在于，将大陆法系特别是德国民法的概念体系引入中国，由此决定了中国近现代民法的基本走向。[24] 当然，有许多因素决定了中国引入大陆法系这一走向。在某种程度上，日本法律改革和民法典编纂的成功经历对中国政府的这种决定也有了一定的影响（当时也有大量的中国法学学生赴日本留学）。但主要原因当然是罗马法本身的性质：罗马法具有成熟的体系和普遍适用性，更符合中国当时的需要，即尽快进行法典化过程。[25] 19 世纪末 20 世纪初的汉语文献——尤其是早期罗马法教科书——对罗马法的描写已经揭示了这一点。换言之，既然这些教科书，如上述两部教科书，明确反复强调罗马法为所有西方国家（及日本）现代法律的渊源，对中国采用大陆法系这一选择，它们很可能具有某种的影响。

笔者分析的第三本罗马法教科书是 1912 年由北京共和印刷局出版的《罗马法》，不是翻译的作品，而是中国作者编纂的，作者为杨霆垣（1878 - 1965 年）。此书是笔者在国家图书馆偶然发现的，而据笔者所知，有关罗马法传入中国之历史的文章中都没有提到过这本书。[26] 笔者对该书的作者了解得并不多，能够查到的信息极少。杨霆垣曾在日本早稻田大学[27]读书，其专业为政法和经济。回国后他还当过教师和政府官员，比如，武昌起义时，他担任武昌政府的外交部副部长。他写的教科书当时是北京中央政法专门学校的教材，共 58 页，分三部分：第一篇"总论"（第一章"法律之意义"、第二章"法律之类别"、第三章"法律之解释"、第四章"法律与权利"）、第二篇"人之法"、第三篇（分"上""中""下"，分别为："继承法"、"物权法""债权法"）。从结构上看，这本教科书大致上基于盖尤斯及优士丁尼的分法体系（"人之法"之后第三篇里的三个部分都属于物之法一大类），但不包括详细

---

[24]　梁慧星："中国民法学的历史回顾与展望"，载 https://www. iolaw. org. cn/showArticle. aspx? id = 2131，最后访问日期：2018 年 11 月 15 日。

[25]　S. Schipani, "Diritto Romano in Cina", *XXI Secolo. Norme e Idee*, Rome, 2009, p. 533.

[26]　如前在论及由启新书局出版的教科书时已说明，本文主要旨在分析这些用中文写作的早期罗马法教科书所提供的罗马法形象以及它们的结构，至于杨霆垣教材的具体内容，尤其是对当中介绍罗马法渊源之部分的综合分析，参见 L. Colangelo, "La Ricezione del Sistema Giuridico Romanistico e la Relativa Produzione di Testi in Cina all'inizio del XX secolo: le Fonti del Diritto Romano in due dei Primi Manuali in Lingua Cinese", ss. 195 - 217.

[27]　如前所述，该学校也使用后来被译成中文并由启新书局出版的教材。

的专门有关诉讼的部分。

就这本书所提供的罗马法形象而言，绪言中的内容与启新书局教材和樊树勋教科书的描述有很多相同之处：作者首先说明罗马法为欧洲国家法律的渊源，然后也引用耶林的话，即"罗马以法律统一世界"的说法：

"言法系者推重罗马以其为欧洲各国法律之源泉也。数典求祖宁容漠然。今先叙明罗马法自身发达之往事，然后论各国推行之次第，终以古今学者历年阐明之功效以知伊耶陵氏所称罗马以法律统一世界之说，非偶然也。"[28]

与启新书局及樊树勋的教材相同，杨霆垣的教科书也对罗马法不同时期的法律渊源做了较为仔细的介绍，从《十二铜表法》（书中的"十二標"）一直到《民法大全》。从语言的角度上看，本书对"Corpus Iuris Civilis""Digesto"和"Institutiones"的论述里也出现樊树勋教科书中所使用的译法，也就是目前现代汉语中所使用、没有被其他译法所代替的《民法大全》《学说汇纂》和《法学阶梯》。

上述三本教科书中塑造的这种罗马法的形象，同样出现在 20 世纪初用汉语编写的其他教科书中，比如黄右昌的《罗马法》一书。这本教科书是 1915 年第一次出版的，1918 年再版，1930 年以《罗马法与现代》为书名出修订版。作者黄右昌先入湖南时务学堂，1904 年因成绩优秀被选派到日本留学，先入读东京的岩仓铁路学校，后于早稻田大学研修西方法律。回国后，历任湖南法政学校教授、校长、湖南省议会议长等职务。1917 年出任北京大学法科本科教授，次年历任北京大学法科学长。在北京大学期间，曾两度出任北京大学法律系主任。1930 年起，历任南京国民政府立法委员等职务。1948 年，被任命为司法院大法官。同年回到湖南，任湖南大学法律系教授。中华人民共和国成立后，应总理周恩来邀请，任中央文史研究馆馆员。

黄右昌为中国第一代罗马法学者兼民法学者最突出的人物之一，与上面论及的三本教科书不同，黄右昌的这部著作为学界所熟知。[29]

黄右昌《罗马法》1915 年版载有陈官桃所写的序言，1918 年版保留了这一序言并增写了蔡元培的序言及王宠惠的序言。这两版序言之后是绪言，绪言之后是本论，本论分四篇："总论""人法"（包括家庭权部分）、"物法"和"诉讼"。"物法"篇分上中下三篇，分别论述物权法、继承法和债权法。1930 年的版本序言之后是绪论[30]，绪

---

[28] 杨霆垣：《罗马法》，北京共和印刷局 1912 年版，第 1 页。

[29] 2006 年中国方正出版社出版了由何佳馨点校的版本，属于何勤华和殷啸虎主编的《华东政法学院珍藏民国法律名著丛书》（黄右昌著、何佳馨点校：《罗马法与现代》，中国方正出版社 2006 年版）；2008 年北京大学出版社出版了由丁玫勘校的版本（黄右昌著、丁玫勘校：《罗马法与现代》，北京大学出版社 2008 年版）。

[30] 1930 年的版本中的"绪论"和前两个版本的"绪言"内容不一样，而且篇幅更长。

论之后有三篇，即"人法"篇、"物法"篇和"诉讼"篇。[31]虽然黄右昌这部著作的结构就内容架构而言与樊树勋和杨霆垣所编的教科书有很大相同之处，但每个主题的论述更长，更仔细。[32]更具体而言，最明显的区别在于黄著中包含有关诉讼的部分，该部分是本文论述的其他早期教科书中所没有的。由此可见，该书的结构明显以盖尤斯——优士丁尼《法学阶梯》的"三分法体系"（即分"人""物""诉讼"）为模式，此为作者自己在"人法"篇的开端所指出的：

> "优帝法学楷梯，分三大编：第一编人法。第二编物法，内分上中下三部，第一部为物权法，第二部为继承法，第三部为债权法。第三编诉讼法。此区别在法理上未必得当，然据罗马时代之思想，以讲释罗马法最足供初学之便利，故以此顺序而讲述之。惟继承法优帝法典列于物法之中，今更列于人法之终物法之始，以人法该当现今亲属法与继承法互有密切之关系也。"[33]

该片段中的有关继承法的最后三句并未出现在 1930 年版中[34]。1930 年版中作者将有关继承法的部分放在有关物权的部分之后（即将其置于"物法"篇中间的位置，并使其与人法和家庭法离得更远）。就这一点，1930 年版的黄右昌教科书不仅不同于之前的版本，而且也不同于樊树勋的教科书和杨霆垣的教材（此两本教科书中继承法的论述紧跟在家庭法之后）。无论如何，1930 年版的黄右昌教科书再次确认了作者随盖尤斯——优士丁尼《法学阶梯》的"三分法体系"这一选择。

就黄右昌的教科书中所提供的罗马法形象而言，该书如同所论述的其他三本教材多次强调罗马法为所有西方法律的根据。这首先体现在陈官桃为 1915 年版所写的序言（"罗马法者法律之渊源也"[35]），其次也体现在蔡元培为 1918 年版写的序。蔡元培也对该现象的由来提供解释：

> "西洋文明发源于希腊、罗马，希腊之哲学及美术，迄今不朽，而法学则不得不让诸罗马，何哉？希腊法家，若德拉康、梭伦等，类皆偏重刑法，而民法则未遑多及，惟罗马法家，略于刑法而详于民法，故欧洲各国民法，无不以罗马法为根据，蔚然成一法系焉。"[36]

---

[31] 从内容的角度上看，1930 年的版本与前两个版本有些不同之处，但本文主要是从结构上的角度介绍此书不同的版本以及前三本教材，因此这里不仔细论述。

[32] 杨霆垣编写的教科书共 58 页，而黄右昌的则是 400 多页（1918 年版为 413 页，1930 年版为 416 页）。

[33] 黄右昌：《罗马法》，1918 年版，第 19 页。

[34] 黄右昌著、何佳馨点校：《罗马法与现代》，中国方正出版社 2006 年版，第 55 页。

[35] 黄右昌：《罗马法》，1918 年版，第 6 页（陈官桃所写的序言）。

[36] 黄右昌：《罗马法》，1918 年版，第 1 页（蔡元培所写的序言）。

　　王宠惠所写的序言像上述其他早期教科书一样也引用耶林著名的说法，并强调以法律征服世界（或者说建立一个长期稳定的统一国家）是最和平而长久的途径（"惟法律征服天下，最和平而长久"[37]）。值得注意的是，与其他更早的书籍不同，王宠惠在序中不仅论及欧洲国家对罗马法传统的继受，而且也指出中国原有的法系和罗马法系本来就存在共同之处，尤其是在亲属法方面，他认为这也是中国决定主要借鉴大陆法系来进行新的法典化过程的原因之一，其云："我国旧法，与罗马古代法，类有同者，尤以亲属法为相符契，故近年来，编订法典，多趋罗马法系。"[38]

　　除此之外，黄右昌在前两个版本绪言中也再次强调罗马法的重要性并列举了学习罗马法的必要性三个主要原因（"考求法律原理之必要""比较法律制度之必要""研究法律历史之必要"[39]）。此外，在引用耶林的说法之后，还论及莱布尼茨（G. W. Leibnitz）提出的罗马法与数学之关系来指明罗马法的理性精神（"同国哲学家奈普尼择 Leibnitz 以罗马法譬数学。谓其原则仿佛数学学理"[40]）。此后，作者指出罗马法不仅是目前属于大陆法系的欧洲国家法律的根源，其实也对英美法系的国家有了一定影响，从而证明罗马法是所有西方国家法律体系的基础与根源："今日欧洲大陆诸国其受罗马法系之支配不待言已。即英美法律，何一非汲罗马法之源。"[41]

　　绪言最后一部分的论述涉及罗马法史，因此含有许多有关具体法律和制度的译法，从中文中罗马法词汇历史的角度上看很值得研究。但因为本文不专门聚焦于此方面，所以这里仅指出书中对《民法大全》有较为详细的描写。作者使用的对《民法大全》中四部著作的译法基本上与樊树勋和杨霆垣所使用的是一样的，[42]但他将这四部书视作一个整体时，将其翻译为《国法大全》（而不使用《民法大全》这种说法），此种译法在今天也仍然被使用（同《民法大全》）。

　　如前所述，黄右昌《罗马法》1930 年的版本的绪论与前两个版本的绪言内容不一样。这里不详细介绍这些内容，仅指出书中所提供的与罗马法形象有关的一个方面：1930 年版中黄右昌增写了有关孙中山"三民主义"与罗马法之关系的叙述，即如何勤华所解释："在绪论中，作者首先对罗马法上的三民主义做了叙述。三民主义是孙中山先生提出的主张，作者将它套用到罗马法，以分析罗马民族的起源和发展，各民族要求平等的斗争，罗马法上公民权的变迁，罗马法上平民与贵族的斗争等，

---

[37]　黄右昌：《罗马法》，1918 年版，第 3 页。

[38]　黄右昌：《罗马法》，1918 年版，第 3 页。

[39]　黄右昌：《罗马法》，1918 年版，第 1 页。

[40]　黄右昌：《罗马法》，1918 年版，第 2 页。

[41]　黄右昌：《罗马法》，1918 年版，第 3 页。

[42]　黄右昌书中《法学阶梯》写成《法学楷梯》，但这只是因字形相似（"阶"繁体作"階"）的小区别，实际上用的是一个书名。除此之外，《民法大全》中的其他作品的书名与樊树勋和杨霆垣书中的是一致的。

虽然有点牵强，但其论述倒也比较顺畅"[43]。如何勤华所指出，虽然将"三民主义"应用在罗马法史上恐怕略微勉强，但作者的这种解读显示出他想强调罗马法知识与现代政治的瓜葛，来证明罗马法确实符合中国当时的情况。

随着这些早期罗马法教科书的出现与传播，中国对罗马法传统的继受也日渐完善。20世纪20年代末30年代初，这一继受过程由于《中华民国民法典》的编纂得到进一步的巩固。众所周知，该民法典在中国没有推广（虽然在台湾地区继续有效），但具有很大的历史价值，因为这是中国历史上第一部颁布实施的民法典。《中华民国民法典》包括："总则""债""物权""亲属""继承"五编（第一编1925年完成，其他四编于1929－1931年期间完成）。本法典的结构遵循潘德克顿的模式，类似1911年的《大清民律草案》，和当时的罗马法教科书的结构不同。但无论使用的是何种分法体系，本法典明显地引入罗马法体系，这一点从法典中讲述的基本原则（比如诚实信用、公平正义、合同自由等）和具体制度（比如法人、所有权、物权等）中都可以看出。后来，该法典因当时的复杂历史及政治情况只在少数城市里被应用，虽然如此，它确认了中国引入大陆法系的走向，因此其历史价值很大。

正如上文所指出的那样，本文尝试追溯和重构中国继受罗马法的过程中一些尚未被研究或尚未足够研究的方面。通过目前还不为学术界所熟知的四本早期罗马法教科书的介绍和分析，笔者主要试图查明这些最早的用中文写作的罗马法教科书为当时的中国读者塑造了何种罗马法体系的形象。研究结果表明，这些教科书特别着重说明罗马法的普适性及系统性，而且将罗马法描写为具有团结力、凝聚力、能使国家稳定和盛强的因素。换言之，它们将罗马的法律描写为有助于控制和统治将许多不同的地域征服并聚集在其中的大帝国（或国家）的一种工具——也是"最和平而长久"的工具"[44]。此种描写多次出现，为作者专门强调。此外，教科书的作者除了指出罗马法为所有"开明"[45]国家法律的渊源以外，还解释了罗马法对于一般法律学习的重要性，例如比较法。由此可见，这些书籍很可能为中国继受罗马法的过程做出了一定贡献，而且它们对学习和引进罗马法的重要性及紧迫性的强调，也有可能对中国选择吸收大陆法系的决定有一定影响。在民事领域，中国参照大陆法系的这一选择最早具体表现为上述两次法典编纂的尝试，即《大清民律草案》和《中华民国民法典》。

所进行的历时分析结果也显示，从教材结构的角度上看，20世纪初的教材主要借鉴盖尤斯—优士丁尼法体系（虽然有时也存在不同之处），而最早法典编纂的尝试，即《大清民律草案》和《中华民国民法典》则借鉴潘德克顿分法体系（这有可

---

〔43〕 黄右昌著、何佳馨点校：《罗马法与现代》，中国方正出版社2006年版，第2页。

〔44〕 参见上述已引用的黄右昌教科书中王宠惠的序言。

〔45〕 参见启新书局教科书中的前引内容："罗马法为近世开明诸国法律之渊源。"（作者不详，《罗马法》，南京启新书局1903年版，第2页。）

能也与日本民法典的影响有关）。如前所述，本文主要是从历史角度进行研究，因此从严格的法学专业角度上分析这种选择的具体原因和意义虽然很有必要，但超出了笔者的研究目的和范围，只有留待法学学者探讨。[46]

前文已经提到，中国继受罗马法的过程本身甚为复杂，时间跨度很大，有许多方面仍有待研究。本文只是尝试对其中的一些方面进行说明，为罗马法传入中国之历史的探源做出一点小贡献。

---

[46] 笔者的专业为汉语语言学，不是专门从事法学研究，所以在讨论法律问题时，无法着力于具体的法学技术层面，而是从语言、历史和文化角度展开研究。

法典编撰与软法：拉丁美洲私法协调化的构建之路

◉ ［巴］ Fabio Siebeneichler de Andrade * 著

李泽环** 译

在巴西法律之中，关于私法的协调与统一问题一直以来被视为一个经典的主题和要实现的目标：[1]一方面，这个问题在 19 世纪由法典编撰所引发的辩论之中就已存在；另一方面，《巴西联邦宪法》第 4 条，确立了这样一条巴西联邦共和国的原则，即实现拉丁美洲各国人民的政治、经济与文化一体化，旨在使拉丁美洲各个国家形成统一体，这意味着他们与巴西法律体系之间的联系。[2]

即使可以认为拉丁美洲的一体化进程不符合拉丁美洲国家们的最初需要，[3]也必须指出的是，由南方共同市场发起的一体化进程重申了对于拉丁美洲法律统一与协调这个论点的兴趣，[4]因为这与参与共同市场一体化进程之中的各国政府共有的政治目标存在着联系。[5]

---

* ［巴］Fabio Siebeneichler de Andrade, PUC / RS-Porto Alegre-Brasile 法学院民法学教授, PUC / RS 法学院法学硕士和博士课程教授。

** 李泽环，中国政法大学比较法学研究院 2016 级硕士研究生。

[1] 例如，参见 il testo significativo di Clóvis Beviláqua, "Unificazione del Diritto Privato", *Roma e America*, vol. 22, 2006, p. 241 e seguenti.

[2] 在巴西联邦共和国立国原则之中这是一条确定性的原则，而且它的效果是必须力求达到的。关于这个主题，可以参见 Ingo W. Sarlet, *L'efficacia dei Diritti Fondamentali*, p. 33 e seguenti, Livraria do Advogado Editora, Porto Alegre.

[3] 这种担心需要强调，参见 Miguel Angel Ciuro Caldani, *La Tensione tra Integrazione e Dominio nella Legge Universale del Nostro Tempo*, nel 1996, p. 64 e segg.. 虽然人们可以使原始一体化进程与接收一体化进程相协调，但是人们也考虑到欧洲一体化进程的最初的现象是否对所有国家都有效。

[4] 南方共同市场（葡萄牙语为"Mercosur"，西班牙语为"Mercosur"），于 1991 年 3 月 26 日在巴拉圭的亚松森成立。它包含阿根廷、巴西、巴拉圭和乌拉圭。于 1994 年签署的 Ouro Preto 协议建立了南方共同市场的最终结构。

[5] 参见 Atilio Alterini, "La Contratación en Mercosur", *La Ley*, 1992, p. 735 e seguenti; Noemi Lidia Nicolau, "Un Código de los Contratos para el Mercosur", *La Ley*, 1996, p. 941 fs.; Saieg, Frustagli, Esborraz e Hernandez, "Hacia la Unificacion del Derecho de las Obligaciones en El Mercosur", *Del Mercosur*, 1996, p. 253 secondi; Vera Fradera, "A Circulação de Modelos Jurídicos Europeus na América Latina: um entrave à Integração Econômica no cone sul?", *Revista de Tribunais*, 1997, p. 36.

　　南方市场共同体成员国打算建立一个共同的内部市场。这意味着将通过一个具有灵活性和相称性的开放式一体化条约。也意味着这些成员国有能力控制一体化进程的进度。[6]在《亚松森条约》第 1 条所提到的各项目标之中，其中之一就是协调成员国之间主要部门的立法。[7]因此，这本质上是一个旨在减少现行成员国之间立法差异的进程。

　　统一拉丁美洲的法律，即为这些国家制定一部单一的规范性法典，是肯定会遇到困难的，正如这个事实，不是所有的南方市场共同体成员国都在国内的法律体系之中规定了明确的超国家性的法律规范，[8]以及在巴西等国家，存在着限制条约适用的意见，否定这些条约规定可以直接作为国内法律而适用。[9]

　　尽管在立法的一体化和协调化进程之中存在各种阻碍，考虑到法律在一体化进程之中的重要性，除了那些认为拉丁美洲法律统一化和协调化是合适的情形之外，[10]从便利性前提到共同市场的形成这个角度出发，经过相当的分析，私法的协调，[11]尤其是民法的协调，[12]具有可行性。

　　除此之外，法典编撰和软法作为研究工具将用于研究法律协调化的合适性。目的是在两个方面进行研究分析：一是强调区域之内的私法的共同特征，这有助于民法的协调，例如，有助于南方市场成员国之间的民法的协调；二是需要一个可行的机构来推动协调进程，特别是在债法领域，对于人、财产以及服务的初期自由流动十分重要。

一、拉丁美洲法律中的民法协调化的基础

　　在研究拉丁美洲法典编撰是否存在一个共同的基础时，要注意的第一个因素是

---

〔6〕 关于这些原则的分析，参见 Jose Angelo Estrella Faria, *El Mercosur: Princípios, Finalidade e Alcance do Tratado de Assunção* (1993), pp. 2 – 11.

〔7〕 关于南方共同市场的协调进程，参见 J. Samtleben, "Das Internationale Prozeß-und Privatrecht des MERCOSUR", (1999) 63 RabelsZ 7.

〔8〕 《巴拉圭宪法》第 145 条规定，在与其他国家平等的前提下，为了有效地实现人权，并且该规则得到议会两院绝对多数的批准，超国家性的法律制度有可能实现。但是，巴西宪法中没有类似的规则。

〔9〕 参见 Ext 80.004 / SE, giudicato il 01.06.1977. 关于批评的观点，参见 Maria Terezinha Nunes, "Harmonização Tributária e Consolidação do Mercosul", *Revista de Informação Legislativa*, 2005, vol. 166, p. 253, 258 e segg..

〔10〕 关于这个主题，参见 Alejandro M. Garro, "Armonización y Unificación del Derecho Privado en América Latina: Esfuerzos, Tendencias y Realidades", *Revista de Direito Civil*, vol. 65, 1993, p. 44.

〔11〕 关于批评的观点，参见 Michael Will, "Mercado Comum e Harmonização do Direito Privado", *O Mercosul e a Comunidade Européia-uma Abordagem Comparativa*, p. 64 e seguenti, 1994, ed. UFRGS; Werter Faria, "Métodos de Harmonização Aplicáveis no Mercosul e Incorporação das normas Correspondentes nas ordens Jurídicas Internas", *Mercosul, Seus Efeitos, Jurídicos, Econômicos e Políticos nos Estados-membros*, p. 77 e seguenti, 1995, Livraria do Advogado Editora.

〔12〕 关于这个主题，参见 Paulo Luiz Netto Lobo, "o Direito Civil na Perspectiva do Mercosul", *Revista Trimestral de Direito Civil*, vol. 1, 2000, p. 231 e segs..

拉丁美洲的法律具有共同的渊源，即罗马法。[13]

拉丁美洲法律的这一共同方面是建立在伊比利亚半岛上两个国家的法律之上的：西班牙与葡萄牙。这实际上也是为不同国家的法律体系提供了一定的统一性和通用性基础。需要指出的是，这两个国家的法律体系有着一个共同的联系：两部重要的法律，即"Fuero Real"和"Siete Partidas"，这两部法律在 13 世纪后的葡萄牙生效，影响了葡萄牙的法院。[14]

除此之外，在南美的立法体系之中，不存在欧洲立法过程中所遇到的一些困难。语言多样性较少，经济条件基本相似，因此有利于一些私法规范的通过。尽管存在这些积极方面，但也不能忽视那些潜在的不和谐因素，比如不同的影响因素，尤其是伊比利亚文化与葡萄牙文化之间可能存在的差异的情形。[15]

考虑到这一点，拉丁美洲法律以罗马法为基础这一事实说明约束合同的一般性原则实际上是相似的，拉丁美洲法律家族中存在着统一的联系。[16]

比如，这些国家的民法典都规定了"诚信"这个概念，比如《巴西民法典》第422 条，《智利民法典》第 1546 条以及《巴拉圭民法典》第 715 条。[17]关于权利滥用的规制，这些民法典之中亦有规定：《阿根廷民法典》第 1071 条，[18]《巴西民法典》第 187 条以及《巴拉圭民法典》第 372 条。

《巴西民法典》考虑到了"情势变更"这一情形，在第 478 条予以规定，《阿根

---

[13] 关于罗马法以及拉丁美洲具体特征的影响，参见 gli studi di Sandro Schipani，Andrés Bello，Romanista Istituzionalista，*Andrés Bello e in Diritto latinoamericano*，1987；"e Il Codice Civile Peruviano del 1984 e il Sistema Giuridico Latinoamericano（apuentes para uma investigazión sobre princípios generales del derecho）"，*Elementi di Unità e Resistenza del Sistema Giuridico Latinoamericano*，1988，p. 155 seguenti；"Riconoscimento del Sottosistema Latinoamericano，Interpretazione Sistematica e Unificazione della Legge；Armonizzazione e Unificazione del Diritto；Comune Romano Comune in materia di Obbligazioni e Contratti in America Latina"，*Roma e America. Diritto Romano Comune*，17/2014，p. 35 e segg. .

[14] 参见 Veda Guilherme Braga da Cruz，"O Direito Subsidiário na História do Direito Português"，*Revista da Consultoria Geral do Estado do Rio Grande do Sul*，1974，pp. 29 – 40.

[15] 参见 por exemplo，Miguel Angel Ciuro Caldani，"Papel de la Teoria Jurídica en la Integración del Mercosur"，*Revista de Filosofia Jurídica y Filosofia Social*，2000，p. 65 e segg. .

[16] 参见 Friedrich Wilhelm von Hauchrauhaupt，"Vergleich und Angleichbarkeit der Rechte Süd-und Mittelamerikas"，*Rabels Zeitschrift*，1955，vol. 20，p. 121 ss.；Saieg，Frustagli，Esborraz，Hérnandez，"Hacia la Unificación" 260；Schipani，"Il Contratto e il Sistema Giuridico Latinoamericano"，p. 1277 ss.；David Fabio Esborraz，"La Individualización del Subsistema Jurídico Latinoamericano como Desarrollo Interno próprio del Sistema Jurídico Romanista：（I）La Labor de La Ciencia Jurídica Brasileña Entre Fines del Siglo XIX y Principio del Siglo XX"，*Roma e America*，vol. 21，2006，p. 5 e segs.；Pierangelo Catalano，*Sistema y Ordenamientos：El Ejemplo de América Latina*，p. 21.

[17] 关于《巴拉圭民法典》第 715 条的理解，参见 Luis Martínez Miltos，"El Nuevo Código Civil Paraguayo y El Código de Vélez Sarsfield"，*Dalmacio Vélez Sarsfield e Il Diritto Latinoamericano*，（Sandro Schipani），p. 585，591，Cedam，1986.

[18] 这里参考 Velez Sarsfield 的第一部阿根廷民法典。

廷民法典》第 1198 条和《巴拉圭民法典》第 672 条也同样予以规定。

《巴西民法典》承认因价格不公而解除契约是法律上的交易无效的一种情形，与之相似的一个例子，《巴拉圭民法典》第 671 条也规制了这一情形。

除了共同的罗马法传统之外，拉丁美洲国家们的另一共同特征是法典的编撰过程。它的开始伴随着 19 世纪初期的这些国家的独立运动。

虽然《法国民法典》对于第一阶段的拉丁美洲的立法所产生的影响不应该被忽视，[19] 因为它在诸如海地（1825 年）和玻利维亚（1831 年）这样的国家被采用，但是它已不再是拉丁美洲的规则。

在阿根廷、巴西和智利等国，长期存在于南美洲的西班牙和葡萄牙立法制度被是为一种文化阻力因素，这也是为什么要强调这些国家法典编撰特征。

智利是这三个国家之中最早颁布民法典的（1855 年）。安德列斯·贝罗在这一过程之中发挥了关键性的作用，他负责法典编撰并且使《法国民法典》能够与智利的法律传统相协调。[20]

关于债法，法国的影响是可以看得到的，主要是通过一项关于非合同责任的一般条款（第 2314 条）。《智利民法典》在一个基本方面与法国模式不同：所有权的转移。这里它并没有采用双方合意一致这个体系，而是保持了"名义"与"形式"（titulus e modus）这种区分。[21]

《智利民法典》的重要性还在于它被其他国家所采用：哥伦比亚与厄瓜多尔，位于南美洲及中美洲的萨尔瓦多、洪都拉斯和尼加拉瓜。[22] 可以看出，《智利民法典》是欧洲法律与其他拉丁美洲国家法律统一的一个要素。

巴西于 1822 年从葡萄牙的统治下获得独立，于 1824 年颁布第一部宪法，在第八章第 1779 条宣布将对部门法进行法典化编撰。

巴西的法典编撰过程很长，分为几个重要的阶段。[23] 1885 年颁布商法典，这表明巴西私法的特殊性，即民法典的编撰是在商法典之后。

民法典的编撰过程开始于 1855 年，伴随着其他民事立法而得以巩固。也曾存在不同的对民法典立法进行详细制定的方案。在巴西和拉丁美洲法律的历史中，由于

---

[19] 参见 Sandro Schipani, "Andrés Bello «Romanista-Istituzionista»", *Andrés Bello y el Derecho Latinoamericano*, p. 205 e segg., 1987.

[20] 参见 Sandro Schipani, "Andrés Bello «Romanista-Istituzionista»", *Andrés Bello y el Derecho Latinoamericano*, p. 205 e segg., 1987.

[21] 所谓的"名义"（titulus），指的是当事人为所有权的转移而建立的法律关系，如买卖等，即所有权转移的原因。而"形式"（modus），指的是物的实际交付或者其他代替交付的行为。也就是所有权有效转移的两个要件，参见孙宪忠：《德国当代物权法》，法律出版社 1997 年版，第 57 页。——译者注

[22] 参见 Bernardino Bravo Lira, "Difusión del Código Civil de Bello en los Países de Derecho Castellano y Portugués", *Andrés Bello e Latin American Law*, 1987, p. 343 segg.; Nello stesso senso, il già citato lavoro di Clovis Bevilàqua, "Unificação do Direito Privado", *Roma e America*, vol. 22, 2006, p. 242.

[23] 参见 Fábio Siebeneichler de Andrade, *Da Codificação*, p. 95 segg., ed. Livraria do Advogado, 1997.

后面将提到的原因，第一个方案是 Teixeira de Freitas 于 1859 年提出的 l'Esboço，曾试图统一民法典与商法典。[24]这一过程在 1916 年得以完成，伴随着由 Clovis Bevilaqua 制定的第一部《巴西民法典》。2002 年，新的《巴西民法典》获得批准，于 2003 年生效。

轮到阿根廷，它的法典编撰活动并没有在 1816 年独立之后立即开始。这一过程开始于 1859 年，伴随着商法典的生效。[25]1864 年 10 月 20 日，详细制定民法典的任务被委托给韦莱兹·萨斯菲尔德。该法典于 1869 年 9 月 29 日获得批准，并于 1871 年 1 月 1 日生效。

与《智利民法典》和《巴西民法典》相比，《阿根廷民法典》并没有受到 19 世纪欧洲颁布的法典的显著的影响。[26]

Vélez Sarsfield 将他的立法制定活动很大程度上建立在《巴西民法典》草案的第一稿——由 Teixeira de Freitas 提出的 l'Esboço 之上。《阿根廷民法典》大约 1/3 的内容来自于 Esboço。[27]两部作品之间的这种亲密关系的一个重要例子就是其与巴西的草案（4908 条）有着几乎一样数量的条文。《阿根廷民法典》有 4051 个条文，是这里提及的民法典之中数目最多的一部。

二、作为私法统一化工具的法典

在 20 世纪 70 年代，法典编撰是一种过时的立法技术这种观点曾经一度十分普遍。[28]在接下来的几年中，这种观点遇到了阻力，不仅在意大利，去法典化这个问题遇到了激烈的争论，在其他国家也是如此。[29]一方面，法典编撰很明显地被证明并不是一种过时的立法模式，[30]因为它在 20 世纪被其他一些国家所采用。[31]另一方

---

〔24〕　参见 Ministério da Justiça, Código Civil, Esboço (1952).

〔25〕　参见 Victor Tau Anzoátegui, *La Codificación en la Argentina (1810 – 1870)*, p. 377 segg., 1977.

〔26〕　参见 P. Catalano, "Osservazioni sul Romanesimo di Vélez Sarsfield", *Dalmacio Vélez Sarsfield e il Diritto Latinoamericano*, 1991, p. 7.

〔27〕　参见 Enrique Martinez Paz, *Freitas e sua Influência sobre o Código Civil Argentino*, 1927, p. XXXI segg.; Silvio Meira, "Direito Brasileiro e Direito Argentino, Códigos Comercial e Civil. Influência do Esboço de Teixeira de Freitas no Projeto de Velez Sarsfield", *Studi Sassaresi*, V, p. 204 segg..

〔28〕　伴随着 Natalino Irti 的著作 L'età della Decodificazione (1989), 这种观点流行开来, 他强调法典不再代表完整的法律体系并已被特别法所取代, 法典应该成为一个法律子系统。然而，值得注意的是，有几位作者已经警告了法典危机，参见 Franz Wiecker, "Aufstieg, Blüte und Krise der Kodifikationsidee", *Festschrift für Gustav Boehmer*, 1954, 34 ss.; Paul Durand, "La Décadence de la loi dans la Constitution de la Ve. Republique", *Jurisclasseur Periodique Chr*, 1959, p. 1470.

〔29〕　参见 Francesco D. Busnelli, *Il Diritto Civile tra Codice e Legislazione Speciale*, 1984, 49 ss.; Fábio Siebeneichler de Andrade, *Da Codificação*, p. 147 segg..

〔30〕　参见 Rodolfo Sacco, "Codificare: Modo Superato di Legiferare?", *Rivista Diritto Civile*, 1983, p. 117 segg..

〔31〕　参见 Viktor Knapp, "La Codification du Droit Civil dans les pays Socialistes Européens", *Révue Internationale de Droit Comparé*, 1979, p. 733 segg.; Francesco Castro, "La Codificazione del Diritto Privato negli Stati Arabi Contemporanei", *Rivista Diritto Civile*, 1985, p. 387 segg..

面，很明显的是，维护法典的方式在于一种新的法典编撰模式：中心化法典，它并不试图规范私法的所有方面。[32]

基于本文主要探讨的主题以及鉴于秘鲁（1984 年）和巴拉圭（1985 年）批准的法典，可以确定从 20 世纪 80 年代开始在拉丁美洲的重新法典编撰活动是值得注意的。

关于《巴拉圭民法典》，着重强调的是它统一民法与商法这一特点，取代了本国以前的生效的模式。《巴拉圭民法典》由五编组成，在第二编和第三编统一规定了有关债与合同的问题（"事实、法律行为和债"以及"合同和其他债之来源"）。[33]

在巴西法律之中，2002 年《巴西民法典》的颁布使得关于法典编撰的便利性的讨论重新出现。[34]它赞成私法统一这一主题，因为它也部分采用了解决私法统一的方法：民法典有一新的编特别规定了商法部分（第 966 条至第 1195 条）。基本上，它涵盖了以前与商法有关的各式各样的问题：企业家的概念（第 966 条）；规范公司纪律，建立了法人非法人之间的新的区别（分别为第 986 条和第 997 条）。

然而，不确定的是巴西法的这一解决办法是否也不包括消费者法，该法在《巴西消费者保护法典》（1990 年）中获得了雄心勃勃的立法。

待到阿根廷的 2015 年新的民法典，也同样建立了私法的统一，[35]深化了巴西法律中的解决方案，在其法律体系中整合了来自第 1092 条的与债法领域相关的消费者立法问题。

关于上述主题，有必要参考阿根廷民商法典方案基本原则中所包含的前提，该法典被认为是符合南美洲自身特殊性的一部法典。承认了欧洲的法律传统，除了一系列被认为是该地区共同的标准外，它表示将其与拉丁美洲文化的概念整合一体。[36]

关于该体系，该法典有总则。该法典分为六编。第三编以规定一般条款的一章开始，其中规定了债的定义（第 724 条），债的构成（第 725 条）以及债的诉讼（第 726 条）。

---

[32] A. Steinwenter 坚持这一观点，参见 "Kritik am österreichischen Bürgerlichen Gesetzbuch"，*Recht und Kultur*，1958，p. 64；Ver R. Sacco，"I Codici Civili dell' Ultimo Cinquantennio"，*Rivista Diritto Civile*，1993，p. 316；Fábio de Andrade，*Da Codificação*，p. 157.

[33] 参见 L. Rienzi，"Unidad del Derecho Privado. El Problema de la Autonomía del Derecho Comercial y la Unificación de la Legislación Civil y Comercial"，*Doctrina Judicial*，26/11/2014，p. 6.

[34] 参见 Fábio Siebeneichler de Andrade，"O Modelo do Código Brasileiro de 2012 sob a Perspectiva das Funções atuais da Codificação"，*Roma e America. Diritto Romano Comune*，vol. 21/2006，p. 57 e segg. .

[35] 参见 Augustin Parise. "The Argentine Civil and Commercial Code (2015)：Igniting a Third Generation of Codes for Latin America"，*ZEup*，2017，p. 619 e segg. ；L. Rienzi，"Unidad del Derecho Privado. El Problema de la Autonomía del Derecho Comercial y la Unificación de la Legislación Civil y Comercial"，*Doctrina Judicial*，26/11/2014，p. 6.

[36] See https：//www. lavoz. com. ar/files/fundamentosdelanteproyecto de codigocivilycomercialdelanacion. pdf.

《阿根廷民法典》将合同定义为"双方或多方同意创建、管理、修改、转移以及消灭财产关系的法律行为。"（第957条）

伴随着统一，关于债和合同的一般性理论，正如需要举出的例子"诚实信用原则"（第961条），有必要涵盖到各种商合同，比如银行业务合同、保理业务合同和销售合同，但与巴西模式不同的是，它却没有提及任何关于商业公司的情况。[37]

因此，我们可以看到，在前述的例子中，拉丁美洲法典编撰活动的这些最近参考点，目标是制定部分统一民法与商法的计划。这一目标不仅包括民法之中的商法问题，也包括单一合同法制度和一般合同理论。

这两个国家的目标是通过一种融入了单一法典编撰的机制，为私法提供更大的可操作性与合理性。

与此同时，可以认为，以罗马法为基础，以债法的经典原则和私法的一般理论为中心的现代法典编撰模式对于处于极端全球化运动之中的拉丁美洲国家成了一种具有文化性和法律性的阻碍因素，[38]但这也可以作为当代其他法律体系的灵感，比如对于金砖国家，[39]特别值得注意的是该主题对于中国法律的影响。[40]

总而言之，这个在19世纪巴西私法中被视为经典讨论的内容，在21世纪又重新出现。

考虑到这一新的立法选择，债法的规制和一般合同理论的主题也适用于商法，构成了该制度的共同核心。

确实，将债法的一般理论与私法的一般理论统一的难度不为人所知，[41]特别是考虑到巴西选择在现代法典编撰中引入了不常见的解决方案这一事实，例如合同的社会功能这一原则（第421条），引发了与商事理论之间的矛盾。[42]

然而，大多数观点认为，债法是私法的核心，因为私法的形成与构成都是以意

---

[37] L. Rienzi, "Unidad del Derecho Privado. El Problema de la Autonomía del Derecho Comercial y la Unificación de la Legislación Civil y Comercial", *Doctrina Judicial*, 26/11/2014, p. 8.

[38] 参见 Sandro Schipani, "Armonizzazione e Unificazione del Diritto: Diritto Romano Comune in materia di Obbligazioni e Contratti in America Latina", p. 54.

[39] 关于这个主题，参见 P. Catalano, "Principali finalità e fondamenti del Brics: natura e storia", *Romae America Diritto Romano Comune*, Vol. 33, 2012, p. 277 e segg.; Sandro Schipani, "Ius Romanun Commune ed eguaglianza tra i Populi nelle prospettive del Brics", *Roma e America. Diritto Romano Comune*, Vol. 33, 2012, p. 283 e segg.; R. Neuwirth, A. Svetlicinii, D. Halis, *The Brics Lawyers's Guide to legal cooperation*, Cambridge University Press, 2017.

[40] 关于这个主题，参见 Sandro Schipani, "Fundamentos Romanísticos y Derecho Chino", *Revista de Derecho Privado*, vol. 35, 2018, p. 21 e segg..

[41] 参见 W. Müller-Freienfels. "The Problems of including Commercial Law and Family Law in a Civil Code", *Problems of Codification*, The Australian National University, Camberra, 1977, p. 104 e segg..

[42] 参见 J. M. Trepat Cases, *Direito da Empresa*, *Novo Código Civil Brasileiro-o que muda na vida do Cidadão*, Brasília, 2003, p. 59.

思表示的方式来引导私人自治的。因此，就私法部分整体而言，问题在于法律体系应具备统一的规范构造，[43]必须避免两分的解决方案。

从本质上看，值得注意的是民法典的概念不仅历经一段时期的批评而存留下来，而且肩负着新的目标在学术环境与政治环境中重新出现。[44]在这种情况下，有必要指出，即使处于被确定为后现代的时期——并且确实以多样复杂性为标志——编撰法典这个选择也是中肯的。没有什么可以阻挡法典编撰技术来适应新时代、新职责，适应不同的社会现实，与法律体系的目标共同协作。

三、软法：拉丁美洲私法协调化的工具

目前，值得注意的是，与法典编撰一样，可以适当地使用其他工具来实现法律协调这个目标。

能够在这种意义上发挥作用的法律工具的重要例子就是现在所谓的软法。[45]它本质上是一套由开放协调方法所发展出的规则和原则，与所谓的硬法并不相同。

美国法的两个例子可以说明这种协调：统一商法典和重述。[46]尽管美国所有的州采用统一商法典，但其作为协调代理人的影响尚无定论。[47]另一方面，统一商法典促进了美国商法中的一般原则的发展。[48]不同之处在于它并不是一个全面的法典，尽管它规范了所有的立法领域。它有400个条文，可以被认为一部重要的法典，即使没有涵盖到法律的所有领域，却也是灵活的，从而能适应法学和特殊立法。[49]美国法内部协调的第二个例子是重述。这是由美国法律研究院所发展出的案例的系统化，

〔43〕 参见 Stefan Grundmann，"Qual a Unidade do Direito Privado? De uma Concepção Formal a uma Concepção Material do Direito Privado"，*Direito Privado*，*Constituição e Fronteiras*，Porto Alegre，Orquestra Editora，2012，p. 81.

〔44〕 关于这个问题，参见 Stefano Rodotà 有关法典与民主关系的论述："将法典评价为自上而下革命和独断的产物这种看法，在这一点上，在新环境下需要重新考虑。法官没有替换法典的自由，替代法典的产物也不是委托给代表公民不同意愿的议会所倡议的如马赛克般排列的法律。实际的情况是，在有关市场动态的问题上，私有权意味着私权利的专制而并非公权力的专制，而不透明的情形却可激化私有权的适用，进而导致立法的不可控性。那么，法典规范带来的是合理透明的法律规则，也没有削弱经济利益的意图，而这些经济利益至少应该在更加开放的环境中与带有不同利益和价值的主体进行竞争。" 参见 "Un Codice per l'Europa? Diritti Nazionali，Diritto Europeo，Diritto Globale，in Codici，una Riflessione di Fine Milenio"，p. 576.

〔45〕 参见 per esempio，Roberto Senigaglia. "Soft Law et Hard Law dans le 'Réseau' Des Sources"，*Ricerche Giuridiche*，vol. 3，n. 1，2014，p. 97 e segg. .

〔46〕 参见 Shael Herman，"Historique et Destinée de la Codification Américaine"，*Révue Internationale de Droit Comparé*，1995，p. 705，725；Richard Hyland，"The American Restatements and Uniform Commercial Code"，*Hartkamp*，*Towards a European Civil Code*，p. 55 segg. .

〔47〕 参见 R. Hyland，"The American Restatements"，*Towards a European Civil Code*，p. 59.

〔48〕 参见 Allan Farnsworth，"Le Droit Commercial aux Etats-Unis d'Amerique"，*Révue Internationale de Droit Comparé*，1962，pp. 309 – 319.

〔49〕 参见 R. Hyland，"The American Restatements"，*Hartkamp*，*Towards a European Civil Code*，p. 63.

于 1952 年颁布第二版。从实质上看，它是由私法问题所构成的，有些人认为这是一种局部形式的法典编撰方式，[50] 也有人认为从这个意义上看，这种形式是重要的一步。[51]

关于外部协调，可以找到欧洲立法所做出努力的例子。为了实现欧洲共同体内部私法的协调付出了许多的努力，通常情况之下是以指令的方式，目的是在共同体能力限度之内建立私法各个领域最低程度的协调。[52] 另一个这场协调化运动的证明就是维也纳国际货物销售公约。[53] 在这种情况，条约被用作实现这一目标的手段。

自 1986 年的《欧洲单一法案》以来，关于制定欧洲民法典的可能性的争论热度不减。这种想法是想建立一个欧洲合同法典，目标是将主要的合同规则汇集在一个单一的法律之中。[54] 在私法的各个部门法中，最值得关注的是债法，更具体地说是合同法，因为它可以促进欧洲国家之间贸易关系以及可作为欧洲法律协调的启示。尽管这个计划引发了争论，[55] 但重申了欧洲共同体法典的现实重要性。[56]

其他欧洲级别的方案已经实施或者更新，比如国际私法统一协会提出的原则[57]以及 2008 年共同框架参考法案。既然就其性质进行了讨论，但为了能够将其如同法典编撰一般概念化，[58] 特别考虑到其学术性质，它必须被描绘为一种具有说服性的协调化工具，因此可以被视为软法在这个问题上的相关作用的一个例子，某种程度

---

[50] 参见 Ferdinand Fairfax Stone, "A Primer on Codification", *Tulane Law Review*, 1955, 29, pp. 303 – 310.

[51] 参见 Mitchel Franklin, "The Historic Function of the American Law Institute: Restatement as Transitional to Codification", *Harvard Law Review*, 1934, vol. 47, pp. 1367 – 1393.

[52] 参见 Peter-Christian Müller-Graff, "EC Directives as a Means of Private Law Unification", *A. S. Hartkamp et al*, *Towards a European Civil Code*, 71 ss. .

[53] 参见 C. Bianca and M. J. Bonnel, *Commentary on the International Sales Law*, 1987, p. 681 segg. .

[54] 关于这一主题的学术著作是丰富的，具体参见 Salvatore Patti, "Tradizione Civilistica e Codificazioni Europee", *Rivista di Diritto Civile*, 2004, p. 521 e segg. ; Stefano Rodotà, "Un Codice per l'Europa? Diritti Nazionali, Diritto Europeo, Diritto Globale, in Codici, una Riflessione di Fine milenio", p. 541 e segg. ; Ewoud Hondius, "Towards a European Civil Code: General Introduction", *Kluwer*, 1998, 2a ed. ; Winfried Tilmann, "Towards a European Civil Code", *Zeitschrift für Europäisches Privatrecht*, 1997, p. 595 e segg. .

[55] 关于这个问题的各种观点的概要，参见 Ewoud Hondius, "General Introduction", *Hartkamp*, *Towards a European Civil Code*, p. 12 segg. .

[56] 参见 Bussani, Mattei, "Le Fonds Commun du Droit Privé Européen", *Révue Internationale de Droit Comparé*, 2000, p. 30 e segg. .

[57] 参见 Sandro Schipani, "Los Principios de Unidroit y el Derecho Romano (algunas anotaciones sobre el favor debitoris y las asimetrias del comercio internacional)", *Sistema Jurídico Latinoamericano y Derecho de los Contratos (Esborraz, David)*, Porrua, Mexico, 2006, p. 203 e segg. .

[58] 关于这一主题，参见 Nils Jansen, Reinhard Zimmermann. "A European Civil Code in all but name: Discussing the Nature and Purposes of the Draft Common Frame of Reference", *The Cambridge Law Journal*, 69/2010, p. 98 e segg. ; Martijn Hesselink, "The Common Frame of Reference as a Source of European Private Law", *Tulane Law Review*, vol. 83, 2009, p. 919.

上扩大了法律渊源的前提，将其与国家控制主义分开。[59]

尽管在拉丁美洲环境之下的协调化进程不如欧盟那样先进，但它在该地区被认识是一个长期存在的想法，甚至早于南方共同市场的成立。[60]

在拉丁美洲环境之下，尽管存在受益于欧洲的例子与拉丁美洲一体化的历史倾向而形成的有利风气，也在南方共同市场的协调化进程中取得了一些进展，[61]但是有必要避免某些政治环境下存在的保守主义，其仍然不相信法律协调化的重要性以及这一过程可为拉丁美洲国家带来的好处。

事实上，我们必须明确克服视法典编撰为总体风险的微观系统性的国家本位主义思维方式，[62]以及世界经济必然是自由主义的这一概念的认知，必须考虑到拉丁美洲国家们的协调化方式的准备与实施——可以被定义为法典——涵盖关于债法与合同法一般理论的一般原则与一般规范。[63]

从这个意义上讲，必须认识到，协调化必须伴随着制度上的努力，这其中不仅包括行政环境（硬法），还要充分发挥模范的作用，从而防止协调化进程降低它的进取程度从而止步不前。

这一过程有拉丁美洲学者所研究，源自于拉丁美洲各种法律制度的示范法典的提案，支持制定民法示范性法典。[64]

与上述内容保持一致，关于民法与商法合一这场运动，它支持在拉丁美洲的债法典（和合同一般理论）之中采纳债法的一般规定，以私法制度中债的概念的一般功能为基础。[65]

最近，拉丁美洲私法协调化方案在可以作为软法范例的努力的基础之上得以加

---

〔59〕 参见 M. Hesselink, "The Common Frame of Reference as a Source of European Private Law", *Tulane Law Review*, vol. 83, 2009, p. 922.

〔60〕 参见 Alejandro M. Garro, "Armonización y Unificación del Derecho Privado en América Latina", *Revista de Direito Civil*, vol. 65, p. 44 e segg. .

〔61〕 参见 Sabrina Lanni, *America Latina e Tutela del Consumatore*, *Le Prospettive del Mercosur tra Problemi e Tecniche di Unificazione del Diritto*, Giuffrè, 2005, p. 17 e segg. ; Maria Terezinha Nunes, "Harmonização Tributária e Consolidação do Mercosul", *Revista de Informação Legislativa*, 2005, n. 166, p. 253, 259 e segs. ; Haroldo Pabst, "Unificação do Direito Comercial no Mercosul", *Boletim de Integração Latino-Americana*, n. 8, 1992, p. 123 e segg. ; José Raúl Torres Kirmser, "Cheques y Letras de Cambio, Necessidade de su Sistematización y Unificación en el ambito del Mercosur", *Derecho del Mercosur y de la Integración*, vol. 6, 2003, p. 89 e segg. .

〔62〕 参见 Noemi Lidia Nicolau, "Breves Reflexiones sobre las ramas de mundo Jurídico en el Mercosur", *La Filosofía del Derecho en el Mercosur*, p. 199 e segg. , ed. Ciudad Argentina, 1997.

〔63〕 参见 Noemi Nicolau, "Un Código de los Contratos para el Mercosur", *La Ley*, 1996, p. 941 e segg. .

〔64〕 参见 Sandro Schipani, "Il Contratto e il Sistema Giuridico Latinoamericano", *Mélanges Fritz Sturm*, vol. II, n. 18, 1999, p. 1284.

〔65〕 参见 Edgar Cortés, "Oportunidad de una parte general de las Obligaciones en un Código de Contratos para América Latina", *Roma e America. Diritto Romano Comune*, vol. 30, 2010, p. 89 e segg. .

强，目标是增强拉丁美洲合同法一体化的可能性。[66]

一个重要的例子就是拉丁美洲私法协调化小组（GADAL），由来自于拉丁美洲不同国家的法学家们所组成，比如阿根廷、巴西、智利、哥伦比亚、古巴、秘鲁、委内瑞拉。[67]

它起源于 2008 年在阿根廷的罗萨里奥举办的一次法律研讨会，题为"罗马与美洲：罗马私法协调研讨会"。[68]这些学术会议的作品收录在作品集中，涵盖了拉丁美洲债法一般理论的相关主题。[69]

原则上，它的目标比给出的第一个例子更大，因为，从拉丁美洲法律的角度看，它作为一个具有活力和积极性的法律子系统，[70]旨在为拉丁美洲债法制定一套协调规则，并更新它、整合它和重新组织它。[71]

在前述的协调化小组（GADAL）所为的研究中，这个目标"并不仅限于拉丁美洲私法协调化的纯粹的学术方法，也考虑到了拉丁美洲子系统的实际情况和问题。"

与先前所述的一致，从债的概念和已经选择的私法类别这个前提出发，[72]选择了债法的协调化。[73]

关于法典之中的债的来源的简单分析表明，它是一个开放性的提案，即可能来自于任何适合产生它的行为或者事实。[74]

GADAL 的提案的开放性也体现在债的一般原则这一主题之中，因为除了通常与债法相关的情形之外，也确立了关于人的尊严与基本权利这种主题的认知。[75]

基本上，根据协调化小组那具有启发性的哲学，与传统和现代保持一致，人们

---

[66] 参见 Rodrigo Momberg, Stefan Vogenauer, *The Future of Contract Law in LatinAmerica*, Hart Publishing, 2017.

[67] 还可以参考制定拉丁美洲合同原则的工作组，参见 Antonio Manuel Morales Moreno, "Los Principios Latinoamericanos de Derecho de los Contratos. Un Debate Abierto sobre las Grandes Cuestiones Jurídicas de la Contratación", *ADC LXVII*, 2014, p. 227 e segg. .

[68] 参见 *Revista Roma e America*, vol. 26, 2008, pp. 3 –411.

[69] 参见 R. Morales, G. Priori, "De las Obligaciones en general," *Coloquio de iusprivatistas de Roma y America*, Lima, Fondo Editorial, 2012.

[70] 参见 IL Manifesto del Grupo para la Armonización del Derecho en America Latina, in https://gadal. uexternado. edu. co.

[71] 参见 O Código-Marco de Obrigações para a América Latina, in https://gadal. uexternado. edu. co/codigo-marco/version-en-italiano/.

[72] 参见 IL Manifesto del Grupo para la Armonización del Derecho en America Latina, in https://gadal. uexternado. edu.

[73] 第1条对债进行了定义，债是一种法律约束，债务人需履行确定的给付来满足债权人可受保护之利益。

[74] 第3条，"债的来源，产生于合同、违法行为或者其他任何根据拉丁美洲法律体系适合产生的行为或事实。"

[75] 关于债法与基本权利之间的联系，可参见 Lucien Maurin, "Contrat et Droits Fondamentaux", *LGDJ*, 2013.

可以看到这种选择，是采纳了《艾尔莫泽尼亚诺法典》的那具有启发性的经验：所有的法律都是为人而设立，即使债的发生原因是开放性的这个立法方式，仍然存在这样一个重要思想，即最大程度上尊重人的尊严。[76]

四、结论

简言之，本文认为，基于目前的各种趋势的结合状况，拉丁美洲协调化进程处于具有相对活力的阶段。

首先，有必要强调的是，南方共同市场这一整合过程，是成员国参与激烈的世界竞争，改善国家境况的一种工具。

在这方面，已经强调的是，就巴西法律而言，拉丁美洲一体化构成了共和国的一项基本原则，在宪法之下的领域内具有约束力。

其次，在拉丁美洲的背景之下，基于对南方共同市场成员国的民法典各个方面的分析可以得出的结论是，由于罗马法的影响，拉丁美洲的法律体系的一体化是存在着共同基础的。亦表明，法典编撰是拉丁美洲极具法律传统的一项工具，在经历了一段时期的批评之后，又重新出现，证明其有能力作为统一化和协调化的技术性工具。

为了实现一体化，特别是在私法之中，有必要实现协调化，否则这个一体化将仅仅局限于商业和税收领域，如此做法也会与削弱文化领域之间的联系。

这种有利的氛围和这些共同原因的存在本身并不足以保证这一倡议的成功，有必要坚持学术倡议，这些倡议在本文中是软法经验，目的是推动私法协调化这一进程，这已经成为拉丁美洲各国学者们的研究主题。

在目前的工作中，拉丁私法协调小组（GADAL）所提出的解决方案受到青睐，其目标是建立拉丁美洲债法的一般理论。

虽然这个计划仍处于初期阶段，但是在其完成时，可以看到一个与传统相符的愿景——罗马法化——并且在当今时代，即工作期限，这个过程保证和强调债的概念的一般特征以及私法之中的债法性联系。

---

[76] D. 1, 5, 2. 参见 Sandro Schipani, "Fundamentos Romanísticos y Derecho Cino", *Revista de Derecho Privado*, p. 41.

关于法律可计算性的一次对话

◉ ［意］Natalino Irti * 著

郭逸豪 ** 译

一

涵盖了对将来的计算和某个行为发生或不发生之可能性的法律是怎样的呢？这是本次会议面临的首要且艰巨的问题。

"法律"（diritto）这个词——假设它起源于拉丁文"引导"（dirigere）——业已表明了一种"转向"（volgersi），一种"接近"（andare verso），因而它面向一种"后方"（dopo）。更有甚者，现代的立法者（意大利人在《意大利民法典》序编第 11 款中）确定了："法律只对将来发生的事进行规定；法律不具有溯及既往的效力"，这就是说，"将来"展现了它作为法律的一个构成性维度。

法律为将来而规定，它无追溯力，或者说，它无法回到过去。"将来"，l'ad-venire，德语的 Zukunft，包含了人类历史建构的所有可能性。我警惕着不去玩弄存在主义的话题，但"可能性"的范畴毫无疑问地存在于法律逻辑的起源中。在过去发生之事的基础上，并且基于经验的规则，法律更倾向于规制一些可能发生之行为。任何一个法律规范都表达了一种关于可能性的判断。

随之而来的第二个疑问：法律如何能够对尚未发生的行为作出规定，并将自己置于未知的将来之中？"规定"（disporre）意味着命令或者禁止，阻止或者允许，奖励或者惩罚。如此，法律将秩序植入"将来"中：置于（dis-ponere）秩序之中，"dis"这个前缀便意味着行为在时间中的分配（distribuzione dei fatti nel tempo）。

二

没有什么能够阻止人们去设想或者期待一种制度安排，在其中，法律不是为了"将来"而规定，偶尔也为了"当下"，因此，它将规范的立场和实行委托给了一个

---

　* 那达林若·伊尔第（Natalino Irti），意大利林琴国家科学院教授。

　** 郭逸豪，中国政法大学法学院讲师，法学博士。

专业人群，他们有能力凭借直觉知晓蕴含在日常行为中的法律性。此处，规范的立场和实施，在逻辑线和时间线中相互协调。判决在创造法律的同时也适用了法律：法律的事件在同时建构和完成。

在法学学说中，存在着这种导向的诸多表征，我称之为"事实性的"，它将法律从纯粹的事件中提取出来，并从同一行为中得出或者寻找出关于调整的规则。在理论层面，存在两个针对这种导向的无法忽略的反对意见：事件本身是沉默的，它们不谈及法律，也不谈及其他的东西，它们只能从我们的观察中获得意义（这里朗诵一段尼采死后出版的著名片断："不，不存在事件，只存在解释"）；依据"休谟法则"，人们难以理解从事件到原则的逻辑跨越，从实然到应然，从描述到规定。我们无法从社会学或者从统计学上升到法律。

"事实性导向"，以"生活"或者"现实"或者相似的实质之名，拒绝了法律的逻辑和对它来说固有的抽象过程。我们无需惧怕"抽象"这个词：它意味着与生活保持距离，远离所发生的无法捉摸的糟乱，远离"'发生'（divenire）的蛮荒的河流"。只有这种距离允许我们依据类型和重复的范本来还原事件，也因此允许我们将其组成一种秩序。

这里，我们要常常会追溯托马斯·曼的短篇小说——《律法》，在这个短篇小说中，带领以色列人民走出埃及的摩西被唤去裁定争议。他"为此感到十分焦虑。他曾在底比斯学院学习法律，学习埃及的法律古卷和幼发拉底的国王汉谟拉比的法典。这种学习对他现在论证判决很有帮助，这在许多案件中都得到了体现。在所有这些以及其它百余件案件中，摩西依据汉谟拉比法典做出了判决，同时也颁布了法律，判定了过错"。

摩西，与任何时代的法官一样，他不仅要面对事件，还不要求事件向他表达或揭示统治的规范，而是依赖埃及的法律古卷和汉谟拉比法典。法官从来不是单独的个体：他的抉择一直是一种"依赖"。

三

"为将来而规定"即为了将来所发生的事件而规定，现代欧洲国家的法律使用了这样一种法律范畴，即以某种特定的方式与可能性的逻辑范畴相匹配。

这里便涉及了"范例"（fattispecie）的概念，涉及一个概括性的公式，它描述且预见了将来的可能性。将法律规范还原成为假设性的判断（如果 A，则 B：假设你签订了一份买卖合同，那么你就有义务支付价金；假设你杀害了一个人，那么你就会被为终身监禁，等等），那么，A 就是范例，它描绘了某些事可能发生或不发生。它是对一种可能性的刻画。

规范性的范例像一盏盏灯，照亮了将来，赋予事物以颜色。倘若将赞美诗作者的诗篇套用在世俗的故事上，我们或许可以这样说："你的语词是照亮我步伐的光辉

/耀眼的光线洒向我的小径"。一旦我们遇到某个事件，它反映出某个范例的特征，我们则说（多亏了归纳性的判断 giudizio sussuntivo）：买卖合同缔结了；谋杀行为完成了。

没有确定形式的粗糙现实并不表达法律，但它从我们的目光和规范的光照中接受了法律。我不得不提醒的是，范例和归纳性判断的逻辑是普遍的，无论是对于依据法律的裁判，还是对于依据先例的裁判而言：法官从已作出的判决中选取规范，依必要略述某个范例，也就是说，将已作出决定的案件上升成为典型的范式，在这中间，新发生的事件将处于这个范式的管辖之下。接下来要说的，便是我们宪法所选择的道路。

四

"法官服从法律"这项原则规定于《意大利宪法》的第 101 条，人们需要对它进行横向与纵向的解读。这里不仅保证了法官独立于其它的国家权力，也表达了"裁决"的双重规则：法律适用仅限于法条（legge），而非一般的、模糊的"法律"（diritto），后者可以被设想为对法条的超越（法条与法律被视为是统一的）；法官与具体事件之间关系的"间接性"（mediatezza），这种关系并不反映在它的"直接性"上，而是被还原以及被包含在规范的公式中（范例中）。法律的适用拒绝，以及排除了法官与"生活"（或者"现实"，或者其它类似之物）的直接对峙，而生活被放置于或者被降级为"事物"的逻辑层面，也就是说，类似的事件变成典型的模板。

服从法律意味着穿透范例和间接的涵摄：意味着规范相比于裁判的优先性，同样地，概念先于客观对象，并将其置于自己之下。作为律师，倘若不将事件进行涵摄，提出草案供法官抉择，几乎寸步难行。正如伟大的黑格尔所告诫的（参见《法哲学》第 226 节，也就是他 1820 年在柏林的课程），对于法官而言，"作为法律的机构，已准备好的案件成为涵摄的可能性，也就是说，离开它显而易见的经验本质，从而上升为已被认知的事件和普遍的资格"。不存在对于事件的直接认识，更确切地说，存在一种法律上的确认，在其中，规范性公式里已被确认的特征得到重新发掘。这里涉及一种思想的发展，首先，在范例中勾画出将来的事件，接着在事件具体发生过程中再对其进行确认和评定。规范在得到适用后，它不会消逝也不会耗尽，而是回归其本身，并准备好下一次和下无数次的新的适用。规范被适用于具体的、被涵摄的事件："适用"和"涵摄"表明了同一现象的不同侧面，这个现象就是裁判（giudizio）。

五

对于此刻我所简短描述的现象，对于这种将今日之事套入昨日之公式中的涵摄逻辑，伟大的马克斯·韦伯早已有所认知。他有着广博又深刻的法律人修养。

韦伯以其天才式的敏锐，在"可计算性"（calcolabilità）中指出了西方现代法律的特征。资本主义依赖"计算的技艺"（arte del calcolo）：企业家决策需要"计算"市场的需求，资金的来源，劳动力和原材料的支出，竞争的激烈程度，总而言之，需要仔细研究将来的可能性。所有这些因素都可以还原成计算的理性（razionalità del calcolo），一种客观预期和非个人的理性，以及单纯的心理和情感烦恼。

计算的理性也包括法律。企业家依靠管理机构的运转和法律的运用。因此也就要依赖涵摄性的裁决，这意味着，争议开始出现后，具体事件将被导入规范性的范例：那个他所熟知的，并允许他计算法律性未来的范例。

马克斯·韦伯谈论道："基于法律和管理秩序运行的对可计算性和信赖的需求是现代资本主义维系其生命的需求。"可计算性和信赖紧密相联：可计算的法律是一种可信赖和可期待的法律。对法律的信赖意味着期待法律的严格执行，期待它在时间中的稳定性和解释上的连贯性。只有在这些东西持续下去的情形下，法律才值得信赖。

这种期待使得法律性的将来（futuro giuridico）变得可计算，同时，它也受到了我们《司法条例》第65条的保障，该条文规定，最高法院是"司法的最高机构，确保法律的严格遵守和它的统一解释，确保国家客观法律的统一，尊重不同管辖权的限制……"《司法条例》第65条在语言上有其典型的纯洁性（nettezza linguistica），是最古老的规范性条文之一，充斥着韦伯意义下的"可计算性的需求"：最高法院"确保"，"严格遵守"，实行"统一的解释"。"确保""严格""统一"：这些词语接受和表达了法律"数学化"的概念，提供法律"严格"含义的方法准则的严密性，以及法律体系连续和统一的意义。这些词语也表明了对任意一种"经验"或者"事实性"的拒绝，它们托付于主观的直观主义和裁判纯粹的情感，而这种拒绝则需要"适用法律"（applicare la legge），因此需要使用规范性的范例，涵摄具体的事件。《宪法》第101条规定法官要服从法律，《司法条例》第65条将"法律的统一解释"委托给了最高法院，它们都表达了法律普遍的客观性和法律适用的技艺功能。与解释的主观主义相去甚远和相悖的是，忘记了关于"解释"的规定（《意大利民法典》序编第12条），或者带着对流行的伽达默尔式的"偏见"（pre-giudizi）和"先入为主的理解"（pre-comprensioni）的智力愉悦而抛弃这些规定。

七

倘若未来的争议并非依据法律来裁定，而是依据另外一些标准——也就是说，依据那些不是为了将来而设定，并且缺乏范例的标准——那么可计算性和信赖就会消逝。那些不同于法律且没有规范性公式的标准，也可以是各种各样的：世俗的或宗教的，自然的或人造的，意识形态的"价值"或者超越的信仰，生活情形或者历史环境；这个或那个标准并不重要，因为所有这些标准终将导致一种不可计算的法律。期待会落空，抑或变得武断：倘若关于"明日"的法律刻度消失，那么"计算"将被预言、预测或者游戏的危险所取代。

在这种情形下，我也并未收敛自己对依据价值的裁判的批评。我只想提醒，"价值"这个词可以在两种意义下使用：或者是作为一般性原则，用来对实证规范作出一般性的归纳，那么，我们就无需为古老和朴素的词汇寻找其它模糊和晦涩的替代品（参见《意大利民法典》序编第 12 条），或者作为半实证（meta-positivi）的标准，它超出人类历史，或者处于人类历史之上，那么，我们就将面临一种信仰的选择（scelta di fede），不可讨论也无法辩驳。如此这般绝对的价值没有范例，也不需要涵摄式的裁判：这些价值无法适用，但可以实现。自认为具备"价值"的法官，会就某种"生活情形"给出直接的答案。不可计算性便也达到了极端的程度。

八

当法律被还原为可计算性——判决则以价值的名义作出，事实的情况避免了任何一种预测——当这些发生在我们的现实当中，那么技术—经济程序中的理性便增加。科技知识提升了可预测性的程度，也因此使得人们能够更加广泛且确凿地"统领"自然。这里，我们可以这样说：我们在以理性控制自然的过程中得到了多少，就在对人类历史的计算中失去了多少。

常常有这样一种反对意见，即判决依赖法律，适用不同的标准，却形成了一系列的先例，这些先例，可以说，提供了另外一种可计算性的尺度。

反思一下，至少在现代国家中，法官从来都不是孤立运作的，而是一直都被某种事先存在的事物所限定，这些事物不仅先于法官存在，也先于被交付于法官判决的案件的存在。他并未基于"无"（ex nihilo）而判决，而是基于过去：过去是具备先例的规范；过去是判决，或者一系列已经作出的判决。差别在于，从规范化先例的功能和特性来看，它向未来开放，司法上的先例包含在已判决的案件当中。回到关于"灯"的想象中，此处的灯已经关了；而彼处，灯还亮着，并继续照耀。如果法官不适用法律，而援引先例，那么他就是在截取过去判例中的规范，因此他自己也是在提出事实的法律。这并非是我们制度的选择，我们的制度是基于权力分立的原则，将法律回归人民主权，并以代议制民主的形式表达出来（因为"司法是以人民的民意执行"）。

关于"先例"还需澄清的是：另外，"先例"被视为某种指南的目录而得以使用，它使我们能够预见判决、上诉或者撤销的结果，因此也导致了对上诉的不可接受（这项职能在民事诉讼法的某些条文中已有规定，348 - bis，348 - ter，360 - bis）；另外就是限制先例对原因的决定。第一项是针对程序节俭的一种权宜之计，它否定判决，且一直是可撤销的，在主观上也可估计；第二项是针对决定（stare decisis，已裁决）的强制性规定。那么，"已裁决"的状态本身与资本主义和市场经济并非不相容（关于这一点韦伯已经明悉且说过），它由宪制体制下的立法者来抉择。无法容忍的是，它被某种阴暗和虚假的东西侵蚀。震惊我们的是，人们以虔诚和每日的热忱来表达自己对宪法的忠诚，而这种忠诚却在国家权力被清楚分配的地方遭到了背叛。基于法律还是基于先例判决，这种选择并非学说上的问题，而是权力的问题：倘若我们还处在法治国家（Stato delle leggi），或者正在接近法官国家（Stato dei giudici）的路上。"判例法——如保罗·科夏克（Paul Koschaker）所说——是法官们的作品，但形成于国家的政治中心"。

立法性国家向司法性国家的转变，决定了权力的转移，决定了我们宪法赋予的不同"力量"的分配。依据议会制民主的逻辑，法律是实证的，由议会制定，因此它在法条中（或者在由另外的法律渊源所颁布的规范中，外国的或者欧洲的或者国际的）是相一致，且彻底完结的。承认或者接受法官的规范性权力意味着——如同德国著名学者伯恩·魏德士（Bernd Rüthers）所提醒的——完成一场私下的或者秘密的革命，颠覆了代议制民主的原则。理解国家权力之间的张力（粗糙地划分为"政治"和"司法"）：这种张力可能在冲突中加剧，也可能将我们的法律置于黑暗之中。"当两种权威和同一种权力相互对峙时——科利奥纳兰在莎士比亚的伟大作品中告诫道——混乱将渗透进双方之中，摧毁其中一个和另一个"。

九

概括地说，我们的话语已经决定了裁判的形式和类型，相应地存在一种"可计算性"的递减式阶梯：

依据法律判决；

依据先例判决；

依据事实判决；

依据价值判决。

意大利宪法选择了依据法律判决，它成全了可计算性，保护了我们的行动自由，因此，知晓我们将会遭遇什么是一种自由。

这里再插入一个关于历史性特征的疑问：为何资本主义会对失去法律可计算性的遭遇保持沉默？为何它会接受与它的一个结构性和原初性特征的分离？对此，当有组织的理性在某个单项任务中增长时，科技的发展统领了生产过程，法律的可计算性，也就是司法判决的可预见性被减弱或变得毫无是处。站在科技与经济理性对立面的便是法律的非理性。法律的未来将重拾不可知性和不可预见性。资本主义的计算艺术在法律面前终结。

为什么会有这样的分离？

可以再回答一些：资本主义利用了这种不可计算性和不确定性，将自己转变成为投机赌博和金融强盗；在它面前，力量和意愿变得更强大（消费者群体，贫困的黑洞将接踵而至），迫切地逃脱韦伯的"铁笼"，或者说，逃离有组织性的理性的严峻；最终，它创造出一种特有的法律——传统的，任意的裁决，商事法或者其他全球性的法律渊源——因而根本不去顾及国家法律的命运。国家法律的领土性和经济的空间性与无边界性之间的差异和失范，决定了法律与经济这两个领域的经典相遇遭到断裂，使得后者放弃了古典的领域，孤军奋战，法律则按其自己的标准。有关地理法律的问题，我将在另外一处讲述。或许这三个假设在解决我们的疑问时会汇集在一起。

卡尔沃主义中外国人平等待遇原则的罗马法基础

◉ ［秘］Elvira Méndez Chang * 著

裴超谢** 译

一、引言

19 世纪，卡罗·卡尔沃确立了调整外国和领土国家之间的国家关系的原则的存在，其中之一便是外国人与国民平等待遇原则。

尽管该原则作为卡尔沃主义的一部分被确切阐述，且通过卡尔沃的作品得以传播，但有足够的理由相信外国人与国民平等待遇原则之前就已存在：它成为拉丁美洲法律体系中的一项基本原则。

在这篇文章中，我想论证外国人与国民平等待遇原则在被卡尔沃主义宣告之前就已存在，并且它的基础滥觞于罗马法。尽管平等待遇原则在像阿根廷、巴西、智利和秘鲁等不同南美国家的宪法和民事法典中的阐述有所不同，仍然可以意识到该原则得以不中断地维持，斯奇巴尼教授将之表述为法律占领地保有权原则。

二、卡尔沃主义和外国人平等待遇

卡罗·卡尔沃是一位重要的阿根廷法学家，他提倡拉丁美洲的概念，并且将这种措辞用于 19 世纪发展于该地区的相关的国际权利中。卡尔沃提出了一项重要的法学理论：卡尔沃主义。这项理论适用于国家关系之间，也适用于一国领土范围内的国民和外国人关系之间。

（一）卡尔沃主义

卡尔沃主义是 1868 年卡尔沃在他的作品《国际法的理论与实践》一书中提出的。卡尔沃坚称每个独立的且拥有主权的拉丁美洲国家在法律上都与世界上的其他国家平等。因此，拉美国家不可能屈从于其他国家或者遭受其他国家的干预。

面对在 19 世纪宣告独立之后各种破坏拉丁美洲国家主权的军事及外交活动，卡尔沃强调，所有国家都有义务尊重领土国家的主权和政治独立。因此，处于一国领土范围内的自然人和法人都受法律约束，并受该国当局的管辖。在处理外国人之间以及公民和外国人之间的纠纷时，国家法院及法庭拥有管辖权。

---

* 艾勒薇拉．曼德兹·常（Elvira Méndez Chang），秘鲁天主教大学法学院教授。

** 裴超谢，中国政法大学法律硕士学院 2018 级硕士研究生。

卡尔沃认为，欧洲国家或任何其他国家，对拉丁美洲国家内政的军事或外交干涉，或是为了得到公共债务的清偿，或是出于其他原因，但都与国际法相背离，因为违反了主权原则、平等原则及国家政权独立原则。如果这些干涉旨在行使为保护其国民而与领土国家相对抗的外交保护，那么外国人与国民平等待遇原则就会受到侵犯，而且在政治和军事上更强大的国家面前，这些国家会处于一个更易受侵害的境地。此外，这种平等保证了外国人进入当地法院和法庭以解决他们的纠纷。

卡尔沃主义的法学基础在于以下的正义原则：尊重国家主权原则，不干涉内政原则以及外国人与国民平等待遇原则。

前两项原则适用于国家关系，因此我简要介绍。尊重国家主权和政权独立，既是本国的权利又是其他国家基本的国际义务。这项义务意味着禁止对国家进行干涉，甚至，拒绝一切形式的干涉，无论是在经济和政治领域，还是通过军事或外交行动。对卡尔沃来说，这种不干涉原则是绝对的。他强调，历史上这一原则适用于欧洲国家关系之间，因此，也应当适用于 19 世纪与新世界国家（如年轻的拉丁美洲国家）之间。这项原则的例外是不干涉一个国家向另一个国家自愿且基于自由意志作出的援助请求。这是不会被禁止的。

卡尔沃主义丰富了所谓的德拉果主义，它由阿根廷外交部部长和律师路易斯·马里亚·德拉果提出，他也试图捍卫拉丁美洲国家的主权和权利。在英国和德国轰击委内瑞拉海岸，意图索取这个拉美国家签订的公共债务时，德拉果于 1902 年 12 月 29 日向美国政府致函提出抗议。在这份致函中，德拉果坚称索取公共债务不应通过武力干涉行为或是采用占领拉美国家领土的方式，因为各国必须尊重他国的主权和独立。

我们大陆很多国际文书都承认了卡尔沃主义，其中包括：秘鲁利马第二次世界大会上通过的拉丁美洲国家之间的商业和航海条约（1864 - 1865 年）；美国华盛顿第一次美洲国家组织会议（1990 年）；乌拉圭蒙得维的亚第七次美洲国家组织会议（1933 年）；波哥大公约（1948 年）。

此外，第二次海牙会议（1907 年）后，签署了 13 个公约，其中之一是《德拉果 - 波特条约》（1907 年），该公约限制使用武力这种方式收取国家债务，公约也包含了卡尔沃的观点。

卡尔沃为捍卫拉美国家的主权和独立而阐明的原则是如此重要，以致于之后它们被作为基本原则纳入《联合国宪章》（1945 年）。根据《联合国宪章》，各会员国不得使用威胁或武力侵害任何其他国家的领土完整和独立（第 2 条第 4 款），必须和平解决争端（第 2 条第 3 款）以及不得干涉内政（第 2 条第 7 款）。

现在，我向你们介绍卡尔沃提出的外国人与国民平等待遇原则。

（二）外国人与国民待遇平等

19 世纪，卡尔沃主义确认了所有国家在国际法上是平等的。此外，也宣告了在一国领土范围内，人民是平等的；因此，他们在法律上的待遇就应该反映这种国民

（公民）与外国人之间的平等。单文华认为，这是一个范式，也是当代国际经济法中所承认的国民待遇的基础。

正如我们所看到的那样，外国人与国民平等待遇原则是卡尔沃主义的基础之一。因为在一国领土范围内，一般规则是外国人与国民处于平等地位。因此，根据法律，外国人享有法律规定的权利，且可以进入领土国家的法院。因此，外国人，无论是商人，投资者，还是有其他贸易或职业的人，都不能享有比国民更好的待遇，也不能拥有更多的权利、优势或特权。

这种人与人之间的平等在卡尔沃主义中表述如下：

> 法律面前外国人与国民平等。因此，与外国投资者签订的合同不得比与一国公民或国民签订的合同拥有更好的待遇或更有优势。
>
> 外国人及其财产无例外地服从于法律并受领土国家管辖。因此，在任何情况下，都不承认外交保护。外国人，无论是自然人还是法人，都要服从该国管辖，这便产生了所谓的卡尔沃条款。
>
> 各国必须避免干涉行为。此外，不得介入外国人与国家之间的争端，因为这些争端将由领土国家的法官解决。因此，国家不能为了索债或是保护外国投资者而介入。
>
> 外国人与国民平等待遇原则并不妨碍制定仅仅适用于外国人的禁令或是限制，尤其是为了公共秩序或国家利益。然而这些只是特例。

卡尔沃提出的外国人与国民平等待遇原则已被纳入拉美国家的宪法和民事法典中；特别是在南美洲。然而，在卡尔沃阐述卡尔沃主义之前，这项原则就已存在，就像接下来我们要看到的那样。

（三）南美宪法和民事法典中的外国人平等待遇

作为西班牙的殖民地，拉美国家在独立之前，人们可以看到对在西班牙的外国人的尊重，因为在 Fuero Real 和 Siete Partidas，外国人享有民事权利且被国民同化。接下来，我们可以看到这是以罗马法为基础的。

19 世纪独立后，年轻的拉美国家在其宪法及民事法典中纳入了卡尔沃主义阐述的外国人与国民平等待遇原则，尤其是在投资领域有了特殊应用。因此，无论是国内还是国外投资者，都必须以一国法律为基础，并利用其中规定的机制和程序去解决纠纷。因此，为了解决他们的纠纷，外国人诉诸外交保护或通过国际仲裁解决纠纷的事实是不被承认的。

接下来，我们简要讨论卡尔沃主义中外国人与国民平等待遇原则在拉美国家法律制度中是如何集中体现的。为此，我要介绍那些对我们地区产生了重大法律影响的国家。

（四）阿根廷

自独立生涯之初，阿根廷就确立了阿根廷人与外国人平等待遇原则。此外，在卡尔沃宣告之后也捍卫这一原则。

1853 年阿根廷共和国《宪法》在 1860 年、1866 年和 1957 年进行了修改：它的正文认可了外国人与国民平等待遇原则。随后，这项原则一直持续到 1994 年修宪。

生效的阿根廷共和国《宪法》第 20 条规定了外国人与国民平等待遇原则。因为一般规则是：在阿根廷境内，外国人享有像国民或阿根廷公民一样的民事权利，可以从事工业，商业或其他职业。此外，民事权利包括与不受基于国籍的歧视的其他权利一样的财产权。然而，该条文并未提及政治权利。

第 340 号法令批准通过的阿根廷共和国民法典（1871－2015 年）由法学家和罗马主义者达尔马西奥·贝莱斯·萨尔斯菲尔德起草。法典第 1 条规定阿根廷人和外国人都必须服从该法律。

阿根廷共和国《民法》第 1 条："法律对居住在共和国领土上的所有人，无论是公民还是外国人，无论在国内还是国外，都具有约束力。"

根据 1876 年 8 月 19 日的法律，该民法典在巴拉圭生效。就像我们所看到的那样，第 1 条明确确立了外国人与国民平等待遇原则：这项原则是阿根廷法律制度的基础。

更近地，自 2015 年起生效的阿根廷国家民事和商事法典，仍保留了平等待遇原则。

阿根廷国家《民事和商事法》第 4 条："主观范围，在不妨碍特别法律规定的情况下，法律对居住在共和国领土范围内的所有人，不论是公民还是外国人、居民、有住所的或是旁观者都具有约束力。"

通过这种方式，可以看出，阿根廷迄今为止无间断地在其法律制度中明确规定了外国人与国民平等待遇原则。

（五）巴西

巴西是一个其立法具有巨大的罗马式影响力且在南美洲产生了重大影响的国家。关于外国人与国民平等待遇原则，巴西在宪法层面及民法典编纂中均得以体现，就像我们接下来要看到的那样。

已生效的 1988 年巴西联邦共和国宪法规定，巴西人和外国人在法律面前人人平等。

巴西联邦共和国《宪法》第 5 条："法律面前人人平等，没有任何本质的区别，保证居住在该国的巴西人和外国人神圣不可侵犯的生命权、自由权、平等权、安全及财产权……"

如我们所见，巴西宪法明确规定：只要在巴西领土范围内，公民和外国人在法律面前一律平等；由此诞生了卡尔沃主义。任何的排除都必须明确表达。然而，外国人在政治参与方面会受到限制（巴西联邦共和国《宪法》第 14.2 条）。

第一巴西民法典在 1916 年由第 3.071 号法令颁布，到 2003 年 1 月仍在生效，它集合了特谢拉·德弗雷塔斯（1857 年《民法的合并》和 1864 年《民法典——概述》）和克洛维斯·贝维拉奎等重要法学家的贡献。值得注意的是，在《民法典——概述》中，特谢拉·德弗雷塔斯确认外国人可以拥有民事权利，因为巴西法律中承认了外国人与国民平等待遇原则。

巴西《民法典》第 3 条规定："关于民事权利的享有和获得，法律不区分国民和外国人。"该条明确指出关于民事权利的获得及享有，公民与外国人在法律面前不存在任何的区别。然而，巴西立法也可以明确规定一些限制或是限定。

现行的废除了 1916 年民法典的 2002 年巴西民法典由第 10.406 号法令颁布，该法典中并没有类似于上述第 3 条的规定。虽然可以解释为上述民法典第 1 条"每个人都有权在民事制度中享有权利和义务"（假设该条包含了外国人），规定了平等待遇。然而，这可能仍存在疑问；因此，我认为，最好还是明确地保留上述第 3 条的规定。

（六）智利

19 世纪，法学家和罗马主义者安德烈斯·贝洛的作品对拉美国家法律甚至拉美的法律体系产生了不可忽视的影响。事实上，在卡尔沃之前，贝洛多次明确表示并强调外国人与国民平等待遇原则，正如我们在他的一封信中所见：

"外国人在该国享有所有民事权利，在社会秩序中给予公民的所有福利，免除公民的负担、危险和可能受到的损失……"

这位杰出的的罗马主义者使智利民法典更精细化，这部法典于 1857 年 1 月 1 日生效。这部法典灵感源于罗马法、西班牙法以及 1804 年拿破仑法典。它在其他拉美国家产生了重大影响，并且作为哥伦比亚、厄瓜多尔、委内瑞拉、尼加拉瓜、危地马拉、萨尔瓦多、洪都拉斯、巴拿马的民法典的典范。

至于应该给予在智利的外国人的待遇，智利民法典第 14 条规定如下："该法律对包括外国人在内的所有共和国居民都具有约束力。"

从第 14 条显然可以看出国民和居住在智利领土范围内的外国人都受智利法律拘束。之后第 56 条定义了什么是外国人：不是智利人的人。

此外，智利民法典宣告了外国人与国民平等待遇原则，因为第 57 条规定：法律不承认智利人和外国人在获得和享有民事权利方面的差别。以这种方式，一般规则是智利人和外国人拥有相同的民事权利，但是，宪法或法律仍可为外国人设立限制或是例外。

毫无疑问，可以说智利民法典确定的一般规则是外国人与国民平等待遇原则。我认为重要的是注意到这部法典是在卡尔沃主义之前生效的。罗马法形式指导了贝洛的法典精细化过程。

关于智利宪法的规定，我将重点分析生效的 1980 年智利宪法中的这项原则，从此 19 世纪颁布的不同宪法中都体现了这项平等待遇原则。1980 年智利《宪法》第

19 条第 2 款确立了一个重要的一般规则："宪法保障所有人：［……］2. 法律面前人人平等。在智利，没有拥有特权的个人或团体……"

这样，为了实现法律面前人人平等，不能规定任何类型的基于国籍的歧视。此外，根据智利《宪法》第 14 条，在智利，赋予符合特定条件的外国人以政治权利。这样，显然，在卡尔沃主义出现之前，从 19 世纪智利便接受了外国人与公民平等待遇原则。

（七）秘鲁

自 19 世纪独立以来，秘鲁就接受了外国人与国民平等待遇原则。为了证明这一点，宪法条款和秘鲁民法典都无间断地确认了这一原则。

19 世纪生效的主要的秘鲁宪法的文本中，存在与财产相关的平等待遇原则。因此，1856 年秘鲁《宪法》第 26 条规定："根据法律规定，任何外国人都可以获得共和国的领土所有权，并且在所有与财产相关的事项中都可以享有权利，并且要遵守秘鲁的义务。"这确保每个外国人都可以根据秘鲁法律获得不动产，并在涉及财产的所有事项中，外国人和秘鲁人处于平等地位。

随后，1860 年秘鲁《宪法》第 28 条和 1867 年秘鲁《宪法》第 26 条重申了 1856 年《宪法》的规定，认可外国人可以获得资产的所有权，并且享有权利，且必须遵守秘鲁的义务；也就是说，秘鲁法律面前人人平等。因此，这项平等也在卡尔沃主义出现之前就已得到确认。

20 世纪，1920 年秘鲁宪法延续了之前确立的原则并与卡尔沃主义相结合，因此在直接相关的领域内确立了财产所有权排他地由秘鲁法律规定，而不管所有者的国籍。因此，外国人也受秘鲁股份、税收及确立秘鲁人权利的限制的拘束。第 39 条明确规定：在财产方面，外国人与公民处于平等地位。因此，根据第 39 条，外国人必须放弃外交保护，因为外交保护使外国人处于比秘鲁人更优势的地位，即只能由国籍国的法院管辖。此外，注意到这一条对外国人在边境的所有权进行了限制是很有趣的，这是平等待遇原则的例外。

1933 年秘鲁《宪法》第 32 条保留了前述的规定。然而 1933 年秘鲁《宪法》第 36 条也保留了禁止外国人获得边界不动产的规定。但是这个例外并没有改变财产关系方面外国人与秘鲁人平等待遇原则。此外，卡尔沃条款也包含在这部《宪法》的第 17 条中。

1979 年秘鲁《宪法》规定：不区分种族和国籍，法律面前人人平等是人类的基本权利（第 2 条第 2 款）。因此，外国人在秘鲁领土范围内享有并行使基本权利。此外，第 126 条重申了之前宪法中的规定。可以看到，与卡尔沃主义的规定相一致，第 126 条规定：在财产权方面，秘鲁人和外国人处于平等地位，且两者都需遵从秘鲁的法律。

1993 年秘鲁《宪法》中，前述规定再次被重申：如第 2 条第 2 款所述，法律面前人人平等，不得因种族和国籍而有所歧视。此外，在本宪法的经济制度部分，我们找到了两条与外国人财产权相关的规定。第 71 条再次规定了，在财产权方面，秘鲁人和外国人地位平等。如此，平等待遇原则以这种方式被保留下来：国家领土范围内，秘鲁人和外国人拥有相同的财产权利，外国人应放弃向他们的国籍国寻求外交保护。这条明显体现了卡尔沃主义。此外，作为平等的例外，禁止外国人购买边界土地和其他财产也被保留下来。

此外，1993 年秘鲁《宪法》第 71 条引入了具体的投资规则。第 63 条第 1 款规定了在秘鲁投资条件平等，无论是本国的还是外国的。如此，宪法条款将投资者放置在适当的秘鲁的法律框架中，尽管尚未达成任何相关的国际协定。以这种方式，秘鲁向外国投资者提供了明确的信号及保证，以便吸引更大的投资量。此外，为了秘鲁市场的有效开放和贸易自由化，这些宪法条款进行了精细化，因此，伴随着投资法的改革。

第 63 条第 2 款规定了所谓的卡尔沃条款，它规定：与在秘鲁定居的外国人签订的合同受秘鲁法律制度的约束，必须放弃其国籍国的外交保护。然而，它与一个允许例外（金融合同及国际协定中的其他规定）的温和的卡尔沃条款相关。此外，秘鲁同意通过国际仲裁解决这些投资纠纷。

像我们所能看到的那样，自 1856 年秘鲁宪法以来，外国人与国民平等待遇原则就被明确确立，并且要服从法律和秘鲁法院的管辖。这在卡尔沃主义出现之前就已被确立。

至于民法典，秘鲁一直承认外国人在其领土范围内的民事权利。

从 1821 年秘鲁独立宣言到 1852 年第一部民法典颁布，可以看到，人的分类是：秘鲁人和外国人。我们根据先前审查的宪法规范去处理最新的规定。

在 1852 年秘鲁民法典中，根据第 33 条，确立了在秘鲁领土范围内外国人享有并可以行使与人身和财产相关的民事权利。然而，第 34 条设想了在不动产购买和贸易缔结方面，适用特别法及秘鲁签订的国际协定。虽然没有明确地表达秘鲁人和外国人平等待遇，但是很显然，应承认外国人的民事权利与罗马的或是西班牙的经验是相连贯的，在这部法典中重申了这一点。此外，我们可以在卡尔沃主义出现之前发现这一原则。因此保留这项原则非常重要，1852 年秘鲁《民法》第 37 条也确定了外国人受秘鲁法院管辖。

通过这种方式，可能证实了 1852 年秘鲁民法典承认在秘鲁领土范围内的外国人的民事权利，而且他们在个人权利、物权、债权和合同的纠纷中受到秘鲁法律和法院的管辖。

1936 年秘鲁民法典废除了先前的规定并保留了 1933 年秘鲁《宪法》第 32 条的规定，规定在财产方面，秘鲁人与外国人处于平等地位。初步标题第 16 条明确规定在秘鲁法律允许范围内，外国人享有财产权利和其他民事权利，尽管可能存在一些例外，比如为了国家安全的需要。因此，这一条明确确立了秘鲁公民和外国人有关民事权利的平等待遇原则。

秘鲁第三部民法典于 1984 年生效。这部民事法典明确规定了平等待遇原则，声明秘鲁人和外国人享有平等的民事权利，但是有着合理的例外情形：

1984 年秘鲁民法典第 2046 条："民事权利是秘鲁人和外国人的共同权利，但出于国家需要，对外国自然人和外国法人的禁止和限制除外。"

通过这种方式，任何可能根据外国人的国籍而赋予其民事权利的歧视都被消除了。然而，对于平等待遇原则，可能存在基于国家安全、健康、公共秩序以及其他原因的一些合理的例外情形。由此可看出外国人与国民平等待遇原则是由《宪法》（第 63 条和第 71 条）以及《民法》（第 2046 条）确立的。因此，认同了卡尔沃主义中宣告的原则。

从对阿根廷、巴西、智利和秘鲁的宪法和民事法典的简要回顾中，可以明确看到外国人与国民平等待遇原则是从 19 世纪这些拉美国家诞生开始的。也就是说，这项原则在卡尔沃主义被阐述之前就已存在。甚至安德烈斯·贝洛在智利民法典出台的几年前就已经宣告了这项原则。无论如何，拉丁美洲宪法和民事法典的规定毫无疑问肯定了这项原则，直至今日，这项原则仍是拉美法律体系的一部分。

为了确定拉美国家外国人与国民平等待遇原则的法律基础，我将分析其罗马法来源，因为罗马法是拉美法律体系建立的基础。

三、罗马法中的平等待遇

莉莉安娜·奥布雷贡认为，目前关于拉美权利的研究强调，在殖民地时期和 19 世纪共和国时期之间有一个连续的过渡。卡斯蒂利亚立法适用于新世界中处于西班牙控制之下的领土。在适用的规则中，可以指出基于罗马法的七个缔约方。出于这个原因，拉丁美洲的克里奥尔人建立了一个旨在成为自己的和"美洲的"法律体系，尽管他们承认这直接源于西班牙法和罗马法。

从建立开始，罗马就是一个向外国人开放的城市，这些外国人已经抵达并已参与事务（Tito Livio ab urbe condita，1.8），外国人在罗马境内发展了各种任务及各种商业关系。因此，有必要在罗马法中确定外国人的待遇。

（一）外国人（peregrinus）

在罗马法中，基于个人与城市的关系（公民地位）进行人的分类。这与罗马公民（民主）形成鲜明对比，但不服从标准或是种族歧视。这也不是歧视人类的表现，就像 D. 1.5.2 中所强调的："由于人权事业的确立……"因此，法的起因是人（男人），且不排除拥有特权的非罗马公民。

非公民包括：拉丁人、外国人、敌人、奴隶、野蛮人。审查这些概念之后，我认为更像当代的外国人概念的是 peregrinus，因为他被理解为不是敌人的非公民的自由人（Varr.，Da 5.1），他居住在罗马境内并在那里开展他的活动。

peregrinus 的概念随着时间的推移而发生了改变。尤其是在安东尼亚纳宪法（公元 212 年）之后，它赋予罗马帝国的所有自由居民以罗马公民身份，但是有一些例外（Papiro Giessen 40，I，1-9）。从此之后，peregrini 是指被排除在公民身份之外的罗马境内的居民，就像在罗马世界之外的外国人。然而，peregrinus 这一词语的使用在罗马法源中还有另一种含义：不时到罗马的旅行者或是因处罚被剥夺罗马公民身份的人（CTh. 4，6，3pr.）。由此，peregrinus 拥有了一个之前没有的消极的隐藏含义。

优士丁尼法典建立了一个广泛的罗马公民的概念，即 D. 1, 5, 17 中规定的所有罗马世界的居民且没有安东尼亚纳宪法规定的例外。在审查优士丁尼渊源之后，可以得出结论，外国人被视为罗马帝国的"外部"，也就是那些不居住在罗马世界的人或是由于处罚或制裁而被剥夺了公民身份的人（D. 4，5，11）。

（二）纳入罗马法律体系的外国人

为了确定罗马法中外国人的待遇，我将分析两种理论。首先是由西奥多·莫姆森提出的天然敌对理论。这位罗马主义者坚信：古代人民之间原始的天然的国家关系是战争。因此，外国人不能享有保护其公民之外的权利，除非罗马与这些公众之间就外国人的权利保护达成协议（foedera）。因此，公民和外国人（peregrini）并不平等，后者被以非常不同的方式对待。

其次，另一种理论认为外国人被纳入了罗马法律体系。事实上，古代人民长期处于战争之中是有疑问的，因为各种来源都能确定人们是在友谊以及和平的基础上才建立联系。因此，外国人（peregrini）在罗马境内是有权利和义务的，尽管在人民之间并没有达成协议（foedera）。这是接下来我要论述的。

在历史进程中，很多外国人以和平的方式到罗马境内开展活动，并和罗马公民互动。因此，有必要承认外国人的权利和法律保护。我们在《十二铜表法》（Tab. II，2；VI，3b）中发现了与外国人相关的待遇。我认为这不是一个孤立的或是短期的措施，因为众多罗马法源明确表明 hostes 在外国人之后也被纳入了法律（Festo, 314）。拉瓦莱特认为，hostis 在古拉丁语中意味着平等，这就解释了 Festo, 314 中所说的源于 hostire，aequare。因此，这些外国人（peregrini）和罗马公民（cives）被认为是平等的（平等待遇）。

公元前 3 世纪中叶，由于万民法也就是对所有人民普遍适用的法（D. 1，1，9）的适用，外国人待遇得以平等，而且由于一个叫作佩雷·佩里努斯的罗马法官的创造，法律保护也得以确认。"……quod inter peregrinos ius dicebat……"（D. 1，2，2，28）

Gayo 认为，万民法被定义为对所有公民普遍适用的法，并且基于自然理性（naturalis ratio）产生。自然理性被理解为普遍理性的原则，是自然和绝对遵守的内在本质，是人类不可忽视的原则；因此，民事理由不能破坏自然权利（D. 4，5，8）。当外国人（peregrini）被纳入法或是万民法中时，和罗马公民（cives）在法律上平等：即外国人与国民平等待遇原则。然而，源于市民法（D. 1，1，6pr.）的罗马公民的一些专有权利和机构残存下来，例如政治权利，父权，以及合法婚姻（nuptiae iustae）。

因此，由于自然理性，万民法可在公民的权利中找到，也存在于罗马法律体系中。当罗马人承认和应用万民法的时候，也确定了一系列不依赖于罗马公民身份的人权的存在。因此，万民法宣告了罗马公民与外国人待遇平等原则（D.1，1，5；I.1，2，2）。

因此，万民法中外国人待遇的规定是在先的，而且是一直延续到现在的拉美国家法律中外国人与国民平等待遇原则的基础。该原则由于卡尔沃主义而为全世界所知悉。

四、21 世纪卡尔沃主义的恢复

在研究过 19 世纪至 20 世纪阿根廷、巴西、智利和秘鲁的宪法和民事法典之后，可以确定，外国人与国民平等待遇原则得以不中断地维持，并以罗马法为基础。故我认为这项原则是拉美法律体系的一部分。

此外，第二次世界大战之后，卡尔沃赞同的国家主权原则和不干涉原则被纳入国际法，如今我们也可在 1945 年联合国宪章（ONU）以及 1948 年美洲国家组织宪章（OSA）中找到这项原则。上述原则毋庸置疑。

尽管卡尔沃主义被大多数拉美国家接受，但仍面临着世界上其他国家长期的批判和反对。特别是投资者的国籍国有义务确保外国投资者最低限度的国际待遇；因此，我认为所有国家都应尊重外国投资者的最低待遇标准的存在。

在 20 世纪，我想介绍 1964 年 9 月在日本东京举办的世界银行（World Bank）理事会年会上提出的所谓的"非东京"。一些拉丁美洲国家，如阿根廷、玻利维亚、巴西、智利、哥伦比亚、哥斯达黎加、多米尼加共和国、厄瓜多尔、萨尔瓦多、危地马拉、海地、洪都拉斯、墨西哥、尼加拉瓜、巴拿马、巴拉圭、秘鲁、乌拉圭和委内瑞拉以及伊拉克和菲律宾均投票反对华盛顿公约初稿。他们投票的基础是卡尔沃主义。不幸的是，这一立场未能阻止 1966 年国际投资争端解决中心的设立（International Centre for Settlement of Investment Disputes，ICSID）。现在，国际投资争端解决中心有 150 多个成员方；其中有许多拉美国家。

近几十年来，所谓的国际新秩序，给国家之间的关系带来了不同的改变。因此，智利、哥伦比亚和秘鲁等许多国家都缔结了双边投资条约（Bilateral Investment Treaty，BIT）和自由贸易协定（FTA）以便优先调节贸易关系，使经济更自由化并吸引投资。这也响应了世界资本的新流向。一个重要的例子是中国在秘鲁的投资，在 2017 年已超过 2.12 亿美元。此外，国家也积极地考虑提交国际仲裁以解决同外国投资者的纠纷，就像在近些年缔结的条约中体现出来的那样，抛弃了卡尔沃提出的学说。在这方面，似乎卡尔沃主义已经失去了意义和有效性。然而，我认为这种说法并不准确，正如接下来我们将看到的。

首先，许多专门从事国际贸易的国际主体，例如，世界贸易组织（World Trade Organization，WTO）都将商品和服务的非歧视和国民待遇宣布为其基本原则。此外，拉美国家签订的双边投资条约和自由贸易协定也确立了所谓的国民待遇。在投资方面，外国投资者享有国民待遇且可以通过国际仲裁解决争端。

正如单文华所说，卡尔沃主义倡导的平等待遇原则是国民待遇的基础。然而，国际贸易中的国民待遇不仅仅适用于人，也适用于一国领土范围内的商品或产品。例如：2010 年 3 月 1 日生效的中华人民共和国政府与秘鲁共和国政府自由贸易协定，分别赋予源于中国和秘鲁的产品以国民待遇（第 7 条）。但是双边投资条约中的国民待遇适用于人，赋予国内和外国投资者平等的待遇。

此外，外国投资者和国家（尤其是阿根廷、玻利维亚、厄瓜多尔和委内瑞拉等拉美国家）之间的仲裁裁决纠纷，服从国际仲裁机构（如国际投资争端解决中心）是有疑问的。因为现在各国规定外国投资者必须服从当地的法律和法院管辖。因此，除了强调公民和外国人之间的平等之外，也为外国投资者保留了一些更多的权利和特权。以这种方式，毫无疑问，我们既考虑了平等待遇原则也考虑了卡尔沃主义。

之后，许多发达国家也批评将国家和外国投资者提交国际仲裁。这些国家强调他们的法律制度为外国投资者提供了充分且有效的保护，且他们的法院可以解决外国投资者和各国之间的争端。因此，不应该把这类纠纷交由国际仲裁。美国是其中之一，因为北美自由贸易协定（NAFTA）的国际仲裁经验反映出重新缔结条约的必要性。尤其是这些协议允许外国自然人和法人诉诸国际仲裁而不是服从国内法院的管辖。此外，美国还鼓励国内外投资者享有平等待遇。之后，美国颁布了 2002 年贸易法令，规定：根据美国法，为了保护他们的投资，与那些美国投资者相比，美国境内的外国投资者，既不能享有更多权利也不能享有更大的优势。在这一点上，美国的立场同卡尔沃主义的宣告相吻合。此外，除了一些拉丁美洲国家，其他国家如加拿大和日本，也遵从这一立场，宣布恢复卡尔沃主义所主张的主权原则、不干涉原则以及外国人与国民平等待遇原则。如此，这一切都是如今对卡尔沃主义的恢复。

在这个全球化的世界中，很显然，当今在国际经济关系的动力中对于外国人与国民平等待遇原则达成了更大的共识。

五、最终反思

19 世纪以来，卡尔沃主义确立了外国和本国之间关系的原则的存在，其中之一便是外国人与国民平等待遇原则。卡尔沃提出了一个之前存在于罗马法中的原则。在西班牙征服美洲时，该原则被纳入并适用于新世界的立法中。后来，随着拉丁美洲国家的独立，该原则无间断地持续生效，并在我介绍的阿根廷、巴西、智利和秘鲁的宪法和民事法典中得以体现。

在本文中，我提出在罗马法律体系中，外国人（peregrinus）待遇与罗马公民（civis）是平等的。根据罗马法源，万民法的适用为外国人平等待遇做出了贡献，因此我认为这也是罗马法中的一个普遍性的表述。对于万民法的适用，没有必要强调人民之间的或是外国人特殊地位的协定（foedera）。然后，可以诉诸罗马法官佩雷·佩里努斯去解决外国人的争端。如在罗马境内的一些外国人活动与如今外国投资者的活动相一致，可以肯定平等待遇原则符合国际经济法中的所谓的"国民待遇"。

尽管历史，政治和经济均有所改变，但外国人与国民平等待遇原则仍在拉美国家有效。因此，可以说，对于外国人来说，卡尔沃主义仍然适用。此外，如今达成了更大的国际共识——甚至是那些批评和反对卡尔沃主义的国家——为了使平等待遇原则适用于外国人。所以，让我们投入更多精力和热情追溯拉丁美洲法律体系的基础：罗马法。

二、民法典与总则

《民法总则》第 10 条法源条款的缺失与补充

◉于 飞*

摘要： 我国《民法总则》第 10 条规定了"法律—习惯"二位阶法源体系。该体系会造成实证法根本矛盾无法克服、法官不得拒绝裁判无法实现、民事诉讼目的无法达到的弊端。以上弊端无法以第一位阶"法律"中已包含民法基本原则来解决，弊端的思想基础也值得我们反思。为克服以上弊端，本文主张以"依基本原则确立的规则"作为第三位阶补充性法源，在我国背景下该表述较之其他可能选项具有更大的优越性。适用该法源时，法官具有"确立规则的义务"，并须在判决书中展示从原则到规则的推导过程，方法上应优先适用建立在平等原则基础上的类推。我们可以通过目的性扩张的方法论路径，在解释论上产生该第三位阶法源，弥补立法的缺失。

一、问题的提出

(一)《民法总则》第 10 条及草案建议稿中的法源条款

民法法源，通常是指民法的存在形式。[1]从司法和法官裁判角度，法源系指"一切得为裁判之大前提的规范的总称"[2]。民法法源条款的本质，是指示民事法官应当在何处寻找裁判依据；该指示包括以下两项：其一，可为裁判依据的民法法源有哪些；其二，各种法源之间的适用次序如何。民法法源条款的意义，是将一国民事法官能够据以裁判的所有依据进行通盘整理，并将整理得出的框架在立法上确认，以指引法官的找法过程。故法源条款是民法典适用的根本规则，意义重大。

《民法总则》第 10 条是我国民法法源条款，"处理民事纠纷，应当依照法律；法

---

* 于飞，中国政法大学民商经济法学院教授、博士生导师。

[1] 参见梁慧星：《民法总论》，法律出版社 2011 年版，第 25 页；王泽鉴：《民法总论》，北京大学出版社 2009 年版，第 35 页；魏振瀛主编：《民法》，北京大学出版社、高等教育出版社 2013 年版，第 14 页；马俊驹、余延满：《民法原论》，法律出版社 2010 年版，第 27 页。

[2] 黄茂荣：《法学方法与现代民法》，中国政法大学出版社 2001 年版，第 371 页。同参梁慧星：《民法总论》，法律出版社 2011 年版，第 25 页；刘得宽：《民法总则》，中国政法大学出版社 2006 年版，第 15 页；朱庆育：《民法总论》，北京大学出版社 2016 年版，第 35 - 36 页。法源在不同层次上的意义，参见黄茂荣：《法学方法与现代民法》，中国政法大学出版社 2001 年版，第 1 - 3 页。

律没有规定的，可以适用习惯，但是不得违背公序良俗"。该条确立了我国民法"法律—习惯"二位阶法源体系；[3]其中，法律即制定法；习惯通说指习惯法[4]。

然而，与立法不同，大部分草案建议稿采三位阶法源体系：

①梁慧星教授建议稿第9条第1款：法律—习惯—法理；[5]

②孙宪忠教授建议稿第9条第1款：法律—习惯—适用法官依民法基本原则确立的规则；[6]

③王利明教授建议稿第12条第1款，法律—习惯—依据本法确定的基本原则参照法理处理；[7]

④杨立新教授建议稿第4条第1款：法律—习惯—法理；[8]

⑤李永军教授建议稿第3条第1款：法律—习惯—法理；[9]

⑥于海涌教授建议稿第13、15条：法律—民俗习惯、商业惯例—法官按照自己如作为立法者应当提出的规则进行裁判。[10]

⑦徐国栋教授建议稿第12条：法律—习惯—事理之性质—法理—同法族的外国法；[11]

徐国栋教授建议稿实际上只是把可能在第三位阶中发挥作用几种因素拆分开来而已，可以看作是三位阶体系的一种变形。

有两个建议稿要额外说明。

---

[3] 本条源于《民法通则》第6条，但将"国家政策"从法源体系中删除，并将习惯纳入，这是重要进步。

[4] 参见王利明主编：《中华人民共和国民法总则详解》，中国法制出版社 2017 年版，第 53－54 页；王利明执笔，杨立新主编：《中华人民共和国民法总则要义与案例解读》，中国法制出版社 2017 年版，第 68 页；龙卫球、刘保玉主编：《中华人民共和国民法总则释义与适用指导》，中国法制出版社 2017 年版，第 39－40 页；龙卫球执笔，杜万华主编：《中华人民共和国民法总则实务指南》，中国法制出版社 2017 年版，第 55－56 页。我国台湾地区学者通说亦认为，法源中的"习惯"系指"习惯法"。参见王泽鉴：《民法总则》，北京大学出版社 2009 年版，第 46 页；胡长清：《中国民法总论》，中国政法大学出版社 1997 年版，第 29－30 页；史尚宽：《民法总论》，中国政法大学出版社 2000 年版，第 81 页。本文在该问题上采通说。

[5] 参见梁慧星主编：《中国民法典草案建议稿》，法律出版社 2013 年版，第 4 页。

[6] 参见中国社会科学院民法典立法研究课题组（孙宪忠教授主持）：《民法总则建议稿》，载 http://www.iolaw.org.cn/showNews.aspx? id=49193&from=timeline&isappinstalled=0，最后访问日期：2017 年 8 月 3 日，本条由李敏执笔。

[7] 参见王利明主编：《中国民法典学者建议稿及立法理由·总则编》，法律出版社 2005 年版，第 22 页，本条由熊谞龙执笔。

[8] 参见杨立新 2.0 版《中华人民共和国民法总则（草案）》建议稿，载 http://www.360doc.com/content/15/0511/15/17976776_469681108.shtml，最后访问日期：2017 年 8 月 3 日。

[9] 参见李永军主编：《中国民法典总则编草案建议稿及理由》，中国政法大学出版社 2016 年版，第 5 页。

[10] 参见于海涌：《中国民法典草案立法建议（提交稿）》，法律出版社 2016 年版，第 22－23 页。

[11] 参见徐国栋主编：《绿色民法典草案》，社会科学文献出版社 2004 年版，第 4 页。

第一，中国法学会建议稿第 9 条：法律—习惯。[12]

该条看起来是二位阶法源体系，但第 11 条又规定，"本法及其他法律有明确规定的，人民法院以及仲裁机构不得仅依照基本原则作出裁判"。换言之，法律没有明确规定的，可以依照基本原则裁判。若如此，在法律、习惯无具体规则之时，法官仍然有据以裁判的手段。

第二，龙卫球教授建议稿第 3 条第 1 款：法律—惯例。[13]

以上看起来也是二位阶体系，但第 4 条第 2 款又规定，裁判者"可采取类推适用、举重明轻、明示其一即反对其他、目的性扩张、目的性限缩等方法，以填补漏洞"。故该方案也为法官在法律、惯例无具体规则之时保留了出路。

反观《民法总则》第 10 条，仅列举了"法律""习惯"两个法源，之后未为法官提供任何补充手段。那么在法律、习惯无具体规则时法官如何裁判？不免令人疑惑。就结果而言，可以说在法源问题上立法者对所有的建议稿都没有采纳。

问题是，这种独行其是正确吗？

（二）比较法上的法源条款

我们不妨到比较法上再求一些印证。

我国台湾地区"民法"（以下简称"台民"）第 1 条确立了"法律—习惯—法理"的三位阶法源体系。王泽鉴教授就"法理"谈道："所谓法理，应系指自法律精神演绎而出的一般法律原则，为谋社会生活事物不可不然之理，与所谓条理、自然法、通常法律的原理，殆为同一事物的名称。"[14]因此，我们不妨先把法理、法律精神、一般法律原则、条理、自然法、法律原理等概念归于一类——制定法与习惯法具体规则之外的补充性法源，来分析和归类比较法上的一些法源规定。

1. "法律—习惯（法）—补充性法源"三位阶法源体系

（1）《瑞士民法典》（以下简称"瑞民"）第 1 条第 1、2 款：法律—习惯法—法院得依其作为立法者所提出的规则裁判；[15]

（2）"台民"第 1 条：法律—习惯—法理；[16]

（3）《韩国民法典》第 1 条：法律—习惯法—法理；[17]

（4）《西班牙民法典》第 1 条第 1 款（以下简称"西民"）：法律—惯例—法的

---

〔12〕 参见中国法学会《中华人民共和国民法典·民法总则专家建议稿》（提交稿），载 http://www.civillaw. com.cn/zt/t/? id=30198，最后访问日期：2017 年 8 月 3 日。

〔13〕 参见北航法学院课题组（龙卫球主持）：《中华人民共和国民法典·通则编》草案建议稿，载 http:// www.fxcxw.org/index.php/home/xuejie/artindex/id/9597.html，最后访问日期：2017 年 8 月 3 日。

〔14〕 王泽鉴：《民法总则》，北京大学出版社 2009 年版，第 49 页。

〔15〕 参见《瑞士民法典》，戴永盛译，中国政法大学出版社 2016 年版，第 1 页。

〔16〕 参见王泽鉴：《民法总则》，北京大学出版社 2009 年版，附录一"台湾现行'民法'（总则部分）"，第 460 页。

〔17〕 参见《韩国最新民法典》，崔吉子译，北京大学出版社 2010 年版，第 135 页。

基本原则；[18]

（5）《路易斯安那民法典》第1、4条：立法—习惯—法官根据衡平处理。[19]

2. "法律—类推产生的规则—补充性法源"三位阶法源体系

（1）《德国民法典》（以下简称"德民"）第一草案第1条：法律—类推产生的规则—由法秩序精神所生之原则；[20]

（2）《奥地利民法典》（以下简称"奥民"）第7条：法律—类推产生的规则—自然法律原则。[21]

（3）《蒙古国民法典》第6条：法律—类推产生的规则—民法的原则。[22]

3. "法律—习惯—类推产生的规则—补充性法源"四位阶法源体系

（1）《俄罗斯民法典》（以下简称"俄民"）第6条：立法及协议—交易习惯—类推产生的规则—民事立法的一般原则和精神及善意、合理、公正的要求；[23]

（2）意大利《法律的一般规定》第1条、第12条第2款：法律、法规—习惯—类推产生的规则—国家法律制度的基本原则；[24]

（3）《葡萄牙民法典》（以下简称"葡民"）第1条、第3条、第10条第1、3款：法律—习惯—类推产生的规则—以解释者假设由其本人根据法制精神立法时即会制定的规定处理。[25]

由上可知，肯认法律与习惯（法）之外的补充性法源是比较法上的普遍现象；该补充性法源位于法源适用次序的最后，其前面必然有法律，还可能有习惯（法）和类推。《民法总则》第10条"法律—习惯"二位阶法源体系在比较法上几乎未见先例，王泽鉴教授称其"举世没有""值得斟酌"。[26]

---

[18] 参见《西班牙民法典》，潘灯、马琴译，中国政法大学出版社2013年版，第5页。

[19] 参见《路易斯安那民法典》，娄爱华译，厦门大学出版社2010年版，第1-2页。

[20] Mugdan, *Die gesammten Materialien zum Bürgerlichen Gesetzbuch für das Deutsche Reich*, Band I, Berlin 1899, S. LII. 虽德民一草第1条被删除，但判例学说一致认为，就法律未规定事项，无其他规定可类推适用时，须适用一般法律原则及事物之本质，以促进法律进步。参见王泽鉴："比较法与法律之解释适用"，载王泽鉴：《民法学说与判例研究》（第2册），中国政法大学出版社1998年版，第6页。

[21] 参见《奥地利普通民法典》，周友军、杨垠红译，清华大学出版社2013年版，第1页。

[22] 参见《蒙古国民法典》，海棠、吴振平译，中国法制出版社2002年版，第9页。

[23] 参见《俄罗斯联邦民法典》，黄道秀、李永军、鄢一美译，中国大百科全书出版社1999年版，第5页。当事人之间的协议是否为法源的问题，因无关本文宏旨，故不讨论。

[24] 意大利《法律的一般规定》（Disposizioni sulla Legge in generale）是独立于民法典的一部法律。费安玲教授、丁玫教授所译《意大利民法典》（中国政法大学出版社1997年版），将"法律的一般规定"译作"序编 一般原则"，放在"第一编 人与家庭"之前，易使人误会两者是一部法律。且该《法律的一般规定》有不少修改，故本文采取翟远见博士未刊的新译文。在此向翟远见博士致谢。

[25] 参见《葡萄牙民法典》，唐晓晴等译，北京大学出版社2009年版，第5、7页。

[26] 参见王泽鉴教授于2017年4月19日在中国政法大学所做《民法总则》讲座，载http://pan.baidu.com/s/1g9nAuf，最后访问日期：2017年8月3日，详参录音30分30秒之后。

（三）既有的讨论与不足

（1）立法过程中的讨论。立法者考虑过补充性法源问题。"民法总则（2015 年 8 月 28 日民法室室内稿）"（以下简称"室内稿"〔27〕）曾有以下规定：

> 第 9 条　处理民事纠纷，应当依照法律规定。法律没有规定的，可以适用习惯，但不得违背公序良俗。
>
> 第 10 条　本法或者其他法律有具体规定的，不得仅依照基本原则作出裁判。（另一方案：本法或者其他法律有具体规定的，应当先适用具体规定，没有具体规定的可以适用基本原则。）

室内稿很可能受中国法学会建议稿影响，在法源条款（第 9 条）之外又列专条规定了基本原则适用（第 10 条）。以上条文在征求意见过程中收到不同反馈。有人对第 10 条持肯定意见，认为其有利于促进法官积极查找具体规定，可以限制法官自由裁量权，防止法官向"基本原则"逃避。有人持反对意见，认为并非所有的基本原则都可用于裁判；基本原则的适用问题应靠法律释义或者民法理论说清楚；实践中法官一般知道有具体规定时不能只适用基本原则，而且有的案件没有适用具体规定而是直接适用基本原则作出裁判，效果也很好。特别还有法官提出第 9、10 条中，蕴藏着法律具体规定、习惯和基本原则之间的适用顺序问题。有法官认为应明确适用顺序为"具体规定—基本原则—习惯"；有法官认为，应当是无法律依习惯，无法律、无习惯依原则。〔28〕

然而，就在看起来问题将朝着有实质意义的方向深入讨论下去之际，立法踩了刹车。在数月之后的民法总则草案（征求意见稿 2016 年 1 月 11 日稿）中，室内稿第 10 条被删除，〔29〕以后再未恢复。究竟是前述哪个否定或存疑意见影响了立法者，还是其另有顾虑？立法者没有说明。

在此之后的立法过程中，重新引入补充性法源的立法建议被大量提出，如全国人大时任委员长张德江主持召开民法总则草案北京座谈会简报中，"有的地方、代表建议增加规定'无习惯的，可以适用公认的民法原理'。有的单位建议，在既无法律的具体规定也无习惯的情况下，可以把民法基本原则作为补充法源，并增加'人民法院不得以法律无明文规定为由拒绝对民事纠纷进行裁判'。有的地方建议增加'法

---

〔27〕　该室内稿 PDF 版由朱广新研究员提供，特此致谢。2015 年 8 月 28 日之后，同年 9 月 30 日还有一个室内稿，后一稿中关于法源的第 9、10 条没有变化。后文提到的关于室内稿的讨论涉及以上两个室内稿。

〔28〕　参见《民法总则立法背景与观点全集》编写组：《民法总则立法背景与观点全集》，法律出版社 2017 年版，第 201－202、240－242 页。

〔29〕　参见《民法总则立法背景与观点全集》编写组：《民法总则立法背景与观点全集》，法律出版社 2017 年版，第 268－270 页。

规'和'民法基本原则'"。张德江主持召开民法总则草案成都座谈会简报中，"有的地方建议在本条末尾增加规定'没有习惯的，适用公认法理'"。时任副委员长李建国在民法总则草案宁夏调研简报中，"有的专家建议，将法理规定为法律渊源，即法官裁判时如果既没有法律规定和习惯，也没有相应的司法解释和指导性案例，可以参考'公认的法理'，并根据实际需要作出相应的创设性规定。"时任副委员长李建国主持召开民法总则草案上海座谈会简报中，"有的地方提出，从主流国家和地区的立法趋势看，民法渊源除制定法、习惯外，还包括法理。"数量之多，难以一一列举。[30]但立法者似乎心意已决，以上建议未能在以后的草案中再有反映。

（2）立法之后的学界观点。立法通过之后，学者仍多有不同观点。梁慧星教授就《民法总则》第10条指出："虽然本条未明文规定'法理'为法源，并不等于裁判中不能适用法理。"[31]杨立新教授主编的释义书认为："对于既没有法律也没有习惯调整的民事生活，用法理进行调整。"[32]张新宝教授的释义书在第10条的核心概念中列举了"法理"，"法理的基本功能在于补充成文法与习惯法的不足，使得司法者以立法者的角度来寻找具体案例中所应适用的规则，以实现民事纠纷的合理处理"。[33]但也有人持与前述学者截然相反的观点。龙卫球教授主编的释义书认为，"基于'明示其一即排斥其他'的解释原理，我国民法渊源应该严格限于上述制定法和习惯法的范围，而不得随意扩解。"[34]

既有讨论没有解决问题，只是使问题更鲜明、更沉重地摆在我们面前。立法者采取了一条几乎与所有建议稿、比较法立法例及绝大多数立法建议都不同的道路，但没有进行说明和论证。由于未经一个充分的说服程序，立法通过也不能统一意见，分歧依然严重。我国民法究竟认可不认可法律、习惯法之外的补充性法源？法律、习惯法无规则时法官究竟怎样裁判？以及更现实的，立法若确有少部分缺陷，又如何在解释论上弥补？以上问题亟待回答。若迟迟不决，可能会影响2017年10月1日之后的法律适用。

更符合实际地说，既有讨论只是表现了各方不同的观点和态度，真正深入的理论研讨尚未展开，这正是说服不能完成的原因。本文试图弥补这一缺陷，并沿以下思路进行阐述：首先充分暴露二位阶法源体系的根本弊端；其次提出本文的解决办

---

〔30〕《民法总则立法背景与观点全集》编写组：《民法总则立法背景与观点全集》，法律出版社2017年版，第42、64、109、126页。该书其他部分大量提到了同类立法建议，参见第178、201、270、295、354、367、424、433、437页。

〔31〕梁慧星："《民法总则》重要条文的理解与适用"，载《四川大学学报（哲学社会科学版）》2017年第4期。

〔32〕杨立新主编：《中华人民共和国民法总则要义与案例解读》，中国法制出版社2017年版，第66页。

〔33〕张新宝：《〈中华人民共和国民法总则〉释义》，中国人民大学出版社2017年版，第18页。

〔34〕龙卫球、刘保玉主编：《中华人民共和国民法总则释义与适用指导》，中国法制出版社2017年版，第40页。

法；再次给出方法论上的路径；最后是简短的结论。

二、"法律—习惯"二位阶法源体系的根本弊端

（一）弊端及其产生的理论阐释

（1）实证法根本矛盾无法克服。大陆法系基于对人性和法官的不信任，建立了成文法体制下立法与司法相分离的社会调整模式，用立法这种凝聚的普遍理性过滤法官人性中的恶与非理性。然而，倘以立法形成的有限法条去控制无限且永续发展的社会，必定会带来不周延性、滞后性、不合目的性等天然局限。[35] 为救成文法（制定法）之不备，比较法上通常会以习惯法来补充；制定法与习惯法可合称为实证法[36]。然而实证法规则仍然有限，规则不备的情况仍必然大量存在。于是，实证法规则不备时法官如何裁判，就成了大陆法系的一个根本矛盾。

法源条款，就是要对这个根本矛盾做一个立法上的回答。法源条款的根本任务，不是回答有实证法时法官怎么办，这时不需要回答；真正需要回答的是没有实证法时法官该怎么办。如果一个法源条款仅表述到法官依实证法裁判，那它实际是回避了主要问题，未能直面自己的使命。在这个意义上，我国《民法总则》第 10 条并未彻底完成其立法任务。

（2）"法官不得拒绝裁判"无法实现。《法国民法典》著名的第 4 条规定："法官借口法律无规定、规定不明确或不完备而拒绝审判者，得以拒绝审判罪追诉之。"[37] 魏德士恰当地评论道："法院在漏洞领域发挥着立法的功能，这首先是因为有'禁止拒绝裁判'的原则在先。换言之，法院有义务在对争议的事实情况没有相应的法律规定的时候，对属于其管辖范围的待决法律案件作出判决。这符合欧洲长期以来的法律传统。"[38] 虽然这一原则在中国还没有获得立法认可，但理论界普遍持接受态度。梁慧星教授为法官讲授裁判方法时指出："出现了法律未作规定的这个案件，既然受理了这个案件，又不允许以没有法律规定为由拒绝裁判，要求非裁判不可……岂不惟有法官自己创设规则一途。"[39] 王利明教授认为："在个案裁判中，因法律存在漏洞，而立法又不能及时作出回应，法官又不能以存在法律漏洞为由拒绝审判，这就要求，法官必须通过漏洞填补来寻求裁判依据，作出公正的裁判。"[40]

这里须澄清一种可能的误解。在法无明文规定时，若法官一律判决无法律依据支持其主张的一方当事人败诉，是否也算没有拒绝裁判？《法国民法典》起草人波塔

---

〔35〕 成文法的局限性，尤其请参见徐国栋：《民法基本原则解释》，北京大学出版社 2013 年版，第 264 ~ 269 页。

〔36〕 下文提到法（如法无明文规定）时，一般即指包括制定法和习惯法在内的实证法。仅指制定法或习惯法时，会使用概念的全称。

〔37〕 《法国民法典》，罗结珍译，中国法制出版社 1999 年版，第 1 页。

〔38〕 ［德］伯恩·魏德士：《法理学》，丁晓春、吴越译，法律出版社 2013 年版，第 343 - 344 页。

〔39〕 梁慧星：《裁判的方法》，法律出版社 2003 年版，第 47 页。

〔40〕 王利明：《民法总则研究》，中国人民大学出版社 2012 年版，第 163 页。

利斯明确指出："如果只允许法官在法律已指明的时候才能宣判，司法进程会被中断。很少有诉讼案件是在明确的法律文件之下裁决的：大部分争议正是根据一般原则、法学学说、法律科学进行宣判的。民法典没有排除这些认识，相反，它以它们为前提。"[41]因此法无明文规定时，法官仍需在"一般原则、法学学说、法律科学"之中，继续寻求妥当裁判的路径。科英正确地指出："当一个请求权在法官面前被提起，但是该请求权赖以产生的基础事实未被立法者考虑到时，法官固然得以不能获得法律依据为由，径行驳回该诉。但是他可能违反了其依正义与衡平裁判的义务"。[42]法无明文规定时，若法官一律轻松而懒惰地判决一方当事人败诉，表面上看没有拒绝裁判，但实际上他没有去积极寻找个案中的衡平点；质言之，他拒绝了"正义与衡平裁判"，这仍然是违反义务。可见，所谓法官不得拒绝裁判，其实是不得拒绝为妥当的裁判。

法无明文规定时，若法官不能凭借补充性法源就个案寻找妥当的裁判规则，则其不得拒绝为妥当裁判的义务就无法实现。

（3）民事诉讼目的的无法达到。关于民事诉讼目的有多种学说。"纠纷解决说"在日本居于通说地位，并对我国产生重要影响，是我国的有力学说之一。[43]在我国较早提倡"纠纷解决说"的刘荣军教授认为："法院在顾及当事人的意思，同时尊重国家利益的前提下，基于法律、法规，适当、迅速、经济地解决当事人之间的纠纷，应是民事诉讼制度的目的。"[44]张卫平教授在新近出版的著作中指出："民事诉讼的目的应当是，公正、迅速、经济地解决民事纠纷。公正、迅速、经济地解决民事纠纷，这一目的比单一地主张以纠纷解决作为目的更具有合理性。……如果单纯追求民事纠纷的解决，就可能忽视公正性，导致对当事人程序权利的侵害。"[45]

特别值得强调的是，以上学者都没有将单纯地解决纠纷作为民事诉讼的目的，而是强调纠纷解决的"适当"或"公正"。法无明文规定时，如果法官直接判决一方当事人败诉，形式上看也解决了纠纷，至少终结了纠纷解决程序，但实际上违反了民事诉讼的目的。因为径获败诉的当事人会继续上诉、申诉或信访，乃至用制度外的手段寻求自己所要的正义。纠纷非但没有解决，反而被激化了。只有在规则不备时，积极寻找对个案妥当的规则并依之裁判，法官才可能适当、公正地解决纠纷。

综上，《民法总则》第 10 条缺失第三位阶补充性法源，导致实证法规则必然不备这一大陆法系根本矛盾未获解决，法官不得拒绝裁判的义务无法实现，民事诉讼

---

[41]　PENET, tome Ⅵ, p. 20. 转引自［法］雅克·盖斯旦、吉勒·古博：《法国民法总论》，陈鹏等译，法律出版社 2004 年版，第 413 页。

[42]　Helmut Coing, *Grundzüge der Rechtsphiolsophie*, 5 Aufl. , 1993, S. 282.

[43]　民事诉讼目的论诸学说的介绍，参见张卫平：《民事诉讼法》，法律出版社 2016 年版，第 8 - 10 页。江伟、肖建国主编：《民事诉讼法》，中国人民大学出版社 2015 年版，第 10 - 12 页。

[44]　刘荣军："论民事诉讼的目的"，载《政法论坛》1997 年第 5 期。

[45]　张卫平：《民事诉讼法》，法律出版社 2016 年版，第 10 页。

目的无法达致，具有根本弊端。

（二）第一位阶"法律"中包含基本原则？一个可能而无力的辩解

对前述弊端的一个可能辩解是，民法基本原则在我国已经制定法化，因此在"法律—习惯"二位阶体系中，第一位阶"法律"已经包含了基本原则，故补充性法源实质上已被纳入法源体系了。室内稿原将法源条款、基本原则适用条款并立，后来又将后者删除，可能也与这一想法有关。

这种辩解看似能维护二位阶体系，实则会给该体系致命一击。以下分三点述之：

（1）习惯法丧失适用余地。若第一位阶"法律"中包含基本原则，就会形成一个"制定法具体规则—基本原则—习惯法"的适用次序。可以想见，民法基本原则都是高度抽象的价值理念，可以说是无所不在、无所不包；当制定法无具体规则时，对基本原则的"解释"几乎可以导出任何结论，足以解决民事领域的任何问题。于是，制定法就成了一个无漏洞的体系，法源中有"法律"一个位阶就够了，习惯也成了冗余。

（2）抽象规定优先于具体规定适用。法律适用的基本规律之一，是具体规定优先于抽象规定适用。因为越具体的规定与案件的联系性就越密切，其对案件的针对性就越强，[46] 从而越容易在个案中操作，也更容易获得妥当的结果。若将基本原则嵌入制定法规则与习惯法之间，就会导致基本原则这一高度抽象的规定优先于习惯法具体规则适用，这显然有问题。

（3）方法论的矛盾。法律解释以文义为限，超出文义则属于漏洞补充（法律续造）范畴。法律解释与漏洞补充是前后相继的两个阶段，两者有方法论上的区别。[47]"法律—习惯法—补充性法源"三位阶体系的合理之处在于，前两位阶制定法、习惯法都是具体规则，这些实证法规则的适用都属于法律解释范畴。当法官无法在实证法规则文义范围内通过解释手段找到裁判依据时，即存在法律漏洞。这时第三位阶补充性法源才登上舞台，发挥漏洞补充作用。

若将基本原则嵌入制定法规则与习惯法之间，会形成一个"法律解释—漏洞补充—法律解释"的奇怪次序。在制定法规则解释中找不到答案，会开启漏洞补充程序；当这项作业完成时，漏洞必定被填补完毕了，怎么可能再有法律解释的余地呢？前文所说基本原则优先于习惯法会导致后者丧失适用余地，原因恰在于此。实际上，实证法规则的适用整体性地属于对具体规则的法律解释领域，该领域中塞不进任何漏洞补充的内容。故，即使基本原则被制定法化，在适用时它也必须从制定法中剥

---

〔46〕 参见王利明：《民法总则研究》，中国人民大学出版社 2012 年版，第 150 页。

〔47〕 法律解释与漏洞补充之间并非泾渭分明，此为法学方法论所公认。但两者在非接壤处的区分鲜明无比，对非接壤处的了解，有助于接壤处分际问题的解决。而且，两者是相反相成的关系，一旦一方不存在了，另一方无法独立地实现正义，从功能角度讲也会变得更低能。对这一立场的深入阐释，尤请参见黄茂荣：《法学方法与现代民法》，中国政法大学出版社 2001 年版，第 305 页，注 41。

离，移至全体实证法规则——包括制定法规则、习惯法规则之后，才是科学的次序。

"法律—习惯法"二位阶法源体系的根本缺陷，就是未给漏洞补充作业留下文义上的空间。若以"法律"中已经包含了制定法化的基本原则来辩解，马上会带来习惯法丧失适用余地、抽象规定优先于具体规定适用、方法论上的矛盾等一系列无法接受的后果，从而使二位阶法源体系的弊端暴露得更彻底。

（三）法学实证主义（概念法学）：无心而离奇的思想基础

不给漏洞补充留下文义空间的法源规定，隐含着法无漏洞的思想，这是 19 世纪法学实证主义的典型表现。法学实证主义是维亚克尔用于指称概念法学的用语："假使法学实证主义仅由其学科自身的体系、概念以及被承认的定理来推论出法，那么会产生下列最重要的结论：a）既存的法秩序始终是一个由制度与法条组成的封闭体系，其独立于（由制度与法条所规整之）生活关系的社会现实之外。在此前提下，仅借逻辑操作来对所有待办法律案件作正确裁判，质言之，将案件涵摄于（包含在一般释义学定理之内，如是亦包含在法学概念之内的）假言判断之下，原则上是可行的。……b）法学实证主义的体系是封闭的；依其概念，其要求无漏洞性。"[48] 20 世纪以来经典民法典的法源条款，体现的正是对这种法学实证主义的克服。王泽鉴教授评论台民第 1 条的意义时指出，该条"就法学方法论言，克服了 19 世纪的法实证主义，肯定制定法的漏洞。明定其未规定者，得以习惯或法理加以补充。法院不得以法无明文规定而拒绝裁判"。[49]

事实上，凭借法律学术上的后发优势，我们对概念法学及其弊端早已熟知。梁慧星教授指出："直至 20 世纪初期，概念法学占据了支配地位，使民法解释学陷于僵化和保守，丧失了创造性，无法适应新的世纪社会经济生活对法律的要求。"[50] 王利明教授指出："在大陆法系国家，概念法学过度强调了法律的安全性价值在适用法律中的机械性作用，所以受到之后各学派的批评。"[51] 徐国栋教授认为："概念法学把法律看作是与其社会环境相脱离的现象，把作为手段的法律当作目的，认作为金科玉律的法条为唯一的研究对象……由于毫不关心法律原理及其社会的基础，必然会承认立法者万能、立法者无错、法律毫无漏洞。"[52] 王卫国教授认为，中国民法学界受概念法学的束缚过重，提出"超越概念法学，高于概念法学"的口号。[53] 内容之多，无法一一列举。

---

[48] ［德］弗朗茨·维亚克尔：《近代私法史（下）——以德意志的发展为观察重点》，陈爱娥、黄建辉译，上海三联书店 2006 年版，第 416–418 页。从弗朗茨·维亚克尔对法学实证主义的描述，以及其论述中替换使用法学实证主义和概念法学两个术语，可知其所谓法学实证主义是指概念法学。

[49] 王泽鉴：《民法总则》，北京大学出版社 2009 年版，第 35 页。

[50] 梁慧星：《民法解释学》，法律出版社 2009 年版，第 63 页。

[51] 王利明：《法学方法论》，中国人民大学出版社 2012 年版，第 56 页。

[52] 徐国栋：《民法基本原则解释》，北京大学出版社 2013 年版，第 350 页。

[53] 参见王卫国："超越概念法学"，载《法制与社会发展》1995 年第 3 期。

三、依基本原则确立的规则——第三位阶补充性法源的寻立与适用

（一）作为法源的是依基本原则确立的"规则"

诚如王泽鉴教授所说，第三位阶法源有多种可能的表述方式，但它们"基本功能相同，实质意义殆无差别"，[54] 原则（基本原则、法律原则、一般原则等）即为其中一种，前文提及的西民第 1 条第 1 款的"法的基本原则"、德民第一草案第 1 条的"由法秩序精神所生之原则"、奥民第 7 条的"自然法律原则"、俄民第 6 条第 2 款的"民事立法的一般原则"、意大利《法律的一般规定》第 12 条第 2 款的"国家法律制度的一般原则"等，即为成例。若要弥补我国法源条款中第三位阶法源的缺失，诸多功能相同的表述本来是具有同等可选择性的；但是，诸表述中只有基本原则在我国获得了立法认可，这就构成了最大的不同。一方面，这意味着让基本原则在第三位阶中发挥作用能得到实证法的有力支撑；另一方面，意味着此举能够有力地促进建立在本土法条上的法解释体系建构，使每一个条文都焕发活力并充分发挥积极价值。因此，在平等竞争中，基本原则得到了制定法的有力加权，脱颖而出。

须着重说明，基本原则在第三位阶中发挥漏洞补充作用[55] 之时，作为法源或法官裁判依据的并不是基本原则本身，而是依基本原则确立的"规则"。

拉伦茨明确指出："作为原则，其并非可直接适用于具体个案的规则，毋宁为一种指导思想。透过立法，或者（如前所述）由司法裁判依具体化原则的程序，或者借形成案件类型以演绎较为特定的原则，借此可以将原则转变为——能被用作裁判基准的——规则。"[56] 卡纳里斯也强调："原则并非规则，因而不能不经中介地适用，而是必须首先使之要件固化或者说'规则化'。"[57] 可见，原则不能作为大前提直接适用于裁判，而是必须经具体化形成规则。规则才是法官的裁判依据，才是司法三段论的大前提。

"台民"第 1 条中的"法理"也不是法官裁判依据，对这一点我国台湾地区学者有清醒的认识。黄茂荣教授明确指出："法理未经具体化成明确之构成要件的形式前，并不能直接被引用来解答法律问题，而只能被引用来作为解答法律问题之取向或考虑的出发点。……引用法理补充法律前，尚必须就法理进一步加以具体化。"[58] 杨仁寿法官亦提出："法理之援用，实指法律之补充而言，其在具体化以前，并不生规范的作用，不能据为个案裁判之依据。"[59] 显然，以"法理"为三段论大前提，是推不出任何结论的；"依据法理，裁判如下"的表述，根本不能满足涵摄的要求。

---

[54]　王泽鉴：《民法总则》，北京大学出版社 2009 年版，第 49 页注 3。

[55]　基本原则的另一重要功能，表现在对前两位阶——制定法、习惯法的解释上，主要体现在目的解释之中。但该功能不是本文主旨，故存而不论。

[56]　[德] 卡尔·拉伦茨：《法学方法论》，陈爱娥译，商务印书馆 2003 年版，第 293 页。

[57]　Canaris, *Systemdenken und Systembegriff in der Jurisprudenz*, 2. Aufl., 1983, S. 57.

[58]　黄茂荣：《法学方法与现代民法》，中国政法大学出版社 2001 年版，第 376–377 页。

[59]　杨仁寿：《法学方法论》，中国政法大学出版社 2013 年版，第 192 页。

"台民"第 1 条中的第三位阶法源，实为基于法理而具体化得出的规则。

由上可知，"原则"也好，"法理"也罢，或者其他被王泽鉴教授称为"殆为同一事物"的表述，其实都不是法源。在实证法不能提供三段论大前提时，作为大前提的永远是法官在个案中提出的某个具体规则。此即瑞民第 1 条第 2 款的经典表述——"法院得依其作为立法者所提出的规则裁判"，法官"提出的规则"才是法源。只是这种实质上的立法活动不能背离法律的基本价值要求，这种价值要求可以表述为基本原则，也可以表述为法理或其他。

（二）"依基本原则确立的规则"较之"法理"的优越性

可能是受"台民"第 1 条的影响，"法理"这一表述特别受我国学者青睐，第一部分所引的多个草案建议稿可以为证。但本文认为，"依基本原则确立的规则"较之"法理"更有优越性，理由如下：

（1）"法理"并不是法源或法官裁判依据，只是寻找法源的"出发点"。"法理"实际上无法与制定法、习惯法并列，能与这两者并列作为法源的，只能是法官在个案中依一定价值判断确立的"规则"。

（2）"依基本原则确立的规则"传递了更多重要而有效的信息。基本原则较之"法理"是更为明确的价值指引，而且"依基本原则确立的规则"这一表述中包含了法官"确立规则的义务"，也就提供了事后检验的可能。"法理"二字传递的有效信息太少。

（3）我们规定了那么多基本原则条文，总是期待它们能发挥作用，而不只是价值宣示。把基本原则适用放在第三位阶法源中，可以为基本原则寻找一个科学的安身立命之所，使法典中的法源规定与基本原则规定之间产生很好的配合，也使众多的基本原则条款"活"了起来。

（4）被法律明文规定的基本原则，在法源上并不属于第一位阶"法律"，而是属于第三位阶，这一点很容易被误解。该误解弊端极大，必须避免。明文规定基本原则属于第三位阶可以避免误会。

从根本上说，第三位阶法源的实质是法官在个案中提出的规则，采任何表述对这个实质都没有影响。不同表述带来的真正差异，在于为法官操作第三位阶法源提供不同的证立基础并保障证立过程，从提供实证法证立基础和确立更明确的证立过程角度，"依基本原则确立的规则"优于"法理"。

如前所引，孙宪忠教授建议稿将第三位阶法源表述为"依民法基本原则确立的规则"，王利明教授建议稿将第三位阶法源表述为"依据本法确定的基本原则参照法理处理"，都属于将基本原则引入第三位阶法源的尝试。但细究之下，王利明教授建议稿的方案中既有"基本原则"又有"法理"，二者功能与实质均相同，实无需并举；且在表述上既"依据 A"又"参照 A"，有矛盾之感；更未指明法源须为规则。相较之下，孙宪忠教授建议稿的方案更值得肯定。

（三）"依基本原则确立的规则"的适用方式

"依基本原则确立的规则"并不只是一个对我国法源体系的理论上、形式上的弥补，而且是一个有章可循的、具有操作性的制度。操作性论证能够有效增强法律理论的证立效果，以下阐述之。

（1）法官具有"确立规则的义务"。严禁法官"依某某基本原则，判决如下"，法官具有"确立规则的义务"，该义务表现为两个方面：

第一，明示规则，即在判决书中明示本案司法三段论的真正大前提。瑞民第 1 条第 2 款即以立法方式要求法官必须"提出规则"，这构成一项法官义务，"法院被委托创制一般性规则，而不是采取一种纯粹案例决疑式的做法（构造规则的义务；'似立法者'进路）。"[60]也即，立法者在这里的期待不仅仅是个案妥当，个案妥当通过"纯粹案例决疑式的做法"也可能办到。立法者真正期待的，是建立在一般规则基础上的个案妥当。拉伦茨进一步指出，法官在法律续造中"若通过运用诸如'完全无法忍受的结果'或'完全不能接受'这样的规则构成要件，并将以上要件置于个案裁判者的主观裁量之下，即属未达要求。"[61]黄茂荣教授亦指出，漏洞补充中法官须"将该案型之特征构成要件化，并使其具有足够之明确性，使之在将来不待于更进一步利用裁判者之主观裁量加以具体化，已能直接被引为裁判之大前提"。[62]依此要求，法官在适用第三位阶法源进行漏洞补充时，不仅要提出一个一般规则，而且该规则还必须构成要件明确化，而不能用模糊的要件搪塞了事。唯有如此，判决的妥当性才能以可事后检验的方式获得保障，个案裁判才能为以后同类案型提供可参考的一般规则，[63]第三位阶法源领域才能逐步获得一定合理的确定性。

第二，明示规则的建构过程，即在判决书中明示作为依据的基本原则，并展示从基本原则到规则的推导过程。指出法官在法律续造中要确立规则之后，拉伦茨紧接着强调："该规则须能够从某个实体法律原则中可理解地推导出来，并以这种方式去实现该原则；该规则不能仅仅表现为一个单纯的规定。"[64]瑞士学者也指出："当前的法律漏洞应由法官以立法者的方式按照一般法律原则（瑞民第 1 条第 2、3 款）进行补充"。[65]法官固然要确立规则，但如何避免法官任意确立规则？或者说，如何

---

[60] ［瑞］贝蒂娜·许莉蔓－高朴、耶尔格·施密特：《瑞士民法：基本原则与人法》，纪海龙译，中国政法大学出版社 2015 年版，第 74 页。

[61] Larenz, *Kennzeichen geglückter richtlicher Rechtsfortbildung*, 1965, S. 13.

[62] 黄茂荣：《法学方法与现代民法》，中国政法大学出版社 2001 年版，第 370 页注 186。

[63] 瑞士民法理论中，对法官在漏洞补充时提出规则的可重复性要求，甚至高过了个案妥当性。参见［瑞］贝蒂娜·许莉蔓－高朴、耶尔格·施密特：《瑞士民法：基本原则与人法》，纪海龙译，中国政法大学出版社 2015 年版，第 74 页。

[64] Larenz, *Kennzeichen geglückter richtlicher Rechtsfortbildung*, 1965, S. 13.

[65] ［瑞］贝蒂娜·许莉蔓－高朴、耶尔格·施密特：《瑞士民法：基本原则与人法》，纪海龙译，中国政法大学出版社 2015 年版，第 75 页。

保障法官所确立规则的正当性？这就要求该规则须在法律价值体系上有确定的依归，而不能仅仅是一个无法与法律价值建立可靠关联的孤零零的"单纯的规定"（拉伦茨语），这种价值依归需要能够通过推导过程来验证。王利明教授建议稿也强调："依据本法确定的基本原则参照法理作出裁判时，人民法院或者仲裁机关应当在裁判文书中就所依据的原则、所参照的法理以及裁判理由进行详细的论证和说明。"[66]其中深意，值得赞同。

综上，法官在适用第三位阶法源进行漏洞补充时，要在判决书中做到三个指明：其一，指明起点——基本原则；其二，指明过程——如何推导；其三，指明终点——具体规则。也即，法官有义务把这条线从始至终地、清楚地画在判决书上，展示给他人，以供检验。唯有如此，第三位阶法源的适用才能避免沦为暗箱操作。

（2）基于平等原则的类推在第三位阶法源适用中的优先地位。众多基本原则之间有没有一定的适用次序，从而使得第三位阶法源更具层次性和操作感？本文认为，平等原则及建立在其基础上的类推具有尤其重要的地位，原则上应当优先适用。

类推，即相同的事项相同处理，此为贯彻平等原则的正义要求。[67]比较法上，德民一草第1条、奥民第7条、俄民第6条第1款、意大利《法律的一般规定》第12条第2款、葡民第10条第1款，均将类推明确规定在法源条款中；其位置仅次于法律与习惯，优先于其他补充性法源。王泽鉴教授就"台民"第1条指出："第1条规定'法理'，其主要功能在于以'平等'作为类推适用的依据，以填补法律漏洞。"[68]瑞士学者亦强调，在漏洞补充的"整个过程中，类推这个工具具有极其重要的意义"。[69]

在利用第三位阶法源进行漏洞补充作业中，类推原则上具有适用的优先性，原因有二：第一，规则获取上的确定性。类推是经由既存规则产生一个新规则，该产生过程的确定性与可靠性优于其他漏洞补充方法。第二，规则获取上的妥当性。既有法定规则包含已获立法确认的法律评价，类推的正当性正是根植于这一既存的法律评价，功能也在于在法律原未调整的类似领域中继续维持这一法律评价。类推能够获得既有立法评价的支撑，故其妥当性优于其他漏洞补充方法。[70]

[66] 王利明主编：《中国民法典学者建议稿及立法理由·总则编》，法律出版社2005年版，第22页。
[67] 参见［德］卡尔·拉伦茨：《法学方法论》，陈爱娥译，商务印书馆2003年版，第258页；王泽鉴：《法律思维与民法实例》，中国政法大学出版社2001年版，第253页；黄茂荣：《法学方法论与现代民法》，中国政法大学出版社2001年版，第382页。
[68] 参见王泽鉴：《民法总则》，北京大学出版社2009年版，第51页。
[69] ［瑞］贝蒂娜·许莉蔓－高朴·耶尔格·施密特：《瑞士民法：基本原则与人法》，纪海龙译，中国政法大学出版社2015年版，第75页。
[70] 正如拉伦茨指出的："法学上的类推适用无论如何都是一种评价性的思考过程，而非仅形式逻辑的思考操作。"［德］卡尔·拉伦茨：《法学方法论》，陈爱娥译，商务印书馆2003年版，第258页。故类推并非完全可靠，但相对于其他漏洞补充方法，其规则获取上的确定性和妥当性较强。

类推之外，还有目的性限缩与目的性扩张[71]方法，两者都是基于法律目的的考量而对既有法律规则的修正。法律目的为何，应当主要从表征法律价值的基本原则（即"内在体系"[72]）中寻找。再往后便进入拉伦茨所谓的"超越法律的法的续造"阶段，在这一阶段中漏洞补充的重要基准之一，便是"法伦理性原则"。[73]于是，民法基本原则可以在整个漏洞补充过程中发挥基准作用。[74]

第三位阶补充性法源的适用，根本问题在于如何从原则中妥当地推出规则。解决该问题的必经路径是本土案例的类型化，在分析案例和形成案型之时，可以借鉴源于阿列克西的权衡理论[75]及源于维尔伯格的动态体系论[76]。以上问题所涉甚广，已非本文所能讨论。

四、从二位阶到三位阶的方法论路径：目的性扩张

面对现行法《民法总则》第 10 条上的二位阶法源体系，如何在解释论上产生三位阶法源体系？这需要一个方法论上的路径。在此可考虑目的性扩张方法。

（一）确认法律漏洞的存在

（1）未规范的生活事实是否属于法外空间。关于法外空间，拉伦茨列举了纯粹

---

[71] 目的性扩张与类推适用之间的边界并不很清楚，甚至目的性扩张是否可以算作类推的一种，学说上都有争议。可参见［瑞］贝蒂娜·许莉蔓－高朴、耶尔格·施密特：《瑞士民法：基本原则与人法》，纪海龙译，中国政法大学出版社 2015 年版，第 68－70 页。但本文认为两者的核心意义领域还是能够区分的。参见［德］卡尔·拉伦茨：《法学方法论》，陈爱娥译，商务印书馆 2003 年版，第 274 页。

[72] "'内在体系'则是指支配整个民法的基本原则以及这些原则之间的实质联系"，载［德］卡尔·拉伦茨：《德国民法通论》，王晓晔等译，法律出版社 2004 年版，第 1 页。

[73] ［德］卡尔·拉伦茨：《法学方法论》，陈爱娥译，商务印书馆 2003 年版，第 286－298 页。

[74] 笔者在《民法总则》颁布之前的研究中，认为诚实信用、公序良俗属于能作为法官裁判依据的概括条款，性质上与其他不能成为裁判依据的基本原则不同；进而主张无裁判意义的基本原则无需成文化，民法典仅在不同功能领域中规定各个概括条款即可。以上讨论试图打破《民法通则》模式，回归传统民法，属于立法论研究。参见于飞："民法基本原则：理论反思与法典表达"，载《法学研究》2016 年第 3 期。《民法总则》颁布之后，学术研究应当以现行法为基础，转向解释论立场。此时，应当认为第 132 条禁止权利滥用（诚实信用的一个具体化）、第 153 条第 2 款公序良俗属于概括条款，是法官的裁判依据。第 7、8 条上的诚实信用、公序良俗不能再认为是概括条款，否则会发生立法重复。第一章所有原则条款都属于基本原则，不能直接作为法官的裁判依据，而是统一发挥着法律解释与漏洞补充功能。《民法总则》中的基本原则的整体功能架构及其与概括条款的区分，笔者拟另撰文探讨。

[75] 国内基本文献参见［德］罗伯特·阿列克西："法律原则的结构""重力公式"，载［德］罗伯特·阿列克西：《法：作为理性的制度化》，雷磊编译，中国法制出版社 2012 年版，第 131－147、148－177 页。

[76] 国内基本文献参见［奥］瓦尔特·维尔伯格："私法领域内动态体系的发展"，李昊译，载《苏州大学学报（法学版）》2015 年第 4 期；［日］山本敬三："民法中的动态系统论——有关法律评价及方法的绪论性考察"，解亘译，载梁慧星主编：《民商法论丛》（第 23 卷），金桥文化出版有限公司2002 年版，第 172－266 页。

内在心灵事项及应由伦理、礼仪规范的事项等。[77] 显然，我们绝对无法认为，未被实证法规定的事项一定属于与他人无涉的内心事项或更宜由礼仪调整的事项。倘若认为未被实证法规定的都属于法外空间，会导致太多应被法律调整的社会关系遭到排斥，这等于宣告了大陆法系立法与司法相分离的调整模式的彻底失败。

（2）法律未规范是否构成"有意义的沉默"。所谓"有意义的沉默"，是指法律虽然未规定某事项，但实际上立法者已有明确的拒绝态度，故这种不规定并不构成法律漏洞。[78]"法外空间"是法律禁入之地；而"有意义的沉默"则属立法者虽可调整、但经权衡明确放弃调整的领域，法官自然不得声称存在漏洞并继续填补。在"有意义的沉默"之处，即得为"反对解释"或"反向推理"，[79] 也即"明示其一即排除其他"，我国有学者即以之为据，认为"我国民法渊源应该严格限于上述的制定法和习惯法范围，而不得随意扩解"。[80]

如何判断"有意义的沉默"？黄茂荣教授指出："在这里重要的是构成要件这一方的态样必须已被穷尽地列举……这里所称穷尽的列举是指立法者明示地或依其立法意旨已可被认知，他只拟赋予被提到的这些构成要件的态样以某特定的法律效果。"[81] 魏德士认为："这里要求的反向推理与任何适当的解释一样具有一个前提：法律适用者应当探究立法者的规范目的。"[82] 若法律拟调整对象已被穷尽地列举，则可认为立法者已经拒绝了其余对象，也就可以进行反向推理。黄茂荣教授列举了两个判断标准：立法者明示及立法目的；后一标准也被魏德士所强调。以下依这两个标准展开分析。

第一，立法者明示。立法者并未在《民法总则》第10条中采取限制性或禁止性表述明示地封闭法源体系。历次草案审议形成的公开说明、报告、汇报中，立法者没有对第三位阶法源问题进行过说明，更没有表示过否定。[83] 在立法机关编写的释义书中，没有对第三位阶法源问题进行讨论，更没有否定。[84]

〔77〕 参见［德］卡尔·拉伦茨：《法学方法论》，陈爱娥译，商务印书馆2003年版，第250页。同参见黄茂荣：《法学方法论与现代民法》，中国政法大学出版社2001年版，第188–189页。
〔78〕 参见［德］卡尔·拉伦茨：《法学方法论》，陈爱娥译，商务印书馆2003年版，第249页；黄茂荣：《法学方法与现代民法》，中国政法大学出版社2001年版，第330页。
〔79〕 参见黄茂荣：《法学方法论与现代民法》，中国政法大学出版社2001年版，第330–333页；［德］伯恩·魏德士：《法理学》，丁晓春、吴越译，法律出版社2013年版，第370页。
〔80〕 龙卫球、刘保玉主编：《中华人民共和国民法总则释义与适用指导》，中国法制出版社2017年版，第40页。
〔81〕 黄茂荣：《法学方法与现代民法》，中国政法大学出版社2001年版，第332页。
〔82〕 ［德］伯恩·魏德士：《法理学》，丁晓春、吴越译，法律出版社2013年版，第370页。
〔83〕 参见《民法总则立法背景与观点全集》编写组：《民法总则立法背景与观点全集》，法律出版社2017年版，第3–35页。
〔84〕 参见李适时主编：《中华人民共和国民法总则释义》，法律出版社2017年版，第32–36页；张荣顺主编：《中华人民共和国民法总则解读》，中国法制出版社2017年版，第30–33页；石宏主编：《中华人民共和国民法总则条文说明、立法理由及相关规定》，北京大学出版社2017年版，第22–25页。

关键在于，"室内稿"中曾出现过基本原则适用条款，但最终被立法者删除。这是否意味着立法者明确拒绝了第三位阶补充性法源？让我们再回顾一下室内稿相关条文：

> 第9条 处理民事纠纷，应当依照法律规定。法律没有规定的，可以适用习惯，但不得违背公序良俗。
>
> 第10条 本法或者其他法律有具体规定的，不得仅依照基本原则作出裁判。（另一方案：本法或者其他法律有具体规定的，应当先适用具体规定，没有具体规定的可以适用基本原则。）

这里有一个关键，第9条明确了"法律—习惯"的适用次序，第10条可以说确立了"法律具体规定—基本原则"的适用次序，但习惯与基本原则谁优先？这一点无法从条文上看出来。如前所述，征求意见时对该问题存在两种截然相反的观点，立法者也没有对这两种观点表态。因此，可以说立法者并没有明确地将基本原则放在第三位阶适用的意思。再观察"室内稿"第10条——尤其是第一方案——的表述，"本法或者其他法律有具体规定的，不得仅依照基本原则作出裁判"，可以看出，立法者的真正目的其实是想要禁止实践中常见的"向一般条款逃避"的情况。[85] 征求意见中持积极意见者也主要是在肯定这一点，"有的法官提出，司法实践中确实存在的有的民事案件只引用基本原则而不引用具体规定作出裁判的情形，本条规定可以指引法官裁判时首先要看具体的法律规定，在没有具体法律规定时再依照民法的基本原则，很有必要。"[86] 可见，立法者只是想要否定"向一般条款逃避"的做法，并没有将基本原则作为习惯之后的第三位阶法源的明确目的。人们不可能对一个自己没有意识到的观点表示拒绝。因此，立法者删除室内稿第10条，并不能视为否定了第三位阶法源。

第二，立法目的。《民法总则》第1条是立法者明示的立法目的，应当在解释上得到高度重视，第1条中明确强调了"调整民事关系"这一表述。[87] 首先，"调整"意味着全面调整，若出现民事关系调整上的重大遗漏，必然是对立法目的的违反。其次，立法机构释义书对"调整民事关系"进一步阐释道，"民法通过各种具体制度、规则调整民事主体之间的相互关系，最终的目的就是促进和实现民事主体之间

---

[85] 实践中向一般条款逃避的案例，参见徐国栋：《民法基本原则解释》，北京大学出版社 2013 年版，第 249 页。

[86] 《民法总则立法背景与观点全集》编写组：《民法总则立法背景与观点全集》，法律出版社 2017 年版，第 242 页。

[87] 所谓立法目的，通常是指被解释或被补充的具体条文的立法目的，而不是指整部法律的立法目的。但本文认为，《民法总则》第 1 条明定的整部法律的立法目的，也是通过各个具体相关条文获得体现的，因此可以在相关条文的解释和补充中发挥作用。

生活秩序的和谐。"[88]实现和谐意味着妥当调整。第三位阶法源的缺失，会导致实证法规则未规定的事项无法纳入民法典调整范围之中，这必然造成民法调整社会关系的重大遗漏。而且，对法无明文规定的事项，若法官一律判决一方当事人败诉，则妥当调整民事关系、实现和谐这一"最终目的"就不可能实现。

综上，一方面立法者并未明确否定第三位阶法源，另一方面若否定第三位阶法源必然违背明示的立法目的——更进一步说，即使立法者有明确否定第三位阶法源的表示，其还是要服从立法目的；因此，《民法总则》第 10 条未提及第三位阶法源并不构成"有意义的沉默"，不能进行反向推理或认为"明示其一即排除其他"。

第三位阶补充性法源的欠缺，违反了"调整民事关系"这一立法计划，造成民事关系调整上的重大遗漏，具有不圆满性，故构成法律漏洞。[89]

（二）填补漏洞：目的性扩张

（1）《民法总则》第 10 条文义过狭，导致立法目的不能实现。作为大陆法系民法典的法源条款，对法源列举仅限于实证法规则，无法解决成文法系的根本矛盾，无法实现《民法总则》第 1 条明定之"调整民事关系"的立法目的。显然文义过狭。

（2）须采用漏洞补充方法。第三位阶法源的涵义，已经超出了前二位阶制定法、习惯法的文义边界，故无法通过扩张解释来解决，必须进行漏洞补充。漏洞补充方法中首先应考虑类推，但由于第三位阶法源——依基本原则确立的规则，与制定法、习惯法具有显然不同的构成要件，故无法进行类推。我们的思路还需继续延展。

（3）采用目的性扩张方法。第一位阶制定法与第二位阶习惯法，都是为了实现"调整民事关系"这一立法目的，但仅有这两位阶，该立法目的显然还无法实现。唯有将法源类型扩张至第三位阶——"依基本原则确立的规则"，对民事关系全面、妥当调整这一立法目的才能在体系上获得实现。这就是目的性扩张方法。

五、结论

法官如何寻找裁判依据？这是司法的根本问题，也是法学的根本问题。对该问题有两种回答方式。一种是立法不规定，完全交给学说，如德国。另一种是立法解决，解决的结果就是法源条款，如本文第一部分所引的众多立法例。但无论以何种方式回答问题，答案都应当包括有实证法规定与无实证法规定两部分，这样法官才能明了自己在所有情况下的行为方式，问题才算回答完毕。

《民法总则》第 10 条不属于以上任何一种方式。我们用立法回答法源问题，但只回答到有实证法为止。于是，实证法无规则时法官到哪里寻找裁判依据？怎样寻

---

〔88〕 李适时主编：《中华人民共和国民法总则释义》，法律出版社 2017 年版，第 7 页。同参张荣顺主编：《中华人民共和国民法总则解读》，中国法制出版社 2017 年版，第 3 页；石宏主编：《中华人民共和国民法总则条文说明、立法理由及相关规定》，北京大学出版社 2017 年版，第 5 页。

〔89〕 本文在何为法律漏洞上采通说，即"违反计划的不圆满性"，[德] 卡尔·拉伦茨：《法学方法论》，陈爱娥译，商务印书馆 2003 年版，第 251 页。异说请参见黄茂荣：《法学方法与现代民法》，中国政法大学出版社 2001 年版，第 348 - 349 页。

找？甚至法官究竟有没有漏洞补充的授权？这些都没有立法上的答案。话要么不说，要么说完；我们偏偏只说了一半，于是真意难明，分歧也就难免。

根本问题在于，法官造法产生的规则一样是裁判依据，但这种裁判依据在我们的法源条款中却没有位置。法源条款的功能，就是在形式上完全解决法官的裁判依据问题，做不到这一点，就存在缺失。这一缺失无法用"我们有那么多基本原则，可以适用基本原则"来回答。因为在现行法律结构下，一旦适用基本原则，就必须要回答是先于还是后于习惯法适用的问题；先于习惯法意味着习惯法丧失适用余地，后于习惯法意味着第三位阶法源实际上已经存在，那为什么立法不规定呢？同为法官的裁判依据，法源条款规定一部分而不规定另一部分，这里就存在无法正当化的评价矛盾。

立法缺失呼唤解释论补充。本文建议采目的性扩张方法，利用《民法总则》第 1 条中"调整民事关系"这一立法目的，扩张产生第三位阶法源"依基本原则确立的规则"。法典编纂无非是普遍法理与本土情况的妥当结合。确立第三位阶法源就是尊重普遍法理，把基本原则纳入第三位阶法源发挥作用就是虑及本土情况。本文致力于提出一种解释论上的建设性意见，并谦卑地期待立法可能的改变。

"批发"抑或"零售":《民法总则》
的编纂定位与内容评析[*]

◉王　竹^{**}

摘要:《民法通则》具有详细地"零售民总"与简要地"批发民分"的双重定位。"编纂民法典"是第四次民法典起草延续第三次民法典起草"批发"改"零售"的最后阶段，由《中共中央关于全面推进依法治国若干重大问题的决定》（以下简称《依法治国决定》）及时地实现了"零售"改"批发"的历史阶段转化。1997年的《刑法》修订实质上是"编纂刑法典"。比照"编纂刑法典"，编纂民法典行使的是《宪法》第62条第3项规定的"修改权"而非"制定权"。"两步走"编纂民法典的立法计划实质上是"两步批发"民法典，即第一步"先行批发"民法总则，第二步"后续批发"民法分则。《民法总则》兼具"批发"和"零售"的双重性质。《民法总则》的大部分条文是"批发"《民法典·总则编》，分为"确定批发"和"暂定批发"两类。《民法总则》的少数条文直接或者间接地"零售"了《民法典》分则各编规则，是及时应对政治决断、社会舆论和实践需要的立法反应。

关键词:《民法总则》；编纂；《民法典》；批发；零售

中华人民共和国成立以来，党和国家曾于1954年、1962年、1979年和2001年先后四次启动民法典制定工作。[1]第一次和第二次民法典制定工作，由于各种原因而未能取得实际成果。第三次民法典制定工作启动时，由于刚刚进入改革开放新时期，制定一部完备的民法典条件还不具备。因此，按照"成熟一个通过一个"的工

---

* 本文原载《当代法学》2018年第1期。本文系教育部人文社会科学重点研究基地重大项目"中国侵权责任法改革研究"（16JJD820015）的中期成果，博士生龚健、吴涛为本文写作收集了相关资料，在此一并致谢。

** 王竹，法学博士，四川大学法学院教授、博士生导师，法律大数据实验室主任；兼任中国人民大学民商事法律科学研究中心侵权法研究所副所长，烟台大学中欧侵权法研究院研究员。

〔1〕 张鸣起："中华人民共和国《民法总则》的制定"，载《中国法学》2017年第2期。

作思路,确定先制定民事单行法。[2]所谓的"'批发'改'零售'",是中国法学界借用商业术语,对新中国自成立以来制定民法典历史趋势的一种比喻,特指《中华人民共和国民法草案(第四稿)》(1982 年 5 月 1 日)(以下简称"民法三次四稿")之后,立法机关不再追求整体通过民法典,而采用分编起草模式的立法规划变化现象。[3]具体来说,在"民法三次四稿"之前,立法机关均是以整体起草和通过民法典为立法目标,即所谓的"批发"。随后立法机关放弃了整体通过民法典的立法计划,在"民法三次四稿"的"继承编"基础上,[4]全国人民代表大会(以下简称"全国人大")在 1985 年通过了《继承法》。随后在 1986 年通过了《民法通则》,再加上 1980 年已经通过的《婚姻法》,可以视为第三次民法典起草的第一批立法成果。[5]在此基础上,立法机关相继在 1991 年通过了《收养法》,1995 年通过了《担保法》,1999 年通过了《合同法》,可以视为第三次民法典起草的第二批立法成果。

2002 年底,全国人民代表大会常务委员会(以下简称"全国人大常委会")审议了《中华人民共和国民法(草案)》(以下简称"2002 年《民法(草案)》"),是第四次民法制定工作的"批发"尝试,但因为流于形式汇编受到学者的诸多批评。[6]随后立法机关又继续按照"零售"模式,2007 年通过了《物权法》,2009 年通过了《侵权责任法》。2011 年时任委员长吴邦国宣布"中国特色社会主义法律体系形成",[7]可以视为第四次民法典起草"零售"立法阶段的一个里程碑。

回顾新中华人民共和国成立以来的民法典立法活动,笔者认为,所谓"批发"和"零售"的定位差别,不仅仅是表面性地体现在立法对象上是"批发"整部民法典还是"零售"未来民法典的各编;更为重要的实质性差别是,"批发"所蕴含的民法典体系构建宏观理念和"零售"所蕴含的民法部门问题解决微观理念。

《依法治国决定》所正在进行的"编纂民法典",应该认为是第四次民法典起草从"零售"阶段转入"批发"阶段的立法进程。而 2017 年 3 月 15 日通过的《民法总则》,到底是"批发",还是"零售",抑或二者兼有之,是对《民法总则》立法活动准确定位和编纂民法典进程精准把握的关键。

---

〔2〕 李建国:"关于《中华人民共和国民法总则(草案)》的说明",在 2017 年 3 月 8 日在第十二届全国人民代表大会第五次会议上。

〔3〕 根据笔者的检索,最早在学说上提出"批发"和"零售"这一比喻的学者可能是已故的蔡定剑教授,他认为:"在立法方法上搞'零售'不搞'批发'。对那些本来可由统一法律调整的社会关系,由于这些社会关系不同部分的成熟程度和现实需要的迫切性不同,把条件较为成熟的、现实迫切需要的方面,用单行法规成熟一个制定一个,最后形成统一的部门法律。"参见蔡定剑:"试论法制与改革的关系",载《法学研究》1986 年第 2 期。

〔4〕 参见刘素萍主编:《继承法》,中国人民大学出版社 1988 年版,第 87 页。

〔5〕 严格地说,《经济合同法》(1981 年颁布,1993 年修正)、《涉外经济合同法》(1985 年)和《技术合同法》(1987 年)也是同时期的立法成果,但在当时被归入经济法范畴。

〔6〕 梁慧星:"松散式、汇编式的民法典不适合中国国情",载《政法论坛》2003 年第 1 期。

〔7〕 吴邦国:"在形成中国特色社会主义法律体系座谈会上的讲话",载《人民日报》2011 年 1 月 27 日。

十八届四中全会作出的"编纂民法典"决定，从对象是"民法典"和立法方式是"编纂"两个方面来看，应该理解为"批发"而非"零售"。具体落实到立法规划层面，不管是分编审议《民法总则》和"民法分则"各编，还是在草案设计与立法规划上，"批发"与"零售"所蕴含的理念之差，将直接决定立法草案的"体系构建"或"问题解决"导向。质言之，民法典的编纂，到底是"批发"还是"零售"，核心在于"理念"而非"对象"。"批发"的理念可以指导分编制定出实质意义上的民法典，而"零售"理念指导下的民法典也可能仅仅是民事单行法的汇编。从立法内容对立法理念的体现程度来看，"批发"与"零售"的理念之差在《民法总则》立法中更容易得到体现。本文正是在"批发"与"零售"的这一比喻性的区分框架下，尝试确定《民法总则》的编纂定位，并对相关立法内容进行简要评析。

一、从"零售"到"批发"："两步走"编纂民法典

（一）"零售"：分编制定未来民法典各编

2015 年 1 月 28 日，全国人民代表大会委员会法制工作委员会（以下简称"全国人大常委会法工委"）召开"民法典编纂工作座谈会"，贯彻落实《依法治国决定》中的"编纂民法典"决定，与会学者就先制定《民法总则》达成了一致。[8]但对"民法分则"部分的编章设置有较大争议，尤其集中在人格权法是否应该独立成编上。《民法总则（草案）》审议过程中，立法机关作出了"民法典将由总则编和各分编（目前考虑分为合同编、物权编、侵权责任编、婚姻家庭编和继承编等）组成"的表述，[9]为学术界关于人格权法是否应该独立成编预留了一定的讨论空间。

（1）《民法通则》：详细地"零售民总"与简要地"批发民分"。在特殊的历史背景下，《民法通则》的内容，以民法总则为主，包括第一章"基本原则"、第二章"公民（自然人）"、第三章"法人"、第四章"民事法律行为和代理"、第七章"诉讼时效"和第九章"附则"的全部内容，以及第六章"民事责任"第一节"一般规定"和第四节"承担民事责任的方式"，共计 89 条，略少于《民法通则》全部 156条的 3/5。这部分条文，可以认为是在详细地"零售民总"。之所以称之为详细地"零售民总"，是因为《民法通则》尽管以较大篇幅构建民法总则的基本框架，但并未试图统合已经通过的《婚姻法》和《继承法》；同时在民法总则部分的规则设计上，也以问题解决的微观理念为导向，以满足当时司法实践的迫切需要。

《民法通则》第五章"民事权利"和第六章"民事责任"第二节"违反合同的民事责任"和第三节"侵权的民事责任"，共计 58 条，略少于《民法通则》全部156 条的 2/5。这部分条文，可以认为是在简要地"批发民分"。之所以称之为简要

---

〔8〕 杨立新："我国《民法总则》法律行为效力规则统一论"，载《法学》2015 年第 5 期。
〔9〕 李适时："关于《中华人民共和国民法总则（草案）》的说明"，2016 年 6 月 27 日，第十二届全国人大常委会第二十一次会议文件。

地"批发民分",是因为《民法通则》所包含的分则部分尽管条文数量较少,但却着眼于构建物权[10]、债权、知识产权和人身权四大民事权利体系,并构建以违约责任和侵权责任为基本区分的统一民事责任体系,体现出了对民法分则的体系构建宏观理念。

详细地"零售民总"与简要地"批发民分"的立法定位,使得《民法通则》在之后 30 多年的司法实践中,一方面长期保持民法总则的"零售"地位,另一方面为《合同法》《物权法》和《侵权责任法》通过"零售"民法分则替代《民法通则》的相应内容搭建了法律适用框架。《民法总则》制定过程中,立法机关认为,由于《民法通则》规定的合同、所有权及其他财产权、民事责任等具体内容还需要在编纂民法典各分编时作进一步统筹,系统整合,《民法总则》通过后暂不废止《民法通则》。[11]可见,《民法通则》简要地"批发民分"的立法定位,还将继续延续到民法典编纂完成之时。

(2)已经完成的"零售民分":民事单行法。就我国现行民事单行法体系,按照内容可以分为"《民法通则》体系"和"婚姻家庭继承法体系"。"婚姻家庭继承法体系"包括《婚姻法》《收养法》和《继承法》。因为受到苏联民法影响,我国的婚姻家庭法长期未纳入统一的民法体系,而且《婚姻法》和《继承法》又早于《民法通则》颁布。"《民法通则》体系"以《民法通则》为核心,包括《物权法》《合同法》《侵权责任法》和《担保法》。其中《担保法》较为特殊,在 1995 年该法制定时,主要是为了完善和更新《民法通则》上的担保法律制度,所以同时包括了物权性担保和债权性担保。而 2007 年的《物权法》又全面规定了物权性担保,并在该法第 178 条规定"担保法与本法的规定不一致的,适用本法"。因此,《担保法》第一章"总则"、第二章"保证"、第六章"定金"和第七章"附则"继续适用,而抵押、质押和留置这三种物权性担保适用《物权法》的规定。《物权法》《合同法》和《侵权责任法》的内容,原则上替代了《民法通则》的相关规定。[12]

(3)悬而未决的"零售民分":"人格权法"。从《民法通则》简要地"批发民分"所构建的民事权利体系来看,是预留了《人格权法》立法空间的,而且"人格权法"还作为第四编出现在了 2002 年《民法(草案)》中。《民法总则》起草过程

---

[10] 由于特定的历史原因,"物权"概念在《民法通则》起草时被认为是"资本主义"概念,因此该章第一节使用了"财产所有权和与财产所有权有关的财产权"这一绕口令式的表述。

[11] 李建国:"关于《中华人民共和国民法总则(草案)》的说明",在 2017 年 3 月 8 日在第十二届全国人民代表大会第五次会议上。

[12] 需要指出的是,因为《侵权责任法》不是由全国人大,而是由全国人大常委会通过的,其与《民法通则》的关系较为特殊。参见王竹:"《侵权责任法》立法程序的合宪性解释",载《法学》2010 年第 5 期。

中，人格权法独立成编曾经一度因为可能的政治风险而希望渺茫。[13]但中国法学会、最高人民法院和最高人民检察院等三家编纂民法典主要参与机构的代表于 2017 年 5 月 24 日在苏州召开的"民法典·人格权编立法建议稿研讨会"上达成了人格权法独立成编的共识，[14]使得这一争论得以延续。《民法总则》仅仅在第 109 条至第 111 条用三个条文列举了人格权的种类，内容显得过于单薄，无论未来人格权法是否独立成编，都需要在《民法典》中对人格权的保护作出更为详尽的规定。

不过从 2020 年编纂民法典的时间大限来看，[15]单独"零售"一部《人格权法》已经不太现实。如果人格权法独立成编最终得以付诸实践，也应该是在 2020 年"批发"时一次性编纂到《民法典》中。

（二）"批发"：将民事单行法法典化为"民法典"

（1）理想途径："零售"改"批发"。如果第四次民法典的制定，仅仅是第三次民法典起草"批发"改"零售"立法规划的延续，那么最终的立法结果只能是一部汇编的民法典。[16]立法机关认为，编纂民法典不是制定全新的民事法律，而是对现行的民事法律规范进行科学整理；也不是简单的法律汇编，而是对已经不适应现实情况的规定进行修改完善，对经济社会生活中出现的新情况、新问题作出有针对性的新规定。[17]那么，最终的立法成果应该是一部实质意义上法典化的《民法典》。[18]因此，《依法治国决定》作出的"编纂民法典"决定实质上包含了从"零售"到"批发"的阶段性转化要求。

（2）现实困难：缺乏立法规划。这一从"零售"到"批发"阶段性转化要求需要明确的是，"零售"的范围到底有多大？以及什么时候转入"批发"阶段？就民法典的编纂规划，梁慧星教授的建议是直接编纂民法典，王利明教授的建议是"民法总则—人格权法—编纂民法典"三步走，而孙宪忠教授的建议是"民法总则—编纂

---

[13] 梁慧星教授认为："不难看出，乌克兰两次发生颜色革命、长期陷于社会动乱，与乌克兰民法典人格权编之间有某种因果关系存在。"参见梁慧星："中国民法典中不能设置人格权编"，载《中州学刊》2016 年第 2 期。

[14] "《民法典·人格权编立法建议稿》研讨会在苏州校区举行"，载 http://news. sina. com. cn/o/2017 – 05 – 28/doc – ifyfqqyh8824254. shtml。

[15] 李建国："关于《中华人民共和国民法总则（草案）》的说明"，在 2017 年 3 月 8 日在第十二届全国人民代表大会第五次会议上。

[16] 参见江平："制订一部开放型的民法典"，载《政法论坛》2003 年第 1 期。江平："再谈制订一部开放型的民法典"，载《法学家》2003 年第 4 期。

[17] 李建国："关于《中华人民共和国民法总则（草案）》的说明"，在 2017 年 3 月 8 日在第十二届全国人民代表大会第五次会议上。

[18] 李永军："开创根植中国本土的民法典之路"，载《中国人大》2016 年第 14 期。

民法典"两步走。[19]可惜的是,全国人大及其常委会并未作出明确的立法规划,[20]只是综合各方意见中争议较小的部分,决定先制定《民法总则》,而未对《民法总则》到底是"更新零售"民法总则的内容,还是"先行批发"《民法典·总则编》的基本立法定位作出抉择。

(3)理想与现实的差距。如果时间充裕,立法机关完全可以将所有的民事单行法全部"更新零售"一遍,然后再制定民法典。尤其是第十一届人大任期结束之前已经开始的《继承法》修改工作,更有条件尽快完成。[21]现实的困难是,立法机关已经设定了2020年完成民法典编纂的立法目标,但缺乏立法规划。笔者认为,不应该再留恋于"零售"阶段,而应该尽快转入"批发"阶段。如果《民法总则》定位于"先行批发"《民法典·总则编》,那么就应该秉持"体系构建"的宏观理念,而不应该立足"问题解决"的微观理念。

(三)"两步批发":编纂民法典"两步走"

(1)"两步走"编纂民法典的实质是"两步批发"民法典。笔者认为,"两步走"编纂民法典应该理解为"两步批发"民法典。具体来说,第一步是"先行批发"民法总则。从《民法总则》最终通过的条文看,应该认为是实质意义更新了我国的"民法总则"制度。更为重要的是,作为民事基本法律颁布的《民法总则》,符合"先行批发"民法总则的立法程序要求。

第二步是"后续批发"民法分则。从"编纂民法典"的定位出发,现阶段应该起草的本应是"民法典"草案,而非"民法分则"草案。但因为《民法总则》已经被"先行批发",因此剩余的工作就是"后续批发"民法分则。[22]按照立法计划,"民法分则"草案将于2018年完成并提交全国人大常委会分阶段审议,并最终于2020年完成民法典的编纂。[23]

(2)"编纂刑法典":对1997年《刑法》修订的重新定位。让我们来回顾一下1997年新《刑法》修订时的立法背景。1979年旧《刑法》颁布之后,自1981年至1997年新《刑法》完成修订之前,全国人大常委会先后通过了25部单行刑法,并在107部非刑事法律中设置了附属刑法规范。[24]立法机关于1997年在这些单行刑法和

〔19〕 梁慧星等:"中国民法典编纂:历史迫任与时代力举",载《中国法律评论》2015年第4期。

〔20〕 对此问题的详细论述,参见王竹:"以'非基本法律法典化模式'制定民法典的立法程序",载《中外法学》2014年第6期。

〔21〕 杨立新、杨震:"《中华人民共和国继承法》修正草案建议稿",载《河南财经政法大学学报》2012年第5期。

〔22〕 "中国法学会民法典分则各编课题组成立并有序开展工作",载 https://www.chinalaw.org.cn/Column/Column_View.aspx? ColumnID=82&InfoID=20623。"中国民法论坛(2017)暨民法典分则各编立法研讨会在京举行",载 http://www.iolaw.org.cn/showNews.aspx? id=59650。

〔23〕 李建国:"关于《中华人民共和国民法总则(草案)》的说明",在2017年3月8日在第十二届全国人民代表大会第五次会议上。

〔24〕 赵秉志:"中国刑法的百年变革——纪念辛亥革命一百周年",载《政法论坛》2012年第1期。

附属刑法的基础上对《刑法》进行了全面修订。修订前的 1979 年旧《刑法》仅有 192 条，修订后的 1997 年新《刑法》条文数量达到了 452 条；在体例上"总则"部分无实质性变化，主要是充实完善"分则"部分的内容。根据 1997 年新《刑法》附件一和附件二，共有 15 部单行刑法被废止，[25] 8 部单行刑法的相关刑事责任的规定不再适用。[26]

可见，全国人大 1997 年对《刑法》的全面修订，是以 1979 年旧《刑法》为中心，将当时的单行刑法全部"编纂"到新《刑法》中，实现了对刑事基本法律的统一法典化。跳出用语的定势思维，如果将 1979 年《刑法》和各部单行刑法的并行态势，与今天《民法通则》与各部民事单行法的并行态势相类比，回过头来看，1997 年的《刑法》修订，被称作是"编纂刑法典"可能更为适合。

（3）编纂民法典：比照编纂刑法典"修改"《民法通则》为《民法典》。如果不制定《民法总则》，那么在民法典编纂过程中，就应该按照"零售"改"批发"的既定策略，由《民法通则》提供"民法总则"的零售内容，由各部民事单行法提供"民法分则"的零售内容，然后"批发"为《民法典》。制定了《民法总则》之后，未来的"民法总则"的内容就应该由《民法总则》来提供。这就出现了《民法总则》《物权法》《合同法》《担保法》《侵权责任法》《婚姻法》《继承法》《收养法》等各部民事单行法作为一个序列与《民法通则》并行的态势。

应当指出，我国《立法法》只规定了制定、修改和废止三种立法活动，[27] "编纂"民法典必须转化为这三种立法活动的某种组合。笔者认为，在上述并行态势下，"编纂"民法典的立法活动，应当以《民法通则》作为编纂对象，将各部民事单行法以集中批量"修改"的方式集中纳入《民法通则》，分别取代《民法通则》的相应部分并作体系性调整。这样的"编纂"活动，能够最大限度地维持"民事基本法律"自 1986 年《民法通则》以来的延续性，并与 1997 年新《刑法》对 1979 年旧《刑

---

[25] 具体包括：《中华人民共和国惩治军人违反职责罪暂行条例》《关于严惩严重破坏经济的罪犯的决定》《关于严惩严重危害社会治安的犯罪分子的决定》《关于惩治走私罪的补充规定》《关于惩治贪污罪贿赂罪的补充规定》《关于惩治泄露国家秘密犯罪的补充规定》《关于惩治捕杀国家重点保护的珍贵、濒危野生动物犯罪的补充规定》《关于惩治侮辱中华人民共和国国旗国徽罪的决定》《关于惩治盗掘古文化遗址古墓葬犯罪的补充规定》《关于惩治劫持航空器犯罪分子的决定》《关于惩治假冒注册商标犯罪的补充规定》《关于惩治生产、销售伪劣商品犯罪的决定》《关于惩治侵犯著作权的犯罪的决定》《关于惩治违反公司法的犯罪的决定》《关于处理逃跑或者重新犯罪的劳改犯和劳教人员的决定》。

[26] 具体包括：《关于禁毒的决定》《关于惩治走私、制作、贩卖、传播淫秽物品的犯罪分子的决定》《关于严惩拐卖、绑架妇女、儿童的犯罪分子的决定》《关于严禁卖淫嫖娼的决定》《关于惩治偷税、抗税犯罪的补充规定》《关于严惩组织、运送他人偷越国（边）境犯罪的补充规定》《关于惩治破坏金融秩序犯罪的决定》《关于惩治虚开、伪造和非法出售增值税专用发票犯罪的决定》。

[27] 《立法法》第 2 条第 1 款规定："法律、行政法规、地方性法规、自治条例和单行条例的制定、修改和废止，适用本法。"

法》的效力延续保持一致性。

具体来说，《民法通则》的地位相当于 1979 年旧《刑法》，而《民法典》的地位，则相当于 1997 年新《刑法》。因此，全国人大编纂民法典，应该比照 1997 年全国人大对《刑法》的修订（即"编纂刑法典"）的立法程序，行使的是《宪法》第 62 条第 3 项规定："全国人民代表大会行使下列职权：……③制定和修改……民事……基本法律"中的"修改权"而非"制定权"。

（4）编纂民法典的立法定位是第四次民法典起草"零售"改"批发"。通过上文的分析可以看到，"编纂民法典"是第四次民法典起草延续第三次民法典起草"批发"改"零售"的最后阶段，由《依法治国决定》作出的"编纂民法典"决定及时地实现了"零售"改"批发"的历史阶段转化，勾勒出了第三次民法典起草以来"批发—零售—批发"的历史路径和前进方向。

按照这样的分析，以《民法总则》制定为起点的本次"编纂民法典"立法活动，包含如下的立法定位：一是应当以"批发"《民法典》为目标。二是编纂民法典"两步走"是按照"总则—分则"的结构和顺序"两步批发"《民法典》。三是《民法总则》既是"更新零售"，也是"先行批发"。

二、"批零兼营"：《民法总则》的编纂定位

（一）"批零兼营"：《民法总则》的双重定位

作为对《民法通则》上总则部分的全面更新，《民法总则》的制定标志着"零售"阶段的结束；作为对未来《民法典》总则部分的全面规定，《民法总则》的制定又标志着"批发"阶段的开始。因此，《民法总则》承载着"零售"和"批发"的双重定位。笔者借用商业术语，称之为"批零兼营"，包括"更新零售"和"先行批发"两个方面。

（1）"更新零售"民法总则：制定《民法总则》收官"零售"任务。《民法总则》的制定应该理解为，立法机关不认可《民法通则》中的总则内容直接作为《民法典·总则编》的编纂对象，同时希望借《民法总则》来理顺《民法通则》与《合同法》相互冲突的部分规则，尤其是修正无效和可撤销民事法律行为制度，并对民事主体、诉讼时效等民法总则制度予以完善。因此，《民法总则》实际上是对《民法通则》的升级，[28] 是"更新零售"民法总则。《民法总则》的颁布，也意味着"零售"任务的结束。

（2）"先行批发"民法总则：编纂民法典"两步走"的第一步。尽管 2002 年《民法（草案）》已经包含了第一编"总则"，但立法机关特别说明"2016 年 6 月 27 日第十二届全国人大常委会第二十一次会议'初次'审议了《民法总则（草案）》"。[29] 这只能理解为，立法机关不认为 2002 年《民法（草案）》属于实质意义上的"批

---

〔28〕 张鸣起："中华人民共和国《民法总则》的制定"，载《中国法学》2017 年第 2 期。

〔29〕 《〈民法总则（草案）〉全文》，载 http://www.npc.gov.cn/npc/flcazqyj/2016 - 07/05/content_1993342. htm.

发"，而制定《民法总则》的定位是"先行批发"《民法典·总则编》。

（二）"更新零售"的定势思维：对《民法总则》第 11 条"有特别规定"的解读

立法机关显然还没有完全自觉地进入"批发"的立法状态，因此才会在《民法总则》的制定过程中体现出"零售"的定势思维，最为明显的就是《民法总则》第 11 条的规定。

《民法总则》第 11 条采用了"有特别规定"的特殊表述方式："其他法律对民事关系有特别规定的，依照其规定。"对此表述方式的解读，是评估《民法总则》"更新零售"立法定位的关键。

纵观比较法上对我国影响较大的各部民法典，"法律另有规定的，依照其规定"一般是作为具体规范的引致条款使用，鲜有我国民事立法上这种适用于法律整体判断模式的"（另）有（特别）规定"的立法模式。这种立法技术上的反差应该理解为是各法域均是在制定民法典的立法规划下，一次性或者在较短时间内完成立法工作，不存在我国在长达 30 多年的立法进程中产生的协调《民法通则》和各民事单行法之间关系的这种特殊需求。

就我国民事立法史来看，《合同法》第 123 条首开法律整体判断模式的先河："其他法律对合同另有规定的，依照其规定。"2001 年全国人大常委会《关于修改〈中华人民共和国婚姻法〉的决定》新增第 49 条："其他法律对有关婚姻家庭的违法行为和法律责任另有规定的，依照其规定。"这两部立法使用的是"另有规定"的表述方式。随后《物权法》第 8 条和《侵权责任法》第 5 条使用了"另有特别规定"的表述方式："其他相关法律对物权/侵权责任'另有特别规定'的，依照其规定"，以协调这两部法律与《民法通则》之间关系。[30]

应该指出，作为民事基本法律的《民法通则》，并无类似《民法总则》第 11 条这样的法律整体判断模式的特别法优先规则。和比较法上的民事基本法律定位类似，应该理解为是立法技术上的不需要。2002 年《民法（草案）》的"总则编"也并无类似条款，而到了 2016 年的《中华人民共和国民法总则（草案）》（征求意见稿）第 10 条就规定了"其他法律对民事关系另有规定的，依照其规定"。2016 年 7 月 5 日的《中华人民共和国民法总则（草案·一审公开征求意见稿）》（以下简称"一审稿"）第 11 条则规定："其他法律对民事关系另有特别规定的，依照其规定。"采用了与《物权法》和《侵权责任法》相同的"另有特别规定"立法技术，并在其后的"二审稿"和"三审稿"得到了坚持。直到最后通过《民法总则》之时，草案起草机关似乎认识到了《民法总则》的民事基本法律地位，删除了"另"字，改为了"有特别规定"，又创设了一种新的立法表述方式。

严格地说，《民法总则》第 11 条的规定，是《立法法》第 92 条规定的"同一机

---

〔30〕　详见王竹："论实质意义上侵权法的确定与立法展望"，载《四川大学学报（哲学社会科学版）》2011 年第 3 期。

关制定的法律……特别规定与一般规定不一致的,适用特别规定"的应有之意。因此,笔者认为,《民法总则》第11条的规定,可能更多的是自《合同法》开始,尤其是《物权法》以来"零售"立法表达习惯的延续和立法最后阶段文字微调的偶然结合,并无太多深意。这正说明,立法机关是在"更新零售"的定势思维下起草的《民法总则》。未来编纂民法典时,建议参考《民法通则》的处理,删除该条文。[31]

(三)"先行批发"的内容安排:《民法总则》与《民法通则》章节设置对比

除了新增的第四章"非法人组织",《民法总则》各章节几乎都可以从《民法通则》上找到对应的内容。[32]有的学者担心,《民法总则》仅仅是《民法通则》的"修订版"。[33]笔者认为,《民法总则》在主体内容上是在"先行批发"未来的《民法典·总则编》。

(1)第一章定位于未来《民法典·总则编》的第一章。《民法总则》第1条规定:"为了保护民事主体的合法权益,调整民事关系,维护社会和经济秩序,适应中国特色社会主义发展要求,弘扬社会主义核心价值观,根据宪法,制定本法。"这也是2016年12月25日中共中央办公厅和国务院办公厅印发《关于进一步把社会主义核心价值观融入法治建设的指导意见》以来,首部在立法目的条款规定"弘扬社会主义核心价值观"的法律。

该章的其他条文不但包括第4条到第9条规定的基本原则体系,还包括调整范围(第2条)、不得侵犯民事权益(第3条)、民法法源顺序(第10条)、特别法优先(第11条)和民法的地域效力(第12条),因此《民法总则》第一章的标题改为"基本规定"。[34]在内容上,较之《民法通则》第一章更加丰富具体,符合"先行批发"《民法典·总则编》第一章的立法定位。

(2)第二章到第四章搭建《民法典》的民事主体制度框架。《民法总则》第二章径直使用了"自然人"的概念,其特点是:第一,保留了在《民法通则》上本属于《民法典·婚姻家庭编》的监护制度;第二,保留了"个体工商户"和"农村承包经营户"这两项特殊民事主体制度;第三,未规定《民法通则》上本应属于《民法典·合同编》分则部分的"个人合伙"制度。

第三章"法人"较之《民法通则》改变较大,主要体现在:第一,改变了《民法通则》"企业法人"和"机关、事业单位和社会团体法人"(即非企业法人)的二分法,而是采用"营利性"标准。第二,机关法人和农村集体经济组织法人、城镇

[31] 事实上,在《民法总则》立法过程中,就有过这样的建议。参见石宏主编:《〈中华人民共和国民法总则〉条文说明、立法理由及相关规定》,北京大学出版社2017年版,第26页。

[32] 参见《〈民法总则〉与〈民法通则〉章节设置对比表》,王竹主编:《〈中华人民共和国民法总则〉编纂对照表与条文释义》,北京大学出版社2017年版,第1~2页。

[33] 柳经纬:"民法总则不应是《民法通则》的'修订版'",载《法学》2016年第10期。

[34] "第十二届全国人民代表大会法律委员会关于《中华人民共和国民法总则(草案)》审议结果的报告",2017年3月12日第十二届全国人民代表大会第五次会议主席团第二次会议通过。

农村的合作经济组织法人、基层群众性自治组织法人等法人类型，由于不便按照营利性标准划分，设立了"特别法人"类型。第三，未规定《民法通则》上体现市场经济发展早期民事主体类型的"联营"制度。

新设第四章"非法人组织"，明确承认自然人和法人之外的第三类民事主体类型，涵盖个人独资企业、合伙企业、不具有法人资格的专业服务机构等。这一宣示性的民事主体类型确认，在《民法总则》上以第 2 条"调整范围"规定为代表，得到了全面的贯彻："民法调整平等主体的自然人、法人和非法人组织之间的人身关系和财产关系"。

（3）第五章延续立法传统规定"民事权利"而非"民事权利客体"。《民法通则》因其特殊的"通则"定位，既要详细地"零售民总"，又要简要地"批发民分"，因此才特设第五章"民事权利"，并在体例上安排在了《民法通则》第四章"民事法律行为和代理"之后，具有极强的中国特色。[35]

立法过程中，有学者提出，可以从民事权利客体的角度反射性地对民事权利进行规定，这样既可以避免单纯为宣示权利而作出规定，也有利于弥补目前民事法律对民事权利客体界划不清的体系性缺陷，而且在体系上能够与此前的民事主体部分发生一定的对应关系。[36]但最终《民法总则》延续了《民法通则》的立法体系结构，[37]规定了"民事权利"而未规定"民事权利客体"。

《民法总则》第五章"民事权利"在内容上分为"民事权利的种类"和"民事权利的取得与行使"两部分。前者相对于《民法通则》进行了条文上的简化和种类上的增加，后者则是新增的规则体系。在未来《民法典·总则编》该章建议分为两节规定，在体系上会更加清晰。[38]

应当指出，《民法总则》第五章"民事权利"的绝大部分条文，均具有较强的宣示性意味，很难作为裁判规范直接适用。某种意义上，设置"民事权利"章而非"民事权利客体"章也是"人格权法"和"债法总则"立法规划不明确的权宜之计。如果未来立法机关在"人格权法"和"债法总则"领域不再进行实质性的立法活动，那么《民法总则》第五章"民事权利"对人格权和债权的规定，也可以作为"人格权法"和"债法总则"最为精简的基本规定来适用。而如果采纳"民事权利客体"的立法模式，一方面对于人格权客体的表达存在争议和困难，另一方面也可能出现最终《民法典》完全没有"人格权法"和"债法总则"规定的尴尬局面。

---

[35] 李永军："民法总则民事权利章评述"，载《法学家》2016 年第 5 期。

[36] 姚辉："权利的民法典表达"，载《中国政法大学学报》2017 年第 2 期。

[37] 薛军："民法总则：背景、问题与展望"，载《华东政法大学学报》2017 年第 3 期。

[38] 2016 年 1 月 29 日《中华人民共和国民法总则（草案）》（征求意见稿）曾设第八章"民事权利的行使和保护"，该章前半部分规定的"民事权利的行使"内容就是《民法总则》第五章"民事权利"后半部分的雏形。

(4)第六章和第七章详细规定了民事法律行为和代理制度。《民法总则》结合《民法通则》和《合同法》的相关规定,对在第六章规定"民事法律行为",在第七章规定"代理"。《民法总则》在民事法律行为部分的主要变化包括:第一,第133条不再强调民事法律行为的"合法性"要求,并突出了意思表示这一核心要素。[39]第二,在可撤销民事法律行为类型上,第149条和第150条新增了第三人实施欺诈和胁迫的类型,第151条将"乘人之危"与"显失公平"两种独立的类型合并为了相当于德国法上的"暴利行为"。[40]第三,对可撤销民事法律行为不再规定"变更权"而仅规定"撤销权"。第四,第152条对不同的可撤销民事法律行为情形规定了3个月或者1年的除斥期间以及不同的起算点,并规定了5年的最长行使期限。

《民法总则》将"代理"作为独立的一章加以规定而不是将其作为法律行为的附属制度。[41]代理部分的主要特点是:第一,没有规定隐名代理,适用《合同法》第402条和第403条的规定。[42]第二,指定代理不再作为单独的类型而是作为一种特殊的法定代理。第三,未规定《民法通则》第65条第3款规定的"委托书授权不明的,被代理人应当向第三人承担民事责任,代理人负连带责任"。

(5)第八章尝试构建《民法典》的民事责任制度框架。《民法总则》第八章"民事责任"延续了在民法总则部分规定民事责任一般规则的传统,主要包括如下四个方面的内容:

第一,第176条对民事义务的履行与民事责任的承担的规定和第179条对民事责任的主要承担方式的规定,相当于《民法通则》第六章"民事责任"首尾的第106条和第134条,并在第187条规定了民事责任优先规则。这三项规则是民事责任的一般性规则。

第二,第177条和第178条总则化了《侵权责任法》第12条至第14条规定的按份责任和连带责任规范,第186条总则化了《合同法》第122条规定的违约责任与侵权责任的竞合规则,有明显替代性补充债法总则中多数人之债和请求权竞合规范的意味。

第三,第180条对不可抗力的规定,第181条对正当防卫的规定和第182条对紧急避险的规定,有总则化主要抗辩事由类型的意味,[43]而非对自力救济进行规定,[44]否

---

[39] 《民法通则》第54条规定:"民事法律行为是公民或者法人设立、变更、终止民事权利和民事义务的'合法'行为。"《民法总则》第133条规定:"民事法律行为是民事主体通过'意思表示'设立、变更、终止民事法律关系的行为。"

[40] 参见〔德〕迪特尔·梅迪库斯:《德国民法总论》,邵建东译,法律出版社2013年版,第538-542页。

[41] 张鸣起:"中华人民共和国《民法总则》的制定",载《中国法学》2017年第2期。

[42] 《民法总则》的"一审稿"到"三审稿"均规定了隐名代理,最终提交全国人大审议时删除。

[43] 参见王竹:"《民法典·侵权责任编》的编纂背景与结构调整",载《国家检察官学院学报》2017年第4期。

[44] 姚辉:"权利的民法典表达",载《中国政法大学学报》2017年第2期。

则应该有意识地增补"自助行为"的类型。[45]《民法总则》第 183 条规定的"因保护他人民事权益受损时的责任承担"实际上是在延续《民法通则》第 109 条安排在第六章"民事责任"第一节"一般规定"的民法总则规则定位。

第四，与上述条文的"批发民总"定位不同，第 184 条规定的自愿实施紧急救助行为致害免责和第 185 条规定的侵害英雄烈士等人格利益侵权责任两项规则，则具有明显的"零售民分"的特点。

未来《民法典·总则编》有必要对该章进行体系整合，并在《民法典·侵权责任编》对第 184 条和第 185 条的内容进行细化。[46]

（6）第九章到第十一章对《民法通则》其他内容的调整。《民法总则》第九章"诉讼时效"对诉讼时效制度进行了全面的完善。《民法总则》第十章将"期间计算"制度从《民法通则》第九章"附则"中拆分出来，与第九章"诉讼时效"一起构成了较为完整的民法上的时间制度，未来《民法典·总则编》可以进一步整合为一章。

另外，鉴于《涉外民事关系法律适用法》已经于 2010 年颁布，《民法总则》没有再重复规定《民法通则》第八章"涉外民事关系的法律适用"的相关内容。

三、"主营批发，兼顾零售"：《民法总则》的内容评析

（一）"主营批发，兼顾零售"：《民法总则》条文的立法功能

进入未来《民法典·总则编》的法律规则通常应当是对民商事法律规则提取公因式的结果。[47]《民法总则》的大部分规则未来将编纂到《民法典·总则编》中，而少部分规则也直接或者间接地确立了分则各编规则。笔者继续借用商业术语，用"主营批发，兼顾零售"来描绘这一立法现象。

（1）"主营批发"：大部分条文将编纂到《民法典·总则编》中。尽管《民法总则》的大部分条文将编纂到《民法典·总则编》中，但基于未来是否还有进一步修改的必要，可以将"批发"的民法总则条文分为"确定批发"和"暂定批发"两类。所谓"确定批发"，是指《民法总则》的大部分条文在本次制定过程中争议较小，已经基本确定其规则体系，未来《民法典·总则编》无需再作实质性修改。所谓"暂定批发"，是指《民法总则》的少数条文在制定过程中存在争议，有待未来《民法典·总则编》进一步确定，甚至可能面临实质性修改。

（2）"兼顾零售"：少数条文直接或者间接地确立分则各编规则。尽管立法机关已经意识到并明确提出，有的涉及物权、合同、侵权责任、婚姻家庭、继承等内容

---

〔45〕 杨立新："民法总则规定民事责任的必要性及内容调整"，载《法学论坛》2017 年第 1 期。

〔46〕 张新宝："民法分则侵权责任编立法研究"，载《中国法学》2017 年第 3 期。

〔47〕 王轶、关淑芳："民法典编纂需要协调好的六个关系"，载《法学杂志》2017 年第 1 期。

的具体规则,可在编纂民法典各分编时统筹解决,[48]但在《民法总则》上,少数条文仍然直接或者间接地确立了分则各编规则。这显然与编纂民法典缺乏明确的立法规划和立法机关没有表现出足够的克制有关,但更为重要的还是立法机关应对如下诉求的紧迫性:其一,反映政治决断,这主要体现在"零售"《民法典·物权编》的民事财产权利平等保护和征收征用私有财产公平合理补偿两项规则上。其二,回应社会舆论,这主要体现在"零售"《民法典·侵权责任编》的自愿实施紧急救助行为造成受助人损害免责和侵害英雄烈士人格权益的责任两项规则上。其三,满足实践需要,这主要体现在"零售"《民法典·婚姻家庭编》的监护制度和《民法典·继承编》的遗嘱指定监护人制度上。另外,延续立法传统和体现学术进展的需求也推动了《民法总则》"兼顾零售"民法分则的部分内容。

(二)"主营批发":"批发条款"的进程评估

(1)"确定批发"的民法总则规则——以诉讼时效为例。较为典型的"确定批发"民法总则规则是诉讼时效制度。《民法总则》第九章"诉讼时效"相比于《民法通则》第七章"诉讼时效",通过如下的不同方式,已经基本调整到位:

第一,改变规则。《民法总则》第188条第1款将普通诉讼时效从2年改为了3年。第194条就诉讼时效中止的法律效果,将《民法通则》所采继续计算规则,改为重新计算6个月诉讼时效,实质上在一定程度上延长了诉讼时效,有利于保护面临诉讼时效中止事由的权利人。

第二,删除规则。《民法总则》第188条以合并相当于《民法通则》第135条和第137条规则的方式,明确删除了《民法通则》第136条规定的1年特殊较短诉讼时效的规定。[49]

第三,明确规则。《民法总则》借鉴《民事案件诉讼时效规定》,在第189条明确了分期履行债务的诉讼时效起算,第193条明确了诉讼时效的当事人主义,第196条明确了不适用诉讼时效的请求权类型,第197条明确了诉讼时效法定。

第四,区分规则。《民法总则》在第198条和第199条区分规定了仲裁时效和除斥期间。

第五,新增规则。根据实践中出现的法定代理人侵害被代理人权益[50]和未成年

---

[48] 李建国:"关于《中华人民共和国民法总则(草案)》的说明",在2017年3月8日在第十二届全国人民代表大会第五次会议上。"第十二届全国人民代表大会法律委员会关于《中华人民共和国民法总则(草案)》审议结果的报告",2017年3月12日第十二届全国人民代表大会第五次会议主席团第二次会议通过。

[49] 王竹:"《民法总则(草案)》若干法律规范去留问题大数据分析",载《四川大学学报(哲学社会科学版)》2017年第1期。

[50] 参见石宏主编:《〈中华人民共和国民法总则〉条文说明、立法理由及相关规定》,北京大学出版社2017年版,第453页。

人遭受性侵害的案件[51]中可能出现的诉讼时效起算不合理情形，借鉴比较法上的经验，《民法总则》在第190条规定："无民事行为能力人或者限制民事行为能力人对其法定代理人的请求权的诉讼时效期间，自该法定代理终止之日起计算。"在第191条规定："未成年人遭受性侵害的损害赔偿请求权的诉讼时效期间，自受害人年满十八周岁之日起计算。"

（2）"暂定批发"的民法总则规则。《民法总则》上的"暂定批发"规则主要是限制民事行为能力人的年龄标准和民法法源的种类与顺序规则。

第一，限制民事行为能力人的年龄标准。《民法通则》第12条第2款规定："不满十周岁的未成年人是无民事行为能力人，由他的法定代理人代理民事活动。"以10周岁作为我国20世纪80年代限制民事行为能力的年龄标准较为合理，但在今天就略显过高。[52]《民法总则》制定过程中，尽管存在一定的争议，从"一审稿"到"三审稿"均采用6周岁的标准，直到审议的最后阶段才妥协为8周岁。[53]

综合反对将年龄标准从10周岁下调到6周岁的观点，主要是从保护未成年人利益的角度出发。[54]笔者认为，应当同时考虑交易安全问题。《关于贯彻执行〈中华人民共和国民法通则〉若干问题的意见（试行）》（部分失效，以下简称《民通意见》）第6条规定："无民事行为能力人、限制民事行为能力人接受奖励、赠与、报酬，他人不得以行为人无民事行为能力、限制民事行为能力为由，主张以上行为无效。"《民法总则》一方面在第144条规定："无民事行为能力人实施的民事法律行为无效。"另一方面在第19、22、145条仅规定限制民事行为能力人实施的纯获利益的民事法律行为有效，实质上确认了无民事行为能力人实施纯获民事利益的民事法律行为无效。

《义务教育法》第11条规定："凡年满六周岁的儿童，其父母或者其他法定监护人应当送其入学接受并完成义务教育；条件不具备的地区的儿童，可以推迟到七周岁。"以"小学生"身份对应的6周岁作为年龄标准，[55]对于与未成年人进行交易的民事主体，在民事法律行为效力判断的预期上，会更为清晰。建议未来《民法典·总则编》将限制民事行为能力人的年龄标准下调到6周岁。

第二，民法法源的种类与顺序。《民法通则》第6条规定："民事活动必须遵守法律，法律没有规定的，应当遵守国家政策。"《民法总则》在制定过程讨论过的民法法源种类包括法律、习惯、法理和国家政策等。相对来讲，不再规定国家政策作

---

[51] 梁慧星："中国民法总则的制定"，载《北方法学》2017年第1期。

[52] 关淑芳："民法典编纂中的未成年人权益保护"，载《中国青年社会科学》2016年第6期。

[53] "第十二届全国人民代表大会法律委员会关于《中华人民共和国民法总则（草案）》审议结果的报告"，2017年3月12日第十二届全国人民代表大会第五次会议主席团第二次会议通过。

[54] 石宏主编：《〈中华人民共和国民法总则〉条文说明、立法理由及相关规定》，北京大学出版社2017年版，第42～45页。

[55] 陈华彬："论我国《民法总则（草案）》的构造、创新与完善"，载《比较法研究》2016年第5期。

为法源[56]和增加习惯[57]作为法源的观点较为统一,但对法理是否纳入法源争议较大。[58]最终《民法总则》第 10 条规定:"处理民事纠纷,应当依照法律;法律没有规定的,可以适用习惯,但是不得违背公序良俗。"纵观各国立法例,大多将法理作为第三法源规定。而我国司法实践中,尽管没有明确引用法理进行裁判,但在"宜粗不宜细"立法方针指引下的中国民事立法,使得司法实务不可能回避法理的实际适用。因此,建议未来《民法典·总则编》增加法理作为第三法源,授予法院以补充立法权,以此来填补法律漏洞,克服制定法和习惯法的不足。[59]

(三)"兼顾零售":"零售条款"的影响评估

对于已经确定的未来《民法典》包含的分则各编,即物权编、合同编、侵权责任编、婚姻家庭编和继承编,《民法总则》均直接或者间接地"零售"了少数条款,具体评估如下:

1.《民法典·婚姻家庭编》

(1)延续传统在《民法总则》部分规定监护制度。由于 1980 年《婚姻法》早于 1986 年《民法通则》颁布,因此只能在《民法通则》的自然人部分规定本属于亲属法的"监护"制度。《民法总则》仍然遵循《民法通则》的传统,将监护制度规定在总则"自然人"一章中,以家庭监护为基础,社会监护为补充,国家监护为兜底,对监护制度作了完善。[60]

另外,《民法总则》将两项特别法上的监护制度进行了一般化。第一项是《老年人权益保障法》第 26 条规定的老年人意定监护制度,在实践中取得了较好的效果,《民法总则》第 33 条将其一般化为适用于具有完全民事行为能力的成年人的协商监护制度。另一项是将《反家庭暴力法》第 21 条第 2 款规定的"被撤销监护人资格的加害人,应当继续负担相应的赡养、扶养、抚养费用"和《未成年人保护法》第 53 条规定的"被撤销监护资格的父母应当依法继续负担抚养费用"一般化为《民法总则》第 37 条关于法定扶养义务不因监护人资格撤销而免除的规定。

从民法总则的角度看,监护制度应归入婚姻家庭编,有利于更好地发挥家庭的监护功能。[61]中国法学会民法典编纂项目组提出的《民法典·婚姻家庭编》包括通则、结婚、夫妻关系、离婚、父母子女与其他近亲属关系、收养、监护七章。[62]未

---

[56] 杨立新:"我国民法典总则编应当规定法例规则",载《求是学刊》2015 年第 4 期。

[57] 姚辉、梁展欣:"民法总则中的法源及其类型",载《法律适用》2016 年第 7 期。陈华彬:"论我国《民法总则》的创新与时代特征",载《法治研究》2017 年第 3 期。

[58] 张民安:"《民法总则》第 10 条的成功与不足",载《法治研究》2017 年第 3 期。

[59] 陈卫佐:《瑞士民法典:勇敢和自信的民法典》,载《中国人大》2017 年第 5 期。

[60] 李建国:"关于《中华人民共和国民法总则(草案)》的说明",在 2017 年 3 月 8 日在第十二届全国人民代表大会第五次会议上。

[61] 柳经纬:"民法总则不应是《民法通则》的'修订版'",载《法学》2016 年第 10 期。

[62] 夏吟兰:"民法分则婚姻家庭编立法研究",载《中国法学》2017 年第 3 期。

来应该将监护制度纳入《民法典·婚姻家庭编》。

（2）父母与子女之间的义务不属于监护制度。《民法总则》第26条第1款规定："父母对未成年子女负有抚养、教育和保护的义务。"该款在"监护"节中单独规定了父母对未成年子女的抚养、教育和保护等法定义务，将其与其他监护人的监护区分开来，一定程度上确立了"亲权"制度。

该条第2款规定："成年子女对父母负有赡养、扶助和保护的义务。"与《婚姻法》和《老年人权益保障法》只规定了赡养和扶助义务不同，《民法总则》还规定了成年子女对父母"保护"义务。笔者认为，《民法总则》规定成年子女对父母"保护"义务的出发点是希望成年子女能够更好地保护父母的权益尤其是人身安全，但如果完全比照父母对未成年子女的亲权制度确立"保护"义务，则可能在特定情况下产生不利的后果。例如，父母被他人侵害，侵权人是否能够主张成年子女未尽"保护"义务而减轻责任，需要未来实务中予以明确。未来应当在将这一规则明确为成年子女对丧失或者部分丧失行为能力的父母的保护义务，可能更为准确。

需要指出的是，本条规定是关于父母与子女之间义务的规定，并非监护制度的内容。即使监护制度作为传统的延续安排在《民法典·总则编》，该条规定也应该规定在《民法典·婚姻家庭编》中。

（3）死亡宣告撤销对婚姻关系的影响。《民法总则》第51条规定："被宣告死亡的人的婚姻关系，自死亡宣告之日起消灭。死亡宣告被撤销的，婚姻关系自撤销死亡宣告之日起自行恢复，但是其配偶再婚或者向婚姻登记机关书面声明不愿意恢复的除外。"该条第二句但书规定的后段"向婚姻登记机关书面声明不愿意恢复的除外"，本意是为了避免"如果日久年深，不愿意恢复婚姻关系，没有必要一定要先恢复，再去走离婚程序"的繁琐程序，[63]但实际上间接确立了未来《民法典·婚姻家庭编》上的一项新的婚姻登记机关登记事项。

2.《民法典·继承编》

（1）胎儿利益保护。《继承法》第28条对胎儿利益的保护采"限定主义"："遗产分割时，应当保留胎儿的继承份额。胎儿出生时是死体的，保留的份额按照法定继承办理。"新的《民法总则》第16条在立法目的上是采"概括主义"，可以采纳类似我国台湾地区"民法典"第7条的规定方式："胎儿以将来非死者为限，关于其个人利益之保护，视为既已出生。"但该条却集中于对遗产分割的列举："涉及遗产继承、接受赠与等胎儿利益保护的，胎儿视为具有民事权利能力。但是胎儿娩出时为死体的，其民事权利能力自始不存在。"看似是对胎儿部分民事权利能力的规定，[64]实质上却未能直接扩展到遗产分割之外。至于"等"字，尽管草案起草机关认为"没有限

---

〔63〕 参见石宏主编：《〈中华人民共和国民法总则〉条文说明、立法理由及相关规定》，北京大学出版社2017年版，第106页。

〔64〕 杨立新："《民法总则》中部分民事权利能力的概念界定及理论基础"，载《法学》2017年第5期。

定具体范围,为今后进行这方面立法留下空间。"[65]但《民法总则》却错失了"批发"胎儿利益保护"概括主义"立法的良机,实际上仍然是"零售"了《民法典·继承编》上的胎儿继承份额预留规则。

(2)遗嘱指定监护人。《民法总则》第 29 条创设了"遗嘱指定监护人"制度:"被监护人的父母担任监护人的,可以通过遗嘱指定监护人。"设立该条的目的是让父母能够通过立遗嘱选择值得信任并对保护被监护人权益最为有利的人担任监护人,[66]因为父母的指定通常是对未成年人最有利的安排,[67]同时也可以减轻人民法院指定监护人的工作量。[68]

需要指出的是,本条规定将原本仅适用于《继承法》上财产继承的遗嘱制度扩张到了监护人制度中。鉴于继承法上的遗嘱制度仅涉及遗产流转的积极负担,而本条规定指定的监护人实际上是一种苛加义务的消极负担,还需要进一步地明确被指定的监护人是否有拒绝的权利。另外,《继承法》第 5 条确立了"遗赠扶养协议—遗嘱/遗赠—法定继承"的优先顺位。[69]未来还有必要对确立包含指定监护人负担的遗赠扶养协议及其优先于包含指定监护人负担的遗嘱或者遗赠规则,这些都更适合在未来《民法典·继承编》上进行详细规定。

3.《民法典·物权编》

有宪法学者指出,在公有制为主的社会主义国家,积极避免公有制的社会性质与民法私法属性之间天然的矛盾,有效协调民法与宪法的关系,既为民法典发挥作用提供广泛的舞台,又不违背宪法关于公有制的规定,是此次民法典编纂不得不慎重思索的难题。[70]

(1)《物权法》制定时缺乏强有力的政治决断。《物权法》在起草过程中,有两项原则性规定因为当时缺乏强有力的政治决断而未能明文化。第一项制度是财产权利平等保护原则,这也是 2005 年《物权法(草案)》违宪风波的重要争议点,[71]最终《物权法》第 4 条未明文规定了"平等"保护:"国家、集体、私人的物权和其他权利人的物权受法律保护,任何单位和个人不得侵犯。"

---

[65] 参见石宏主编:《〈中华人民共和国民法总则〉条文说明、立法理由及相关规定》,北京大学出版社 2017 年版,第 35 页。

[66] 参见石宏主编:《〈中华人民共和国民法总则〉条文说明、立法理由及相关规定》,北京大学出版社 2017 年版,第 66 页。

[67] 王竹青:"论未成年人国家监护的立法构建——兼论民法典婚姻家庭编监护部分的制度设计",载《河北法学》2017 年第 5 期。

[68] 梁慧星:"民法总则立法重大问题(上)",载《中国律师》2016 年第 7 期。

[69] 《继承法》第 5 条规定:"继承开始后,按照法定继承办理;有遗嘱的,按照遗嘱继承或者遗赠办理;有遗赠扶养协议的,按照协议办理。"

[70] 秦前红:"民法典编纂中的宪法学难题",载《国家检察官学院学报》2016 年第 6 期。

[71] 关于该次合宪性争议,参见王竹:"论《民法通则》与《物权法(草案)》的合宪性——以"实质意义上的物权法"为核心",载王利明主编:《判解研究》,人民法院出版社 2006 年版。

另一项制度是征收征用私有财产公平合理补偿原则。《宪法》在 2004 年修正之前，第 10 条第 3 款规定："国家为了公共利益的需要，可以依照法律规定对土地实行征用。"2004 年《宪法》第 13 条第 3 款规定："国家为了公共利益的需要，可以依照法律规定对公民的私有财产实行征收或者征用并给予补偿。"但未确定补偿的尺度原则。《物权法》在第 42 条对为了公共利益的需要，依照法律规定的权限和程序征收集体所有的土地和单位、个人的房屋及其他不动产的补偿进行了原则性规定，第 44 条对因抢险、救灾等紧急需要，依照法律规定的权限和程序征用单位、个人的不动产或者动产的补偿进行了原则性规定，但均未明文确立"公平合理"的补偿原则。

（2）《关于完善产权保护制度依法保护产权的意见》中的政治决断。对于法典编纂而言，政治因素是重要的，并且当法典问世之时，也必定有适当的政治环境。[72] 2016 年 11 月 4 日，中共中央、国务院发布了《关于完善产权保护制度依法保护产权的意见》（中发〔2016〕28 号，以下简称《保护产权意见》）。该意见第三点"完善平等保护产权的法律制度"指出："加快推进民法典编纂工作，……将平等保护作为规范财产关系的基本原则。……平等保护各类市场主体。"第八点"完善财产征收征用制度"指出："遵循及时合理补偿原则，完善国家补偿制度，进一步明确补偿的范围、形式和标准，给予被征收征用者公平合理补偿。"

（3）《民法总则》对《保护产权意见》的落实。2016 年 7 月 5 日的"一审稿"并无财产权利平等保护的规定，只是在第 102 条规定："民事主体依法享有的收入、储蓄、房屋、生活用品、生产工具、投资及其他财产权利受法律保护。"2016 年 11 月 4 日《保护产权意见》发布后，2016 年 11 月 18 日"二审稿"立即初步贯彻了这一重要政治决断，在第 114 条增加规定："民事主体的物权受法律平等保护，任何组织和个人不得侵犯。"随后的 2016 年 12 月 17 日"三审稿"在保持"平等保护物权"规定的前提下，第 112 条使用了"私有财产权利"这一更为宽泛的表述："自然人的私有财产权利受法律保护。"最终《民法总则》第 113 条将"物权"的平等保护扩展到了"民事主体"的"财产权利"："民事主体的财产权利受法律平等保护。"这是我国民事立法史上第一次对于"平等保护"作出明确规定。[73]建议未来将该条的"财产权利"修改为"财产权益"，以便涵盖全部的财产性权利和利益类型。

类似的，征收征用私有财产公平合理补偿原则在《民法总则》的"一审稿"和"二审稿"中均无相关条款，但根据部分常委委员、部门、全国人大代表和专家的建议，[74]在"三审稿"增设了这一规定，并且最终作为《民法总则》第 117 条通过：

〔72〕［美］艾伦·沃森：《民法法系的演变及形成》，李静冰、姚新华译，中国政法大学出版社 1992 年版，第 130 页。

〔73〕张鸣起："中华人民共和国《民法总则》的制定"，载《中国法学》2017 年第 2 期。

〔74〕李适时："全国人民代表大会法律委员会关于《中华人民共和国民法总则（草案）》修改情况的汇报"，2016 年 12 月 19 日在第十二届全国人大常委会第二十五次会议第一次全体会议上。

"为了公共利益的需要,依照法律规定的权限和程序征收、征用不动产或者动产的,应当给予公平、合理的补偿。"建议未来按照《宪法》2004年修正案的表述,使用"私有财产"的表述。

(4)"承上启下"的重大宪法意义。应当指出,《民法总则》第113条规定的财产权利平等保护原则和第117条规定的征收征用私有财产公平合理补偿原则,不但具有"零售"《民法典·物权编》重要原则性规定的功能,更是具有"承上启下"的重大宪法意义。

所谓"承上",是指这两个条文实际上是对《宪法》对应条文的具体落实。质言之,在《保护产权意见》政治决断支持下,立法者认定《宪法》第12条第1款规定的"社会主义的公共财产神圣不可侵犯"。并不必然推导出"民事主体的财产权利"不能"受法律平等保护",而可以通过《企业国有资产法》和《行政诉讼法》上的人民检察院提起国有资产保护公益诉讼等方式来体现。[75]而《宪法》第13条第3款规定的"国家为了公共利益的需要,可以依照法律规定对公民的私有财产实行征收或者征用并给予补偿"。也理应推导出应当给予"公平、合理"的补偿。

所谓"启下",即未来《民法典·物权编》应当贯彻《保护产权意见》中的政治决断,在民事主体的财产权利保护上,就应当按照平等保护的立法思路进行设计;在征收征用私有财产的补偿规则上,就应当践行公平、合理的补偿原则。

4.《民法典·合同编》

《民法总则》以较为间接的方式"零售"了未来《民法典·合同编》的规则,在总则部分主要是对"债法总则"规则的准用,在分则部分则是将"个人合伙"作为有名合同规定。

(1)债法总则准用《民法典·合同编》总则。如果按照现在的立法计划不再制定《债法总则》,那么"债法总则"制度就必须面临拆分到《民法典·总则编》和《民法典·合同编》总则部分的局面。[76]《民法总则》在第118条规定了债权的概念和债的发生原因,然后在第119条至第122条分别仅用一个条文规定了合同、侵权行为、无因管理和不当得利这四种债权的典型发生原因,甚至连"债权请求权"都没有规定,

---

[75] 这一依据《保护产权决定》政治决断所做出的立法表述,实际上回应了2005年《物权法(草案)》"合宪性争议"中公有财产"神圣不可侵犯"与财产平等保护的核心争议,避免了未来可能的对《宪法》第12条的修改带来的政治争议,而直接通过民事基本法律予以了平稳的化解。参见王竹:"论《民法通则》与《物权法(草案)》的合宪性——以'实质意义上的物权法'为核心",载王利明主编:《判解研究》人民法院出版社2006年版。

[76] 笔者个人建议是将"债法总则"的内容与《民法总则》上"民事责任"章合并,规定为《民法典·总则编》的"债与责任"章。参见王竹:"民法典起草实用主义思路下的'债法总则'立法模式研究",载《四川大学学报(哲学社会科学版)》2012年第3期。

[77] 显示出明显的制度供给不足。未来债法总则只能准用《民法典·合同编》总则的相应制度来实现。[78]

鉴于《民法总则》第五章"民事权利"替代了"民事权利客体"的安排，以及第八章"民事责任"对按份责任和连带责任的规定，未来《民法典·合同编》总则无需规定"债的标的"和"多数人之债"这两项债法总则制度。考虑到《合同法》的体例，"债的类型"可以交由学说而无需规定，"债的效力""债的履行""债的移转""债的消灭"可以分别准用《合同法》第3章至第6章"合同的效力""合同的履行""合同的变更和转让"和"合同的权利义务终止"对应的《民法典·合同编》总则规定。

（2）未规定的"个人合伙"作为有名合同规定在《民法典·合同编》分则。《民法总则》未规定"个人合伙"制度，而第四章"非法人组织"第102条第2款规定的"非法人组织包括个人独资企业、合伙企业、不具有法人资格的专业服务机构等"，也只包括"合伙企业"而不包括"个人合伙"。[79]个人合伙制度，在性质上本不属于民事主体制度，而是一种有名合同制度。只是因为改革开放初期对于个人合伙这种市场经济参与形式需求较为迫切，而当时的1981年《经济合同法》（已失效）并无合伙合同这一类型，因此才在《民法通则》中予以规定。建议未来在《民法典·合同编》分则中对合伙合同予以规定。

5.《民法典·侵权责任编》

《民法总则》对未来《民法典·侵权责任编》的影响，主要是立法过程中，回应近年来社会热点案件，根据全国人大代表对立法弘扬社会主义核心价值观的要求，在"三审稿"审议时增加了"自愿实施紧急救助行为造成受助人损害免责"规则，在最终通过时增加了"侵害英雄烈士人格权益的责任"规则。

（1）自愿实施紧急救助行为造成受助人损害免责。《民法总则》第184条规定："因自愿实施紧急救助行为造成受助人损害的，救助人不承担民事责任。"该条在立法目的上是为了避免"彭宇案"[80]等热点事件对社会带来的负面影响，[81]但从条文描绘的法律事实来看，却与"彭宇案"涉及的证据确实与自由心证问题等核心争议点无关，[82]

---

[77] 王竹："《民法总则（草案）》若干法律规范去留问题大数据分析"，载《四川大学学报（哲学社会科学版）》2017年第1期。

[78] 王利明："民法分则合同编立法研究"，载《中国法学》2017年第2期。

[79] 朱广新："民法典之典型合同类型扩增的体系性思考"，载《交大法学》2017年第1期。

[80] 南京市鼓楼区人民法院：《原告徐某某与被告彭某人身损害赔偿纠纷一审民事判决书》，[2007]鼓民一初字第212号。

[81] 参见石宏主编：《〈中华人民共和国民法总则〉条文说明、立法理由及相关规定》，北京大学出版社2017年版，第437页。

[82] 参见王亚新："'判决书事实'、'媒体事实'与民事司法折射的转型期社会"，载《月旦民商法杂志》第24期。吴泽勇："自由心证的边界：'彭宇案'中的证据与证明"，载《月旦民商法杂志》第30期。

可能更接近我国台湾地区的"玻璃娃娃案",[83]立法精准度欠佳。[84]

《民法总则》第184条的规定并非我国民法首创。在英美法上,这是典型的"好撒马利亚人法"。[85]在大陆法系则被归入紧急无因管理,如《德国民法典》第680条规定:"事务管理为避开可能对本人发生的急迫危险为目的的,管理人只须对故意或重大过失负责。"[86]我国台湾地区"民法典"第175条有类似规定:"管理人为免除本人之生命、身体或财产上之急迫危险,而为事务之管理者,对于因其管理所生之损害,除有恶意或重大过失者外,不负赔偿之责。"

值得仔细观察的是,本条规定在提出之初,是为了明确"作出相应的免责规定",即除有重大过失外,救助人不承担民事责任。但在"三审稿"征求意见时,有的委员和代表建议删除"除有重大过失外",认为这项免责事由的存在"与弘扬社会主义核心价值观的规定是相悖的""鼓励见义勇为,在法律上不要留下遗憾",同时还认为重大过失难以界定。经过第四次审议和最终表决前的角力,最终"重大过失除外"表述被删除。[87]

不得不遗憾地指出,本条规定既没有解决代表委员所希望化解的"彭宇案"带来的社会道德危机,又造成了新的法律适用疑难。究其原因,是该条规定本来并非《民法总则》的内容,立法机关并未进行前期立法调研而在立法程序的最后阶段临时起草;而代表委员的立法建议难免有以目的正当性代替社会正义之虞。[88]笔者认为,之所以出现针对"重大过失除外"免责事由的集中争议,是因为相关讨论排除了承担适当补偿责任的可能性,另外也没有考虑到受助人拒绝救助的情形。建议未来在《民法典·侵权责任编》修正这一规则,参考《关于审理人身损害赔偿案件适用法律若干问题的解释》(以下简称《人身损害赔偿司法解释》)第13条规定的被帮工人明确拒绝帮工免责事由[89]和《民法总则》第182条第3款规定的避险过当责任,[90]增

---

[83] 该案的大致事实是:2000年9月13日,我国台湾地区某高中一位骨骼松软易碎的"玻璃娃娃"被同学抱着下楼到地下室上体育课。因下雨楼梯湿滑,该同学下楼时摔倒,导致"玻璃娃娃"受伤致死。参见我国台湾地区"高等法院"2004年台上字第433号民事判决。在该案中,法官类推适用我国台湾地区"民法"第175条规定的紧急无因管理中救助人的注意义务减轻的规定,判决救助人对于被救助人的损害不承担赔偿责任。参见王泽鉴:《侵权行为》,北京大学出版社2009年版,第95页。

[84] 详见王雷:《民法学视野中的情谊行为》,北京大学出版社2014年版,第181-184页。

[85] 李昊:"论英美法上的好撒马利亚人",载《华东政法大学学报》2014年第4期。

[86] 《德国民法典》(第3版),陈卫佐译注,法律出版社2010年版,第274页。

[87] 参见石宏主编:《〈中华人民共和国民法总则〉条文说明、立法理由及相关规定》,北京大学出版社2017年版,第438页。

[88] 梁慧星:"《民法总则》重要条文的理解与适用",载《四川大学学报(哲学社会科学版)》2017年第4期。

[89] 《人身损害赔偿司法解释》第13条规定:"为他人无偿提供劳务的帮工人,在从事帮工活动中致人损害的,被帮工人应当承担赔偿责任。被帮工人明确拒绝帮工的,不承担赔偿责任。帮工人存在故意或者重大过失,赔偿权利人请求帮工人和被帮工人承担连带责任的,人民法院应予支持。"

[90] 《民法总则》第182条第3款规定:"紧急避险采取措施不当或者超过必要的限度,造成不应有的损害的,紧急避险人应当承担适当的民事责任。"

加后段"但受助人拒绝救助的除外"，并增加第 2 款规定："实施紧急救助行为采取措施不当或者超过必要的限度，造成不应有的损害的，救助人应当承担适当的民事责任"。

（2）侵害英雄烈士人格权益的责任。《民法总则》在最后审议阶段，[91]增加了第 185 条的规定："侵害英雄烈士等的姓名、肖像、名誉、荣誉，损害社会公共利益的，应当承担民事责任。"该规定具有很强的政治意义和时代意义。[92]该条规定的社会背景是，为永远铭记抗日英烈的不朽功勋，大力弘扬爱国主义精神，凝聚实现中华民族伟大复兴的精神力量，2014 年 8 月 31 日全国人大常委会通过了《关于设立烈士纪念日的决定》。随后民政部在 2014 年 9 月 1 日和 2015 年 8 月 24 日分别公布了第一批（300 名）和第二批（600 名）在抗日战争中顽强奋战、为国捐躯的著名抗日英烈和英雄群体名录。

作为司法实务规则，早在 2002 年《最高人民法院公报》刊登案例《彭家惠诉〈中国故事〉杂志社名誉权纠纷案》[93]中对侵害英雄烈士人格权益的侵权责任适用已经予以了明确。如果立法机关仅仅是希望明确该规则，应该早在 2009 年的《侵权责任法》中予以规定。可见，《民法总则》第 185 条明显是在及时回应在《民法总则》立法过程中引起较大争议的"狼牙山五壮士"系列名誉权侵权纠纷案。[94]

本条规定在内容上与《关于确定民事侵权精神损害赔偿责任若干问题的解释》（以下简称《精神损害赔偿司法解释》）第 3 条第 1 项较为类似："自然人死亡后，其近亲属因下列侵权行为遭受精神痛苦，向人民法院起诉请求赔偿精神损害的，人民法院应当依法予以受理：①以侮辱、诽谤、贬损、丑化或者违反社会公共利益、社会公德的其他方式，侵害死者姓名、肖像、名誉、荣誉……"但该条司法解释只能适用于死者，即《民法总则》第 185 条所规定的"烈士"，[95]而不能适用于仍然健在的"英雄"。[96]而"等"字，立法原意是包括其他在中国特色社会主义建设和保卫国家中作出巨大贡献、建立卓越功勋的杰出人士，[97]即劳动模范、道德楷模等承载社会公共利益的自然人，既包括已经去世的，也包括仍然健在的。这样看来，本条的核心规范要旨在于对以"侵害英雄烈士等的姓名、肖像、名誉、荣誉"的方式"损

---

〔91〕《第十二届全国人民代表大会法律委员会关于〈中华人民共和国民法总则（草案）〉审议结果的报告》，2017 年 3 月 12 日第十二届全国人民代表大会第五次会议主席团第二次会议通过。

〔92〕 陈华彬："《民法总则》关于'民事责任'规定的释评"，载《法律适用》2017 年第 9 期。

〔93〕《彭家惠诉〈中国故事〉杂志社名誉权纠纷案》，载《中华人民共和国最高人民法院公报》2002 年第 6 期。

〔94〕 最高人民法院公布四起《"狼牙山五壮士"等保护英雄人物人格权益典型案例》，2016 年 10 月 19 日。

〔95〕 参见《烈士褒扬条例》第 2 条、《军人抚恤优待条例》第 8 条。

〔96〕 参见《公安机关人民警察奖励条令》第 8 条第 2 款、《解放军纪律条令》第 15 条第 1 款。

〔97〕 参见石宏主编：《〈中华人民共和国民法总则〉条文说明、立法理由及相关规定》，北京大学出版社 2017 年版，第 440 页。

害社会公共利益"的行为科加责任,而非单纯地对烈士的死者人格利益提供保护。

笔者认为,基于该条规定的民事诉讼提起方式,既可以是死者近亲属基于《精神损害赔偿司法解释》第7条提起诉讼,也可以是同一英雄模范群体的成员就所共有的"姓名、肖像、名誉、荣誉"权益提起诉讼。[98]除了私益诉讼,还可以扩展适用《民事诉讼法》第55条的规定提起公益诉讼。[99]其具体适用规则,还有待未来《民法典·侵权责任编》予以明确。

---

[98] 英雄烈士共有的"姓名"利益,应该理解为同一英雄烈士团体的荣誉称号。关于共有的"肖像、名誉、荣誉",参见杨立新:《共有权理论与适用》,法律出版社2007年版,第257-259页。

[99] 《民事诉讼法》第55条第1款规定:"对污染环境、侵害众多消费者合法权益等损害社会公共利益的行为,法律规定的机关和有关组织可以向人民法院提起诉讼。"2017年新增的第2款:"人民检察院在履行职责中发现破坏生态环境和资源保护、食品药品安全领域侵害众多消费者合法权益等损害社会公共利益的行为,在没有前款规定的机关和组织或者前款规定的机关和组织不提起诉讼的情况下,可以向人民法院提起诉讼。前款规定的机关或者组织提起诉讼的,人民检察院可以支持起诉。"

《民法总则》第 33 条解释论

——以成年意定监护中被监护人民事行为能力的判定为中心

◉ 刘智慧 *

摘要：《民法总则》关于成年监护的规定因应了中国人口老龄化时期的到来，具有相当积极意义。其中，在原有《民法通则》的基础上，《民法总则》针对成年监护提出了成年意定监护模式、贯彻了"协助决策"理念，注重被监护人"意思能力"的实现，旨在充分实现"意思自治"原则的基础上，完成"替代决策模式"向"协助决策模式"的转变，保障被监护人的合法权益。这都是值得肯定的方面。

作为一项制度，其实施有赖于完善的制度设计，目前既有的规则显得粗糙，不足以完全实现立法目的。具体而言，目前的规则对于成年意定监护制度的实施方式、监护监督等环节的设计上均有部分缺失。而且，毋庸置疑，成年意定监护制度并非可以自成体系的实施，必须考虑目前既有规则与相关制度，如与民事行为能力判定制度等的有机协调，但目前的成年意定监护规则明显缺乏这方面的考量，难免在适用过程中产生一定程度的不协调。诸如简单类型化的民事行为能力认定模式无法贯彻"协助决策理念"的执行；无民事行为能力与限制民事行为能力的判定标准阻碍成年意定监护制度下适格被监护人范围的确定；民事行为能力认定程序还不足以灵活应对人口老龄化背景下的社会监护需求等等。

本文旨在针对目前立法中可能存在的问题，提出具有针对性的解决方案，诸如确立单次精准化的民事行为能力认定制度，简化成年意定监护制度下的特殊行为能力认定程序，完善启动意定监护人履行职责的条件等，以实现成年意定监护制度的立法目的。

关键词：成年意定监护　解释论　民事行为能力类型化认定模式

引　言

成年意定监护，是指自然人在自己具有完全民事行为能力时，预先选定自己的监护人，有关监护的设立、监护的内容等均由该自然人自己决定的制度。《民法总则》已经于 2017 年 10 月 1 日开始施行。对于成年意定监护，在《民法总则》通过

---

* 刘智慧，中国政法大学法律硕士学院教授。

之前，学界对其已做了一定量的比较法或立法论层面的探讨，《民法总则》顺应了意定监护的立法潮流，在第二章第二节将成年意定监护正式写入第 33 条，且把 2012 年修改后的《老年人权益保障法》第 26 条规定的意定监护的适用范围，扩展至老年人之外的其他成年人。然徒法不能以自行，且法律非经解释不能适用，故有对其予以解释的必要。博登海默曾经指出："如果包含在法律规则部分中的'应然'内容仍停留在纸上，而并不对人的行为产生影响，那么法律只是一种神话，而非现实。"[1]鉴于目前我国民法上意定监护制度的确立仅仅停留在初级阶段，只是在《民法总则》第二章自然人部分用两个条文进行描述，且条义的规定过于原则，具体的相关规定并未成体系地出现，目前的理论和实务对于如何确定意定监护人何时应当开始履行监护职责，如何判断该被监护人何时丧失或者部分丧失民事行为能力等成年意定监护的适用问题均处于模糊状态，故而对于可能存在的理解歧义，必然通过解释论上的努力，将其置于现行法的规则体系予以明确。本文旨在以成年意定监护中被监护人民事行为能力的判定为中心，对《民法总则》第 33 条这一确立成年意定监护制度的核心规则进行阐释，为司法实践提供缜密的适用路径，以最大程度地实现该条款的立法宗旨，充分发挥其应有作用。

一、我国成年意定监护现有立法规则的基本内涵

《民法总则》第 33 条规定："具有完全民事行为能力的成年人，可以与其近亲属、其他愿意担任监护人的个人或者组织事先协商，以书面形式确定自己的监护人。协商确定的监护人在该成年人丧失或者部分丧失民事行为能力时，履行监护职责。"该条款被学者们理解为我国的成年意定监护条款。当然，我们不能仅凭该条文本身理解该条款的真正含义，因为从法解释论意义上来看，"没有一个法律规范是独立存在的。它们必须作为整个法律秩序的部分要素来理解"。[2]毋庸置疑，对于监护制度的一系列相关规定对于该条款的解释及适用都可能产生非常重要的影响。

（一）基本理念综述

在《民法总则》通过之前，我国《老年人权益保障法》第 26 条规定："具备完全民事行为能力的老年人，可以在近亲属或者其他与自己关系密切、愿意承担监护责任的个人、组织中协商确定自己的监护人。监护人在老年人丧失或者部分丧失民事行为能力时，依法承担监护责任……"《民法总则》第 33 条的规定显然是在这一条文的基础上作出的。单就这两个条文相较而言，《民法总则》几个细节方面的变化值得解释者予以关注，而《民法总则》在监护制度方面的整体理念的变化当然也是解释者绝对不能忽略的。因为任何一个法律概念的产生并非毫无目的、无章可循，也并非由语词按照一定语法凑合而来，法律概念的构成必须以该定义内在想实现的

---

〔1〕［美］E. 博登海默：《法理学：法律哲学与法律方法》，邓正来译，中国政法大学出版社 2004 年版，第 255 页。

〔2〕［德］伯恩·魏德士：《法理学》，丁小春、吴越译，法律出版社 2003 年版，第 329 页。

价值或者存在的目的为考虑要素，运用导向型思维来构造其合理性。[3]成年意定监护的概念也如是。这也正如拉伦茨所言，"整个法秩序（或其大部分）都受特定指导性法律思想、原则或一般价值标准的支配"。[4]整体观察，《民法总则》对成年意定监护制度的规定，除了用语比《老年人权益保障法》的规定更准确[5]外，规则设计仍然遵循了《民法总则》确立监护制度的"协助决策"基本理念，[6]突出强调被监护人的意思自治，尊重被监护人的自我决定权。这符合世界监护制度的发展趋势，无疑是值得肯定的。[7]

（二）主要内容分析

1. 扩大了被监护人和监护人的范围。《民法总则》第33条规定成年意定监护适用于"具有完全民事行为能力的成年人"，不再局限于之前《老年人权益保障法》第26条规定的"具备完全民事行为能力的老年人"，这显然是扩大了成年意定监护的适用对象，使得我国的成年意定监护制度由原来的"老年意定监护"真正成为"成年意定监护"。

依《民法总则》第33条的规定，作为意定监护人的可以是潜在的被监护人的近亲属、其他愿意担任监护人的个人或者组织，与之前《老年人权益保障法》第26条规定的"近亲属或者其他与自己关系密切、愿意承担监护责任的个人、组织"相较，不再强调"关系密切"，无形中进一步扩大了监护人的范围。

2. 明确须以书面形式确立成年意定监护关系。《民法总则》第33条规定须以书面形式确立成年意定监护关系，也即明确了须以要式法律行为确立成年意定监护关系。具体而言，我国法上的成年意定监护关系通过意定监护协议设立。意定监护协议是确立意定监护法律关系、明确监护人与被监护人的权利义务的基本依据，对于监护职责的范围、履行期限等事项具有决定性意义，还可能直接影响到第三人的利益。值得注意的是，《民法总则》第33条对意定监护协议仅作了以书面形式订立的要求，但对于该协议的成立和生效要件、是否可以撤销或者终止、由谁以及如何监督协议的履行等问题，均未予以明确。这种不明确的状态不仅不利于确定监护人和被监护人之间的权利义务关系，而且可能因意定监护缺乏监督而有损被监护人和第

〔3〕 黄茂荣：《法学方法与现代民法》，法律出版社2007年版，第231页。
〔4〕 ［德］卡尔·拉伦茨：《法学方法论》，陈爱娥译，五南图书出版有限公司1999年版，第255页。
〔5〕 如将《老年人权益保障法》第26条中规定的"承担监护责任"，改为了"履行监护职责"，意在厘清义务和责任的边界，意味着监护人未履行监护职责的情形下才需要承担监护责任。
〔6〕 《民法总则》第35条中"成年人的监护人履行监护职责，应当最大程度地尊重被监护人的真实意愿，保障并协助被监护人实施与其智力、精神健康状况相适应的民事法律行为。对被监护人有能力独立处理的事务，监护人不得干涉"的规定就是这一理念的典型表现。
〔7〕 有学者提出，从世界范围来看，成年监护制度有很明显的模式变化：由医疗监护模式转变为人权监护模式。参阅李霞："成年监护制度的现代转向"，载《中国法学》2015年第2期。笔者赞同这种总结。从某种意义上看，我国《民法总则》的这种变化也正是这种转向的另外一种表现。

三人的合法权益。

3. 规定启动意定监护人履行监护职责的条件：被监护人丧失或部分丧失民事行为能力。《民法总则》第33条还明确了意定监护人履行监护职责的条件抑或是时间为"在该成年人丧失或者部分丧失民事行为能力时"。就这一点而言，《民法总则》与《老年人权益保障法》的规定是一致的。

二、成年意定监护设立行为的法律性质：是单方法律行为，还是双方法律行为？

对于成年人设立意定监护的行为，《民法总则》第33条规定须以"书面形式确定自己的监护人"，该设立行为的性质显然应属于法律行为，但对于该行为应属于双方法律行为还是单方法律行为，理论上有不同解读。有学者认为，意定监护在本质上不是一种协议，且将意定监护设立行为认定为单方法律行为对被监护人更为有利。因为成年意定监护是被监护人对自己的生活和财产做出安排，这种安排只涉及被监护人的人身和财产事务，与他人无关，因此被监护人应享有处理个人事务的绝对权利；如果意定监护要求被监护人与监护人协商，那么被监护人的意愿很有可能不被尊重甚至被扭曲，协商的结果往往会损害被监护人的利益。而且，将意定监护设立行为认定为双方法律行为也容易防止本人行为能力欠缺后单方授权的落空。[8]但这种观点显然非《民法总则》第33条所采：

首先，《民法总则》第33条中的"与""协商"等字样，从文义上似不宜将设立意定监护的行为解释为单方法律行为。单方法律行为是指"只须有一方当事人之意思表示即得成立"的法律行为，[9]但仅仅只有一方的意思表示，就无所谓"协商"，也不可能达成一致的设立意定监护的协议。

其次，在单方法律行为中，仅凭一方作出的意思表示，无须相对方作出承诺即可发生效力。民法上设置监护制度的主要目的是保障被监护人的合法权益，尽管有"监护权"的概念，但监护人所需要承担的更多的是一种监护义务，[10]既然是义务，义务本质上是一种不利益，在没有与他人达成合意的情况下，仅凭被监护人的单方意思就强制形成意定监护，为他人设定监护义务，这有悖未经法律规定或者他人同意不得为他人设定义务的民法原则。

再次，从单方法律行为的类型看，成人意定监护亦不宜通过单方法律行为来设立。一般认为，单方法律行为通常包含两种类型：一类是有关行为的后果一般仅使相对人取得权利而不承担相应义务的，如授权行为、悬赏广告、遗嘱与遗赠行为等；另一类是某种法律关系的确定对行为人而言意义重大，从而法律规定行为人可以行

---

〔8〕 王竹青："意定监护制度的内涵与价值"，载《光明日报》2016年11月20日，第006版；李世刚："《民法总则》关于'监护'规定的释评"，载《法律适用》2017年第9期。

〔9〕 梅仲协：《民法要义》，中国政法大学出版社1998年版，第91页。

〔10〕《民法总则》第33条用了"履行监护职责"语。

使形成权的行为，如撤销行为、解除行为、追认行为、选择行为等。[11]依前述，成人意定监护的设立非属第一类。对于第二类，有学者指出，"基于私法自治原则，非依本人意思不能对相对人发生权利变动，所以仅依一方意思而赋予法律效果，只是法律所认许的例外。"[12]甚至有学者认为，即使对他人有益的行为，也不能通过单方面的私法自治形成、变更或者消灭法律关系。[13]尽管成年意定监护本质上属于被监护人对于自己未来的一种自我安排，立法确立成年意定监护即意味着立法尊重其自我决定权，从这个方面看成年意定监护与单方法律行为一样也同属于自治范畴。然而，鉴于监护本身可能涉及重大利益关系和法律责任，可能影响到监护人的合法权益，包括《民法总则》在内的现行立法并未科以潜在的监护人[14]法定义务。由此，设立意定监护的行为也不属于上述第二类单方法律行为。

此外，赞成将意定监护设立行为认定为单方法律行为的观点主要是考虑到保护被监护人的自由意志，但与此同时必须考虑是否有必要以忽略监护人的利益保护为立足点。笔者认为没有必要。因为以单方法律行为理论要保障的尊重被监护人的自由意志目的，完全可以通过要求监护人在履行监护职责时充分尊重被监护人意愿的方式得以实现。而且，立法例上也可印证双方法律行为的设计也可以实现尊重与保护被监护人的意志和权益。[15]

综上，笔者认为，《民法总则》第 33 条规定的意定监护设立行为应解释为双方法律行为，即成年意定监护关系是通过意定监护协议确立的，这种立法设计与日本的任意监护契约模式颇为接近。

三、被监护人丧失或者部分丧失民事行为能力的判定标准

依《民法总则》第 33 条的规定，协商确定的监护人在该成年人（被监护人）丧失或者部分丧失民事行为能力时，履行监护职责。由此，在成年意定监护中，"行为能力判定"决定着是否开始启动监护人履行职责，故而属于成年意定监护制度中的基础问题。然而，对于如何判断该成年人（被监护人）丧失或者部分丧失民事行为能力，立法并未予以专门规定。因此，是否以及如何适用现行法规定认定被监护人的行为能力状况以实现设置成年意定监护制度的目的，就成为适用《民法总则》第

---

〔11〕 **魏振瀛**主编：《民法》，北京大学出版社、高等教育出版社 2000 年版，第 136 – 137 页。

〔12〕 梁慧星：《民法总论》，法律出版社 1996 年版，第 154 页。

〔13〕 ［德］维尔纳·弗卢梅：《法律行为论》，迟颖译，法律出版社 2013 年版，第 9 页。

〔14〕 《民法总则》第 33 条将意定监护人的范围规定为"近亲属、其他愿意担任监护人的个人或者组织"。

〔15〕 如日本在 2000 年制定了《任意监护契约法》，将设立任意监护的行为确立为委任契约。依该法第 2 条的规定，任意监护契约是指因精神上的障碍，辨别事理的能力处于不充分的状态时，委任者将自己的生活、疗养护理以及财产管理事务的全部或者部分委托给受任者，并对委托事务授予代理权的委任契约。由该规定可见，任意监护人的职责范围是根据合同的内容决定的。参见白绿铉："日本修改成年人监护法律制度动态"，载《法学杂志》1999 年第 3 期；梁慧星：《中国民法典草案建议稿附理由·亲属编》，法律出版社 2013 年版，第 414 页。

33条必将面临的问题。

（一）民事行为能力认定的一般标准和程序梳理

民事行为能力，是指一个自然人能够以自己的行为依法行使权利并承担义务的能力。民事行为能力制度的设置目的主要有两个方面，一方面保护未成年、心智不健全的成年人通过监护人协助进行决策来实现其合法权利；另一方面防止因为未成年人、心智不健全的成年人直接参与到社会法律关系中，因为行为能力的缺失而对既存的法律关系造成负面影响。

相较《民法通则》的规定，《民法总则》对于自然人民事行为能力认定标准的规定在认定方法和模式等方面并无实质性变化，仍然采用进行简单类型化的划分模式，且实务中这类案件相对其他诉讼程序而言也比较简单。[16]具体来看，《民法总则》针对自然人的行为能力进行了三元划分：一种为完全民事行为能力人、一种为限制民事行为能力人、一种为无民事行为能力人。这种划分的目的是通过对自然人行为能力的认定，从而对其所实施的行为的法律效力进行判定。依《民法总则》第20、21、144条的规定，无民事行为能力人并没有依自己的意志进行具有法律效力的民事法律行为的能力，所以民事行为能力人实施的民事法律行为无效。依《民法总则》第19、22、145条的规定，限制民事行为能力人也只能在纯获利，与其年龄智力和精神健康状况相符的情况下才能依自己的意思进行一定程度的民事法律行为，实施的其他民事法律行为经法定代理人同意或者追认后才有效。这些规定是对被监护人"意思自治"权利的限制，和该规定具有相同立法精神的规则在其他法律规范中也有所体现，如《合同法》第47条规定的相关规定。[17]毋庸置疑，民事行为能力认定制度作为监护制度中被监护人资格判断的基础制度，制度内容的好坏必然影响着监护制度的实施效果。

被监护人民事行为能力的认定标准在《民法总则》中主要体现在第17条至第24条8个条文里。其中，第19、20条主要规定了对于未成年人行为能力的判断标准，即主要以年龄为基本判断依据，辅之以智识能力。传统民法将心智不健全的成年人

---

[16] 非常典型的行为能力认定案件可以参阅："申请人王某某要求宣告被申请人胡某某为无民事行为能力案"，[2015] 鄂蔡甸侏特字第00002号；"肖某英申请宣告公民无民事行为能力民事判决书"，[2015] 北民特字第46号；"申请人林某珠与被申请人卢某认定无民事行为能力纠纷案"，[2015] 尤民特字第15号；"黄某军、黄某禄等与申请宣告王某珍无民事行为能力民事判决书"，[2015] 涪法民特字第00130号；"申请人谢某光与被申请人王某英无民事行为能力案"，[2015] 西民一初字第488号；"黄某琪申请宣告向某明无民事行为能力特别程序民事裁定书"，[2015] 长法民特字第00011号等。

[17] 《合同法》第47条具体规定："限制民事行为能力人订立的合同，经法定代理人追认后，该合同有效，但纯获利益的合同或者与其年龄、智力、精神健康状况相适应而订立的合同，不必经过法定代理人追认……"

分为两类：一类为限制民事行为能力人、一类为无民事行为能力人。[18]就上述条文中，第21、22条分别规定了认定成年人为无民事行为能力和限制民事行为能力的认定标准，分别为"不能辨认自己行为的成年人为无民事行为能力人""不能完全辨认自己行为的成年人为限制民事行为能力人"；第24条分别规定了认定成年人为无民事行为能力和限制民事行为能力的认定和恢复程序，即"不能辨认或者不能完全辨认自己行为的成年人，其利害关系人或者有关组织，可以向人民法院申请认定该成年人为无民事行为能力人或者限制民事行为能力人"；"被人民法院认定为无民事行为能力人或者限制民事行为能力人的，经本人、利害关系人或者有关组织申请，人民法院可以根据其智力、精神健康恢复的状况，认定该成年人恢复为限制民事行为能力人或者完全民事行为能力人"。

（二）民事行为能力认定的一般标准和程序适用于成年意定监护存在的问题

显而易见的是，《民法总则》第19、20条对于未成年人民事行为能力以年龄为基本判断依据的标准当然不能直接适用到成年意定监护中对被监护人的民事行为能力的判断中。现在的问题主要在于，这两种关于民事行为能力认定的标准和程序是否足以应对成年意定监护制度的制度需求？换言之，对于一般成年人的无民事行为能力和限制民事行为能力的判断标准和程序是否可以直接简单适用到成年意定监护中被监护人的民事行为能力的判断中？对此笔者持否定态度。

1. 质疑对自然人民事行为能力认定的一般标准本身。在实践中，上述对自然人民事行为能力认定进行简单类型化的划分模式即便在一般成年人的行为能力认定中也没有在实际层面达到应有的法律效果。这主要体现在许多具有监护需求的成年人，因为现行相关监护人资格认定的法律规定而不能取得相应资格，进而无法得到应有的监护。[19]社会生活具有相当复杂性，故而一个人是否具有法律要求的判断能力并进行自由意志的表达，会因为个体所针对的法律事件、当时的精神状态、交易场合等因素而千差万别。例如，一个具有间歇性精神病的被监护人，他在一段时间内具有精神问题，但在另一段时间内精神状态良好，具有一定程度的认知能力。虽然该被监护人被宣告为无民事行为能力人，但是此时如果该被监护人实施了与其行为能力相适应的法律行为，依照我国现行的《民法总则》的规定，此法律行为无效。在这种情况下，被监护人行为时具有表达个人意愿的能力，同时具有表达个人意愿的愿望，但因为现行法律规定而不能评价个人意志，实施有效法律行为，明显与《民法总则》第5条确立的"意思自治原则"不相符。法律将该被监护人简单类型化地

---

〔18〕 以该二元区分"不能（完全）表达自己的意思"公民的法律主要有我国《民法总则》和《德国民法典》等。当然，并非各个国家和地区均在行为能力认定的过程中主要以无行为能力和限制行为能力作为划分类别，也有不采此划分标准的，如《日本民法典》仅针对限制行为能力进行认定。

〔19〕 可参见"王某甲与太平养老保险股份有限公司安徽分公司等人身保险合同纠纷案"，[2015] 合民二终字第00498号。

认定为无民事行为能力人，不仅为被监护人提供了不必要的过分保护，同时实质上还限缩了被监护人的合法权益。

2. 无法达致意定监护中被监护人民事行为能力的精准性认定要求。由上可见，采用简单类型化的认定标准对被监护人的民事行为能力进行认定，往往会存在低效性、僵硬性等特征。在一般成年人的行为能力认定中，简单类型化划分方式都无法很好达致立法目的，更何况成年意定监护中被监护人对于最大程度实施有效法律行为的精准性认定要求？依《民法总则》第 35 条第 3 项的规定："成年人的监护人履行监护职责，应当最大程度地尊重被监护人的真实意愿，保障并协助被监护人实施与其智力、精神健康状况相适应的民事法律行为。对被监护人有能力独立处理的事务，监护人不得干涉"。此即所谓监护人应当最大程度地尊重并保护被监护人残存的个人意愿，并促使这个个人意愿成熟并成为一个合法法律行为。[20]这一规则贯彻的是"协助决策理念"，担负着我国监护制度逐渐完成从"替代决策模式"向"协助决策模式"转变的任务，对保护被监护人意思自治的实现提出了更高的要求。"协助决策模式"的制度目标是实现被监护人最大程度的"意思自治"。针对被监护人进行精准化的行为能力认定，有助于最大程度地实现成年意定监护的制度目标。

目前，我国对于一般成年人简单类型化的无行为能力、限制行为能力认定标准过于笼统，对于被监护人行为能力认定相对固化，不能依据法律事件性质、被监护人当时精神状态等具体变量进行精准化的行为能力认定，可能剥夺被监护人个人意志实现的权利，同时也阻碍"协助决策模式"制度目标的实现。也就是说，鉴于在被监护人被确认为无民事行为能力、限制民事行为能力后的相当长的一段时间内，该自然人都恒定地在法律观念上被认知为无民事行为能力、限制民事行为能力，这就使得许多想要设立个人在某些事件、某些特殊情况下的监护人的自然人无法实现这一目标，这必然无法满足成年意定监护中行为能力认定的要求，故而有待于进行更细致的考量。例如，一个患有轻度阿兹海默症的老年人，其仍有残存的个人意志。他生活自理并没有问题同时也不习惯有人照顾，所以设立监护人并没有实质必要。但是，他在作出遗产分配、[21]处置不动产等重大法律决定时，由于年老导致的智力水平、判断能力、表达能力下降等原因，可能需要监护人实施一定辅助行为来帮助其最大程度地表达个人真实意愿。但是，因为法律相关规定，他并非法定无民事行为能力、限制民事行为能力人，而且不具有依法认定的具有监护关系的监护人资格，所以这种固化的民事行为能力认定制度，使得这位老年人具有监护需求但是却并不能得以实现。

3. 不能满足意定监护中被监护人民事行为能力认定的临时性需求。依《民法总

---

〔20〕 可参见李国强："论行为能力制度和新型成年监护制度的协调——兼评《中华人民共和国民法总则》的制度安排"，载《法律科学》2017 年第 3 期。

〔21〕 具体可参见"卢某、卢某与卢某继承纠纷案"，［2015］穗中法民一终字第 438 号。

则》第 24 条的规定，我国无民事行为能力、限制民事行为能力的认定在程序方面采取宣告制度：这种制度要求自然人经过向人民法院申请、特别程序认定、公开宣告等具体程序[22]才能最终达到民事行为能力认定。人民法院特别程序宣告后，自然人属于无民事行为能力、限制民事行为能力人；当自然人被依法定程序认定为无民事行为能力、限制民事行为能力人后，才具有可以取得被监护人身份的资格。质言之，一方面，成年被监护人需要经过较长时间的申请程序才能确立自身的被监护人身份，同时一旦确立了被监护人身份后便不能随意取消。另一方面，如果适用该一般程序，意定监护中的成年被监护人仅在人民法院进行宣告后才具有相应的被监护人资格以及合法权益，如此则可能限制许多成年人取得被监护人资格。

从实践来看，宣告为无行为能力、限制民事行为能力人的特别程序历时长、申请程序繁琐，并不能及时地解决被监护人的临时或者紧急的需求。而且，即使自然人进行申请，是否被认定为无行为能力、限制民事行为能力人也具有不确定性。因为"不能完全辨认自己行为"，抑或是"不能辨认自己行为"属于具有主观判断因素的判断标准，完全依赖于法官自由裁量的结果。[23]有学者指出，如何区分"完全"及"不完全"的持续状态，以及怎样将特定时间的行为与行为人的整体状态进行联想，即便在司法实践中，亦是一大难题。[24]也正因如此，实践中，如果自然人对于设立监护人没有必然需求，一般就不会进行无民事行为能力、限制民事行为能力的宣告申请。[25]

（三）完善意定监护中被监护人民事行为能力的认定标准和程序

1. 针对成年被监护人建立精准化的单次民事行为能力认定制度。既然简单类型化的民事行为能力认定标准因其制度的固有缺陷而无法直接适用于成年意定监护中被监护人行为能力的认定，为降低原先简单类型化一刀切认定标准和程序的负面影响，更加全面、准确地协助被监护人个人意志的表达，为被监护人提供更加全面的保护，针对成年被监护人建立精准化的单次民事行为能力认定就具有相当积极意义。所谓精准化的单次民事行为能力认定制度，是指针对每一具体事件、具体行为人及

---

[22] 《民事诉讼法》第 187 条至第 190 条也规定了民事行为能力认定的具体程序。

[23] 《民通意见》第 1 条至第 23 条是对行为能力以及监护制度的具体规定，其中第 4、5、7、8 条是对精神病人行为能力的特殊规定。在行为能力资格认定方面，依第 7 条规定："当事人是否患有精神病，人民法院应当根据司法精神病学鉴定或者参照医院的诊断、鉴定确认。在不具备诊断、鉴定条件的情况下，也可以参照群众公认的当事人的精神状态认定，但应以利害关系人没有异议为限。"从该条可以看出法院对于成年被监护人是否具有被监护资格的认定，主要取决于其是否依照司法精神病学鉴定、医院的诊断、鉴定而被判定为精神病人。但是，根据社会实际需求，仅仅将被医学判定为精神病的人赋予被监护人资格是远远不够的。

[24] 蔡雄伟、袁少稳、黄富银、吴家声、汪建君："精神病人民事行为能力评定相关问题的探讨"，载《中国司法鉴定》2003 年第 2 期。

[25] 在北大法宝案例库中以"行为能力和限制行为能力"为案由进行搜索，其中涉及成年人行为能力的认定的案例相当少。

其具体精神状态来确定其在为相关法律行为时是应当评价为"无民事行为能力人""限制民事行为能力人"抑或是"完全民事行为能力人"。与此同时，为避免单次认定可能产生的不必要的成本，可以确立在被监护人的法律行为发生后再申请具体情况下的行为能力认定制度，这样可以在节约司法成本的同时为被监护人保护其合法权益提供便利。[26]

当然，以这种采用精准化的单次民事行为能力认定制度取代简单类型化的民事行为能力认定制度，并不意味着只有在发生法律纠纷的过程中，被监护人才可以得到保护。在被监护人的日常生活当中，依然适用相关其他制度的法律法规保障其合法权益，比如监护人得照顾被监护人、保护被监护人的财产、为被监护人生活尽可能提供便利等。

2. 简化意定监护中被监护人的民事行为能力认定程序。如前所述，我国对于自然人民事行为能力的认定在程序方面采用的是特别程序审核制，这一特别程序耗时较长，不利于保护意定监护中的被监护人。为此，有必要考虑简化意定监护中民事行为能力的认定程序，可以充分保障被监护人的合法权益。

具体而言，简化意定监护中民事行为能力的认定程序主要有两种方法：一种是直接废除在意定监护制度中以民事行为能力为依据的被监护人资格认定；另一种是在原有民事行为能力认定的程序设置上进行简化。第一种方式相对比较简单、直接，具体缘由本文在之后的"余论"中予以说明。第二种方式相对间接，在保留民事行为能力认定制度的基础上，通过简化目前民事行为能力认定所应用的特别程序，如建立法官同被监护人的直接沟通渠道、医学精神状态认定网络化、缩短特别程序法定最长期限等，以保护被监护人的合法权益、节约司法成本，同时实现设置意定监护制度的宗旨。

笔者认为，上述两种方法可以选择其中之一。总体而言，民事行为能力认定制度的确存在自身的制度价值，同时在合同法等其他领域也能很好地发挥制度效应。因此，即便前述第一种简化意定监护中民事行为能力认定程序的"直接废除法"，废除的范围并非涉及所有应用民事行为能力认定制度的法律领域，而仅是在成年意定监护制度中不再简单运用民事行为能力认定的一般程序。

四、余论：将启动监护人履行监护职责的条件与被监护人和监护人范围的扩大进行有机衔接

如前所述，《民法总则》规定的启动监护人履行监护职责的条件是被监护人"丧失或部分丧失民事行为能力"，而目前的是否丧失或者部分丧失民事行为能力的判断标

---

[26] 不合理的加大成本可能会因经济上的考量而使得规则不被遵从。正如波斯纳所言，任何法律条款的正当性都必须以经济上的合理性为基础；一个资源稀缺的世界里，浪费资源不可能获得正当评价。参见 [美] 理查德·A. 波斯纳：《法律的经济分析》，蒋兆康译，中国大百科全书出版社 1997 年版，第 20 页。

准为"不能辨认或者不能完全辨认自己行为"。正如有学者所言，任何民法制度的设计，必然在一定程度上反映了社会生活对法律规则的需求，体现一定的制度价值。[27] 监护制度的目的是保护被监护人的财产、对被监护人进行照顾并协助被监护人完成个人意志的表达，而且为智力上有障碍的人设立监护制度以协助其参与到社会正常的生产、生活当中已经是当今各国和地区通行的做法。[28] 但是，针对身体上具有严重障碍，尤其是不能完全自由行动的人，比如半身不遂、瘫痪、截肢等症状，法律同样应当通过监护制度给予协助其实施法律行为、参与社会生活的平台。因为智力残疾的人同身体残疾的人同样都在参与社会生活的过程当中受到了一定程度的阻碍，有些阻碍的严重程度已经等同智力障碍。

进入 21 世纪以来，各国和地区的人口老龄化趋势日益明显。为此，不少大陆法系国家和地区针对成年监护制度的适用对象都有一定程度的扩张趋势。如《德国民法典》将成年被监护人的范围概括性地规定为因心灵残疾、心理残疾或者身体、精神上残疾而不能独立处理事务的成年人。[29] 有德国学者将此归结为：其最大特点"在于行为能力从照管制度中逸出，被照管人的意思能力得到最大化支持"。[30]《法国民法典》将成年被监护人的范围规定在不能准确表达自己的意思、被医疗认定为精神或者身体官能损坏、无法自行保障自己利益的成年人。[31] 此外，日本、韩国的成年监护制度也"剪断了监护与行为能力的关联"，承认社会生活、社会现实的复杂性，而构造出新的现代成年监护制度。[32]

对于意定监护，《民法总则》第 33 条已经扩大了意定监护中被监护人的范围为"成年人"，这一范围的扩大有着深刻的历史背景。我国自 20 世纪 70 年代实行计划生育政策，降低了人口出生率，同时伴随着医疗水平的提升，人口平均寿命也有显著提升。这两项因素均促使老龄人口在总人口比数的增加：据数据显示，2015 年 60

---

[27] 戴孟勇："先买权的若干理论问题"，载《清华大学学报（哲学社会科学版）》2001 年第 1 期。

[28] 参见段东升："《民法总则》编纂与我国成年监护制度之重塑"，载《知与行》2017 年第 1 期。

[29] 《德国民法典》第 1896 条第 1 款规定："成年人因心理疾患或身体上、精神上或心灵上的残疾而完全或部分地不能处理其事务的，照管法院根据该成年人的申请或依职权为其选任一个照管人。该项申请也可以由无行为能力人提出。以成年人因身体上的残疾而不能处理其事务为限，仅得根据该成年人的申请为其选任照管人，但该成年人不能表明其意思的除外。"参见《德国民法典》，陈卫佐译，法律出版社 2010 年版。

[30] ［德］汉斯·布洛克斯、沃尔夫·迪特里希·瓦尔克：《德国民法总论》，张艳译，中国人民大学出版社 2014 年版，第 122 - 123 页。

[31] 参见《法国民法典》第 1 卷"人法"第十章的规定。一个有趣的现象是，早在罗马法的《十二铜表法》中就将疯子和浪荡子作为监护对象（参见《十二铜表法》第五表"监护法"第 7 条 A 之规定。可参见《世界著名法典汉译丛书》编委会：《十二铜表法》，法律出版社 2000 年版，第 18 页）；至优士丁尼时期，成年人被监护的范围进一步扩大至弱智者、聋者、哑者、患慢性病者和 70 岁以上的老年人（可参见［古罗马］优士丁尼：《法学阶梯》，徐国栋译，中国政法大学出版社 2005 年版，第 87 页）。由此可以发现，近代成年监护制度适用的范围反倒有所限缩，这种现象又至现代又开始改观。

[32] 参见李昊："大陆法系国家（地区）成人年监护制度改革简论"，载《环球法律评论》2013 年第 1 期。

岁及以上人口达 2.22 亿人，占总人口的 16.5%。预计到 2020 年，老年人口达 2.48 亿人，老龄化水平达到 17.17%，其中 80 岁以上老年人口将达到 3067 万人；2025 年，60 岁以上人口将达 3 亿，中国成为超老龄型国家。[33] 数据仅仅反应的是老龄人口的增长趋势，这种增长趋势预示着社会对于较高监护需求。

在这种背景下，我国立法除了应当为精神上具有障碍的成年人依法提供监护保护的同时，身体残疾的人也应当涵盖在监护制度中予以提供保护。尤其立法没有必要刻意强制将这一类人排除在适用范围之外，至少应该保留一定的灵活性。为此，建议《民法总则》第 33 条对于启动监护人履行监护职责的条件的规定，除"该成年人丧失或者部分丧失民事行为能力时"外，再加上"或者出现当事人之间约定的其他情形时"。

---

〔33〕 智研咨询集团：《2017—2022 年中国养老行业现状分析及投资战略研究报告》（2016 年版），载 http://www.chyxx.com/buy/451914.html，最后访问日期：2018 年 8 月 29 日。

法律事实、法律上的行为和法律行为

◉ ［意］Enrico Gabrielli * 著

陈 冉** 译

一、中国在编民法典总则部分

中华人民共和国民法典编纂项目的第一编，以"民法总则"为名。从现今的规定架构来看，其中的安排一方面采用了潘德克顿体系时期延续至今的传统区分法；另一方面，似乎也与拉丁美洲国家的民法典——特别是与最新《阿根廷民法典》的立法形式有一定的一致性。

在此，我想着重介绍一下在各国法典中，事实、行为（具有法律意义上的行为）以及法律行为在语义以及规范结构中的概念。

中国立法者将法律上的行为以及狭义的法律上的行为之间的区分安排在题为"民事权利"的第五章中，第129条规定，"民事权利可以依据民事法律行为、事实行为、法律规定的……方式取得"。

对于法律行为的规定，则是在题为"民事法律行为"的第六章之中，第133条规定"民事法律行为是民事主体通过意思表示设立、变更、终止民事法律关系的行为"。

《阿根廷民法典》第一编名为"总则"，在题为"事实和法律行为"的第四章第一节"一般规定"第257条将"fatto giuindico"定义为："根据法律规定，能够引起法律关系或法律状况的产生、变更或消灭的情况。"在其后的第259条将"atto giuridico"为："有意识的适法行为，其直接目的在于产生、变更或终止法律关系或法律情况"

这两部法典都沿用了德国民法典的基本排版，相较于一般合同的特殊组成部分，就事实、行为或法律行为设立了一般规定。

从另一个侧面，尤其是在中国民法典的编纂角度来看，得益于中国内部法律经验的影响，尽可能通过对各种思想及意见的比较，对上述概念的区别以及相应的边界重新进行了编排。

---

* 恩利科·伽布列里（Enrico Gabrielli），意大利罗马第二大学法学院教授。
** 陈冉，中国政法大学法律硕士学院2016级硕士研究生。

二、法律事实和狭义的法律上的行为——意思的不同作用

法律事实及法律上的行为在法律活动的范围中有所区别。

在民法典的术语中，与"事实"并列的还有其它概念：契约和行为（《意大利民法典》第 1173 条）。

"事实"指的是所有自然的、物质的或人为的会相继导致现实发生变化的事件。

当因事实的发生、现实的改变而引起了某种法律状况时，该事实则会被认定为法律事实，[1]即被认为是某种法律状况的起因，而这种法律状况则被认为是由该事实引发的结果。[2]

因此，法律事实指的是能够产生相关法律状况的自然的、人为的事实。

法律事实从数量上看，可以说是无限多的，在特点和性质上也是多样化的，对此难以形成统一的学说[3]和分类，但所有法律事实都有一个共同特点，即其产生的后果都将依据法律规范进行评价，根据弗里德里希·冯·萨维尼的定义[4]，它们是"导致法律关系产生和消灭的事件"。

事实，在作为一个法律规定的特定事件的形成原因时，就获得了"法律事实"这一专业名称。

并非所有产生法律效果的单一或系列事实都能称之为法律事实，为了能称之为法律事实，需要其首先能产生特定的法律效果，其次是该事实的发生需要一个或者多个事实，这些事实可以区分为简单的或者复杂的。

对其加以区分的重要性在于，组成情况复杂的法律事实的事实，是依据想要达到某种结果的目的论协调的，在这之间有一个事实会显示出其主要地位，其他在它之前或之后发生的作为补充的事实则会被忽略。

此外，如果为了完整地形成一个事件，产生它的事实要根据一个功能单一的序列来逐步实现，该序列随着时间的推移逐步通过逻辑和时间的次序组合而实现，法律事实因而就被认定为是渐进式的。

法律事实可以根据一些权威学说理论[5]划分的不同标准进行分类，既可以从其客观性质进行划分，也可以从法律规范考虑和评估它们的方式进行区分，基本上是依据法律赋予产生这些事实中人类行为的重要性来区分的。

从其性质的角度来看，可以将法律事实进行下列区分：

---

〔1〕 参见 C. Ferrini, *Manuale di Pandette*, 2a ed. , Milano, 1904, p. 136.

〔2〕 R. Sacco, "Il Fatto, l'Atto, il Negozio", *Tratt. di dir. civ.* diretto da Sacco, Torino, 2005, p. 10.

〔3〕 C. Ferrini, *Manuale di Pandette*, cit. , p. 36.

〔4〕 F. C. Savigny, *Sistema del Diritto Attuale Romano*, 1840.

〔5〕 E. Betti, "Teoria Generale del Negozio Giuridico", *Tratt. di dir. civ.* , diretto da F. Vassalli, Torino, 2a ed. , 1950, p. 8. ; P. Rescigno, "Voce Atto Giuridico", *Enc. Treccani*, Roma, 1988, 1 ss. ; F. Galgano, "Il Negozio Giuridico", *Tratt. di dir. civ. e comm.* dir. da Cicu Messineo Mengoni, 2a ed. , Milano, 2002, p. 3.

（1）狭义的事件和事实性状态，此划分依据的是该事实是在瞬时的事件中完成的，还是或多或少展现了一定的持续性；

（2）积极事实或消极事实，这取决于在预先明确的情况下，它们会改变（即作为）还是不会改变（即不作为）事物的当前状态；

（3）瞬间事实或长期事实，依据事实是否处于随时间推进而发生的事件或情况中；

（4）单一事实和复合事实，依据事实存在于一个单一事件中，还是由多个相关联事件中共存或相继发生的多个元素组成。

在法律规范对法律事实的定性中，事实可以分为：狭义的法律事实和法律上的行为；合法行为以及不法行为。

狭义的法律事实与法律上的行为的区别是人的意思相对于效力的重要性有所不同。

就狭义上的法律事实，法律只会客观地去衡量该事实、自然现象或者产生它的人之行为，而撇开不论是否存在相应的人类意志，或者即便法律规范会考虑外在的人意思表现，也不会关注人的行为本身，而是会考虑其所引发的事实结果，即上述这种人的行为或表现对事先存在的状态进行的客观修正。[6]

因而狭义的法律事实的范畴包括：

（1）不因人类而发生的自然事实（例如财产的原始取得，《意大利民法典》第941条之淤积地；第944条之冲刷地；第934条之自然形成或人为的添附，诸如播种或种植，种植土地所有人取得财产是由于植物在土地生长，植物的根扎在土壤里的事实而非人之意志因素的影响，也就是说通过播种生产或者嫁接种植的植物是完全独立的，土地所有人甚至完全可以通过风吹来的种子实现水果或者植物的收获）；

（2）人为引起的事实，但也可以不因人为而发生（例如《意大利民法典》第940条的解释中所述，事物因本质或实质上的转化而变成另一件新事物，而不仅仅是加工者单方的意志决定了新事物的获得）；[7]

（3）可归因于人类意志，也可以不依靠该意志的事实。限定这些事实时对主体的行为能力及精神状态均不设限，也就是说行为人不需为了产生相应的法律效力而具备相应的意志和意识，[8]仅需要事实上的人类活动即可实现。（例如《意大利民法典》第927条及后续条款中拾得遗失物的情况、第939条组合与混合、第1140条占有、第1062条之家父指定）。[9]

---

〔6〕 E. Betti, "Teoria Generale del Negozio Giuridico", *Tratt. di dir. civ.*, diretto da F. Vassalli, Torino, 2a ed., pp. 8 – 9.

〔7〕 E. Betti, "Teoria Generale del Negozio Giuridico", *Tratt. di dir. civ.*, diretto da F. Vassalli, Torino, 2a ed., p. 9.

〔8〕 F. Santoro Passarelli, *Dottrine Generali del Diritto Civile*, Napoli, rist. 9a ed., Napoli, 1976, p. 107.

〔9〕 P. Rescigno, *Manuale del Diritto Privato Italiano*, Napoli, 11a ed., 1997, pp. 286 – 287.

根据上述学理，时间和地点不属于法律事实的范畴。

事实上，这两者的关系都是一样的，即事实存在的一种方式，它们本身并不是事实。[10] 尽管产生法律效果的每个事实或事件都必然发生在某个时间或空间维度内，从而固定了其时间参照和地点界限，然而，这并不能证明将这两个要素（时间和地点）单独认定为"法律事实"是合理的，即使它们有些遵循了事实的实现方式或实现架构（例如《意大利民法典》债法部分中第 1182 条及其后相关条款对履行时间和地点的规定，或者第 1158 条及其后相关条款对财产取得方式的规定，或者第 2934 条及其后相关条款对权利消灭的规定）。[11]

因此狭义的法律事实对应有自然事实，或者有意志的人的行为，这些事实依据其构造又细分为积极事实、要素事实、消极事实或阻碍事实，或者消除事实，这些事实的实现和所产生的效果之间都存在有因果关系。

这种事实——事件——（由该事实的发生而产生的）效果之间的因果关系的存在使得法律所预见的后果会自动因遵循该关系而实现。在事实是人之行为的情况下，这种关系使法律效果的出现独立于引起该事实的人（行为人）的行为能力、精神状态以及对行为的意思与认知。

三、狭义的法律事实和法律上的行为——行为的意思及对效果的认知

有意志的人的行为既可能会形成狭义的法律事实也可能形成法律上的行为。

二者之间区分及定性的标准不仅仅在于行为人完成特定行为的意思，而且在于实施该行为的意思以及对相继产生的效果有所认知。

就某个单纯的人的行为而言，如果行为人只有实施该行为的精神上的意思，但缺乏对法律规范所规定的因该事实会相继产生的法律效果的认知，则该单纯的行为就不足以成为法律上的行为。

因此，对于法律上的行为，法律规范始终会将人自身的行为表现以及相应的意志因素考虑在内，法律上的行为通过预先设立的因果关系或行为的内容发挥作用。在将其与相应的法律效果联系时，法律一方面从支配行为人实施该行为或表现时的意思，另一方面从对事实或行为通常会产生的对应效果的认知来进行评估。

事实上，法律上的行为是一种由人的行为组成的法律事实，它是主体有意思想要实施的行为，这其中需要呈现两个要素：实施该行为的行动意思（狭义的法律上的行为或者非法律行为）和对法律规范会加以评价的由该行为或表现引起的法律效果的认知（法律行为）。[12]

---

[10] F. Santoro Passarelli, *Dottrine Generali del Diritto Civile*, Napoli, rist. 9a ed., Napoli, 1976, p. 111.

[11] P. Rescigno, *Manuale del Diritto Privato Italiano*, Napoli, 11a ed., 1997, pp. 286 - 287.

[12] 参见 F. Vassalli, *Sommario delle Lezioni sulla Teoria dei Negozi Giuridici*, Roma, 1934, p. 5. 法律行为被列入权利的设立、变更与消灭的理论中。是一个旨在对既存的法律状态做出改变的事件，也即"法律事实"。

20 世纪初的意大利的学理，尤其是在受德国的研究影响之后，试图构建法律上的行为的分类体系，以将其与法律行为区分开来，该学说认为将诸如私法自治行为认作法律规定的合法行为，进而适用法律行为中关于行为能力与意思自治的法律要求是不适宜的。[13]

因此开始对一方面的狭义的法律上的行为（或者说是非法律行为）和另一方面的广义的法律上的行为，或者说法律行为加以区分。这种区分的依据在于判断能力与意思能力（《意大利民法典》第 2046 条中的要素）和行为中的精神要素，即对事实的认知以及意思几者重要性上的不同。

在某种意义上说，如果法律上行为的法律效果同狭义的法律事实的效果一样不是由私人的意思决定的，而仅仅是由法律规定的，那么法律规定同样使得效果的产生取决于对事实的认知和意思因素。后两个元素是主体内心的精神状态而非法律事实，但有助于根据内部要素的重要性来认定主体实施的事实，从而变成法律上的行为。

对于狭义的法律上的行为的框定，必须考虑到主体的行为能力以及行为意思之精神因素，因此要在对实施行为之时的主体判断能力与意思能力的限制内加以考量，而不是自认为针对法律行为的规则也适用于此，相反法律对法律行为提出了比实施行为的单纯意思更进一步的、更有深度的认知要求。

因此，有必要对行为能力提出最低的偶然性的要求，以便事实能被认为是由对行为性质而非对其法律后果有认知的单纯意志所导致的。事实上，人们认为在狭义的法律上的行为中，主体的意思可以限于对该行为的内容的认识，而不需要其对行为所造成的效果有完整的展现和认知。

在狭义的法律上的行为中，存在着行为之意思的标准，但缺少对该行为的实施者的可归责性的标准。[14]

因此，非法律行为必须以单纯的意思表示为前提，由行为时有判断能力与意思能力的主体做出，但不要求对该表示会引起的法律效果有认知与意志：因为界限和范围不确定，《意大利民法典》第 1191 条所规定之债的给付也被划到此类别中，法律对该行为没有行为能力的要求；以及所谓的参与或沟通的行为也被划分进来，具体来讲就是通知（《意大利民法典》第 1264 条），异议（《意大利民法典》第 1180 条第 2 款），催告（《意大利民法典》第 1454 条），告知（《意大利民法典》第 1780 条第 1 款）。

事实上，在狭义的法律上的行为中，行为实施者的意思仅仅是将行为付诸行动。由此得出，行为引起的法律效果并不取决于行为主体的意思，而只取决于法律的规定，在应对这些效果时，无需考虑到行为人的意图，而只考虑行为自身。

---

[13] P. Rescigno, *Manuale del Diritto Privato Italiano*, Napoli, 11a ed., 1997, p. 288.

[14] F. Santoro Passarelli, *Dottrine Generali del Diritto Civile*, Napoli, rist. 9a ed., Napoli, 1976, pp. 110 – 111.

至于行为的单纯意思要素，所涉及的是一项要求，法律根据行为的形式与方式，强制而明确地规定了其与某些具体行为之间专门的、充分的关联性，会自动将其与相关效果的产生固定关联在一起，这同在一些自治行为中出现的一样。

在逻辑层面上，受否认行为之契约性分类的影响，即使存在意思表示，也仅能为债的履行和义务行为做解释。

然而，对于前者而言，单纯的义务履行活动对应的是一个特定的主体，该主体无行为能力（《意大利民法典》第1191条）和缺乏处分权利（《意大利民法典》第1192条）的情况最终无关紧要。此外，对于转移财产或其他权利的行为，或在要物合同中交付或转移物品的情况，履行始终保持着其对先前义务的单纯执行的性质，因此从未获得某种利益所规定的价值：在第一种情况下，财产或权利转移的效力，已经通过单纯的执行行为实现了（《意大利民法典》第1376条）；在第二种情况下，要物合同中交付物的行为只是履行契约中设立的交付（或移交）合同标的物的在先义务。

法律行为，即是主体有意志并有认知的行为，必须以对所实施行为以及行为所产生的法律效果均有意志为前提。

因此狭义的法律上的行为（或者非法律行为）和法律上的行为之间的区分是有道理的，因为它基于法律规范考虑和评价某一个特定事实或案例的不同方式，也因此是基于法律规范赋予不同时候的行为精神因素，即单纯的行为意思（指的是狭义的法律上的行为或者非法律行为）所赋予的不同的重要性；或行为实施者对行为所要引发的法律效果的认知（指的是法律行为）。

这一学说论证了此种效果意思的构造，质疑其是对意欲达到的实际结果的意思（所谓的实证意思），还是对某种确定的法律效果的直接意思（所谓的法律意图）。在此主要体现的是第一种意义上的意思，既是因为行为人对能引起的法律效果不总是完全认知的，但对实际结果的实现只要是有利益因素的驱动；也是因为考虑到因某一行为或举动而产生的效果，其法律性质以及确定是由国家法律而不是由实施该行为的个人决定的。

然而，并非所有人都认同上述结论，因为尽管当事人的实际意图普遍存在，反对法律意图无关性的人指出，即便行为主体的实际意图是普遍存在的，但私人自治行为的创造性不能撇开行为主体对法律效果的认知，即希望通过实际产生的结果实现其个人所认为的，法律规范对该行为或关系规定的效果。

因而在众多学说中，法律行为被依据无数种标准进行归类并加以区分，但这些标准仍难以对法律行为的类别进行明确的划分。主要在于较之一般契约自治行为，某些具体的行为对行为能力与行为年龄有着不一样的要求。法律对所有合法行为，除了明确规定的部分（《意大利民法典》第2条第1款），都要求具备法定的行为能力。

在此影响下，最终使法律行为内部再次形成极其不同的种类，使得类别的归属范围模糊化、界限多变化。

此外，该观点与法律要求具备行为能力的自治行为体系之主干形成了鲜明对比。[15]

在此仅对一些被接受的标准加以阐述，这些区分[16]考虑到了，诸如，行为人的客观行为或主观状态，同样适用于适法行为（即不与法律规定相冲突的行为）、违法行为（即对第三人造成损害，或者法律规定对其予以否定评价并谴责的行为）和有损害的适法行为（即虽然在法律范围内造成损耗，但由于法律规定中偶然的原因，仍被认定为合法的，因此被法律允许、甚至是要求的行为，比如屠宰感染传染病或受到影响的牲畜的情况）。

此外，适法行为又区分为义务性行为和补偿性行为（包括在债务履行之中）；对外部事实产生改变的运作（即事实行为、要物行为、表现行为）；属于言语事实的表示也即向第三人展露内心意思表示或内部意志的直接的法律上的行为，然而，行为人对科学事实的表示不形成或表示会产生特定法律效果的意愿之意思，而是对其或第三人知晓的事实进行通报，也即描述的是表示人承认已经见过或知晓的情况与事实。

因此，行为人表述科学事实，内心存在的是一个做表示的意志；而在法律上的行为中则是对自身意志的表示。

此外，这些行为在结构层面上还能区分为单个行为、关联行为（当被认为是意志之表示的多个行为的目的在于表达一个联合体组织的集体意志时）或复合行为（当多个个体意志都旨在实现一个共同目的，而结合起来表达单一意志的也即一个单一的集体性表达）。

四、潘德克顿法学派和作为意思表示的法律行为

法律上的行为中包括法律行为和契约。

法律行为是私法自治的行为，是在相应经济社会关系领域内，私主体设立自我规制之权力的一种表现形式。

其概念，作为财产性质的单方行为与一般契约行为的整体逻辑、内容之体现，展示了法律规范对私权力根据自身价值及基本原则做出的意思表示的认可，法律规范对该行为引起的效果之相关性会做出积极评价。

《意大利民法典》在其体系架构中并未提及法律行为，而仅有契约（《意大利民法典》第1321条）和生前财产行为（《意大利民法典》第1324条），并将契约定义为"两个或以上主体为了设立、变更或消灭其间财产法律关系的合意"。

如此在规范体系中引入契约之概念，根本上是作为债的渊源（《意大利民法典》

---

[15] P. Rescigno, "Appunti sull'Autonomia Negoziale", AA. VV., *Categorie Giuridiche e Rapporti Sociali*, Roma, 1978, p. 129.

[16] 参见 V. Scialoja, *Negozi Giuridici. Corso di Diritto Romano*, Roma, 4a rist., 1938, 22 ss.; F. Vassalli, *Sommario delle Lezioni sulla Teoria dei Negozi Giuridici*, Roma, 1934, p. 6; E. Betti, "Teoria Generale del Negozio Giuridico", *Tratt. di dir. civ.*, diretto da F. Vassalli, Torino, 2a ed., p. 11; L. Cariota Ferrara, *Il Negozio Giuridico nel Diritto Italiano*, Napoli, s. d., 38 ss..

第 1173 条），也是作为财富流通的工具，《意大利民法典》根据 1942 年法典编纂的主导思想以及拿破仑法典的安排延伸而来的概念体系如此被构建起来。

这一概念所依据的债之关系，突出了契约财产性的基本特征，从而将婚姻制度排除在外。也因此不会否认法律行为构造的体系合法性，所展现的是一个纯粹教条式的创造。

法律行为理论是 19 世纪法律科学领域的丰硕成果，尤其是以潘德克顿为名的德国文化思潮的成果，该学派提出对源于罗马法的德国私法体系进行系统规划。

法律行为的概念是作为资产阶级的表达产生，并逐步发展的。资产阶级的兴新源于法国大革命，并在对个体意志权利的认可进程之中发展起来，因而也是法律主体以及主观权利理论的体现。

潘德克顿法学派是体系化的狂热追求者，并且凭借其享有的权威，影响了至今为止的整个法学界。然而，潘德克顿法学派没能将体系的历史化，以及对法律规定中存在的结构、功能以及逻辑上的关联性进行充分发掘。通过将法律的各个单一部分固定到单纯的图式中，至少今天在我们看来是独立于法律经验的具体性的，主要基于对具有历史基础的概念性模块进行的逻辑术语的转换上。

笔者认为若将体系从其背景中去除，即从特定部门或特定实定法的具体司法和历史经验剥离开来，其本身是可以进一步完善的、在此种情况下，就能产生独立于客体的、在逻辑以及方法论上可完善性的确信。

实际上，理论和认识原则的基础成为法典化了的秩序之外的、可以满足确定性的实质需求的方式。

在此背景下，法律教条主义强化了鲁道夫·冯·耶林（Rudolf von Jhering）的主观权利作为法律保护的利益，以及作为行为之保护的范畴的抽象性和概括性。相反，主体的意志成了财产性行为以及契约行为的核心要素，且从经济政治关系的角度来看，认为债之根源在于人的社会地位的体系转变成债基于意志而产生的体系，被认为并表现为从属于个人意志的自我限制的权力。

其所体现的是个体从过去的枷锁中解放，以及个人自身力量释放。

然而，伯恩哈德·温德沙伊德（Bernhard Windscheid）——潘德克顿法学派最伟大的解释者之一，称之为从身份到契约的运动［亨利·萨姆纳·梅因（Henry Sumner Maine）提出的说法］。在经济自由主义和重商主义意识形态的推动下，需要建立一种新的社会经济制度，将主观权利作为该制度的中心，理解人类宣扬的财产的概念，比如物权主观权利。因而很容易在逻辑上受到个人的关注，并且给予个人意志以适当的权力来实现合法可期望的事项。

在这个主观权利、法律行为和财产的等边三角形中，经济管理关系的逻辑也归因于个人意志。

就法律关系而言，作为人之权力，可以通过契约转让部分自身财产于他人，或更有甚者，通过设置自我责任而带来限制自身自由的结果；而财产与契约之间的联系，或更准确得说财产转让行为与债之行为之间的关系有助于法律行为概念的构建，作为设立法律效果的意志的力量或者至少是设置自我责任的意志，在逻辑上与处置财产的权力相连接。

伯恩哈德·温德沙伊德在其 1882 年名为《学说汇纂教科书》[17]的巨著中写道：

> 法律行为是私人的意思表示，旨在产生法律效果。
>
> 法律行为是意思表示，通过表明意思，进而引起一个法律效果，法律规定也使得该法律效果产生，因此是法律行为的实施者所希望的。
>
> 法律行为是私人的意思表示，法律行为的实施者（做出行为时）不行使公共权力。
>
> 法律行为旨在产生某种法律效果。法律行为的最终目的总是设立、消灭、变更某种权利（或者某些权利），但并不需要该法律行为即刻就能设立、变更或消灭某种权利。
>
> 法律行为旨在产生某种法律效果。法律行为实际产生的以及即刻产生所期望的法律效果，不属于法律行为的概念范畴。

对潘德克顿法学思维的体系化的吸收，促使对法律行为分类的再次关注，很多私法的基本原则都既适用于生前行为（单方行为、双方行为、多方行为以及契约）也适用于死因行为（遗嘱）。即便在没有契约之财产特征的婚姻之中，也显示了法律行为的其他典型特性：产生事实效果以及法律效果的有意识的意思表示，在第三人中产生的确信表示，法律规定对此将对应的法律效果以及单方或双方的意志相对应，只要后者根据法律规定的基本原则和价值是值得保护的即可。

五、法律行为的理论与意识形态：主观理论

在法律行为理论和意识形态领域，将法律行为的本质归于行为人的主观意愿的主观学派，与相比内心意愿更看重意思表示的客观学派之间，引发了一场旷日持久的辩论和一段深远的思想历程[18]。客观学派尤为重视法律行为在效果层面会引起的

〔17〕 Windscheid, *Diritto delle Pandette*, trad. it. di Fadda e Bensa, rist. Torino, 1930, p. 202.

〔18〕 关于法律行为理论概念性及历史性的发展的学说有 F. Calasso, *Il Negozio Giuridico*, 2a ed., Milano, 1959, 13 ss.; B. De Giovanni, *Fatto e Valutazione nella Teoria del Negozio Giuridico*, Napoli, 1958, 3 ss.; C. Varrone, *Ideologia e Dogmatica nella Teoria del Negozio Giuridico*, Napoli, 1972, 14 ss. -cfr., anche per più ampi riferimenti, fra i contributi recenti, R. Sacco, *Il fatto*, *l'Atto*, *il Negozio*, cit., 273 ss.; G. B. Ferri, *Il Negozio Giuridico*, 2 ed., Padova, 2004, p. 69; G. B. Ferri, "Voce Negozio Giuridico", *Digesto IV*, *Disc. Priv. Sez. civ.*, 1995, p. 63; F. Galgano, "Voce Negozio Giuridico (dottrine gen.)", *Enc. dir.*, vol. XXVII, Milano, 1977, p. 936; F. Galgano, *Il Negozio Giuridico*, 2a ed., Milano, 1959, 17 ss.; V. Scalisi, *Il Negozio Giuridico tra Scienza e Diritto Positivo*, Milano, 1998, 3 ss.; G. Benedetti, *Il Diritto Comune dei Contratti e degli Atti Unilaterali tra Vivi a Contenuto Patrimoniale*, Napoli, 1997, p. 112.

结果，甚至会将接收该意思表示之第三方基于主观上对行为人意思表示的信任，而做出相应行为的事实，作为法律行为直接或间接造成的后果。

这两种理论之间的差异主要是基于二者间存在的冲突。一种思想认为意思表示应当是直接引起法律后果的原因，而另一种则认为意思表示旨在实现某一具体目标，其法律上的效果是由法律规定的。总体而言，是认定法律效果是直接由法律行为实施之单个或多个行为人的意思表示所引发的理念（所谓的动力因）和与之相反的，直接产生于法律规定的理念之间的冲突。

潘德克顿学派中盛行的是第一种理念：法律行为在法律领域实现了私人意志的创造性力量，对此，是人，也即权利主体发出命令，而法律只是遵循该命令。[19]

相反，20 世纪初的意大利学说则倾向于第二种理念：私人意志不能单独创造法律效果，它只是为了直接实现某种实际目的（也即"经验意图"），但是其成功与否需要以法律规定为准，即法律规定对私人通过意思表示所想要实现的效果是否认可。

在术语的使用上，为了概括性地综合概念的发展并为了其所提供的效用，这两种理论之间的明确区别实际上并没有对区分彼此的精确标准加以回应。因此需要对其进行限制和解释，实际上，大多数的理论主张中主观和客观两者彼此的最终状态经常是连接或重合的，这也是由其自身复杂的外观所造成的。[20]

随着时间的推移，为了强行将其纳入契约性的法律行为之列，主观理论在法律行为理论中找到了诸如意思表示的公分母，[21]并通过将法律行为的重心自内在意思转移到外在表示逐渐发展变化，也就是说不能仅凭内在意思的可辨识性加以定性。

因而表示在意思层面上应当是占主导地位的，客观上也会在接受者的认识和理解范畴产生影响。从价值层面而言，意思的表示作为一个可鉴别的社会事实既产生表示人的自我责任也会形成接受者的合理信赖。

然而，这种理论提出了意思与表示之间产生冲突的法律规制问题，在经历广泛的讨论与冲突后，除非意思的瑕疵不可归责于表示人，否则将根据自我责任的原则，基本上归因于意思之表示，强调在法律行为中要保护意思表示之相对人的合理信赖。

六、客观理论

客观理论的特点在于其概念结构中存在着更大的不同一性，倾向于将法律行为产生的效果从意思中释放出来，使其回归于法律规定之中。尽管它们的外在表述多种多样，但还是在其宣扬将法律行为效果的产生从私人意志转移到法律意志的过程中形成了共同之特征。

据此，效果被从法律行为实施者个人意志的影响范围剔除，重新被纳入法律规

---

[19] F. Vassalli, *Sommario delle Lezioni sulla Teoria dei Negozi Giuridici*, Roma, 1934, p. 9.

[20] G. B. Ferri, *Il Negozio Giuridico*, 2 ed., Padova, 2004., p. 51.

[21] 参见 G. Stolfi, *Teoria del Negozio Giuridico*, cit., p. XIII; L. Cariota Ferrara, *Il Negozio Giuridico nel Diritto Privato Italiano*, Napoli, S. d., 60 ss..

范的范围之中。故而并非所有意思的表示都能象征法律行为，只有根据法律规定可以对应到相应的原因的才是法律行为的象征。

根据此理论，法律行为就成了法律规定提供给个体以产生法律效果的手段。

事实上，法律效果不是通过私人的意志，而是因为法律意志而实现的，从以汉斯·凯尔森为主要代表所提倡的"法律规范"的视角来看，法律行为的根源在于基础规定（即所谓的 Grundnorm），它支配并维系着整个法律制度体系，它的规定授权私主体采取适当的行为以产生具有法律约束力的效果。

因此，法律行为即是一个工具，法律规定也就是部门法通过其使得权利主体或者大多数主体得以对物质现实做出改变，因此法律行为的实施者只意在产生实践上的目的效果，而非法律效果。

因此在法律行为的结构构造中开始对法律行为的功能性也即原因性加以承认。

将法律行为视为法律规范所认可的，以满足某种具体利益之行为，也即视为一种准则、一种私法规则的思维，推动并指引着解释者在另一个方向进行更进一步思考。将法律行为置于工具的维度，作为私主体用来实现自身利益的手段进行研究，在此意义上，法律行为体现出对行为人利益的约束性特征，无论是在单个主体，诸如遗嘱，还是在两个或多个主体之间，诸如在婚姻或者在契约之中。

在此视角下，法律行为在部分学说中被根据"法律事实"（诸如事实或法律上的行为）的逻辑框架加以研究。

法律行为也就成为各个要素、假设以及要求的集合，这些是产生各方当事人所欲实现的效果所必需的效力要件。为了满足效力要求，法律行为的结构维度超过了基本要素，使得法律行为的双重概念得以产生，即作为意思的表示，或者契约性行为以及作为复杂的契约性法律事实。

对将法律行为看作法律事实理论的批判，主要是反对将其重点置于意志这个本质要素之上，也即将法律行为称为产生法律效果的意思表示的概念。该概念被权威学说定义为是"乏味无色的，受到'意志教条'的启发"。[22]

法律事实理论的修正所采取的角度，是一个将法律行为看作存在于表示、存在于简单的行为表现之中的行为的角度。

在此意义上，法律行为应当满足可识别性的要求，应当是一个为满足行为实施者的具体利益的可识别的社会性事实，符合基本的"私法自治原则"，依据法律规定具有效力。因而，可以迅速解释既定规范下会产生的效果，这正是法律行为的功能，也是效果之原因。

因此，法律将此原因认定为法律行为的正当理由，并将其认定为构成以及产生对应的确定的法律效果以及现实效果的指导标准。

---

〔22〕 E. Betti, "Teoria Generale del Negozio Giuridico", *Tratt. di dir. civ.*, diretto da F. Vassalli, Torino, 2a ed., p. 52.

实际上，法律行为的效果是由法律规范根据该行为的功能规定的，根据这个理论，法律行为基本上是"为了实施者具体利益的制定法、一项规定、一种私法自治规则"，[23]法律规定授予私主体、权利主体并承认的一项权力，允许私主体创造规范自身具体利益的自治规则、创造具有法律约束力和物质效果的规则，这种权力体现在通过这种权力的行使可以对客观现实进行改变。

因此被称为法律行为的教条式框架（所谓的规则理论）在观点上引起了转变，从强调合意在法律行为意思与表示结构中之重要性的主观心理转换到强调客观功能性。后者中，法律行为呈现出其作为通过法律效果调整私主体间利益、关系之工具性特征。

但是，上述理论并不主张通过规范将法律行为的特性加以确认，而是倾向于保持法律行为的概念、效力等同法律规范之间的差异。只想强调法律行为正是因法律的强制性而呈现出了规则的重要性，其内容被认为是一个基础规范，后续的关系都需要在此基础上予以评价。

因此法律行为并不构成一个自身具有束缚力量的规范，但由于法律规范承认并赋予其重要性而成为一项有约束力的调整性规则。

法律行为是对私人利益自治的行为。[24]

事实上，法律规范，作为唯一具有排他性法律资格的根源，根据其正确评价并根据其基本原则对法律行为进行评估，会就各方当事人形成的规则授予相对应的效果。

七、作为"私人自治行为"的法律行为

法律行为是一种私人自治行为。

也就是说，这是一种私主体对其自身利益直接而具体的自我规治规则，约束行为主体，并由法律规范进行评价。

如果其结果是积极的，即被法律规范认定为是值得实现的。法律将法律行为解释为为自治规则，通过其在法律效果上形成一种有约束力的法律关系，这些法律效果是各方当事人已预先确定并希望通过单个或多个法律行为得以实现的。

然而，需要进一步明确法律行为与法律规范之间的关系，更准确地说是二者之间的冲突，这些冲突通过不同的解释和渐进的学说逐渐发展。在任何情况下都不能也不应该根据一个具体法律事实（法律行为）和抽象法律事实（法律制度的原则）之间的严格对立来理解，而是要从授权、从对结果以及法律规范所规定的效果的合法化判断、从纯粹的承认以及法律规范对法律行为的认可来理解。

法律行为和国家法律规范各自采用两套不同的逻辑：法律行为的逻辑主要针对

---

[23] E. Betti, "Teoria Generale del Negozio Giuridico", *Tratt. di dir. civ.*, diretto da F. Vassalli, Torino, 2a ed., p. 51.

[24] R. Scognamiglio, *Contributo alla Teoria del Negozio Giuridico*, 2a ed., Napoli, 1969, p. 104.

的是私主体的利益；法律规范总体上则是国家主权原则的体现。

因此，法律行为和法律规范表达了两种不同的价值观：即私法自由和法律规范的权威。

在某些方面，两者原始的、独立的以及注定的价值从功能上来说，在它们所基于的并产生特色的逻辑层面上是彼此不相干的。[25]

事实上法律规范规定了一套必须遵守和尊重的规则和原则，以便法律行为对注定要实现的法律效果，可以获得只有法律能够保证的确定性和约束性。

另一方面，私主体通过法律行为这一工具来实现个人目的，实质上是私法自治的行为，既是为了实现事实效果（所谓的经验），也是为了实现法律行为的法律效果，仅有国家法律规定能够落实并认定该效果的法律资格。

因此，根据某一权威学说，从辩证的关系来看，在契约性规则所包含的价值与法律规范体系所表现的价值之间的兼容性确定中，两个术语之间并不必然会出现孰高孰低的结果。法律行为这一私法自治行为本质上被认为是一种"国家法律规定所评定的价值"。[26]

因此自由和权威，也即私人的意志与法律的意志这两个相对应的术语，注定会在兼容性的标准上有所交集并相互对抗。从历史上看，资格标准、价值标准以及衡量标准会根据国家法律规范的价值体现、具体的法律实践、经济社会现实的变化而变化。在此情况下，法律行为是各方当事人在双重视野下想要实施的，当事人进行私法自治、规范自身利益的能力，也是对行为主体以及与法律行为有关系或者有冲突的任何第三方产生具有法律约束力的效果之渊源。

法律行为理论，建立在一定的法律经验之上，并伴随历史、经济和社会的演进逐步发展，最终在时间的推移中失去或者多少衰减其原始概念及体系上的中心性，在某种程度上新近的思维必然会否定原始概念的效力及中心性。[27]

在理论以及教义的发展历程中，法律行为展现的是一个美好且难以忘却的概念性创造，1942年的意大利民法典不同于今天中国民法典的选择，没有将其在具体的立法中提及，而是将契约（《意大利民法典》第1321条）及行为（《意大利民法典》第1324条）的范畴安排在私法自治行为的一般法律规则中。

法律行为的范畴，即便以概念的抽象性及概念的相对性为特征[28]，但相比于其

[25] G. B. Ferri, "Voce Negozio Giuridico", *Digesto IV*, *Disc. Priv. Sez. civ.*, 1995, pp. 73–74.

[26] G. B. Ferri, *Il Negozio Giuridico*, 2. ed., Padova, 2004., p. 69; G. B. Ferri., "Voce Negozio giuridico", *Digesto IV*, *Disc. Priv. Sez. civ.*, 1995, p. 74.

[27] F. Galgano, *Il Negozio Giuridico*, 2a ed., Milano, 1959, 15 ss. e 27 ss..

[28] F. Vassalli, *Sommario delle Lezioni sulla Teoria dei Negozi Giuridici*, Roma, 1934, p. 4, "法律行为的理论是一个抽象而来的科学构造；从成文法所规定的单一领域（契约、遗嘱、婚姻、收养等等）中抽象概括制定了适用领域更广泛的共同法律规定"。

他结构仍保有其持续性的效用，不仅仅是因为其历史层面的意义[29]，还因为其通过私人自治行为表达以及体现出的效力性，并因之被作为"逻辑范畴"。[30]此外，法律行为还展示了在语义及名义层面上的吸引力和在法律概念体系中突出的意义。

事实上，契约的准则正是使用了与法律行为范畴相关的概念和逻辑安排，因此，如果在分类层面上没有其它内容，法律行为的概念就显得很重要。作为对契约以及私人自治行为共同的限定框架，正如《意大利民法典》第1324条的适用范围一样，将一些特定的现象，其中不乏具有新颖性，具有相同的功能、结构以及特性的现象归入一个共同的概念分母之下。

八、中国在编民法典中的法律行为和"单纯主观论"

然而，在中国的民法典中似乎并没有对法律行为理论从概念以及体系构造上进行复杂研讨的痕迹。它仍停留在19世纪的最初理念中，将意思作为管理私人自治行为唯一因素。具体体现在《民法总则》第六章第二节"意思表示"中，另外同章第一节"一般规定"（第133条、第134条）对其也有规定。

事实上，法律行为被描述为旨在影响法律关系的一般"意思表示"，同时，中国《民法总则》（第134条及后续相关条款）的所有规定围绕的都是作为法律行为本质的意思因素，让人不禁回想起某些曾经启发了早期潘德克顿法律行为理论的"意志教条"。

因此，中国立法者所采取的观点仅仅是一种意思性质的观点：事实上缺少对法律行为基本要素全面的分析性的规定。较欧洲法律长时间关注的，诸如原因性及客体性的因素则更少；"意思表示"似乎成了法律行为的本质，被进行了精准的规定，几乎囊括了立法所能规定的全部内容。

唯一一个法律行为的传统本质要素，即意思表示形式，与意思表示本身并列，很明确地被规定出来，包括"以公告方式作出"（《民法总则》第139条）和"明示或者默示作出"（《民法总则》第140条）。

同时从规范的文本中看出，中国立法者虽未说明法律行为的基本要素，却对一些"意外"因素进行了明确的规定，例如：条件和期限（第六章第四节第158条至第160条）。

而且，同样对于效力的规定（第143条至第157条）并不涵盖对法律行为所谓的"基本"要素的侵犯，只规定"具备下列条件的民事法律行为有效"，也就是指，行为人具有行为能力；意思表示真实；法律行为不违反法律、行政法规的强制性规定，不违背公序良俗。

并未提及缺少或者违反（传统意义上的）法律行为的基本要素的情况。

---

[29] F. Calasso, *Il negozio giuridico*, 2a ed., Milano, 1959, p. 25.

[30] Benedetti, *Il Diritto Comune dei Contratti e degli Atti Unilaterali tra Vivi a contenuto Patrimoniale*, Napoli, 1997, p. 112.

在法律行为的解释层面，同样受到了意思的影响。意思表示应该"按照所使用的词句，结合相关条款、行为的性质和目的、习惯以及诚信原则"。

对"无相对人的意思表示，不能完全拘泥于所使用的词句，而应当结合相关条款、行为的性质和目的、习惯以及诚实信用原则，确定行为人的真实意思"。（《民法总则》第 142 条）

只有在该条中，呈现了原因（即行为的目的）和性质（即契约的类型，可以根据《意大利民法典》第 1369 条对这些解释作出推论，其所参照的正是"契约的目的和性质"）在意思行为解释学层面上的重要性。然而这二者似乎仍不明显，因为它们被意思表示的优势地位以及吸收作用所支配。

正如上面提到的，这些传统上被列入基本框架中的要素，在中国民法典解释规则的等级中，似乎只扮演着第二等级的角色，在探寻行为人的真实意思的过程中，处于字面词句以及相关条款之后。

因此"纯粹意思主义"似乎蕴含着规范结构，以及构思、设想、组织"纯粹意思主义"自身之脉络。

在中国民法典的编纂中，行为（也就是私人的意志）与法律规定（也就是法律的意志）之间的冲突仅限于对强制性规范、公序良俗（其中再现了我们的法典中一部分）的违反。正是因为在这方面存在的一项强有力的观点，即认为意志主宰效力状况："无民事行为能力人实施的民事法律行为无效"（《民法总则》第 144 条）；"行为人与相对人虚假的意思表示实施的民事法律行为无效"（《民法总则》第 146 条）。

在如此迅速地起草、建构的草案中，中国民法典的编纂似乎更多地指向了对行为人意思的密切关注，而非意思表示在他人的信任层面上产生的反响，后者正是在交易客观性以及现行法层面上最终会产生的反响。

在思想与制度发展的历史中，这样的选择似乎重现了法律行为的"主观主义"特点，该特点曾在法律实证领域展现了一种理论与内容上的冲突立场。[31]

---

〔31〕 Francesco Calasso 写道：如果"意志的教条在法律行为的理论中得到最完整的表达"是"致命的"，那么"同样致命的"是潘德克顿法学派的落幕"开始对该逻辑归类的依据提出越来越多的疑问，这些疑问是最先冲击意思因素这个原始出发点的"。Salvatore Riccobono 也在《罗马法教程》（罗马，第 4 版，1938 年版，第 13 期）中"法律行为"的前言部分回顾了法律行为理论的理论路线，他承认："这条线路现今已经显现出来了。与意思教条的冲突、分歧一如既往地丰富多产；也因长期的全副武装抗争而越来越丰富；最终，将十分有助于深化和澄清最粗糙和最模糊的点"。

《民法总则》中决议行为法律制度的力量与弱点 *

◉王 雷**

摘要：《民法总则》将决议行为增加为民事法律行为的新类型，这是重要的立法创举，在民事法律行为制度上贡献了鲜明的"中国元素"。决议行为是多个民事主体在意思表示的基础上根据法律或者章程等规定的议事方式和表决程序为形成团体意思而作出的民事法律行为。决议行为是团体自治的工具，是民主价值观在民法商法领域的具体体现，决议行为借鉴并实践了政治哲学上民主的多数决机制和正当程序规则这两大核心要义。决议行为的民法哲学基础在于程序正义，其根本特征在于根据程序正义的要求采取多数决的意思表示形成机制。《民法总则》中的决议行为法律制度也存在需要解释完善之处，以进一步彰显决议行为团体性、程序性和内外部法律关系区分性的特点。

关键词：决议行为；民事法律行为；程序正义；团体法

引言

决议行为是从民事法律行为、多方民事法律行为和共同行为中逐渐发展出来的法律概念，属于团体法上的多方民事法律行为。我国新近民法教科书中多承认决议行为的独立性，认可决议行为具有独立于共同行为和合同行为的固有属性。[1]德国学界新近教科书也多指出："当前主流观点认为决议行为属于法律行为的一种。"[2]《民法总则》第134条正式将决议行为作为民事法律行为的新类型，连同该法第69、72、85、95条等规定，"决议"一词在《民法总则》中共出现10次。《民法总则》

---

* 本文原载于《当代法学》2018年第5期。本文系"中国政法大学优秀中青年教师培养支持计划资助项目"和中国政法大学第五批青年教师学术创新团队"民法学创新团队"的阶段性成果，还受中国政法大学"中央高校基本科研业务费专项资金资助"。

** 王雷，中国政法大学民商经济法学院副教授，博士生导师。

[1] 参见王利明主编：《民法》（第6版），中国人民大学出版社2015年版，第99页。朱庆育：《民法总论》（第2版），北京大学出版社2016年版，第137–138页。

[2] Reinhard Bork, *Allgemeiner Teil des Bürgerlichen Gesetzbuchs*, 4. Auflage, 2016 Mohr Siebeck Tübingen., Rn. 436., S. 173., Vgl. Hans Brox, Wolf-Dietrich Walker, *Allgemeiner Teil des BGB*, 32 Aufl. Carl Heymanns Verlag 2008. §5, Rn. 99–102.

第81条第2款、第94条第2款、[3]第98条、第106条还在与"决议"同等含义上使用"决定"8次。

大陆法系传统民事法律行为调整规则大多是以双方民事法律行为特别是合同行为为典型原型，对合同行为之外的决议行为等其他民事法律行为以及对身份法律行为关照回应不足。[4]《民法总则》第134条第2款规定了决议行为的成立要件，成为该法决议行为法律制度的核心条款。亟需以《民法总则》第134条第2款为中心构建决议行为的民法教义学体系。

决议行为民法教义学体系不仅限于对决议行为具体制度的法律解释和体系化，还包括进一步发掘决议行为团体法的法理基础（法哲学基础）。决议行为的民法教义学体系以解释论为主，但也兼及立法论，是要对决议行为法律制度进行发现、归类、解释和完善，这就要本着最大善意将决议行为的实定法条文尽可能解释得有意义。

一、决议行为是民事法律行为的新类型

（一）决议行为属于民事法律行为

笔者对决议行为曾做如下定义："决议行为是指多个民事主体在表达其意思表示的基础上根据法律规定或者章程约定的表决规则做出决定的民事行为。"[5]现在看来，该定义有进一步完善之处，笔者认为更为妥当的定义是：决议行为是多个民事主体在表达其意思表示的基础上根据法律或者章程等规定的议事方式和表决程序为形成团体意思而作出的民事法律行为。常见的决议行为包括农民集体决议、业主大会或业主委员会决议、按份共有人之间的决议、合伙企业决议、农民专业合作社决议、公司决议、破产法上的债权人会议决议等。对决议行为的新定义作如下解释：其一，新定义可以更好地与《民法总则》第134条第2款衔接。其二，新定义突出决议行为的团体性和程序性这两大核心特点，决议行为是在集合团体成员个体意思表示基础上按照决议行为的特定程序而形成的团体意思。该定义中的"多个民事主体"即决议行为的主体，是指每个表决权人，但作为团体内部意思形成机制，多个表决权人行使表决权的对象则是团体内部设立的股东会、股东大会、董事会、业主大会、村民代表会议、村民会议等。经由团体内部设立的这些机构来集合每个表决权人的个体意思，以形成团体意思。其三，新定义中强调"根据法律或者章程等规定的议事方式和表决程序"，此处"等"字为等外等，在此之外，合伙协议、管理规

---

[3] 当然，《民法总则》第94条第2款对应捐助法人的法定代表人作出决定时，该决定乃法定代表人一人所为，虽仍是捐助法人的决定，但不属于决议行为。

[4] 参见王雷："婚姻、收养、监护等有关身份关系协议的法律适用问题——《合同法》第2条第2款的解释论"，载《广东社会科学》2017年第6期。

[5] 王雷："论民法中的决议行为——从农民集体决议、业主管理规约到公司决议"，载《中外法学》2015年第1期。

约、村民自治章程和村规民约等均为适例。[6]

对决议行为的法律定性，存在法律行为说和意思形成说的观点对立。《民法总则》颁布之前，我国学者就有此争议。《民法总则》颁布后，争议仍未停止，仍有部分学者对决议行为的法律行为定性存在疑虑。如有学者认为："并非所有的决议行为都是民事法律行为。有一些决议行为仅处理法人、非法人组织的内部事务（例如决定董事长人选），并不产生设立、变更、终止民事法律关系的效果，则不属于严格意义上的民事法律行为。"[7]有学者指出："多方行为属于民事法律行为的一种类型，而决议行为则不应当属于民事法律行为。"[8]

笔者认为，根据《民法总则》第 133 条规定，民事法律行为并非均须产生对外法律约束力，类似于有关公司董事长人选的决议虽然只对公司内部具有法律约束力，但仍然属于引起民事法律关系变动的民事法律行为，不能因为决议行为效力的内部指向性而否定其民事法律行为属性。"公司通过股东会对变更公司章程内容、决定股权转让等事项作出决议，其实质是公司股东通过参加股东会议行使股东权利、决定变更其自身与公司的民事法律关系的过程。"[9]杜万华法官在《最高人民法院关于适用〈中华人民共和国公司法〉若干问题的规定（四）》（以下简称《公司法司法解释四》）新闻发布会上指出："有观点认为，召开会议并作出决议，是公司意志的形成过程，而非公司的意思表示，因此不属于民事法律行为，不存在是否成立的问题。笔者认为，《民法总则》明确将包括公司在内的法人的决议行为，规定在民事法律行为制度中，对此《解释》（笔者注：即《公司法司法解释四》）应当严格贯彻。"[10]鉴于决议行为的团体性，决议行为的确具有团体意思形成的特点，但这展现的是决议行为的动态形成过程，作为团体意思形成结果的决议行为本身则属于民事法律行为。即使否认决议行为民事法律行为属性的学者也不得不承认无论是学理研究还是立法在决议行为成立和效力瑕疵判断上都受到了民事法律行为制度的影响。不能否认决议行为与作为民事法律行为典型形态的合同行为相比有很多特殊性，决议行为特别表现出团体性、程序性和效力的内部指向性特点，这不同于更强调当事人合意性的合同行为。在民商合一的立法体例下，不能因为决议行为的个性而抹杀其作为

---

[6] 2015 年 4 月 20 日至 5 月 20 日，中国法学会民法典编纂项目领导小组和中国法学会民法学研究会组织撰写的《中华人民共和国民法典·民法总则专家建议稿（征求意见稿）》公开征求意见过程中，崔建远教授曾建议将决议行为的依据扩及合伙协议。

[7] 张新宝：《〈中华人民共和国民法总则〉释义》，中国人民大学出版社 2017 年版，第 266 - 267 页。

[8] 王利明主编：《中华人民共和国民法总则详解》，中国法制出版社 2017 年版，第 580 页，许中缘教授观点。

[9] "张艳娟诉江苏万华工贸发展有限公司、万华、吴亮亮、毛建伟股东权纠纷案"，载《中华人民共和国最高人民法院公报》2007 年第 9 期。

[10] 《最高人民法院关于适用〈中华人民共和国公司法〉若干问题的规定（四）》新闻发布会，载 http://www.court.gov.cn/zixun-xiangqing-57392.html，最后访问日期：2017 年 9 月 16 日。

民事法律行为具体类型的共性。在既有实定法规则下，决议行为是否属于民事法律行为，这属于纯粹民法学问题中的解释选择问题，[11]取决于用何种上位概念指称决议行为这一社会现象，不同概念指称对应不同法教义学知识体系的构建。不同争论的根本原因在于持论者观察描述角度不同：从表决权人内部来看，决议行为是通过民主多数决机制来集合表决权人的个体意思、形成团体意思，依托多数人智慧；从团体外部第三人角度而言，决议行为作为团体集合而成的意思，代表了团体对外展示出来的一项意思表示，如此就会消弭表决权人个体意思表示的存在空间。强调决议行为的民事法律行为属性，可以在民事法律行为框架下更好地辨析决议行为的共性和个性。

坚持将决议行为定性为"意思形成说"的观点，看到了决议行为的个性，忽略了决议行为作为民事法律行为的共性，实际上犯了"白马非马"之误。本着辩证的眼光，我们既应该看到决议行为的特殊性之所在，又应该关注决议行为作为民事法律行为的普遍性。决议行为民法教义学理论绝非否定决议行为的特殊性，而是致力于回归普遍并总结普遍基础上的特殊。可以说，决议行为是一个普遍和特殊、过程和结果、个体和团体、民法和商法、外部和内部并立而生、关联互动的制度，对此不可只及其一，偏废其他。

我国台湾地区民法学著述多将决议行为归于共同行为之中，而且多将我国大陆学理和立法上的合同行为称为"契约行为"，将共同行为称为"合同行为"。[12]共同行为强调全体一致决，当事人意思表示同向一致。决议行为强调当事人意思表示多数决。共同行为更常发生在具有高度人身信赖关系的共同体之中，如根据我国《婚姻法》第 17 条第 2 款规定，夫妻对共同所有的财产应该通过共同行为的方式进行处理；又如根据《合伙企业法》第 19 条规定，合伙协议须经全体合伙人一致同意方可签订，因此合伙协议本身也属于共同行为。

《民法总则》第 134 条第 1 款从意思表示数量的角度将民事法律行为区分为单方民事法律行为、双方民事法律行为和多方民事法律行为。《民法总则》第 134 条第 2 款则专门规定多方民事法律行为中决议行为的成立要件，决议行为属于多方民事法律行为，但决议行为的成立不必遵循该条第 1 款规定的多方意思表示一致。[13]因此，《民法总则》第 134 条第 1 款规定的多方民事法律行为主要指涉的就是共同行为。有

---

[11] 对此类问题的详细讨论方法，参见王轶："论民事法律事实的类型区分"，载《中国法学》2013 年第 1 期。

[12] 参见王泽鉴：《民法总则》，北京大学出版社 2009 年版，第 208~209 页。林诚二：《民法总则》，法律出版社 2008 年版，第 314 页。史尚宽教授也将决议行为置于合同行为（即大陆学者所指称的"共同行为"）类型之下。参见史尚宽：《民法总论》，中国政法大学出版社 2000 年版，第 311 页。

[13] 有学者认为："决议，一般亦由多个意思表示构成，其特点如下：数个意思表示内容与词句相互一致……"梁慧星：《民法总论》（第 5 版），法律出版社 2017 年版，第 166 页。笔者认为，该说法并不准确，决议行为采取多数决的意思表示形成方式，不要求全体意思表示一致。

学者否定共同行为独立存在的意义，认为两人以上实施的合同行为仍以合意为本质，不改变其合同性质，并进而否定多方法律行为存在的必要。[14] 笔者认为，共同行为在强调当事人意思表示一致方面的确与合同行为更为接近，这也正是实定法多将共同行为人彼此之间的法律关系参照最相类似的合同法律规则的原因所在，如我国《公司法》第 28 条第 2 款和第 83 条第 2 款将股东瑕疵出资法律责任定性为违约责任，而公司设立行为实际上属于共同行为。又如，德国民法典更是直接将合伙作为具体类型的债加以规定。究竟将共同行为独立于合同行为之外，还是将前者纳入合同行为之中，这本属于纯粹民法学问题中的解释选择问题，涉及共同行为在民法教义学体系上的位置安放问题，不同解释策略并无高下优劣之分。在我国《民法总则》第 134 条既有规定的基础上，应该本着最大善意将实定法条文尽可能解释得有意义，如此一来，更为适宜的解释方法是区分合同行为、共同行为和决议行为，使其各安地位。《民法总则》第 134 条第 1 款的多方民事法律行为包括共同行为和决议行为，鉴于决议行为在成立要件上的特殊性，该条第 2 款作为第 1 款的特别规定，就决议行为的成立要件做特别规定。

（二）决议行为具有团体性、程序性和内外部法律关系区分性特点

决议行为的团体性首先表现在其发生于团体法领域，包括但不限于法人、非法人组织，在自然人组成的松散式联合体中也有决议行为发挥作用的空间。决议行为是团体自治的工具。在团体机关组织和召集下，表决权人在表达各自意思表示基础上形成作为团体意志的决议行为。依照法律或者章程规定的议事方式和表决程序做出的决议行为，对团体中未参加表决的成员，甚至是做反对意思表示的成员，均具有法律约束力。表决权人的个体意思表示丧失其独立性，依照多数决形成的意思表示，成为团体单一的意思表示。团体法思维下，决议行为中少数表决权人的意思表示不具有规范意义，其被淹没在多数决所形成的团体意思之中。

决议行为以程序正义为其法哲学基础，这就不同于以交换正义作为法哲学基础的合同行为。决议行为的基本价值取向仍然是私法自治，尤其是私法自治下的团体自治。而决议行为实现私法自治的方法则是程序正义。程序正义和私法自治并不矛盾，而是分别从调整方法和基本价值取向的不同侧面来展示决议行为而已。程序正义具体化为正当程序规则，进一步实现了公法价值在民法商法领域的转化运用。作为团体自治的工具，法律对决议行为的审查具有有限性，更侧重对决议行为是否遵循正当程序规则的审查。如"李某军诉上海佳动力环保科技有限公司公司决议撤销纠纷案"中，原告李某军系被告佳动力公司的股东，并担任总经理。公司董事长召集并主持董事会，三位董事均出席，会议形成了鉴于李某军私自动用公司资金炒股，造成巨大损失，现免去其总经理职务等为内容的决议。法院认为，该公司的章程未对董事会解聘公司经理的职权作出限制，未规定解聘公司经理必须要有一定原因。

〔14〕 参见陈甦主编：《民法总则评注》，法律出版社 2017 年版，第 953 页，朱晓喆教授执笔。

董事会召集程序、表决方式和决议内容均不违反法律、行政法规和公司章程。董事会决议解聘总经理职务的实体原因是否存在，并不影响决议是否可撤销。法院无需审查董事会解聘公司经理的原因（即决议所依据的事实）是否存在。[15]可见，基于对团体自治的尊重，司法审查不宜过度介入团体自治，而应该本着团体决议行为效力瑕疵事由法定原则，在决议行为是否可撤销上，更加强调对决议程序是否违法、决议内容是否违章的判断，不审查决议内容是否合理或者决议所依据的事实是否属实、理由是否成立。

决议行为内外部法律关系区分性特点是《民法总则》在决议行为法律制度上的重要立法进步。《民法总则》第85条后段、第94条第2款后段规定的决议行为效力瑕疵不当然影响团体对外民事法律关系规则体现了妥当兼顾团体自治和相对人信赖保护的立法考量，而此前有关决议行为的分散立法如《物权法》《公司法》《合伙企业法》《村民委员会组织法》等并无该制度。《公司法》第22条第4款也仅规定公司根据决议已经办理变更登记的，该决议被撤销或者宣告无效后，公司应当向登记机关申请撤销变更登记。《公司法》第22条第4款规制的仍然是公司的内部组织，而非公司对外行为。团体内部决议行为被撤销，团体法定代表人或者负责人以团体名义对外从事的民事法律关系就成为无权代表，这就导向《合同法》第50条的解释适用。

（三）《民法总则》开创了决议行为立法新体例

比较法上就决议行为的立法体例，代表性做法是《德国民法典》将决议行为的一般规则置于总则"社团法人"制度之中加以规定，并未将决议行为置于法律行为制度中规定，而是作为法人制度的有机组成部分，其法律行为制度也是以合同行为为典型原型进行构建，但不能据此否认决议行为的法律行为属性。笔者认为，既然决议行为的适用领域不限于法人等哪一类民事主体从事民事活动，对决议行为的法律规范配置宜置于民法总则"民事法律行为"一章之中，而非"法人"一章。《民法总则》第134条将决议行为置于"民事法律行为"一章下规定，认可了决议行为的民事法律行为属性，是重要的立法创举，开创了决议行为立法新体例。

在民商合一的立法体例下，民法典规定决议行为的共通法律规则是立法回应现实之举，可以避免决议行为法律制度分散式、碎片化立法带来的法律不统一现象。有学者就曾批评指出："由于民法中对于社团总会决议之瑕疵态样尚未有与时俱进之立法，此或可参考公司法之近期发展而为法律之类推适用或解释。"[16]

《民法总则》第134条正式将决议行为作为民事法律行为的新类型，成为该法中决议行为的一般规则，该法第69条、第72条、第81条第2款、第85条、第94条第2款、第95条、第98条、第106条等对决议行为做特别规定，这构成了《民法总

---

〔15〕　参见最高人民法院指导案例10号"李建军诉上海佳动力环保科技有限公司公司决议撤销纠纷案"。

〔16〕　林诚二："社团总会决议之不成立与撤销"，载《月旦法学教室》2015年第157期。

则》中决议行为的立法体系。有学者批评《民法总则》第 85 条,认为该条与《公司法》第 22 条类似,二者均未规定决议行为的不成立。[17] 笔者认为,应该系统地看待《民法总则》中的决议行为法律制度,《民法总则》第 134 条第 2 款规定了决议行为的成立要件,从对该款规定的反面解释中可以得出决议行为不成立制度,这也就弥补了《公司法》第 22 条对公司决议行为瑕疵可撤销与无效二分法的法律漏洞,[18] 也弥补了其他特别法中决议行为效力瑕疵制度的不足。

当然,《民法总则》规定决议行为的共通法律规则,而不是决议行为法律制度的全部。应该本着民法总则分则相结合、民法商法合一的立法体例,在民法典分则中以及民法典之外的民法特别法中进一步完善决议行为的具体法律规则,在决议行为具体规则立法过程中还要特别注意民法和商法中决议行为相关法律制度的合理差别。例如,决议行为的可撤销制度不同于普通民事法律行为的可撤销,决议行为作出过程中,个体表决权人因重大误解、被欺诈、被胁迫或者显失公平作出意思表示,不当然导致决议行为本身可撤销。《物权法》第 78 条第 2 款规定业主大会或者业主委员会决议侵害业主合法权益的,受侵害的业主可以请求人民法院予以撤销。当然,如果业主大会或者业主委员会作出的决议包括多项具有可分性的内容,则存在因决议侵害业主合法权益而部分内容可撤销的问题。而《公司法》第 22 条第 2 款就公司决议可撤销事由更强调决议程序违法、内容违章,并未规定决议侵害股东合法权益的,受侵害的股东可以请求人民法院予以撤销。这种立法差别的原因在于,公司决议侵害股东固有权,违反股权平等、股权保护原则,则相关决议无效。[19] 当公司决议不分配利润,有限责任公司持异议的股东在符合《公司法》第 74 条规定时可以请求公司回购自己的股权,股份有限公司的股东可以"用脚投票"对外转让自己的股份。对比来看,当业主大会或者业主委员会决议侵害业主合法权益时,该业主无法请求其他业主回购自己的专有权,也无法轻易对外转让自己的专有权,因此对决议的撤销诉权就成为更方便的救济途径。

二、决议行为成立与效力制度的特殊性

(一)决议行为成立要件具有团体性和程序性的突出特点

决议行为是团体自治的工具,是民主价值观在民法商法领域的具体体现,决议行为借鉴并实践了政治哲学上民主的多数决机制和正当程序规则两大核心要义,前

---

[17] 参见陈甦主编:《民法总则评注》,法律出版社 2017 年版,第 611 页,谢鸿飞教授执笔;朱晓喆教授也持该观点,参见该书第 961 页。

[18] 我国司法实践中法院有判决认定虚构的股东会决议不成立,参见"张艳娟诉江苏万华工贸发展有限公司、万华、吴亮亮、毛建伟股东权纠纷案",载《中华人民共和国最高人民法院公报》2007 年第 9 期。最高人民法院法释〔2017〕16 号《公司法司法解释四》第 5 条最终认可了公司决议不成立制度。

[19] 参见王雷:"公司决议行为瑕疵制度的解释与完善——兼评公司法司法解释四(征求意见稿)第 4 ~ 9 条规定",载《清华法学》2016 年第 5 期。

者是决议行为成立要件团体性的体现，后者是决议行为成立要件程序性的体现。

在决议行为中，起决定作用的是经由多数决等程序机制得出的意思表示，团体意思源于个体表决权人的个体意思但又高于个体意思，在团体意思形成过程中，少数人的意思表示可置而不问，决议行为具有鲜明的程序性和团体性特点。弗卢梅就曾指出："通常，决议行为中起作用的不是参与者的意思表示一致，而是多数决原则。"[20]多数决机制使得决议行为具有鲜明的团体法品格。

决议行为的成立须经法定决议程序。决议大致包括议事和表决两个过程，分别对应《民法总则》第 134 条第 2 款规定的"议事方式"和"表决程序"。"议事方式"主要是指决议行为采用集体讨论的形式，还是采用书面征求意见的形式。[21]决议行为中的"表决程序"具体包括召集程序、会议通知、出席会议、主持会议、审议讨论议案、表决方式、形成决议、做成会议记录、公布讨论决定的事项及其实施情况等，其核心则是召集程序和表决方式，因此，如同《公司法》第 22 条第 2 款和《民法总则》第 85 条规定，决议行为中召集程序和表决方式的欠缺会影响决议行为的效力。

在"南京安盛财务顾问有限公司诉祝某股东会决议罚款纠纷案"中，公司章程中明确授权股东会可对股东处以罚款，安盛公司据此以祝某股东会在职期间存在违反竞业禁止的行为为由对其处以罚款。法院认为，章程关于股东会对股东处以罚款的规定合法有效，符合公司的整体利益，体现了有限公司人合性特征，不违反禁止性规定。但在赋予股东会罚款职权时，章程应明确规定罚款的标准、幅度，否则会使得罚款的可预见性丧失，也无法防止股东会滥用罚款权力，本案公司章程未作明确规定，股东会罚款的决议因法定依据不足而无效。[22]决议行为中能否对社团成员做出"处罚"？这涉及社团是否具有"处罚"权这一争议问题。[23]有学者认为，《民法总则》法人一章没有规定社团罚，造成了法律空白。[24]笔者认为，基于公司的团体性特点，为了维护公司整体利益，公司可以通过章程规定的"社团罚"约束股东的行为，股东应该受此约束。社团罚应该受正当程序规则的制约，需要在团体自治和成员权利保护之间进行平衡，例如社团决议行为可以对《物权法》第 83 条第 2 款等既有法律责任制度进行具体化。类比行政处罚法定和正当程序规则，公司股东会

[20] Werner Flume, *Allgemeiner Teil des Bürgerlichen Rechts*, Zweiter Band, Das Rechtsgeschäft, 4. Auflage, Springer Verlag Berlin, 1992, S. 602. Vgl. Wolfgang Fikentscher, Andreas Heinemann, *Schuldrecht*, De Gruyter Recht, Berlin, 2006, 10 Auflage, S. 650.

[21] 参见《公司法》第 37 条第 2 款、《物业管理条例》第 12 条第 1 款。

[22] 参见"南京安盛财务顾问有限公司诉祝鹏股东会决议罚款纠纷案"，载《中华人民共和国最高人民法院公报》2012 年第 10 期。

[23] Vgl. Dieter Medicus, *Allgemeiner Teil des BGB*, 9. neu bearbeitete Auflage, 2006 C. F. Müller Verlag Heidelberg, S. 440.

[24] 参见王利明、周友军："我国《民法总则》的成功与不足"，载《比较法研究》2017 年第 4 期。

社团罚决议的作出必须遵职权法定和正当程序规则。[25]具体的：第一，在公司章程未作另行约定的情况下，有限公司的股东会并无对股东处以罚款的法定职权，如股东会据此对股东作出罚款决议，则属超越法定职权，决议无效。第二，在公司章程授权股东会作出社团罚职权时，若授权不明，只规定了罚款事由，没有规定罚款的标准、幅度，也不符合社团罚职权法定原则。第三，在社团罚职权法定的前提下，公司股东会对股东做出社团罚的决议还须遵循正当程序规则，遵循法律和章程规定的议事方式和表决程序。第四，并非公司章程授权股东会实施的任何社团罚都合法有效，公司社团罚不应该随意削减或者剥夺股东的自益权，例如，除非全体股东在订立公司章程时一致同意，否则不能规定出现某种事由时就径行剥夺股东的股权。[26]综上，公司"社团罚"决议需要兼顾公司决议行为的团体性和程序性，其他团体的"社团罚"决议同样如此。

（二）决议行为效力瑕疵不当然影响团体对外民事法律关系

《民法总则》第85条后段规定营利法人的决议行为被撤销时，"营利法人依据该决议与善意相对人形成的民事法律关系不受影响"。第94条第2款后段也规定捐助法人决定被撤销时，"捐助法人依据该决定与善意相对人形成的民事法律关系不受影响"。这些规定都体现出决议行为效力不当然影响团体对外民事法律关系，这也是决议行为效力的内部指向性特点所带来的决议行为内外部法律关系区分规则，而且该规则的适用范围不仅限于区分团体内部决议行为与外部合同行为，还及于区分团体内部决议行为和外部合同行为之外的其他民事法律关系。有学者认为："团体法作为自治规范和组织法，主要调整团体内部关系，主要在团体内部发生效力。"[27]有学者进一步指出，"团体法主要调整团体内部关系，主要在团体、团体成员及团体机关之间即团体内部发生效力，对团体外部人不产生约束力。……（团体与第三人之间的外部关系）不应当适用团体法，而应当适用民商事一般法。"[28]本着诚实信用原则，对团体内外部民事法律关系的区分，有助于避免团体动辄以违反决议主张外部合同无效以最终危害交易安全。

---

[25] 有学者认为，对法人权力机构的处罚决议，不去适用民事法律行为规则，却将社团罚类比于公权力，属于牵强附会，缺乏法律依据，混淆了私法和公法的区分。参见李宇：《民法总则要义：规范释论与判解集注》，法律出版社2017年版，第438－439页。笔者认为，正当程序规则本身就是团体法从公法领域借鉴的基本价值取向，社团罚不仅在处罚内容和幅度上应该避免出现畸重现象，其处罚决议作出过程也应遵守法律或者章程规定的议事方式和表决程序。

[26] 参见"宋聚国与山东龙兴化工机械集团有限公司股权确认纠纷上诉案"，载吴庆宝主编：《权威点评最高法院公司法指导案例》，中国法制出版社2010年版，第286－293页。《公司法司法解释三》第17条规定满足法定条件下股东会有权作出决议解除特定股东的股东资格。值得注意的是，解除该股东的股东资格并不意味着剥夺该股东的全部股东权益，其依法出资部分对应的股权不能被股东会决议所剥夺。类似地，《合伙企业法》第49条规定了除名决议。

[27] 叶林："私法权利的转型———一个团体法视角的观察"，载《法学家》2010年第4期。

[28] 吴高臣："团体法的基本原则研究"，载《法学杂志》2017年第1期。

　　在"绵阳市红日实业有限公司、蒋某诉绵阳高新区科创实业有限公司股东会决议效力及公司增资纠纷案"中，科创公司通过股东多数决作出"关于吸纳陈某高为新股东"的股东会决议。红日公司和蒋某二股东对该决议事项投反对票。陈某高与科创公司随后签订《入股协议书》。蒋某和红日公司诉请法院确认科创公司该股东会决议无效，确认相关《入股协议书》无效，确认其对新增资本优先认购。最高人民法院认为，科创公司增资议涉及新增股份中 14.22% 和 5.81% 的部分因分别侵犯了蒋某和红日公司的优先认缴权而无效，该股东会决议属于部分无效，相关《入股协议书》也存在瑕疵，但陈某高作为合同相对方并无审查科创公司意思形成过程的义务，科创公司对外达成协议应受其表示行为的制约。出于保护善意第三人和维护交易安全的考虑，在公司内部意思形成过程存在瑕疵时，只要对外合同行为不存在无效情形，公司就应受其合同行为的约束。[29]该案件确立的裁判规则显示，团体内部决议行为的部分无效并未导致团体以此为基础对外签订的外部合同行为也部分无效，这扩展了《民法总则》第 85 条后段规定营利法人的决议行为被撤销时，"营利法人依据该决议与善意相对人形成的民事法律关系不受影响"的适用范围，从更广义上确立了决议行为被撤销或者无效不当然影响团体对外民事法律关系，也是维护交易安全原则和团体法上外观主义原则的体现。

　　有学者指出："决议主要调整组织内部关系，不调整组织与第三人之间的关系。"[30]"纵然按照法律规定团体对外进行某些民事法律行为必须以团体决议为基础，即使团体决议不存在或者无效，也不应当影响该民事法律行为的效力，除非与团体进行民事法律行为的第三人事先知晓团体决议不存在或者无效。"[31]笔者认为，并非决议行为的任何效力瑕疵一律不影响团体对外民事法律关系。法律规定团体外部合同行为须以内部决议行为的授权为前提时，这就将外部合同行为的法律效力与内部决议行为的存在关联在一起，典型事例是《公司法》第 16 条规定的公司对外担保制度。应该细化交易相对人对团体决议瑕疵的审查义务，交易相对人不承担对团体决议无效或者事后被撤销的审查义务，但其对团体决议是否成立的审查义务不应该被否定。在"招商银行股份有限公司大连东港支行与大连振邦氟涂料股份有限公司、大连振邦集团有限公司借款合同纠纷案"中，招商银行东港支行与振邦集团公司签订借款合同。同一天，招商银行东港支行与振邦股份公司分别签订了两份《抵押合同》并随后办理了相应抵押登记手续。振邦股份公司也出具了《不可撤销担保书》，承诺对

---

[29]　参见"绵阳市红日实业有限公司、蒋某诉绵阳高新区科创实业有限公司股东会决议效力及公司增资纠纷案"，载《中华人民共和国最高人民法院公报》2011 年第 3 期，第 34–45 页。

[30]　有学者认为："决议，一般亦由多个意思表示构成，其特点如下：数个意思表示内容与词句相互一致；……"梁慧星：《民法总论》（第 5 版），法律出版社 2017 年版，第 166 页。类似观点，"决议调整公司内部关系，而不是公司与第三人之间的关系。"王军：《中国公司法》（第 2 版），高等教育出版社 2017 年版，第 275 页。

[31]　吴高臣："团体法的基本原则研究"，载《法学杂志》2017 年第 1 期。

上述贷款承担连带保证责任。振邦集团公司为振邦股份公司的大股东。贷款到期后，两公司均未履行相应合同义务。振邦股份公司的股东共有 8 个，《股东会担保决议》的决议事项并未经过股东大会的同意，公司也未就此事召开过股东大会，该担保决议上有 5 名股东的印章，其中一枚印章为被担保人振邦集团公司所盖，两枚印章经鉴定是伪造的，另外两枚印章的名称与股东单位名称不一致、也是伪造的。招商银行东港支行诉请振邦集团公司偿还贷款本金及利息、振邦股份公司承担连带责任。最高人民法院认为，《公司法》第 16 条第 2 款和第 3 款实质是内部控制程序，不能以此约束交易相对人，该两款为管理性强制性规范，原则上不宜据此认定合同无效。[32]笔者认为，本案中公司对外越权担保行为是否无效取决于是否构成《合同法》第 50 条规定的表见代表，《公司法》第 16 条第 2 款和第 3 款作为法律明文规定，属于交易相对人招商银行东港支行"知道或者应当知道"（合理审慎的形式审查义务）范畴。[33]诚然，招商银行东港支行对《股东会担保决议》上的两枚伪造印章难以审查辨别；但另两枚印章的名称与股东单位名称不一样，这应该属于其可以审查辨识的范畴。具体地，印章"辽宁科技创业投资责任公司"没有"有限"二字，与股东名称明显不符。另一印章上为股东 2003 年更名前的旧名称，这些明显虚假的印章属于商事交易相对人招商银行东港支行理性审查辨识的范围。[34]法院应该在此基础上进一步考察，不在招商银行东港支行审查能力范围的另外两枚伪造印章对应的股东表决权份额是否符合《公司法》第 16 条第 3 款后段所规定的"过半数"要求。

三、民法总则决议行为法律制度的弱点

（一）不宜将决议行为的作用领域局限于法人和非法人组织

《民法总则》第 134 条第 2 款将决议行为的主体限于法人、非法人组织。许中缘教授也认为："决议行为是法人和非法人组织及其内部所作出的决议，并不适用于自然人。"[35]笔者认为，通过对决议行为的类型梳理可见，现行法上的决议行为发生领域并不局限于法人、非法人组织。

《物权法》第 75 条规定业主就建筑区划内有关共有和共同管理权利的重大事项

---

[32] 参见"招商银行股份有限公司大连东港支行与大连振邦氟涂料股份有限公司、大连振邦集团有限公司借款合同纠纷案"，载《中华人民共和国最高人民法院公报》2015 年第 2 期。

[33] 有学者认为，《民法总则》第 85 条后段规定善意相对人的"善意"判断标准原则上是指不知道决议被撤销的相对人；相对人因过失而不知，仍属善意。参见李宇：《民法总则要义：规范释论与判解集注》，法律出版社 2017 年版，第 255－256 页。笔者认为，这种对营利法人的相对人善意判断标准过低，并不符合我国现行法（如《合同法》第 50 条）的既有价值判断结论。本条调整营利法人依据决议与相对人所形成民事法律关系的效力，该民事法律关系只能是在决议基础上间接形成，不存在直接形成或者间接形成的区分问题。

[34] 相反的观点，参见陈甦主编：《民法总则评注》，法律出版社 2017 年版，第 611 页，谢鸿飞教授执笔。

[35] 王利明主编：《中华人民共和国民法总则详解》，中国法制出版社 2017 年版，第 580 页，许中缘教授执笔。

共同决定，这对应业主大会的决议行为。根据《物业管理条例》第 7 条第 3 项的规定，业主大会也可以授权业主委员会作出相关决定，这对应业主委员会的决议行为。业主大会和业主委员会作为决议行为主体就无法为《民法总则》第 134 条第 2 款所涵盖，须对该条做目的性扩张解释。也有学者认为业主大会和业主委员会类似于公司股东会，属于会议形式，并非独立的民事主体。笔者认为，业主委员会作为常设机构和业主大会的执行机构，业主大会会议也由业主委员会召集，立法论上适宜认可业主委员会的独立民事主体和诉讼主体地位。但与普通合伙企业不同的是，业主委员会的民事责任不应该由业主委员会成员承担，而应该由全体业主分担。

根据《村民委员会组织法》第 24 条、第 25 条等规定，村民会议和村民代表会议可以讨论决定涉及村民利益的事项，做出相应的决议行为。村民会议和村民代表会议均非常设机构，而是会议形式，村民会议和村民代表会议均由村民委员会召集。笔者认为，村民会议和村民代表会议做出的决议行为应该视为村民委员会的决议行为，村民委员会负责执行村民会议、村民代表会议的决定、决议，《民法总则》第 101 条认可了村民委员会从事为履行职能所需要民事活动时的法人地位。

（二）对决议行为不能当然适用合同行为效力瑕疵制度：表决权人表决行为瑕疵不当然影响决议行为的法律效力

《民法总则》通过前，李永军教授主编的《中华人民共和国民法典总则编草案（专家建议稿）》第 147 条规定："多方法律行为，参照适用双方法律行为的规定，但法律另有规定或者当事人另有约定的除外。"[36]张谷教授也认为："把单方行为、决议行为的特殊性加以体现，没有特殊性的，允许准用契约的有关规定。"[37]《民法总则》通过后，杨立新教授解读指出："如果法人的权力机构或者执行机构作出的决议在内容或者程序上存在瑕疵，就构成营利法人的决议瑕疵，应当适用法律规定的有关行为瑕疵的规则，对这种后果予以纠正。"[38]许中缘教授指出："有关意思表示的规则，对决议行为一般也都是适用的。例如，有关欺诈、胁迫等意思表示瑕疵规则，也应当可以参照适用于决议行为。"[39]若如此论，决议行为的特殊性何在？决议行为在何种程度上准用契约/合同行为的有关规定？这是亟待具体回答的问题。

笔者认为，在团体法视角下，应该充分重视决议行为法律效力的个性。《民法总则》第六章"民事法律行为"第三节有关民事法律行为效力瑕疵的相关规定不当然

---

[36] 就该条立法理由："法律往往对公司股东会决议、业主大会决议等多方法律行为有专门规定，当事人也可能通过章程等对多方法律行为作出特别约定，在法律适用中，如果法律没有特别规定、当事人没有专门约定，可以参照适用关于双方法律行为的规定。"李永军主编：《中国民法典总则编草案建议稿及理由》，中国政法大学出版社 2016 年版，第 292 页。

[37] 张谷："对当前民法典编纂的反思"，载《华东政法大学学报》2016 年第 1 期。

[38] 杨立新主编：《中华人民共和国民法总则要义与案例解读》，中国法制出版社 2017 年版，第 315 页。

[39] 王利明主编：《中华人民共和国民法总则详解》，中国法制出版社 2017 年版，第 580 页，许中缘教授执笔。

适用于决议行为，如参与决议行为的个体表决权人意思表示存在瑕疵，不能当然适用民事法律行为可变更、可撤销等相关制度以撤销或者变更由此作出的整体决议行为，这是基于团体法思维和决议行为团体性特点而对个体意思的必要限制，不能当然将双方法律行为的调整思维径行适用于决议行为之上。决议作为团体意思不适用自然人意思表示瑕疵的相关法律规则。个体表决权人存在可撤销，或者其他意思表示瑕疵情形时，如果不影响决议行为多数决的实现，则该表决权人只能撤销自己做出的表决意思表示。笔者曾撰文论证并向立法机关提交书面建议，建议在《民法总则（草案）》三次审议稿第六章"民事法律行为"第三节"民事法律行为的效力"第 157 条之后增加决议行为效力瑕疵的相关规定："表决权人意思表示的瑕疵不影响决议行为的效力，除非其导致法律或者章程等规定的召集程序或者表决方式无法实现。"遗憾的是，《民法总则》并未作此规定，只能留待法律解释学以做完善。决议行为的效力瑕疵不能当然适用民事法律行为特别是合同行为效力瑕疵的法律规定，在团体法思维下，表决权人个体意思表示瑕疵原则上不影响决议行为的效力，这是区分决议行为和其他民事法律行为效力过程中的重要价值判断问题，也是贯穿于决议行为各种具体类型中的共通法律规则。我国现行民事立法和司法解释对决议行为中表决权人意思表示瑕疵没有作单独规定，而是在团体法视角下通过决议行为召集程序、表决方式瑕疵等制度来调整，表决权人意思表示瑕疵如果已经达到致使决议行为的召集程序不存在或者严重瑕疵，或者影响到决议行为多数决表决方式的实现，方须借助决议行为的效力瑕疵来调整。有学者指出："民法上意思表示瑕疵的理论很难适用于股东大会决议。"[40]还有学者进一步明确，基于团体意思表示外观主义视角，表决权人意思表示瑕疵也不适用真意保留、虚伪表示和隐藏行为等意思表示瑕疵制度。[41]

伪造、虚构个体表决权人的签名，不宜当然认定相关决议行为不成立，若该被伪造签名表决权人的反对票不会对实体决议产生实质性影响，则决议行为法律效力即不受影响。在某公司决议效力确认纠纷案中，法院认为，伪造个别股东签名而形成的股东会决议，如经过超过表决比例的股东同意，其效力应根据决议内容分别判断：如果决议事项属于股东会职权范围，且被伪造签名的股东是否参加该次会议均不影响表决结果，则伪造签名的行为属于会议召集程序或者表决方式存在瑕疵，该决议事项属于可撤销范畴；如果股东会的决议事项属于处分股东私权利，必须经被伪造签名的股东同意方为有效，则该决议事项因并非股东本人真实意思表示而无效。[42]笔者认为，法院第一项裁判要点不妥当，在这种情形下，该股东表决权瑕疵不影响决议行为的

〔40〕 钱玉林：《股东大会决议瑕疵研究》，法律出版社 2006 年版，第 105 页。

〔41〕 参见石纪虎：《股东大会制度法理研究》，知识产权出版社 2011 年版，第 229 - 232 页。

〔42〕 参见"李某毅诉北京慈铭生物医药技术有限公司公司决议效力确认纠纷案"，北京市第二中级人民法院［2012］二中民终字 17626 号民事判决书。

法律效力，不会导致公司决议行为的可撤销。该案中，公司股东会决议伪造某股东签名，其中一个决议事项是同意将自己的股权全部转让给公司其他股东，并进一步伪造该签名签订股权转让协议，对这些冒名行为可以参考无权处分规则，在未经该事后追认的情况下，相关股权转让协议无效。而该股东是否将自己的股权转让给其他股东，这并非公司股东会决议事项范围，该项决议并不成立。

（三）《民法总则》第 85 条、第 94 条第 2 款存在解释适用的难题

《民法总则》第 85 条后段、第 94 条第 2 款后段规定的决议行为效力瑕疵不当然影响团体对外民事法律关系规则也存在一定的法律漏洞：

1. 《民法总则》第 85 条、第 94 条第 2 款仅分别规定营利法人和捐助法人决议行为的可撤销这一效力瑕疵制度，分别规定可撤销事由，这是否意味着其他非营利法人、特别法人、非法人组织等民事主体决议行为的效力瑕疵径行适用《民法总则》第六章第三节有关民事法律行为效力瑕疵的相关规定，立法规定不清晰，存在法律漏洞。结合上文分析结论，各类决议行为中表决权人意思表示瑕疵原则上不影响决议行为的法律效力，除非其导致法律或者章程等规定的召集程序或者表决方式无法实现。

2. 《民法总则》第 85 条后段、第 94 条第 2 款后段仅分别规定营利法人和捐助法人决议行为的可撤销这一效力瑕疵制度与外部民事法律关系的区分规则，没有规定决议行为无效与外部民事法律关系的区分规则。[43]《公司法司法解释四》第 6 条则一并规定公司决议行为无效或者撤销与外部民事法律关系的区分规则。结合上文分析，各类决议行为被撤销时，团体依据该决议与善意相对人形成的民事法律关系不受影响。决议行为无效或者不成立时，善意相对人的审慎审查义务会更高。因为决议行为可撤销属于"瑕不掩瑜"，相对人的审查难度更大。而决议行为不成立属于"无中生有"、决议行为无效属于"难以容忍"的瑕疵，相对人的审查难度相对更低，这些瑕疵决议展现给相对人的信赖更低。因此，对《公司法司法解释四》第 6 条所规定"善意相对人"的"善意"判断，应根据决议行为不同瑕疵类型，区分不同判断标准。

3. 《民法总则》第 85 条后段、第 94 条第 2 款后段分别规定营利法人和捐助法人决议行为的可撤销这一效力瑕疵制度与外部民事法律关系的区分规则，对该两处条文中的"善意"是否可做同解？"善意"是指相对人不知道也不应当知道营利法人、捐助法人据以与其发生民事法律关系的决议存在可被撤销的瑕疵。捐助法人对外从

---

[43] 王志诚教授认为，《民法总则》第 85 条对决议被撤销的法律后果作出规定，但存在决议内容违反法令、决议不成立时所为行为，且相对人善意时无法通过解释得出合理答案的法律漏洞。在面对相关案件时，应根据利益衡量方法，综合考量规范目的、交易安全、法律关系安定性等因素，来解释外部法律行为的效力。参见王志诚："公司法人未经合法决议所为法律行为的效力——我国台湾地区司法实务的实践经验及启发"，载《北方法学》2017 年第 4 期。

事民事法律关系时，善意相对人应该负担相对更高的审慎审查义务。

4.《民法总则》第85条、第94条第2款均未规定营利法人和捐助法人决议行为可撤销时的除斥期间制度，该法也未规定其他类型决议行为可撤销时的除斥期间制度。对此究竟是本着体系解释方法，径行适用《民法总则》第152条第1项前段所规定的"自知道或者应当知道撤销事由之日起一年"除斥期间？还是在法律没有明确规定的情况下类推适用《公司法》第22条第2款"自决议作出之日起六十日"？[44]从法律解释方法的运用上看，体系解释方法优先于类推适用方法，[45]但鉴于我国《民法总则》民事法律行为调整规则大多是以双方民事法律行为特别是合同行为为典型原型，决议行为撤销权的除斥期间不在《民法总则》第152条第1项考量范围，基于团体决策效率的考量，类推适用《公司法》第22条第2款"自决议作出之日起六十日"的结论更符合决议行为的本质。[46]当然，《公司法》第22条第2款对撤销权除斥期间的纯客观起算方法并不合理。

此外，《民法总则》第153条规定民事法律行为无效制度，该制度在适用于决议行为无效纠纷时，如何本着普遍与特殊相结合的思考方法，辨析决议行为无效的具体事由，值得反思。在决议行为具体制度层面，我国《物权法》并未规定农民集体决议、业主大会或业主委员会决议、按份共有人之间的决议无效事由；《公司法》第22条第1款对公司股东会或者股东大会、董事会的决议无效事由的规定失之笼统，没能结合《公司法》的特殊调整对象和立法目的，体现特别法对公司决议无效事由的具体化，而这也成为《公司法司法解释四》的未竟之事。

四、结语

《民法总则》将决议行为增加为民事法律行为的新类型，这是重要的立法创举，在民事法律行为制度中贡献了"中国元素"。决议行为成为团体依法开展自我约束、民主决策和民主管理的重要机制，是团体自治的重要方式。决议行为借鉴并实践了政治哲学上民主的多数决机制和正当程序规则这两大核心要义，决议行为也是民主这一社会主义核心价值观在民法商法领域的具体体现。[47]决议行为具有程序性和团体性特点，决议行为瑕疵制度的主要规范目的是导正决议行为使之符合程序正义观

---

[44] 谢鸿飞教授主张对可撤销公司决议的除斥期间适用《公司法》第22条第2款，对其他营利法人撤销权除斥期间可以类推适用该规定，但未做论证，也未回应其他类型决议行为可撤销时的除斥期间问题。参见陈甦主编：《民法总则评注》，法律出版社2017年版，第609~610页，谢鸿飞教授执笔。

[45] 王利明教授曾指出："裁判者必须先穷尽狭义解释方法、价值补充之后，发现确实存在法律漏洞，而又能找到准确的比较点，才能适用类推的解释方法。"王利明：《法学方法论》，中国人民大学出版社2012年版，第504页。

[46] 不同观点，参见李宇：《民法总则要义：规范释论与判解集注》，法律出版社2017年版，第256-257页。

[47] 参见王雷："《民法总则》中的'中国元素'"，中国网观点中国2017全国两会系列评论之六十八，载http://opinion.china.com.cn/opinion_71_160071.html，最后访问日期：2017年9月16日。

（正当程序）等基本法律价值，以推进团体治理的有序开展。基层民主是不可逆转的趋势，决议行为经由民主决策实现团体自治。团体法思维下，民主选举、民主决策、民主管理、民主监督的公法智慧在民法商法决议行为领域生根发芽、开枝散叶。

作为团体自治的工具，决议行为也推动了团体法理论的发展。有学者认为，基尔克的团体法理论解决了团体属于民事主体地位的问题，而未揭示团体内部运行规律与规则。[48]"团体法是社会成员结成团体（或称私人团体）所遵循的特别私法，它既规范团体的设立、组织和运行，又规范团体与成员、成员与成员的相互关系，还规范团体机关的职权等。"[49]决议行为恰恰弥补了团体法理论在团体内部治理规律研究上的短板。结合决议行为的法律特点，团体法的基本原则应该至少包括团体自治原则、正当程序原则、内外部法律关系区分原则等。

借鉴格罗斯菲尔德在《比较法的力量与弱点》一书中对比较法功能的经典表述，[50]只有在认识到《民法总则》中决议行为法律制度的弱点时，我们才能知道它真正的价值。只要我们在充分了解《民法总则》中决议行为法律制度的力量与弱点的基础上迎接它的挑战，对《民法总则》中决议行为法律制度进行法律解释和漏洞补充，对民法典分则中决议行为法律制度进行立法完善，我们在民事法律行为制度上贡献的决议行为这一鲜明的"中国元素"就能更加熠熠生辉。

---

〔48〕 参见李志刚："公司股东大会决议问题研究——团体法的视角"，中国人民大学 2011 年博士学位论文，第 48 页。

〔49〕 叶林："私法权利的转型——一个团体法视角的观察"，载《法学家》2010 年第 4 期。

〔50〕 ［德］伯恩哈德·格罗斯菲尔德：《比较法的力量与弱点》，孙世彦、姚建宗译，清华大学出版社 2002 年版，第 179 页。

意思表示的解释及其路径 *

◉姚　辉**叶　翔***

摘要：《民法总则》第 142 条规定了意思表示解释规则，在解释对象和解释目标上对《合同法》第 125 条进行了修正。以有相对人和无相对人为标准对意思表示解释目标进行二元区分的做法，不仅可能造成表意人和相关人利益难以调和的结果，也与司法实践的现实有所错位。从意思主义和表示主义历史发展以及原被告诉求平衡的角度，采取理性人标准作为一元化的意思表示解释目标，而在解释路径或方法的层面将自主决定与信赖保护作为适用中的考虑因素，可以更好地实现理论与司法的相互沟通。在对有相对人的意思表示进行解释时，一般应在核心语义范围内确定意思的内容；在对无相对人的意思表示进行解释时，可以进行边缘语义的考察。习惯解释中的参照标准和目的解释中的表意人目的也应视有无相对人进行调整。由于诚信原则的性质和内容，诚信解释的适用应被严格限制。

关键词：意思表示；法律行为；解释目标；解释路径

私法自治的最大意义在于从法律上提供了当事人自由自愿实现其真实意思的权力。也正因为如此，意思表示从来也没有像在私法当中这样受到如此优厚的对待。而对当事人意思表示的解释，"再现了无生命的字符所记载的有生命的思想"[1]，决定了当事人意思自治的力度与范围。意思表示解释作为各国民事法律行为理论的研究重点之一，向来以解释对象及目标的抽象性与解释规则的艺术性、技巧性为其特点。如果说明确、具体的意思表示是民商事交易得以顺畅进行的前提；那么科学、协调的意思表示解释规则就是稳定私法关系的基石。不宁唯是，意思表示解释规则既关乎民法理论，也涉及司法适用。这就要求意思表示的解释规则不仅限于理念的

---

* 本文系最高人民法院 2018 年度执行研究课题："债权执行问题研究"（课题编号 ZGFYZXKT201825）的阶段性成果。

** 姚辉，中国人民大学法学院教授，教育部人文社科重点研究基地中国人民大学民商事法律科学研究中心主任。

*** 叶翔，中国人民大学法学院博士研究生。

[1] 萨维尼语，参见［德］维尔纳·弗卢梅：《法律行为论》，迟颖译，法律出版社 2013 年版，第 342 页。

宣示和指引，更应当具有个案的可操作性。大陆法系的传统理论在其通过"意思主义"和"表示主义"对意思表示构成和解释进行诠释时，或对表意人过分偏袒而置接受人利益于不顾，或对接受人的信赖保护过于强调而忽视了私法自治的逻辑前提，总难免偏颇。在自己责任和信赖保护因素于法律行为制度中得到普遍认可的当下，结合法官的司法活动与中立地位重新确立统一的意思表示解释的目标，实在有其必要。

一、意思表示解释规则：从《合同法》到《民法总则》

（一）解释的对象：法律行为抑或意思表示

私法领域所称的"解释"之对象究竟是法律行为抑或意思表示？提出该疑问的原因有二：一是既往的学术讨论中法律行为与意思表示极易混淆而经常被视作是相同的概念；二是在《民法总则》与《合同法》两种解释规则并存时，概念界分有助于明晰规则的选择适用。

意思表示作为旨在达至特定法律效果的意愿表达，构成了法律行为制度的核心。就意思表示与法律行为的关系而言，学界曾展开过旷日持久的讨论。例如在萨维尼的论述中，"意思表示"和"法律行为"的意义基本相同。[2]该分歧也反映在《德国民法典》意思表示和法律行为的交替表述上，这在一定程度上说明了尽管意思表示和法律行为存在差异，但是这种差异确实非常之小。[3]我国学界当前的通说基本认可意思表示是法律行为的重要组成部分这一论述。但就"解释"对象来说，学术讨论中存在两种理解。其一，统一说，即认为法律行为的解释与意思表示的解释是相同的。梁慧星教授就曾明确表明："法律行为的解释亦即意思表示的解释。"[4]从有关"解释"的文献资料的发展来看，这种视作相同的理解有一定的合理性。[5]这种变化甚至被认为是"解释"对象的发展。其二，区分说，即认为法律行为的解释并非意思表示的解释，尽管两者的差异微乎其微。此见解主要建立在意思表示和法律行为的细微差别基础上，认为前者作为后者的组成部分在解释上更为具体，且当一个法律行为中存在多个意思表示时，对其进行解释就须结合所有的意思表示，而不能基于单独的意思表示。

笔者认为，从意思表示和法律行为的形成逻辑上来理解，理论上宜对意思表示的解释与法律行为的解释采区分说。支持该说最有力的证据之一是意思表示和法律

---

[2] 参见 Von Savigny, "Friedrich Carl. System des heutigen römischen Rechts", *Veit*, Vol. 4, 1840, III S. 5. 转引自郝丽燕："意思表示的解释方法"，载《北方法学》2015 年第 5 期。

[3] 时至今日，对于二者的价值内涵仍存在一定的分歧，但对它们在促进私法自治的意义和功用上已基本达成了共识，梅迪库斯"意思表示是法律行为的工具，法律行为是私法自治的工具"的表述即为个中典型。参见［德］迪特尔·梅迪库斯：《德国民法总论》，邵建东译，法律出版社 2013 年版，第 143 页。

[4] 参见梁慧星：《民法总论》（第 3 版），法律出版社 2007 年版，第 189 页。

[5] 参见郝丽燕："意思表示的解释方法"，载《北方法学》2015 年第 5 期。

行为的性质存在本质差异。当下通说将意思表示视作构成法律行为的核心元素，但并不抹灭意思表示的独立性。意思表示与法律行为互为独立的概念，并构成不同的制度。[6]从意思表示解释和法律行为解释的差异程度来看，由一个意思表示构成的单方法律行为解释与意思表示的解释差异度最少；双方法律行为和多方法律行为则因为涉及多个意思表示，呈现出较大的差异度。以合同为例略作展开分析可知，合同解释和意思表示的解释主要存在以下几方面的不同。其一，解释对象的阶段性构成不同。意思表示于合同成立之前发生。因此对未成立的合同、已撤销和无效的合同进行解释时，多涉及意思表示的解释。学术争论中曾有观点指出可以以合同成立为基点区分意思表示解释和法律行为解释，意思表示解释起到判断合同是否成立的作用，而一旦合意存在就转化为法律行为解释。[7]其二，解释对象的内容构成不同。合同解释多关注双方意思表示的结合领域，而意思表示解释则侧重局部领域。譬如在格式条款（合同）之争的场合，即当双方均提出一份要约并声称合同依该要约成立时，显然合同解释的对象与双方各自意思表示解释的对象并不相同。除意思表示之外，合同解释还包括了对合同成立时周围情事的解释。例如，印章作为某特定意思表示所归属的表意者或受领者，并不是意思表示本身，但核查、认定所谓意思表示存在与否的根据在于印章的真伪，因此其虽非合同条款，却也是合同解释的作业内容。[8]

区分说的理论优势在于使解释作业的范围更为周全，并能体现双方法律行为解释和多方法律行为解释作业过程中解释视角的"顾盼流连"。具体来说，意思表示的解释较法律行为的解释而言可以涵盖成立时间更为广泛的阶段，也就是说即使法律行为并不存在或存在效力瑕疵，仍然可进行解释作业。这一观点也为立法机关所支持，"经研究认为……在有的情况下，只有意思表示，但其还不够称法律行为；在有民事法律行为的情况，意思表示是民事法律行为的核心内容……规定意思表示的解释问题涵盖更广"。[9]同时，双方或多方法律行为是基于双方或多方意思表示的一致而成立的，此时必然涉及对构成该集合的单方意思表示的"筛选"，因此也就必须考虑意思表示的解释。这种解释视角的转化在决议行为中表现得更为明显。由于决议行为涉及多数决原则，因此就决议行为是否成立进行解释必须先对形成决议行为的每一单方意思表示进行解释。此时若采用统一说则可能造成理解上的复杂化，可能的路径是，将决议行为的解释理解为对集体意思表示的解释，而集体意思表示的解释有赖于对构成集体意思表示的每个成员的单独意思表示的解释。

---

〔6〕 参见崔建远："合同解释辨"，载《财经法学》2018 年第 4 期。

〔7〕 该学术争论详情请参见耿林："中国民法典中法律行为解释规则的构建"，载《云南社会科学》2018 年第 1 期。

〔8〕 参见崔建远："合同解释语境中的印章及其意义"，载《清华法学》2018 年第 4 期。

〔9〕 参见李适时主编：《中华人民共和国民法总则释义》，法律出版社 2017 年版，第 439 页。

　　然而，意思表示和法律行为是如此相互关联，并且在司法实践中难以区分，这就为立法上采取统合论提供了支持理由。其一，就解释内容的确定而言，必须通过对单方意思表示的分析来确定法律行为的内容。譬如，在"应高某诉嘉美德（上海）商贸有限公司、陈某美其他合同纠纷一案"中，原被告就是否返还投资款以及如何返还产生纠纷。一、二审法院在对合同内容进行确定时，指出被告提出的以"货物、股权折抵前款"意见由于未被原告所接受，因此该要求并非合同内容而是单方意思表示。[10]其二，就解释内容本身而言，意思表示的内容与法律行为的内容有较高的重合性。从两者的形成过程和表现结果来看，意思表示的解释和法律行为的解释均注重于以意志发生相应法律效果之"行为"[11]，而事实行为等其他法律事实则不在解释所关注的核心范围内。法律事实中关于当事人意志的形成、变更和消灭的部分才是解释所关注的重点。例如，对某合同免责条款进行解释时，既可以理解为对合同条款（法律行为）的解释，也可以理解为对合同单方意思表示的解释的集合。类似的推论也可发生在合伙行为、决议行为等场景中。其三，对立法上采取统合论最有力的支持是，由意思表示构成的法律行为的解释方法实难迥异于单独的意思表示解释。文义解释、目的解释、体系解释等方法既是意思表示的解释方法也是法律行为的解释方法。可以说，实践中不存在独立于意思表示解释的法律行为解释方法。例如，在"浙江省宁波正业控股集团有限公司与上海嘉悦投资发展有限公司与公司有关的纠纷上诉案"中，法院在补偿承诺合同的解释中强调对各方真实意思表示的追寻。[12]一审承办法官在对该案的评析中也明确指出《合同法》第125条对意思表示的解释进行了规定，并将合同解释的目的理解为寻求双方真实意思。[13]类似的，实践中也不存在独立于法律行为解释的意思表示解释方法。在"王某根诉苏州古悦建设工程有限公司等买卖合同纠纷案"中，对欠款上所指的"1.5分"是月息1.5%或年息15%，法院采取了文义解释和目的解释，确定表意人所指的是年息15%。[14]

　　从立法文义来看，《民法总则》第142条的规定仅针对意思表示的解释。但由于意思表示和法律行为的内在关联及不可分性，该条实际上还是起到了统摄意思表示的解释规则和法律行为的解释规则的作用，《合同法》第125条第1款也因其与《民法总则》第142条的部分内容相对应而被替代。[15]从条文位置上来看，第142条位于第六章"民事法律行为"第二节中，并因为法律行为由意思表示构成且两者难以分

---

〔10〕　参见［2014］沪一中民四（商）终字第S1267号，也可参见"应高峰诉嘉美德（上海）商贸有限公司、陈惠美其他合同纠纷案"裁判要旨，载《最高人民法院公报》2016年第10期。

〔11〕　参见朱庆育："意思表示与法律行为"，载《比较法研究》2004年第1期。

〔12〕　参见［2013］沪一中民四（商）终字第574号。

〔13〕　参见刘锋、姚磊："私募股权投资中股东承诺投资保底收益的效力"，载《人民司法·案例》2014年第10期。

〔14〕　参见［2017］苏05民终7213号。

〔15〕　参见王天凡："我国《民法总则》中意思表示解释的规则及意义"，载《中州学刊》2018年第1期。

离，故仍应将第 142 条意思表示的解释理解为法律行为制度的构成内容。从审判实践来看，在有关合同的纠纷中，《民法总则》第 142 条已被作为解释依据而适用。譬如在"徐某虹等诉施秉县三丰迎宾馆置业有限公司房屋租赁合同纠纷案"中，就第三人向原告方支付的金钱是代付性质或债权转让性质的争议，法院依据《民法总则》第 142 条对相关短信、单据以及合同进行解释，认定该给付并非债权转让。[16] 若认为该规定仅能在意思表示的解释中适用而不能适用于法律行为，立法就必须在分则各编单独规定法律行为的解释，然而在目前公布的《民法典各分编（草案）》中并无相关内容。

（二）《民法总则》第 142 条的龃龉：解释目标的二分法

2017 年 3 月通过的《民法总则》在第 142 条规定了意思表示的解释规则，并以意思表示是否存在相对人为标准对解释目标进行了区分。相较于《民法通则》与《合同法》，《民法总则》的意思表示解释规则在逻辑性、体系性与科学性上无疑具有较大的进步。毫无疑问，《民法总则》第 142 条旨在通过在理论上设置不同的意思表示的解释目标来表明对自主决定和信赖保护的不同倾向。审视解释目标和基准，立法者对有相对人的意思表示的解释和无相对人的意思表示的解释采取了表示主义和意思主义的不同立场。

《民法总则》第 142 条第 1 款规定："有相对人的意思表示的解释，应当按照所使用的词句，结合相关条款、行为的性质和目的、习惯以及诚信原则，确定意思表示的含义。"与《合同法》第 125 条第 1 款的规定相比，该规定增加了"行为的性质"作为参考指标，犹如"立法旨趣之探求，是阐释法律疑义之钥匙"[17]，意思表示所追求的目的也是其真实含义的重要指引。立法机关认为，"意思表示本身不过是行为人实现自己目的的手段，因此在解释意思表示时应充分考虑到行为人做出该意思表示的目的。"[18] 以意思主义（主观主义、语境主义）关注表意人的真实意思和表示主义（客观主义、文本主义）关注受领人的理解为基准，《民法总则》第 142 条第 1 款无疑是采取了折衷立场。[19] 考虑到与 2016 年 7 月 5 日《民法总则草案》（征求意见稿）相比，正式稿删去了"结合……受领人的合理信赖"，使这一条的表示主义立场有所被削弱。因而，准确地说立法者在此处所坚持的是主客观相结合的解释主义。[20] 《民法总则》第 142 条第 2 款则规定，"无相对人的意思表示的解释，不能完全拘泥于所使用的词句，而应当结合相关条款、行为的性质和目的、习惯以及诚信原则，

---

[16] 参见［2018］黔 01 民终 429 号。

[17] Oertmann, *Interesse und Begriff in der Rechtswissenschaft*, 1931, S. 12，转引自王泽鉴：《民法思维》，北京大学出版社 2009 年版，第 190 页。

[18] 参见李适时主编：《中华人民共和国民法总则释义》，法律出版社 2017 年版，第 441 页。

[19] 石佳友："我国《民法总则》的颁行与民法典合同编的编订——从民事法律行为制度看我国《合同法》相关规则的完善"，载《政治与法律》2017 年第 7 期。

[20] 参见李适时主编：《中华人民共和国民法总则释义》，法律出版社 2017 年版，第 442 页。

确定行为人的真实意思。"从表述结构上来看，无相对人的意思表示解释的目的是利用一切相关因素以确定表意人的真实意思，[21]为典型的意思主义立场。

学界普遍认为解释目标二分法的合理性在于，当存在受领意思表示的相对人时，若以表意人的内心真意为解释目标，则有损于相对人的利益和合理期待。而无相对人的意思表示因为不涉及相对人利益保护及其合理期待，应以表意人的真意为解释的基准。[22]立法机关也指出，《民法总则》第 142 条起到了平衡自我决定和信赖保护的作用，由于有相对人的意思表示须到达受领人或为受领人了解才发生效力，则须考虑相对人的信赖和保护表意人的内心真实意思，而无相对人就不会产生受领人信赖利益保护的问题。[23]这种二分法的思维可能与学术理论中长期存在的负担行为与处分行为的区分理解有关。负担行为以自愿和合意为基础，是指相对人承担一定行为义务的法律行为，而处分行为意在减损行为人的财产。[24]前者关注"合意"而后者关注"支配"[25]，这与第 142 条第 1 款考虑相对人的信赖保护、第 142 条第 2 款突出保护表意人的内心真实意思的区分理念不谋而合。

笔者对这一理解存在两点担忧，并认为其构成了《民法总则》第 142 条的龃龉。其一，以有无相对人为标准区分意思表示的解释目标似乎有强化表意人自我决定价值与相对人信赖保护价值对立立场之嫌。实际上，自我决定与信赖保护并非水火不容，因为从自己责任的角度来说，与相对人信赖保护一致的自我决定才得受到民事法律制度的保护。[26]真意保留的法律行为之所以在原则上有效，也正是出于这一原因。其二，以有无相对人为标准区分意思表示的解释目标忽略了即使是对无相对人的意思表示进行解释时也须考虑相关人的信赖保护。无相对人的意思表示仅仅意味着意思表示的生效不须相对人的受领，但是这不意味着该意思表示不存在相关人。例如，遗嘱作为典型的无相对人的意思表示就涉及被遗赠人和继承人的利益。在民事活动愈发频繁、民事主体之间的联系与愈发紧密的当下，无相对人的意思表示不能排除信赖保护因素的考虑。以悬赏广告为例可以更直接地体现出二分法的缺陷。尽管悬赏广告是典型的无相对人的意思表示，但是由于其涉及不特定多数人的利益，故而悬赏广告的撤销比一般要约撤销受到更为严格的限制。若在悬赏广告的解释上遵循主观主义，无疑会造成悬赏广告制度的价值取向上的冲突。其三，尽管负担行为和处分行为在"合意"价值和"支配"价值上的不同关注似乎与意思表示解释目标的二分趋同，然而前者的区分并不能证成后者的必然存在。德国民法理论对负担

---

[21]　参见陈甦主编：《民法总则评注》（下册），法律出版社 2017 年版，第 1026 页。

[22]　参见如崔建远："意思表示的解释规则论"，载《法学家》2016 年第 5 期；李宇："基础回填：民法总则中的意思表示与法律行为一般规则"，载《华东政法大学学报》2017 年第 3 期。

[23]　参见李适时主编：《中华人民共和国民法总则释义》，法律出版社 2017 年版，第 440 页。

[24]　陈静忠："从债的本质看负担行为与处分行为的区分"，载《河北法学》2014 年第 1 期。

[25]　张康林："负担行为与处分行为之我见"，载《武汉大学学报（哲学社会科学版）》2007 年第 5 期。

[26]　参见陈甦主编：《民法总则评注》（下册），法律出版社 2017 年版，第 1019 页。

行为与处分行为的区分的基础是物权行为与债权行为的区分，其目的是为塑造物权行为的"独立性"，赋予其单独的效力评价体系。[27]而意思表示解释目标是为寻求以内心与外在、真实与表现及相应场景认同的视域交融为视角下的自我决定权的存在与界限而服务的。并且，严格来说，负担行为与处分行为和有相对人的意思表示与无相对人的意思表示也不是一一对应的。负担行为主要指债权行为，处分行为主要指物权行为，而有相对人的意思表示和无相对人的意思表示均有可能是债权行为。

《民法总则》第142条所采之解释目标二分法的不合理，不仅表现在以有无相对人区分意思解释目标的标准难以完成平衡表意人的自我决定和相对人的信赖保护及忽视相关人的信赖保护，还体现在具体的解释路径和方法难以达到二分法所期待达至的效果。对比在《民法总则》第142条第1款和第2款可以发现，除"应当按照所使用的词句"和"不能完全拘泥于所使用的词句"外，在对有相对人或无相对人的意思表示进行解释时均可使用体系解释、目的解释、习惯解释和诚信解释。并且条文中使用的"应当按照"和"不能完全"等修饰词进一步缩小了两者的实际区别，可能其不同仅在于是否允许当事人举证以推翻语义清晰的意思表示。实际上立法机关也提及，在无相对人的意思表示解释问题上并不是完全抛开意思表示所使用的词句，这主要是为了防止在解释这类意思表示时自由裁量权过大，影响当事人利益的情况。[28]

笔者在肯定自我决定价值和信赖保护价值需要进行平衡的基础上，试图通过对意思表示解释目标二元化进行反思，强调解释路径的多元化可以在达成平衡的同时弱化目标二元化带来的"割裂"感。

二、意思表示解释目标的反思与重构

正如前文所论，表意人的自我决定与相关人的利益保护并非相互对立，而是在自己责任和信赖因素的影响下相辅相成，共同达到促进私法自治和鼓励交易的目的。传统的合同解释理论往返于对立二元之间，对两者的可调和性有所忽视。笔者认为，从意思主义与表示主义的历史沿革和原被告诉求之平衡的司法现实出发，应当以理性人标准统一有相对人的意思表示与无相对人的意思表示的解释目标[29]。

（一）意思主义与表示主义的历史叙事

意思主义与表示主义理论的萌芽可追溯至罗马法早期，尽管当时可能并不存在"意思表示"与"法律行为"的概念。罗马法对表示主义的崇尚首先表现在债之契约与简约的区分上。早期根据是否受市民法的保护，罗马法上债的协议可分为契约

---

[27] 尹田："法律行为分类理论之检讨"，载《法商研究》2007年第1期。

[28] 参见李适时主编：《中华人民共和国民法总则释义》，法律出版社2017年版，第443页。

[29] 已有学者提出应当以一元模式统摄消融不同合同解释理论之间的歧义，本文尝试在此基础上拓宽至无相对人的意思表示解释。参见叶金强："合同解释理论的一元模式"，载《法制与社会发展》2013年第2期。

（contratus）和简约（pactum）。当事人若想使契约生效，在订约时必须履行一定的方式，也就是用法律规定的语言，做规定的动作，否则即使双方完全合意，其协议也不受法律保护[30]。罗马法对表示主义的崇尚也体现在其对契约内容的解释上。最初，解释须借助外在表象，"因法律效果是由行为、单词或句子产生的，而不是由行为者或说话者的意思产生的：'向其所愿者请求'"[31]，由此可见罗马法上表示主义占有统治地位。随着市民法和万民法的发展以及希腊哲学和基督教教义的影响，表示主义丧失了其固有的统治。表示主义的衰落表现在契约的形式和成立要件的放松。古罗马时所有的契约都是要式契约，社会普遍接受严格的交易形式，例如"铜块和秤式"（要式买卖和要式现金借贷）。随社会经济的发展，罗马法上出现了口头契约，包括解放宣誓、嫁奁宣许和要式口约。其中要式口约的成立要件也由紧到宽，从须以拉丁语亲自一问一答，且次序、内容必须完全符合到对使用的语言、内容一致性要求不作严格的要求[32]。因为表示主义强调外在形式对简约提供保护也是表示主义衰落的典型特征。就简约而言，起初仅有当事人单纯的合意，债务人并不受约定的限制，债权人也不受法律的保护。后根据大法官的实践，简约中一些重要且常见的被赋予诉权保护，皇帝也规定了一些简约得于法律上发生效力，这些受保护的简约被称为穿衣简约或法定简约。[33]解释规则的改变更直接地体现了意思主义的兴起。罗马法古时，仅注重法律行为成立的形式，而不追问当事人的真意。直至法学昌明时期，法学家始主张审理案件应该探求行为人的真意，而不应该拘泥于形式。[34]"应考虑者乃当事人本意而非其言辞。"[35]在法律行为内容发生歧义时，法学家会考虑与行为有关的全部条款，并结合相关事实以发现当事人的真意。[36]

至《法国民法典》制定时，民法理论中意思主义的倾向已较为明显。《法国民法典》第1156条规定："解释契约，应当从契约中寻找诸缔约当事人的共同意图，而不应拘泥于用语的字面意思。"[37]法国对当事人意志的推崇深受18世纪"人生而自由"的哲学思想的影响。由此，当事人不应负担他所不同意接受的义务就是顺理成章的结论。但自20世纪中叶以来，法国民法理论中表示主义悄然抬头。"表示主义注重保护交易安全，在一定程度上否定了当事人的意志对其行为效果的绝对支配力

---

[30]　参见周枏：《罗马法原论》（下册），商务印书馆2014年版，第725页。

[31]　参见［德］海因·克茨：《欧洲合同法》（上卷），周忠海、李居迁、宫立云译，法律出版社2001年版，第155页。

[32]　参见周枏：《罗马法原论》（下册），商务印书馆2014年版，第735 – 738页。

[33]　参见周枏：《罗马法原论》（下册），商务印书馆2014年版，第826 – 828页。

[34]　参见周枏：《罗马法原论》（下册），商务印书馆2014年版，第680页。

[35]　参见［德］海因·克茨：《欧洲合同法》（上卷），周忠海、李居迁、宫立云译，法律出版社2001年版，第156页。

[36]　参见周枏：《罗马法原论》（下册），商务印书馆2014年版，第681页。

[37]　参见《法国民法典》，罗结珍译，北京大学出版社2010年版，第309页。

量。"[38]在合同的解释上，对当事人意志的探寻也在一定程度上为维护社会公正的需要所代替。[39]

《德国民法典》和《日本民法典》则反映了折衷主义的立场。尽管《德国民法典》的制定在一定程度上受到了萨维尼"意思说"的影响，《德国民法典》第133条（意思表示的解释）规定，"应当探求表意人的真实意思，而不得拘泥于意思表示的字面意义"[40]正是其中之典型。但是在契约的解释部分，《德国民法典》第157条规定了其应遵循诚实信用原则并考虑交易习俗的规定。在第157条的语境下所称的交易惯例通常为意思表示的受领人知情，而诚实信用原则则顾及了受领人的理解能力。[41]与《德国民法典》偏重意思主义的立场不同，《日本民法典》侧重表示主义。依日本民法的传统通说，就契约之解释，应阐明合意表示的客观内容，而非探究当事人的内心意思，否恐信赖产生不利益。尽管该通说因不注重当事人的真意而受到猛烈的批评，在当事人意见不一致的情形下，当下的日本主流学说仍坚持客观解释说。[42]

尽管意思主义和表示主义在其理论核心内容上一直处于对立两级的状态，但是追溯理论脉络和比较法沿革可以发现，绝对的意思主义和绝对的表示主义均从未在历史上占据稳定的地位。笔者认为，意思主义和表示主义将意思与表示、主观与客观视作对立的两级，有意或无意忽视了其相互沟通的可能。甚至"所谓的折中主义，作为表示主义之例外的意思主义，也仅表现为一种外在的断裂式安排，其仍然是在两个极端之间作出选择，并没有能在解释理论的内部形成缓和的空间"。[43]诚如拉伦茨教授所言，"意思表示之所以发生一定法律效果的效力基础，非仅在于意思或表示，而是在于意思与效果的协力，即法律行为上的意思经由表示而实现，仅能在表示之中，而不能在表示之外获得法律的承认。"[44]传统解释理论因其自身的偏狭而应当有所修正，此其时也。

（二）原被告诉求之平衡的司法裁判现实

尽管意思主义追寻"内心意志"，表示主义求诸"外在表示"，但是在解释的实

[38] 参见《法国民法典》，罗结珍译，北京大学出版社2010年版，第309页。

[39] 参见尹田：《法国现代民法典》，法律出版社2009年版，第301页。

[40] 参见［德］迪特尔·梅迪库斯：《德国民法总论》，邵建东译，法律出版社2013年版，第236页。

[41] 参见［德］迪特尔·梅迪库斯：《德国民法总论》，邵建东译，法律出版社2013年版，第237页。

[42] 参见［日］山本敬三：《民法讲义I总则》（第3版），谢亘译，北京大学出版社2012年版，第107－108页。

[43] 参见叶金强："合同解释理论的一元模式"，载《法制与社会发展》2013年第2期。

[44] Larenz, Karl, *Die Methode der Auslegung des Rechtsgeschäfts: zugleich ein Beitrag zur Theorie der Willenserklärung*, 1930, S. 34 ff. 王泽鉴老师也赞同这一观点，认为意思与表示构成功能性的一体性，在一方面使表意人得自主决定其私法的行为，在另一方面使其对自己的意思表示瑕疵负责，也就将自主决定和相对人的信赖保护结合起来。参见王泽鉴：《民法总则》，北京大学出版社2009年版，第334页。

践中却都心照不宣地将决定意思表示意义的权力交由法官。然而，正如朱庆育教授指出的："意思表示解释非由法官独立进行，其实是包括了当事人与法官在内的游戏过程……因此，解释目标的实现绝不可能在主客体对立图式下一断于某一方主体意志。"[45]从司法裁判的视角来看，意思表示的解释是当事人双方和法官围绕着法律文本与合同文本展开的沟通和交往言说，体现主体之间的"交往理性"。最后的判决或解释也是从不同视角交错和不同认识相互博弈的结果。[46]如果我们站在法官的立场，那么无论是有相对人的意思表示还是无相对人的意思表示，最后的决断都是在原被告的诉求及所展示的证据上的平衡。

在司法者的角度，只有经历证据规则、审判规则"锤炼"所认定的事实才能被看作是引起法律关系发生、改变、消灭的前提。结合原被告的诉求以及其呈现的证据的理解来"找寻"法律事实的过程也正是对意思表示含义的解释与确定的过程。在寻找法律事实这一意义上，有相对人的意思表示还是无相对人的意思表示的解释目标对司法者来说均是"拨云"所见之"日"。其一，以遗嘱的解释为例。立遗嘱人按照他自己的意思作出了遗嘱指示，但当纷争真正发生时，必然已无法获求表意人的内心真意。因此，原被告双方均须举例证明他们所主张的理解为表意人作出遗嘱指示时的真意。从法官的角度来说，有两个复杂的问题。有关文字表述上的错误所涉及的是举证问题，即"是否允许违背遗嘱的文意来证明遗嘱人赋予其遗嘱指示的含义"[47]。有关文字表述的理解所涉及的是如何确定遗嘱人赋予其遗嘱指示的含义的问题。[48]其二，以合同的解释为例。相比较于无相对人的意思表示的解释，有相对人的意思表示的解释较为复杂。但相同的是，由于纠纷发生在时间上晚于签订合同，因而"签订合同时"的表意人内心真意和受领人的实际理解已无法被客观再现。无论合同的解释是旨在确定表意人当时的内心真意抑或是确定受领人的实际理解，原被告双方均须举例证明其主张。从法官的角度来说，仍然涉及对表述的甄别和表述的理解两个问题。

简言之，意思表示的解释目标是以证据为依托的。特别是在对缺乏文字表述、仅以行为构成的意思表示内容的解释时，这一结论就更为直观。以多发于熟人、亲友之间且不以书面为要件的民间借贷问题为例。由于民间借贷关系的发生往往仅有个别见证人，在这一领域多出现意思表示解释上的难题，典型的问题譬如单独的债权凭证是否能被解释为借贷合意。《关于审理民间借贷案件适用法律若干问题的规定》（以下简称《民间借贷司法解释》）第17条通过证据规则的设定来确定"转账

---

〔45〕 参见朱庆育：《意思表示解释理论：精神科学视域中的私法推理理论》，中国政法大学出版社2004年版，第282页。

〔46〕 参见王利明主编：《中华人民共和国民法总则详解》（下册），中国法制出版社2017年版，第608页。

〔47〕 参见［德］维尔纳·弗卢梅：《法律行为论》，迟颖译，法律出版社2013年版，第391页。

〔48〕 例如，弗卢梅认为，在遗嘱有"疑义"时应当作出规范解释。参见［德］维尔纳·弗卢梅：《法律行为论》，迟颖译，法律出版社2013年版，第394页。

凭证"的真实含义，实际上蕴含了通过对原被告举证责任的分配平衡来确定意思表示的解释方向的规则。根据第 17 条的规定，法院应将原告提出的"转账凭证"行为初步解释为原告与被告间的借贷之意思表示，若被告提供其他证据证明该行为是由其他解释的可能，则应推翻之先的解释结果，转而支持被告的诉求。此时原告仍可以提供佐证来证明自己的主张。显然，此时法院对意思表示的解释并非遵循"意思主义"或"表示主义"，而是采取立足于平衡原被告诉求的最符合证据的解释立场。

可以说，不论是表意人、相对人还是法官，对某一"过去时空的意思表示"作出的理解，均是在无限地接近表意人"当时"的意思表示。通过对司法裁判现实的理解，不论如何设定意思表示的解释目标，最终的意思表示解释结论均是建立在法官对原告和被告的主张的平衡上。这种理解也契合了法律审理的本质特征，即在对证据取舍、解读、平衡、判断的基础上进行判决。[49]从这个意义上来说，意思表示解释作为论辩中的视域交融，[50]在解释目标上来说宜采取统一的标准。

（三）意思表示解释目标的一元构想

上文分析表明意思主义和表示主义由于片面地强调某一方利益而忽视了价值调和的可能性与必要性。而尽管折衷主义一定程度上反映了意思主义和表示主义的趋同可能，但其仍然无法对表意人的自主决断与相对人和相关人的信赖利益进行调和处理。若将其作为指导合同解释实践的理论，恐与实践的衔接中出现裂层。在二元的意思表示目标下，如何获得表意人的意思，如何确定受领人标准，意思主义如何跨越文本的限制，而表示主义如何确定语境的边界等问题并没有很好地得到回答。从这个角度来说，意思表示解释目标的一元构想或许可以更好地进行理论与实践的衔接。

从平衡信赖保护范畴内表意人的自主决定价值来说，理性人标准是妥适的意思表示解释目标。法律中对人的评价采人格化标准，具有悠久的历史，例如罗马法上的善良家父标准。进入现代以来，善良管理人、交易上必要之注意、一般理性人（Reasonable Person）等标准的出现代替了善良家父成为新的标准化表现形式。[51]理性人标准遍布美国法理论，特别是侵权领域。[52]然而与其他领域内理性人标准的适用不同的是，在意思表示解释的场合，是直接以理性人的理解为结果，而并非将其当事人的状态与理性人应有的状态进行比较。

---

[49] 有德国学者揭示，由法官对前提选择、结果考量和信息摘取而影响的论证与判决之间相互交融，共同构成法律审理之本质。参见［德］约亨·施耐德、乌尔里希·施罗特："法律的规范适用的方式：确立、论证和判决"，载［德］阿图尔·考夫曼、温富里德·哈斯默尔编：《法哲学和法律理论导论》，郑永流译，法律出版社 2002 年版，第 504－526 页。

[50] 参见朱庆育：《意思表示解释理论：精神科学视域中的私法推理理论》，中国政法大学出版社 2004 年版，第 281 页。

[51] 参见叶金强："私法中理性人标准之构建"，载《法学研究》2015 年第 1 期。

[52] 例如《侵权法重述（II）》283A、464、652B 等条文均规定了理性人标准。

构建理性人的核心要素在于确定标准人的能力和知识。[53]意思表示是特定的当事人在特定的语境作出的特定表达，而意思表示解释活动须解决的是该特定表达的内涵究竟为何。因此理性人标准并非一般人标准，而应当对当事人和语境的特点和性质有所反映。具体来说，须以一般人为基础并结合当事人提供的有关证据来对知识和能力进行修正。以"钱某诉昂丰公司职务发明创造发明人报酬纠纷案"为例，双方对合同中所约定的"专利使用费"属于专利报酬还是职务发明报酬存在争议。法院认为尽管"专利使用费"不同于职务发明报酬，但结合协议的其他内容，不应按照"专利使用费"的本意对其进行解释。[54]该案的代理审判员指出，由于当事人法律知识的不足，难免使用不准确的词句，因而进行解释时应以当事人的共同意思为准。[55]若当事人隶属于特殊的群体，则须将该群体的特殊技能考量在内。[56]例如农产品买卖合同的解释就应当按照农业界的人士的理解来解释，股权转让协议的解释就应当按照金融界的人士的理解来解释。在对表意人和相关人特质的反映上，则可引入自己责任的原理。意思表示解释的结果实际上是当事人理解与规范理解不匹配之风险的分配。从表意人的角度来说，所谓可归责性，是指表意人须尽到必要的注意，以期待他人会对其作出的意思表示的内容作出合理的理解。[57]意思表示的解释应当结合双方的信赖状态以及行为的不正当程度作为根据。也就是说当一方明知而他方不知，则前者无信赖而后者有信赖；前者行为的不正当程度较高，后者的行为不正当程度较低时[58]，应当按接近后者的情况建立理性人标准。[59]

必须说明的是，理性人标准也同样适用于无相对人的意思表示解释的情形。笔者认为，根据无相对人的意思表示解释所涉及的相关人的不同，应当对理性人标准稍作调整。其一，须贴近表意人的标准稍作调整。譬如在一份遗嘱中载明，"预将市场价值40万的房屋出售，并将该房款所得的中的20万分予某甲，10万分予某乙，剩下10万分予某丙"，实际上在出售时该房屋价值已达100万。此时应当贴近被继承人而非继承人的理解构建理性人标准。被继承人之所以做出20万、10万和10万的划分，是因为当时该房屋市值仅为40万，但被继承人旨在完全分割房产价值的意图一目了然。因此，推知在房屋价格溢出时被继承人仍然希望以相同比例分割该房屋

---

[53] 参见叶金强："私法中理性人标准之构建"，载《法学研究》2015年第1期。

[54] 参见［2013］沪高民三（知）终字第88号。

[55] 徐卓斌："职务发明创造报酬约定之解释——上海高院判决钱鸣诉昂丰公司职务发明创造发明人报酬纠纷案"，载《人民法院报》2014年10月16日。

[56] 参见叶金强："合同解释理论的一元模式"，载《法制与社会发展》2013年第2期。

[57] ［德］卡尔·拉伦茨：《德国民法通论》（下册），王晓晔等译，法律出版社2003年版，第484页。

[58] 参见张金海："论意思表示解释中的'知道与可以合理地期待知道规则'"，载《政治与法律》2016年第4期。

[59] 此外，在一方的能力和知识储备显著高于对方时，该方应当负有说明义务，未能说明的应负有归责性。参见叶金强："合同解释理论的一元模式"，载《法制与社会发展》2013年第2期。

价值，无疑更贴近被继承人的理解。[60] 其二，须根据场景与语境，结合合理相关人的能力和知识构建理性人标准。在遗嘱问题上，应当结合继承人和受赠人的能力和知识。如果继承人和受赠人均无法从其对遗嘱人的认识中推断出遗嘱人的特定习惯说法，则不能以遗嘱人的"真实"意思为准。譬如，某甲在遗嘱中写明：分给某乙老宅 1 处、新宅北屋 4 间、东屋 1 间、大门 1 间、栏角 1 所；分给某丙北屋东首 2 间、东屋北首 1 间。大门、栏角，有使用权，产权归某丁，所分房屋在未成亲前由家长支配。就某丙所获得的"北屋东首 2 间与东屋北首 1 间"是使用权还是所有权的解释问题，法院认为应当从房屋的原始所有权、当事人之间的关系、文化程度、当地风俗等内容综合分析确认。从整个遗嘱的内容来看，某甲将其所有财产分于其子女，并考虑了某丙已工作的情况对其予以少分。因此若仅予某丙以使用权而非所有权，则不符合当地的风俗习惯。[61] 结合场景认同、相关人能力构建理性人标准对于悬赏广告等有不特定多数相关人的无相对人的意思表示的解释来说尤为重要。

三、意思表示解释路径的界分

尽管笔者认为在对有相对人的意思表示和无相对人的意思表示进行解释时应采取统一的意思表示解释目标；但是鉴于特定场景的利益平衡，对具体的意思表示解释路径或曰方法进行适用时应存在不同侧重。换言之，笔者并不否认对有相对人的意思表示和无相对人的意思表示进行解释时应在自主决定和信赖保护价值的平衡上有所"偏颇"，但应通过意思表示解释路径而非意思表示解释目标的界分来达到区分的效果。

（一）文义解释的优先性及其限制

"意思表示必借助语言表述，文义往往成为进入意思表示意义世界的第一道关口。"[62] 文义解释，即对法律文本的字面含义，按照语法结构和语言规则、通常理解等语义学和语用学的方法进行解读。[63] 尽管《民法总则》第 142 条第 2 款规定无相对人的意思表示解释不能完全拘泥于所使用的词句，但由于文本的形式化效应，无论是在有相对人的解释和无相对人的解释的场合，文义解释都具有绝对的优先性。[64]

---

[60] 参见曹磊："意思表示解释方法与规则——兼释《民法总则》第 142 条"，载《法律适用》2018 年第 6 期。

[61] 参见 [2016] 鲁 01 民终 1585 号。

[62] 朱庆育：《民法总论》（第 2 版），北京大学出版社 2016 年版，第 227 页。

[63] 文义解释是通过解释概念、术语的含义，分析概念、术语在文句中的地位、结构和句法构成，以求对其具体含义的理解。从形式上看，文义解释就是要咬文嚼字，在文本范围内探求术语所指称的可能意思。参见王利明：《法律解释学导论——以民法为视角》，法律出版社 2009 年版，第 205 页。

[64] 实际上，立法机关也考虑到若完全不受所使用的词句的限制，则在解释这类意思表示时容易出现自由裁量权过大、影响当事人利益的情况。参见李适时主编：《中华人民共和国民法总则释义》，法律出版社 2017 年版，第 443 页。

在承认文义解释适用优先的基础上，在语义范围和适用限制上应视有相对人的意思表示和无相对人的意思表示有所不同。在对有相对人的意思表示进行解释时不应违背清楚无误的客观文义[65]，且为保护相对人的信赖，一般应当在核心文义的范围内确定文本的含义。[66]但若受领人知道或者能够合理地期待知道表意人的意思，表意人的"真实"意思自应占据优势，因为此时并不存在受领人信赖缺失的问题。但此时，客观文义仍占据初步的优先性，表意人须举证他的意思不同于客观文义且受领人知道（或表意人可以合理地期待受领人知道）他的意思。[67]在确定受领认的合理期待时，除可以引入行为的目的和性质、当事人间建立的习惯做法和行业习惯等因素外，还可以将表意人和相对人间的谈判和磋商过程以及意思表示作出时的特定社会政策作为参考。[68]须注意的是，在意思表示做出之后若发生表意人无法预料的情形时，由于表意人在做出意思表示时不能也无法避免这种误解，客观文义的解释结果应不可归责于表意人。[69]

如上所论，即使在无相对人的意思表示解释场合，文义解释仍具有初步的优先性，特别是当存在形式要求时。譬如，除有证据表明遗嘱中的客观文义在立遗嘱人的习惯用语体系中有其他的含义，否则遗嘱的解释应以客观、清楚且无歧义的客观文义的解释结果为准。可以说，尽管对遗嘱进行解释的目的是尽量还原当事人的真实意思，但对真实意思的解释必须建立在遗嘱本身词句文义的基础上。[70]据德国《联邦最高法院民事裁判集》记载，曾有一位丈夫主张其与妻子订立了互立对方为继承人的遗嘱，但因誊抄原因该条款在其妻子的遗嘱中被遗漏。在对其妻的遗嘱进行解释时，联邦最高法院坚持客观文义解释，并指出法律规定遗嘱必须以书面形式做出的目的正是为防止类似该案中就死因处分行为的内容发生争执情况的发生。[71]但是，在无相对人的意思表示场合可以适当地拓宽文义的解释范围。在存在歧义时，若有证据证明表意人的意思与核心文义不同（此时并不需要证明受领人知情或可以合理地期待知道）就可以以边缘文义、甚至突破该文义的范围来确定文本的意思。

---

[65] 源自《学说汇纂》（Paulus Digesten）32，25，1.："文意不存在歧义时，不得问及意思"。[德]迪特尔·梅迪库斯：《德国民法总论》，邵建东译，法律出版社 2013 年版，第 244 页引注 45。

[66] 这是因为，"一个概念的中心含义也许是清楚和明确的，但当我们离开中心时它就趋于模糊不清。"[美]E. 博登海默：《法理学——法律哲学与法律方法》，邓正来译，中国政法大学出版社 2004 年版，第 505 页。

[67] 参见张金海："论意思表示解释中的'知道与可以合理地期待知道规则'"，载《政治与法律》2016 年第 4 期。

[68] 参见王敬礼："论意思表示的司法解释、方法及其规则"，载《法学杂志》2015 年第 11 期。

[69] 吴迎晖："《民法总则》关于意思表示解释规则释析"，载《黑龙江政法管理干部学院学报》2018 年第 1 期。

[70] 参见李适时主编：《中华人民共和国民法总则释义》，法律出版社 2017 年版，第 443 页。

[71] 参见[德]迪特尔·梅迪库斯：《德国民法总论》，邵建东译，法律出版社 2013 年版，第 245 - 246 页。

（二）习惯解释标准的确定

当文义解释出现多种可能的结论时，按照习惯进行解释可以起到更为准确地探求当事人真意的效果。[72]这里所指的习惯可分为当事人间的习惯和交易惯例。对有相对人的意思表示进行解释应当更多地考虑交易惯例。这是因为，根据一般的生活经验或工作经验，当特定的交易惯例作为表达方式为社会公众、限定地域内的群众或某行业领域内的人员所熟悉时，表意人可以期待相对人会在交易惯例的意义上使用和理解该表达。[73]交易惯例在商事合同，尤其在确定合同主体和判断合同成立与否上有着重要的意义。譬如，对加盖于合同文本上的印章的解释就须遵循印章所示明的身份、印章所加盖之位置等交易惯例进行解释。[74]商事交易惯例在合同权利义务内容的解释上也有着不可为其他解释方法所替代的重要价值。这是因为，出于经营范围和内容的相似，特定行业内的合同双方往往面临着相似的风险，为平衡利益得失、抵御共同风险、加强交流效率、加速行业发展，不同的行业通常形成不同的"行规"。而这些"行规"往往又以合同双方权利义务的特定化、具象化为表现。一些长期约定俗称的"行规"甚至以授权性规定的形式被写入了法律，例如《典当管理办法》（部分失效）第40条关于绝当的规定。当然意思表示解释并非必须依照商事习惯、惯例进行，对于一些可能严重影响双方当事人权利义务平衡的惯例，法院可以在解释中进行适当修正。譬如对天然气能源供合同中"照付不议"条款内容的解释可以结合合同履行情况、商业成本、行业利润等多方面因素进行修正。[75]

在对无相对人的意思表示进行解释时应当视是否存在相关人的利益而采用不同的习惯标准。由于遗嘱主要涉及表意人的自我决定价值，因此对遗嘱进行解释时应重点考虑表意人自己的习惯，即使该习惯用语的含义与法律界的通常理解并不相同。譬如在"杰布案"（In Re Jebb）中，一位86岁的老人在遗嘱中提及希望将他的财产留给"女儿康斯坦斯·杰布的孩子或孩子们"。当时他的女儿47岁，没有结婚也没有自己的亲生孩子，但合法收养了一位名叫罗德里克的养子，且有证据证明该老人对其女儿的婚姻状况和养子的存在是知情的。一审法官根据当时法律、法学界的权威理解认定老人遗嘱中所指的"孩子"的含义应为"母亲在合法婚姻所生的亲生子女"。然而在上诉审中，丹宁勋爵等法官均拒绝了这种理解，并指出在解释这份遗嘱时，法官必须考察立遗嘱人的意图。在该案中，老人遗嘱中所提及的"孩子"显然

---

[72] 参见郭明瑞、张平华："遗嘱解释的三个问题"，载《法学研究》2004年第4期。

[73] 参见曹磊："意思表示解释方法与规则——兼释《民法总则》第142条"，载《法律适用》2018年第6期。

[74] 根据交易惯例，作为公司法定代表人之私章仅得代表其私人身份，而不能代表公司；法人的授权委托书上加盖的应当是法人的公章而非法人的合同专用章。参见崔建远："合同解释语境中的印章及其意义"，载《清华法学》2018年第4期。

[75] 参见"上海市浦东新区人民法院发布十起涉自贸试验区典型案例（2013－2016年）"，载 http://www.fae.cn/kx1952.html，最后访问日期：2018年10月15日。

是指罗德里克和他女儿可能再收养的任何其他孩子。[76]与遗嘱的解释不同，为促进信赖保护价值的承载以及交易秩序的维护，在动产的抛弃或悬赏广告等涉及不特定相关人利益的意思表示解释中应当侧重适用交易惯例。若放弃交易惯例而遵循表意人自己的习惯理解时，抽象上则意味着相关人的理解可能被置于表意人的理解之后，可能危及不特定大众对悬赏广告及动产抛弃制度规则的信赖。若表意人明知自己的习惯与一般的交易惯例存在不同且相关人无法预见表意人的习惯，可能造成具体的行为人的利益有不应有的损失。

（三）目的解释的适用及其限制

依据行为的性质和目的进行解释多被统称为目的解释方法，也即当合同的文义或习惯的通常理解产生超出一种合理解释结果或文义、习惯的理解将产生不公平的结果时，应采取更符合意思表示目的的解释方法。一切与意思表示或法律行为产生、变更以及消灭的事实，不论是发生在该意思表示或法律行为之前、中还是后均可用于确定意思表示的目的。

在一些容易引起权利义务不平衡的场合中应格外关注以明示或暗示形式表达的表意人目的。譬如，就民间借贷关系中"债权凭证"上的签字或盖章的效力问题，《民间借贷司法解释》第21条规定："他人在借据、收据、欠条等债权凭证或者借款合同上签字或者盖章，但未表明其保证人身份或者承担保证责任，或者通过其他事实不能推定其为保证人，出借人请求其承担保证责任的，人民法院不予支持。"该规定不仅确定了一项证据规则，也确定了一项解释规则，即在理解非债务人做出的在债权凭证或债务合同上签字或者盖章的意思表示，须着重考察当事人的行为目的。尽管通常当事人所做出的债权凭证或债务合同上签字或盖章之意思表示应被理解为当事人有意愿进入该债务关系中，[77]然而由于保证责任体现的是保证人的单方面义务，因此在对该意思表示进行解释时应格外注重表意人是否有共同承担债务的目的。该目的既可以以明示的方式体现，即在签字或盖章处表明担保人的身份或明示其承担担保责任；也可以以暗示的方式体现，即通过其他相关事实表明担保人的身份或表达愿意承担担保责任。

意思表示目的的确定应视有无相对人而有所不同。由于有相对人的意思表示相较于无相对人的意思表示而言与"互通""交谈"更为接近，故而此时也应当将相对人的目的纳入考虑的范围。这种理解的基础在于意思表示的社会性，意思表示是一种社会行为，而不仅仅是"自然的表示"，是赋予了表意人社会意图的行为。[78]通过

---

[76] 参见［英］丹宁勋爵：《法律的训诫》，刘庸安译，法律出版社2000年版，第33－34页。

[77] "合同书上盖章的意义在于确认当事人通过书面形式作出的意思表示的真实性及其所享受权利和承担义务的具体内容"，参见［2013］民申字第1785号。

[78] 参见［德］卡尔·拉伦茨：《法律行为解释之方法——兼论意思表示理论》，范雪飞、吴训祥译，法律出版社2018年版，第113－114页。

意思表示，表意人将己身与行为关联在一起，并意识到其受到该行为的约束，因此表意人应对该行为辐射范围内的可能产生的"反射"效应有所预见。同时，将相对人的目的纳入考虑的范围也是行为性质解释的应有之义。有相对人的意思表示多为双方法律行为或多方法律行为的构成要素，对后者的行为性质进行解释就不可避免地涉及相对人的目的。并且由于目的解释常用于对在先存在的文义之解释结论的修正，因此对多方行为性质的考虑可以避免"先知的预见"，而更为接近意思表示做出当下的"真实"。在审理"不列颠影声新闻有限公司诉伦敦暨地区影院有限公司案"时，针对影片发行人和电影院在战时签订的以低廉租金租赁影片的协议在战后是否仍然受到限制的问题，丹宁勋爵指出，法院并不允许词句成为专制的主人，而将限定词句的字面含义以便使之与合同的真正适用范围相一致。尽管协议表明，该租约在《1943 年电影胶片（管理）令》持续有效期内持续有效，但是双方在签订租约时显然并没有预料到命令会于战争结束后仍然生效，因此这一条款不应继续约束双方当事人。[79]

而在无相对人的意思表示中，目的解释的适用规则较为复杂。发生遗嘱纠纷时出现与立遗嘱时情势变化的情况十分常见，且此时难以期待立遗嘱人对遗嘱进行修正，因此在遗嘱的解释时目的解释的适用较为广泛。所谓立遗嘱人的目的，指遗嘱人所希望达致的经济、社会效果。譬如某甲希望把其家产变卖用于某一教堂的建设，但当某甲离世时该教堂已经建设完毕，且某甲也未对其家产做出另外表示。美国法官并不会判决该遗赠无效，也不会将某甲的家产转让给他的继承人，而是会授权慈善信托的管理人某甲的意图范围内用于与教堂建设相关的事业，以符合某甲的遗嘱愿望。法院的解释符合了立遗嘱人的目的也突破了立遗嘱人意图在实施时所受到的困阻，被认为是符合经济效益原则的。[80]对于动产的抛弃、悬赏广告等涉及不特定相关人利益的，则应结合社会交往原则确定表意人的目的。

（四）诚信解释的谦抑性

诚实信用原则是现代民法的"帝王条款"，是一切民事活动和涉及民事权利义务关系的活动均要遵循的基本原则，因此对意思表示的解释也须适用诚实信用原则。[81]

但由于诚信原则的性质与内涵，诚信解释的适用应当受到较大限制。其一，诚信原则仅指示了一定的价值取向，但其自身含义具有很大的模糊性，因此不应随意适用。在对法律进行解释时，为限制法官的自由裁量权，通常仅在没有法律规范或

---

〔79〕 参见［英］丹宁勋爵：《法律的训诫》，刘庸安译，法律出版社 2000 年版，第 55 页。

〔80〕 参见［美］波斯纳：《法律的经济分析》（下册），蒋兆康译，中国大百科全书出版社 1997 年版，第665 页。

〔81〕 参见常鹏翱："法律行为解释与解释规则"，载《中国社会科学院研究生院学报》2007 年第 6 期。

者适用既有法律规范会导致明显不公时，才得以适用一般条款。[82]与法律解释类似，在意思表示解释场合，若赋予法官过大的权力则可能减损当事人的意思自治。其二，诚信原则中一些重要的内容已被定型化的解释标准和解释方法所包含，因而可以直接适用这些标准和规则而无须适用诚信原则。[83]例如，根据诚信原则，法律行为参与者的行为被期待应符合诚信思考的标准，意思表示解释也应当考虑各方当事人而非表意人或相对人及相关人利益。[84]这些内容均已纳入理性人标准的建构中。作为解释标准的习惯也已经受诚信原则的校验，即所谓"法律不承认恶习"。[85]简言之，诚信作为表意人意思自治解释中的限制因素应当谨慎适用。这一理解也符合立法者在规定诚信原则时的本意。[86]

在诚信解释的适用上，笔者认为以下两部分的内容值得关注。第一，在对意思表示进行解释时应当尽量避免产生法律行为无效的后果。表意人所作出的意思表示可能因为形式上或实质上的欠缺产生法律行为无效的后果，此时应在不违背当事人意愿的情况下通过合理解释以避免这种无效后果的产生。解释的基础和前提是当事人有效意思表示的存在，而对要素的表示构成了对该意思表示进行解释的限制。此所谓当事人的意愿，必须以某种形式进行明示或暗示，既可以是真实的，也可以拟制的。譬如在对"以房抵债""让与担保"等非典型性担保问题进行处理时，应尽量通过意思表示的解释使所涉法律行为有效。第二，诚信解释的适用须充分平衡自我决定价值和信赖保护价值。以意思表示的效力为例，立法者通过效力瑕疵制度对一些典型情形下的利益衡量作出了决定性的安排，而将其他情形下的利益衡量则留有司法者通过解释制度进行自由裁量。譬如胁迫制度仅涵盖违背当事人真实意思的情形，但符合与违背并非为 [0，1] 的空白区隔，而是连续过渡的状态。因而在相对人明知或有理由相信表意人的意思表示受到了不当影响时，在意思表示的解释上可以向表意人进行倾斜。

在有相对人的意思表示场合，诚信原则的适用应较为宽松。但是法官不能以"应为"替代当事人的"实为"。[87]换言之，在当事人实际理解一致的场合，法官不

---

[82] 参见徐化耿："论私法中的信任机制——基于信义义务与诚实信用的例证分析"，载《法学家》2017年第4期。

[83] 梅迪库斯认为《德国民法典》第157条对"诚实信用"的援引没有什么特别，只是一种暗示。参见[德]迪特尔·梅迪库斯：《德国民法总论》，邵建东译，法律出版社2013年版，第237页。

[84] 参见陈甦主编：《民法总则评注》（下册），法律出版社2017年版，第1024页。

[85] 参见[德]维尔纳·弗卢梅：《法律行为论》，迟颖译，法律出版社2013年版，第367页。

[86] 由于诚信原则是较为抽象的概念，为防止司法裁量权的滥用，只有在文义、目的、习惯等较为具体的解释规则无法对意思表示进行解释时才能适用诚信解释。参见李适时主编：《中华人民共和国民法总则释义》，法律出版社2017年版，第442页。

[87] 在任何情况下，对法律行为予以解释的人都不能成为法律行为的主宰者，他不能以自己所确定的法律行为当事人本应制定的规则来取代当事人基于私法自治所实际制定的规则。参见[德]维尔纳·弗卢梅：《法律行为论》，迟颖译，法律出版社2013年版，第360页。

可以以自己对当事人意思表示的客观文义的理解代替当事人的真实意思。[88]例如在动产抛弃的场合，由于牵涉不特定相关人的利益，诚信解释的适用基础较为坚实。但在对遗嘱进行解释时，由于其交易属性较弱且更侧重于保护立遗嘱人的真实意思，诚信解释的适用应最为严格。

四、结语

相较于《合同法》第 125 条，《民法总则》第 142 条反映了立法者在有相对人的意思表示和无相对人的意思表示解释时的不同价值取向，在设计初衷上是值得赞许的。但其断裂式的做法强化了表意人和相对人的对立而忽略了两者利益的协调，而意思表示构成所涉及的表意人、相对人和相关人利益的复杂性决定了在私法领域中意思表示解释规则必须反映多元的价值取向。[89]结合意思表示解释理论的历史沿革和司法实践的现实，意思表示的解释目标宜采取一元化的理性人标准。可以说，在特定场景中确有在意思表示解释路径或方法的具体适用上"偏袒"表意人、相对人或相关人的意义。但于统一的意思表示解释目标的视角下，这种"倾斜"与"偏颇"应是有限的。将复杂的利益平衡选择置于解释路径而非解释目标层面，能够更为柔和及灵活地表达及实现私法的价值取向。

---

〔88〕 这种理解符合古老的法律传统：错误的表示无害原则。参见［德］迪特尔·梅迪库斯：《德国民法总则》，邵建东译，法律出版社 2013 年版，第 243 页。

〔89〕 参见郝丽燕："意思表示的解释方法"，载《北方法学》2015 年第 5 期。

三、民法典与债权

论债渊源在编纂中的拉美债法法典
总则部分的内涵和意义

◉ ［智］Gian Franco Rosso Elorriaga * 　著

许剑波** 　译

一、对 "Gruppo per l'armonizzazione del diritto in America Latina （GADAL，拉美法律和谐化组织）" 债法典框架的介绍

2013 年，来自阿根廷、巴西、智利、哥伦比亚、古巴、墨西哥、尼加拉瓜、秘鲁和委内瑞拉的教授们，组建了一个拉美法律和谐化组织（GADAL），目标为拉美债法典框架的发展而努力。借该组织及其工作，教授们期望推进拉美法律的协同，展现博大精深的罗马法律体系分支——拉美法律——的持久性、特殊性和丰富性。

拉美法律和谐化组织首先关注债总则部分的条款设置。2016 年 6 月 27 日，在墨西哥举行的第五次 GADAL 会议上，以 "关于债" 命名的第一节（第 1 条至第 4 条）被通过，2016 年 11 月 14 日，在利马举行的第六次 GADAL 会议上，"债的一般原则"（第 5 条至第 12 条）作为第二节被通过。本文文末附有这两节的条款文本。

在第一节中，除了定义债的内容、债的要素，确认物权性的债概念外，法条第 3 条还特别规定了债方面造成最多问题、最传统的话题：债的渊源。

二、债渊源的古典五分法体系：起源、发展和困境

众所周知，债因的体系化并不是古典罗马法学家最初所假设的问题。实际上，他们关心的是允许提起诉讼（datio actions）的事实条件。

古典时期的末期，盖尤斯才发展出两个不同的债渊源分类标准。第一种分类出现在盖尤斯《法学阶梯》中，即债根据契约（contractu）产生或侵权（delicto）产生的两分法（Gai 3, 88）。然而，盖尤斯在《每日事务》（Res cottidianae sive aureorum）中又提出三分法，认为债根据契约、侵权或其它不同的原因（variis causarum figurae）产生（D. 44, 7, 1pr.）。其中，"其它不同的原因" 这种类型包括通过准契约（quasi ex contractu）和准侵权（quasi ex delicto）产生的债。盖尤斯的这个想法使我们考虑到债有四种原因。

---

* 加安·弗朗科·罗斯·艾罗里阿伽（Gian Franco Rosso Elorriaga），智利洛斯安第斯大学法学院教授。
** 许剑波，意大利罗马第二大学法学院博士研究生。

因此，优士丁尼在他的《法学阶梯》中，规定了债的四分法（I. 3，13，2）：由契约产生的债（contractu），由侵权产生的债（maleficio），由准契约产生的债（quasi contractu），以及由准侵权产生的债（quasi maleficio）。

尽管优士丁尼没有将法的分类作为债渊源规定下来，但在优士丁尼作品的一些片段中（D. 44，7，52pr.；I. 3，13，1；D. 13，2，1），其内容暗示性地表示了，随着时间的推移，法的分类从四分法变成五分法，这一点我们也可以从波蒂埃（Pothier）的预法典成果中发现。在法国 1804 年法典中，尽管它含糊地表述了根据意愿而产生的债和非其本意而产生的债，但我们也可以在其中发现债的五种渊源（《法国民法典》第 1370 条）。

因此，根据罗马法传承下来的古典体系以及法国民法典的做法，可以认为债产生于契约、准契约、侵权、准侵权和法律规定这五类。

随着时间和法律渊源的发展，五分法却不再被学界普遍接受。相反地，五分法变成了不支持该分类的一批学者的批判对象，后者提出以新的分类代替原有分类标准。但是，确切地说，没有一个观点可以代替传统五分法。

比如说，一方面，借鉴法国民法典的 1865 年意大利民法典，在其 1942 年民法典中将债的五分法替换成三分法，除契约和侵权两种债渊源外，还增加了盖尤斯《每日事务》（Res Cottidianae）中包括的一般性分类，即"任何其他根据法律制度产生的行为或事实"。这也就是说，法典在两个独立的渊源外，增加了一个开放和非教义性的渊源类别。

另一方面，法国 1804 年民法典也放弃了传统的五分法体系。在 2016 年的改革后，《法国民法典》第 1100 条规定了债渊源的三分法，从而确定债产生于法律行为、法律事实或法律规定。

所以说，意大利和法国都接纳这种三分体系。当然，两者的制度安排也有着明显的区分。意大利民法典回归到一般渊源，就像"其它不同的原因"（ex variis causarum figuris），将债渊源再次转化为一个独立的类别，而法国则将债区分为两个一般类型：契约归于"法律行为"中，损害行为归于"事实"中。此外，意大利将法律规定排除在债的直接来源之外，但法国人将法律规定也归入以上两个类别，以完成三分法。

三、法典编纂者可采取的替代方案

债渊源这一问题让法典编纂者头疼。可能的办法有两种：①将债渊源体系引入正在编纂的新法典；②法典中不涉及债的渊源，仅在法典分则对主要渊源作规定，使法律能在今后引入其他能形成债渊源的特殊情况。这些特殊情况或许是法学发现的新情况，无论理论对其支持与否，也或许是随着司法活动的不断发展而产生的能构成债渊源的新情况。在这两种办法外，还有一个折中的办法，即在法典中规定具有一般性的教义类别，这些类别是现在或将来被司法和法学认为能产生债的新情况。

GADAL 的教授们身为法典编纂者，必须面对是否在民法典总则部分规定债渊源以及如果要规定债渊源，应该如何安排的两个难题。

因为第一个难题事关拉美法律和谐化目标，在这些国家的民法典中，多有包含一条或多条被学者认可的有关渊源体系的条文，所以该难题相对来说比较容易解决。如我们所能料想的，更棘手的难题是如何在民法典中做到这一点。

有关如何在民法典中规定债渊源体系的问题，现代法学家们提出两个完全不同的方案。一种办法是将债渊源分别罗列在法典中，但也许在将来会产生这些数量庞大的条款无法涵盖的情况（这种危险在优士丁尼债渊源五分法中就已存在，五分法包含合同、准合同、侵权、准侵权和法律规定五类债渊源）；另一种办法与前者不同，它采用一种暗示的办法以尽可能地涵盖债渊源，将现在和今后可能被认为是债渊源的情况都包括进来，但是这种方式并不能将债渊源明确下来。这样的做法等于承认了债渊源是无法被界定和确认的。这个问题在盖尤斯三分法内容之一"其它的不同原因"（ex variis causarum figuris）部分同样存在。意大利民法典也因为在第1173条中规定了这种模式而备受批评。

四、安德雷斯·贝略（Andrés Bello）的债渊源体系

鉴于此，笔者认为选择一种折衷方式是相对比较合理的，也就是说规定开放但被明确定义的渊源体系，以保证现在被规定为债渊源的类型和将来被规定为债渊源的类型都能纳入其中。

除了对这种办法作出的特别批评外，这种折衷的债渊源三分法（法律行为、法律事实和法律规定）毫无疑问是2016年法国立法改革者选择的方案。

但法国改革采用的三分法模式并不新鲜。在这个方面，我们必须提到智利民法典。智利民法典的编纂者贝略在1855年创新了债渊源的立法模式，他采用了萨维尼的"表意"学说，将其作为一个比契约更广泛的债渊源类别。

智利-委内瑞拉的立法者超越了优士丁尼法典和1804年的法国民法典的做法，他们在《智利民法典》第1437条中规定了四分法体系，由四个一般理论分类组成债渊源，其中举了一些典型的债因作为例子。

这里介绍一下《智利民法典》第1437条条款内容：

债或者产生于两人、多人真实意思的结合，如契约或者协议；或者产生于一方自愿承担义务的事实，比如接受遗产或遗赠以及准契约的所有理论；或者产生于对一方造成伤害或损害的事实，比如侵权和准侵权；或者产生于法律规定，比如未成年子女需要遵循父母的教育。

在智利法律中，贝略超前的观点允许承认一些没有被民法典规定为债渊源的制度，这意味着这些制度也是《智利民法典》第1437条包含的种类。比如单方允诺和不当得利。这两者毫无疑问都属于债渊源分类中"一方自愿承担义务的事实"的情况。

因此，拉美从19世纪起，就有了属于自己的债渊源体系，并且是不同于盖尤斯、优士丁尼等的，法国、意大利和欧洲等的渊源分类。

五、被 GADAL 采纳的债渊源体系及其问题

如上述所言，贝略的体系没有被 GADAL 法典框架所采纳。主要的原因有两个。

第一个原因是，贝略在《智利民法典》第 1437 条中引入的债渊源体系，既没有在他那个时代得到赞赏，也没有在后来得到完善和补充。尽管说这种体系为美洲大部分法典提供了典范，但是真正效仿它的只有厄瓜多尔、哥伦比亚和乌拉圭的法律。事实上，一些国家照搬了智利民法典中的很多规定，但是这些国家将贝略的体系精简成了五分法。一些仿照法国民法典或者西班牙民法典债渊源体系的国家最终也采取了同样的做法。

第二个原因是，和谐的系统内部需要具有能够包括不同特殊权利的全面而一般的模式，因此更广泛的模式是最合适的。

据此，GADAL 采纳了一种不同于上述提到的债渊源五分法的办法，其中涉及：①被很多现代拉美法典效仿的意大利民法典体系；该体系在 1987 年《巴拉圭法典》和 2014 年新《阿根廷民法典》中发挥到极致。而且，这些国家民法典接受了"其它不同的原因"（ex variis causarum figuris）这个类别；②观察巴西、古巴、墨西、秘鲁和委内瑞拉的民法典，可以发现它们并没有将债渊源进行分类，尽管这些国家的学者同意上述提到的传统理论。

在这个层面，第 3 条条文的初稿是按照 1942 年意大利民法典来制定的，因为编纂委员会认为法典第 1173 条规定的模式更适合拉美法学实际情况。该模式规定了债渊源的三种类别。第 3 条条文初稿规定："按照拉美法律体系，债根据事实、法律行为或适当的情况产生。"

需要强调的是，这个条文初稿是对斯奇巴尼教授和其他拉美学者所做工作的延续，它尤其借鉴了亚当（Adame）教授对拉贝奥（Labeóne，《学说汇纂》D. 50，16，19）三分法所做的研究。

笔者认为，不论是 GADAL 条文初稿的债渊源分类，或是此前谈及的其它分类，都存在着问题。尽管 GADAL 条文初稿大体上采用了贝略提出的分类标准，但是这种模式缺少了理论定义这种基本要素，这些要素对于解释债因是必要的。拉美法典编纂者的文本中特别明确了这一点。

因此，我们总是倾向于对债的分类或渊源做出进一步细分。但是，GADAL 非但没有限制这种倾向，反而增加了债渊源的广度。

从现代视角出发一个新观点提出，以盖尤斯《每日事务》中的分类方式为基础，将规定在所有国家法律中的合同以及不法事实作为债毋庸置疑的两个渊源。这种办法对 1942 年意大利民法典的结构和实质两方面都产生了影响。

这一点解释了被批准的第 3 条条文中，"行为"这一术语被修改为"合同"一词的动机，同时也解释了，在"事实"这一术语上增加"不法"一词的原因，此外还解释了以选择"根据拉美法律体系，其它任何产生债的行为或者事实"这一表达，作为债渊源分类体系结束语的原因。

决定并非没有成本。遵循盖尤斯和意大利民法典当然意味着承认了现代法学家无法确定债的有效具体原因。对正在筹备的民法典框架而言，它所收到的批评都是曾经对意大利民法典债渊源做过的评价。比如 2017 年在智利圣地亚哥进行的针对民法典草案条文所做的第一次公开演讲后，"其他不同的原因"（ex variis causarum figuris）这一类别马上成为众矢之的。科拉尔（Corral）教授认为，关于"会产生债的任何行为和事实"的表述，"实际上，所有的内容都可以归到最后一项当中，因为所有的债渊源都是能产生债的事实"。换句话说，被批准的第 3 条条文和阿根廷 2014 年民法典第 726 条两者之间并没有任何实质性差异。

六、一般法律规定中债渊源体系的效果

（一）有关定义的问题

如笔者所说，如果上述所说的分类模式能够允许在一般理论类别中纳入产生债的具体制度、模式或情况，那么在民法典中引入债的分类是有意义的。而这取决于情况所属的类别以及有关债的法律制度。因此，就造成损害的合法事实而言，在法律上其合法性能够填补损害，比起适用两人或多人间意愿竞合的行为制度，采用对他人人身或财产造成伤害或损害的非法事实体系来调整这种情况更合适。

针对可适用于债的法律规定，应当考虑到，此种适用是基于一般性的成文法规，还是基于某一特别法；还应考虑到，一切具备债的性质的法律关系都将因此处于一般性规定的调整范围。

在笔者看来，债法典框架第 3 条的渊源体系，已经在债总则部分通过有关条款对效力和内容作了重要规定。这种安排划定了债的所有条款及其内容，这些统合而成的制度决定了债规则的整体结构。

在此，需要考虑一个问题，即是不是没有被明确规定为债渊源的情况，就不能被认为是债渊源。

正是因为情况自始不够明晰，我们必须详尽分析，阐述可能产生债的行为、事实、关系、情况的特殊规定。只有以这种方式，我们才能了解哪些情况符合，哪些情况不符合，并能够知道上述法律规定分别适用哪种情况。

（二）内部不一致的后果：要物之债

条文的规定可能会有一些自相矛盾的地方。GADAL 一致意见通过的条文中最有意思的一条，是明确承认因物之债的条款（第 4 条）。实际上，该条文明确承认了能在"物权的所有权"或"占有物品"中发现债渊源这一事实。换句话说，因物之债的渊源存在于"法律关系"或"事实上的关系"之中。

占有，作为一种事实，可以归入"能产生债的事实"一类中。然而，物权及其法律关系并不是能产生债的合同、行为或者事实。

法律是否可以将合同、行为或事实作为获得物权的理由？它的取得方式是什么？而且，令人疑惑的是，有时法律也是一种获得权利的理由或者方式，但第 3 条并不认为它构成债渊源，或至少说没有将其作为直接渊源（或者说对所有能获得权利的理由或者方式而言，它们都是或都不是债渊源）。且不论在拉美地区，有些国家效仿基于权利或方式的罗马法权利取得体系，还有很多其他国家采用法国的体系安排和合同的物权效果。

更进一步说，我们大陆上的一些民法典中已经包含有因物之债的规定，大部分学说观点认为，它和法律一样，都是债的直接渊源。如果确实如此，那么第3条确立的渊源体系将是不充分的，不仅是因为它没有将法律作为债渊源，而且它否认拉丁美洲就该问题达成的共识，从而没有实现真正的和谐。

（三）对一般原则识别、选择和设定的影响

在债法典中引入一般原则，对拉美而言的确是新鲜事，我们毫无疑问地需要庆祝这件事。但是，从总则角度看，无论是过去还是现在，关于债渊源的问题都具有重大意义。只有明确界定债渊源，才能解决债领域内一般原则的识别、选择和定义问题。

首先，合同是本文中尚未被讨论的渊源。然而，作为毋庸置疑的渊源之一，这一问题却极其重要，如果不加讨论，将难以界定，哪些原则是一般性的，而哪些原则仅仅能适用于合同。实际上，最初债的自由和私人自治原则被认为是一般原则，但是这些原则现在已经从总则部分被排除，至少短时间内被排除了，因为这些原则很显然只适用于合同。但是，只有将合同的未来发展情况用文字规定下来，才能够消解疑虑。当然，还有必要确定债的其他渊源以及应用这些渊源的可能性。

其次，缺乏对债渊源的识别将不可避免地影响原则的内涵：至少，人的尊严、基本权利、诚实信用，这样的原则能适用于债的产生；初稿第6条和第7条也作出了这样的规定。这意味着承认了这些一般原则从债渊源产生并发展。

在产生债的债因还未被明确的情况下，如何能确定说上述提到过的一般原则能规范债的产生，而被民法典框架所规定的那些原则不能？我们能否就此下结论，认为所有被采纳的一般原则都适用于债的产生？或者相反地，认为没有一般原则可以适用于债的产生？我们可以看到，原则的拣选、扩展运用和抛弃，都要求精确地认识债的各种渊源，并一一检验其中每种原则的可能情形。

此外，GADAL债法典框架还承认了受大多数公认的一般原则的综合功能，公平性也在法律一般原则和诚信原则（第5条和第8条）得到认可，并因此确定了债的具体内容。但是，这种承认肯定要置于原则本身能否构成债渊源的讨论当中。实际上，初稿中有关诚实信用的条款已明确考虑到这一点。这种讨论必须要考虑的一些基本因素包括：

1. 法律责任的概念以及它和债内涵的关系。当主体需要使其行为符合法律规定时，我们能发现法律责任。虽然，"债"可能包含在"法律责任"这一概念中，但它是一种特殊的法律义务，因此在两者之间存在属和种的关系。

为了阐释两者在教义上的不同以及各自的实践适用，将草案第1条和第2条的内容概念化显得尤为重要，也就是解释债的含义及其要素，包括确定的或可以被确定的主动主体和被动主体；强制约束；客体；可保护的利益。

如前文所述，上述原则可以被认为是一般法律责任的渊源，即行为规则，而不是严格意义上的债渊源。事实上，从原则出发，可以推演出对他人权利的尊重、勤勉和照顾义务。但是这些义务在结构上存在着的不确定的被动主体，而债要求具有确定的或者可以被确定的被动主体。法律责任并不产生债。事实上，根据科拉尔（Corral）教授最近的研究，他认为人的尊严和诚实信用原则只产生一般的法律义务，与主观权利构成的主观关系不同。

2. 债的另一要素，客体，是建立在债务人必须向债权人给、做或者不做这种履行基础上的。在履行这项履行基础的同时，还有其它的"义务"债务人必须履行。但是，这些其他义务具有附随、补充或次要的特征。这些义务是为了保证履行或者充分给付而刻意向被动主体要求的。这些次要的法律义务具有和一般原则、债法典框架第二章原则一样的效力，但和债渊源实在不同。

3. 相对于债权人，债务人不会承担非债性质的法律义务，合作义务和止损义务都是此类典型。这个问题超越了关于债权人义务（责任、义务或债）的法律性质的讨论。除了少数意见和特例，应该说，这些原则是法律义务的渊源，而不是有效的债因。编纂组考虑了这种观点，多数编纂组成员总结认为，原则的规范价值产生了法律责任，在严格意义上讲，它没有产生债，因此不将原则认为是债渊源。

当然，正如本应具有特征的债因未被理论定义一样，关于债产生方式的问题仍然是开放的。

在这里，产生了一个不同的问题，即未履行一般原则的义务后果。除了旨在维护原则效力的措施外，如果违法行为造成损害，那么将产生对受害者损失进行赔偿的损害赔偿义务，这种债是非法事实的原因，一般原则不是非法事实的原因。因行为违反原则而产生的赔偿义务，是在第 12 条中被明确承认的。

七、结论

简单来说，债渊源类别的介绍和概念化，实质上影响了债法典总则的构成。宽泛的债因模式是对教义的简单陈述，缺少任何规范价值，相当于没有提到债渊源体系。

相反的，如果债渊源类别有一些作用的话，那么在面对债的概念范畴类别时，它能确定个别债的专门适用规则。

而且，发挥作用的债渊源类别还能描述和区分哪个是它们适用的真正的一般法律规范，以及每种渊源的具体规范是什么。

因此，我们希望在今后将要进行的审查工作中，认识到本文讨论主题整体的重要性，恢复对第 3 条条文的讨论。

此外，我们希望体现在《智利民法典》第 1437 条中贝略提出的分类理论，不仅能够作为一种案例，也能是一种教条基础，以此发展出统一的债体系，从而能够对拉美法律文化做出实质贡献。

债法的基本范畴

◉ ［意］Enrico del Prato * 著

肖 俊** 译

一

在 2009 年 10 月于北京召开的罗马法大会上，我提交了题为《债和义务》的论文。[1]文中我详细论述了"债"的内容，论述了一部分法律义务不能构成债的内容，以及一部分虽然从本质上看并非给付的义务，但仍然可以属于债的内容。

不构成债的法律义务，包括了诚信原则的义务（《意大利民法典》第 1175 条和第 1375 条），在家庭领域和其他生活领域的非财产义务（可以参照《意大利民法典》第 143、147 条。）

不以给付为内容的债，这在表述上是令人困惑的，需要予以澄清。所谓合同责任是以债务人具体的给付为内容，基本上它包括了合同约定的给付内容以及保护第三人的义务。[2]而非以履行为内容的债是以具体的债务人给付为内容的合同之债在其他领域的延伸。

这样的研究视角是要将非给付义务融入债法之中，在合同之债不履行的情况下，

* ［意］恩里克·德尔·普拉托（Enrico del Prato），意大利罗马一大法学院教授。
** 肖俊，上海交通大学凯原法学院讲师，法学博士。

[1] 参见 E. del Prato，"Dal Diritto Romano e dal Diritto Cinese Tradizionale al Diritto Moderno：Dialogo tra Storia e Attualità-Pechino"，24－25 ottobre 2009，tradotto in cinese，Pechino，2011，p. 236，*Roma e America*. Diritto romano comune. Rivista di diritto dell'integrazione e unificazione del diritto in Europa e in America Latina，2009，p. 99，e ora in E. del Prato，*Lo spazio dei privati*. Scritti，Bologna，2016，p. 33.

[2] 这种现象可以在医疗责任中看到。Cass.，11 maggio 2009，n. 10741，in CED Cassazione，2009，Cass.，20 ottobre 2005，n. 20320，*Giur. it.*，2007，p. 628；Cass.，29 luglio 2004，n. 14488，*Resp. civ. prev.*，2004，p. 1348；Cass.，10 maggio 2002，n. 6735，*Foro it.*，2002，I，p. 3115.

证明诉讼时效的负担（《意大利民法典》第 2946 条和第 2947 条），[3]以及可赔偿损害的范围（《意大利民法典》第 1225 条）也构成了债的内容。

从功能上看，最重要的内容是对债的损害赔偿所产生的责任，它源于意定之债（比如《意大利民法典》第 1321 条、第 647 条和第 793 条）、法定之债（《意大利民法典》第 2029 条、第 2033 条和第 2041 条）以及侵权之债（《意大利民法典》第 2043 条）的不履行（《意大利民法典》第 1218 条）。

从财产责任上看（《意大利民法典》第 2740 条），它意味着债务人的财产应受制于债权人的执行请求之下，需要注意的是"责任"一词具有不同于债的不履行和侵权的含义。首先，责任产生于可归责于债务人的履行（《意大利民法典》第 1218 条），实际上等同于向债权人履行与在履行期到来时没有实际履行所产生的损害相当或者特别的履行义务。因此，责任表达了一种从原债的不履行中演化出的新债的含义。即便是在侵权责任（《意大利民法典》第 2043 条）中，"责任"一词也是债的同义词。而不同之处在于，此时侵权构成了债的渊源（《意大利民法典》第 1173 条），它没有一个既存的债的关系。但是，责任一词暗示着事先存在着债的关系，我们能够称之为真正的债。在这个意义上可以说，《意大利民法典》第 1218 条所规定的债的不履行转化为一种新的赔偿之债。

我们也可以思考以特殊方式重新整合的债（《意大利民法典》第 2058 条），这通常被称为特殊形式的赔偿，从种类上看赔偿也是债的同义词。由于不可抗力导致履行不能的情况下，如果不能证明自己没有过错（《意大利民法典》第 1218 条），特殊方式的赔偿会产生出与损害相当的债务。

与此相同的是对非法律行为产生的债的范围：无因管理、非债清偿和不当得利。这些债的内容并非赔偿而是体现为不同的形式：不当得利中的恢复原状，非债清偿中的返还以及不当得利中的补偿。

此外，在不同的合同中还存在着特殊的责任（比如消费品买卖），通常称之为"担保"，它同样构成了债。这一担保概念区别于特别优先权（《意大利民法典》第 2740 条）以及与物的担保（质押和抵押）的财产责任之处在于，它是以合同为基础，产生于特定事由效力的真正的债。

债与担保的关系是一个经典的命题（我指的是买卖和承揽中的瑕疵担保），对于债法的规则适用在这一领域是可以进行大量的有意义的论证的，这能触及担保是否同样属于债的制度（另一个领域是时效）。但对这一问题的探讨完全超过本文的主题。本文仅仅探索债法的范围。

---

[3] 统一的举证责任确定了证明的环节。在违约责任中，债权人要证明债务不履行，只要证明债因和可履行性，而债务人则应当证明履行不能的事由或者债已经消灭。（《意大利民法典》第 1218 条；v. Cass.，18 settembre 2015，n. 18307，*Foro it.*，2016，I，p. 175）。而在侵权责任中，如果需要赔偿损失，需要证明责任所有的构成要件（art. 2043 ss. c. c.）。

二

债本身就意味着债务人的地位，但在法律语言中也同样暗示着整个的债的关系。从意大利民法典的规范语言上看，它包含的内容更为广泛：第 4 卷是民法典内容最为广泛的一卷，除了债务和关系之外，还包括了所有的渊源（合同以及产生物权效力的合同，包括了《意大利民法典》第 1376 条以下具体的合同；单方允诺、债权证书、无因管理、非债清偿、不当得利以及侵权）。

债法的一个特殊内容是作为债务和关系，在《意大利民法典》第 4 卷第 1 题的中心即是关于履行的一般内容，而对于债的原因不加区分，由此不可避免产生出重叠（我认为关于债的期间，《意大利民法典》第 1183 条至第 1187 条混合使用了合同之债中的术语，但在合同领域中并没有对应物）。

在其他的立法经验中，合同和其他债的领域会产生重合，这在合同领域是常见的事情。但仍然有必要进行区分，因为并非所有的债都产生于合同，以及合同能产生不同于债的效力，比如物权的转移和创设的合同以及合伙合同，合伙能产生债但主要的效果是创造一个新的权利主体。[4]

这种重叠现象体现也在诚信原则上，它具有同质的内容，[5]我们看到《意大利民法典》第 1175 条规定的诚信原则置于债法总则之中，同样涉及这一义务的还有合同法总则中的第 1337 条、第 1358 条、第 1366 条和第 1375 条。

这种双重规定的现象是常见的，因为并非所有的债都产生于合同，经由合同领域有诚信原则是不充分的（《意大利民法典》第 1375 条），而对于产生于物权效力的合同来说（《意大利民法典》第 1376 条），仅仅在债法总则中规定诚信原则也是不充分的（《意大利民法典》第 1175 条）。[6]

---

[4]　参见 E. del Prato, *L'ente Privato come Atto. Saggi di Diritto Civile*, Torino, 2015, passim.

[5]　根据民法典委员会的发言，诚信原则的义务被界定为，"自我行为不超过自我利益的合法范围的义务"。

[6]　与物权变动效力类似的是，在双重移转中，第二个买受人获得优势地位，诚信原则的违反是为了确认了出卖人对于第一个买受人的合同责任而非侵权责任（这涉及履行的目的）（v. Cass. 7 ottobre 2016, n. 20251, *Foro it.*, 2017, 3, I, p. 990）. 相似的问题发生在意大利队法律体系中，合意可以产生出物权变动的效力（《意大利民法典》第 1376 条）. 在意大利法中，有一些地区对于不动产的移转需要在不动产登记系统登记，这是在第一次世界大战前移植于奥地利 - 匈牙利的传统，这些地区包括：le attuali province di Trieste, Gorizia, Trento, Bolzano, taluni comuni della provincia di Udine（Aiello del Friuli, Aquileia, Campolongo al Torre, Cervignano del Friuli, Chiopris-Viscone, Fiumicello, Malborghetto-Valbruna, Pontebba, Ruda, San Vito al Torre, Tapogliano, Tarvisio, Terzo di Aquileia, Villa Vicentina e Visco）, il comune di Pedemonte e l'ex comune di Casotto（Provincia di Vicenza）, quelli di Magasa e Valvestino（Provincia di Brescia）e tre comuni della Provincia di Belluno（Cortina d'Ampezzo, Colle Santa Lucia e Livinallongo del Col di Lana）. 在罗马法中，合意仅仅产生债的效力，但争议的问题是，后来采取了罗马法中实用主义的模式。

在给付中所包含的义务和关系的债的特殊规范都规定在债法总则中（《意大利民法典》第 1173 条至第 1320 条）。一般性的评价规则，比如诚信原则的义务，违反这一义务不属于债务的不履行（《意大利民法典》第 1218 条）的规定，它作用于整体债的关系，也能适用于债权人。换句话说，对于诚信原则的违反能够产生出这样的效果，债的关系应该恢复到如同没有违反的状态，即便不可能，也可以产生相应的损害赔偿。

需要澄清的是履行的财产性应该与债权人的利益相对应，但债权人的利益并不总是财产性的（《意大利民法典》第 1174 条）。这种利益是与债的产生同时的，构成了给付的内容，它决定了债权相对的债务人的义务。但对于双方都必须承担的诚信义务的违反，它与债务人义务相适应共同构成了债的内容。

三

除了财产性，债与合同还有其他共同点，但这不会损害合同自身专属的特性。合同与债都有一个"原因"。不需要在此强调原因作为合同的条件，[7] 正如我们注意到的，它是债的特性也是其他制度所缺乏的。近来，法国法改革中已经删除了原因。但是它又在不同的制度中重新出现，这起到了同样的效果，这就解释了原因制度可以不被规定的理由。因此，即便没有被实在法规定，在缺乏原因的情形下，移转财产将缺乏合法性，这会导致合同缺乏固有的特性而无效。

法国民法典，和 1865 年《意大利民法典》一样，在合同的基本要件中补充了一项，即"缔结债务的合法原因"（1865 年《意大利民法典》第 1104 条），这构成了合同的原因和债的原因之间的纽带。简而言之，合同应该表达出财产变动的正当性理由，由此就形成了债的原因，用一种贫乏的语言来描述，就是债的渊源（《意大利民法典》第 1173 条）。

客体也是合同（《意大利民法典》第 1346 条）和债的共同点。如同原因一样，合同应该表示出它所追求的客体。这就意味着给付就是合同的客体。合同客体的瑕疵（不能、违法、不确定，参见《意大利民法典》第 1346 条）也阻碍了债的产生。

原因和客体是债与合同共同的制度，因此需要进一步考察为什么合同是债的类型。债法规定了不同的渊源（《意大利民法典》第 1173 条）和作为客体的给付（参见《意大利民法典》第 1429 条第 2 款[8]），因为它们规定了债务人的义务，由此可

---

〔7〕 我认为合同的要件比合同基本要素更为合适，因为这一种表达将合同看作是要素的总和，相反它们仅仅构成了合意分析视角，这是合同的表象，因此，我认为《意大利民法典》第 1325 条的规定是不准确的。

〔8〕 《意大利民法典》第 1429 条是关于本质的错误，它的第一款是关于"合同性质和客体"的错误；第二款是关于客体或者质量的同一性错误，两者都涉及合意的确定性。

以看出合同的效力仅仅是债的渊源的一种。

四

我们已经讨论过责任。它源于原债的不履行（《意大利民法典》第1218条），自身作为债因的侵权（《意大利民法典》第2043条）。这一术语的内涵在前者和后者中有所不同：在前者中它是原债变形为损害赔偿之债或者与之共存；对于后者而言，只有损害赔偿之债，它受到可预见原则（《意大利民法典》第1223条）所塑造的对受害人财产性利益或者非财产利益的恢复原状之债中。

在意大利法的经验中，合同责任一词即意味着不履行责任，因此这一表达可以被理解为是关于每一种对于构成了原因的既存之债的不履行。

在两种责任模式中，举证责任存在着本质差异。在前者不履行责任中，债权人需要证明债的原因以及不履行，而债务人则要证明存在着债因不存在或者无效，或者存在着消灭的事由。在后者侵权责任中，原告要负担证明组成了构成要件的事实存在。

从规范的角度谈，两种责任的限制存在着实质的不同，债务人的损害赔偿责任是以债务在债务成立时可遇见范围为限，除非不履行是故意的（《意大利民法典》第1225条）。规定的意义在于解释了债权人利益构成了债的赔偿范围。

而故意的不履行则体现了债务人对所有的损害的赔偿，事实上，这与侵权责任的赔偿范围相同（这里指的是《意大利民法典》第2026条的侵权损害赔偿，不涉及第1255条，但与第1223条、第1226条和第1227条有关）。但是不履行的债务人的过错（《意大利民法典》第1225条）与侵权法的过错是不同的（《意大利民法典》第2043条）。只有后者中，过错才是存在于通过行为产生损害的意图上，而前者只是明知不履行会造成损害。

因此在侵权责任中，不可预见的损害赔偿不需要确定债权人利益的原因，而故意的不履行责任，赔偿范围依赖于债务人所采取的不履行决定可能造成损害的危险。

两者在规范选择上的差别在于诉讼时效，在意大利法中需要一次改革来缓解不同责任的时效所造成的巨大争议（只要考虑一下《意大利民法典》第1337条缔约过失责任）。我认为可以将侵权责任5年的诉讼时效一般化，并且如同法国法一样取消推定时效（《意大利民法典》第2954条）。

五

除了不同渊源中的特性之外，债法领域中形成了债的关系的一般规定，它与不同渊源所带来的差异规则共存。我们已经说明了共同点，现在对意大利法中构成债法的一般制度的材料进行简要的重述。

第一部分的内容是关于债务人的行为，履行的内容，履行的时间和地点以及相关的清偿债权人的其他方式；关于担保履行的效力（替代清偿）；债务人的履行利益以及债权人迟延；不履行和债务人责任；损害赔偿。

第二部分是关于债的非履行消灭：更新、免除、抵销、混同、不可归责于债务人的原因导致的履行不能。

其次是债的转让，债权转让以及对他人债务的承担。与此不同的是法国民法典，它没有规定债权转让，但是在学理上仍然是重要的。我们保留了债权转让，如同物的移转的规定。[9]但是在债务承担上是不同的，它与原来的债权人之间形成了新的债，除非债权人明确表示原债务人从原债关系中脱离。

债的客体的特点是以金钱之债为基础，包含了简单之债、竞合之债和选择之债。而根据主体的复数性特点，在连带之债中区分连带债权和连带债务。在这一领域中存在着一个特殊的制度，即履行的客体是不可分之债。

这样的债的制度整体解释了为什么需要对不同的经典类型中总结出统一的规则，这对于私法的体系来说是一个不可或缺的工具。

---

〔9〕 通常认为《意大利民法典》第813条对于动产的规定也适用于其他的权利。

合同漏洞补充的比较法论

●崔建远*

摘要： 合同漏洞有狭义的和广义的之分，由于狭义的合同漏洞确定性较强，其补充方法可以用于广义的合同漏洞的补充，本文专论狭义的合同漏洞及其补充。构成合同漏洞，必须同时具备违反合同计划和不圆满性。合同计划，即当事人关于合同事项的安排，在客观上被分为若干层次的计划，第一层面的合同计划，属于整个交易的计划，也可以说是交易的整体安排。这个层次的计划有可能是共同的，或者共同点多一些。第二个层面的合同计划，是合同目的意义上的计划。这各层面的合同计划因合同系"共同行为"抑或"契约"而有不同。合同漏洞不但会因当事人应该约定而未约定产生，也会因限缩解释不当而出现。补充合同漏洞，首先适用《合同法》第61条的规定，由当事人以协议为之。在协议不成时，由裁判者寻觅合适的强制性规定、任意性规定、倡导性规定，包括《合同法》分则、《合同法》第61条规定的交易习惯和第62条的规定，予以填补。中国参加国际条约的，该国际条约优先于中国国内法适用于个案。若如此操作不合适，则应采用补充的合同解释来填补合同漏洞。交易习惯亦为补充合同漏洞时所考虑的因素，至于其为独立的补充合同漏洞的方法还是归属于补充的合同解释，均有道理。诚信和公平二项原则在运用具体的补充合同漏洞的方法之后在总体上作最后的审视和权衡，力求妥实。

关键词： 合同漏洞补充　合同计划　不圆满性　补充的合同解释　推定解释

《中华人民共和国民法总则》（以下简称《民法总则》）未设法律行为漏洞及其补充的条文，《中华人民共和国合同法》（以下简称《合同法》）第61条和第62条属于合同漏洞补充的规则，但不敷使用。正在编纂的《中华人民共和国民法典》（以下简称《中国民法典》）应当总结经验教训，设计出完善的合同漏洞补充规则。本文试从比较法的角度讨论合同漏洞补充的问题，为《中国民法典》设计合同漏洞补充规则提供参考意见。

一、合同漏洞补充及其定位

所谓合同漏洞（gaps），是指合同关于某事项应有约定而未约定的不圆满的现

---

* 崔建远，男，1956年5月生，现任清华大学法学院教授。

象。[1] 易言之，合同的客观规范内容不能包括某种应处理的事项。依据一定规则，审视、甄别、发现、确定并填补合同漏洞，使合同完整化，即为合同漏洞补充或曰合同漏洞填补。全面、周延的合同漏洞补充应该包含这些所有的环节和作业，当然，在特定情况下，把合同漏洞补充用于填补合同漏洞这个最后环节，也不宜说错。

合同漏洞及其补充遇到的第一个问题是，它是独立于还是归属于合同解释？如果承认合同解释"是确定当事人双方的共同意思"[2]，是指"对合同及其相关资料的含义所作的分析和说明。……当合同条款不清楚时，法院可以远离最初的协议来确定当事人双方的真意"，[3] 那么，发现并确认合同漏洞的存在以及随后的补充，就应当属于合同解释的范畴。其道理在于：审视、甄别系争合同存否漏洞，需要通过解释系争合同方可知晓并最终予以确定。寻觅待补漏洞的合同条款/文字并将之填补于系争合同之中，仍须探求并确定当事人的意思，即使被认定的当事人的意思是推定的当事人的意思（the presumed intentions of the parties），也是如此。既然两个方面的作业都属于合同解释，那么，补充合同漏洞属于合同解释可以成立。

从比较法的视角也能得出上述结论。在美国普通法上，合同解释在相当长的历史时期被区分为推定解释（construction）与除此而外的合同解释（interpretation）的，时至今日也有不少的法院及专家学者仍如此思维。科宾教授于其《科宾论合同》、范斯沃思教授于其《美国合同法》中似将 interpretation 与 construction 作为平列的两个概念来使用，介绍其内涵、外延、功能和演变，同时也注意到越来越不区分二者的趋势。[4] 按照《布莱克法律词典》的解释，interpretation 是发现和确定制定法、遗嘱、合同和其他书面文件的意思的行为和过程。它有时在严格意义上使用，有时在宽泛意义上使用。construction 不但用于澄清、确定制定法、合同的意思，而且用于澄清、确定其他文件含义，还用于漏洞的补充。就是说，interpretation 和 construction 都符合合同解释的界定和规格。如果在严格意义上使用 construction 概念，那么，construction 是较 interpretation 适用范围更为宽泛的概念。当然，interpretation 和 construction 经常互换使用。[5] interpretation 与 construction 分工的一个重要表现是，合同漏洞的补充依赖推定解释（construction），而推定解释（construction）开始于对合同语义的解释，但并不以此为终结。推定解释是在事实上已经发现意思并完成解释之后，

---

[1] 参见王泽鉴：《债法原理》，北京大学出版社 2009 年版，第 170 页。

[2] 《法国民法典》第 1156 条；*La. Civ. Code Ann* art. 2045.

[3] Rabenhorst Funeral Home Inc. v. Tessier, 674 So. 2d 1164（La. Ap. 1st Cir. 1996）.

[4] ［美］A. L. 科宾：《科宾论合同》（上册），王卫国、徐国栋、夏登峻译，中国大百科全书出版社 1997 年版，第 619 – 671 页；［美］E. 艾伦·范斯沃思：《美国合同法》，葛云松、丁春艳译，中国政法大学出版社 2004 年版，第 427 – 515 页。

[5] Henry Campbell Black, M. A., *Black's Law Dictionary*, West Publishing CO. 283, 1979, p. 734.

确定交易的法律效果。[6]具体实施补充合同漏洞的作业为"推断"（implication），而"推断"本身亦为解释过程，据以发现可以仅仅从合同文句中产生的意思并予以执行。[7]既然推定解释（construction）开始于对合同语义的解释，那么，把合同漏洞的发现及其补充阻挡在合同解释的大门之外，就不太符合逻辑和事理。

可是，科宾教授关于"法院若填补由于当事人未考虑到某些问题而无可表达意图，因而在协议条款中留下的漏洞，这样的司法活动不应成为解释。称其为解释只是方便的伪装"[8]的论述，以及范斯沃思教授关于合同解释"并非法院确定合同的法律效果的唯一法律技术"，"法院可以通过推断的过程（the process of implication），为合同漏洞补充一个应适用的条款"[9]的介绍和辨析，似乎把合同漏洞的发现及其补充排除于合同解释了。其实，此段议论是建立在区分推定解释（construction）与除此而外的合同解释（interpretation）的前提、基础之上的，此处所谓解释限于除推定解释（construction）以外的合同解释（interpretation）。

如果改采另外的理念及操作——法院虽然有时区分推定解释（construction）与除此而外的合同解释（interpretation），但也经常忽略这一区分，而把推定解释（construction）的过程说成是合同解释，在法律实务中，很难一成不变地坚持推定解释（construction）与除此而外的合同解释（interpretation）这种区分，范斯沃思教授于其《美国合同法》中也不强调这种区分，[10]那么，把合同漏洞及其补充的作业纳入合同解释的作业之中，就顺理成章了。

当然，着眼于逻辑周延的层面，可以寻觅、确定 interpretation 和 construction 的一个上位概念，由该上位概念统领 interpretation 和 construction；也可以赋予 interpretation 广义的和狭义的两种含义，广义的 interpretation 涵盖 construction，而狭义的 interpretation 则与 construction 平列。也可以反过来，赋予 construction 广义的和狭义的两种。这如同中国台湾地区的民法及理论使用的过失概念，狭义的过失是与故意平列的概念，而广义的过失则包括故意和狭义的过失。

英国法如何呢？贝尔（Beale）等学者在"通过合同解释来补充合同漏洞"（gap-filling by interpretation）的章名下总结道：对于合同漏洞，主审法院一是可采风险分

---

〔6〕 ［美］A. L. 科宾：《科宾论合同》（上册），王卫国、徐国栋、夏登峻译，中国大百科全书出版社1997年版，第625、659页。

〔7〕 ［美］A. L. 科宾：《科宾论合同》（上册），王卫国、徐国栋、夏登峻译，中国大百科全书出版社1997年版，第669页。

〔8〕 ［美］A. L. 科宾：《科宾论合同》（上册），王卫国、徐国栋、夏登峻译，中国大百科全书出版社1997年版，第627页。

〔9〕 ［美］E. 艾伦·范斯沃思：《美国合同法》，葛云松、丁春艳译，中国政法大学出版社2004年版，第453页。

〔10〕 ［美］E. 艾伦·范斯沃思：《美国合同法》，葛云松、丁春艳译，中国政法大学出版社2004年版，第453 – 454页。

配的思路予以裁判，二是可判决默示条款填补合同漏洞。[11]安久斯（Andrews）教授在"合同解释与默示条款"（interpretation and implied terms）的标题下讨论用默示条款填补合同漏洞。[12]这些著作都把用默示条款填补合同漏洞划归合同解释的领域。杨良宜先生的大作《合约的解释》全面而系统地介绍和分析了英国法关于合同解释的判例以及个别的制定法，英国判例用法律上的默示条款、事实上的默示条款填补合同漏洞，所有这些均未作为独立于、并列于合同解释的作业，而是置于合同解释的总题目之下。[13]如果这符合事实，则合同漏洞及其补充在英国法上属于合同解释的内容。

在德国，萨维尼认为，漏洞补充属于法律解释的合法任务，"因为对完整性的要求与对一致性的要求一样，本身都属于不受任何限制的权利。"[14]布洛克斯、瓦尔克二位教授总结道："解释不只是查明真意。在法律不完整，存在漏洞的情况下，解释同样可以实现对法律的补充。此类漏洞的原因可能是立法者故意未对某一特定问题作出规定或者在创设法律时没有考虑到某种情况（非故意）。填补法律中的既存漏洞被称为补充性解释。"[15]当然，须除去援用法律规定、交易习惯补充合同漏洞的情形。相似的事务宜相同对待，合同漏洞的补充之于合同解释也应如此定位。"无论法律还是法律行为均可能存在漏洞，它们可以通过补充解释而得到填补。"[16]补充的合同解释，是对合同的客观规范内容加以解释，以填补合同的漏洞现象。其所解释的，是当事人所创设的合同规范整体。其所补充的，为个别的合同条款。所以，学说上认其性质仍属合同的解释。易言之，即合同解释，可分为单纯的合同解释与补充的合同解释。[17]看来，合同漏洞的补充属于合同解释的范畴，这在德国法系不成问题。

此处所谓单纯的合同解释，在王泽鉴教授所著《民法总则》中叫作阐释性合同解释[18]，在布洛克斯、瓦尔克二位德国教授的著作中称为简单解释[19]，用于合同解释场合就是简单的合同解释；在日本民法学家山本敬三教授的著述中称作狭义的

---

[11] H. G. Beale, W. D. Bishop, M. P. Furmston, *Contract Cases & Materials*, Butterworths & Co（publishes），1990，pp. 303 – 304.

[12] Neil Andrews, *Contract Law*, Cambridge University Press, 2015, p. 333.

[13] 杨良宜：《合约的解释》，法律出版社 2007 年版，第 1 – 378 页。

[14] ［德］萨维尼：《当代罗马法体系Ⅰ》，朱虎译，中国法制出版社 2001 年版，第 290 页，转引自［德］维尔纳·弗卢梅：《法律行为论》，迟颖译，法律出版社 2013 年版，第 345 页。

[15] ［德］汉斯·布洛克斯、沃尔夫·迪特里希·瓦尔克：《德国民法总论》，张艳译，中国人民大学出版社 2014 年版，第 37 页。

[16] ［德］汉斯·布洛克斯、沃尔夫·迪特里希·瓦尔克：《德国民法总论》，张艳译，中国人民大学出版社 2014 年版，第 63 页。

[17] 王泽鉴：《债法原理》，北京大学出版社 2009 年版，第 171 – 172 页。

[18] 王泽鉴：《民法总则》，北京大学出版社 2009 年版，第 390 页。

[19] ［德］汉斯·布洛克斯、沃尔夫·迪特里希·瓦尔克：《德国民法总论》，张艳译，中国人民大学出版社 2014 年版，第 63 – 68 页。

合同解释[20]，在拉伦茨教授的著作里时常径称为解释[21]，弗卢梅教授于其大作《法律行为论》中用解释概念统辖规范解释、合同漏洞补充等各种具体的解释方法[22]。

在中国，《合同法》第 61、62 条的规定用于补充合同漏洞，笔者未见反对意见。《合同法》第 125 条的规定依其字面意思适用于明示的合同条款、语句的解释。《民法总则》第 142 条第 1 款规定的意思表示的解释规则是否涵盖合同漏洞的补充，专就其字面意思观察也难下结论。不过，合同漏洞的发现并确定需要解释既有的明示条款或语句，此时此地需要适用《民法总则》第 142 条第 1 款及《合同法》第 125 条的规定。对已经确定为合同漏洞的进行补充作业，无论是依据《合同法》第 61 条或第 62 条或《合同法》分则的有关规定以及其他有关法律予以填补，还是裁判者运用补充的合同解释，至少不得无视合同的明示条款，自内在要求而言，基于体系解释和目的解释的要求，补充合同漏洞并非拘泥于该漏洞之中探究、确定待补的意思表示，而须审视合同的全部条款乃至合同周围情事甚至关联交易，来寻觅自洽的、周延的、符合公平正义的合同条款或语句，最终将之填补进合同之中。这其实也是在解释，即单纯的合同解释，亦即阐释性合同解释。特别是其中"确定合同所用之词与符号的含义的过程"，即为阐释性的合同解释。如此说来，将合同漏洞的补充作业纳入合同解释的范畴，符合客观实际和逻辑。梁上上教授把法律漏洞补充方法直接注释为法律解释方法[23]，与此不谋而合。

当然，合同漏洞补充显然具有特殊性。比较周全的说法可能是：合同解释是最上位的概念，阐释性的合同解释为合同解释的下位概念，合同漏洞补充亦为下位概念，属于合同解释的另一种，且为特殊的一种。此处所谓特殊，其最显著、最本质的表现就是填补合同漏洞。合同漏洞补充带有合同解释和法律解释的双重解释的特征：合同漏洞的补充需要适用《合同法》第 61、62 条以及其他法律规范，这离不开法律解释；[24]先于或同时解释合同的明示条款/文字，这就是阐释性的合同解释。看来，合同漏洞补充的确属于十分特殊的合同解释。合同漏洞补充的已补条款/文字，尽管有与当事人各方的真实意思重合的情形，但偏离当事人各方的真意者可能更为常见。这不同于阐释性的合同解释更多地寻觅并确定当事人的真实意思。通过补充的合同解释填补合同漏洞，虽然以缔约时所为行为作为出发点，但应着眼于现存的行为。有鉴于此，应将那些在这类行为进行之后所产生的交易习惯纳入考虑范围，

---

〔20〕 ［日］山本敬三：《民法讲义Ⅰ·总则》（第 3 版），解亘译，北京大学出版社 2004 年版，第 107 – 109 页。

〔21〕 ［德］维尔纳·弗卢梅：《法律行为论》，迟颖译，法律出版社 2013 年版，第 347 – 372 页；［德］卡尔·拉伦茨：《德国民法通论》（下册），王晓晔等译，法律出版社 2003 年版，第 457 – 473 页。

〔22〕 ［德］维尔纳·弗卢梅：《法律行为论》，迟颖译，法律出版社 2013 年版，第 342 – 399 页。

〔23〕 梁上上：《利益衡量论》（第 2 版），法律出版社 2016 年版，第 70 页。

〔24〕 参见［德］维尔纳·弗卢梅：《法律行为论》，迟颖译，法律出版社 2013 年版，第 380 页。

并且应以进行补充解释之时的法律观念为基础进行解释。[25]如此寻觅并确定待补条款/文字，以便在填补合同漏洞之后使整个合同契合无间，如同修缮古建筑物系以旧补旧，贴补外墙脱落的瓷砖应使整个外墙浑然一体。阐释性的合同解释恐怕不得如此厚今薄古，因为"意思表示自其生效之时就具有——也许通过解释而获得的——恒定不变的表示价值。该价值不受事后发生事件的影响。意思表示不能于其生效之时具有某一含义，而生效之后又具有另外一个含义"。[26]

二、合同漏洞的判断标准

合同漏洞是否存在于某特定合同之中，不应单凭解释者的主观好恶来认定，而是有其客观标准的。该标准如何？可否借鉴法律漏洞的判断标准予以确立？这是应予回答的问题。当事人各方故意未就某个问题予以约定是否构成不圆满？违反计划？[27]

法律漏洞的基本特征，一是违反立法计划性，二是不圆满性。[28]关于违反立法计划的判断，见解不一，有一种观点主张，以法秩序的全体精神、法律的内涵目的为标准，也就是说，应以内在于法律的法理念为标准。[29]这种观点兼顾了法秩序与法外空间的区别，被认为比较妥当。[30]所谓不圆满性，是指未能被法律规范涵盖的事实类型出现，不能以现行法直接加以调整的现象。关于欠缺法律规范调整事实类型是否即为法律体系存在不圆满性，其确定以解释为前提。在依"可能文义范围"仍不能推出立法目的、意图所承认的效果时，可以称这种法律规范的欠缺具有不圆满性，构成法律漏洞。[31]

合同漏洞与法律漏洞虽有相近的一面，也有不同之点，判断合同漏洞的标准，既要重视法律漏洞的判断标准，也应注意自己的特色。对此分解阐释如下：

第一，构成合同漏洞，需要具备违反合同计划和不圆满性两项标准。

第二，在不圆满性这个判断标准方面，合同漏洞与法律漏洞所要求的元素存在较多的相同点或近似点，只不过构成合同漏洞所要求的不圆满性自然不会是"未能被法律规范涵盖的事实类型出现，不能以现行法直接加以调整的现象"，而是合同条款残缺不全，非"完整的合同"。显然，"完整的合同"因其完整，自然不存在漏洞；

---

[25] 《联邦最高法院判例集》12，第 337 页以下；23，第 282 页以下，转引自［德］维尔纳·弗卢梅：《法律行为论》，迟颖译，法律出版社 2013 年版，第 383 页。

[26] 《联邦最高法院判例——林登迈尔－默林编联邦最高法院参考资料》，§133（B）Nr.7，转引自［德］维尔纳·弗卢梅：《法律行为论》，迟颖译，法律出版社 2013 年版，第 363 页。

[27] ［德］迪特尔·梅迪库斯：《德国民法总论》，邵建东译，法律出版社 2000 年版，第 257 页。

[28] 参见王泽鉴：《民法思维》，北京大学出版社 2009 年版，第 198 页；黄建辉：《法律漏洞·类推适用》，蔚理法律出版社 1988 年版，第 21、22 页。

[29] K. Larenz, *Methodenlehre der Rechtswissenschaft.* S. Aufl. 1983, S. 282f..

[30] 黄建辉：《法律漏洞·类推适用》，蔚理法律出版社 1988 年版，第 37 页。

[31] W. Knittel, "Die Verfassungsgerichtliche Normenkontrolle alsursache Von Gesetzeslücke", *Juristische Zeitung*, 1967, S. 79ff..

只有欠缺合同条款的合同才会存在漏洞。

何为合同"完整"抑或"不完整"？在英美普通法上存有这样的观点：如果当事人双方欲使书面合同作为他们协议的最后的完整的表达，那么，该合同是完整的。[32]"一份完整的协议是形成一个最后表达一份协议的一条或多条的书面文件或一组书面文件。"[33]一份完整的合同是一份当事人各方都同意的所有条款的最后的与完全的表达。一份不完整的合同，虽是包含在这份协议中的所有条款的最后的与完全的表达，但不是那份当事人各方都同意的所有条款的最后的与完全的表达。[34]一份由当事人双方签署的清晰的书面的合同在外表上是完整的，可被认为具备了整体的范围。[35]这些观点值得重视，但它们只是在描述合同完整的态样，而非确立合同完整抑或不完整的判断标准。看来，确立合同不圆满性的判断标准，还得另觅他途。

实际上，合同圆满与否，或曰是否完整，直接受制于合同计划。如果 A 楼租赁合同计划是这样的，则 A 楼租赁合同是完整的，具有圆满性；如果 A 楼租赁合同计划是那样的，则 A 楼租赁合同就不完整，不具有圆满性，需要补充漏洞。具体些说，甲公司兴建 A 楼，但因资金短缺无力装修已经封顶的 A 楼，于是拟借他人之力完成 A 楼的装修。乙公司资金充盈，但缺乏经营场所，自己建造经营场所"远水不解近渴"，租赁他人大楼效益最佳。尽职调查之后，发现 A 楼的地理位置非常理想，只是 A 楼非"拎包入住"之物，必须装修完毕后方可正常营业。甲和乙各取所需，订立《A 楼租赁合同》，约定内容之一是乙出资装修 A 楼，甲降低租金数额。这表明甲和乙形成的《A 楼租赁合同》的计划涵盖租赁物、租期、租金、装修、违约救济诸事项，假如《A 楼租赁合同》的条款中欠缺装修的内容，就构成合同漏洞。与此不同，因 A 楼已经装修完好，承租人"拎包入住"即可，故甲和乙的《A 楼租赁合同》的计划涵盖租赁物、租期、租金、违约救济诸事项，不包括装修内容。于此场合，装修 A 楼既非《A 楼租赁合同》的要素，亦非常素，如果《A 楼租赁合同的》条款中虽无装修的内容，也不构成合同漏洞。看来，合同计划与合同漏洞及其补充密切关联。

---

[32] Restatement (Second) of Contracts ch. 9, pt. 3 intro. note (1981). See Mark K. Glasser, Keith A. Rowley, "On Parol: The Construction and Interpretation of Written Agreements and the Role of Extrinsic Evidence in Contract Litigation", *49 Baylor L. Rev.*, 657 (1997).

[33] Restatement (Second) of Contracts < sect > 209 (1), at 125 (emphasis added); see also Restatement of Contracts < sect >228, at 307 (1932) (一份协议是到此为止当事人双方采用的书面形式的完整体，或者是作为最后的与完全的表达该协议的完整书面体。) see Mark K. Glasser, Keith A. Rowley, "On Parol: The Construction and Interpretation of Written Agreements and the Role of Extrinsic Evidence in Contract Litigation", *49 Baylor L. Rev.*, 657 (1997).

[34] David R. Dow, "The Confused State of the Parol Evidence Rule in Texas", *355 Tex. L. Rev.*, 459 – 460 (1994). (emphasis added); see also Restatement (Second) of Contracts < sect >210 (1) – (2).

[35] Mark K. Glasser, Keith A. Rowley, "On Parol: The Construction and Interpretation of Written Agreements and the Role of Extrinsic Evidence in Contract Litigation", *49 Baylor L. Rev.*, 657 (1997).

毋庸讳言，对此并非无疑，而且疑问源自根本：人的理性有限，而事物的全面和完美无尽。就此说来，任何合同均有不圆满性，若将不圆满性作为合同漏洞的判断标准之一，就意味着所有的合同都存有漏洞。这显然与人们的常识不符，也脱离了合同运行、解释和裁判的客观实际。

究竟是把不圆满性作为判断合同漏洞有无的标准错了，还是人的理性有限、事物的全面和完美无尽属于伪命题？都不是。问题出在将人的理性有限、事物的全面和完美无尽的愿景用于合同有无漏洞的衡量并下结论，这是忘记了不同的事物应该不同对待，忽视了交易分阶段、有步骤的事实，这是忽视了交易的目标、合同的构成要素的结果。

不圆满性之于合同，而非之于事物的全部面貌，亦非之于哲学的使命及思考和美学的取向与追求。哲学，认知宇宙的无限广阔和微观层面的无限可分。美学，追求完美，尽管难以抵达至美至善的彼岸。与此不同，特定的当事人之间从事一项交易，不是哲学家的思绪遨游宇宙、敲开夸克，也不是美学家在孜孜以求至善至美，而是要办妥具体事项，满足特定的需求。当事人要受限于合同目的、缔约和履约地、合同文本的草拟及草拟人、谈判力量对比、交易成本等许多因素。所有这些，都决定了某特定合同不应该、也不可能如同哲学、美学所要求的那样包罗万象、追问终极、完美无缺。这不奇怪，每个学科有每个学科的使命和追求，每个事物有每个事物的本质及要求，每个人有每个人的目的和计划（短期的和长期的，权宜之计的），每个交易有每个交易的周期和目标。换个表述，圆满性是个相对的概念，在不同的学科有不同的要求和规格。

所谓某特定合同受限于当事人的目的、目标，"顾不得"美学要求的至善至美，完美无缺不是一个市场主体追求的目标；亦无哲学探究无穷无尽的本性，一个经济人、理性人"不解哲学的风情"；即便退至合同法调整的交易，也仍存于实践逻辑的不可穷尽性[36]的客观现实；而是要解决"油盐酱醋柴"的"俗事""琐事"。例如，甲饥饿难耐，需要尽快将一碗牛肉面吞进肚里，以便继续赶路；乙餐馆需要食客盈门，不断地将牛肉面换成人民币。如果遵从哲学、美学的使命，使牛肉面色香味绝佳、确定清楚其于茫茫宇宙中的真正角色，那么，甲非饿死不可，乙餐馆可能亏损直至破产。就该餐饮合同而言，含有牛肉面的品种和数量以及供应的时间、价款，就算具有圆满性，符合合同计划，至于距离色香味俱佳尚远、餐具已经褪色、餐桌陈旧等等，均非该餐饮合同不圆满性的体现，亦非该合同计划关心所在。再进一步，在乙餐馆一侧，应当区分餐饮事业的终极追求和与每位顾客的每次"交易"，专就乙餐馆和甲食客的此次就餐而言，须暂时忽略乙餐馆的终极事业追求，亦不理会甲曾于闲暇时光对燕窝的渴望，而是聚焦于填饱肚子及其规格。这样，只要乙餐馆和甲

---

[36] ［德］格布哈特：《前草案》之《总论》Ⅱ，第251页，转引自［德］维尔纳·弗卢梅：《法律行为论》，迟颖译，法律出版社2013年版，第367页。

食客商定的牛肉面数量足够、品种符合甲的指定、卫生达标，就算该餐饮合同具备圆满性的规格。

所谓受制于交易成本，就是既完成交易又控制交易成本，特定的商家之间从事一项交易，大多不是追求该项交易尽善尽美，时常伴有交易成本方面的考量。由此决定，即使某特定合同舍去一些要求，也不以合同具有不圆满性论。例如，甲便利店自乙酿酒厂购进 1 吨白酒，双方约定散装送至甲便利店。虽然瓶装白酒美观，便于保管，也利于顾客购买携带，甲便利店和乙酿酒厂之间的购酒合同约定瓶装白酒最为完美，但也不得认定该购酒合同具有不圆满性，个中原委在于甲便利店要降低经营成本。

所谓受制于谈判力量的对比、缔约和履约的时间、合同文本的草拟及草拟人等许多因素，使得所签合同在一项或几项指标方面降低规格，对此也不得认定该合同不圆满，其证立的思路和遵循的道理相同于上文之法，不再一一分析。

再从合同的角度观察和剖析某特定合同圆满与否。合同，由要素和常素组成，有时也需要偶素。[37] 只要缔约人将要素和常素体现于合同条款/文字，就算作完整的合同，偶素的欠缺，都往往忽略不计，不因此而认定合同不圆满。就是说，法律设计的典型合同由法律的计划性决定不可能、亦无必要十全十美、包罗万象、至善至美。

现在回答，各方当事人意未就某个问题予以约定是否构成不圆满。如果此类故意遗漏的事项非属合同的要素、常素和偶素，则该遗漏不构成合同漏洞。如果该遗漏恰好是合同的要素和常素，则肯定构成将合同漏洞，因其使得该合同残缺不全。如果该遗漏的是合同的偶素，那么，先看该偶素是否为合同计划所要求的事项，亦即是否为该具体合同所必需，若是、必需，则构成合同漏洞无疑；若非、不必需，则不构成合同漏洞。

需要指出，判断、认定某特定合同圆满与否，务必重视举证责任及其分配，即由主张圆满性为何种要素构成、什么面貌的当事人举证证明，否则，以法律设计的相应的典型合同的构成为准，从而体现出规范性。

最后还要说明，就某特定的合同洽商、形成条款/文字、签署而言，当事人的理性大多足够，甚至绰绰有余，而非力有不逮。换句话说，在许多情况下，特定的各方当事人订立某特定的合同，可有切合实际的完备的合同计划，草拟完成完整的合同条款/文字。这在 FIDIC 条款、银行系统运用的按揭贷款合同、网签的商品房销售合同等场合十分明显。

第三，合同计划，即当事人关于合同事项的安排，包括当事人各方、标的和内容，甚至于合同术语的定义、"鉴于条款"、担保条款、履行步骤、附条件、附期限、抗辩及抗辩权、争议解决机制，等等。值得注意的是，合同计划远较于立法计划复

---

[37] 陈朝璧：《罗马法原理》，法律出版社 2006 年版，第 94－95 页。

杂多样。立法计划，出自一个立法者，故只有一个。但合同计划客观上被分为若干层次的计划，第一个层面的合同计划，属于整个交易的计划，也可以说是交易的整体安排。这个层次的计划有可能是共同的，或者共同点多一些。无论是买卖合同等（旧时称作"契约"）还是合伙合同等"共同行为"都是如此，并非"契约"就无此合同计划。"契约"双方当事人尽管其目的尤其是动机相互对立，但为达自己的目的及动机也得在交易上"让步"，"让步"到一定程度、界限，双方当事人都接受了，对立而统一，也就形成了整个交易的计划，且为双方当事人共同的意思。换个表述就是，他们在合意的基础上制定规则且各方就其所达成的合意的事实不存在争议，那么，当人们仅考虑参与作出表示的人或参与制定合同规则的人之间的关系时，就没有理由不使表示或基于合同所确定的规则"自动"按照参与者实际一致理解的内容生效。[38] 由此决定，在发现、认定、填补合同漏洞时，即使面对的是"契约"，也仍有第一个层面的合同计划发挥作用的空间，即依该层面的合同计划发现、确定出待补的合同条款/文字，并填补合同漏洞补充，至少为发现、确定、填补合同漏洞划定基本路线。第二个层面的合同计划，是合同目的意义上的计划。该层面的合同计划因合同系"共同行为"抑或"契约"而有不同。合伙等"共同行为"，当事人的计划在典型的交易目的层面是共同的，在当事人的动机层面很可能仍然不同。由此决定，补充合伙合同等"共同行为"的漏洞，重心放在典型交易目的、共同计划的内在要求上，同时也不忽视当事人的动机企求，目光往返巡视，并依赖任意性法律规范、交易惯例等因素，最终完成发现、确定、填补"共同行为"的漏洞的任务。与此有别，在买卖合同等（旧时称作"契约"）的场合，无论是就典型的交易目的而言，还是就当事人的动机来说，都难有当事人各方共同的合同计划，大多是一方当事人一个计划，相对人则是另外一个计划。由此决定，发现、确定、补充"契约"的漏洞，应尽可能地寻觅当事人双方认可的合同计划即第一个层面的合同计划，以便兼顾双方的权益，假如囿于当事人一方的目的，包括典型交易目的和动机，就会忽视另一方当事人的典型交易目的及动机，也就难以兼顾另一方当事人的权益。这决定了发现、确定、补充"契约"漏洞虽然不得无视一方当事人的目的及动机，但必须超越此类一方当事人的目的及动机，注意和依赖第一个层面的合同计划，直至强制性规定、任意性规定、倡导性规定以及交易习惯，方能完成任务。合同计划，依其字面意思似乎完全是当事人的主观决定，其实不然，要受制于某些客观因素，如法律设计的典型合同规格，尤其在作为合同是否存在漏洞的判断上更是如此。举例来说，商品房买卖合同依《合同法》第九章及房屋主管部门审定的网签合同文本而有较为确定的构成要素，甲买受人和乙出卖人共同商定的合同计划

对于合同计划，首先由主张何种合同具有何种合同计划的一方当事人举证证明，否则，依交易的本性所要求的合同计划为准，并兼顾交易习惯、法律的相应规定等

[38]　[德] 维尔纳·弗卢梅：《法律行为论》，迟颖译，法律出版社2013年版，第350页。

有关因素，从而体现客观性。这类似规范解释。

最后，当事人的合同计划若被明确记载下来，补充合同漏洞有一定依据可寻，自然容易完成作业，但实务中常常是有合同的成立却难留清晰可见的合同计划，使得补充合同漏洞缺乏依据，至少依据短缺。于此场合，需要借助于法律规范、交易习惯、备忘录、初步协议、预约等工具（依据、手段），推断合同计划的内容和面貌、寻觅并确定合同漏洞之所在。例如，A 车买卖合同存有漏洞，可用《中华人民共和国合同法》（以下简称《合同法》）第九章关于买卖合同的规定予以填补。此其一。如果该章仍无填补 A 车买卖合同的漏洞的规定，或虽有规定但不合当事人双方一直以来的交易习惯，就可用其交易习惯填补漏洞。于此场合，《合同法》第九章关于买卖合同的规定虽然可以补充 A 车买卖合同的漏洞，但其属非强制性规定的合同法规范，故应让位于交易习惯，除非该交易习惯违背公序良俗或违反强制性法律规定。此其二。如果当事人之间签订有 A 车买卖预约，则该预约能够补充 A 车买卖合同的漏洞时，因其为当事人各方的真实意思表示，按照意思自治原则，其应优先于任意性规定、交易习惯被选定，除非该预约违背公序良俗或强制性规定。此其三。如果当事人之间留有备忘录、初步协议，那么，在这些备忘录、初步协议也成为 A 车买卖合同的组成部分时，可用它们补充 A 车买卖合同的漏洞，并且，同样因其为当事人各方的真实意思表示，依据意思自治原则，其优先于任意性法律规范、交易习惯被选定；相反，在它们被排除于 A 车买卖合同的组成部分的场合，它们不得用作补充 A 车买卖合同的漏洞，只可作为填补 A 车买卖合同漏洞的参考因素。

三、合同漏洞的类型

上述分析及结论决定了，审视圆满与否的对象限于某特定的典型合同相对容易些，因典型合同肯定有可视边际，有成形面貌，有固有特征，而非典型合同至少复合而成的非典型合同在边际、面貌方面难有章法，所谓特征也可能形形色色，这使得判断、确定非典型合同圆满与否困难很大。有鉴于此，本文基本上限于某特定典型合同来审视、确定圆满与否。如果当事人约定的合同条款/文字超出了法律设计的某特定典型合同的规格、边际，且超出部分不构成另外一个合同，那么，就应当认定具备圆满性，除非相对人举证推翻。如果当事人约定的合同条款/文字少于法律设计的某特定典型合同的规格、边际，那么，主张该合同具备圆满性的一方负责举证证明该合同已达圆满性，不存在漏洞；主张该合同不具有圆满性的一方只要出示法律关于该典型合同所应有的规格、边际，而系争合同欠缺其中有的或有些规格、边际，就算完成了证明责任，结论是系争合同具有不圆满性。

非典型合同，限于特别"单一的"而非类型结合的非典型合同、混合类型的非典型合同，也可以检验、确定其圆满与否，因为此类非典型合同也有有限边际，有可视面貌，有固有属性。解释合同之人有可能把握此类非典型合同圆满与否的客观化的规格、边际。如果是内容丰富的复合而成的另一类非典型合同，则没有一成不变的客观化的规格、边际，必须一事一议，具体分析，这就不易判断彼类合同圆满与否。这也正是本文讨论合同漏洞及其补充原则上限于典型合同的原因之一。

当然，作为审理案件的裁判者哪能总是处理单一的典型合同的纠纷？难免面对复杂交易。处理复杂交易的案件，需要"解剖"或曰分解之，审视其构成元素。如果该复杂交易是由若干各典型合同组合而成，那么，判断其圆满与否，就可以就一个一个的典型合同加以检验，从而得出结论。如果它是由几个典型合同和若干非典型合同组合而成，或者由一个典型合同和非典型合同组合而成，那么，判断其圆满与否，同样就一个一个的单纯的合同加以审视，从而得出结论。当然，于此场合，特别困难，因为非典型合同圆满与否欠缺客观化的规格、边际。

需要指出，判断、认定某特定合同圆满与否，务必重视举证证明责任及其分配，即由主张圆满性为何种要素构成、什么面貌的当事人举证证明，否则，以法律设计的相应的典型合同的构成为准，从而体现出规范性。

合同漏洞，仅限于典型合同的漏洞而言的概念，还是既包括典型合同的漏洞也包括非典型合同的漏洞？前者可叫狭义的合同漏洞，后者可称广义的合同漏洞。如果在狭义上使用合同漏洞，那么，甲合同文本中所含 A 楼租赁合同是完整的，只是欠缺 B 楼买卖合同的条款，此种情景就不属于合同漏洞，因为 A 楼租赁合同是完整的，不存在漏洞，只是欠缺整个 B 楼买卖合同。如果采取广义的合同漏洞的概念，则甲合同存在漏洞，该漏洞即为整个 B 楼买卖合同。区分狭义的和广义的，在填补漏洞时所运用的方法是不同的。补充狭义的合同漏洞，可以忽视 B 买卖合同这个因素，依赖 A 楼租赁合同的体系、交易习惯、目的和《合同法》第十三章关于租赁合同的规定，即可完成任务。与此不同，补充广义的合同漏洞，固然不应排斥 A 楼租赁合同这个考量因素，但主要的还是探究当事人关于 B 楼买卖合同的意思表示，依赖当事人洽商备忘录、初步协议、交易习惯、目的和《合同法》第九章买卖合同的规定等因素综合考量，确定出待补的 B 楼买卖合同条款/文字。

广义的合同漏洞在填补时依赖的方法多样，补充此类漏洞时常须视个案情形而定方案及方法，不易形成清晰而确定的合同漏洞补充规则及方法，换言之，考量的因素具有明显的不确定性。与此有别，补充狭义的合同漏洞已有相对确定的规则及方法，便于操作。再者，由于非典型合同在许多情况下含有典型合同，典型合同漏洞的补充规则及方法也可径直或变通地用于非典型合同漏洞的补充之中，只不过最终要整体审视非典型合同的解释结果是否妥当罢了。有鉴于此，以下所论限于狭义的合同漏洞即典型合同的漏洞及其补充，除非另有说明。

四、合同漏洞存在的原因

（1）当事人对于非必要之点，未经表示，例如买卖钢琴而未约定运费由谁负担。在现代社会，由于复杂世界中计划的难度和难以准确预知事件的发生，当事人通常不能草拟出规定有一切未来事项的合同。合同漏洞在所难免，无论当事人多么周到地设计合同。[39]在交易中，商人们总将更多的注意力放在给付的内容方面，予以约定，而不是对偶发事件或瑕疵给付如何处理作出安排；对合同能否得到强制执行效力也容易忽视。[40]

（2）当事人对非必要之点虽经表示，然未获协议，同意保留于合同成立后再行商议。[41]换个表述，一个潜在的争议可以被预见到，但当事人有意地决定不作约定。[42]例如，某《股权转让协议》第7条第2项约定："YTT公司拥有的A地块的土地用途能变更为建设用地时，则受让方同意转让方有权参与A地块的合作开发，合作开发项目公司的股权比例按转让方的实际投入及适当溢价和受让方已经发生的实际投入及势必发生的投入来确定，转让方溢价部分双方另行协商。"这样，转让方溢价的计算和折合成股权数量就构成该《股权转让协议》的漏洞。

（3）一方当事人对相对人知道得更多，作为一种策略，他决定不去针对法律上的默认规则（哪怕它并不妥当）作出相反约定，因为涉及这一问题可能会泄露信息。[43]一方当事人或许还会担心，如果涉及某一问题，可能会导致缔约拖延，或者导致一项于己不利的条款被约定，或者甚至会导致整个交易失败。[44]

（4）当事人双方都有意遗漏若干合同条款，并明示补充漏洞的依据。例如，某《信托贷款合同》于其"前言"中明示："本合同文本主体内容由通用条款和专用条款两部分组成，通用条款部分根据法律、法规及市场惯例制订，无须另行约定；专用条款部分为合同双方根据具体情况予以专门约定的内容。两部分内容共同组成一份完整的合同。"

（5）合同的部分条款因违背公序良俗，或违反强制性规定而无效。[45]就该无效的部分出现合同漏洞。

（6）限缩解释不当导致合同漏洞。对此，先从限缩不当导致法律漏洞谈起。例如，《合同法》第52条第5项规定，违反法律、行政法规的强制性规定的合同无效。相当于《中华人民共和国民法通则》（以下简称《民法通则》）第58条第1款第5项前段关于违反法律的民事行为无效的规定而言，这项规定在《合同法》制定当时无疑是长足的进步。但对于当下的法律人来说，这有其不足并且已经显而易见了，即

---

[39] Hillman, "An Analysis of the Cessation of Contractual Relations", *68 Cornell L. Rev.*, 627–628 (1983).

[40] Maryland, "Non-Contractual Relations in Business, A Preliminary Study", *28 Ann. Soc. Rev.* 55, 60 (1963).

[41] 王泽鉴：《民法债编总论·基本理论·债之发生》（总第1册），三民书局1993年版，第181页。

[42] ［美］E. 艾伦·范斯沃思：《美国合同法》，葛云松、丁春艳译，中国政法大学出版社2004年版，第496页。

[43] Ayres, Gertner, "Filling Gaps in Incomplete Contracts: An Economic Theory of Default Rules", *99 Yale L. J.*, 87, 127 (1989).

[44] ［美］E. 艾伦·范斯沃思：《美国合同法》，葛云松、丁春艳译，中国政法大学出版社2004年版，第496页。

[45] 王泽鉴：《债法原理》，北京大学出版社2009年版，第171页。

并非所有的违反法律、行政法规的强制性规定的合同都应归于无效，违反法律、行政法规的效力性的强制性规定的合同无效，违反法律、行政法规的管理性的强制性规定的合同效力如何，人民法院应当根据具体情形认定其效力〔《最高人民法院关于当前形势下审理民商事合同纠纷案件若干问题的指导意见》（以下简称"法发〔2009〕40号"）第15条后段〕。《中华人民共和国民法总则》（以下简称《民法总则》）第153条第1款也表达了这样的意思。这告诉我们，《合同法》第52条第5项的规定就其字面意思而言的确适用范围过宽了，应当予以限缩。但是，此处所谓限缩适用范围，难有一刀切的法律解释方式，只好"应当根据具体情形"予以确定。但是，《最高人民法院关于适用〈中华人民共和国合同法〉若干问题的解释（二）》（以下简称"法释〔2009〕5号"）却采取了一刀切的限缩方式，其第14条规定："合同法第五十二条第（五）项规定的'强制性规定'，是指效力性强制性规定。"这导致了全国众多的人民法院及法官和不少专家学者发生了错误的认识：违反法律、行政法规的管理性的强制性规定不影响合同的效力。其实，违反法律、行政法规的管理性的强制性规定的合同，究竟是有效还是无效，需要综合考量方方面面的因素，而后方有定论。就是说，法释〔2009〕5号第14条的规定又造成了新的法律漏洞。

在合同漏洞及其补充方面，也是如此。限缩解释不当，也会导致合同出现漏洞。例如，《TJ市商品房买卖合同》之《补充协议》第2条第2款第1项约定："如遇下列特殊原因，除双方协商同意解除合同或变更合同外，出卖人可据实予以顺延交付时间，且出卖人无需承担违约责任：不可抗力，包括但不限于地震、台风、战争、政府行为……"买受人张某解释该条款中不可抗力的含义时，认为其中的政府行为不属于不可抗力，因为《合同法》第117条第2款第1项规定的"不可抗力，是指不能预见、不能避免并不能克服的客观情况"，而系争案件中政府处于环境需要而禁止承包方施工的行为是发包方可以预见的，这不符合不可抗力所要求的"不能预见"。如此解释系争《TJ市商品房买卖合同》之《补充协议》第2条第2款第1项关于不可抗力免责的约定，使得政府行为阻碍系争合同履行时发生何种法律后果欠缺法律依据，因为《合同法》并未明文规定政府行为与合同履行及其责任之间的关系，《合同法》第107条的规定是否确立了无过错责任原则见仁见智，系争《TJ市商品房买卖合同》之《补充协议》本有约定却因买受人张某的上述解释形成漏洞。笔者不赞同买受人张某对于系争《TJ市商品房买卖合同》之《补充协议》第2条第2款第1项的解释，反对曲解合同约定酿成漏洞的思路及意见，理由如下：其一，系争《TJ市商品房买卖合同》之《补充协议》第2条第2款第1项明确约定了不可抗力包括政府行为，该约定不违背公序良俗，不违反强制性规定，依据意思自治原则，理应承认其法律效力。其二，《合同法》欠缺政府行为与合同履行及其责任之间的关系的明文，当事人双方于系争合同中明确约定，必要且允当，但却扭曲解释，导致了合同漏洞，人为地抹杀了处理依据，显非上策。其三，系争《TJ市商品房买卖合同》之《补充协议》第2条第2款第3项约定"非基于出卖人的原因，因水、电、热力、燃气等地方公用设施建设单位等原因造成工程延误，或此类部门对出卖人的相关报批手续审批不及时、进行能源供用限制或规划调整等行为……"的，"除双方协商同意解除合同或变更合同外，出卖人可据实予以顺延交付时间，且出卖人无需承担违约责任"。举轻以明重，政府行为系不可抗力之一种表现形式，完全符合系争《TJ 市商品房买卖合同》及其《补充协议》全部约定之间的逻辑。最后，境外一些法律文件所界定的不可抗力是不能预见、不能避免和/或不能克服，不强求"三个不能"同时具备。例如，《国际商事合同通则》第 7.1.7 条之（1）规定："若不履行的一方当事人证明，其不履行是由于非他所能控制的障碍所致，而且在合同订立时该方当事人无法合理预见，或不能合理地避免、克服该障碍及其影响，则不履行一方当事人应予免责。"再如，1980 年《联合国国际货物销售合同公约》第 79 条之（1）规定："当事人对不履行义务，不负责任，如果他能证明此种不履行义务，是由于某种非他所能控制的障碍，而且对于这种障碍，没有理由预期他在订立合同时能考虑到或能避免或克服它的后果。"这样不要求同时具备"三个不能"的设计是符合客观现实的，值得中国法重视。中国一些判决也是不强求"三个不能"同时具备[46]。解释系争《TJ 市商品房买卖合同》之《补充协议》第 2 条第 2 款第 1 项关于不可抗力的约定，系争案件的处理，不应忽视上述法律文件和判决关于不可抗力的立场。

五、合同漏洞补充的理论基础与步骤

（一）首先确定合同漏洞是否存在

（1）确定合同漏洞是否存在，需要首先进行合同解释，因为只有认定了系争合同的文字没有对特定事项作出约定却未作约定之后，才能补充此类约定。[47]只是该解释不应停留于对效果意思的查明，还应对引起效果意思的动机以及合同周围情事进行分析。[48]先行合同解释的目的之一是，当事人的约定（无论是明示的还是必然的推论）可以排除裁判者原本会补充的条款。[49]

（2）在判断系争合同是否存在构成漏洞的解释过程中，应该把握的第一点是，合同约定得越详细、越全面，裁判者就越不可能判定存在合同漏洞；应该把握的第二点是，如果裁判者确信当事人不可能预见有关情形，从而不可能在他们的合同中对此作出约定，那么，即使合同文字表面上看来可以适用可预见性规则，裁判者也可能拒绝适用之，并可能认定所审理的事项属于合同漏洞。相反，裁判者若确信当

---

[46] 上海市高级人民法院［1999］沪高经终字第 423 号民事判决书，载 http://china.findlaw.cn/info/qin-quanzerenfa/qqmzsy/bkkl/20100825/130495_2.html，最后访问时间：2018 年 7 月 22 日。

[47] City of Yonkers v. Otis Elevater Co.，844 F.24 42（2d Cir.1988）；［美］E. 艾伦·范斯沃思：《美国合同法》，葛云松、丁春艳译，中国政法大学出版社 2004 年版，第 498 页。

[48] ［德］汉斯·布洛克斯、沃尔夫·迪特里希·瓦尔克：《德国民法总论》，中国人民大学出版社 2014 年版，第 69 页。

[49] ［美］E. 艾伦·范斯沃思：《美国合同法》，葛云松、丁春艳译，中国政法大学出版社 2004 年版，第 498 页。

事人可以预见某种情形，则可能认定当事人的意思，表面上看来可以适用的合同文字，应当适用于这种情形。[50]

（3）在这里，以留待商议条款为例，剖析其是否存在合同漏洞。所谓留待以后商议条款，顾名思义，依当事人各方的合同计划，是当事人各方于未来补充的合同条款，只要其后未予补充，就构成合同漏洞。例如，A 股权抵债协议中约定，关于 A 股权的评估机构留待以后商议确定，直至双方诉讼也未就股权评估机构的选定协商一致。这就构成 A 股权抵债协议的漏洞。

需要指出，上述结论及其思路可以运用于典型合同的漏洞的场合，但运用于非典型合同的场合，则未必适当。例如，如果在 A 楼租赁合同约定有留待商议条款，内容属于 A 楼买卖合同，当事人双方后来未再商议 A 楼买卖合同或虽经商议但未获一致意见，那么，这不构成 A 楼租赁合同的漏洞，但成立 A 楼买卖合同欠缺的漏洞，及广义的合同漏洞。就此可见，把合同漏洞补充区分狭义的与广义的两类，有其便利的一面。

针对留待以后商议条款，当事人双方日后有商议、确定待补合同条款，最为理想。但因权益彼增此消，当事人双方协商一致的情形有限，需要法官等解释合同之人选择、确定待补合同条款。采取这种路径及方法确定的待补合同条款，仅在个别情况下反映当事人双方的意思表示，但时常却反映的是一方当事人的意思表示，少数情况下为客观意思。

（4）接下来观察和辨析"了结协议"是否存在合同漏洞。笔者认为，不单是合同名称叫"了结协议"或"对账单"或"结算单"或"还款协议"或"清算协议"或"结清协议"等，关键还是合同内容的确属于了结当事人各方既有的债权债务，那么，在此类约定、协议没有提及原合同约定的违约责任、违约方本应承担的违约责任时，应当认定该"了结协议"不存在合同漏洞，换句话说，不再执行原合同的约定，完全按照新的协议处理，包括不再追究违约方的违约责任。

在这里，有必要研讨的是《最高人民法院关于审理买卖合同纠纷案件适用法律问题的解释》（以下简称"法释〔2012〕8 号"）第 24 条第 3 款关于"买卖合同约定逾期付款违约金，但对账单、还款协议等未涉及逾期付款责任，出卖人根据对账单、还款协议等主张欠款时请求买受人依约支付逾期付款违约金的，人民法院应予支持，但对账单、还款协议等明确载有本金及逾期付款利息数额或者已经变更买卖合同中关于本金、利息等约定内容的除外"的规定。对此规定，应把握如下几点：①所谓"对账单、还款协议等明确载有本金及逾期付款利息数额或者已经变更买卖合同中关于本金、利息等约定内容的除外"，意味着承认了当事人依其约定变更了原来关于逾期付款违约金的约定，完全按照对账单、还款协议的约定确定逾期付款的法律后果。

〔50〕 ［美］E. 艾伦·范斯沃思：《美国合同法》，葛云松、丁春艳译，中国政法大学出版社 2004 年版，第 499 页。

因为逾期付款利息与逾期付款违约金在本质上为同一个类型的责任，不宜并罚，所以，法释［2012］8号第24条第3款后段的规定值得赞同。②所谓"买卖合同约定逾期付款违约金，但对账单、还款协议等未涉及逾期付款责任，出卖人根据对账单、还款协议等主张欠款时请求买受人依约支付逾期付款违约金的，人民法院应予支持"，贯彻了权利的放弃、责任的免除需要明确的意思表示这个原则，若无此类明示则不得认定放弃权利、免除责任，这有其道理。③应当看到，法释［2012］8号第24条第3款后段的规定，与"了结协议"说正相反。按照所谓"了结协议"说，在一方违约之后，各方当事人就善后事宜达成新的协议，包括形成对账单、还款协议，该新的协议没有提及原合同约定的违约责任、违约方本应承担的违约责任，那么，不再执行原合同的约定，完全按照新的协议处理，包括不再追究违约方的违约责任。

法释［2012］8号第24条第3款后段与"了结协议"说各有千秋，前者的优点在于，对守约方保护周到：降低了对守约方协商对账单、还款协议等新协议条款的能力要求，即使守约方考虑不周、法律知识欠缺，遗漏了逾期付款违约金等违约责任方面的条款，也没有关系；相应地，也提高了对违约方协商对账单、还款协议等新协议条款的能力要求：在协商对账、还款的过程中，违约方拟不再依原合同约定承担支付违约金等责任，必须在对账单、还款协议等新协议中明确写明，不然，就仍须承担依原合同约定所生的违约责任。而"了结协议"说符合合同变更的理论，即对账单、还款协议等新协议变更了原合同，应以对账单、还款协议等新协议的约定为准。此其一。"了结协议"说符合狭义债的关系理论，即原合同项下的一个狭义债的关系因适当履行消灭了，另一狭义债的关系出现了债务不履行（违约），对账单、还款协议等新协议对此做了了断，或曰一揽子解决了。如此，原合同关系已经不复存在，没有再基于原合同约定追究逾期付款违约金等违约责任的合同依据；对账单、还款协议等新协议没有约定逾期付款违约金等违约责任，也就没有基于新协议追究逾期付款违约金等违约责任的合同。此其二。"了结协议"说避免了合同漏洞及其填补的麻烦。允许出卖人基于对账单、还款协议等新协议追究买受人逾期付款违约金等违约责任，意味着认定对账单、还款协议等新协议存在着合同漏洞，即应当约定逾期付款违约金等违约责任却未作约定。对此合同漏洞，裁判者有权予以补充，认定逾期付款违约金等违约责任应当成为对账单、还款协议等新协议中的条款。如此，出卖人基于对账单、还款协议等新协议追究买受人逾期付款违约金等违约责任，便有了合同依据。此其三。两相比较，"了结协议"说的优势更为明显。

（二）当事人以协议补充合同漏洞

有漏洞就得补充（gap of filling），使合同由不完整的变成完整的，以便安排妥当当事人交易的方方面面。补充合同漏洞，在中国首先适用的规则是《合同法》第61条关于"合同生效后，当事人就质量、价款或者报酬、履行地点等内容没有约定或者约定不明确的，可以协议补充；不能达成补充协议的，按照合同有关条款或者交易习惯确定"的规定中的前段，即当事人就合同漏洞的补充协商一致。如果当事人达成了此种协议，填补了合同漏洞，解释合同的作业便暂告结束。在欧美，奉行意思自治原则，承认当事人各方以协议补充合同漏洞乃当然之理。

当事人各方未经诉讼或仲裁的程序，便发现其合同存在漏洞，通过协商把该漏洞补充完毕，最为理想；已经进入诉讼或仲裁的程序，甚至在裁判者主持下，当事人各方和解，填补上合同漏洞，为时未晚。无论何者，排在补充合同漏洞的最优先顺序均为意思自治的贯彻、落实，只要其不违反法律的强制性规定、不违背公序良俗，就应承认其正当。

当事人各方签订协议，补充合同漏洞，有些是保持系争合同约定的原样，只是规规矩矩地填补遗漏的合同条款/文字，从而使合同完整化，如同一个漏锅经过焗补继续可用；有些则变更了系争合同的有关条款/文字，经过此种补充合同漏洞的合同已非原合同了。无论何者，并且将之排在补充合同漏洞的最优先顺序，均为意思自治原则的贯彻、落实，只要其不违反法律的强制性规定、不违背公序良俗，就应承认其正当。

有观点认为，无论如何，也不存在撤销被补充的表示的问题。[51]不知如此断言有无限制条件，若无，则在当事人各方以协议补充合同漏洞的场合不可接受。因为当事人各方补充合同漏洞的协议之于法律效力，没有不同于普通协议之于法律效力之处，所以当事人各方补充合同漏洞的协议存在无效或可变更、可撤销或解除的原因时，没有理由阻止当事人一方请求裁判者与确认补充条款/文字无效，应当受理当事人一方关于变更或撤销或解除的诉讼请求。

（三）裁判者补充合同漏洞

1. 裁判者补充合同漏洞的作业前提

由于当事人双方均为经济人，在合同中的权益大多是此消彼长，就合同漏洞补充能够协商一致的情形不多。在当事人协商未果的情况下，处理纠纷的裁判者便担负起补充系争合同漏洞的职责。

在德国，法官在这个阶段必须查明：假如当事人双方考虑到了未想到的情况并且注意到了诚实信用原则以及交易习惯，那么，他们希望的是什么？因此，起决定性作用的并非当事人双方的真实想法，而是假设的意思（hypothetischer Parteiwillen）。对假设意思的查明必须从当事人在合同中的评价（im Vertrag getroffene Wertung）出发并提出以下问题：在知道该漏洞的情况下当事人会如何合理地进行约定？[52]这个过程本身即为阐释性合同解释本身。在美国，补充合同漏洞有先后两个步骤，第一个步

---

[51] So jetzet auch Larenz, Schuldrecht I, 8. Aufl., S. 89 Anm. 1；Anders noch Auslegung und Rechtsgeschäft, S. 94 Anm. 2. 转引自［德］弗朗茨·维亚克尔："法律行为解释之方法"，范雪飞译，载王洪亮等主编：《中德私法研究》（第14卷），北京大学出版社2017年版，第305页。

[52] ［德］汉斯·布洛克斯、沃尔夫·迪特里希·瓦尔克：《德国民法总论》，中国人民大学出版社2014年版，第70页。

骤是对合同进行解释（interpretation），因为只有当法院判定了合同文本没有对特定事项作出约定之后，才能补充一个条款；第二个步骤是"推断"（implication）……[53]

"推断"本身亦为解释过程，据以发现可以仅仅从合同文句中产生的意思并予以执行。"推断"的允诺也是明示的允诺，表达符号总是包括当事人附加于书面或口头文句之上的活动或其他活动。"推断"过程为限制合同义务和创立合同义务而使用。依"推断"去发现未另外表达的允诺；依"推断"去发现以合同文句或行为表达的允诺附有条件和受到限制。[54]"推断"的过程可以有两个基础，首要基础是当事人的真实预期，如果法院相信，当事人对存在漏洞的事项有共同的预期，那么，法院将赋予该预期以法律效力，即使当事人并未以书面形式来表达该预期。然而，如果各方当事人的预期有重大差异，或者一方当事人并无任何预期，那么，法院将不适用以各方共同预期为标准的主观判断法，而是采用客观判断标准法：看看一方当事人是否应当合理地知道对方的预期。[55]

有观点认为，如果法院不能确定当事人实际发生的预期，那么，法院应当考察的是：在法院看来，假如当事人考虑了该事项，那么他们原本会发生的预期，从而"代替他们完成假如他们曾经预见到的事情的进展，他们可能为自己做的事情，以弥补他们的短视"。[56]但对此有反对意见。[57]

在这种情况下，需要考察的并不是假定的预期或拟制的意思，而是正义的基本原则，它指导着法院从当事人所约定的事项中推断他们未作约定的事项。[58]

尽管德国和美国的上述学说表述不尽一样，但仍有共性：其一，美国法学说明确地把寻觅、确定当事人的真实预期作为首要基础，德国法理论同样重视考证当事人各方"希望的是什么"，二者在实质上没有分歧。这体现了美国判例和德国民法非常看重意思自治原则。其二，在当事人各方无共同意思或无法查明此类共同意思的前提下，德国法学说直截了当地言明"起决定性作用的并非当事人双方的真实想法，而是假设的意思"。美国法理论叙述得更为细致、周详："看看一方当事人是否应当

---

〔53〕 ［美］E. 艾伦・范斯沃思：《美国合同法》，葛云松、丁春艳译，中国政法大学出版社 2004 年版，第 498、500 页。

〔54〕 ［美］A. L. 科宾：《科宾论合同》（上册），王卫国、徐国栋、夏登峻译，中国大百科全书出版社 1997 年版，第 669 页。

〔55〕 ［美］E. 艾伦・范斯沃思：《美国合同法》，葛云松、丁春艳译，中国政法大学出版社 2004 年版，第 500 页。

〔56〕 J. Bentham, *A General View of a Complete Code of laws*, 3 Words of Jeremy Bentham 191 （J. Bowering ed. 1843）. 转引自［美］E. 艾伦・范斯沃思：《美国合同法》，葛云松、丁春艳译，中国政法大学出版社 2004 年版，第 501 页。

〔57〕 ［美］E. 艾伦・范斯沃思：《美国合同法》，葛云松、丁春艳译，中国政法大学出版社 2004 年版，第 501 页。

〔58〕 ［美］E. 艾伦・范斯沃思：《美国合同法》，葛云松、丁春艳译，中国政法大学出版社 2004 年版，第 501 页。

合理地知道对方的预期"。其三，德国民法理论的用语是：法官须查明当事人各方"注意到了诚实信用原则以及交易习惯"。美国合同法学说的表述是："需要考察的并不是假定的预期或拟制的意思，而是正义的基本原则。"二者殊途同归。看来，诚信、公平的原则能补当事人的意思所不逮，甚至能合理矫正当事人的意思。所有这些，均有其合理成分，值得中国法及其理论借鉴。

2. 依赖法律规定填补合同漏洞

在德国，法官在填补漏洞时要考虑案件中的所有情况，[59]寻觅适合填补系争合同漏洞的强制性规范和任意性规范对法律行为规则予以补充[60]。在美国，这属于合同推定解释的职责，由推断（implication）来实施，[61]法院一旦已经通过第一个步骤即合同解释（interpretation）的过程而判定有关事项属于合同漏洞，就应当补充一个条款来填补该漏洞。法院补充条款的过程通常叫作"推断"（implication），为补充合同漏洞的第二个步骤，由此补充的条款被称为"默示条款"。[62]在英国法上，补充合同漏洞是默示条款特别是法律上的默示条款的任务，[63]许多判例、学说主张只有在"必须"时才可用默示条款填补合同漏洞，但也有判例、学说认为在法律上的默示条款方面"必须"的要求过于严格，在许多情况下做不到，故应有更多的其他考虑，包括"合理的必须"（reasonably necessary）或政策方面的合理等。[64]

所谓默示条款，是指缔约时当事人各方从来没有写明或提及，而由法官/仲裁员根据有关事实或法律或习惯而引入合同的条款，在很大程度上就把它当作是缔约各方假设/假定的缔约意图。默示条款通常需要满足五个条件：①必须合理和公平；②必须是合同的商业效力所必须的，即使缺少默示条款合同仍能运作就不会采用默示条款填补合同漏洞；③必须在缔约时可以假设各方会理所当然或异口同声地同意这个说法；④必须可以被清楚地表达；⑤不能与合同明示条款起冲突，因为明示条款代表了各方真正的缔约的意图，而默示条款是去假设各方的缔约意图，这种假设

[59] ［德］汉斯·布洛克斯、沃尔夫·迪特里希·瓦尔克：《德国民法总论》，中国人民大学出版社 2014年版，第 70 页。

[60] ［德］维尔纳·弗卢梅：《法律行为论》，迟颖译，法律出版社 2013 年版，第 377 页。

[61] ［美］A. L. 科宾：《科宾论合同》（上册），王卫国、徐国栋、夏登峻译，中国大百科全书出版社 1997 年版，第 627 页；［美］E. 艾伦·范斯沃思：《美国合同法》，葛云松、丁春艳译，中国政法大学出版社 2004 年版，第 500－515 页；Mark K. Glasser, Keith A. Rowley, "On Parol: The Construction and Interpretation of Written Agreements and the Role of Extrinsic Evidence in Contract Litigation", *49 Baylor L. Rev.*, 657 (1997).

[62] ［美］E. 艾伦·范斯沃思：《美国合同法》，葛云松、丁春艳译，中国政法大学出版社 2004 年版，第 498、500 页。

[63] H. G. Beale, W. D. Bishop, M. P. Furmston, *Contract Cases & Materials*, Butterworths & Co (publishes), 1990, pp. 303－304；Neil Andrews, *Contract Law*, Cambridge University Press, 2015, p. 333；杨良宜：《合约的解释》，法律出版社 2007 年版，第 309－378 页。

[64] 转引自杨良宜：《合约的解释》，法律出版社 2007 年版，第 325 页。

是站不住脚的。[65]

默示条款有三类，第一类为法律上的默示条款（implied-in-law terms），包括制定法（statue）和判例（judicial decision）被当事人各方默认为相应的合同条款/文字；第二类为事实上的默示条款（implied-in-fact-terms）；第三类为基于交易习惯和惯例而形成的默示条款（implied on the basis of custom or trade usage）。[66]用其中的法律上的默示条款填补系争合同的漏洞相当于德国法上的依赖法律规定补充系争合同的漏洞。

在中国，裁判者应首先寻觅合适的或曰相应的强制定规定[67]、任意性规定、倡导性规定[68]，以及交易习惯[69]，作为补充合同漏洞的依据，最后用诚信、公平二项原则作整体审视、权衡。此处所谓合适的强制性规定、任意性规定及倡导性规定，主要指《合同法》第61、62 条的规定以及其他有关规定。

在此项作业中，要将《合同法》分则中有关填补漏洞的规则与《合同法》第61条后段关于"不能达成补充协议的，按照合同有关条款或者交易习惯确定"的规定以及第62 条关于"当事人就有关合同内容约定不明确，依照本法第六十一条的规定仍不能确定的，适用下列规定：①质量要求不明确的，按照国家标准、行业标准履行；没有国家标准、行业标准的，按照通常标准或者符合合同目的的特定标准履行。②价款或者报酬不明确的，按照订立合同时履行地的市场价格履行；依法应当执行政府定价或者政府指导价的，按照规定履行。③履行地点不明确，给付货币的，在接受货币一方所在地履行；交付不动产的，在不动产所在地履行；其他标的，在履行义务一方所在地履行。④履行期限不明确的，债务人可以随时履行，债权人也可以随时要求履行，但应当给对方必要的准备时间。⑤履行方式不明确的，按照有利于实现合同目的的方式履行。⑥履行费用的负担不明确的，由履行义务一方负担"的规定联系起来。

所谓《合同法》分则中有关填补漏洞的规则，例如，《合同法》第139 条确立了填补交付期限条款漏洞的规则：适用《合同法》第61、62 条第4 项的规定，填补欠缺交付期限的条款。再如，《合同法》第154 条确立了填补标的物质量标准条款漏洞的规则：依照《合同法》第61 条的规定确定标的物质量标准仍不能奏效时，适用第62 条第1 项的规定予以解决。

---

[65]　杨良宜：《合约的解释》，法律出版社2007 年版，第309、332 页。

[66]　Neil Andrews, *Contract Law*, Cambridge University Press, 2015, p. 333.

[67]　王越宏、李媛："论合同漏洞的补充"，载《中国法学》2001 年第5 期。

[68]　关于将法律规范区分为任意性规范、倡导性规范和强制性规范的提出及分析，参见王轶："民法典的规范配置——以对我国〈合同法〉规范配置的反思为中心"，载《烟台大学学报（哲学社会科学版）》2005 年第3 期；王轶："论倡导性规范——以合同法为背景的分析"，载《清华法学》2007 年第1 期。

[69]　王越宏、李媛："论合同漏洞的补充"，载《中国法学》2001 年第5 期。

所谓《合同法》分则中有关填补漏洞的具体规定，《合同法》第 141 条第 2 款，第 156、160、161 条均为其表现。

某些合同漏洞的补充，要依赖《合同法》以外的法律规定。例如，某特定保证合同欠缺保证期间，而保证期间关系到保证人、债权人的核心利益，该保证合同欠缺保证期间应当构成合同漏洞。补充该漏洞须依赖《中华人民共和国担保法》第 25 条第 1 款关于"一般保证的保证人与债权人未约定保证期间的，保证期间为主债务履行期届满之日起六个月"的规定，以及《最高人民法院关于适用〈中华人民共和国担保法〉若干问题的解释》（法释［2000］44 号）第 32 条第 2 款关于"保证合同约定保证人承担保证责任直至主债务本息还清时为止等类似内容的，视为约定不明，保证期间为主债务履行期届满之日起二年"的规定。就是说，该保证合同无"保证人承担保证责任直至主债务本息还清时为止等类似"条款的，保证期间自主债务履行期届满之日起 6 个月，有此类条款的，保证期间自主债务履行期届满之日起 2 年。

以下换个角度讨论依赖强制性规定、任意性规定、倡导性规定填补合同漏洞的情况。

所谓依赖强制性规定填补合同漏洞，如 A 涉外股权转让合同约定："本合同自双方签字或盖章时生效"。根据《中华人民共和国中外合资经营企业法实施条例》第 14 条，第 20 条第 1 款和第 4 款的规定，行政主管机关不批准 A 涉外股权转让合同的，无效。如此，A 涉外股权转让合同形成欠缺生效条件的漏洞。对此合同漏洞可援用《合同法》第 44 条第 2 款的规定予以补充。

所谓依赖任意性规定填补合同漏洞，如 B 设备买卖合同欠缺 B 设备因不可归责于双方当事人的原因灭失时由谁承受该损失的条款，补充该漏洞，可援用《合同法》第 142 条关于"标的物毁损、灭失的风险，在标的物交付之前由出卖人承担，交付之后由买受人承担，但法律另有规定或者当事人另有约定的除外"的规定以及第 143～149 条的规定。

所谓依赖倡导性规定填补合同漏洞，如 C 设备买卖合同欠缺 C 设备质量的条款，先援用《合同法》第 12 条第 1 款第 4 项的规定，确定 C 设备买卖合同存在合同漏洞，再援用《合同法》第 62 条第 1 项的规定，将该漏洞补充。对此，也可以说《合同法》第 12 条第 1 款第 4 项和第 62 条的规定共同填补 C 设备买卖合同欠缺 C 设备质量条款的漏洞。

在此，需要明确，中国参加国际条约的，该国际条约优先于中国国内法适用于个案。例如，在合同解释中，1980 年《联合国国际货物销售合同公约》须优先于《合同法》等中国国内法而适用。

与当事人各方补充合同漏洞的协议可被变更、撤销、解除或被确认为无效不同，依据强制性规定、任意性规定、倡导性规定填补合同漏洞，至少在理论上认为，这些法律规定系立法者斟酌某类型合同的典型利益状态而设，一般多符合当事人的利益。[70]如此法律规定被补入合同，怎么可以基于《合同法》第 52 条、第 53 条、第 54 条、第 94 条等规定予以变更或撤销或解除或被确认为无效呢？

3. 通过补充的合同解释方法填补合同漏洞

（1）概说。根据强制性规定、任意性规定、倡导性规定补充合同漏洞，在某些案件中不合适，此时裁判者有必要另选补充的合同解释来填补合同漏洞，[71]相同的作业，在美国普通法上是用推定解释尤其是其中的推断补充合同漏洞，[72]在英国系用法律上的默示条款完成任务。[73]

所谓补充的合同解释，是对合同的客观规范内容加以解释，以填补合同的漏洞现象。其所解释的，是当事人所创设的合同规范整体。其所补充的，是个别的合同条款。所以，补充的合同解释仍具合同解释的性质。[74]

补充的合同解释与任意性规范、倡导性规范之间的关系有三：①无任意性规范、倡导性规范时，应依补充的合同解释方法，填补合同漏洞。②由于任意性规范、倡导性规范系立法者斟酌某类型合同的典型利益状态而设，一般多符合当事人的利益。当事人对于合同未详订其内容，多期待法律设有合理规定；由于法律设任意性规范、倡导性规范的目的，实际上也着眼于漏洞的补充，所以，只要合同类型符合任意性规范、倡导性规范的类型，这些规范原则上应优先加以适用，合同漏洞得以补充。这就排除了补充的合同解释的机会。③在下述情况下，补充的合同解释应优先于任意性规范、倡导性规范加以适用：其一，当事人所订合同虽具备典型合同（有名合同）的要素，但具有特殊性，适用任意性规范、倡导性规范未尽符合当事人利益的场合。例如，出卖人对物之瑕疵不负修缮义务，其主要理由系出卖人多非商品制造人，不具修缮能力或设备，一般说来固甚合理，惟设在家具店购买高级沙发，出卖人特别表示系自制自销时，则应依补充的合同解释，肯定买受人有瑕疵修补请求权；其二，在无名合同，如旅游合同，适用或类推适用任意性规范、倡导性规范违反合同目的时，应针对该合同的特殊利益状态，依补充的解释，补充合同的欠缺；[75]其三，合同显示当事人不愿意接受任意性规范、倡导性规范的适用；其四，法定规范由于当事人的错误想法，致其效果与当事人所寻求的大相径庭；其五，任意性规范、

---

[70] 参见王泽鉴：《债法原理》，北京大学出版社 2009 年版，第 171 - 172 页。

[71] ［德］汉斯·布洛克斯、沃尔夫·迪特里希·瓦尔克：《德国民法总论》，中国人民大学出版社 2014 年版，第 69 页。

[72] ［美］A. L. 科宾：《科宾论合同》（上册），王卫国、徐国栋、夏登峻译，中国大百科全书出版社 1997 年版，第 627 页，第 669 ~ 671 页；［美］E. 艾伦·范斯沃思：《美国合同法》，葛云松、丁春艳译，中国政法大学出版社 2004 年版，第 498 ~ 503 页。

[73] Neil Andrews, *Contract Law*, Cambridge University Press, 2015, p. 333；杨良宜：《合约的解释》，法律出版社 2007 年版，第 311 - 316 页。

[74] 王泽鉴：《债法原理》，北京大学出版社 2009 年版，第 171 - 172 页。

[75] 参见王泽鉴：《债法》，北京大学出版社 2009 年版，第 172 - 173 页。

倡导性规范不符合改变的经济关系，以至于合同实务上均不采纳。[76]

在理论和逻辑上存在着当事人各方的真实意思与推定的意思一致的可能和情形，但在系争合同纠纷的解决程序中，这必须由当事人举证证明才能完成。可是，一旦当事人举证证明成功缔约各方确实有此真意，就表明当下看起来的合同漏洞原本已有合同条款/文字，这就不存在合同漏洞。既然系争合同不存在漏洞，便无补充的合同解释运用的余地。如果当事人未举证证明原本存此真意，就确定地存在合同漏洞，又无依据法律规定予以填补的余地，才有补充的合同解释发挥作用的空间。

如同德国、美国的判例和学说一再揭示的那样，补充的合同解释所探求的不是当事人的真意，即事实上的意思（actual intention），而是所谓"推定的当事人意思"（the presumed intentions of the parties），即双方当事人在通常交易上所合理意欲或接受的合同条款。[77]推定的当事人意思，属于一种规范的判断标准，以当事人在合同上所作的价值判断及利益衡量为出发点，依诚实信用原则并斟酌交易惯例加以认定，以实现公平、效率为依归。应予强调的是，补充的合同解释旨在补充合同之不备，而非为当事人创造合同，自不能变更合同内容，致侵害意思自治原则。[78]当然，也有观点主张裁判者可以变更合同内容。[79]

应予指出，由于公平的判断因人而异，使得裁判者在个案中的公平判断未必与各方当事人的公平判断相一致。按照裁判者的公平观补充的条款很可能没有基于各方当事人的公平观补充的条款更有效益。因为一般说来，当事人已是或正是经济人（economic man），趋利避害，精于计算，追求效益最大化，为其天生本性。如果他们各方又按照公平理念进行交易，就是兼顾了公平与效率两项价值。而裁判者是法律人（lawyer），未必是经济人，于是便可能出现依其公平观补充的合同条款不能带来最佳经济效益的情况。这是在以补充的合同解释填补漏洞的具体运作中应认真对待的。

还有需要注意的是，运用补充的合同解释填补合同漏洞，可能有两种情形：一是保持当事人明确约定的内容不变，填补的是当事人遗漏的合同内容；二是填补合同漏洞的过程部分地修改了当事人于合同中明确表示的意思，以达合同体系自洽、合同内容更加合理的结果。无论何者，或是规范解释的结果，或是补充的合同解释的结果。借用、仿照弗卢梅教授之见，规范解释也有理解合同条款/文字与变更性解释合同之分，甚至有许多人理所当然地认为，变更性解释似乎属于解释者的"根本"甚或"首要"任务。[80]显而易见，所谓变更性解释合同，就是在修正合同约定的意

〔76〕 黄立：《民法债编总论》，中国政法大学出版社2002年版，第81页。

〔77〕 ［德］维尔纳·弗卢梅：《法律行为论》，迟颖译，法律出版社2013年版，第378页。

〔78〕 王泽鉴：《债法原理》，北京大学出版社2009年版，第172页。

〔79〕 参考［德］维尔纳·弗卢梅：《法律行为论》，迟颖译，法律出版社2013年版，第348-349页。

〔80〕 参考［德］维尔纳·弗卢梅：《法律行为论》，迟颖译，法律出版社2013年版，第348-349页。弗卢梅教授原本是在阐释法律解释的三种类型：理解法律、漏洞补充和变更性解释法律。当然，弗卢梅教授认为变更性解释法律属于例外，应予严格限制。笔者觉得对合同的规范解释也大抵如此。

思。正是在这些意义上，那种单独提出修正的合同解释类型，与规范解释、补充的合同解释的类型并列，这是不合逻辑的。

（2）补充的合同解释的理论基础。既然补充的合同解释所探求的是"推定的当事人意思"，即各方当事人在通常交易上所合理意欲或接受的合同条款，那么，裁判者实际上是以其心目中的理性人处于此情此景中应作何种意思表示来确定待补合同条款/文字。

此种推定的当事人意思，这样的待补合同条款/文字，与各方当事人的真实意思之间的关系如何？望文生义，二者应当距离不短，甚至天壤之别。如此断言固然可以，且为通说，笔者也接受，但实际上也存在着各方当事人若为意思表示的话就与推定的当事人意思完全一致的情形，如当事人系合格的理性人，按照一个理性人的思维和准则表示意思，即属此类，且为支持意思自治原则的一个微例。在此应予提醒，如果主张于此场合的填补合同漏洞系以当事人的真意为准，[81]就必须由举证证明完成。如举证当事人各方签署过备忘录、意向书、初步协议等文件，确凿无疑地显示已补合同条款/文字正是载于这些文件上的当事人各方意思。如果完不成这样的举证证明，就以理性人于此场合会表示的意思为准，推定出当事人的意思。必须强调的是，活生生的缔约个体大多没有理性人那样的理性，其表示的意思时常没有那么有逻辑地展示和排列，更遑论相对人也有其利益，并经各方妥协后形成合同条款/文字。对此，纯粹的/绝对的意思主义无法自圆其说，那种"无论如何，意思表示的效力看起来并不是绝对的，而且最终也并不取决于立法者的肯定或者否定"[82]的法理，难被中国民法及理论所接受。马克思主义关于"合同是当事人意思与上升为法律的国家意志的统一体"，"从根源上讲，合同的法律效力源自法律，是合同法等法律赋予合同的，由国家的强制力保障"的原理，能够轻松地解释这种现象。

在笔者看来，经由解释确定系争合同存在漏洞之后，裁判者即可基于系争合同的类型而锁定相应的理性人。其实，理性人也是形形色色，在不同的合同关系中理性人的思维和准则不尽相同。例如，钻井设备买卖合同的场合，处于出卖人位置的理性人是钻井设备的专家，熟悉钻井设备的性能和价格，这样的理性人理应知晓完整的钻井设备买卖合同应当具备什么条款；而酒店经营托管合同的场合，处于受托人地位的理性人系酒店经营管理方面的专家，擅长酒店的经营管理以及应得对价，如此理性人肯定清楚完整的酒店经营托管合同应当具备多少条款。总之，裁判者处理系争合同案件，面对该合同类型立即在内心树立起特定的理性人，依据该理性人的思维和准则自然演化出完整的系争合同的全部条款。这些合同条款减去系争合同

---

〔81〕 王越宏、李媛："论合同漏洞的补充"，载《中国法学》2001 年第 5 期；魏玮："补充解释方法在合同漏洞填补时的运用"，载《人民司法》2013 年第 6 期。

〔82〕 ［德］弗朗茨·维亚克尔："法律行为解释之方法"，范雪飞译，载王洪亮等主编：《中德私法研究》（第 14 卷），北京大学出版社 2016 年版，第 299 页。

的当事人各方约定的条款之差，即为待补的合同条款/文字。

此种推定的当事人意思，这样的待补合同条款/文字，与依赖法律规定确定的已补合同条款/文字之间的关系如何？这可分两方面阐释，其一，如果说立法者设计法律规范系斟酌某类型合同的典型利益状态而设，一般多符合当事人的利益，那么，运用补充的合同解释填补合同漏洞，裁判者以其心目中的理性人处于此情此景中应作何种意思表示来确定待补合同条款/文字，实质上也就是斟酌系争合同的典型利益状态，予以衡平，最终确定符合当事人各方的利益平衡的待补合同条款/文字，因为衡平即为在合同当事人之间的关系上取得一种对各方均属恰当的平衡状态，[83]这在实质上就是一个理性人的思维和准则在进行系争合同的典型利益分配，立法者也是以其心目中的理性人的思维和准则。如同治大国若烹小鲜的道理，立法者设计法律规范的遵循与裁判者打着理性人的旗号安排合同条款/文字的遵循，机理相同。就特定的典型合同而言，理性人的理念及思维逻辑发展，结合法律关于该典型合同的规定，自然会形成一个合同的全部条款/文字。该合同的全部条款/文字减去当事人双方实际签订的合同条款/文字之差，就既是系争合同漏洞之所在和轮廓，也是待补的合同条款/文字。其二，立法者设计法律规范系斟酌某类型合同的典型利益状态而设，一般多符合当事人的利益，这相对统一、稳定，但裁判者在个案中以理性人于此场合所思所想补充系争合同漏洞，则难免杂糅进自己的价值及其衡量，在标准和结果方面波动较大。由此显示出依赖法律规定填补合同漏洞与运用补充的合同解释补充漏洞二者的差异。不过，无论"其一"还是"其二"，在补充的合同解释场合，系争合同漏洞及其补充是客观实在。

（3）已补合同条款/文字有无无效、变更、撤销、解除？通过补充的合同解释填补合同漏洞，也不同于各方当事人补充合同漏洞的协议可被变更、撤销、解除或被确认为无效，却类似于依赖强制性规定、任意性规定、倡导性规定不可基于《合同法》第52条、第53条、第54条、第94条予以变更或撤销或解除或被确认为无效，道理在于从事补充合同漏洞作业的裁判者同样应为斟酌某类型合同的典型利益状态而设，一般多符合当事人的利益。

4. 交易习惯在补充合同漏洞作业中的地位及作用

《德国民法典》第157条规定，合同解释必须斟酌交易习惯。交易习惯可以"自动"适用于表示的规范解释，包括作为补充的合同解释的要素。[84]法官在填补漏洞时要考虑案件中的所有情况，包括动机、交易习惯、利益状况。[85]

美国《统一商法典》赋予交易习惯（custom）和惯例（usage of trade）在交易中

---

〔83〕 ［德］卡尔·拉伦茨：《法学方法论》，陈爱娥译，五南图书出版公司1996年版，第195页。

〔84〕 ［德］维尔纳·弗卢梅：《法律行为论》，法律出版社2013年版，第366、380页。

〔85〕 ［德］汉斯·布洛克斯、沃尔夫·迪特里希·瓦尔克：《德国民法总论》，张艳译，中国人民大学出版社2014年版，第70页。

以重要地位（第 1 - 205 条，第 1 - 102 条第 2 款第 a 项），并承认以惯例补充合同条款。[86]美国《统一商法典》的评注否定了"那些认为有关'习惯'的证据可能会排除或否定'已经确立的法律规则'的判例"，并且认为，惯例"构成了双方的默契，它们优于任何一般性法律规则，因为后者仅适用于不存在这种默契的情形"。[87]

范斯沃思教授在合同解释的大框架内考察和讨论交易习惯，在合同漏洞补充的题目下却未涉及交易习惯，这表明交易习惯在包括补充合同漏洞在内的合同解释中覆盖面更为宽泛。如此，把交易习惯仅限于推定解释之内显然不合实际及逻辑，换个表述，交易习惯仅限于补充的合同解释范畴也不合实际及逻辑。

在英国，第三类默示条款即为基于交易习惯和惯例而形成的默示条款。[88]Wilberforce 勋爵把默示条款分为四类（但其实只同意有三类），第一类为商业惯例的默示条款，第二类为事实的默示条款，第三类是丹宁勋爵倡导的但被 Wilberforce 勋爵否定的合理性的默示条款，第四类是法律上的默示条款。[89]既然默示条款是用来补充合同漏洞的，商业惯例的默示条款便可用于补充合同漏洞。与美国法的情形类似，英国法同样承认可用交易习惯来解释合同的明示条款。[90]

在中国，《合同法》第 61 条在字面上把交易习惯列为补充合同漏洞考虑因素的第二，学说也赞同交易习惯为补充合同漏洞时的依据。[91]

观察和总结以上简要的考察，可以得出几下结论：

补充合同漏洞时考虑交易习惯不同于依赖法律规定填补合同漏洞，"交易习惯不属于法律规范"[92]因为后者无需审视其合法与否，甚至无须考量补充合同漏洞的结果是公平的还是失衡的，只要裁判者确定系争合同的漏洞所在及轮廓，又寻觅到适当的法律规定，即可径直填补系争合同的漏洞；但在前者，裁判者首先要审视交易习惯合法、公平与否，只有合法、合理的交易习惯才可被作为确定待补条款/文字的依据，最终填补完毕系争合同的漏洞。再退一步，即使某特定的交易习惯合法、合理，处理个案的裁判者因其立场及价值取向也可能不考量交易习惯填补系争合同的漏洞。

---

[86] ［美］E. 艾伦·范斯沃思：《美国合同法》，葛云松、丁春艳译，中国政法大学出版社 2004 年版，第 485 页。

[87] 美国《统一商法典》第 1 - 205 条的评注第 4 条。转引自［美］E. 艾伦·范斯沃思：《美国合同法》，葛云松、丁春艳译，中国政法大学出版社 2004 年版，第 486 页。

[88] Neil Andrews, *Contract Law*, Cambridge University Press, 2015, p. 333.

[89] Liverpool City Couneil v. Irwin（1977）A. C. 239, 253. 转引自杨良宜：《合约的解释》，法律出版社 2007 年版，第 319 页。

[90] Shore v. Wilson（1989）9 C1. & F. 355；Brown v. Shand（1877）2 App Cas455. 转引自杨良宜：《合约的解释》，法律出版社 2007 年版，第 261 页。

[91] 王越宏、李媛："论合同漏洞的补充"，载《中国法学》2001 年第 5 期；魏玮："补充解释方法在合同漏洞填补时的运用"，载《人民司法》2013 年第 6 期。

[92] ［德］维尔纳·弗卢梅：《法律行为论》，迟颖译，法律出版社 2013 年版，第 365 页。

补充合同漏洞时考虑交易习惯也不同于补充的合同解释的常态，因为后者系裁判者以其心目中的理性人的思维和标准来推定出待补合同条款/文字，这样的标准是一以贯之的，有时与交易习惯形成的规则一致，有时却有差异，有时因交易习惯推演出来的待补条款/文字不合理性人的思维和标准而被裁判者弃之一旁。换个角度表述，在补充的合同解释的架构下，交易习惯即使被裁判者考虑用作填补系争合同的漏洞，也只是理性人的思维和标准的表现形式之一，并非全部。

行文至此，可有这样的结论：补充合同漏洞时考量交易习惯可被纳入补充的合同解释的方法之中；但是，交易习惯乃所有的解释合同的方法甚至原则，并不限于补充合同漏洞这一隅。在这个意义上，加上补充的合同解释不适用于合同漏洞补充以外的合同解释的缘故，故将考量交易习惯以补充合同漏洞作为独立于、并列于依赖法律规定补充合同漏洞、补充的合同解释等方法的一种方法，更符合交易习惯在整个合同解释的制度中的覆盖面，更适合于其角色定位。

5. 诚信原则和公平原则的地位及作用

有学者主张，诚实信用原则不与当事人协议、法律规定、交易习惯、补充的合同解释诸方法竞争顺序，而是在运用其中某种方法填补合同漏洞后，以诚实信用审视其结果，发挥修正、补足已补合同条款/文字的。[93] 这有其合理性，值得重视。只不过需要注意，《民法总则》第6条不但确立公平原则，而且揭示其"合理确定各方的权利和义务"的功能，《民法总则》第7条规定诚信原则以"秉持诚实，恪守承诺"收尾，使得诚信原则落脚在民事主体的主观态度。依文义解释，诚信原则主要管辖欺诈、胁迫、乘人之危等问题，难见其含有以公平理念衡平当事人之间的权益关系之义，似无"帝王条项，君临法域"的神威，这相较于罗马法及后世的法国民法、德国民法、日本民法和中国台湾地区"民法"对于诚实信用原则的定性与地位，在地位上降低了，在功能上限缩了。但是，若依体系解释，将公平原则和诚信原则联系起来观察，则不难发现德国等国家和地区的民法上的诚实信用原则含有公平原则的内容，除在不当得利制度建立的基础等极个别场合单提公平原则或衡平理念之外，均用诚实信用原则表达；与此有别，在中国，《民法通则》《合同法》和《民法总则》一直将公平原则与诚信原则平列，且有分工，特别是《合同法》和《民法总则》把"合理确定各方的权利和义务"的重任交给了公平原则，而非诚信原则。这样，似可说公平原则而非诚信原则如同"帝王条项，君临法域"。这决定了法律人不宜甚至不得沿袭传统民法关于诚实信用原则的定性和定位，而应展开具有中国特色的解释论。如果如此解释是正确的，则在合同漏洞补充的问题上应该是让诚信原则和公平原则共同起作用，在运用有关补充漏洞的方法填补系争合同的漏洞之后，修

[93] 王越宏、李媛："论合同漏洞的补充"，载《中国法学》2001年第5期。另见［德］弗朗茨·维亚克尔："法律行为解释之方法"，范雪飞译，载王洪亮等主编：《中德私法研究》（第14卷），北京大学出版社2016年版，第305页。

正甚至补足已补合同条款/文字。[94]

还需指出，诚实信用原则、公平原则在英美法上所起作用明显低于在德国法系、中国法上所起的作用。在美国，法院经常补充的一个条款是，合同的当事人各方应当履行"诚实信用"义务，或者有时表述为"诚实信用和公平交易"义务。该默示义务根据基本的公平观念而发生。按照美国《统一商法典》的规定，当事人不得以约定排除诚实信用义务，尽管当事人可以约定履行该义务的标准，只要该约定的标准并非明显不合理（美国《统一商法典》第 10102 条第 3 款）。[95] 但法院反复强调的原则却是，诚实信用的默示义务不能被用来排除或变更合同的明示条款。[96] 由于法院是针对当事人之间的协议中遗漏的事项而补充条款，因此，除非有关的协议已经成立，否则，无论是美国《统一商法典》还是普通法都不要求诚实信用的默示义务。所以，在当事人达成协议之前，他们不负诚实信用义务，诚实信用义务并不约束他们的缔约过程。[97] 然而，如果一份已经存在的合同的当事人协商变更合同，那么，他们受到合同上的诚实信用义务的约束。[98] 在英国法上，对默示条款的运用是相当严格的，因为动辄强调合理并据以变动合同约定这一做法与缔约自由和合同相对性（privity of contract）严重冲突。裁判者并不是合同的一方，只是解释该合同中产生的争议，所以无权自说自话，增加或删除该合同明示了的条款。而增加默示条款，这正是作这种有严重冲突的行为，除非是完全符合法律的要求，而其中就是能够肯定去假设默示的部分正是当事人各方的缔约意图。[99] 既然如此，从事比较法研究和处理与英美的公司交易纠纷，必须注意英美法对于诚实信用的立场及态度，不可以我法度他法。

（四）几种补充合同漏洞方法之间的顺序

有观点主张，补充合同漏洞，首先采取当事人协议补充的方法，若无此类协议，则确定当事人共同的真实默示意图；其次，除此而外的补充方法之间，强制性规定、任意性规定原则上优先于其他方法适用；再次，无法律规定的，依推定的当事人意图补充合同漏洞，且在如下两种情形下，依推定的当事人意图补充合同漏洞优先于依赖法律规定补充合同漏洞：①某特定典型合同具有特殊性，适用任意性规定未尽

---

〔94〕 崔建远："中国大陆民法总则的新发展"，载《月旦民商法杂志》2017 年第 56 期。

〔95〕 ［美］E. 艾伦·范斯沃思：《美国合同法》，葛云松、丁春艳译，中国政法大学出版社 2004 年版，第 504 页。

〔96〕 Riggs Natl. Bank of Washington v. Linch, 36 F. 3d. 370 (4 th Cir. 1994). 转引自 ［美］E. 艾伦·范斯沃思：《美国合同法》，葛云松、丁春艳译，中国政法大学出版社 2004 年版，第 505 页。

〔97〕 Husaman, Inc. v. Triton Coal Co., 809 P. 2d 796 (Wyo. 1991). ［美］E. 艾伦·范斯沃思：《美国合同法》，葛云松、丁春艳译，中国政法大学出版社 2004 年版，第 505 - 506 页。

〔98〕 ［美］E. 艾伦·范斯沃思：《美国合同法》，葛云松、丁春艳译，中国政法大学出版社 2004 年版，第 279 - 280 页，第 506 页。

〔99〕 杨良宜：《合约的解释》，法律出版社 2007 年版，第 324 页。

符合当事人的利益；②对某特定非典型合同适用或类推适用任意性规定违反合同目的，应针对该合同的特殊利益状态，依推定的当事人意图补充合同漏洞。[100]再进一步，具体到目的、习惯、任意法规、诚实信用标准，其决定有不同时，以当事人所欲予达到的目的为第一顺序，习惯可推定当事人有依从的意思或就其事项无任意法规时为第二顺序，任意法规为第三顺序，但习惯为当事人所不知的场合任意法规则上升为第二顺序。诚实信用原则不平列于这些顺序之中，而是修正或补足运用上述方法补充合同漏洞时确定的已补合同条款/文字。[101]另有观点较为硬性：交易习惯优先于任意性规定而用于填补合同漏洞。[102]

这些意见具有合理因素，如把强制性规定作为填补合同漏洞的依据之一，将诚实信用原则用于修正或补足运用上述方法补充合同漏洞时确定的已补合同条款/文字，梳理出合同漏洞补充法的运用顺序，等等；但也有再斟酌的余地，至少有如下几处：①在交易习惯与法律规定之间的关系方面，在交易习惯违反强制性规定或违背公序良俗时，不得用于填补合同漏洞，不得优先于任意性规定、倡导性规定而运用。②即使交易习惯不违反强制性规定，也不一定优先于任意性规定、倡导性规定而运用。如果交易习惯不公正，例如，餐饮合同领域的高额开瓶费、高额沏茶费，典当行、小额贷款公司放款时预先扣除未来的利息，等等，那么，不得把此类交易习惯优先于任意性规定、倡导性规定来填补合同漏洞，而应依诚信原则、公平原则衡量，是否对其调整（矫正）。③诚然，观察《合同法》第 61 条和第 62 条的字面意思，似乎交易习惯优先于任意性规定，但因这两条规定均非强制性规定，故这种优先顺序的结论便无法律依据的支撑。之所以说《合同法》第 61 条和第 62 条不是强制性规定，是因为它们属于合同漏洞补充方面的技术性规则，而不影响社会公共利益。假如硬说它们事关社会公共利益，就意味着第 61 条规定的当事人以协议补充合同漏洞必须实施，永远排在第一顺序，即使当事人各方明确表示不新签合同补充系争合同的漏洞，请求裁判者依补充的合同解释填补系争合同的漏洞，也不得如愿以偿。显然，这是背离意思自治原则的，也不符合实务中的操作实际。其实，交易习惯和任意性规定及倡导性规定之间在个案漏洞填补的作业中是可以调整运用顺序的。此其一。假如认定《合同法》第 61、62 条的规定为强制性规定，还无法解释裁判者最后可以甚至应该用诚信和公平二项原则修正甚至补足已补合同条款/文字，因为这两条并未明示诚信和公平二项原则在补充合同漏洞扮演角色。此其二。单就《合同法》第 62 条而言，各方当事人事先设有相应约定时便不适用其规定，如果第 62 条为强制性规定，就否定了当事人的此类约定。可这不符合客观事实。此其三。在某些场合，如时过境迁但某些法定标准（如农用车的车厢长和宽的标准长时期不予修正，

〔100〕 王越宏、李媛：“论合同漏洞的补充”，载《中国法学》2001 年第 5 期。

〔101〕 王越宏、李媛：“论合同漏洞的补充”，载《中国法学》2001 年第 5 期。

〔102〕 魏玮：“补充解释方法在合同漏洞填补时的运用”，载《人民司法》2013 年第 6 期。

某些设备在环境保护方面的标准远远低于当下"蓝天保卫战"的要求）仍未修正，远远落后于社会生活的要求，就是说，《合同法》第62条规定的补充漏洞规则及标准未必合理、公正。于此场合，裁判者可依公平正义的理念填补合同漏洞，而不适用《合同法》第62条的规定。此其四。④审视交易习惯补充合同漏洞是独立于、并列于补充的合同解释的方法，还是运用补充的合同解释时应予考虑的因素？考察其"合同漏洞补充所依据之间的关系"的总结，交代得不甚明确，但自其"依法官推定的当事人意图补充"部分的体系排列观察，属于补充的合同解释的一种表现形式。⑤从全文的体系逻辑和"合同漏洞补充所依据之间的关系"的第一段叙述看，补充的合同解释优先于依赖法律规定而运用，但其"合同漏洞补充所依据之间的关系"的第二自然段又言"法律规定优先于其他而适用"，第三自然段却说明任意性规定原则上优先于补充的合同解释，例外的有两种情形需要补充的合同解释优先于任意性规定。在笔者看来，因为法律规定包括强制性规定，所以不得笼统地说补充的合同解释优先于依赖法律规定而运用，而应是依赖强制性规定补充合同漏洞肯定优先于运用补充的合同解释方法填补合同漏洞。依赖任意性规定填补合同漏洞原则上优先于运用补充的合同漏洞填补合同漏洞，但承认两种例外情形。⑥如同上文所述，在中国现行法上，不宜如欧美法那样界定诚实信用原则，而应将诚信和公平二项原则共同发挥作用，在运用有关补充漏洞的方法填补系争合同的漏洞之后，修正甚至补足已补合同条款/文字。⑦所谓"以当事人所欲予达到的目的为第一顺序"，若指以当事人协议补充合同漏洞，则无疑问；但若指依补充的合同解释方法填补合同漏洞，则有问题，即，补充的合同解释方法必定位于强制性规定之后，在许多情况下也后于任意性规定的，而非处于第一顺序。

罗马法上合同欺诈的若干历史反思

● ［法］ Emmanuelle Chevreau* 著

李 琳** 译

法国的债法改革，特别是 2016 年 2 月 10 日公布的债法改革法案，为我们提供了探讨罗马法上恶意欺诈（dolus malus）概念的良好时机。事实上，《法国民法典》新的 1137 条第一次引入可欺诈的定义："欺诈是缔约一方通过实施欺诈行为和谎言而获得另一方的同意的行为。一方明知特定信息对一方的缔约有决定性作用，但故意隐瞒的，也构成欺诈"。

尽管波蒂埃（Pothier）在其《债法教科书》中引用了拉贝奥对恶意欺诈著名的定义[1]，但是法国 1804 年的民法典编纂者们没有提出任何欺诈的定义。因此这个任务由 19 世纪的学说和判例来完成。这些学说和判例直接受到了罗马法的影响，特别是拉贝奥提出的定义[2]。这些著作先是援引了两个分别由拉贝奥和塞尔维尤斯提出的旗鼓相当的定义。他们摒弃了塞尔维尤斯提出定义，因为这个定义过于宽泛，同

---

* ［法］埃马努埃尔·谢弗萝（Emmanuelle Chevreau），法国巴黎二大罗马法教授。

** 李琳，中国政法大学法律硕士学院讲师，法学博士。

[1] 参见 R. J. Pothier, *Traité des Obligations*, I, Paris, 1768, p. 1, 3, 28 – 32："所有欺骗他人的手段叫做欺诈… Labeo definit dolum, omnen calliditatem, fallaciam, machinationem ad circumveniendum, fallendum, decipiendum alterum adhibitam L. I, § 2, ff. De Dol."

[2] Ulpianus 11 ad ed. D. 4. 3. 1. 2: Dolum malum Servius quidem ita definiit machinationem quandam alterius decipiendi causa, cum aliud simulatur et aliud agitur. Labeo autem posse et sine simulatione id agi, ut quis circumveniatur: posse et sine dolo malo aliud agi, aliud simulari, sicuti faciunt, qui per eiusmodi dissimulationem deserviant et tuentur vel sua vel aliena: itaque ipse sic definiit dolum malum esse omnem calliditatem fallaciam machinationem ad circumveniendum fallendum decipiendum alterum adhibitam. Labeonis definitio vera est.（"当然，塞尔维尤斯将恶意的欺诈定义为当人们伪造了一件事情并要伪造另外一件事情时，为了欺骗他人的所有欺诈手段。然而，拉贝奥认为，我们可以欺诈他人而不隐瞒某些事情。同时采取手段和隐瞒其他事情而不存在欺诈，就像那些使用欺骗手段保护自己活别人的财产的行为。这是为什么他给出了另外的一个欺诈的定义一切为导致他人产生错误或者欺骗他人而采用的诡计、骗局和手段。拉贝奥的定义是准确的"。）

时接受了拉贝奥的定义。后者的定义得到了许多罗马法学家的认可[3]。

我们回到《法国民法典》新的第 1137 条采用的欺诈的现代定义，因为这个定义引发了学说上的回应。如果说定义的第一部分比较传统，那第二部分则体现了实在的创新。欺诈性沉默从此也被纳入到了欺诈的定义之中。任何对一方的缔约有决定性作用的信息的隐瞒可以构成欺诈。同时《法国民法典》第 1139 条规定："因欺诈而产生的错误可以被原恕。即使这样的错误是针对给付的价值或者仅仅是合同的动机，其仍然是构成合同无效的原因。"

因此，立法者摒弃了 Baldus 案中确立的判例规则。法国最高法院民一庭在著名的 2000 年 5 月 3 日的判例中[4]，拒绝了将信息义务加给买家。此案的事实是：一位女士将五十幅 Baldus 的摄影作品在拍卖中卖出，但是忽视了这些作品是名作。因此拍卖的成交价格大幅度地低于同一艺术家同样的作品的价格。三年后，卖家找到了买家，向其再次以同样的价格通过双方合意出售 35 幅 Baldus 的作品。买家知悉这些作品的价值，但是保持了沉默。一段时间之后，卖家发现了这些作品的真实价值，认为其被买家欺诈。卖家于是提起了一连串的诉讼，其中凡尔赛上诉法院支持了卖家的请求。法院认为存在的对诚实信用原则的违反，因此判决买家返还合意出售的 35 幅作品的实际价值。买家对此向最高法院提出了上诉。最高法院需要回答以下问题：买家对于作品真实价值的沉默是否构成欺诈性沉默？其回答是买家没有此项义务，因为基于《法国民法典》原第 1116 条[5]，当买家没有法定的信息义务的时候，买家就不构成欺诈性沉默。

学说认为 Baldus 判例中最高法院法官表达了促进市场交易的取向。这引起了所谓社会连带主义思潮的批判。此思潮认为，合同关系中的伦理以及对弱势方的保护应当优于纯粹市场物质利益方面的考量。《法国民法典》新的 1137 条准确地选择了这个社会连带主义和道德的逻辑。在更广的意义上来说，此条成了从合同缔结到合同履行中诚实信用原则强势回归潮流中的一朵浪花。从中我们也发现了欧洲层面法律的影响，特别是共同参考框架[6]。另外，人们也见证了诚实信用的标准化及其在

---

[3] 例如，J. Bédarride, *Traité du dol et de la Fraude Commerciale2*, I, Paris, 1867, pp. 11 – 13. 作者首先研究了法国法上欺诈的定义。其将罗马法作为研究的起点，并且引用了乌尔比安的片段（11 ad ed. D. 4. 3. 1. 2）。其提到 Servius Sulpicius 的定义，并将其扬弃，因为其过于宽泛。然后其介绍了拉贝奥的定义。其时代即 19 世纪的法律也采用了这个定义。"我们的法律在这一点上吸收的罗马法的失误。因此，今天我们应当认为，所有的让合同对方处于错误的手段、手腕、诡计都是欺诈。" Bédarride 对于合同欺诈的见证很有趣，因为其设想并不完全只是纯粹理论性的。事实上，他曾经是埃克斯皇家法院的律师。

[4] Cass. civ. 1re, 3 mai 2000, n. 98 – 11. 381.

[5] 《法国民法典》第 1116 条（2016 年之前的版本）：欺诈是合同无效的原因，当一方实施的手段使得，如果没有实施这个手段，对方不会与之缔约。此项不能推定，必须证明。

[6] II. -7：205：Fraud. V. not. B. Fauvarque-Cosson.

"理性人"概念下的个案化。"理性人"概念在民法典中被提及了 3 次[7]。

我们理解为什么实务人士和一部分的学者对《法国民法典》新的 1137 条欺诈的定义中纳入欺诈性沉默感到担忧[8]。他们担心在一方的沉默源自于无害行为时,新的规定会损害法律的安全性。因此,若是根据理性人的标准来判断,很难确定缔约方的意图是否具有欺诈性,这就需要法官根据个案来判断。

我们之所以选择介绍现代法上欺诈的定义引发的一些问题,是因为自裁判官阿奎流斯·加鲁斯在公元前 70 年(或者公元前 66 年)左右公布了关于恶意欺诈的告示之后,在罗马法上可以找到这些讨论的所有的元素。在裁判官告示中,从欺诈的总体分类开始,法学家和法官面临着在欺诈行为的解释中,如何确定诚实信用以及善良人的标准[9]。

因此,我们首先研究罗马法学家遇到的定义恶意欺诈的困难;然后在善良、正义和功利的伦理学语境下讨论欺诈性沉默,这也是现代社会连带主义和自由主义的对立在古代的回声。

在讨论之前,我们首先要提出一些方法论上的注意事项。罗马法上的欺诈法律制度与现代的制度完全不同。在罗马,恶意欺诈并不是意思瑕疵,其适用范围大大超过了合同法领域。另外,在裁判官告示中,恶意欺诈受害人通过刑事自诉获得救济,因此属于私犯的领域。欺诈之诉为欺诈人提供了选择:要么通过应承审员之要求主动返还财物(iussum de restituendo);否则,其会被判罚并被宣告为"不名誉"[10]。另外,除了"恢复原状"(in integrum restitutio)[11]很可能主要适用于未成年人之外,关于欺诈的告示提供了两种救济程序:如果欺诈受害人是原告,其可以提出欺诈之诉;如果其是被告,则可以提出欺诈抗辩[12]。

本文的目的不是要重述已经众人皆知的关于欺诈、欺诈之诉[13]及欺诈抗

〔7〕《法国民法典》第 1301 - 1, 1188, 1197 条。

〔8〕 V. p. ex. M. Fabre-Magnan, "Le Devoir d'Information dans les Contrats: essai de Tableau Général après la Réforme", *JCP G 2016*, p. 706; C. Grimaldi, "Quand une Obligation d'Information en cache une autre: essai de Tableau Général après la Réforme", *D. 2016*, p. 1009.

〔9〕 E. Giannozzi, *Le Bonus vir en Droit Romain*, Thèse dactylographiée Paris II, Paris, 2015.

〔10〕 原文参见: O. Lenel, Das *Edictum Perpetuum*3, Leipzig, 1927, pp. 114 - 116.

〔11〕 这些可能来自于 D. 4. 3. V. p. ex. Ulp. 11aded. D. 4. 3. 7pr. ; Ulp. 5 opin. D. 4. 3. 38.

〔12〕 V. Gai. 4. 119 qui rapporte les verba de l'exceptio doli 以及 Ulp. 48 ad Sab. D. 45. 1. 36 将之放在了更广义的程序视角来看。

〔13〕 L. Garofalo, Padova, 2006, pp. 49 - 89; L. Garofalo (a cura di), "L'eccezione di Dolo Generale". *Applicazioni Giurisprudenziali e Teoriche Dottrinali*, Padova, 2006; R. Fiori, "Eccezione di Dolo Generale ed Editto Asiatico di Quinto Mucio: il Problema delle Origini", *L'eccezione di Dolo Generale. Diritto Romano e Tradizione Romanistica*, a cura di.

辩[14]的内容，也不是要追溯罗马法上作为私犯的欺诈如何逐渐变成现代法上意思瑕疵的过程。本文主要是提出共和国后期和奥古斯都元首时期法律实践关于欺诈及欺诈性沉默之定义的一些思考。

一、恶意欺诈的法学定义之困难

罗马法上欺诈的概念非常古老，并且并不局限与合同领域。我们可以在努马（罗马第二任国王）镇压故意杀人的刑法中找到欺诈的概念。费斯图斯（Festus）提出了以下的定义："故意致自由人死亡的"（Fest. L. 247 s. v. parricidi quaestores）。

欺诈的定义也出现在了《十二铜表法》（8.9）中，其惩罚监护人的欺诈，以及出现在公元前 200 年的 lex Laetoria 法中，其保护了被欺骗的未成年人。

同时欺诈也是除过错外构成私犯责任的一个要件。

然而，当西塞罗的朋友，裁判官 Aquilius Gallus 担心法律关系中诚实信用原则过于普遍化，而在公元前 70 年在告示中引入了恶意欺诈的概念，此概念将达到一个不同寻常的宽度。也就是说欺诈的概念进入了罗马法。

西塞罗在其《论义务》（一部在合同法领域被经常引用的道德哲学作品）中描述了一件非常著名的合同欺诈的案例。这个案例涉及 Canius 骑士的故事。在故事的最后，西塞罗同样引用了《关于欺诈的告示》的作者阿奎流斯·加鲁斯对于欺诈的定义[15]。

如果翻阅乌尔比安的片段[16]，人们会发现其提到了其他两个欺诈的定义，即塞

---

[14] V. entre autres: P. Lambrini, *Studi sull'Azione di Dolo*, Napoli, 2013; *Dolo Generale e Regole di Correttezza*, Padova, 2010; Labeone, "l'azione di Dolo e l'Inadempimento: per una Rilettura Critica di D. 4. 3. 7. 3 (Ulp. 11 ad ed.)", *Iura*, LVII, 2008 – 2009, p. 226; G. Maccormack, "'Dolus' in Republican Law", *BIDR*, 27 (1985), pp. 1 – 38; G. Maccormack, "'Dolus' in the Law of the Early Classical Period (Labeo-Celsus)", *SDHI*, 52 (1986), pp. 236 – 285; G. Maccormack, "Roman Jurisprudence and Interpretation: on 'dolus' as Ground of the Classical 'actio de dolo'", *Nozione Formazione e Interpretazione del Diritto dall'Età Romana alle Esperienze Moderne*, in Scritti F. Gallo I, Napoli, 1997, pp. 539 – 560; M. Brutti, *La Problematica del Dolo Processuale nell'Esperienza Romana*, I-II, Milano, 1973; A. Wacke, "Sul Concetto di 'Dolus' nell' 'Actio de Dolo'", *Iura*, 28 (1977), pp. 10 – 39; A. Wacke, "Zum 'Dolus' Begriff der 'Actio de Dolo'", *RIDA*, 27 (1980), pp. 349 – 386.

[15] Cicero De officiis 3. 60: Stomachari Canius, sed quid faceret? Nondum enim C. Aquilius, collega et familiaris meus, protulerat de dolo malo formulas; in quibus ipsis, cum ex eo quaereretur, quid esset dolus malus, respondebat, cum esset aliud simulatum, aliud actum. Hoc quidem sane luculente, ut ab homine perito definiendi. Ergo et Pythius et omnes aliud agentes, aliud simulantes perfidi, improbi, malitiosi. Nullum igitur eorum factum potest utile esse, cum sit tot vitiis inquinatum.

[16] Ulpianus 11 ad ed. D. 4. 3. 1. 2: Dolum malum Servius quidem ita definiit machinationem quandam alterius decipiendi causa, cum aliud simulatur et aliud agitur. Labeo autem posse et sine simulatione id agi, ut quis circumveniatur: posse et sine dolo malo aliud agi, aliud simulari, sicuti faciunt, qui per eiusmodi dissimulationem deserviunt et tuentur vel sua vel aliena: itaque ipse sic definiit dolum malum esse omnem calliditatem fallaciam machinationem ad circumveniendum fallendum decipiendum alterum adhibitam. Labeonis definitio vera est.

尔维尤斯·苏尔皮求斯和拉贝奥的定义。这个片段我们之后还会讨论。人们可以发现共和国晚期的学者难以形成一个对恶意欺诈一致的定义。

为了更好地确定问题，我们可以诉诸词源学。拉丁语 dolus 一词应当来源于希腊语 δέλεαρ/ δόλος，字面意思是"诱饵、鱼钩"。例如，在荷马和赫西奥德的作品中，δόλος 经常指诡计，为了获得利益而进行的伪造。存在着两种理解的角度，既有工具（诱饵和鱼钩），也有使用诱饵的意识和能力。也存在着一种不战而屈人之兵的观念。这个词也被应用于描述希腊众神做出的行为或者设下的陷阱（例如，特洛伊木马或者尤利西斯的妻子贝内洛普白天进行编织而晚上又把编好的拆掉）。因此，在希腊语中，δόλος 是中性词，并没有被赋予贬义，相反还是一种才能。

其实是具体的上下文和作者要表达的思想决定了 δόλος 一词是贬义词（欺骗或者损人利己的技巧）还是褒义词（战胜敌人的技巧）。

在希腊语中，dolus 一词感情色彩的模糊性也存在于拉丁语中。这是一个中性词，即指损人利己的阴谋诡计，也指自我保护的锦囊妙计。

当这个词进入到法律语言之中，在关于恶意欺诈的告示的框架内，人们自然而然地将"恶意"与"欺诈"联系起来。这必然明确了此行为的贬义色彩。之前法律语言使用"欺骗"（fraus）以及"诈欺"（malitia）来表示损人利己的阴谋诡计。事实上，在 Aquilius Gallus 的告示之后，"欺诈"（dol）一词才进入了法律语言，需要明确和定义。只有了解了这样的词源学背景之后，我们才能够真正地理解在公元前70 年的告示颁布之后第一批的罗马法学家对此产生的疑虑。

第一个定义由告示的作者阿奎流斯·加鲁斯做出。此定义经与其同时代的西塞罗而流传。他自称是 Aquilius 的同事和朋友："cum esset aliud simulatum，aliud actum（当人们伪造一个东西，他会伪造另外一个）"。

在这个定义之中，其重新使用了 dolus 的中性词的意义。其设想了两种 dolus 行为人的行为：要么是褒义，要么是贬义。在前者中，谎言是为了损害他人；在后者中，计谋并不损害他人，只是用于自卫，因而被认为是智勇双全的行为[17]。这样，"欺诈"并不明显地与过错和追究责任联系起来。

Aquilius 的定义指出了表面与实际之间，外在与内在之间（这是斯多葛学派主要的论题）的对比。这也是拉丁语 dolus 词源的希腊语词汇 dólos 的情况。

然而我们可以自问，为什么 Aquilius 采用了 dolus 中性词意义来进行定义，并且在某种程度上去除了 malus 一词带来的贬义色彩？我们常说罗马法非常地注重个案具体情况的讨论，罗马法学家不太情愿提出一个法律词汇的抽象概念。在这样的情况下，这样的论据无法站得住脚，因为考虑到在普通语言中 dolus 一词具有中性意义，

---

[17] 我们注意到西塞罗评论汉尼拔的诡计时，用到了《论义务》（1. 108）中同样的段落：（…）Callidum Hannibalem ex Poenorum，ex nostris ducibus Q. Maximum accepimus，facile celare，tacere，dissimulare，insidiari，praeripere hostium consilia（…）.

那么像在裁判官告示中那样定义"恶意欺诈"就势在必行。Aquilius Gallus 对此心知肚明。但是其也只能止步于 dolus 大概的定义。在我看来，他这样做是因为其认为需要给予司法官根据具体案情和受害人受损程度而评估欺诈的自由裁量权。不要忘了恶意欺诈构成私犯，会引发损害赔偿以及受到宣告不名誉的处罚。裁判官只有在初审之后才会立案。

我们现在来讨论乌尔比安片段中提到的另外两个欺诈的定义[18]。首先来讨论 Servius Sulpicius 的定义："当然，Servius 将恶意的欺诈定义为当人们伪造了一件事情并要伪造另外一件事情时，为了欺骗他人的所有欺诈手段。"（Dolum malum Servius quidem ita definiit machinationem quandam alterius decipiendi causa, cum aliud simulatur et aliud agitur.）

Servius Sulpicius 也是 Aquilius Gallus 同时代的人，以及西塞罗的朋友。我们发现他忠实地复述了 Aquilius Gallus 的定义。只是增加了"machinatio"一词，强调了欺诈中的故意。他坚持认为欺诈是其行为人算计好的结果。这样还可以推测 Servius 留给了行政官或者法官追寻行为人欺诈的动机的任务。为什么行为人要设计欺骗受害人？如果欺骗的动机是获得不义之利益，那么欺诈就是恶意的；如果是为了自卫，那么欺诈就没有任何贬义色彩。

在这之后的文本中，乌尔比安记载了法学家拉贝奥改良版的定义，并且在文末支持了拉贝奥的观点。拉贝奥是比 Servius 晚一代的法学家，也是奥古斯都元首最著名的法学家。

拉贝奥阐明了 Aquilius 提出的，Servius 支持的定义的局限。他首先提出，人们可以不掩饰而欺骗他人。也就是说，掩饰不是欺诈的明显的标志。然后，其有引证了 dolus 语义学上中性词义引发的传统的辩论。阿奎流斯和塞尔维尤斯给出的观点主要以隐瞒和行动，表面和实际为主线。这样就成了模糊性的原因，并且无法令人满意地详细说明裁判官告示惩罚的恶意欺诈的要素。因此，他提出了以下的定义："一切为导致他人产生错误或者欺骗他人而采用的诡计、骗局和手段"（esse omnem calliditatem fallaciam machinationem ad circumveniendum fallendum decipiendum alterum adhibitam）。

他给出了掩饰一般概念的具体内容，即对应三种行为（诡计、骗局和手段）。特别是其在欺诈的定义中引入的行为人所追求的目的："导致他人产生错误或者欺骗他人从而获利"，将重心转移到了意欲到达的意图和恶意的目的。

在片段的最后，乌尔比安认为拉贝奥的定义是准确的。这可能证明了在公元 3 世纪时，对于欺诈概念的疑虑仍然存在。

在拉贝奥的定义中还出现了其他重要元素的蛛丝马迹。他意欲更加明确恶意的欺诈。这就是在恶意欺诈旁边，还存在着善意的欺诈。

---

[18] Ulpianus 11 ad ed. D. 4. 3. 1. 2.

为了获得一个准确的法律上的意义，善意的欺诈也进入了法律语言之中，并且使得 dolus 词义的两面性的传统问题渐行渐远。来自于法律的善意欺诈的典型例子就是商贩对其商品加以吹嘘。这样的行为在商业交往中很常见，因此也不为被关于欺诈的告示所惩罚[19]。

这个对合同欺诈下定义的努力，随着欺诈成为私犯而越来越必不可少。其关系到裁判官和承审员在遵守法律关系中的行为准则和保护交易安全之间寻求平衡。

我们注意到拉贝奥给出的欺诈的定义，涉及积极的行为，即行为人设计了所有的桥段来欺骗合同另一方。但是我们是否可以将可能引起合同另一方损失的不作为也定义为欺诈？这样就提出了关于沉默的问题。

二、三部曲：恶意欺诈、沉默和欺诈性沉默

片段 **Paul 56 *ad ed.* D. 50. 17. 142** Qui tacet, non utique fatetur: sed tamen verum est eum non negare "沉默的人无论如何不会承认：但是他也无法否认"。

《学说汇纂》第十七章转述了此片段。此章为 *regulae iuris*，即为世人公认具有效力的，通过法学学说形成的法律规则。

保罗强调了在难以获知沉默者真实意图的情况下[20]，沉默具有的中性色彩。

对于法学家和法官来说，这是一个真正的问题。我会提及由西塞罗在《论义务》(3.5 至 72) 发起的关于卖家沉默的讨论。讨论的基调具有道德哲学的色彩，并聚焦善、诚实和功利之间的冲突。但是讨论完全是法律上的内容，并集中在卖家的沉默。

在我节选的第一段，西塞罗转述了两位斯多葛学派哲学家[21]的对话，Diogène de Babylone（与 Carnéade 和 Critolaos 一起为公元前 156 年驻罗马大使）以及 Antipater de Tarse（前者的学，以及 Panetios 的老师）。在这段对话中，他举了一个来自于亚历山大里亚，在罗得岛经商的诚实商人的例子。他有一船小麦，而当时，罗得岛居民正在经历饥荒。商人知道还有其他批发商和几船小麦已经从亚历山大里亚出发，这种情况下，他应当告知罗德岛居民这个事实还是不说并把小麦高价卖给这些居民？如果他是一个善良的人，他应该采取如何的行为[22]？

Diogène 认为，当其没有隐瞒民法要求披露的瑕疵（这里指物之瑕疵），并且没

---

[19] Ulpianus 11 ad ed. D. 4. 3. 1. 3；Ulpianus 44 ad Sab. D. 4. 3. 37.

[20] 关于沉默的价值，参见 S. Vallar, *Le Rôle de la Volonté dans l'Interprétation en Droit Romain*, Thèse dactylographiée Paris II, Paris, 2013, pp. 150 – 272，此文提出了对此问题很好的历史地理学的分析。

[21] Cicero, *De officiis* 3, pp. 50 – 52.

[22] 关于 vir bonus: E. Giannozzi, *Le Bonus vir en Droit Romain*, Thèse dactylographiée Paris II, Paris, 2015；R. Fiori, "Il Vir Bonus tra Filosofia Greca e Tradizioni Romane nel de Officiis di Cicerone", *Vir bonus. Un modello ermeneutico della riflessione giuridica antica*, a cura di A. Lovato, Bari, 2013, pp. 19 – 38；R. Fiori, *Bonus vir. Politica, Filosofia e Retorica nel De Officiis di Cicerone*, Napoli, 2011；G. Falcone, "L'attribuzione della Qualifica《Vir Bonus》 nella Prassi Giudiziaria d'Età Repubblicana. Con un'Appendice su 《Optimus》, 《Probus》, 《Fortis》", *Vir bonus. Un modello ermeneutico della riflessione giuridica antica*, a cura di A. Lovato, Bari, 2013, pp. 39 – 90.

有用诡计来卖得好价钱的话，卖家就没有做任何不义之举。因此他可以不披露其他的信息，这样的沉默不应被认为是具有欺诈性。换而言之，卖家只需要承受民法要求的信息披露义务（《十二铜表法》之后的土地上的费用以及地役；罗马市政官告示中规定的物之瑕疵）。他对此作了区分："这是两码事，一个是掩饰，一个是沉默"（Aliud est celare，aliud tacere）。

相反，Antipater 激烈地反驳了其老师的观点，提出了基于人类社会的公共利益（l'utilitas communis）的论点。西塞罗在《论义务》[23]的第二段之中详细展开了其论证，其讨论了在建筑有瑕疵以及房间有蛇进入的不动产特别是房屋买卖中卖家的沉默。他引用了 Antipater. 的观点。隐瞒一个出售物的瑕疵，比不给一个迷路的人指路更加严重（此种行为在雅典会受到公众诅咒的处罚），因为这样的行为无异于"引人误入歧途"（scientem in errorem alterum inducere），因此是故意以沉默的方式引人误入歧途，即类似于欺诈性沉默。

在第 57 节中，西塞罗明确了沉默与隐瞒的边界。沉默并不代表隐瞒；如果为了获利而对买家隐瞒了关键信息，那么就存在着隐瞒的行为。但是所有的这些最终都需要通过伦理学的视角和取决于对善良管理人的自由心证（在判决的意义上来说）。他将要选择真善美的派别，还是投向功利的怀抱，就是说可以从沉默中渔利呢？论证至此，人们可能会觉得西塞罗仅仅是从道德层面来思考问题。但是最后一段向我们阐明了其观点的理由。西塞罗转述了由 Marcus Caton[24]审理的仲裁案。在此案中，Claudius 出售了一片位于 Caelius 山丘的房子，因为这片房子挡住了占卜官从观察飞鸟飞行的视角，很可能因占卜官的拆除令而被拆除。他知道了这个情况，但没有告诉买家这个情况，并从中获利。这个房子在交付后买家自然而然地收到了拆除的命令，并且得知了周围所有的邻居都知道这个风险。买家就通过仲裁起诉了卖家。承审员宣布将通过"依诚实信用"来审理。其最后宣布卖家败诉，因为卖家完全知道周围邻居都收到了拆除的命令，他没有把这个情况告知买家，后者显然应当被告知这个情况，这样他就没有按照诚实信用来行为。西塞罗遗憾地认为，民法没有能够处理所有种类的隐瞒（reticenciae），也就是欺诈性沉默。

事实上，在无法轻易地确定沉默的意图的情况下，民法没有办法规定所有欺诈性沉默。为了说明这个问题，我选取了另外一个例子。这是一个法学家彭波尼（31 *ad Q. Muc.* D. 18. 1. 66. 1：Pomponio 31 a Quinto Mucio：Nel caso in cui una servitù fosse dovuta a favore dei fondi venduti in cui essa sia stata sotto silenzio dal venditore, il quale, essendone a conoscenza, abbia perso quella servitù, non usandone per il tempo stabilito, alcuni < giuristi > reputano esattamente che il venditore sia tenuto con l'azione da compera in base al dolo < commesso > ）记述的司法案例（casus jurisprudentiel）。这个案子主要内

---

[23] Cicero, *De officiis 3*, pp. 54 – 57.

[24] Cicero, *De officiis 3*, p. 67.

容是一片土地的卖家在出卖土地时没有披露在这片土地上存在着役权，买家因为没有行权而丧失了役权的收益。彭波尼发表他法律意见的方式让我们猜想在法学家之间对信息义务是否具有强制性存在意见分歧。

彭波尼认为卖家应当以合同之诉被判罚，理由是欺诈。但是难以认定卖家具有恶意的意图。存在役权可以提高土地出售的市价，那卖家有什么理由对此保持沉默？其沉默是不是简单的遗忘，还是一个纯粹的疏忽？对此市民法没有提供任何的解决方法。因此需要依靠判例和法官来通过客观的诚实信用原则和善良管理人的标准来判断案件。如果一个善良管理人在相同的情况下，会如何行动？

总而言之，我拟回到西塞罗的片段，因为他完美地诠释了法律处理沉默和可能的欺诈性沉默的困难。西塞罗也非常清楚道德哲学视角的研究无法与法学视角的研究相割裂。他的演讲对于合同方、行政官、法官来说是一个很好的箴言。这些人员总是需要依靠"善良管理人"的标准。真善美和功利的冲突会为他们的自由心证提供指导。

我们看到，这个问题在某种程度上来说是一直存在的，因为我们可以在 Baldus 判决中，以及在道德和社会连带主义的支持者与合同自由的支持者间的讨论中找到这个问题的所有元素。我们还是认为制定一个涵盖所有人类创造力的法律标准是困难的事情（比如诚实信用原则和理性人原则）！

《法国民法典》新的第 1137 条能否达到这个目的？我们拭目以待第一批判决的出炉。

单方拟定一般交易条款之自由及其限度
——罗马法和现代法的观察

◉ ［意］Aldo Petrucci * 著

张长绵** 译

一、研究主题

本次重要的国际会议是一个契机，笔者得以重访"经营行为"（exercitio negotia-tionum）这一主题。若干年前，笔者曾结合法学原始文献及碑文内容，得出了若干结论。[1]本文尝试以崭新视角考察文献，即法律秩序赋予企业主（negotiator）单方拟定以兹共同遵守的一般条款之自由及其可能的法律限制或禁止。如下文所见，合同相对人筛选之条款亦属其类。根据该条款，企业主得以允许或禁止之方式，事先筛选潜在合同相对人，以实现真正的"歧视政策"。

文章第二、三部分，将分析经管人之诉和船东之诉告示评注中的相关信息，盖经管人、船长和相对人缔结的契约中含有须共同遵守的一般条款。如下所见，赋予单方拟定条款权利，有其根据；然拟定方负担义务，采取特定措施；义务之违反则须承担法律后果。

第四部分乃是对一份仓库租赁契约史料之解读，以期展现彼时此类契约中一般交易条款之全貌。第五部分则为银行拍卖中的一般交易条款。

---

* ［意］阿尔多·贝特鲁奇（Aldo Petrucci），意大利比萨大学罗马法教授。
** 张长绵，华东政法大学科学研究院助理研究员。
[1] 笔者此前的研究成果：In margine a Gai. 4, 126a., "Osservazioni sulla 'Exceptio Mercis non Traditae' e la 'Praedictio ne aliter Emptori res Traderetur quam si Pretium Solverit' in un' 'Auctio Argentaria'", *Iuris vincula*. Studi in onore di M. Talamanca 6, Napoli, 2001, 316 ss.; Sobre los orígenes de la Protección dada a los Terceros Contrayentes Frente a los Empresarios, "Observaciones sobre algunas Normativas del Derecho Romano 'clásico'", *Roma e America. Diritto Romano Comune*, 13 (2002), 233 ss.; Neque enim Decipi Debent contrahentes, "Appunti sulla Tutela dei Contraenti con un' Impresa nel Diritto Romano Tardo Repubblicano e del Principato", *Il Ruolo della Buona Fede Oggettiva nell'Esperienza Giuridica Storica e Contemporanea*. Studi in onore di A. Burdese 3, Padova, 2003, 89 ss.; "Ulteriori Osservazioni sulla Protezione dei Contraenti con gli Institores ed i Magistri Navis nel Diritto Romano dell'Età Commerciale", *IURA* 53 (2002, edito 2005) 17 ss.; e Per una Storia della Protezione dei Contraenti con gli Imprenditori 1, Torino, 2007, 9 ss., 55 ss., 239 ss..

作为文章的结论（第六部分），我们尝试勾勒一副罗马法关于该主题的图景，并与现代格式合同法律实践做一比较。

二、D. 14，3，11，3 –5（乌尔比安《永久告示评注》第 28 卷）中蕴含之信息

经授权，经管人与第三人订立合同，经管人之诉旨在保护该第三人，得使企业主 – 授权人就未履行之债务承当整体（in solidum）责任。[2]

诚如 Gai. 4，17[3]和乌尔比安对该告示的评注中（Ulp. 28 ad ed.，D. 14，3，5，11）[4]所见，该诉之提起端赖授权行为之完成。谓授权行为者（propositio），乃赋予经营权之行为，经管人因之得从事一切与经营有关之交易行为。它不仅关乎企业主与经管人之内部关系，更与第三人之利益相关切，故其内容须公示周知[5]。公示之方式可为张贴布告，文献中以"通告"（proscriptio）相称。[6]

对企业主 – 授权人科以整体责任时，裁判官仅如是规定：此等责任以"授权范围内"[7]所从事的经营行为为限。然则，法学家于评注告示[8]之场合，发展了有关

---

[2] 参见 F. Serrao，*Impresa e Responsabilità a Roma nell'Età Commerciale*，Pisa，1989，24 ss.；Petrucci，*Per una Storia della Protezione dei Contraenti* cit.，13 ss.；P. Cerami，"Introduzione allo Studio del Diritto Commerciale Romano"，in Cerami-Petrucci，*Diritto commerciale romano. Profilo storico* 3，Torino，2010，56 ss..

[3] Gai. 4，71 某人指派其子、奴隶或家外人（无论奴隶或自由人）经营店铺或者从事其他经营活动，在授权范围内，他们缔结了交易，则可提起经管人之诉。

[4] D. 14，3，5，11：但是，绝非任何与经管人缔结之交易均可约束授权人。仅在授权范围内，即授权人规定的范围内【缔结的交易方可约束授权人】。

[5] 关于授权行为之性质和特征，最近研究，参见 M. Miceli，*Studi sulla «Rappresentanza» nel Diritto Romano* 1，Milano，2008，67 ss.；Cerami，*Introduzione allo Studio del Diritto Commerciale Romano* cit.，56 ss.；G. Minaud，*Les gens de Commerce et le Droit à Rome*，Aix-en-Provence，2011，185 ss.；M. A. Ligios，*Nomen Negotiationis. Profili di Continuità e di Autonomia della Negotiatio nell'Esperienza Giuridica Romana*，Torino，2013，23 ss..

[6] 参见 M. Miceli，"Institor e Procurator nelle Fonti Romane dell'Età Preclassica e Classica"，*IURA*，53（2002，ma edito 2005）86 ss.；Petrucci，*Ulteriori Osservazioni sulla Protezione dei Contraenti con gli Institores ed i Magistri navis nel Diritto Romano dell'Età Commerciale* cit.，20 ss.；Petrucci，*Per una Storia della Protezione* cit.，21 ss.；A. Bürge，*Rechtsgeschäfte im Römischen Alltag*，in Einblicke *in die Antike：Orte-Praktiken-Strukturen*，Ronning（hrsg.），München，2006，210 ss.；Ligios，*Nomen Negotiationis* cit.，40 ss.，有更多的文献。

[7] 此为主流学说，参见 Lenel，*Das Edictum Perpetuum* 3，Leipzig，1927，258 e nt. 12；M. Kaser-K. Hackl，*Das Römische Zivilprozessrecht* 2，München，1996，p. 342；D. Mantovani，*Le Formule del Processo Privato Romano*，Pavia，1999，79 s.；Cerami，*Introduzione* cit.，52 s.；Ligios，*Nomen Negotiationis* cit.，24 s.；V. anche，A. Wacke，"Die adjektizischen Klagenim Überblick I"，*ZSS.*，111（1994）323 e nt. 168 e；Ligios，"Alle origini della Rappresentanza Diretta：le Azioni Adiettizie"，*Nozione Formazione e Interpretazione del Diritto dall'Età Romana alle Esperienze Moderne*，Ricerche dedicate a F. Gallo 2，Napoli，1997，p. 600.

[8] 参见 Petrucci，*Per una Storia* cit.，27 ss.；Miceli，*Studi sulla «Rappresentanza»* cit.，68 ss.；Minaud，*Les gens de Commerce* cit.，191 s.；Ligios，*Nomen negotiationis* cit.，40 ss.；A. Cassarino，*Ricerche sulle Clausole Predisposte da un Contraente nel Diritto Romano fra Tarda Repubblica e Principato. Il caso dei Negotiatores Terrestri e degli Exercitores Navis*，Torino，2018，3 ss..

"授权行为"之规定，呈现出复杂之面相。此点，可从乌尔比安的告示评注中（Ulp. 28 ad ed., D. 14, 3, 11, 3 - 4）窥见一斑。

D. 14, 3, 11, 3 中，乌尔比安写道："通告"须以清晰字迹书写而成，第三人可不费周折得而阅之；并公开张贴于店堂或其他经营场所，不得隐匿；所用语言应为当地人所理解。上述要件一经满足，"通告"即已公示，可得为人知之，故而，第三人之不能阅读或未阅"通告"之事由，不为采纳。[9]

D. 14, 3, 11, 4 中，法学家乌尔比安接着道及："通告"之公示应为恒持。若"通告"未张贴或被遮蔽，此时与经管人交易之第三人恒有对企业主 - 授权人经管人之诉。企业主 - 授权人张贴之"通告"，被他人撕落，或因陈旧、雨水或其他缘由脱落者，仍须受该诉之羁束。倘若，经管人以侵害授权人之故意撕毁"通告"者，则经管人之故意同样害于企业主 - 授权人，除非第三人通谋。[10]

上述两个片断所见者，乃公示需求之具体实现，以及公示阙如或第三人因它种原因不得知悉时之法律后果。申言之，"通告"之"编排"，须张贴于企业或者经营场所之"战略"位置，凡可能之交易第三人均得而阅之。唯有满足公示之上述要求，企业主 - 授权人方可开脱经管人越权行为之责任，并以之对抗第三人所谓的文盲，或不理解"通告"之所用语言，或对"通告"内容未加注意等事由。

它方面，未遵循公示之要件者，后果严重。此时，即使不可归责于企业主或经管人之原因 - 暂时性原因，亦不例外 - 而致交易第三人未得知悉"通告"之内容，交易第三人均得提起经管人之诉。"通告"之不可辨读、企业主之撤回、经管人或他人之撕落等事由，均可导致企业主受经管人之诉束缚，而对越权行为之债务不履行承担整体责任。

宜强调者，此时企业主之责任基础乃在于"通告"未为交易第三人周知这一事实，至于是否可归责于企业主或经管人，在所不问。申言之，考量上述事实时，企业主之故意或过失、第三人之行为，均非所问；同样，经管人之故意行为，也不得免除企业主之责任，除非交易第三人通谋与经管人[11]。笔者曾指出，此处企业主 -

---

[9] D. 14, 3, 11, 3：公布通知"通告"应作如是观："通告"须以清晰字迹书写而成，第三人可不费周折得而阅之；并公开张贴于店堂或其他经营场所，不得隐匿。语言为希腊语或拉丁语？我以为：视场所而定，重要者乃无人可托词不理解语言。当然，若"通告"且公示且多数人已阅，则不能或未能阅读"通告"之事由，不为采纳。

[10] D. 14, 3, 11, 4："通告"之公示应为恒持。若"通告"未张贴或被遮蔽，此时与经管人交易之第三人恒有经管人之诉。若企业主张贴之"通告"，被他人撕落，或因陈旧、雨水或其他缘由脱落，而致无张贴之"通告"以备阅读者，则须说，企业主受该诉之约束。即使经管人以侵害授权人之故意撕毁"通告"者，经管人之故意同样害于企业主，除非第三人通谋。

[11] 参见 Wacke, Die adjektizischen Klagen cit., p. 338.

授权人之责任基础，乃"经营风险"，即企业活动之风险[12]。

于我们主题而言，更为重要的是乌尔比安关于授权行为内容的论述（D. 14，3，11，5）：

授权条款须遵循之。经管人之交易行为或特定授权行为，或保证行为，或质押行为，或限于特定事务，均须以授权条款内容断之，此乃公平要旨使然。同理，多数经管人情形，经营行为，或某一经管人所为，或共同所为，【亦须以授权条款内容断之】；若特别声明，不得与某经管人交易者，则企业主无须受经管人之诉之束缚。事实上，吾人可禁止经管人与某人，或某类人或某类企业主交易，而仅允许与其他人开展营业。然则，若企业主时而禁止与甲交易、时而不许与乙交易，如此这般，变换不断，则凡交易第三人均得对企业主提起经管人之诉：【盖】不得损害交易第三人。

于各经营行为，企业主－授权人得享有充分之自由，于授权行为中载明具体条款，第三人与经管人交易时，须遵而循之。于此，乌尔比安纲举目张，罗列情形：①特定授权条款；②人保或物保条款；③经营事项条款。遵守此等条款，合乎公平。旋即列举的关于"经营行为主体适格"之条款，亦须恪守：无论经管人多数之情形，经营行为为单独行为或共同行为之判断、抑或交易第三人之禁止或允许之确定，均须以授权条款内容为圭臬准绳。

上述三类条款之性质，以现代法术语描述，即为"交易一般条款"，企业主于从事具体经营行为时，享有充分之权力予以预先规定。企业主亦可不予规定，而赋予经管人就该项经营行为以全面裁量之权，则乃题中之意。此外，上述片断非但论及多数经管人分权之内容，尚含有对于交易相对人之差异性筛选，而筛选之对象，不仅涉及个体，而且还包括某类职业人[13]。

总而言之，乌尔比安之观点清晰可见：若"一般交易条款"以上述特定之方式而得以公示后，其违反之后果乃不再享有对企业主之经管人之诉。如片断末段所见，企业主得变更条款，但受交易第三人之信赖保护之绝对限制。经管人权限授予之反

---

〔12〕 关于"经营风险"，参见 Serrao，*Impresa e Responsabilità* cit.，103 ss.. Serrao 之观点为 R. Fercia 所追随。R. Fercia，*Criterî di Responsabilità. Modelli Culturali dell'Attribuzione di Rischio e Regime della Nossalità nelle Azioni Penali* in factum contra nautas，caupones et stabularios，Torino，2002，10 s. e nt. 19，48 s.，218 ss.. Fercia 认为：某类裁判官事实之诉（性质为惩罚性）指在惩罚某类企业主（nautas/caupones/ stabularios）R. Cardilli 的观点实质上与之类似，R. Cardilli，"Il Ruolo della 'Dottrina' nella Elaborazione del 'Sistema'：l'Esempio della 'Responsabilità Contrattuale'"，*Roma e America. Diritto romano comune*，1（1996），106 ss..

〔13〕 关于该片断之新近研究，可参见 Petrucci，*Per una Storia della Protezione* cit.，22 ss.；Miceli，*Studi sulla «Rappresentanza»* cit.，70 ss.；A. M. Fleckner，*Antike Kapitalvereinigungen. Ein Beitrag zu den Konzeptionellen und Historischen Grundlagen der Aktiengesellschaft*，Köln-Weimar-Wien，2010，p. 321；Minaud，*Les gens de Commerce* cit.，p. 189；Ligios，*Nomen Negotiationis* cit.，26 ss.；Cassarino，*Ricerche sulle Clausole Predisposte da un Contraente* cit.，6 ss..

复无常，而致第三人于不确定之境地，则后者可提起经管人之诉。盖第三人不得因之受损。

愚见以为：上述规则，应得适用于包括三类条款在内的所有"一般交易条款"。经管人之行为须合乎"一般交易条款"，此乃其一般旨趣使然。实际上，上述规则亦是——作为整个制度基础之——客观诚信的题中之意[14]，交易第三人之相对不利之地位经经管人之诉得以平衡和救济。

三、D. 14, 1, 1, 12 和 D. 14, 1, 1, 5（乌尔比安《永久告示评注》第 28 卷）中蕴含之信息

公元前 2 世纪，早于经管人之诉，裁判官业已创造了船东之诉（actio exercitoria）。它仅适用于海运或内河运输之情形，旨在使船东对船长（magister navis）在授权经营事项范围内所致之不履行之债务承担无限责任[15]。

船东责任端赖于授权行为，对此文献多有记载。重要者为盖尤斯《法学阶梯》（Gai. 4, 71）[16] 和乌尔比安对该告示之评论（D. 14, 1, 17）[17]。两个片断中，盖尤斯和乌尔比安均将船东之责任承担系于船长于授权经营范围内之交易行为[18]。为此乌尔比安举隅数例：运输货物、购买航行所需物品、为修理船舶而举债、招募船员等。于船长之责任承担而言，授权条款所赋予之经营权限[19]，举足轻重，因之，授权条款亦须公示。

在《永久告示评注》28 卷（D. 14，1，1，12）中，乌尔比安同样论述了供船长

---

〔14〕 可参见拙文：Petrucci, *Neque enim decipi debent Contrahentes. Appunti sulla Tutela dei Contraenti con un' Impresa nel Diritto Romano Tardo Repubblicano e del Principato* cit., 93 ss.。

〔15〕 关于船东之诉及其航运经营，可参见 Serrao, *Impresa e Responsabilità* cit., 24 ss.；Wacke, *Die Adjektizischen Klagen* cit., 289 ss., 298 ss.；Földi, "Remarks on Legal Structures of Enterprises in Roman Law", RIDA., 43 (1996), 179 ss.；Miceli, *Sulla Struttura* cit., 188 ss.；Petrucci, "Particolari Aspetti Giuridici dell'Organizzazione e delle Attività delle Imprese di Navigazione nel Periodo Imprenditoriale" (242 a. C. -235 d. C.), in Cerami. Petrucci, *Diritto Commerciale Romano*3 cit., 224 ss.。

〔16〕 Gai. 4, 71 家父或奴隶主指派其子、其奴隶为船长，在授权范围内，他们缔结了交易，则可提起船东之诉……然则，即使船东指派家外人（自由人或奴隶）为船长，则可对其提起裁判官之诉。

〔17〕 D. 14, 1, 1, 7 裁判官赋予船东之诉，并非基于任何原因，而是以船长授权从事之行为为限，即以"通告"内容为限。譬如，运输货物、购买航行所需物品、为修理船舶而缔结之交易或支出费用、招募船员。

〔18〕 对此可参见 Wacke, *Die adjektizischen Klagen* cit., 304 s.；Miceli, *Sulla Struttura Formulare delle "Actiones Adiecticiae Qualitatis"* cit., 193 ss.；Miceli, *Institor e procurator* cit., 81 ss.；Cerami, *Introduzione al Diritto Commerciale* cit., 58 ss.；Petrucci, *Particolari Aspetti Giuridici* cit., 224 ss.；Ligios, *Nomen Negotiationis* cit., 55 ss.；Cassarino, *Ricerche sulle Clausole Predisposte da un Contraente* cit., 42 ss.。

〔19〕 经营权限设置之多样性，可见于乌尔比安在其他片断之列举。如 D. 14, 1, 1, 3, 即船长缔结之不同类型契约，其所享有之权力亦依授权行为而定，或出租船舶，或运输乘客或货物，或购买航行物品，或购买商品，不一而足。在 D. 14, 1, 1, 8 中，乌尔比安接受倍加所之观点，肯认诸船长可依权装备船舶、招募海员、维持海员等。可参见 Ligios, *Nomen Negotiationis* cit., 56 ss.；A. M. Giomaro, *Mutuo, Inadempimento e Onere della Prova nel Diritto Commerciale Romano*, Fano, 2012, 9 ss.。

和交易第三人恪守之"一般交易条款"、多数船长时的"经营行为主体适格"等
问题:

"授权行为"为交易人载明确定之条款。职是以故,若仅授权船长收取租金,而
未授权出租船舶(譬如船东自己已出租船舶),则船东对于船长出租船舶之行为不负
责任;若仅授权船长出租,而未赋予收取租金之权,亦复如此。又譬如,船东仅授
权客运,而船长从事货运,或者相反,船长之越权行为不得束缚船东。船东授权运
输特定货物——如大豆、大麻,而船长却运输大理石或其他重物,则须指出,船东
不负责任。实际上,有些船舶适于货运、有些适于客运。据我所知,许多船舶甚至
不被允许运载客人;许多船舶仅被授权于特定区域或海域内经营,譬如只得在布林
迪西和卡西奥帕(或都拉斯)之间运载乘客,它们不适于运载货物;同样,有些船
舶仅适于海运,而不得用于内河运输。

片断开端部分旨在强调:就授权内容或一般交易条款之内容,须具有确定性。
片断虽未谈及授权条款须为第三人周知,但乌尔比安于此枚举的诸多内容—关于船
东和船长之间的经营权限之分配、船长可得缔结之交易、须登载之条款等—,意在
表明:授权条款之内容须明确无误。具体言之:

庚续于开端部分之阐释,乌尔比安首先列举船东和船长之权限分配情形,以此,
船长之权限仅限于:①收取船舶运输之租金或运费;或②出租船舶,而无收取租金
或运费之权。

其后,乌尔比安又罗列航运契约之类型及其一般条款:客运或货运之限制、运
输货物之限制、运输航线及船舶适航等[20]。

学界主流观点同样认为:船东之诉之裁判告示并未规定公示之具体形式[21],而
委诸法学家发展若干规则。然则,不同于经管人之诉之情形,原始文献对此却缄默不语。
由此或可设想:公示之形式并无特殊之要求,存于船上以备交易第三人查阅的船东签发之
文件,或张贴于船舶和(或)各个港口之经营场所之布告或通知,均无不可[22]。

关于违反公示之后果,原始文献付之阙如。然则,根据一般条款之明确性要求,

---

[20] 参见 Wacke, *Die adjektizischen Klagen* cit. 305 e nt. 100, 尚可参见 Petrucci, *Ulteriori Osservazioni sulla Protezione dei Contraenti* cit. 46 ss. e *Particolari Aspetti* cit. 226; 以及 Minaud, *Les gens de Commerce* cit., 190 s; Ligios, *Nomen Negotiationis* cit. 59; Giomaro, *Mutuo, Inadempimento e Onere della Prova* cit., 11 ss..

[21] 参见 Lenel, *Edictum Perpetuum*3cit. 258; Miceli, *Sulla Struttura* cit. 354 nt. 51.; Petrucci, *Particolari Aspetti* cit., 225 ss.; Ligios, *Nomen Negotiationis* cit., 59 s..

[22] Wacke (*Die adjektizischen Klagen* cit. 306, e *Alle Origini della Responsabilità diretta* cit., p. 594) 认为是船东的一式证件。该假设业已有 O. Karlowa, (*Römische Rechtsgeschichte* 2, Leipzig, 1892, p. 1124) 提出; Miceli, (*Sulla Struttura Formulare* cit., 202 nt. 31) 则认为是存于船上诸多文件中一份文件。与之相似观点可参见 Minaud, *Les gens de Commerce* cit. 190. 愚见以为: 可为任何形式之文件,包括于各港口之经营场所张贴之布告。参见 Petrucci, *Particolariaspetti* cit. 226; Ligios (*Nomen Negotiationis* cit. 63) 赞同愚见。

或可推断：船东须对交易相对人承担无限责任，只要该交易相对人未得而知悉船长之经营权限即可[23]。

上述机理亦得阐释多数船长之情形。乌尔比安《永久告示评注》（D. 14，1，1，13-14）对此颇费笔墨。若授权条款未明确各船长之经营权范围，则授权条款范围内任一船长之经营行为，均可拘束船东；然则，若明确各自权限者，则船东对各船长各自权限范围内之经营行为负责。罗马实践常见之情形乃船东授权多个船长共同从事经营行为。此时，倘若第三人仅与其中一位船长交易，于债务不履行时，该第三人不得向船长寻求救济。[24]

船长指定复船长之情形，船东对复船长（promagister）[25]之经营行为之责任承担问题，仍得以在"授权条款之自由及其限度"框架内加以阐明。于此，D. 14，1，1，5 中有清晰论断：

船长者，不仅是船东指定之人，亦包括船长指定之人。尤里安在接受咨询时以"未知之船长"相称：倘若船东知悉而放任其从事经营行为，则视为船东指定之船长。我以为应赞同该观点。实际上，船东须承担（拉丁文原文为"我须承担 debeo praestare"——译者注）其指定之船长之全部行为之后果，否则，第三人会遭受损害。相较于经管人指定之情形，船长指定之情形更须肯认此等做法，此乃海商行为之利益状态使然。若船东指定船长时，禁止后者指定复船长，则何如？须考虑是否仍坚持尤里安之上述观点：假设你甚至指名道姓地禁止提兹作为船长。但是，仍需指出：此时须优先考虑海商交易第三人之利益。（译文之不融贯，乃原文使然——译者注）

于 D. 14，1，1，1 和 D. 14，1，4 处，乌尔比安阐明船长之法律-经济含义，其法律身份（status）—奴隶或自由人—无关紧要。D. 14，1，1，5 中乌尔比安旨在强调：船长指定之复船长亦得界定为"船长"。该观点乃是建立在尤里安之答复基础之上。后者答复的案例涉及船东不知情形下，船长指定复船长。片段中尤里安给出的理由是：若船东知悉并容忍复船长从事经营行为，则须认定船东自己指定了船长。

---

[23]　F. De Martino，（*Ancora sull' "Actio Exercitoria"*，*Labeo*，4（1958），277 s.，现收录于 *Diritto*，*Economia e Società nel Mondo Romano* 1，Napoli，1995，632 s.）曾指出："授权条款"之阙如或不完整情形，法学家以"通常之海运行为"为标准，赋予交易第三人以救济途径。Miceli Institor e procurator cit. 71 ss.，81 ss. e *Studi sulla «Rappresentanza»* cit. 67 ss.，78 ss.）坚持该观点。同样的观点，参见 Ligios，*Nomen negotiationis* cit. 39，52 ss.。

[24]　D. 14，1，1，13-14 诸多船长而未明确各自权限者，与任一船长缔结之交易，均得拘束船东；若各自权限明确——譬如船长甲负责出租船舶，船长乙收取租金，则船东仅对各船长之职权行为负责。常见之情形乃船东授权多个船长以共同完成经营行为，则仅与其中一位船长完成交易之第三人自取其咎。参见拙文：*Particolariaspetti* cit. 228. V. anche Ligios，*Nomen Negotiationis* cit.，63 ss.；及 Cassarino，*Ricerche sulle Clausole Predisposte da un Contraente* cit. 46.

[25]　此乃中世纪共同法之称谓。参见 J. Rougé，*Recherches sur l'Organisation du Commerce Maritime en Méditerranée sous l'Empire romain*，Paris，1966，p. 245；Wacke，*Die Adjektizischen Klagen*，cit.，309 s.

而乌尔比安的理由则是：船东须承担其指定船长之全部行为之后果，否则，第三人会遭受损害。进一步之理由在于，相较于一般经营行为，海商行为更须保护第三人之利益。

片断末段，乌尔比安面对之问题是：船长违背船东之明示禁令而私下指定复船长时，船东得否对第三人承担责任？此处假设之案例为：船东明确禁止船长指定提兹为复船长。此时尤里安的观点是否仍需坚持？乌尔比安做出了肯定回答，其理由在于：优先保护海商交易第三人之利益。

乌尔比安之观点表明：罗马法学家在发展这一主题之法律规范时，始终围绕与企业主代理人（船长、经管人）交易之第三人之信赖保护原则。

所上文所见，D. 14，3，11，5 中"不得损害交易第三人"之法理，即为该原则之表达。授权人死亡后、继承接受前，与受托人交易之第三人须得保护。其背后法理或多或少也是"不得损害交易第三人"。[26] 至迟公元 3 世纪初年以降，帝国审判组织做出的若干判决确认：第三人信赖利益保护原则应优位于授权行为严格的意思主义解释原则。[27] 虽有"通告"严令禁止，但第三人仍与被禁止之奴隶缔结交易，此时裁判官虽不得赋予经管人之诉，但可经特有产之诉或其他诉讼救济手段，给予第三人"最低限度之保护"。[28]

上述案例完全契合于上文关于 D. 14，3，11，5 之分析。该片断前段中，尤里安和乌尔比安观点[29]之法理乃"不得损害交易第三人"；片断后段中，虽禁止指定复

---

[26] 此处涉及两个片断：乌尔比安《永久告诉评注》28 卷（D. 14，3，5，17）和保罗《永久告诉评注》30 卷（D. 14，3，17，3）。它们所提供的解决方案并非完全一致。前一片断中，企业主亡后、继承接受前，第三人不知情而善意地与经管人缔结交易，乌尔比安认为给予经管人之诉；而后一片段中，彭波尼和保罗均偏离了乌尔比安的观点，认为：经管人之诉之赋予不以第三人善意不知情为要件；第三人明知企业主死亡以及继承人为智障者（此时须保佐人接受继承，D. 29，2，63）之事实，概莫能外。参见拙作：*Per una Protezione dei Contraenti* cit.，44 ss.。

[27] 此处涉及的是著名片断 D. 14，5，8（Paul. 1 decr）。被授权放贷和接受质押之奴隶也常为奴隶主从事出租仓库、购买大麦、支付价金等其他事务。而后奴隶逃逸而未支付购买大麦之价金。大麦经销商对奴隶主提起经管人之诉。作为一审法官的市场政务官、二审判机构帝国法庭均支持了该诉求，其理由在于：该奴隶经常性地为奴隶主从事经营活动，取得了外观代理人之地位，因此有必要保护第三人之信赖利益，而企业主－奴隶主之真实意思保护应让位于此。参见拙作 *Per una Storia della Protezione* cit.，33 ss. e "L'impresa Bancaria: Attività, Modelli Organizzativi, Funzionamento e Cessazione"，*Diritto Commerciale Romano*3 cit.，170 ss.。学界对该片断最近研究参见：M. Rizzi, *Imperator Cognoscens Decrevit. Profili e Contenuti dell'Attività Giudiziaria Imperiale in Età Classica*, Milano, 2012, 381 ss.（M. Rizzi 的某些推断，笔者不敢苟同），以及 Ligios, *Nomen Negotiationis* cit.，67 ss.。

[28] 比如 Paolo 4 ad Plaut. D. 15，1，47. 可参见拙作 *Per una Storia* cit.，37 ss.，以及 Ligios, *Nomen Negotiationis* cit. 28 e 50 s.。

[29] 为保护交易第三人之信赖利益，两位罗马法学家观点之法理基础为"利益"衡量，参见 Wacke, *Die Adjektizischen Klagen* cit. 310 e più di recente M. Navarra, *Ricerche sulla Utilitas nel Pensiero dei Giuristi Romani*, Torino, 2002, 148 ss.。

船长，但仍赋予复船长之交易第三人以船东之诉，其理由在于：海商交易第三人利益优先，此乃"不得损害交易第三人"这一法理之推理尔。颂扬船东之诉告示[30]的论证基础仍是海商交易第三人利益之保护，此中正是"不得损害交易第三人"法理。同样，与经管人之诉相比，船东之诉中船东承担之责任更为严苛，其背后的正当性事由同样是这一法理：海商行为之时空性质决定了交易第三人并无客观条件去核实相关事实。

总之，片断所呈现之问题亦得在本文所提出的视角得以展开。申言之，关于未经授权的复船长之免责条款，不生效力。即使该免责条款业已公示，倘若发生与第三人保护之原则发生冲突时，第三人利益保护优先于船东之单方决定一般交易条款之自由。

四、仓库租赁合同中一般交易条款、拉贝奥分析的案例（D. 19，2，60，6）

如所周知，罗马商业交易中，仓库经营行为，举足轻重。仓库的所有权或为私人所有、或为帝国所有，并无定式。本文特别关注的是，向公众开放租赁之仓库，它们或整体租赁，或部分租赁[31]。后者更为常见。

仓库经营者（horrearii）并非必然为仓库所有者，其主要经营活动为与承租人缔结契约（多数情况下，仓库被分为多个空间，分别租赁），并看管储存于仓库之货物。缔结之契约之性质—虽然存在不确定性—很可能是"物之租赁契约"（locatio conductio rei），然则出租人须提供看管服务[32]。若仓库经营者乃承租人而非仓库所有人，则其与第三人缔结之租赁契约乃分租契约。

至少至拉贝奥（公元前1世纪末法学家）以降，罗马法学家认为：仓库经营者对存储货物之灭失或（和）损坏负有严格的看管责任。片断 D. 19，2，60，9（Labeone, 5 post. a Iav. epit.）[33]清楚表明：仓库经营者负有看管责任，仓库所有者仅在

[30] D. 14，1，1 pr.

[31] 可参见专著 Rickman, *Roman Granaries and Store Buildings*, Cambridge 1971。另可参见会议论文集：Atti del Convegno "*Ricerche in corso sui Magazzini Romani：Roma-Ostia-Portus*", Roma 13 – 15 aprile, www. entrepots-anr. efa. gr/p-journees-etudes-rome_fr. htm.

[32] 参见 C. Alzon, *Problèmes Relatifs à la Location des Entrepôts en Droit Romain*, Paris, 1964, 297 ss. ; A. Wacke, " Rechtsfragen der Römischen Lagerhausvermietung (= Lagerhausvermietung)" *Labeo*, 26 (1980), 299 ss. e 307ss. （Wacke 定性为仓库租赁契约）；R. Robaye, *L'obligation de Garde. Essai sur la Responsabilité Contractuelle en Droit Romain*, Bruxelles, 1987, 97 ss. , 119 ss. . （该书中有丰富的学说综述）。最近研究，可参见拙作：*Per una Storia* cit. , 240 ss. ; E. Domínguez López-B. Malavé Osuna, *La Responsabilidad del Horreario por las Mercancías Depositadas en los Almacenes*, in A. Murillo Villar (ed.), *La Responsabilidad Civil：de Roma al Derecho Moderno*, Burgos, 2001, 307 ss. ; R. Marini, "*La Custodia di Merci dell'Horrearius：a proposito di CIL VI* 33747", ZSS. , 132 (2015), 166 ss. ; Cassarino, *Ricerche sulle clausole* cit. , 16 ss. .

[33] D. 19，2，60，9（Labeone, 5 post. a Iav. epit. ）我认为：仓库经营者对承租人负有看管存储之物之责，仓库所有者—出租人不负此责，除非其租赁合同有不同约定。

约定时方负有此等责任。

以上为仓库租赁契约的基本介绍。现在或可考察仓库经营者张贴公布的契约一般交易条款（leges horreorum）。对此，刻录与石块或大理石上的诸多碑文（虽然残缺不齐）可为我们提供了直接之史料。其中最负盛名者，为1885年于罗马Salaria桥外发现的一处碑文［现收录于《拉丁文碑文集》（Corpus Inscriptionum Latinarum，CIL），VI. 33747］。经现代学者补充，其部分内容如下[34]：

仓库【租赁】条款

来年需续租仓位（Armarium）或其他空间者，须在12月13日前告知，并支付租金。

未告知而需续租一年者，以未与仓库经营者约定不同内容为限，可续租仓位，租金以当地来年之通常租金而定；但若已出租他人者，不在此限。

于本仓库承租仓位或其他空间者，无转租或与第三人换租之权。

……不承担看管责任。

带入或放入【仓位】之物，于不支付租金时，得成为仓库经营者之质押物。

于本仓库承租【仓位或其他空间】者，偿付租金以履行债务并收取收据。

仓库承租人放置物于仓库而未交给看管人者，仓库经营者并无过失。

上述条款是仓库租赁契约一般条款之原文，内容包括：①续租者须在12月3日前告知，并支付来年租金；②未告知者，以未与仓库经营者约定不同内容为限，自动续租，租金以当地来年之通常标准而定，但若已出租他人者，不在此限；③禁止转租、与第三人换租；④仓库经营者看管责任免除条款；⑤未支付租金者，储存之物为租金债权之质物；⑥偿付租金时，仓库经营者须开具收据；⑦未交付物与看管人者（通常是仓库经营者雇佣之人），仓库经营者免除看管责任。

现有碑文第④项内容，大部分已不可辨读。唯有"不承担看管责任（<cu>stodia non praestabitur）"尚可辨认。为此，学界虽殚精竭虑，以期破解，但观点争论不休[35]。有观点认为，根据该片断上承"转租之禁止"之位置，可推断：此处乃仓库经营人声称于承租人非法转租时，免除看管责任[36]。然多数观点则认为，此处是关于特定储存物（尤其贵重物）之看管责任免除。其佐证为雅沃沦《拉贝奥遗作摘要》

[34] 采用的碑文版本，参见 Arangio Ruiz, Negotia, in *FIRA2* 3, Firenze, 1968, 455 ss. . Ruiz 参照蒙森之版本 Mommsen in Bruns, *Fontes Iuris Romani Antiqui* I7, *Leges et negotia*, Jena, 1909, p. 372.

[35] Cannata, *Su alcuni Problemi relativi alla "Locatio Horrei"* cit. , 245 ss. ; Wacke, *Lagerhausvermietung* cit. , p. 313；Petrucci, *Per una Storia della Protezione* cit. , 243 s. ; Marini, *La Custodia di Merci dell'Horrearius* cit. , 172 ss. ; Cassarino, *Ricerche sulle Clausole* cit. 23 s. .

[36] 如 Marini 持该论。Marini, *La Custodia di Merci dell'Horrearius* cit. 177.

第 5 卷的一个片断（D. 19, 2, 60, 6）[37]。

这一片断与本文主题密切相关，涉及特定物品看管责任免除条款问题：

仓库出租人张贴布告声称：不甘冒险接收金、银、珍珠等物品。此后，明知承租人存储此等物品而放任之。故此，我对你言及：你的上述物品被窃，仓库出租人须对你承担责任，如同他未张贴布告一样。原因在于：其张贴之布告被视为撤回。

一位仓库经营人于布告中载明条款，声称：不愿冒险接收金、银、珍珠等物品。此后，明知承租人存储此等物品而听任其便。拉贝奥认为：此时该仓库经营人须承担看管责任，如同布告未张贴之情形。因为它被视为撤回。

该片断中，拉贝奥的观点十分鲜明。一方面，出租人有权以布告之形式载明特定贵重物品（金、银、珍珠）之看管免除责任条款。一旦该布告满足公示要件，该条款即订入仓位租赁或转租契约之中。另一方面，其后容忍承租人将特定贵重物品寄存仓位时，免责条款因被默示撤回而不生效力，仓库经营人须受承租人之诉（actio ex conducto）之束缚。

片断中拉贝奥观点和论理，均简明扼要。现代学者试图重构拉贝奥的论证构成。如下所见，所有的重构之中心均在于保护承租人之利益而假借免责条款之撤回[38]。概括而言，存在如下五种重构：

（1）拉贝奥认为：双方将看管贵重物品之条款默示地（可推断之默示行为）订入了仓库租赁合同，代替了布告之免责条款。

（2）拉贝奥认为：免责条款之订入仓库租赁契约未经承租人之同意。

（3）拉贝奥以"禁止反言"（venire contra factum proprium nemini licet）原则，课以仓库经营人责任。罗马法学家熟稔该原则之内容，虽然其表述方式并非如此[39]。申言之，仓库经营人随后之放任行为，变更了原来之免责意思。而后仓库经营人又欲从免责条款中获利，则违背了承租人之信赖。

（4）另一重构思路是：预先拟定条款之解释发生疑问时，做不利于拟定人（contra proferentem）之解释。仓库经营人之放任行为致原有免责条款之含义处于不

---

[37] 参见 J. A. C. Thomas, "Return to 'Horrea'", *RIDA.*, 13 (1966), p. 361；Cannata, *Su alcuni Problemi relativi alla "Locatio Horrei"* cit., 246 s.；Petrucci, *Per una Storia* cit., 243 s.；E. Chevreau, *La Pratique du Gage dans les Tabulae Pompeianae Sulpiciorum*, in Festschrift Knütel, Bonn, 2009, p. 191.

[38] 简短的综述参见：Wacke, *Lagerhausvermietung* cit., 314 ss.；Petrucci, *Per una Storia* cit.

[39] "禁止反言"原则的如是表达—venire contra factum proprium nemini licet—应归功于中世纪法学家阿佐（Azo, Brocardica sive generalia iuris 10, 28）对此参见 D. Liebs, *Lateinische Rechtsregeln und Rechtssprichwoerter*, München, 1983, p. 216. 该原则与罗马法的勾连，参见 Wacke, *Lagervermietung* cit., 314 s..

确定状态。因此，拉贝奥借助上述诠释原则—该原则在拉贝奥时期可能逐渐定型[40]—，使得仓库经营人不得免责。

（5）拉贝奥深信，仓库租赁契约出租人之典型义务不仅是提供仓位，尚含看管义务。契约之典型结构非经协议不得变更。本案中，并不存在协议变更，故仓库经营人须承担看管责任。[41]

诚如瓦克[42]敏锐地指出，无论现代学者如何重构，片断处理的核心问题仍具有现实意义，即仓库经营人单方拟定免责条款并加以公布之自由、当事人个别协商条款以替代单方拟定之条款、个别协商条款相对于单方拟定条款之优先性，及保护承租人以防止仓库经营人出尔反尔等等。

显然，经营者单方拟定条款之自由受有限制，其背后之理由仍然是诚信之保护。而诚信恰恰是租赁契约之根基所在。

五、银行拍卖中的一般交易条款

本文所谓之拍卖，乃出卖人为获得更高之价金，或出卖人—同时是拍卖物之担保权人—为满足其未实现之债权，请求银行组织拍卖程序之经营活动[43]。

拍卖行为中，出卖人固然须向银行支付一笔佣金，然毋庸置疑的是：出卖人亦从中得利。一方面，银行之拍卖公告得招揽更多潜在之买受人；另一方面，银行明示保证出卖人可取得价金。一般而言，银行与出卖人须签订①价金要式口约（stipulatio pretii），据此，银行承诺：出卖人得获价金；②劳务租赁契约（locatio conductio operis），据此，银行须组织拍卖，而出卖人须支付佣金。[44]

拍卖行为之第一步乃拍卖公告。于此，庞贝的 Sulpicius 家族档案—该家族很可

---

[40] 参见拙作："Le Condizioni Generali di Contratto e l'Interpretazione contro l'Autore della Clausola fra Passato e Futuro", *Roma e America. Diritto romano comune*, 36（2015），226 ss. .

[41] Marini, *La Custodia di Merci dell'Horrearius* cit. , 174 ss. ; Cardilli, *L'obbligazione di "Praestare" e la Responsabilità Contrattuale in Diritto Romano*（II secolo a. C. -II secolo d. C.），Milano, 1995, 374 nt. 75 e; Marini, *Il Problema della Resistenza del Tipo Contrattuale tra Natura Contractus e Forma Iuris*, in Fiori（a cura di），*Modelli Teorici e Metodologici nella storia del Diritto Privato* 3, Napoli, 2008, 15 ss. .

[42] Wacke, *Lagerhausvermietung* cit. , 313 s. .

[43] 对此参见拙作：A. Petrucci, *Riesame del Ruolo dei Banchieri nelle Auctionesprivate nel Diritto Classico Romano*, in Pistoi dià tèn technèn. Bankers, Loans and Archives in the Ancient World. Studies in Honour of R. Bogaert, Leuven, 2008, 277 ss. ; L'impresa bancaria: attività, modelli organizzativi, funzionamento e cessazione, in Cerami-Petrucci, Diritto commerciale romano3 cit. , 126 ss. ; Banchieri e vendite all'asta private tra tarda Repubblica e Principato, in Cultura giuridica e diritto vivente（Special Issue 2016）1 ss. 此外尚可参见 García Morcillo 的专著，*Las Ventas por Subasta en el Mundo Romano: la Esfera Privada*, Barcelona, 2005, 以及 Donadio, *«Promissio Auctionatoris»*, in Index 39（2011），524 ss. Donadio 文中，补充了大量文献。

[44] 参见拙作：*Banchieri e Vendite all'Asta Private tra Tarda Repubblica e Principato* cit. , 5 ss. .

能为银行世家[45]—可提供重要之证明。Sulpicius 家族档案中保有一份拍卖公告文件。它由两部分组成[46]：第一部分载明拍卖时间、地点，买卖条件；第二部分内容较短，据最可信之假说，它是关于拍卖公告之要件达成之规定。

根据该家族档案，银行拍卖中的条款包括：

（1）拍卖物，如绛红色纺织品、奴隶。

（2）拍卖物质押状况、质押人名称。

（3）担保债权之额度。

（4）拍卖日期、时间及地点。

（5）拍卖程序，如拍卖师的参与、买受人现金支付价金。[47]

Sulpicius 家族档案中涉及的均是质押物拍卖。因此，极有可能的是，银行拍卖公告中尚有附加于质押契约之上的、质押人和质权人就出卖质押物达成的简约。[48]拍卖公告应包含上述五类条款。它们构成了拍卖物买卖契约中之内容[49]。

拍卖公告之后，则进入拍卖师主持的竞买程序。竞拍人以手势出价（手指数代表出价数额[50]），价高者竞得拍卖物。其后，完成向买受人移转物权之行为：或交付（traditio），或实施握取行为（mancipatio）。

竞得人尚须与银行缔结要式口约，以承诺向后者支付价金。于此，诸多文献或明或隐可为证明[51]。

就隐性证据而言，最为重要者，乃所谓规定于裁判官告示中的"对银行之抗辩"（exceptiones argentariae），即特定情形下，银行拍卖之买受人得对请求价金之要式口约之诉施以抗辩[52]。

---

[45] 许多学者认为 Sulpicius 家族为银行世家，可参见 G. Camodeca, *Tabulae Pompeianae Sulpiciorum. Edizione Critica dell'Archivio Puteolano dei Sulpici*, Roma, 1999, 22 ss.；P. Gröschler, *Die Tabellae-Urkunden aus den Pompejanischen und Herkulanensischen Urkundenfunden*, Berlin, 1997, 57 ss.；G. Wolff, *Der neue Pompejanische Urkundenfund*, in ZSS 118 (2001), 78 ss.；另有学者认为仅仅是职业出借人。参见 J. Andreau, *Banque et Affaires dans le Monde Romain*, Paris, 2001, 145 ss.；K. Verboven, *The Sulpiciifrom Puteoli, Argentariior Faeneratores?*, in Hommages à Carl Deroux, Latomus 270 (2003), 429 ss.；Petrucci, *Riesame del Ruolo dei Banchieri nelle Auctionesprivate* cit., p. 280.

[46] 参见 L. Bove, *Documenti di Operazioni Finanziarie dall'Archivio dei Sulpici. Tabulae Pompeianae di Murecine*, Napoli, 1984, 111 s..

[47] 参见该家族档案 Camodeca 版本的 83、84、85、86、88、90、91 和 92 号。Camodeca, *Tabulae Pompeianae Sulpiciorum* cit., 188 ss..

[48] 参见 Bove, *Documenti di Operazioni Finanziarie* cit., 115 ss..

[49] 拙作：*Banchieri e Vendite all'Asta Private* cit., 4 s..

[50] G. Minaud, *La Comptabilité à Rome: essai d'Histoire Économique sur la pensée Comptable Commerciale et privée dans le Monde Antique Romain*, Lausanne, 2005, 441 ss..

[51] 最近之研究，参见 García Morcillo, *Las Ventas por Subasta en el Mundo Romano* cit., 122 ss.；Donadio, *«Promissio Auctionatoris»* cit., 527 ss.；Petrucci, *Banchieri e Vendite all'Asta Private* cit., 9 ss..

[52] 拙作：*In margine a Gai 4, 126a.* cit. 316 ss.；*Banchieri e Vendite all'Asta Private* cit., 10 ss..

Gai. 4，126a 即涉及对银行之抗辩，它处理的是价金清偿和物之交付之关系。该片断是本文主题之重要文献，其辞曰：

同样，若银行请求支付拍卖物之价金，得受如下抗辩：只有拍卖物被交付，方可判决买受人支付价金。该抗辩是正确的。但是，若在拍卖公告中载明：价金清偿前，拍卖物不交付，则银行可如此反抗辩：若预先表明，价金清偿前，标的物不交付。

银行以诉请求拍卖物买受人支付价金时，或可遭受"拍卖物未交付之抗辩"（exceptio mercis non traditae）。根据该抗辩，对买受人判决支付价金端赖于物之交付。盖尤斯认为，该抗辩是公正的。盖尤斯旋即补充道，若银行在拍卖公告中事先声明：价金未付，物不交付，则产生程序上的反抗辩，据此银行可消弭买受人抗辩之效力。

学界以该片断试图证实：银行与买受人之间缔结了支付价金之要式口约。[53]但本文所关注者，乃是片断所透露的另一问题，对此笔者曾撰文[54]探讨，具体而言：

鉴于"拍卖物未交付之抗辩"可适用于各种物之拍卖行为；买受人若已向出卖人支付价金，该抗辩亦可对抗银行[55]，则可推断：盖尤斯片断所阐释的法律规则为物未交付，不得请求支付价金。盖尤斯于此似乎更关注买受人是否取得拍卖物；至于交付之未完成归责于出卖人抑或银行，则在所不问。这一事实表明：物之交付乃提起请求支付价金之要式口约之诉之条件。

"拍卖物未交付之抗辩"旨在实现衡平，故此盖尤斯称之为"公正之抗辩"（iusta exceptio）。管见以为，无论是裁判官创设该抗辩、抑或是法学家之解释，其所展示的与其说是：他们为维持银行和买受人义务功能上的牵连关系所做之努力，毋宁说是对买受人相对于职业银行的弱势地位之关注。

面对"拍卖物未交付之抗辩"，银行之应对途径惟有—如盖尤斯片段中所见—在拍卖公告中预先拟定相应条款。惟有如此，方可产生裁判官告示中规定的反抗辩，以消除法律给予买受人之预设保护之影响。

通过该片段，不难再次发现：银行专业行为中契约条款之功能及其公示周知之形式要求。不难再次发现：企业主（此处为银行）享有单方预先拟定契约条款之自由，从而得使买受人于物之交付前清偿价金。但另一方面，法律秩序亦防范该自由之滥用，并为之创设若干制度，即若银行未单方拟定上述条款，则买受人享有"拍卖物未交付之抗辩"。

---

[53] M. Talamanca，"Contributi allo Studio delle Vendite all'Asta nel Mondo Classico"，*Memorie Accad. Lincei* (*MAL*)，serie 8，vol. 6，Roma，1954，120 ss. ；H. Ankum，*Quelques Problèmes Concernant les ventes aux enchères en Droit Romain Classique*，Studi Scherillo 1，Milano，1972，386 s.。

[54] Petrucci，In margine a Gai 4，126a cit.，326 ss.。

[55] 参见 Petrucci，In margine a Gai 4，126a cit.，316 ss.，更近的研究，Cassarino，*Ricerche sulle Clausole* cit.，36 ss.。

六、罗马法图景和现代法问题

上文浮光掠影般地对相关文献之分析，足以描绘一副罗马法关于该主题的图景。兹述如下：

首先，毋庸置疑，罗马法赋予企业主在经营行为中，预先拟定契约条款以供交易相对人共同遵守之权利。从现有文献看，此等条款内容包罗万象，可规定契约之标的物之种类、契约之保证、客运或货运；甚或更为细致，譬如海上或内河运输之具体线路、仓库租赁之续租、银行拍卖中买受人之先履行义务等等，不一而足。

其次，罗马法亦特别关注多数经管人或船长情形时，各自权利之边界问题，经营行为主体适格问题等等。于此，罗马法强调内部权力分配对于经营行为主体适格之影响。企业主可预先拟定条款，规范多数经管人或船长之间的内部关系，以满足其不同利益安排。

再次，让人印象深刻的是，企业主甚至可预先拟定条款，筛选交易相对人。这些条款只要满足公示之要件，即可发生效力。通过这些条款，可指名道姓地排除特定人，可剔除某类职业人（投机者）。当然，这些条款也可将交易相对人限定在特定人或团体之内。这些条款，亦可适用于船长指定复船长之情形。

复次，预先设定之条款，也可不断变更之。只要其变更得为相对人知悉，即可发生约束力。

又复次，法律层面甚为重要的是，单方拟定之免责条款之效力问题。一方面，企业主享有拟定免责条款之权利，它方面其效力受到交易第三人信赖利益保护之限制。免责条款可涉及契约标的物（譬如仓库租赁契约中对贵重物品看管责任之免除）、可源于经营权之分配（譬如经管人或船长之越权行为）。

最后，裁判官告示和法学家之解释逐渐限制预先拟定条款之绝对自由、限制对拟定条款的不断变更之权。譬如科以告知义务（违反告知义务者，须承担赔偿责任）；譬如强化适用于企业主单方拟定条款权力这一领域之基本原则，如"不得损害交易第三人"原则、交易第三人利益优先原则。此外，在司法诉讼中，创造了"公正之抗辩"（iusta exceptio）——"拍卖物未交付之抗辩"，以填补拍卖公告相关条款之阙如。

总之，愚见以为：罗马法在企业利益和交易第三人保护之间寻得平衡，形成了一套复杂的衡平规则。

数世纪以来，罗马法学界一直致力于发展和固化罗马法中的合同自由和合同平等原则，而忽略了罗马法关于单方拟定条款以供契约相对人遵守之一主题的研究。自20世纪初叶以降，消费者运动之蓬勃发展、格式合同之普遍运用，均深刻影响了合同法的发展。这一背景之下，罗马法的上述主题研究也悄然兴起。

法典层面，1942年《意大利民法典》（第1341、1342和1370条）率先回应了上述社会现象。

体系上，第1341条至第1342条位于"契约合意之形成"之中。

第 1341 条第 1 款规定：一方当事人拟定的合同条款得对相对方发生效力，但以契约缔结时，相对方尽一般注意即可知道或者应当知道该条款为限；第 2 款则规定，凡限制责任、限制契约解除权利、中止契约履行、默示延长或更新契约等等条款，须经相对方书面同意，方对其发生效力。

第 1341 条一方当事人拟定的合同条款对相对方具有约束力，但以在契约缔结时，相对方尽一般注意即可知道或者应当知道该条款为限。

凡限制责任、限制契约解除权利、中止契约履行等有利于拟定方之条款，或附加失权期间、限制抗辩权、限制与第三人缔约之自由（第 1379 条）、默示延长或更新契约、订立仲裁条款或不同于法律规定的司法管辖的条款等不利于相对人之条款，若未经书面明确同意的，无效。

第 1342 条规定：经预先拟定之表格或程式文件而缔结之合同，个别商议之补充条款与格式条款不一致时，即使后者未被删除，补充条款亦须优先适用。

第 1342 条经签署预先拟定以统一适用于特定契约关系之表格或程式文件而缔结之合同中，补充条款和格式条款不一致时，即使后者未被删除，补充条款优先适用。

第 1341 条第 2 款适用之。

1370 条乃合同解释原则之规定：经预先拟定之表格或程式文件而缔结之合同，应做不利格式条款使用人之解释。

第 1370 条〔不利条款使用人之解释〕

以一方拟定之表格或程式文件而缔结之合同，订入之格式条款，发生疑问时，应作以利于相对方之解释。

第 1370 条之立法理由至为明显。格式合同中，一方当事人未经协商"被迫"接受相对人拟定之条款，因此，疑义时，应做不利于拟定人之解释[56]。

如上述三个条文所见，《意大利民法典》未就条款单方拟定及其变更做特别之规定，而仅就相对人之保护，做了三方面之规定：

（1）相对人以一般注意知悉或应知悉，构成格式条款效力之前提；

（2）相对人之书面同意，以及无效格式条款之列举；

（3）疑义利益归属相对人之解释原则。

显然，《意大利民法典》是对合同弱势方之最低保护，其作用多数情况体现于形式。但《意大利民法典》乃首次规则格式合同，具有里程碑之意义。它为其后之同属罗马法系之欧洲其他法律体系所继受和发展。它们在民法典或特别法中，引入了格式合同调整之特别规范。

譬如，在德国，《一般交易条款规则法》（1976 年 12 月 9 日），经 2001 年 11 月

---

[56] 关于《意大利民法典》第 1341 - 1342、1370 条的学说和司法实践发展，可简单参阅：G. Cian-A. Trabucchi, *Commentario breve al Codice civile*12, Padova, 2016, 1341 ss., 1416. 更详细的分析：F. Galgano, *Trattato di diritto civile*², II, Padova, 2010, 161 ss., 456 ss..

26 日"债法现代化法令"而整合于《德国民法典》（第 305 条至第 310 条）之中。在荷兰，1992 年生效的《民法典》第 6 篇调整格式合同（第 227a 条至第 247 条）；在西班牙，1998 年 7 号法令通过了《一般交易条款法》；在葡萄牙，1995 年 10 月 25 日通过了 446/85 号关于"附和合同"的法令。最近 2016 年法国民法典债法改革，也增加了一般交易条款之规定（第 1119 条）以及电子形式缔结之格式条款规定（第 1125 条至第 1127－4 条）。

当然，最具革新意义的是，欧盟 1993 年 4 月 5 日通过的 93/13 号《消费者不公平条款指令》。该指令规定了消费者合同之基本原则，以保护消费者。因此，指令在实质上影响了经营者单方拟定格式条款并要求消费者遵守之权力[57]。申言之：

指令界定了不公平条款。未经逐一协商的条款，若违反诚实信用之要求致双方权利义务重大不平衡且不利于消费者，视为不公平条款。条款为专业人士事先拟定，消费者不能施加影响者，为未经逐一协商的条款（第 3 条第 1、2 款）。格式合同之语言须明白易懂；条款含义发生疑义时，做不利于条款使用人之解释（第 5 条）。指令附件中，陈举十八种不公平条款，包括：①在消费者因经营者作为或不作为而死亡或受到人身伤害时，排除或限制经营者责任之条款；②在经营者完全或部分不履行或不当履行合同义务时，不当排除或限制消费者对经营者的权利；③消费者不履行义务时，要求消费者承担不当的高额赔偿；④允许经营者单方、无正当合同依据地变更合同条款等等。

欧盟国家对该指令进行了国内法转化。譬如《意大利消费者法典》（第 33 条以下）、《法国消费者法典》（第 212－1 条至第 212－3 条）、《德国民法典》（第 305 条至第 310 条）、《荷兰民法典》（第 227a 条至第 247 条）、西班牙特别法令（7/1998）和葡萄牙特别法法令（n. 220/95）。

做一总结性的注解。当合同当事人接受相对方事先拟定之条款而须平衡其法律地位时，罗马法和若干现代法之规定，无论在形式上或实质上，均具有相同之处。就形式而言，格式条款须清晰，拟定者须尽全面告知之义务；而相对人（附和合同之人）有全面、精确知悉条款之权利。就实质而言，保护合同弱势方之信赖利益；信赖利益保护对于格式条款效力之制约；合同强势方滥用其优势地位之规制；疑义格式条款做不利于条款使用者之解释原则。

需要指出，格式合同之盛行与当代消费者运动相互关联。这一背景之下，现代法极大程度加强了对合同弱势方之保护。作为一个重要成果，现代法允许法官直接介入格式条款之调整，在一定条件下，宣布格式条款无效。另外，在潜在合同相对人选择上，现代法禁止歧视性的格式条款，此乃一项当代基本权利（43/2000/ CE，113/2004/CE）。

---

[57] 关于该指令的评注，参见 C. M. Bianca-G. Alpa, *Le clausole Abusive nei Contratti Stipulati con i Consumatori. L'attuazione della Direttiva comunitaria del 5 aprile 1993*, Padova, 1996.

多数人环境侵权责任承担研究[*]

◉尹志强[**]马骏骥[***]

摘要： 考虑主观过错和因果关系两个要素，可将多数人环境侵权行为区分为环境共同侵权行为、环境共同危险行为、环境聚合侵权行为、环境加算侵权行为及半叠加环境分别侵权行为，分别对应《侵权责任法》第 8 条、第 10 条、第 11 条、第 12 条及《最高人民法院关于审理环境侵权责任纠纷案件适用法律若干问题的解释》（以下简称《环境侵权司法解释》）第 3 条第 3 款。在具体的法律适用中，需要解决数个行为人对受害人的责任承担以及数个行为人之间责任份额的确定。多数人环境侵权的法律适用具有复杂性，立足于现行立法进行解释，可以对司法实践起到更好的指导作用。

关键词： 多数人侵权；环境侵权；责任承担；责任份额；法律适用

一、引言

在我国生态文明建设深入推进[1]、民众权利意识不断增强[2]、环境污染乃至生态环境遭破坏的事件屡见报端[3]等因素的影响下，如何通过法律手段促进环境保护越发受到关注。虽然我国现行法律已形成涵括民事、行政、刑事领域的综合性环境保护规范体系，但是环境污染引发的致害事件仍不免发生。在环境致害事件已然发生的情况下，如何确定相关责任之承担、救济受害人之损害，是需要重点解决的现实问题。

---

[*] 本文为 2015 年度北京市教委产学研联合培养基地建设项目"多数人侵权责任的理论与实践研究"（项目号：1021—08111512）的阶段性成果。

[**] 尹志强，中国政法大学民商经济法学院教授。

[***] 马骏骥，中国政法大学民商经济法学院 2017 级博士研究生。

[1] 不可否认，国家方针政策对法律以及法律研究的深刻影响，一方面国家的方针政策可以进入法律成为法律原则或影响具体规范的设计，例如《民法总则》第 7 条规定的"绿色原则"（"民事主体从事民事活动，应当有利于节约资源、保护生态环境。"）。

[2] 正如法学家耶林所言："由于个人的权利遭侵害被否定，导致法本身遭侵害、被否定，因此保护主张个人的权利也就是在保护和主张法。"参见 ［德］鲁道夫·冯·耶林：《为权利而斗争》，胡宝海译，中国法制出版社 2004 年版，第 57-58 页。民众权利意识觉醒，更为普遍地主张权利，能够促进法律的完善和进步，具有重大社会意义。

[3] 例如，2005 年 11 月"松花江重大水污染事件"，2010 年 7 月"福建紫金矿业溃坝事件"，2012 年 1 月"广西龙江镉污染事件"等均引发人们对环境保护问题的关注。

在民法领域中，环境污染致害集中体现为环境侵权责任相关问题。《侵权责任法》专设专章予以规范，在民法典编纂过程中，《侵权责任法》作为独立一编出现，并将第八章"环境污染责任"修改为"损害生态环境责任"，充分体现了环境侵权问题的重要性，亦表明环境侵权责任的特殊性。观察社会现实可以发现，环境侵权行为往往表现为多数人侵权的形式，多数人实施环境污染行为造成他人损害的情况较为普遍。造成该现象的原因主要在于：第一，工商产业集中化的布局，即不论何种类型的工商企业，都会选择在有利于自身生产经营的地方建厂，以追求更有利的资源、能源等生产经营条件，加之政府土地利用规划的影响，某一类型的工商企业多在特定地区集聚，导致特定地区内一般同时存在数家工商企业，特定地区内的环境污染往往是数家工商企业共同排放污染物所致。第二，环境空间的连通性，即不同企业排放的废水、废气等污染物进入环境空间后会发生"混合"乃至物理、化学、生物等反应，不同企业所排放的污染物在最终致害的污染源中均有所"贡献"。

多数人侵权本身具有主体的复数性[4]、类型的多样性[5]、因果关系的复杂性等特点，其与环境侵权或损害生态环境行为这一特殊侵权行为类型相结合，使多数人环境侵权的法律适用变得更加复杂。在多数人环境侵权的法律适用中，以多数人侵权的相关规范如何适用于环境侵权、生态环境侵权为核心。因为，在这类案件中，根本地仍是要"解决数致害人对受害人的侵权责任负担问题和致害人间最终责任的分担问题"[6]。在此过程中，一方面要考虑受害人利益之保护、权利之救济，另一方面也要注意企业生产经营和社会经济发展的需要，还要注重数个行为人之间责任的合理分配，需要权衡受害人利益与行为人自由二者之间的关系。可见，公平合理地处理多数人环境侵权的责任承担问题，对于受害人和行为人的利益均有重大影响。

关于多数人环境侵权责任承担，学界已有一些较具代表性的研究[7]，对于多数

---

[4] 尽管对多数人侵权行为的外延存在不同认识，但是主体的复数性这一特征并无疑问，正是由于主体的复数性，导致因果关系、责任承担的复杂性。

[5] "数人致人损害是侵权行为中比较常见的现象，但数人侵权的类型非常复杂，法律根据不同的侵权形态，分别作出规定，确定不同的法律效果。"参见王利明：《侵权责任法研究》（上卷），中国人民大学出版社 2016 年版，第 522 页。

[6] 竺效："论无过错联系之数人环境侵权行为的类型——兼论致害人不明数人环境侵权责任承担的司法审理"，载《中国法学》2011 年第 5 期。另参见刘英："论数人环境侵权责任承担的司法审理——以责任形态研究为视角"，载《南京工业大学学报（社会科学版）》2017 年第 2 期。

[7] 例如，薄晓波："数人环境污染侵权案件中损害赔偿责任的承担"，载《环境经济》2010 年第 8 期；竺效："论无过错联系之数人环境侵权行为的类型——兼论致害人不明数人环境侵权责任承担的司法审理"，载《中国法学》2011 年第 5 期；曹险峰："论数人环境污染侵权责任的承担——以对《侵权责任法》第 67 条及相关规定的分析为主"，载《环境保护》2011 年第 6 期；郑仙娥："刍议数人环境侵权的责任承担"，载《西南科技大学学报（哲学社会科学版）》2012 年第 4 期；程啸："多人环境污染损害中的因果关系形态及责任承担"，载《暨南学报（哲学社会科学版）》2014 年第 2 期；刘英："论数人环境侵权责任承担的司法审理——以责任形态研究为视角"，载《南京工业大学学报（社会科学版）》2017 年第 2 期。

行为人对受害人的责任承担以及行为人之间责任份额的分担均进行了深入探讨。但是，现有理论研究仍有待进一步深入，诸如环境共同危险行为适用连带责任还是按份责任、数个行为人内部份额确定的标准等仍存不同认识。另外，尽管理论上已经取得一定的研究成果，但这些研究成果对司法实践产生的指导作用并不理想，其原因需深入分析以更好地将理论成果应用于司法实践。如果理论研究不能为司法实践提供指导，其价值和意义将受到严重质疑。

二、多数人环境侵权的类型化

研究多数人环境侵权的责任承担，首先要界定多数人环境侵权的范围，即哪些情况属于我们这里所说的多数人环境侵权，并且分析这些情况是否可以划分为不同类型，进而以特定标准对多数人环境侵权进行类型化，然后根据不同多数人环境侵权类型所应适用的法律规范确定其侵权责任的承担。

（一）多数人环境侵权的类型化方案

对于多数人环境侵权，学界已不乏进行类型化的尝试。有的学者从侵权行为本身的特征出发将多数人环境侵权分为两大类，即"若案件中数环境危害行为人间存在意思联络、共同过失或者故意与过失结合的情形，则应将之定性为共同侵权行为。反之，则可再根据其中'单个行为是否均能够造成环境侵权损害'和'最终所表现的同一不可分的环境侵权损害是否能够由导致损害的某单个行为独自造成'两个因素，将涉案行为界分为环境聚合危害行为、环境加算危害行为、环境叠加危害行为和环境择一危害行为四类"[8]。

有的学者从责任形态角度对多数人环境侵权进行类型化：第一，"适用连带责任之行为"，包括"环境共同侵权行为""环境分别侵权之环境聚合侵权行为""环境分别侵权之环境择一侵权行为"；第二，"适用按份责任之行为"，即"环境分别侵权之环境加算侵权行为"；第三，"适用非典型责任形态之行为"，包括"第三人过错污染环境行为适用不真正连带责任""违反安全保障义务之行为适用补充责任"。[9]

有的学者根据"各环境污染行为是否足以导致同一损害"，将"多人环境污染损害中的复数因果关系"分为共同的因果关系、竞合的因果关系、累积的因果关系、择一的因果关系四种形态，并认为《侵权责任法》第 10 条规定的共同危险行为对应择一的因果关系、《侵权责任法》第 11 条规定的"无意思联络数人侵权中的复数因果关系属于竞合的因果关系"、《侵权责任法》第 12 条规定的"无意思联络数人侵权中的复数因果关系有两种类型，即共同的因果关系和累积的因果关系"。[10]

---

〔8〕 参见竺效："论无过错联系之数人环境侵权行为的类型——兼论致害人不明数人环境侵权责任承担的司法审理"，载《中国法学》2011 年第 5 期。

〔9〕 参见刘英："论数人环境侵权责任承担的司法审理——以责任形态研究为视角"，载《南京工业大学学报（社会科学版）》2017 年第 2 期。

〔10〕 参见程啸："多人环境污染损害中的因果关系形态及责任承担"，载《暨南学报（哲学社会科学版）》2014 年第 2 期。

（二）对相关类型化方案的分析检讨

1. 对第一种类型化方案的检讨。前述第一种类型化方案在以下方面仍需检讨：一是，环境共同侵权行为包括行为人存在"意思联络、共同过失或者故意与过失结合"是否合理；二是，环境聚合危害行为、环境加算危害行为、环境叠加危害行为和环境择一危害行为的区分是否科学。

第一点主要涉及环境共同侵权行为的认定。有的学者认为："在多人环境污染中，排污者的行为多为故意，但他们之间并无意思联络，也就是说，排污者并非共同故意侵害他人。将这些分别、故意实施环境污染行为的人联系在一起的是受害人遭受的同一损害。因此，将故意与过失结合的环境污染行为也纳入共同侵权中，有欠妥当。"[11]可见，这种批评意见认为，环境共同侵权行为之构成需要具备"共同故意"，分别故意实施环境污染行为但没有意思联络的情况不应纳入环境共同侵权行为之列。由第一种类型化方案观之，其认为在环境共同侵权中数个行为人在主观上存在"意思联络、共同过失或者故意与过失结合"即可。由此，问题的关键在于对共同侵权行为中"共同"的理解。

关于共同侵权行为中"共同"的理解，我国民法学界主要有意思联络说、共同过错说、共同行为说、折衷说四种观点。"意思联络说"认为："除非法律有特别的规定，否则意思联络属于共同侵权行为的必备要件。共同侵权行为不同于普通的单独侵权行为的最大之处就在于：共同侵权行为中各行为人之间存在意思联络，即共同故意。"[12]"共同过错说"主张："共同侵权行为中的共同过错包括共同故意也包括共同过失"，"共同过失的侵权形态是客观存在的，如果不考虑这些侵权，将共同过错局限于共同故意，则给受害人强加了过重的举证负担，因为受害人在很多情况下要证明加害人有故意是十分困难的。"[13]"共同行为说则不以共同的意思联络为必备要件，认为只要数人在客观上有共同侵权的行为，就应承担共同侵权行为的民事责任。"[14]"折衷说"认为，单纯的主观说或客观说都不足采，在确定共同侵权的成立标准时，应当实现加害人与受害人之间的利益平衡，而不可偏执于一端。在共同侵权行为在构成要件上既要考虑各行为人的主观方面，也要考虑各行为人之间的客观联系。对于共同侵权行为的构成，从主观方面而言，各加害人应均有过错，或为故意或为过失，但是不要求共同的故意或者意思上的联络；过错的内容应当是相同或者相似的。从客观方面而言，各加害人的行为应当具有关联性，构成一个统一的不

---

[11] 程啸："多人环境污染损害中的因果关系形态及责任承担"，载《暨南学报（哲学社会科学版）》2014 年第 2 期。

[12] 程啸："论意思联络作为共同侵权行为构成要件的意义"，载《法学家》2003 年第 4 期。

[13] 王利明：《侵权责任法研究》（上卷），中国人民大学出版社 2016 年版，第 538 – 539 页。

[14] 邓大榜："共同侵权行为的民事责任初探"，载《法学季刊》1982 年第 3 期。

可分割的整体，且都是损害发生不可或缺的共同原因。[15]

如果采纳"共同过错说"，则行为人具有"意思联络、共同过失或者故意与过失结合"均符合共同侵权行为中"共同"的要求。如采纳"共同故意说"，"共同过失或者故意与过失结合"均不属于共同侵权行为。在理论上，前述各种学说均得自圆其说而具有合理性，相互间的你争我辩有利于对共同侵权行为的本质形成更加深刻的认识。但是，更具现实意义的是从法教义学的立场出发进行问题分析，也即分析我国现行法上关于共同侵权行为中"共同"的基本立场。

《侵权责任法》第 8 条规定："二人以上共同实施侵权行为，造成他人损害的，应当承担连带责任。"从文义解释来看，这里强调的是行为的"共同实施"，无法判断条文所规定之"共同实施"的主观状态。《侵权责任法》第 8 条至第 12 条是对多数人侵权行为的规定，依次规定了共同侵权行为、教唆帮助行为[16]、共同危险行为[17]、无意思联络数人侵权中竞合因果关系类型[18]、无意思联络数人侵权中共同因果关系类型[19]。从体系解释角度出发，不同多数人侵权行为类型在主观上从共同过错到无共同过错才符合行文逻辑，《侵权责任法》上述条文安排亦应如此。因此，可以认为《侵权责任法》并未采纳前述"共同行为说"和"折衷说"。至于《侵权责任法》第 8 条采纳了"意思联络说"还是"共同过错说"，学者间仍存争议[20]。对此，立法机关的意见应可作为判断的重要依据之一。全国人大常委会法制工作委员会的意见是，共同侵权行为中的"共同"主要包括三层含义：共同故意、共同过失及故意行

---

[15] 参见张新宝：《中国侵权行为法》，中国社会科学出版社 1998 年版，第 167 ~ 168 页；张新宝、李玲："共同侵权的法理探讨"，载《人民法院报》2001 年 11 月 9 日。

[16] 关于教唆帮助行为的性质，在学理上存在"共同侵权行为说"和"视为共同侵权行为说"。王利明教授认为，《侵权责任法》采纳了"共同侵权行为说"，因为除了《侵权责任法》第 9 条第 2 款"教唆、帮助无民事行为能力人、限制民事行为能力人"属于特殊情形外，一般而言"在教唆和帮助的情况下，教唆人、帮助人和直接行为人之间存在共同过错，教唆者和帮助者的行为与直接行为人的行为构成了整个共同侵权行为"。参见王利明：《侵权责任法研究》（上卷），中国人民大学出版社 2016 年版，第 543 页。本文同意王利明教授的意见，具体理由非本文重点不予展开。

[17] 关于共同危险行为的性质，理论上存在不同认识。参见王利明：《侵权责任法研究》（上卷），中国人民大学出版社 2016 年版，第 562 页。吴祖祥："论共同侵权行为之'共同'——兼论《侵权责任法》第 8 条之规定"，载《东岳论丛》2013 年第 2 期。

[18] 竞合因果关系，又称为"累积因果关系""聚合因果关系"，"是指数个行为人分别实施致害行为，各个行为均足以导致损害结果的发生。其基本特点在于，'分别实施''足以造成'"。参见王利明：《侵权责任法研究》（上卷），中国人民大学出版社 2016 年版，第 400 页。

[19] 共同因果关系又称"部分因果关系"，是指"数人分别实施侵害他人的行为，各个行为都不足以导致损害的发生，但因为行为的偶然结合，而造成了同一损害结果"，"其基本特点在于，'分别实施''结合造成'"。参见王利明：《侵权责任法研究》（上卷），中国人民大学出版社 2016 年版，第 401 页。

[20] 程啸教授主张"意思联络说""共同故意说"，（参见程啸："论无意思联络的数人侵权"，载《暨南学报（哲学社会科学版）》2011 年第 5 期）。王利明教授主张"共同过错说"（参见王利明：《侵权责任法研究》（上卷），中国人民大学出版社 2016 年版，第 529 页）。

为与过失行为相结合。[21] 从主观目的解释看，《侵权责任法》采纳的应为"共同过错说"。适用法律的司法机关认为，"共同侵权必须以数行为人主观上具有'意思共同'为要件"，包括共同故意和共同过失两种形式。[22]

如果采纳"共同过错说"，涉及一个具有争议的问题，即如何区分共同侵权行为与共同危险行为。对共同危险行为中数个行为人之间的主观状态存在不同认识：有的学者认为，数个行为人需要具有共同过错，或者认为共同过错只能是共同过失[23]，或者认为"共同危险行为人的主观心理状态要么全部为过失，要么有的人为故意有的人为过失"[24]；有的学者认为，数个行为人不需要具备共同过错，如梁慧星教授认为构成共同危险行为的要件有三：一是行为人为多数，二是行为本身具有危险性，三是不能确定具体加害人；符合这三项要件，即应成立"共同危险行为"[25]。关于这个问题，立法及司法的态度与之密切相关，例如王泽鉴教授认为，共同危险行为之所谓"共同""乃在表示数危害他人权利的行为，应具一定的关联"[26]，此与我国台湾地区理论与实务承认"客观行为关联共同"亦可构成狭义共同侵权行为[27]有关，狭义共同侵权行为的成立都可以只是"行为关联"，共同危险行为亦不要求主观上意思的关联。如果共同危险行为要求数个行为人具有共同过失或者故意与过失的结合，而共同侵权行为的共同过错包括共同过失、故意与过失的结合，那么，是否会造成无法区分共同侵权行为与共同危险行为则成为问题。[28]

关于共同危险行为与共同侵权行为相互关系的理论认识，实际上仍然源于对共同侵权行为之"共同"的理解：将共同侵权行为之"共同"理解为意思联络的学者，认为共同危险行为中数个行为人之间具有共同过错（共同过失或故意与过失的结合）[29]，共同危险行为与共同侵权行为在数个行为人主观状态上不存在交叉重合；而将共同侵权行为之"共同"理解为共同过错（意思联络、共同过失或故意与过失）的

[21] 全国人大常委会法制工作委员会民法室编：《〈中华人民共和国侵权责任法〉条文说明、立法理由及相关规定》，北京大学出版社 2010 年版，第 35 页。

[22] 奚晓明主编：《〈中华人民共和国侵权责任法〉条文理解与适用》，人民法院出版社 2010 年版，第 69 页。

[23] 司军艳："共同危险行为构成要件分析"，载《前沿》2011 年第 16 期。

[24] 程啸："论无意思联络的数人侵权——以《侵权责任法》第 11、12 条为中心"，载《暨南学报（哲学社会科学版)》2011 年第 5 期。

[25] 梁慧星："共同危险行为与原因竞合——《侵权责任法》第 10 条、第 12 条解读"，载《法学论坛》2010 年第 2 期。

[26] 王泽鉴：《侵权行为》，北京大学出版社 2009 年版，第 368 页。

[27] 王泽鉴：《侵权行为》，北京大学出版社 2009 年版，第 360－365 页。

[28] 程啸："论无意思联络的数人侵权——以《侵权责任法》第 11、12 条为中心"，载《暨南学报（哲学社会科学版)》2011 年第 5 期。

[29] 程啸："论无意思联络的数人侵权——以《侵权责任法》第 11、12 条为中心"，载《暨南学报（哲学社会科学版)》2011 年第 5 期。

学者，对于共同危险行为中数个行为人之间的主观状态可能陷于自我纠结[30]。对于该问题，立足于现行立法应该如何理解呢？如前所述，立法机关和司法机关均认为共同侵权行为之"共同"是指共同过错。如此，立法机关和司法机关对于共同危险行为的理解或许可以提供一种思路。

对此，全国人大常委会法工委在其相关解释书中亦提到了理论上的上述不同观点，认为："共同危险行为制度的初衷是防止因无法指认具体侵权人而使受害人的请求权落空，重要的是每个行为人都实施了危及他人人身、财产安全的行为。而且，共同危险行为不仅在一般过错责任中适用，在过错推定责任、无过错责任中也有适用余地。"[31]司法机关对于该问题的认识是："条文中明确表述为'二人以上实施危及他人人身、财产安全的行为'，未用'共同'一词，即表明立法者认为其既非意思共同，也非行为关联共同。"[32]虽然立法机关和司法机关并未明确共同危险行为是否需要具备共同过错，但是表现出否定的倾向。因为，如果共同危险行为需要具备共同过错，那么对于数个行为人是否存在共同过错就需要由受害人加以证明。进一步而言，既然共同危险行为可以在过错推定责任、无过错责任中适用，而在过错推定责任及无过错责任中均不要求受害人证明行为人存在过错，因为在过错推定责任及无过错责任中行为人是否具有过错的证明往往较为困难，那么共同危险行为要求受害人证明数个行为人存在共同过错与此相互矛盾。换言之，如果认为共同危险行为在过错推定责任、无过错责任中也可以适用，则认为共同危险行为无需行为人具备共同过错较为合理。

另外，根据《侵权责任法》第10条，共同危险行为的显著特征在于"不能确定具体侵权人"，此可作为区分共同侵权行为与共同危险行为的重要标准。有学者认为，能否确定具体侵权人不足以区分共同危险行为与共同侵权行为，并且以数个行为人共谋参与大家但无法确定具体侵权人的例子加以说明。[33]但是，该学者的批评似乎存在不妥。首先，其所举的例子中数个行为人是"共谋"实施侵权行为，而"共谋"表明行为人之间存在意思联络，这个例子本身就不属于共同危险行为，用一个意思联络的例子说明"共同过错说"将共同侵权行为之"共同"解释为包括意思

---

[30] 王利明教授对该问题的认识存在模糊，在论及共同危险行为的特点时，其认为"在共同危险行为的情况下，数个行为人主观上虽然没有共同的意思联络，但他们在共同实施某个共同危险行为时，都具有共同过错"。但是，在论及共同危险行为与狭义的共同侵权的区别时认为"共同危险行为与共同侵权的区别在于，共同危险行为人之间一般没有共同过错，特别是没有意思联络"。参见王利明：《侵权责任法研究》（上卷），中国人民大学出版社2016年版，第560、562页。

[31] 全国人大常委会法制工作委员会民法室编：《〈中华人民共和国侵权责任法〉条文说明、立法理由及相关规定》，北京大学出版社2010年版，第41页。

[32] 奚晓明主编：《〈中华人民共和国侵权责任法〉条文理解与适用》，人民法院出版社2010年版，第84页。

[33] 程啸："论无意思联络的数人侵权——以《侵权责任法》第11、12条为中心"，载《暨南学报（哲学社会科学版）》2011年第5期。

联络、共同过失或故意与过失相结合并不妥当，攻击点的选取本身存在失当。即使按照"共同过错说"，意思联络的情况也属于共同侵权行为而非共同危险行为。其次，共同侵权行为与共同危险行为的区分不能只单独看一个标准而是几个标准综合判断，其所举的例子只说明单纯依靠"不能确定具体侵权人"不能将二者区分，但问题是即使"共同过错说"也没有说单纯依靠"不能确定具体侵权人"就能区分共同侵权行为与共同危险行为。

所以，共同侵权行为之"共同"的理解在理论上仍有探讨空间，认为《侵权责任法》所规定的"共同实施侵权行为"之"共同"包括行为人"意思联络、共同过失或者故意与过失结合"，符合理论通说及立法机关、司法机关的认识。

但是，即使采纳"共同过错说"，也不意味着必定可以成立环境共同侵权行为，因为环境侵权与一般侵权相比具有其特殊性。其中，采用无过错责任原则的环境侵权能否成立共同侵权受到关注。对此，有的学者认为，"毕竟共同侵权行为仍然属于过错责任的范畴，确定行为人是否承担责任的基础依然在于行为人是否具有主观过错。尽管随着危险责任的发展以及对受害人救济的强化，出现了淡化行为人主观过失而注重行为人行为客观关联性的发展趋势"，但是"这不能成为放弃共同侵权行为主观要件的理由，共同侵权的成立仍然需要各个行为人具有共同过错"。[34] 那么，这是否意味着适用无过错责任原则的环境侵权不能成立共同侵权？这涉及对无过错责任原则的理解。"无过错责任原则的本意，并非行为人没有故意、过失，而是侵权行为的成立不以行为人有无故意、过失为要件"，"无过错责任的加害人不仅可以因故意、过失致人损害，同样也可以事先通谋策划"，因此就《侵权责任法》第8条而言，"在无过错责任的特殊侵权中，只要能够证明数行为人存在共同故意或者共同过失，依据本条规定能够成立共同侵权"。[35] 所以，适用无过错责任原则并不排斥行为人事实上具有过错。相较而言，应当承认环境侵权中可以成立共同侵权。由此，在采纳"共同过错说"的情况下，将"数环境危害行为人间存在意思联络、共同过失或者故意与过失结合的情形"认定为环境共同侵权行为并无问题。

关于第二点，在我国法上区分环境加算危害行为、环境叠加危害行为是否必要确值讨论。有的学者认为在我国法上，区分环境叠加危害行为与环境加算危害行为并无意义。[36] 那么，实际情况是否如此？在第一种类型化方案中，环境叠加危害行为与环境加算危害行为的区分是基于不同类型的因果关系，环境加算危害行为对应

---

[34] 王利明：《侵权责任法研究》（上卷），中国人民大学出版社2016年版，第525页。

[35] 奚晓明主编：《〈中华人民共和国侵权责任法〉条文理解与适用》，人民法院出版社2010年版，第73页。

[36] 程啸："多人环境污染损害中的因果关系形态及责任承担"，载《暨南学报（哲学社会科学版）》2014年第2期。

共同因果关系[37]，环境叠加危害行为对应叠加因果关系[38]。环境加算危害行为与环境叠加危害行为之间的区别在于"环境叠加危害行为中数个加害主体分别实施的单个环境危害行为均可能独自导致一定程度的性质相同的环境侵权损害发生"，而环境加算危害行为中"数个加害主体的单个加害行为而均无法单独造成环境侵权损害的发生"。[39]从法律适用的角度看，环境加算危害行为与环境叠加危害行为均应适用《侵权责任法》第12条的规定，由数个行为人向受害人承担按份责任，数个行为人之间的具体份额依据《侵权责任法》第67条确定，如果依据《侵权责任法》第67条不能确定具体份额，则按照《侵权责任法》第12条平均承担赔偿责任。由此，在对外责任承担以及内部份额分担上，环境加算危害行为与环境叠加危害行为并无差别。在第一种类型化方案中，作者认为环境叠加危害行为在内部份额分担上应"采用比例份额责任"[40]，但是，在现行法上仍然落脚于《侵权责任法》第12条以及第67条，现行法并未另行规定"比例份额责任"制度。所以，至少从我国现行法来看，区分环境加算危害行为与环境叠加危害行为并无意义。

2. 对第二种类型化方案的检讨。前述第二种类型化方案与其他类型化方案相比，最显著的特征在于：将适用非典型责任形态的"第三人过错污染环境行为"、"违反安全保障义务之行为"也纳入多数人环境侵权的类型化体系之中。对此，有必要分析其合理性，这涉及多数人侵权行为之概念外延。

第三人侵权行为是否属于多数人侵权行为？对此，有的学者认为第三人侵权行为属于广义的多数人侵权行为，因为在第三人侵权行为中"作为侵权行为人的一方存在两个以上的行为人，实际上也是数人侵权，仅仅是一方免责另一方承担责任而已"[41]。不过，对于这种观点学界仍存质疑。有的学者即认为："第三人侵权行为是

---

[37] "环境加算危害行为指两个或两个以上无过错联系的加害主体的单个加害行为均不足以造成损害的发生，只有当这些单个的危害行为结合在一起时，才能造成一个不可分割的损害事实"。竺效："论无过错联系之数人环境侵权行为的类型——兼论致害人不明数人环境侵权责任承担的司法审理"，载《中国法学》2011年第5期。

[38] "叠加因果关系是指多个原因的作用力相叠加而导致最终的损害结果，与聚合因果关系的区别在于，并非每一个单独的原因都足以导致最终的损害，虽然每个原因都产生了一定的损害结果。"张新宝：《侵权责任构成要件研究》，法律出版社2007年版，第331页。"环境叠加危害行为指两个或两个以上无过错联系的加害主体分别实施的单个环境危害行为均可能导致一定程度的性质相同的损害发生，但其中任一单独行为均无法导致最终的损害结果，然而这些环境危害行为恰好同时发生，一起作用导致了一个完整不可分割的损害结果，而这些行为之间的损害'贡献'比例无法确定。"竺效："论无过错联系之数人环境侵权行为的类型——兼论致害人不明数人环境侵权责任承担的司法审理"，载《中国法学》2011年第5期。

[39] 竺效："论无过错联系之数人环境侵权行为的类型——兼论致害人不明数人环境侵权责任承担的司法审理"，载《中国法学》2011年第5期。

[40] 竺效："论无过错联系之数人环境侵权行为的类型——兼论致害人不明数人环境侵权责任承担的司法审理"，载《中国法学》2011年第5期。

[41] 杨立新："多数人侵权行为即责任理论的新发展"，载《法学》2012年第7期。

单独侵权行为，损害全然是由第三人造成的，关联人对损害发生没有法律上的因果关系，仅仅是有某种关联而已。"[42]具体到环境侵权，《侵权责任法》第68条规定的第三人环境污染侵权"第三人是造成损害的全部原因，关联人对损害的发生并无原因力"，对此"本应配置第三人责任"，但是考虑到环境污染致害物本身具有的危险性，"法律为充分救济受害人，规定了例外的责任规则，即让关联人与第三人承担不真正连带责任"。[43]

本文认为，第三人侵权行为不属于多数人共同侵权。首先，第三人侵权行为中的第三人与实际加害人之间的关系不同于其他多数人侵权行为中数个行为人之间的关系。在共同侵权行为、无意思联络数人侵权中，数个行为人的行为与最终的损害结果之间具有因果关系；在共同危险行为中，虽然只是实施共同危险行为的行为人中的部分人的行为造成了损害结果，但是，由于无法确定具体造成损害后果的行为人，法律推定所有危险行为人之行为与损害结果具有因果关系。整体而言，在典型的多数人侵权行为中，数个行为人在法律上被置于平等地位，差别只在于事实上对损害结果贡献比例大小不一样。但是，在第三人侵权行为中，第三人与实际加害人之间明显存在附属关系。实际加害人的行为可能并无不妥，真正导致损害结果发生的是第三人的行为，第三人的行为在这一过程中处于主导地位。因而，在第三人侵权行为中，理应由第三人承担侵权责任。但是，出于保护受害人利益等考虑，令实际加害人也承担责任。并且，从最终责任承担角度看，实际加害人没有过错的，在承担法律规定的责任之后，可以向第三人追偿，实际上表明其本不应承担责任。其次，之所以要在理论上将多数人侵权行为作为一类具有特殊性的侵权行为类型加以研究，主要任务之一是要解决数个行为人之间责任份额的确定问题。在第三人侵权行为中，实际加害人并不具有过错，第三人的行为是造成损害结果的全部原因，实际的责任承担主体只是第三人，并不存在实际加害人与第三人之间如何划分责任份额的问题。因而，将第三人侵权行为归入多数人侵权行为，第三人侵权行为将成为异类的存在。

关于"违反安全保障义务之行为"是否可归入多数人侵权行为，仍需考察其本质特征。《侵权责任法》第37条第2款规定："因第三人的行为造成他人损害的，由第三人承担侵权责任；管理人或者组织者未尽到安全保障义务的，承担相应的补充责任。"在这种情形中，管理人或者组织者未尽到安全保障义务"并不必然导致他人的损害，只有当这种未尽到义务的行为与第三人的侵权行为相互结合时才导致了他

[42] 张力、郑志峰："侵权责任法中的第三人侵权行为——与杨立新教授商榷"，载《现代法学》2015年第1期。

[43] 参见张力、郑志峰："侵权责任法中的第三人侵权行为——与杨立新教授商榷"，载《现代法学》2015年第1期。

人的损害"[44]。所以，"违反安全保障义务之行为"与第三人之行为可以相互结合、共同作用导致同一损害结果，这种情形应属于多数人侵权行为之范畴。此时本来可以归入典型多数人侵权行为（共同侵权行为、共同危险行为、无意思联络数人侵权）的一种类型，无需单独就此予以讨论。因为，"违反安全保障义务之行为"与典型多数人侵权行为类型之划分，并非同一分类体系。但是，《侵权责任法》第37条第2款规定的"相应的补充责任"使这种行为类型具有特殊性。另外，"违反安全保障义务之行为"的行为主体若为复数，也不能排除多个"违反安全保障义务之行为"结合导致同一损害的可能，此时仍可构成多数人侵权行为。由于法律并未就责任承担规则作出特殊规定，可以分别情形属于多数人侵权行为之一种类型而承担连带责任或按份责任。在多数人环境侵权行为中，"违反安全保障义务之行为"与第三人之行为结合在责任承担上具有特殊性，但其行为结构上与其他多数人侵权行为并无不同。本文意在探讨不同类型的多数人环境侵权行为之责任承担，而多数人环境侵权行为不同类型的划分在于行为结构上的差异。因而，本文并不将"违反安全保障义务之行为"与第三人之行为结合而未尽到安全保障义务者承担"相应的补充责任"之情形作为一种多数人环境侵权的类型。

3. 对第三种类型化方案的检讨。第三种类型化方案与其他类型化方案的区别在于，区分共同的因果关系[45]和累积的因果关系[46]。如前所述，第一种类型化方案环境加算危害行为与环境叠加危害行为的区分在现行法并无必要，二者均对应于《侵权责任法》第12条规定的情形。由此亦可说明，这里将具有共同的因果关系的情形作为一种类型是适当的。因而，问题在于，是否有必要再划分出累积的因果关系这种类型。在第三种类型化方案中，累积的因果关系区别于共同的因果关系之特征在于"一个或部分单独发生，也足以造成全部的损害后果"，这也区别于竞合的因果关系"任何一个环境污染行为单独发生，也足以造成同一损害"[47]这一特征。由此，累积的因果关系典型的特征在于，"有些侵权人的行为与损害后果之间具有的是

[44] 全国人大常委会法制工作委员会民法室编：《〈中华人民共和国侵权责任法〉条文说明、立法理由及相关规定》，北京大学出版社2010年版，第160页。

[45] 这里所说的共同因果关系，"是指多个污染者分别实施了环境污染行为，给他人造成了同一损害。其中任何一个环境污染行为单独发生均不足以造成部分或全部的损害，但这些污染行为相互结合后，造成了受害人的全部损害"。（程啸："多人环境污染损害中的因果关系形态及责任承担"，载《暨南学报（哲学社会科学版）》2014年第2期。）由此可见，这里的共同因果关系实际上包含了第一种类型化方案中的环境加算危害行为和环境叠加危害行为。

[46] "累积的因果关系（Kumulative Kausalitäten）累积的因果关系，是指数人分别实施环境污染行为，给他人造成同一损害。这些环境污染行为中的一个或部分单独发生，也足以造成全部的损害后果。"（程啸："多人环境污染损害中的因果关系形态及责任承担"，载《暨南学报（哲学社会科学版）》2014年第2期。）

[47] 程啸："多人环境污染损害中的因果关系形态及责任承担"，载《暨南学报（哲学社会科学版）》2014年第2期。

完全的因果关系，有些侵权人的行为与损害后果具有部分的因果关系"[48]。如此，累积的因果关系之行为类型在责任承担上可能就具有特殊性。《环境侵权司法解释》第3条第3款规定："两个以上污染者分别实施污染行为造成同一损害，部分污染者的污染行为足以造成全部损害，部分污染者的污染行为只造成部分损害，被侵权人根据侵权责任法第十一条规定请求足以造成全部损害的污染者与其他污染者就共同造成的损害部分承担连带责任，并对全部损害承担责任的，人民法院应予支持。"据此，在累积的因果关系中，行为足以造成全部损害者与行为只造成部分损害者就"共同造成的损害部分"承担连带责任。然而，主张第三种类型化方案的学者认为，在累积的因果关系中数个行为人向受害人承担按份责任。[49]显然，司法解释的规定与该学者的观点并不一致。杨立新教授将此种情况称为"半叠加的分别侵权行为"[50]，"半叠加的分别侵权行为不能适用按份责任"，"部分连带责任规则是分别侵权行为数个原因力部分重合部分不重合的必然结果"。[51]虽然对此仍有进行学术讨论的空间，但是，从法律适用的角度看，司法解释规定的部分连带责任具有法律拘束力。由此，亦可说明，在现行法中，将累积的因果关系特别区分出来确有其必要性。

（三）以主观过错和因果关系为标准的类型化

采用类型化的方法，首先涉及标准的问题，即以哪些因素为标准对多数人环境侵权行为进行分类。只有实现了科学、合理的类型化，才能将实践中具体发生的多数人环境侵权行为进行正确的归类，进而适用相应的法律规范确定具体责任之承担。

本文所讨论的多数人环境侵权行为，是相对于单独环境侵权行为以及虽然行为人为复数但是损害可分的多数人分别独立侵权[52]而言的。比较前述三种类型化方案可以发现，区分不同多数人环境侵权行为的类型，主要是考虑主观过错和因果关系两个要素。一般而言，判断是否属于多数人环境侵权应当考虑以下几点：第一，主体的复数性，即存在两个或两个以上污染环境的环境侵权行为；第二，损害的同一

---

[48] 程啸："多人环境污染损害中的因果关系形态及责任承担"，载《暨南学报（哲学社会科学版）》2014年第2期。

[49] 程啸："多人环境污染损害中的因果关系形态及责任承担"，载《暨南学报（哲学社会科学版）》2014年第2期。

[50] "半叠加的分别侵权行为是指两个以上行为人分别实施侵权行为，造成同一损害，部分行为人的侵权行为足以造成全部损害，部分行为人的侵权行为只造成部分损害，应当承担部分连带责任的分别侵权行为。"杨立新："环境侵权司法解释对分别侵权行为规则的创造性发挥——《最高人民法院关于审理环境侵权责任纠纷案件适用法律若干问题的解释》第3条解读"，载《法律适用》2015年第10期。

[51] 杨立新："环境侵权司法解释对分别侵权行为规则的创造性发挥——《最高人民法院关于审理环境侵权责任纠纷案件适用法律若干问题的解释》第3条解读"，载《法律适用》2015年第10期。

[52] 即"并发的数个单独侵权"，在此情况下，"尽管客观上数个行为都对结果造成了损害，但数个行为人并没有共同的过错，客观上行为人是分别针对受害人实施加害行为，因此数个行为人要分别承担责任"。王利明：《侵权责任法研究》（上卷），中国人民大学出版社2016年版，第523页。

性，即数个环境侵权行为导致同一不可分的损害；第三，"数环境危害行为人均无法举证证明其行为与该损害之间不存在因果关系"，这是由于环境侵权实行因果关系举证责任倒置，如果行为人可以证明自己的行为与损害结果没有因果关系，则无需承担环境侵权责任。[53]

在采纳不同类型化方案的共通点并就不同类型化方案的差异进行分析检讨基础上，本文将多数人环境侵权行为进行如下类型化：①根据行为人是否存在过错联系，可将多数人环境侵权行为区分为环境共同侵权行为和无意思联络数人环境侵权行为；②无意思联络数人环境侵权行为，可以根据因果关系进一步类型化，因果关系种类包括择一的因果关系（《侵权责任法》第 10 条）、竞合的因果关系（《侵权责任法》第 11 条）、共同的因果关系（《侵权责任法》第 12 条）和累积的因果关系（《环境侵权司法解释》第 3 条第 3 款），分别对应环境共同危险行为、环境聚合侵权行为、环境加算侵权行为[54]及半叠加环境分别侵权行为。

三、多数人环境侵权的责任承担

在对多数人环境侵权类型化的基础上，多数人环境侵权的责任承担从理论上而言比较简单，即确定属于何种多数人环境侵权，再根据每个类型具体对应的法律规范，确定责任承担问题。但是，在具体法律适用过程中仍然存在一些问题需要探讨。

（一）环境共同侵权行为责任承担

对于环境共同侵权行为，法律适用的难点在于共同侵权行为的认定。一旦认定属于环境共同侵权行为，责任承担规则相对比较明确。

关于环境共同侵权行为的认定，司法实践中主要关注是否符合共同侵权行为的要件。在"重庆市人民政府等诉重庆藏金阁物业管理有限公司等环境污染责任纠纷案"[55]中，藏金阁公司作为工业园区的物业管理服务企业，与首旭公司签订《委托运行协议》，将电镀工业中心的废水交给首旭公司使用藏金阁公司所有的废水处理设备进行处理。但是，重庆市环境监察总队执法人员在对藏金阁公司的废水处理站进行现场检查时，发现废水处理站中两个总铬反应器和一个综合反应器设施均未运行，生产废水未经处理便排入外环境。对此，法院认为藏金阁公司与首旭公司构成共同侵权行为，理由在于：①藏金阁公司作为排污主体，具有监督首旭公司合法排污的法定责任，藏金阁公司未尽该监管义务；②藏金阁公司应确保废水处理设施设备正常、完好，藏金阁公司将废酸池改造为 1 号废水调节池并将地下管网改为高空管网作业时，未按照正常处理方式对池中的 120 毫米口径暗管进行封闭，而首旭公司正是通过该暗管实施违法排放，藏金阁公司为首旭公司违法排放行为的完成提供了条件；③藏金阁公司知道首旭公司

---

〔53〕　参见竺效："论无过错联系之数人环境侵权行为的类型——兼论致害人不明数人环境侵权责任承担的司法审理"，载《中国法学》2011 年第 5 期。

〔54〕　此处借用前面提及的"环境加算危害行为"的概念，但是内涵和外延均不同。

〔55〕　参见重庆市第一中级人民法院〔2017〕渝 01 民初 773 号民事判决书。

在实施违法排污行为，但其却放任首旭公司违法排放废水，同时还继续将废水交由首旭公司处理，可以视为其与首旭公司形成了默契，具有共同侵权的故意。可见，环境共同侵权行为的认定关键在于共同侵权行为之"共同"的认定。

关于环境共同侵权行为的责任承担，数个行为人应向受害人承担连带责任这一点并无争议。需要说明的是，数个行为人向受害人承担连带责任后，其内部责任份额如何划分。《侵权责任法》第14条第1款规定："连带责任人根据各自责任大小确定相应的赔偿数额；难以确定责任大小的，平均承担赔偿责任。"可以适用该条规定，确定共同侵权行为中数个行为人之间内部责任份额。这里存在一个问题，即责任大小的确定可否适用《侵权责任法》第67条[56]。有的学者认为，《侵权责任法》第67条是"关于数个环境污染加害人外部责任的规定，即按份承担责任"，不应将其理解为连带责任内部责任划分的规定。[57]从文义解释角度出发，《侵权责任法》第67条使用的"污染者承担责任的大小"之"责任"可以理解为最终责任或行为人向受害人承担的责任，如此将该条解释为内部责任份额划分或者外部按份责任承担均可。全国人大常委会法工委的意见是："本条规定的两个以上污染者污染环境，污染者之间不存在污染环境的意思联络。现实中的环境污染共同侵权，从各行为人的角度考察，在污染者彼此实施侵权行为之前，一般没有主观上的意思联络。如果污染者之间有意思联络，则不是本条调整的范围，应由第8条规定的'二人以上共同实施侵权行为，造成他人损害的，应当承担连带责任'所调整，构成有意思联络的共同侵权，污染者承担连带责任。"[58]立法机关的态度表明，规定《侵权责任法》第67条确实只是将其作为《侵权责任法》第12条的具体化。接下来的问题是：在数个行为人承担连带责任的情况下，其内部责任份额的划分是否可以参照使用《侵权责任法》第67条。对此，最高人民法院侵权责任法研究小组认为："本条规定的'两个以上污染者污染环境'是本法第十二条规定的竞合侵权在环境污染中的具体表现，本条仅适用于两个以上污染者没有共同意思联络的一般情形。如果万一出现两个以上污染者存在意思联络共同实施环境污染行为的特殊情形，则构成狭义的共同侵权，应按照本法第八条的规定判令这些污染者承担连带责任，但污染者之间内部责任可按照本条规定判定。"[59]虽然数个行为人对受害人承担连带责任，但是其内部责任划

---

[56] 《侵权责任法》第67条规定："两个以上污染者污染环境，污染者承担责任的大小，根据污染物的种类、排放量等因素确定。"

[57] 曹险峰："论数人环境污染侵权责任的承担——以对《侵权责任法》第67条及相关规定的分析为主"，载《环境保护》2011年第6期。

[58] 全国人大常委会法制工作委员会民法室编：《〈中华人民共和国侵权责任法〉条文说明、立法理由及相关规定》，北京大学出版社2010年版，第281页。

[59] 奚晓明主编：《〈中华人民共和国侵权责任法〉条文理解与适用》，人民法院出版社2010年版，第468页。此种观点得到了学术界的支持。参见竺效："论无过错联系之数人环境侵权行为的类型——兼论致害人不明数人环境侵权责任承担的司法审理"，载《中国法学》2011年第5期。

分实质上也是要就每个行为人应当承担的部分作出认定，与按份责任划分每个行为人的责任份额，在目标上具有一致性。因而，这种参照适用具有合理性。在具体法律适用时，还要注意《环境侵权司法解释》第 4 条的细化规定："两个以上污染者污染环境，对污染者承担责任的大小，人民法院应当根据污染物的种类、排放量、危害性以及有无排污许可证、是否超过污染物排放标准、是否超过重点污染物排放总量控制指标等因素确定。"

(二) 环境共同危险行为责任承担

虽然根据《侵权责任法》第 10 条规定，共同危险行为人承担连带责任。但是，对于环境共同危险行为，仍然存在不同观点。有的学者认为："只要原告能证明数环境择一危害行为人分别实施具有相同环境危险性的行为，本应注意避免致他人损害，但却因疏忽或懈怠而违反注意义务，则可推定数行为人间具有共同过失，而适用共同危险行为的责任规则。"[60] 但是，有的学者强调了环境共同危险行为的特殊性，认为："在数人环境污染责任构成共同危险行为情况下，数个加害人应该按照第 67 条分担责任，而不应该承担连带责任。这是因为，环境污染共同危险行为，与普通的共同危险行为存在诸多区别。前者受害人实质上很难证明共同危险行为的成立，也就是说，受害人欲证明损害是由全体危险行为人中的一人或部分人（而非全体）所为，在环境污染案件中，是较为困难的，这导致第 10 条在环境污染案件中适用的空间较小。另外，如果构成共同危险行为，则必然会存在有部分加害人对损害承担了非自己责任，在损害结果巨大的情况下，这种普通共同危险行为广泛适用的连带责任的承担，可能是非正义的。至关重要的是，各环境污染人污染物的种类、排放量等因素的不同，实质上也说明了共同危险行为之'危险'的不同程度，因此，以比例赔偿原则代替普通共同危险行为适用的连带责任，应该具有较大可行性。"[61] 问题的关键在于，《侵权责任法》第 10 条是否适用于环境共同危险行为。既然属于共同危险行为，原则上即应适用有关共同危险行为的责任承担规则，除非具有特别正当的理由。如果不能找到排除《侵权责任法》第 10 条适用的根据，《侵权责任法》第 10 条适用于环境共同危险行为则是当然之理。

本文认为，强调环境共同危险行为"很难证明共同危险行为的成立"以及"部分加害人对损害承担了非自己责任"会导致非正义，并不能排除《侵权责任法》第 10 条在环境共同危险行为中的适用。原因在于：第一，如果"很难证明共同危险行为的成立"就可以否定共同危险规则的适用，那么共同危险行为的责任规则可能面临被架空的窘境。是否只有环境共同危险行为"很难证明共同危险行为的成立"？如

[60] 竺效："论无过错联系之数人环境侵权行为的类型——兼论致害人不明数人环境侵权责任承担的司法审理"，载《中国法学》2011 年第 5 期。

[61] 曹险峰："论数人环境污染侵权责任的承担——以对《侵权责任法》第 67 条及相关规定的分析为主"，载《环境保护》2011 年第 6 期。

果不是，那么是不是只要"很难证明共同危险行为的成立"就可以成为例外？如果是，那么为什么环境共同危险行为特殊并且特殊到必须区别对待的程度？对此不加证明即主张环境共同危险行为作为一种例外，理由并不充分。第二，认为"部分加害人对损害承担了非自己责任"会导致非正义的理由在于"损害结果巨大"，事实上没有实施加害行为的主体可能因此承担严重后果。试问，其他共同危险行为就不会导致这种后果吗？共同危险行为的损害后果可能是巨大的，会导致部分行为人的无辜。难道，我们因此就要取消共同危险行为制度？况且，这些行为人是否无辜本身就是个问题。按照共同危险行为的一般原则，"共同危险行为人能够证明损害后果不是由其行为造成的"[62]就无需承担责任。这些行为人本身无法证明"损害后果不是由其行为造成的"，让其承担责任具有合理性基础。即使《侵权责任法》第10条存在不合理之处，但是损害后果巨大导致部分行为人不公仍不足以排除其适用。

另外，我们还应当考察，是否《侵权责任法》对环境侵权作出特别规定，以至于在环境侵权中不适用《侵权责任法》第10条。有的学者认为，"在无法查明究竟是哪一个环境污染行为造成损害的多人环境污染案件中，受害人无须适用《侵权责任法》第10条，而只需要适用第66条就可以令所有的污染者都承担责任"，此时各个污染者"应当按照《侵权责任法》第12条来承担责任"，因为"《侵权责任法》第66条只是建立了污染行为与损害之间的因果关系，却没有推定单独的污染行为足以造成全部损害。除非受害人能够证明此点，否则仅适用《侵权责任法》第12条，各侵权人承担按份责任"[63]。问题是，《侵权责任法》第66条与第10条是否为排除适用关系？如果按照总则和分则的体系理解，《侵权责任法》第10条属于总则内容，《侵权责任法》第66条属于分则的内容，除非分则具有特殊规定，否则总则的规则亦适用于分则。那么，《侵权责任法》第67条是否属于特别规定？"在共同危险行为中，因为加害人不明，所以要通过因果关系推定来强化对受害人的救济，即在共同危险行为发生后，推定各行为人的行为和损害后果之间都具有因果关系。"[64]可见，共同危险行为本质上是一种因果关系推定，行为人可以证明其行为与损害无因果关系而不按照共同危险行为的规则承担责任。《侵权责任法》第66条要求污染者应当

---

[62] 《最高人民法院关于审理人身损害赔偿案件适用法律若干问题的解释》（以下简称《人身损害赔偿司法解释》）第4条规定："二人以上共同实施危及他人人身安全的行为并造成损害后果，不能确定实际侵害行为人的，应当依照民法通则第一百三十条规定承担连带责任。共同危险行为人能够证明损害后果不是由其行为造成的，不承担赔偿责任。"《侵权责任法》第10条规定："二人以上实施危及他人人身、财产安全的行为，其中一人或者数人的行为造成他人损害，能够确定具体侵权人的，由侵权人承担责任；不能确定具体侵权人的，行为人承担连带责任。"相较而言，《人身损害赔偿司法解释》的规定具有合理性。参见张新宝："民法分则侵权责任编立法研究"载《中国法学》2017年第3期。

[63] 程啸："多人环境污染损害中的因果关系形态及责任承担"，载《暨南学报（哲学社会科学版）》2014年第2期。

[64] 王利明：《侵权责任法研究》（上卷），中国人民大学出版社2016年版。

就"其行为与损害之间不存在因果关系承担举证责任",这与共同危险行为的规则是一致的。即使按照《侵权责任法》第66条由污染者就因果关系承担证明责任,也不能得出排除《侵权责任法》第10条适用的结论。换言之,《侵权责任法》第66条只是关于举证责任的规范,不能当然排除《侵权责任法》第10条责任承担规则的适用,况且该举证责任的规范与共同危险行为具有一致性。因此,本文认为,如果构成环境共同危险行为,则仍需按照《侵权责任法》第10条由数个行为人向受害人承担连带责任。对此,司法实践中亦是如此操作的。在"杨某德等与罗某忠等环境污染责任纠纷"[65]案中,被告杨某德、田某江、艾某未按照《侵权责任法》第66条证明其行为与损害结果不具有因果关系,法院判决三被告依照《侵权责任法》第10条就全部损失的30%承担连带责任。

至于环境共同危险行为人内部责任份额的承担,与其他多数人环境侵权行为类型相比具有特殊性。因为在环境共同危险行为中"不能确定具体侵权人",因而每个行为人对损害的过错、原因力比例等无法实际认定。有的学者认为:"由于共同危险行为人在实施共同危险行为中,致人损害的概率相等,过失相当,而且由于共同危险行为的责任的不可分割性,所以在共同危险行为人的责任划分上,一般是平均分担,各人以相等的份额对损害后果负责,在等额的基础上,实行连带责任。"[66]这种观点符合现行法规定,依据《侵权责任法》第14条亦可得出一致的结论。

(三)环境聚合侵权行为责任承担

如前所述,环境聚合侵权行为对应《侵权责任法》第11条。但是,问题关键在于是否属于环境聚合侵权行为的认定。虽然根据《侵权责任法》第66条之规定,在环境侵权中由污染者就"其行为与损害之间不存在因果关系承担举证责任","然而,因果关系推定只是推定环境污染行为与损害结果之间的因果关系的存在,而非推定环境污染行为都足以造成全部损害"[67]。但是,《侵权责任法》第11条的适用条件是"每个人的侵权行为都足以造成全部损害"。因而,环境聚合侵权行为的认定,首先需要证明"每个人的侵权行为都足以造成全部损害"。问题是,该证明责任由谁来承担?法律并未将该证明责任分配给环境污染行为人,在没有举证责任倒置的情况下,理应由受害人承担证明责任,况且,《侵权责任法》第11条的适用对受害人有利而对行为人不利,受害人想数个行为人承担连带责任,需对承担连带责任的基础即"每个人的侵权行为都足以造成全部损害"承担证明责任。那么,受害人需要对此证明到什么程度?根据《环境侵权司法解释》第6条第3项的规定,被侵权人应当提供证据证明"污染者排放的污染物或者其次生污染物与损害之间具有关联性"。

[65] 参见贵州省遵义市中级人民法院[2017]黔03民终1686号民事判决书。

[66] 杨立新:《侵权法论》,人民法院出版社2004年版,第549页。

[67] 程啸:"多人环境污染损害中的因果关系形态及责任承担",载《暨南学报(哲学社会科学版)》2014年第2期。

但是，仅证明关联性对于《侵权责任法》第11条的适用尚不足够。"本条中的'足以'并不是指每个侵权行为都实际上造成了全部损害，而是指即便没有其他侵权行为的共同作用，独立的单个侵权行为也有可能造成全部损害。"〔68〕不过，这并不能说明受害人证明到何种程度的问题。对此，司法机关认为，"每个人的侵权行为都足以造成全部损害的证明，这给受害人举证带来一定的困难"，虽然"立法者倾向于限制非共同侵权情形下连带责任的适用范围"，"可能倾向于限制推定等证明方法的适用"，但是，如果严格按照这种立场，受害人很难证明"每个人的侵权行为都足以造成全部损害"，进而使本条难以适用，所以可以采用"合理的推定方法"。〔69〕对于这种"推定"，司法实践中存在不同的做法。例如，在"徐州光环钢管科技有限公司等诉沈某拥等水污染责任纠纷"及相关系列案件〔70〕中，二审徐州中院认为"因污染者各自承担责任份额的大小由污染物的种类、排放量等因素决定，相关证据由污染企业掌握，故本案中需担责的三上诉人，应分别对其污染行为是否足以造成全部损害承担举证责任"。可见，这种做法直接推定数个污染者的行为足以造成全部损害，而由污染者证明其行为不足以造成全部损害，实际上是将证明责任分配给了污染者。如此，可能并不符合《侵权责任法》第11条的立法本意及前述审判意见。在"中盐重庆长寿盐化有限公司等与重庆市长寿区珍心鲜农业开发公司环境污染责任纠纷案"〔71〕中，一审法院认为："本案中四川钻井大队与中盐长寿公司分别实施了环境污染行为，导致包含珍心鲜农业公司在内的农业基地受到含盐特征污染物的污染，中盐长寿公司、四川钻井大队在主观上并不具有关联性与意思联络，同时珍心鲜农业公司农业基地受污染的程度随着与长平二井、长平三井的距离远近呈现递减趋势，结合珍心鲜农业公司农业基地与长平二井、长平三井的地理位置与距离，长平二井、长平三井均会对珍心鲜农业公司的农业基地造成污染，且中盐长寿公司、四川钻井大队也未举示排放污染物数量、污染珍心鲜农业公司农业基地范围等证据，因此应当根据《中华人民共和国侵权责任法》第十一条的规定承担连带责任。"此处适用《侵权责任法》第11条的依据有二：第一，存在污染以及污染程度的有关证据；第二，被告未就污染物排放数量、污染范围提供证据。由此，也是采用了一种推定的方式。但是，二审法院认为："本案中，二上诉人分别实施了侵权行为，通过长平二井、长平三井造成珍心鲜农业公司土地受到污染，二者主观上无侵权意思联络，虽然无法详细区分各自排放污染物数量及污染范围，但单就长平三井、长平二井各自的侵权行为尚不足以造成本案全部损害后果。因此，一审法院适用《中华人民共和国侵权责任法》第

---

〔68〕 全国人大常委会法制工作委员会民法室编：《〈中华人民共和国侵权责任法〉条文说明、立法理由及相关规定》，北京大学出版社2010年版，第44页。

〔69〕 奚晓明主编：《〈中华人民共和国侵权责任法〉条文理解与适用》，人民法院出版社2010年版，第93～94页。

〔70〕 参见江苏省徐州市中级人民法院［2017］苏03民终4057号民事判决书。

〔71〕 参见重庆市第一中级人民法院［2016］渝01民终8972号民事判决书。

十一条的规定，确定二上诉人承担连带责任不当。"可见，二审法院对此是反对的，不能基于有关证据即推定任一污染者的行为足以造成全部损害。在"中建铁路建设有限公司与刘晓奇等环境污染责任纠纷上诉案"[72]中，法院适用《侵权责任法》第11条要求被告承担连带责任的依据是司法鉴定意见书，基于司法鉴定意见书"粉尘污染是造成原告五味子园减产的主要原因，二者具有因果关系"以及对损失价值的评估，即认为对于评估损失"每个人的侵权行为都足以造成全部损害"。对于这个问题，本文认为前述以受害人证明为原则、适当采用"合理的推定方法"是比较合理的，但是"合理的推定方法"如何操作即受害人证明到何种程度即可以推定足以造成全部损害，有待总结司法实践经验而加以规范化。

对于环境聚合侵权行为中数个行为人向受害人承担连带责任并非完全没有异议。有的学者认为："对于环境聚合危害行为而言，应由数个环境危害行为人承担连带责任。进一步分析，由于每个环境危害行为均足以造成同一不可分的损害，责令其中任何一个承担赔偿责任均不为过，所以依法责令环境聚合危害行为人间相互承担连带责任是公平的。"[73]但有学者认为："第11条属于行为的偶合，虽然每个行为都是'足以'，但在实际上，各自环境污染行为的原因力还是有所差别的，因此，按份责任的承担得以兼顾加害人与受害人利益之均衡。"[74]从现行法出发，数个行为人应当向受害人承担连带责任，至于"环境污染行为的原因力"应当作为数个行为人之间内部责任份额划分考虑的因素。

关于环境聚合侵权行为中数个行为人之间内部责任份额的确定，首先应适用《侵权责任法》第14条的规定。与环境共同侵权行为相似，可以参照适用《侵权责任法》第67条并结合《环境侵权司法解释》第4条具体认定。

（四）环境加算侵权行为责任承担

环境加算侵权行为的责任承担以及行为人之间的内部责任份额，从法律适用角度看较为简单，即行为人向受害人承担按份责任，具体份额的确定适用《侵权责任法》第12条、第67条以及《环境侵权司法解释》第4条。但是，如何具体操作，例如如何考量污染物的种类、排放量、危害性以及有无排污许可证、是否超过污染物排放标准、是否超过重点污染物排放总量控制指标等因素，各种因素对损害"贡献"程度如何确定等，仍需大量司法裁判案件的积累，以总结出具有可操作性的方法。

---

〔72〕 参见辽宁省丹东市中级人民法院［2016］辽06民终1898号民事判决书。

〔73〕 竺效："论无过错联系之数人环境侵权行为的类型——兼论致害人不明数人环境侵权责任承担的司法审理"，载《中国法学》2011年第5期。

〔74〕 曹险峰："论数人环境污染侵权责任的承担——以对《侵权责任法》第67条及相关规定的分析为主"，载《环境保护》2011年第6期。

（五）半叠加环境分别侵权行为责任承担

关于半叠加环境分别侵权行为的责任承担，《环境侵权司法解释》第 3 条第 3 款进行了明确规定。按照杨立新教授的说法，半叠加分别侵权行为的责任承担规则可以称为"部分连带责任"[75]，对应《环境侵权司法解释》第 3 条第 3 款的"就共同造成的损害部分承担连带责任"。至于具体确定责任承担的方法，杨立新教授总结为四个方面：首先，确定半叠加的分别侵权行为的每一个行为人实施的侵权行为原因力的大小。其中，须有具有 100% 原因力的行为人和不足 100% 原因力的行为人。其次，确定"共同造成的损害部分"，即行为人的行为原因力重合的部分。再次，对于共同造成的损害部分，各个行为人承担连带责任。即不论是具有全部原因力的行为人还是具有部分原因力的行为人，都只对重合的部分即共同造成的损害部分承担连带责任。最后，对于不属于共同造成的损害的部分，即原因力不重合的损害，由具有 100% 原因力的行为人单独承担责任，即承担按份责任。[76]

经过检索，在多数人环境侵权中尚未有此种类型的判决。但是，《环境侵权司法解释》第 3 条第 3 款已被部分法院参照适用解决类似的侵权案件。在"杨某与江苏紫金农村商业银行股份有限公司六合支行等公司侵权责任纠纷上诉案"[77]中，江苏省高级人民法院即参照适用《环境侵权司法解释》第 3 条第 3 款的规定，认为"二人以上分别实施的侵权行为造成同一损害，部分人的侵权行为对损害后果的发生具有百分之百的原因力，足以造成全部损害；部分人的侵权行为对损害后果的发生具有部分的原因力，不足以造成全部损害。此种类型下的分别侵权行为人应承担何种法律责任，法律并未作出明文规定。根据类推适用规则，可以参照最相类似的《最高人民法院关于审理环境侵权责任纠纷案件适用法律若干问题的解释》第三条第三款的规定"。具体如何操作，法院认为"张某实施的侵权行为与六合信用社龙池支行实施的侵权行为并无意思联络。张某主观上具有非法占有杨某资金的犯罪故意，客观上实施的犯罪行为对造成杨某资金损失的损害后果具有 100% 的原因力，应当承担全部赔偿责任。六合信用社龙池支行作为专业金融机构，法律对其应尽注意义务的要求高于一般人，但其违规转账，为张某犯罪提供了重要条件，导致杨某对其资金失去控制，其违规转账行为对于造成杨某资金损失的损害后果具有较大的原因力，过失较大，应承担 70% 的按份责任。根据前述类推适用规则，六合信用社龙池支行应承担的 70% 的按份责任与张某应承担的全部责任存在部分叠加的情形，故该叠加的 70% 的责任应由张某与六合信用社龙池支行互为连带，紫金农商行六合支行清偿

---

[75] 杨立新："环境侵权司法解释对分别侵权行为规则的创造性发挥——《最高人民法院关于审理环境侵权责任纠纷案件适用法律若干问题的解释》第 3 条解读"，载《法律适用》2015 年第 10 期。

[76] 杨立新："环境侵权司法解释对分别侵权行为规则的创造性发挥——《最高人民法院关于审理环境侵权责任纠纷案件适用法律若干问题的解释》第 3 条解读"，载《法律适用》2015 年第 10 期。

[77] 参见江苏省高级人民法院［2016］苏民申 4828 号民事裁定书。

后可以就超出其应负担份额的部分向张历追偿"。可见，在具体案件处理中，"共同造成的损害部分"之认定应为关键所在。至于半叠加环境分别侵权行为的责任承担，由于缺乏实际案例，难以就环境侵权的特殊性在司法实践中所产生的问题进行探讨，有待司法实践案例的丰富以进行经验和规律的总结。

四、结论

按照主观过错和因果关系，多数人环境侵权行为可以分为环境共同侵权行为、环境共同危险行为、环境聚合侵权行为、环境加算侵权行为及半叠加环境分别侵权行为。在多数人环境侵权中，首先依据是否存在共同过错，认定是否构成环境共同侵权行为。在环境共同侵权行为中，数个行为人向受害人承担连带责任，其内部责任份额适用《侵权责任法》第14条、参照《侵权责任法》第67条并结合《环境侵权司法解释》第4条确定。环境共同危险行为适用《侵权责任法》第10条对受害人承担责任，其内部份额原则上平均分担。环境聚合侵权行为适用《侵权责任法》第11条，数个行为人承担连带责任，其内部份额适用《侵权责任法》第14条、参照《侵权责任法》第67条并结合《环境侵权司法解释》第4条确定。根据《侵权责任法》第12条，环境加算侵权行为中数个行为人承担按份责任，具体责任份额的确定适用《侵权责任法》第67条及《环境侵权司法解释》第4条。至于半叠加环境分别侵权行为的责任承担，依据《环境侵权司法解释》第3条第3款进行认定。

四、民法典与物权

民法典与物权

◉ ［意］Antonio Gambaro *　著

李云霞 **　译

引言：从历史的角度，民法典——物权这一主题似乎被庞大的《拿破仑法典》（或民法典）所囊括。两个世纪以来，一直向我们提醒且强调的是，民法典以及遵循该模式的所有欧洲和非欧洲法典，都是所有权法典，或者说是围绕所有权建立民法的一种法典。从此便产生了第一组等式的表达方式：民法 = 民法典、民法典 = 所有权制度。应立即补充的是，民法典与法律的合并和收集不同，应被认为是一种高度系统化的立法形式，也正因为如此，才能够使罗马法传统中所教授和实践的有机性和系统性得以保持。这两点相结合使上述等式进一步发展，使民法典成为整个财产法律体系的基础，即民法典 = 所有权（或物权）体系。

当然，在 20 世纪，大多数法学家建议希望超越或放弃这种简化，且在 20 世纪最后四分之一时间，人们得以庆祝它的消失。然而，记忆始终保存着，并将它的起源归于一种对立的令人好奇的叙述：民法典不再是所有权法典，所有权也不再是民法的中心，但是对于所有权权利体系在整个民法典体系内部该发挥的作用，以及如何捋顺整个物权法制度体系却没什么立意。

在这篇文章中，我想提出以下观点：

（1）不论从历史角度，还是从概念的角度，这种将民法典 = 所有权法典的等式都是不正确的。

（2）只有在不将所有权仅仅归于是一种紧凑且倾向于绝对的个人所有权，或者不将所有权归属于布莱克斯通（Blackstone）或温德沙伊德（Windscheid）所赋予的形象的情况下，那种主张所有权是一个民法典的闭合的体系的必要中心的主张才是正确的。

（3）所有权的权利体系必须是一个将多种所有权权利与其所承载的财产之间良好衔接的复杂体系。

（4）正是这种权利归属的极端多样性，才赋予了民法典以一种开放性范式以及仅仅调整所有权的某些方面的功能。

＊ ［意］Antonio Gambaro（安东尼·伽巴罗），米兰大学名誉教授。

＊＊ 李云霞，山东财经大学法学院讲师，法学博士。

（5）当前的学说并不仅仅思考民法典中的所有权制度，而是考察多种效力渊源所展示的制度，因此至少能够指出法律经验发展中哪些问题还是开放的。

上述观点将在随后论证，但我们不是通过概念方法学去论证，而是通过比较历史结果的方式来追踪民法典体系化背后的科学模型。

第一，我们知道，民法典＝财产法典的等式是伴随着 1804 年民法典诞生的。但这仅仅是与命名而非内容相关的一种肤浅的印象。事实上，这样的印象来源于三个方面：第一，原三编之两编的编名，即第二编"财产和所有权的各种变更"和第三编"财产所有权取得的不同方式"；第二，筹备工作曾在修辞上强调建立所有权制度的核心地位；第三，19 世纪的民法典评述者们强调所有人特权的绝对性。

然而对于上述第一点来说，必须注意到一部法典的编名只是一种不那么重要的外在因素。无论如何，一部民法典并非必须以所有权制度为中心。早在 1896 年/1900 年的《德国民法典》模式中，处于整部法典体系的中心地位的是债权关系而非所有权。同样，《瑞士民法典》也没有赋予所有权制度作为整个民法法典化的主干作用，而从历史的角度看，这种法典化却是基于债权制度建立的。1942 年的意大利民法典作为一部民商合一的法典，法典的结构是围绕债权关系和企业关系的主题展开的。新的荷兰民法典将所有权的概念客观化为"财产"的概念。实际上，欧洲各国民法典的制定大都围绕合同法和权利归属凭证的流通问题，而非静态的所有权而展开。

对于上述第二点来说，必须注意到，在历史学家看来，以法国民法典模式制定民法典的立法者们的意图揭示了不少模棱两可之处，无论如何，整个筹备工作也并非要上升为单一形式的所有权。甚至也不能说民法典（以及从它衍化出的其他法典）的制度尤其是为了保护所有者的特权的。特别是对所有权中处分权的调整完全体现了对所有者的意愿的决定性的尊重。

对于上述第三点来说，必须注意到，在 19 世纪的法典评述者们看来，尤其对于那些所谓"注释法学派"看来，将《法国民法典》第 544 条第一部分的表述价值化了，这一表述未"所有权即是可以最绝对的方式享受和处分财产的权利"，忘记了第二部分"但法律或法规禁止的除外"的表述，其目的是为了赞同那种私法和公法领域应当泾渭分明的观点，但却未主张要体现整个有关权利归属的主体地位的制度。

公法领域与私法领域之间的非自然裂痕制约的是教学，而非整个法律体系，因此所有权制度仍然可以符合并最终被"公"法规则和"私"法规则所确认。相反，应当注意到，在过去几个世纪占主流的所有权理论极大地影响了有关民法典的著作和法学家的思维。正如比较历史研究所阐明的，法国的法典立法者们想要将罗马法作为其所有权绝对主义的起源，但这曾经也只是一种修辞上的花招。实际上，包括不动产领域，古典罗马法都承认所有权归属的多重性，[1]但 19 世纪法典的立法者们

---

[1] L. Capogrossi Colognesi，《法律百科全书》XXXVII, 184（1988）: "Proprietà（diritto romano）"；L. Vacca (cur.), *Le Proprietà, Dodicesime Giornate di Studio Roma Tre-Poitiers*, 2014, Napoli, Jovene, 2015.

和评注者们的观点并非来自历史，而是来自哲学，或者说来自 17 世纪、18 世纪遍布西欧的政治和哲学思想流派。在西方思想中发展起来的政治理论内部，在某一个时刻，所有权似乎回归到一个数字，它将多种研究传统相互连接，成为 17 世纪以来所有思想发展的积累。那些对 19 世纪的法典编纂作出贡献的法学家们的思想更多地受到这种哲学政治传统而非共同法实践的启发。因此，在科学思想层面，以所有权主体的意愿为核心的所有权的概念占优势，这种意愿似乎是被一种形而上学的东西所玷污，其结果是阐明了一种抽象的毫无内容的空洞的抽象的所有权概念，这种概念仅有一种（修辞上的）意义，那就是作为主体和主体自由的守护者（presidio）和工具。[2] 这些概念的抽象性一旦遭遇到外部世界的真实对象而非抽象类别，就会迅速被揭穿，因为它一旦涉及一个具体的对象，无论是一个如自行车那样的简单无害的财产，还是如同一个企业那样的复杂体，那么布莱克斯通所称的那种绝对的支配性[3] 或者温德沙伊德所指的意志的无限领主地位[4] 就会变成充满矛盾的强调色彩。所以，离开财产的特点而去描述一种所有权没有任何意义，因为这样只会陷入描述一种"没有财产的所有权"的矛盾。[5]

第二，20 世纪的民法学说宣称并已经背弃了 19 世纪法学所流行的那种叙述性背景，最后到达这样的结论：民法典中明确规定的所有权的概念（如《法国民法典》第 544 条及《意大利民法典》第 842 条）只是多种所有权归属形式的一个范式，它作为一种总结性公式是有用的，将与流转形式和保护有关的一般性学科联系起来，但却不适合表示归属的多样性以及私人所有权。更具体地说，财产的多样性要求要对其归属做出不同的规定，允许有不同的财产归属：一部分，关于对财产本身所产生的收益进行保护和价值化的最适当方式来说，应是理性计算的结果；另一部分它是在利害关系人之间分配财产收益的政策选择的结果。显然，再分配的选择受到各种因素制约，并不存在单一的公式来实施；我们能够追踪的只是一种多种模型，

---

[2] P. Grossi, "Un Grande Giurista del Nostro Tempo-Franz Wieacker (1908 – 1994)", *Riv. dir.* civ., 1995, I, p. 487.

[3] 参见 W. Blackstone, *Commentaries on the Laws of England. Book the Second*, *Of the Rights of Things*: There is nothing which so generally strikes the imagination, and engages the affections of mankind, as the right of property; or the sole and despotic dominion which one man claims and exercises over the external things of the world, in total exclusion of the right of any others individual in the universe. 但应注意到这一著名论断后面几页中，Blackstone 本人也不得不承认绝对的集中的所有权也遭遇到了自由地的限制："this is property in its highest degree, and the owner thereof hath *absolutum et directumdominium*, and therefore is said to seized thereof absolutely in dominio suo."

[4] 参见 B. Windscheid, *Diritto delle Pandette*, trad. it. a cura di Carlo Fadda e Paolo Emilio Bensa, Vol. I, Torino, Utet, rist., 1930, pp. 589 – 590.

[5] 参见 N. H. M. Roos, *On Property without Properties. An Inquiry into the Metaphysical Foundations and the Coherence of Property Law*, in G. E. van Maanen and A. J. van der Walt, *Property Law on the Threshold of the 21st Century*, *Proceedings of the International Colloquium*.

我们可以从中汲取灵感，根据当时的政治取向做出最适当的选择。另一方面，民法典需要由更为持久的规则来构成，这些规则要确定一段中长期内持续有效的法律机构的结构性特征。因此，之所以说民法典是制定有关所有权流转和保护的规则的适当场所，而非就有关所有权的具体内容的详细相符性引入规则的适当场所，其根本性理由就在此。这也受到以下事实的佐证：在民法典的各项法律制度中，有关城市规划制度中不动产所有权相符性的规则，或有关环境保护的规则，都是在民法典之外设置的，且常常由其他部门法所涵盖，其内容逐年变化。这种观察我们也可以在文化财产或金融产品方面中发现，并且最终对于所有作为标准商品的动产，为防损失或损失的风险，法律制度的介入都是非常彻底的。调整诸如标准商品等的规则需要引入一些技术标准[6]，其内容是确定关于产品必备的特殊要求，以便合法投入市场，从而不仅仅引导生产，也影响对其处分的权利。尽管法学家们试图忽视这些规则，但都不能否定这是所有权制度中非常重要的（且是数量庞大的）一部分。

因此，在起草民法典或对它进行修订时，常常会有人悄悄地提出一个问题：哪些问题值得列入民法典去规范，哪些问题更适宜放在其他法律渊源中规范。

对于这个问题，不能做出清晰的回答，而是可以从现行有关物权类型的科学模型中得出一个参考框架。

第三，仔细观察，对于20世纪引入所有权（复数）概念的法学学说的纠正，放弃了民法上所有权的唯一性的教条，使在物权上遵循这一分类也成为必要。

事实上，在以所有人的意志占绝对优势为特征的物之上设想一种权利，这在理论上和实践上具有不可持续性，导致人们的反应是要在法律上放弃物权的概念本身。

众所周知，自从19世纪下半叶德国出现（特别是贝林[7]）对罗马法传统的关键性概念进行批判性重述以来，在民法著作中出现所谓"人格主义"的理论，将对物的关系用人与人之间的关系来解决[8]。而且这种定义也在普通法系的文献中有所体现[9]，

---

[6] 基本上这都是一些次法律层面的规范渊源，因而不被部门法典所收录，也不被一些有机的法典所收录，反而常常是将一些技术规范的制定委托给公私法混合部门或者公司实体来完成。

[7] 参见 E. R. Bierling, *Zur Kritk der Juristischen Grundbegriffe*, Gotha, 1877, p. 174, 181.

[8] 法语翻译见 E. Roguin, *La Règle de Droit. Etude de Science Juridique Pure*, Lausanne, 1889；S. Ginossar, *Droit Reel*, *Propriété et Créance*, Paris, LGDJ, 1960；F. Zenati, *La Nature Juridique de la Propriété. Contribution à la Théorie du Droit Subjectif*, These, Lyon, 1981；F. ZenatI and Y. Revet, *Les Biens*, Paris, PUF, 1997；Y. Emerich, *La Propriété des Créances*: *Approche Comparative*, Paris, LGCJ, 2007.

[9] 参见 J. W. Salmond, *Jurisprudence or the Theory of the law*, 2th ed. London, 1907, p. 222. Bierling 的思想历程记录在 R. Pound, "Fifty Years of Jurisprudence", *50 Harvard Law Rev.*, p. 557, 但在之后的英语文学中德国的起源已经被遗忘了。

这要特别归功于美国[10]的 Hohfeld[11]。尽管需要强调这在欧洲属于少数派理论[12]，放弃罗马法的物权概念需付出很高的抽象成本。

首先是因为个人主义的方法阻碍我们对个别财产的存在给予重视，而人类对于这些财产的用益可能感兴趣。其结果是，现代法律制度当然不能放弃符合物权归属的干预，丧失与物的属性的联系，也丧失受合宪性审查的可能性，最终沦为仅仅是一种立法者或政策制定者所制定的法的政治选择的表达。相反，最高法院，或宪法法院，以及欧洲人权法院的判例承认，在与私权归属的相符性方面，立法者享有充足的评价余地，但却不是无限的自由裁量权。然而，很显然，如果从法律体系中去除财产的分类，而代之以人类对自己制造的资源的利益分类，就不能做出一个对于所谓"宪法上的所有权"（宪法性所有权）在判例和学说上都有说服力的理论体系[13]。

这并不是唯一不可避免的损失，因为必须指出，物的担保的类型也面临同样的命运，它可能要丧失它的存在理由了。因为如果没有物权的概念，一个能够区分物的担保和人的担保的理论框架就是不可追溯的。

其次，实际上，不需要列举有关抛弃物权分类的详细成本清单，可以说今天盛行的[14]理论建树试图重申这样的论断：财产法（law of property）只能是"财产的法"（the law of things），另外也需立即指出，如同罗马法传统一样，物也包括"无体物"，只要它具备有别于人的行为的必要客观性。

必须要强调的是，在欧洲法当前的科学建构中，具有自身本质特性的物，与与之有关的所有信息一同位于所有权问题的中心地位，这些信息当然与人有关，但实质上也关乎物。实际上这是一种与思想史的混乱路径有关的无关性，而那些被称为现实主义者的方法最终将事物的生命排除在了他们的关注之外；或者说他们故意忽

---

[10] 参见 W. N. Hohfeld, *Fundamental Legal ConceptionsasApplied in Legal Reasoning, and Other Legal Essays*, Yale Univ. Press, 1919; 其他原始论述参见 23 Yale L. J. 16 (1913) 和 26 Yale L. J. 710 (1916), 又见 A. Gambaro (ed.) "Comparative Property Law", *The International Library off Comparative Law*, 2, Edward Elgar, 2017, vol. I, p. 75.

[11] 参见 J. W. Singer, *Introduction to Property*, Aspen Law & Business, 2001, p. 2; S. R. Munzer, *Propertyas Social Relations*, in S. R. Munzer (ed.) *New Essays in the Legal and Political Theory of Property*, Cambridge Univ. Press, 2001, p. 37.

[12] 参见 ad es. , E. H. Rabin, R. RosenthalKwalL, J. L. Kwall, *Fundamentals of Modern Property Law*, 5th ed. , Foundation press, 2006, p. 1. ; E. E. Chase, *Property Law. Cases, Materials, and Questions*, Anderson Pub. , 2002, p. 3; F TH. W. Merrill, H. E. Smith, *Property: Principles and Policies*, Foundation Press, 2007, p. 1. ; H. E. Smith, "Property as the Law of Things", *125 Harv. L. Rev.* , 1691 (2011); William Dross, *Droit civil. Les choses*, Paris, L. G. D. J. , 2012.

[13] 有关所有权的合宪性审查以及宪法性权利的相关概念，参见 A. Gambaro (ed.), "Comparative Property Law", Vol. II, pp 351 – 660.

[14] 参见 H. E. Smith, "Property as the Law of Things", 125 *Harv. L. Rev.* , 1691 (2011); William *Dross*, *Droit Civil. Les choses*, Paris, L. G. D. J. , 2012; A. Gambaro, *I beni*, Milano, Giuffré, 2012.

视面对那些代表与他人生活关系节点的数据、时代之间连续性的联系、连接个人和集体历史的桥梁，以及人类文明和自然之间的联系。[15]

第四，重新确定物权范畴在当代法律体系中的中心地位[16]使得法学家之间对很多问题的讨论仍无定论。

我们不能全部分析它们，可仅举两例，这两例还涉及一系列次要问题。

第一个问题涉及构成民法典所有权体系的永恒制度，与有关就各类财产设立所有权的部门法制度的协调问题。

第二个问题涉及存在多种形式的所有权这一公认的概念和传统的物权法定原则之间的体系兼容性问题。

ⅰ 关于第一个问题，我们已经注意到，对现代各国民法典的趋势的认识，尽管所有权制度应由多种法源（宪法、法典、法律和特别规则，以及软法的技术规则）来调整，最贴近民法典特点的那部分所有权制度是有关土地所有权，尤其是有关土地所有权凭证的流转和保护方面的相邻关系的规则。

关于相邻关系的规制问题，一项比较历史学认识表明，一方面为协调在相邻土地上开展所有权活动所采取的一般标准持续存在。根据一项带有明显罗马法印记的学说[17]，主要有四项调整相邻关系的标准：禁止争斗行为；保持合法距离制度；排放制度；共有制度。需要补充一点，地役权也构成协调土地所有权的工具，与之并存的，因事之债（le obbligaziones propter rem）也用以执行一个特别是在共有的情况下不可忽视的辅助性功能。我在此不就类似制度的整体做详细介绍，我只是要指出，这种体系作为几个世纪法律智慧的结果，如何做到在城市规划和环境保护立法上的协调，这一点根本不清楚。这也是因为这些法律是由非法学家所设计的，但却倾向于向后者学习。

因此这个棘手的问题仍未解决，在所有权的流转方面也应该注意到，尚未解决的问题要多于那些已得到令人满意的解决的问题。事实上，如果一方面所有权流转的一般系统性达到了高度稳定，这要感谢所有权的原始取得和继受取得之间的区分，以及进一步的划分为生者之间的取得和死因取得，在最重要的自愿转让所有权领域，并未就意志的作用和占有的作用形成一个统一的框架。

更具体地说，我们知道在优士丁尼罗马法中 mancipatio（要式买卖）和 traditio（让渡、交付）之间的区别已被忽视，所有权的转让是通过契约行为进行的，在交付行为（traditio）完成后产生让渡效果。

---

[15] 参见 R. Bodei, *La Vita delle Cose*, Bari, Laterza, 2009.

[16] Ch. Von Bar, *Gemeineuropäisches Sachenrecht*, Band I, *Grundlagen*, *Gegenstände sachenrechtlichen Rechtsschutzes*, *Arten und Erscheinungsformen subjektiver Sachenrechte*, C. H. BECK, 2015.

[17] 参见 Pietro Bonfante, "Criterio Fondamentale dei Rapporti di Vicinanza", *Riv. Diritto Civile*, 1911, p. 517, ed. in P. Bonfante, "Scritti Giuridici Varii", vol. II, *Proprietà e Servitù*, Torino, Utet, 1918, XIV, p. 774.

为使所有权发生转让效果必须有交付行为，但也要求交付需是有理由的，原所有人的在先行为应具备发生让渡（traditio）的正当事由（iusta causa）。欧洲的罗马共同法学家们将这种产生让渡效果的转让称之为"权利的""取得资格"（Titulus）而非"取得方式"（Modus Adquirendi）。

但这也意味着，即便债权契约无效，所有权依旧发生转让效果，因为非债给付是从受让人那里取得所有权转让的个人行为，因此从逻辑上假定转让已经发生。但如果我们从这个想法出发，这也被优士丁尼罗马法文献所证实，比如"nunquam nuda traditio trasfert dominium"（保罗：D. 41，1，31）。应当假定，当在没有正当事由的情况下，转让"资格"（Titulus）无效且所有权转让没有发生，此时正确的补救应当是损害赔偿（rivendicazione）而非请求给付（condictio）。实际上，原所有权人应当采取补救措施以重新取得占有，而非所有权，因为他从未失去过。这种实质性规则和补救安排之间的逻辑矛盾标志着一段长期的罗马共同法之路，产生了法律思想史上最复杂的篇章之一。

众所周知，现代法典们试图通过简化"资格＋方式"（Titulus + Modus）的方案来解决问题，但他们却最终通过选择不同的路径来完成。在法国法仅限于"证书"，在德国法中则更依靠"方式"（Modus）而仅仅赋予"证书"（Titulus）以债权效果。

实际上，每一个法典都会作出它认为最适当的选择，但如果说存在一个完美理性和令人满意的模式那就有些夸张了[18]，尽管我似乎观察到，在最近的学说中那项所谓"合意原则"已经失去了很多吸引力。

在产权归属的保护方面，事情似乎并无不同，因为除了涉及所有权人所拥有的各类补救措施的排序划分外，财产保护和占有保护之间的二分法产生了一个相当凌乱且问题层出的复杂局面。[19]

ⅱ. 如前所述，现代法学正在就物权法定原则的持续有效性展开讨论。

最初这项原则的理由在于防止所有权尤其是不动产所有权产生不受控制的碎片化。对此，法律上对分类设置了少数非常有限的"所有权碎片化"的情形。这样的情形将土地自由的指引转变为公共经济秩序原则，其结果是使以设立法无规定的物权为目标的私法契约被认为是无效的，理由是这些契约具有不合法的目的或者原因。

20世纪在土地所有权方面出台了大量的调整性制度，这使得在公共经济秩序领域过于依赖土地自由原则变得更加鲁莽。如此，这项不断被援引的规则就变成了一个支撑基础的孤儿。

---

[18] L. Vacca（cur.），*Vendita e Trasferimento della Proprietà nella Prospettiva Storico-comparatistica*，T. I e II，Milano，Giuffré，1991，ed. ivi gli studi di G. Pugliese，*Compravendita e Trasferimento della Proprietà in Diritto Romano*，p. 25；I. Birocchi，*Vendita e Trasferimento della Proprietà nel Diritto Comune*，p. 139；B. Kupish，*Causalità ed Astrattezza*，p. 433；R. Sacco，*Relazione di Sintesi*，p. 863.

[19] 参见 L. Vacca（cur.）*Le Situazioni Possessorie-Convegno Internazionale ARISTEC 2015*，Napoli，2017；J. Gordley，U. Mattei，"Protecting Possession"，*44 Am. J. Comp. Law*，293（1996）.

有关支撑基础的研究使物权法定原则与公示系统相连接，比如，尤其是不动产公示等，类型化公示一定是需要的。但对此我们必须注意，它与公示系统的需要紧密相关，物权法定原则的基础仅限于对在公共登记册上登记的财产的物权领域，而且无论如何都不会导致对非法定物权的物的权利的设立契约无效，而只是对它的效力进行限制。

有人指出，确立物权法定原则的一个适当理由，不是所有权各种权利的组织，这可由所有权人的自由裁量权确定，而是在于物权流转本身。流转目的是广泛的，因而包括担保物权的设立在内，每一种物权都会带来单个流转的成本考量。因此就很容易得出结论，与沟通的清晰性相伴的标准化对于减少潜在受让人在权利市场上成为权利主体时应当获取的信息是非常必要的。这种考量与一种具有持久普遍效力的物权的技术特征相连，但是可以解读为，在一个开放的市场经济中，它是一种对所有人都有可获取的利益的具有普遍效力的权利，因此应当以这样的方式包装：不确定数目的利害关系人可以获取必要信息来衡量是否值得获取。这种标准化所保障的简单性对于减少交易成本是管用的，但权利构成要素的概念的清晰性是其作为一种"物权"而存在的，或者一项可以借助其可以自动取得财产利益的权利的前提条件。实际上，如果权利人获取权利利益的前提条件不明确，物权就失去了它的存在理由。然而，如果这些理由能被认为是有效的，那么不仅应当由立法机关来界定一项真正的物权，惯例也可以在确定为确定物权内容清晰度所要求的信息有效上发挥作用。

第五，这里列出的只是当代法律经验演变中遭遇问题的几个例子。从比较历史的角度可以得出的是：一方面，物权的类型对于整个具有财产内容的权利的体系化具有基础的排序功能；另一方面，由于物权概念涉及一种突出的文化概念，或者作为法律反思的产物，为了保障整体法律体系的有机发展，物权概念也应当不断得到发展。

推动这一不断地演变的还有对于替代了古典的理论结构的普遍认知，即物权作为一个债的内容为特征的法律关系中的主动的一方，而债权作为其中消极的一方，两者在系统性协调和作为权利数据的显示表征方面似乎未取得什么收效。事实上，如前所述，对于所有权主体的法律地位来说，遵循债权关系的结构的一般化设置，将会失去给与作为物权客体的财产以法律重要性的可能性，其最终结果是所有权的归属变成一个"没有自身权能的持有权"的同义词。

这方面的问题不仅是理论性的。因为我们必须问问自己，在物权中消除类型是否与关于物权类型的排序信息相兼容，这些物权类型是分散的，但也是对于调整规则至关重要的。

因此必须记住，对于法学界所发展出的一系列科学体系，每一种法律理论都有双重作用：认知的和规则的。在认知论角度，其证据是基于一个良好的具有体系化的信息排序所带来的更佳清晰性这一好处所建立的理论架构。在规则的角度，其证据是某一理论建构会产生更加正确的和相对另一种建构更适应社会规则的可能性。

从这两方面讲，必须说，罗马法确立的物权类型化已经展示了能够使不同制度领域的一系列规则信息相互协调的特点：从程序法到法律冲突领域，到合意程序领域等，也能够产生适合于最终更正确的、更谨慎的在个人之间分配利益的制度的正式的框架。

传统民法"公法私物"对自然资源立法的启迪
——以构建自然资源基本法为着眼点

◉李显冬 *陈佩云 **

摘要：在资源即命脉的今天，我国自然资源立法已基本成型，但依然存在着体系上和立法理念的缺陷。笔者从传统民法上公物、私物的分类，以及宪法所有权和私法所有权的辨析上进行分析，得出需要从法律规范系统层面调整自然资源的结论。最后，结合自然资源在现代经济系统的重要意义，从构建自然资源基本法律规范系统的角度，发现在我国"金字塔"式的法律系统中缺少作为承接宪法和各个自然资源单行法的具有基本原则性规定的《自然资源基本法》。在中央建立自然资源部的大趋势下，彰显了自然资源日益重要的地位，制定一部《自然资源基本法》势在必行。

关键词：自然资源立法；自然资源基本法律规范系统；自然资源基本法

一、我国自然资源立法概况

自然资源是指广泛存在于自然界，并能为人类所利用的自然要素。具有可用性、空间分布不均匀性和整体性等赋存特点。

在可持续发展理念落实贯彻和建设法治中国的浪潮中，我国自然资源立法取得了相当的成就。自 1984 年我国颁布《森林法》，随后接续颁布了《草原法》《林业法》《土地管理法》《矿产资源法》《水法》《领海和毗连区法》等一大批自然资源单行法，自有涉及自然资源的立法或司法解释、行政法规、地方性立法和政府规章等诸多法律规范，再加上我国参与的《海洋法公约》和《生物多样性公约》等多个国际条约，已经形成基本的自然资源基本法律规范系统。

总体上，立法已经涵盖了开发利用的各主要方面，满足了经济发展建设的一般需求，在促进经济、政治、生态、文明协调发展中起到了相应的作用。[1]

---

　* 李显冬（1951 年－），男，辽宁省辽中县人，博士，博士生导师，中国地质大学（北京）特聘教授、澳门科技大学博士研究生导师、中国政法大学国土资源法律研究中心主任。

　** 陈佩云（1996 年－），中国地质大学（北京）法律硕士研究生。

〔1〕 孙佑海、丁敏："制定配套法规的若干问题研究"，载《法学杂志》2006 年第 5 期。

二、我国现行自然资源立法之缺陷

（一）自然资源立法体系不完善

传统法学理论中，法律体系是将一个国家的全部法律规范（规则），根据一定的标准和原则划分成相互具有内在联系的各部门法。自然，部门法的整体就是法律体系。[2]

传统部门法实际上不包括国际法，仅指国内法。故法律体系大体上分为宪法及宪法相关法、民商法、行政法、刑法、诉讼与非诉讼程序法等，大陆法系简称"六法"。理论上法律体系的所有部门法是统一的，各个部门法间是协调的。但由于我国是以行政手段调整自然资源的管理、配置和保护，故而自然资源单行法均是由其对应的行政管理部门起草，其所涵盖的范围囿于相关行政管理部门的权限，多从本部门本系统的利益出发来制定具体的措施，此种行政委托立法摆脱不了自然资源行政管理法的范畴，难以全面地构建一个全面综合的自然资源基本法律规范系统。[3]

自然资源作为公共资源的重要组成部分自应由市场配置，且渐入民法的调整范围，与此同时我国自然资源立法在理念上承认其准物权的私权属性，并由此体现于各自然资源单行法。然而，作为私法的《民法通则》《物权法》与具有行政法性质的自然资源单行法，无论是在基本理念上，抑或是具体制度上，都存在本质的不同，私法规范与公法规范的矛盾和冲突在所难免，无法使其形成结构严谨、层次分明的法律逻辑体系。

（二）《自然资源基本法》缺失

自然资源行政部门委托立法的天然弊端，[4]造成有关立法不可避免地"行政权力部门化"；[5]"部门权力利益化"；[6]"部门利益法制化"；[7]"行政立法碎片化"，致其重复和遗漏处多达一小半。[8]究其原因，主要是未明确自然资源所有权由哪级政府或哪个部门代理或者托管，也没有明确中央政府、地方政府和部门间的权利义务，对于如何协调各级政府之间的利益关系，同样也难以作出明确规定，故导致各种矛盾和冲突频发，造成资源的严重浪费和破坏。特别是行政管理部门很大程度上仅是从各自不同的角度来将已有的临时应急管理措施定型化的，不免存在管理权限冲突、部门利益矛盾，不但难发挥出法律规范系统的调整作用，"公地悲剧"也因此产生。所以，为更好地整合各单行法律法规的目的与功能，制定小宪法性质的《自

---

〔2〕 张晋藩："《中国法制通史》'总序'"，载《南京大学法律评论》1999年第1期。

〔3〕 孙涛："从委托立法的角度看地方立法的完善"，载《阴山学刊》2017年第2期。

〔4〕 李旭光："从'碎片化'到'整体化'——后工业时代一体化交通管理模式的建构"，载《统计与管理》2016年第7期。

〔5〕 吴贤静："大部制改革视野中的行政立法制度变革"，载《学术论坛》2014年第10期。

〔6〕 杨小军："谨防权力部门化成合法现象"，载《人民论坛》2014年第12期。

〔7〕 王检："政府部门利益化的现状研究"，载《知识经济》2010年第5期。

〔8〕 高凛："论'部门利益法制化'的遏制"，载《政法论丛》2013年第2期。

然资源基本法》以宣示整个自然资源领域系统目的功能，刻不容缓。

（三）自然资源所有权法律制度交叉重叠属性不明

传统部门立法首先须明确其调整对象，鉴于联合国已经确认国家对自然资源拥有永久主权，自成为其所有权为公法属性的法律依据之一。[9]《物权法》第 48 条规定自然资源归国家所有，表明宪法所列自然资源具有的属性，但并不否认自然资源具有经营性之特征。因此，自然资源同时具有资源属性和财产属性。

（四）自然资源有偿使用、产权交易制度法律规范系统需要完善

很多资源现在仍然在被无偿开采，究其主要原因是开采主体的体制问题。以矿产资源为例，过去矿产资源是由地勘单位无偿勘查且国有矿山企业无偿开采。此外，对于资源的使用，不仅在有偿使用制度上存在缺陷，连带自然资源价格制度、核算制度都存在着模糊地带。诚然，多数部门法建立了资源有偿使用制度，但是有偿使用的标准存在问题。以矿产资源为例，1996 年《矿产资源法》就构建了探矿权、采矿权有偿取得制度，规定开采矿产资源应缴纳税费。

此外，由于在我国，资源属于国家所有，法律禁止任何组织或个人用任何手段侵占，资源不能直接交易，法律仅允许其使用权有条件地转让交易，因此法律对自然资源交易制度罕有具体规定，同时还缺乏具体实施步骤和操作办法。但随着民法上物的概念扩大化趋势，物的范畴早已不局限于有体物商品的交换。具体到自然资源领域来说，法律制度上就是将"物"的概念扩大到了对未来使用权的转让与交易的预期。故而将自然资源资产化并建立相应的产权制度，是制度创新，也是实现生态文明建设的关键。可以说，健全完善的自然资源产权制度是生态文明制度建设的基础性制度。[10]

三、传统民法上公物与私物的划分及其意义

毋庸置疑，罗马法作为世界历史上内容最丰富、体系最完善、影响最广泛的古代法律，为后世特别是近代欧洲大陆国家立法提供了范本。[11]这其中也包括了根据资源的自然特性和社会属性进行资源配置的方法，这对我国资源配置和自然资源立法也有很强的指引作用。下文笔者以罗马法及受其影响的后世法为代表，就它们国有财产的规制方式及其理念做一个阐释：

（一）古罗马的交易物与非交易物分类的立法模式

古罗马按照物能否交易为标准将其划分为交易物和非交易物。非交易物又按照调整规范的不同区分为人法物与神法物，前者由人的规范调整，后者由神的规范调整。人法物包括三部分：空气、阳光、海洋等属全人类所有，为没有权利主体的共

---

〔9〕 李忠夏："'国家所有'的宪法规范分析——以'国有财产'和'自然资源国家所有'的类型分析为例"，载《交大法学》2015 年第 2 期。

〔10〕 赵娜："自然资源产权制度建设有待破题"，载《中国环境报》2014 年第 11 期。

〔11〕 周枏：《罗马法原论》（上册），商务印书馆 1996 年版。

用物；公路、河川、监狱等属国家所有，为全体罗马市民共同享有的公有物；斗兽场、剧场、浴场等属市政府所有，为市民共同享有的公法物。神法物也分为三个部分，即土地、教堂、庙宇等供奉神灵所用的神用物，棺材、坟墓、殉葬物等安葬亡魂的安魂物，城市的城墙、城门、土地的界址等神护物。

这种根据物的自然特性和社会属性所进行的资源配置，对后世在国家财产所有权的分类立法产生了深远影响。

（二）法国将国有财产区分为公物和私物的模式

国有财产划分为公物和私物首先由民法学者提出，在 19 世纪初，他们认为公物不能因为转让和时效影响而消失，这个思想很快为学术界和司法圈大多数人所接受。20 世纪后，公物理论有了很大发展，但长期以来也没有确立一个统一的公物制度。[12]

1947 年，法国民法改革起草委员会在公物和私物的划分上拟出了两个标准：一个是民众直接使用；而另一个是公务所用，即主要用于公务用途的财产，得到学术界和司法界的普遍认可和采纳。[13]从此，公物是指为行政机关为民众使用、执行公务所用且不可替代的财产，即完全属于公法范畴，否定公物的私法调整，这称为一元论的公物规范。然而，在实践中，为了满足社会发展的需要，一些公物可以进入私法的领域，一些私物也会进入公法的调整范围。所以，法国法不绝对排斥公法与私法的结合。

（三）德国将国有财产视为修正的私权客体

德国的国有财产是一种修正的私有财产权。采取了私法和公法二元论的规范：以统一的民法制度为前提，同时在必要情况下设定了公法上的限制，但公法覆盖不到的仍要适用私法规定。因此，德国公物法以私法规范为原则（尤其是适用民法典中有关所有权的规定），同时确立了公法支配权，与私法规范并驾齐驱、交叉重叠，这是德国公物法的基础特征。在德国，公物属于私法意义上的财产，权利是可以转让的，实质上是在支持所有人行使处分权。但当行政主体的私法支配权损害了特定的公物目的时，此时私法行为以及强制执行中的处分行为无效。还有，只要不影响公物目的的实现，允许行政机关在公物上为特定人设定使用权（独占的方式），继而可形成民法上的合同关系。公物法中最有特色是"公共设施"一词，"公共设施"概念使物的因素与人的因素有机结合起来，是一种结构化、机体化的公物。"公共设施"的概念让我们打开思路，对国家所有权的构成有了更客观、更全面的认识。

（四）日本将国有财产分为普通财产和行政财产

日本更多地借鉴了德国行政法的理论，日本将国有财产分为普通财产和行政财

---

〔12〕 刘艺："公物法中的物、财产、产权"，载《浙江学刊》2010 年第 2 期。

〔13〕 ［德］奥托·巴霍夫、罗尔夫·施托贝尔：《行政法》，高家伟译，商务印书馆 2002 年版，第 474 - 476 页。

产。普通财产属私物，行政财产属公物。公物又另分为公共用物和公用物，其中，公共用物是供民众使用的财产，公用物是指行政主体活动使用的财产。

综上，因国有财产的公共使用而创制的公物法，无论是法国的一元论立法模式，还是德国的二元论立法模式，以及日本的混合型立法模式，虽然形式不同仍然存在着内在一致性。其一，各国政府利用国有财产向民众提供公共服务，是公物法产生的社会基础。其二，根据种类和用途的不同，将国有财产划分为公物和私物已经成了一种惯例，之后其他国家或新的立法体例在很长一段时间内都要沿用这种划分。其三，民众和特定行政主体使用的公物；行政主体掌握的行政财产和参与企业运营的私物，分别由公法或私法调整，或由公、私法共同调整。[14]

总之，在国有财产的分类上，体现了公私双重法律属性，使用目的的公共性，这反映了社会观念的进步。并且，公法与私法的划分与联系，为国家的法律体系、法律部门建设做好了基础性工作，为社会繁荣可以提供更好的保障和更先进的法制建设，在全面依法治国的基本方略中，这一点格外值得借鉴。

四、对自然资源进行综合法律调整已成为发展趋势

（一）国家公权力和公法私法化对资源配置的影响

1. 公权力赋予国家"积极干预"之权和最终支配权。[15]自然资源国家所有无非是实现其合理利用的法律手段。国家作为抽象主体本身其并不能直接支配和利用自然资源，实现支配的方式无非是干预，旨在决定自然资源的利用主体、利用方式、收益分配方式等重大事项，这均为国家干预的形式，故国家对自然资源的所有权本质上即为垄断权或专管权。[16]

2. 私法公法化使市场规律的自由竞争被引进公共事务。国家机关工作人员拥有自然人和公共利益维护者双重身份，双重身份背后的利益必会出现冲突，而外在约束力或内在控制力不够的时候，政府决策的制定和执行也会出现牺牲公共利益的现象，造成公权膨胀恶果。[17]

综上原因，在公法领域加入私法手段对社会公共事务进行管理，将自由竞争纳入公共事务的管理过程，才可能真正实现市场对资源配置的决定作用。

（二）自然资源所有权中蕴含公权与私权双重属性

宪法上的所有权反映的是所有权人和国家之间的公法法律关系；民法上的所有权是所有权人和个体之间的民事法律关系，旨在调整权利所指向的客体。此两种层面的所有权侧重点有所不同，但建立一个多元化的法律体系和所有权体系已成为趋

---

[14] ［日］大桥洋一：《行政法学的结构性变革》，吕艳滨译，中国人民大学出版社2008年版，第198 – 216页。

[15] 周刚志："公物概念及其在我国的适用"，载《现代法学》2006年第4期。

[16] 何登辉："论自然资源国家所有权的实现路径"，载《苏州大学学报（法学版）》2016年第3期。

[17] 徐祥民："自然资源国家所有权之国家所有制说"，载《法学研究》2013年第4期。

势。当自然资源由国家所有并由政府或政府职能部门代为占有、使用、收益和处分时，即国家具有民事和行政双重主体地位，其拥有的自然资源所有权也具有公权与私权的双重性质，所以应对自然资源进行综合性的法律调整。[18]

私法在形式上是披着国家意志外套的社会正当行为规则，其价值恰在于在所有权的交换过程中制定规则以达到定纷止争的目的，并以最有效的方式利用资源以实现资源价值的最大化。私法在承载了国家意志的基础上，并不影响以有效的方式帮助自然资源实现价值。[19]《宪法》中的全民所有权，不以私人所有权的客体为客体，仅旨在保障基本经济制度，这也成了私法所有权设定的基本依据。[20]

（三）法律规范系统可适应自然资源领域性调整的要求

1. 法治系统工程建设渐进勃兴。习近平同志再次强调了社会经济系统性的问题，钱学森同志早在1979年已把"法治系统工程"列入系统工程的庞大体系。而资源及其生态环境是一个有机的统一整体，自必须按照系统工程的思路，构建生态环境治理体系，用最严密的法治保护资源生态环境。依靠制度、依靠法治，来构建产权清晰、多元参与、激励约束并重、系统完整的资源生态文明制度体系。[21]

现有立法虽已涵盖自然资源开发利用的主要方面，起到了积极作用。但习近平同志强调，现代化经济体系，是由社会经济活动的各个环节，各个层面，各个领域的相互关系和内在联系构成的一个有机整体。故从社会经济的系统性出发，他强调，"历史的经验值得注意，历史的教训更应引以为戒"。对此，李克强总理也强调，要积极利用国际国内两个市场、两种资源，把"引进来"和"走出去"紧密结合，为我国经济开放发展作出了重要贡献。

2. 权力配置、运行规则、法律保障之来源。狭义的自然资源行政管理体制则包括：行政机关的职能定位、权力配置、运行规则、法律保障。而自然资源行政管理体制广义上则包括：行政权力与其他公权力的关系体制、中央与地方行政机关集权或分权体制、行政区划体制等。[22]

自然资源部挂牌成立，标志着我国自然资源调查和保护利用进入了一个新的发展阶段，赋予了自然资源部新的职责和使命。

保障全民所有自然资源所有权有效实现，确保资产保值增值，首先要把全民所有自然资源资产的数量、质量、资产及其变化情况核算清楚。建立国有资产管理制度迫切需要建立覆盖所有自然资源的资产核算制度、体系、标准和方法，建立自然

〔18〕 田喜清："探析公法的私法化：以行政法为视角"，载《探求》2014年第3期。
〔19〕 马俊驹："国家所有权的基本理论和立法结构探讨"，载《中国法学》2011年第4期。
〔20〕 李显冬、牟彤："完善准物权理论以健全自然资源资产产权制度"，载《中国国土资源经济》2014年第2期。
〔21〕 王小龙："法治系统工程论探析"，载《中共银川市委党校学报》2013年第2期。
〔22〕 李昌庚："中国经济法学的困境与出路——兼对社会法等部门法划分的反思"，载《北方法学》2014年第5期。

资源资产数据库等信息化技术手段。[23]

行政机关职能定位、权力配置、运行规则需依法设定、依法运行。其都存在立法欠缺和规范冲突两个不足，自应重塑立法理念、加强立法协调，在传统部门法划分的基础上，以一种非传统部门法划分理论审视经济法，构建内在的综合性自然资源开发管理法律规范系统。

由于法的内在体系是反映的是法的论证关联根本的价值取向，亦即实践法律原则以及其价值；而外在体系则是以一定法的概念、制度、规范为基础，根据一定的逻辑加以构建的体系，外在体系要以法律规范甚至法律文件的形式展现出来，具有稳定性、可预期性的特点。[24]

3. 自然资源开发管理是经济系统中的重要子系统。系统论的学者是将社会视为是一种要素众多、层次复杂、关系错综、目标功能多样的大系统。凡按一定的秩序或因果关系相互联系、相互作用和相互制约着的一组事物所构成的体系，都可称之为系统。自然资源这样一个综合性的社会关系领域，其本身就要求法律门类齐全、结构合理、功能协调，使得其中的法律规范能够作为一个有机整体充分调整该领域内的各种社会关系。

传统物权理论从"以所有为中心向利用为中心"的转变，是生产社会化和资源利用的高效化发展的结果，也是物权社会化发展趋势的体现。旨在界定财产归属和明晰产权从而保证经济运行有序化，与此同时实现资源的充分游移，保证财产利用的畅通性，最大可能地发挥资源的效用，寻求最佳的社会经济效益，这业已成为现代物权理论的首要价值目标和立法重心。

故而自然法律规范系统这种解读恰好准确地体现了"领域性调整"这一立法要求。首先其将系统限定在了自然资源开发管理法律领域，自可涵盖复杂的内部社会关系，对该特定法律领域内所涉及的各种社会关系进行综合的调整。

五、《自然资源基本法》之小宪法的法律本质属性

（一）统一管理要求将各种临时应急措施以基本法形式概括定型化

20 世纪肇始，世界各国政府为实现其特定的经济战略目标，通过经济立法、行政指导等手段来干预经济和产业的活动已渐成"历史传统"，各国常常颁行规制特定经济领域的以"振兴法"命名的特别法，其本质上无非是"宪法司法化"的一种普通法转换路径。尽管我国目前颁布了《矿产资源法》《水法》《土地管理法》《海洋环境保护法》《草原法》等单行法，但是这些成文法有其先天缺陷，成文法只能调整社会中已出现的法律现象，无法穷尽一切法律问题，社会生活中最新的法律问题面临着"找法"的困境，而成文法律规定得太具体和详细又会限制其适用范围。此时，

---

[23] 郑云瑞："论西方物权法理念与我国物权法的制定"，载《上海财经大学学报》2006 年第 3 期。
[24] 马俊驹、尹梅："论物权法的发展与我国物权法体系的完善"，载《武汉大学学报（哲学社会科学版）》1996 年第 5 期。

若有相关的基本法律制度对其有原则性的规定，那么就可以适用相关的原则来处理新的法律问题，提高法律适用的弹性。

随着社会经济的不断发展变化，亦需不断修订以前颁布实施的有关法律，单纯依靠制定自然资源的单行法无法及时建立起统一协调的自然资源基本法律规范体系，所以，自然需要制定自然资源基本法，即《自然资源基本法》来作为统领自然资源领域一切法律关系的仅次于宪法的基本大法。

（二）宪法不可能也不应该对各种具体问题都予以规定

1. 宪法作为法律法规的基础和前提仅能概括出原则性的规定。依宪治国是落实依法治国的重点和关键，是建设法治中国的内在要求，《中共中央关于全面推进依法治国若干重大问题的决定》中指出"宪法是党和人民意志的集中体现，是通过科学民主程序形成的根本法。坚持依法治国首先要坚持依宪治国，坚持依法执政首先要坚持依宪执政"。

不过宪法作为其他一切法律法规的基础和前提，仅能作出一些原则性的规定，不能也不该对具体的法政策和制度作出详细列举。[25]不过宪法不只是政治宣言，因而一般不应该直接适用其中规定的积极权利；宪法也不是普通的法律，因而不应该适用其所规定的公民义务或经济政策细节，而应将这些事项留给具体的立法。如此，作为连接宪法与单行法特别法工具的"小宪法"——各种"基本法"才应运而生。

2. 制定各种《自然资源基本法》成了折衷宪法适用的有效之道。于宪法的适用，目前我国有学者有主张放弃"宪法直接适用论"者，亦有支持"宪法间接适用论"者。而在一般的意义上，法律适用是将抽象的法律规范与具体的法律事件相联系，以抽象的法律规范为标准对具体法律事件进行评价并做出具有法律意义决定的过程。由于在法律适用过程中，法律只能是直接适用而不可能是间接适用。对于宪法作为法律之一种，许多学者主张，宪法的适用也只能是直接适用而不可能是间接适用。[26]

故此，《自然资源基本法》以"小宪法"或者说"基本法"的形式出现，针对自然资源领域作出宪法性的基本原则性的规定，在配套的单行法律未被制定出来之前，其可以作为原则性的法律规范从而得以适用，解决社会中存在的矛盾问题，来维护我国自然资源安全与高效利用。

3. 制定一部《自然资源基本法》势在必行。由于现行立法体制实际上摆脱不了行政体制的约束，在各单行自然资源基本法主要都由相对应的资源行政管理部门负责起草的体制下，负责起草的部门往往囿于本部门、本系统的利益，依各自的管理方便来设计种种临时措施。毋庸置疑，由于缺乏统一的立法指导思想、基本原则和

---

[25] 赵冬冬："1982 年宪法及修改与中国的社会变迁"，载《郑州大学学报（哲学社会科学版）》2010 年第 5 期。

[26] 张千帆："论宪法的选择适用"，载《中外法学》2012 年第 5 期。

技术标准，无法形成协调统一的规范体系；相反，容易使其成为扩展部门权力，维护部门利益的工具，难以真正发挥法律综合调整效应。为更好地整合各单行法律法规的目的功能，制定《自然资源基本法》以宣示整个自然资源领域系统目的功能，刻不容缓。

党的十九大报告中提出："深化机构和行政体制改革。统筹考虑各类机构设置，科学配置党政部门及内设机构权力、明确职责。统筹使用各类编制资源，形成科学合理的管理体制，完善国家机构组织法。"自然资源部成立后，为实现有法可依，起草一部自然资源的法律显得尤为急迫。

19 世纪德国普通法学围绕所有权移转对尤里安 与乌尔比安法言的解读 *

◉陈华彬 **

摘要：古罗马法时期虽然没有近现代及当代意义的物权概念，但存在各种物权学说，尤其是罗马法学家的法言。而于民法学说史上，对于一方怀抱赠与的意思交付标的物，而对方却误为消费借贷受领标的物时，标的物的所有权是否移转，乌尔比安与尤里安形成了对立的意见：乌尔比安认为所有权不移转，而尤里安认为所有权移转。前者称为所有权移转的"有因性说"，后者称为"无因性说"。本文考疏了19 世纪德国普通法学（者）围绕所有权是否移转而对尤里安和乌尔比安的法言进行有因性解读或无因性解读的情况。

关键词：德国普通法学；尤里安法言；乌尔比安法言；有因说；无因说

按照《德国民法典》第 873 条第 1 项与第 929 条，不动产（土地）所有权的移转，需有当事人双方关于所有权的变动（移转）的合意（Auflassung）与登记（Eintragung in das Grundbuch）；动产所有权的移转，需有当事人双方关于所有权的移转的合意（Einigung）与交付（übergabe）。此合意与登记，或合意与交付，性质上属于和买卖契约等债法上的法律行为迥然不同的另一种法律行为——物权行为。并且，其效力不受作为原因行为的债权行为的效力的影响，学说谓为物权行为的无因性。

---

* 本文的主要内容，系依据［日］海老原明夫："19 世纪德国普通法学上的物权移转理论"，载《法学协会杂志》第 106 卷第 1 期。谨此特别说明并向海老原明夫先生致敬和致谢。此外，本文的撰写还参考了下列日文著述：［日］好美清光："Jus ad rem とその発展の消滅——特定物债权の保护强化の一断面"，载一桥大学研究年报《法学研究 3》（1961 年）；［日］小川浩三："普通法学上の causa（原因）论の考察"，载《法学协会杂志》第 96 卷第 6 号（1979 年）；［日］滝沢聿代：《物权变动の理论》，有斐阁 1987 年版；［日］谷口贵都："物权契约の历史的展开"，载《早稻田大学院法研论集》第 31 号及其以下；［日］原岛重义："无因性概念の系谱"（无因性概念の研究 1），载九州大学法学部创立 30 周年纪念论文集《法と政治の研究》（1957 年），第 451 – 477 页。这里需要特别指出的是，海老原明夫先生为日本研究德国民法的著名学者，所发议论细腻深刻。另外，本文所援引的德文文献，非有特别说明，也皆出自于海老原明夫文，为节省篇幅计，笔者在具引时，仅注明德文的出处，此一点于此一并加以说明。

** 陈华彬（1967 年 - ），中央财经大学教授，博士生导师、博士后合作导师，法学博士。

《德国民法典》尽管并未从正面明定物权行为的无因性，但由该民法典的制定过程来看，它毋庸置疑是采取了物权行为的无因性的。《德国民法典第一草案》（1887年）于第 828 条——即现行《德国民法典》第 873 条的原形之后的第 829 条规定："前条所定的契约的有效，无需有法律上的原因。该契约的有效，于当事人怀抱不同的法律原因，或当事人设想的法律原因不存在，抑或无效时，皆不丧失其效力。"并且，该草案第 874 条第 1 项规定：第 829 条，得准用于动产所有权的移转。至德国民法典第二次起草委员会，尽管明定物权契约（物权的合意）的无因性的第一草案的第 829 条被剔除了，[1]但此并不意味着德国民法典第二次起草委员会放弃了物权行为的无因性。

德国民法典草案第二次委员会的"议事录"，就之所以删除德国民法典第一草案的第 829 条有这样的记述："第 829 条的规定是正确的，但它是多余的、无用的。该条第 1 项第 1 款，未对第 828 条增定任何别的内容，仅因考虑到于迄今为止的法律领域，取得权源与取得方式的理论占据支配地位，认为往后取得土地的物权，除需有无因的契约与登记外，不再需有特别的法律原因的纯粹的教育旨趣。……由第 828 条第 1 项的文义，可以明了：只要具备该条所定的取得土地物权的要件，即获满足。"[2]由此记述可以知悉，德国民法典第二次起草委员会，因考虑到物权行为的无因性系一项当然的前提与原则，故决定剔除德国民法典第一草案的第 829 条。

以上被德国民法典的立法者视为当然前提的物权行为的无因性，是由 19 世纪的德国普通法学，尤其是历史法学派的重要代表人物萨维尼（Friedrich Carl von Savigny，1779 – 1861 年）倡导的。唯萨氏提倡物权行为的无因性，又绝非凭空杜撰，而是经由对罗马法的法律概念进行论理的加工而获得的。本文的任务，即是对萨维尼等 19 世纪的德国普通法学者围绕所有权的移转而展开的对于罗马法的法言，尤其是对尤里安与乌尔比安的法言所作的解读予以考量、分析。[3]

笔者将首先考察围绕"交付"需有"正当的原因"的保罗的法言（D. 41. 1. 31pr.）的议论，其次考察围绕尤里安的法言（D. 41. 1. 36.）与乌尔比安的法言（D. 12. 1. 18）的议论。需说明的是，无论对于罗马法的法言作如何的解读，也是难以释明德国民法的所有权移转理论的历史渊源的全貌的。盖德国民法的物权行为及无因性理论，其固有法即日耳曼法中的"让与土地所有权的物权的合意"（Au-

---

[1] ［日］海老原明夫："19 世纪德国普通法学上的物权移转理论"，载《法学协会杂志》第 106 卷第 1 期。

[2] 转引自［日］海老原明夫："19 世纪德国普通法学上的物权移转理论"，载《法学协会杂志》第 106 卷第 1 期。

[3] 值得提及的是，当此之时，德国普通法学者们的学问的根本事业，即在于罗马法的研究。此间学者所提出的任何有影响的理论，皆非闭门造车、冥思苦想而化出，而系经由对罗马法源（或法言）的解读，尤其是自相互对立的解读中提出的。

flassung）等，乃是对其产生了决定性作用的。[4]此外，登记制度的应有姿态或固有状况，也对物权行为及无因性理论的确立起到了推波助澜的作用。限于篇幅，这些皆不涉及，拟另设专文研究。此一点，于此一并加以说明。

一、物权行为独立性的罗马法的法言的解释论

（一）格鲁克的解读

关于所有权的移转，德国的普通法学者格鲁克（C. F. Glück，1755－1831 年）的重要贡献在于：提出了迄至 19 世纪初期一直占据通说地位的"取得权源与取得方式"的思想。[5]其于《潘德克顿详解》（Ausführliche Erläuterung der Pandecten nach Hellfeld，ein Commentar）中写道：

> 依学者的通说，要取得标的物的所有权，需具备两项要件：一是使物权的取得成为可能的所谓"权源"，二是使物权的取得成为现实或依取得标的物的现实占有而使物权取得的可能性转化为现实性的"取得方式"（modus adquirendi）。……例如，我在书店购买一本图书，若书店方面将图书交付给我，我则成为该图书的所有权人。我的权源，是我与书店方面缔结的买卖契约。之所以如此，系因为正因有此买卖契约，故而方使我有成为（图书）的所有权人的可能。我的取得方式，是交付（Tradition）。交付，使取得图书所有权的可能变成现实，并使我现实地成为图书的所有权人。[6]

依该"取得权源"与"取得方式"思想，仅有"交付"这一取得的方式，是不能取得标的物的所有权的，此外尚需有引起所有权移转的原因。为了说明自己的此一思想，他举出了保罗《论告示》第 31 卷中的法言，以为佐证："单纯的交付永远不会使所有权移转。若先有出卖或其他正当原因而后据此为交付，则会使所有权移转。"[7]

对于保罗的这一法言，格鲁克解释说："要通过交付而取得某物的所有权，以让与标的物为目的的债权（obligatio）需要先期存在……所谓交付，是所有人或保有让与权利的人，依债权债务关系而把物的占有，移转给我的事实，称为取得方式、取得行为或取得形态。只有实施了该交付，受让人才能取得所意欲取得的物权。基于权源（债权债务关系、债之关系）而享有债权，只不过被赋予了得请求义务人履行

---

〔4〕 ［日］川岛武宜：《所有权法的理论》，岩波书店 1987 年版，第 213 页以下。

〔5〕 关于所有权的移转的"取得权源"与"取得方式"的详情，请参见 ［日］好美清光："Jus ad rem とその発展の消灭——特定物债权の保护强化の一断面"，载一桥大学研究年报《法学研究 3》（1961年），第 179－432 页。

〔6〕 Christian Friedrich Glück, *Ausfuhrliche Erläuterung der Pandecten nach Hellfeld*, ein Commentar, Bd. 8, Erlangen 1807, §. 578－579, p. 83.

〔7〕 ［意］桑德罗·斯奇巴尼选编：《物与物权》，范怀俊译，中国政法大学出版社 1993 年版，第 58 页。

交付的'人的权利'〔8〕。"〔9〕

如此，在格鲁克看来，要取得标的物的所有权，除需有事实行为的占有的移转的交付外，尚需有先期存在的"正当的原因"（insta causa praecedens）。而所谓"正当的原因"，照他的理解，即是买卖契约等债权债务关系或债之关系。然就所有权的移转而言，若绝对要求需有先于交付的债权债务关系，则会有悖于实际情况。故此，对于"正当的原因"的先期存在，格鲁克遂作了如下的弹性的说明：

> 债权债务关系的成立与交付在时间上通常是分离的，即迄至债务依交付而被清偿前，往往要经过一段时间，……事实上，债权债务也有可能依履行它的行为本身而成立，譬如赠与和事先未有约束关系的消费借贷即是。〔10〕

显而易见，格鲁克这里所关心的，是在赠与和消费借贷的情形，尽管无先期的债权债务，但却实施了现实的交付。依保罗的法言，只有单纯的交付，是不会移转所有权的。那么，这种情况又应作何解释呢？对此，格鲁克说：现实的交付行为本身，不仅使赠与和消费借贷契约成立，而且也同时完成了这些契约的履行。由于作了如此的法技术的说明，他便自圆其说地维持了自己的主张：交付，先期的"正当的原因"的存在，是必须的。

对此"正当的原因"，发生问题的是，若当事人双方就交付的原因发生"错误"（如一方打算赠与，而对方却误为消费借贷）而造成意思表示的不合致（不合意）〔11〕时，标的物的所有权得否移转。对此，远在古罗马法时代即已有不同的见解，此即乌尔比安与尤里安的法言的对立。此点将于后文论及，兹不赘述。

（二）萨维尼的解读

如所周知，长期以来，研究萨维尼的物权移转理论的主要材料，是威廉·费尔

---

〔8〕 此即，只有"取得权源"的债权债务关系，仅可使债权人享有请求义务人履行"交付"的权利，此权利因性质上属于相对的、请求特定人为特定行为的权利，故当时的学者谓为"人的权利"，日本学者好美清光在前揭论文中谓为"jus ad rem"，并作有深入研究。

〔9〕 ［日］海老原明夫："19世纪德国普通法学上的物权移转理论"，载《法学协会杂志》第106卷第1期。

〔10〕 ［日］海老原明夫："19世纪德国普通法学上的物权移转理论"，载《法学协会杂志》第106卷第1期。

〔11〕 民法自罗马法以来有所谓"意思表示的不合致"。意思表示的不合致，也称意思表示的不合意，即构成契约的各个意思表示未趋于一致。依当事人是否知悉为标准，不合意涵括两种情形：其一，意识的不合意（亦称"公然的不合意"），即当事人自知其不合意，发生此种不合意时，契约不能成立；其二，无意识的不合意（亦称"隐存的不合意"），即当事人不知其不一致。换言之，当事人信其意思已趋一致，而实际并未一致，涵括契约当事人的不合意、契约标的物的不合意及契约性质的不合意三种情形。此处所谓"不合意"，系指契约性质的不合意。对此，请参见郑玉波著、陈荣隆修订：《民法债编总论》（修订2版），中国政法大学出版社2004年版，第37页。

根特雷格（Wilhelm Felgentraeger）对萨维尼的讲学活动的记录。[12] 根据 1927 年发表的研究报告，物权行为及无因性理论的创始人萨维尼早在 1803 – 1804 年的冬期讲学中，对于物权的移转，即持与格鲁克大致相同的"取得权源"与"取得方式"的见解。但于 1815 – 1816 年的冬期讲学中，萨维尼则一改原有立场，而改采独立的物权行为说。根据威廉·费尔根特雷格的听课笔记，萨维尼于这一时期的讲学活动中说："某人给与乞丐一枚金币时，从何处能找到其正当的原因呢？这里存在的只是惟一的事实，即金币的交付，此外再无其他事实。于这里，无论契约抑或别的其他东西都是未有先于交付的行为而存在的。……当然也无任何债权关系，而只是事实上的交付使金币的所有权发生了移转。……受赠人即乞丐之所以成为金币的所有人，端的在于赠与人的意图，而不是别的原因。因而我们应当称之为正当的原因的，是打算依交付而移转金币的所有权的所有人的意图。……交付，就其性质而论，是一个真正的契约；正当的原因，不折不扣的指的正是这个契约。但它不是债权契约，……而是物权契约，即物权法上的契约。"[13]

萨维尼这里所举的向乞丐施舍金钱的例子，是在无先期的债权债务关系下实施的。对此，格鲁克也是认同的。惟他对于这一问题，是采取了一种技巧性的说明，即赠与这一债权债务关系，在依交付这一单独行为成立时，也同时完成了它的履行。所不同的，是格鲁克虽然也承认此一例外情况，但其认为，于履行交付前，原则上应当有先期的作为"正当的原因"的债权（债务）的存在，否则，依单纯的交付，所有权不得移转。而萨维尼，则是从赠与之前并无先期的债权债务关系的存在这一特殊事例出发来展开其议论，并阐明自己的独立的物权行为思想的。

萨维尼正式发表自己的物权行为思想，是在 1840 年出版的《当代罗马法体系》第 3 卷中。但根据威廉·费尔根特雷格的研究，听过萨维尼讲学的弟子们自 1820 年前后起即开始祖述其老师的物权行为思想。其结果，使萨维尼直接弟子以外的采纳与接受物权行为思想的人相当多。这其中的代表，可以举出利奥波德·奥古斯特·瓦恩柯尼希（Leopold Angust Warnkönig, 1794 – 1866 年）的名字。他于 1823 年发表《交付中的正当原因的概念的备忘录》（Bemerkungen über den Begriff der justa causa bei der Tradition），表述了自己已然接受了萨维尼的物权行为思想。

利奥波德·奥古斯特·瓦恩柯尼希说，所谓交付中的"正当的原因"，并不以债权债务关系或其他有效的法律行为为必要。"正当的原因，不是别的，是对物的受领人表示依交付而意欲移转自己的标的物的权利的意思，故而是使受领人作为所有人而对标的物的占有获得正当化的事实。此种场合，债权债务关系，或有效的法律行

---

〔12〕 研究萨维尼的"法学方法论"的最系统、最完整的资料是雅各布·格林所作的《1802 – 1803 年法学方法论听课笔记》。此听课笔记已有中译本，即杨代雄译、胡晓静校：《萨维尼法学方法论讲义与格林笔记》，法律出版社 2008 年版。

〔13〕 Wilhelm Felgentraeger, *Friedrich Carl v. Savignys Einfluäauf die übereignungslehre*, Lucka i. Th. 1927, p. 31.

为是否存在，抑或是否以之为前提，皆非所问。"〔14〕"因占有的移转通常并不是让与的同义语，故而，依交付而移转所有权的让与人的意思，是必须的，这就是'正当的原因'。受让交付的占有人的占有之所以是正当的，乃正在于有此'正当的原因'。"〔15〕

这样，虽然利奥波德·奥古斯特·瓦恩柯尼希将"正当的原因"说成是"有移转所有权的意思"，但在他的议论中，最具意义的，莫过于他是怎样论证自己的这一观点本身的。为了证明自己的观点，他也援引了罗马法的法言。〔16〕他的如下的话语是颇有意味的：

> 如果不考虑一切的实定法上的规定，而询问在权利的移转上，迄今为止使我们所保有的权利变成对方的权利的原因或根据是什么，我想无论法学家抑或普通人都会如此回答：那是因为我们有权利，即有把自己的权利让与给他人的权利。之所以如此，是因为权利概念本身包含了这样的内容：权利必然性地归属于权利人，权利人自由地行使其权利，及为了第三人的利益而有让与权利的自由。〔17〕

由这段话语，可以看到，利奥波德·奥古斯特·瓦恩柯尼希是完全不受罗马法的法言的影响而纯粹从"历史、哲学与体系的感觉"展开其议论的，此与格鲁克完全以罗马法的法言（保罗的法言）为根据并受其影响而展开议论，迥乎不同。由此，我们也可以清晰地推知萨维尼的治学风格，即他在治学过程中对于"历史、哲学乃至体系"的深切意识。〔18〕

---

〔14〕 Leopold August Warnkönig, "Bemerkung über den Begriff der Justa Causa bei der Tradition", *Archiv für die Civilistische Praxis*, Bd. 6（1823），p. 115.

〔15〕 Leopold August Warnkönig, "Bemerkung über den Begriff der Justa Causa bei der Tradition", *Archiv für die Civilistische Praxis*, Bd. 6（1823），p. 126.

〔16〕 据考证，其所援引的法言，也是萨维尼所特别喜好并常常提及的罗马法学家盖尤斯的法言（I. 2. 1. §. 40）。

〔17〕 ［日］海老原明夫："19世纪德国普通法学上的物权移转理论"，载《法学协会杂志》第106卷第1期。

〔18〕 考察萨维尼一生的学术活动史，可以说这三点皆得到了淋漓尽致的表现。历史的感觉与意识，可由萨维尼本人即是德国历史法学派的代表人物，以及其全部的民法思想大都与罗马法存在或多或少的联系获得证明；所谓哲学的感觉与意识，依笔者的研究，其主要表现在他的物权契约思想系源自于康德的对于"法（权利）的认识"。换言之，其之所以提出物权契约的思想，乃是直接受到了康德关于法（权利）的思想的启迪。体系的感觉与意识，主要表现在他的物权契约概念与思想，乃是以他为代表的19世纪的德国普通法学者将民法上的财产权分隔为物权与债权，并进而建立起统一的法律行为概念为前提的。并且，他将自己的物权契约（物权行为）与债权契约（债权行为）概念圆润一致、一以贯之地贯彻到了自己的气势磅礴的民法理论体系中，此点尤其表现了他重视制度的体系构成与协调发展的理念。另外，这三点中，尤其是萨维尼的"历史的感觉与意识"和"哲学的感觉与意识"，也是萨维尼"法学方法论"的三条基本原则之二。新近出版的《萨维尼法学方法论讲义与格林笔记》（杨代雄译、胡晓静校，法律出版社2008年版）第4页也谈道："萨维尼法学方法论的最引人注目的三条基本原则是：其一，法学是一门历史性的科学；其二，法学也是一门哲学性的科学；其三，法学是历史性科学与哲学性科学的统一。"

让我们就此打住，继续考察萨维尼的所有权移转思想。

如所周知，萨维尼所有权移转思想的核心与根本之点，是把所有权的移转行为解作独立的物权契约，其关于所有权移转的思想，是在《当代罗马法体系》第 3 卷中论及契约时而展开出来的。他说：

> 私法上的契约，常常以各种各样的面目出现并表现为各种各样的形式，无论在何处，它都是最重要的法律形式之一。……在物权领域也不例外。于物权法上，契约这一概念并不亚于在债权法上运用得那样广泛。例如，交付即具有契约概念的一切特征，因而是一个真正的契约。易言之，交付本身，即内蕴了占有标的物与移转所有权的双方当事人的意思。据此，当事人双方的法律关系遂被重新规定。惟仅有此意思，所有权的确定性的移转还不能发生，尚需取得对于标的物的现实的占有，……交付，不仅是一个契约，而且是一个与买卖契约完全不同的契约。……交付具有契约的性质，乃是不能忘却的。当然，我们也清楚地看到，在某些场合，纵无先期的债权债务关系，也同样有所谓交付，但这只不过是一种少见的情形。例如，向乞丐施舍食物的行为（赠与），尽管是一个真正的契约，但在这里任何债权债务关系都没有，而只有关于给与和受取食物的一致的意思。此外，以动产出质而设定质权于债权人，也与此同。在这里，基于契约，仅产生质权，而不产生债权债务关系。为了明确地加以区分，可以称该契约为物权契约。[19]

以上是物权行为独立性思想的原形的表达。对于物权行为的无因性，即作为原因的债权行为未有效成立，但物权行为本身并不受其影响，萨维尼是如何议论的呢？据考证，萨维尼明确言及物权行为的无因性，是在他论及意思表示的错误时。他说：

> 错误出现或得以发生的最重要、最广泛的情形，是日常生活中的法律行为，尤其是债权契约的场合，此即债权契约于本质上仍然属于契约的交付。在这里，错误，无论是事实上的错误，抑或法律上的错误，无论是有过失的错误，抑或无过失的错误，原则上皆无影响。基于错误的买卖是不能取消的买卖，源于错误的交付也是完全有效的。错误，原则上不对行为的效力产生任何影响这一点，是从广阔无垠的不安定与恣意中拯救交易的惟一法宝。……基于错误而成立的契约，其本身并不当然无效，而且，纵依通常之诉与原状回复之诉，也不能使之无效。[20]

---

[19] Savigny, *System des Heutigen Römischen Rechts*（Ⅲ），p. 312.

[20] ［日］海老原明夫："19 世纪德国普通法学上的物权移转理论"，载《法学协会杂志》第 106 卷第 1 期。

萨维尼本人并未把作为物权行为的交付与作为原因的债权行为解作两个彼此对立的概念，并明确提出后者的无效不能引起前者的无效这一一般性的主张。但对于交付系因"错误"（如一方打算赠与，而对方却误为消费借贷）而为时，得否引起所有权的移转，此远在古罗马法时代的乌尔比安与尤里安的法言中即作为例子（让与人怀抱赠与，受让人却怀抱消费借贷的意思）而进行了讨论。不言自明，萨维尼是熟知这一点的。关于萨维尼是如何看待乌尔比安与尤里安之间的对立的法言的，后文将要论及。以下让我们看看萨维尼是如何使"错误不会对契约的效力产生影响"这一命题获得正当化的。萨维尼在作了以上的叙述后，接着说："这一结论（错误不会对契约的效力产生影响——笔者注），现在需要从对它的各种各样的攻击中受到保护。这一结论的最大优点在于，它是从自由意思本身的本性中推导出来的。自由意思的存在与作用和动机的正确与否无涉。"[21]

在这里，萨维尼尽管没有否定罗马法的法言的正当性，但他把叙述的着力点放在了"自由意思的本性"这一哲学原理上。不言而喻，"自由意思的本性"之说是否真的具有说服力，并非无疑，但萨维尼由意思表示的错误中提出无因性的思想，此点特别值得重视。尤其因为他对意思表示的错误情形的无因性思想的论述，是抛开罗马法的法言而展开的，故而，这就为后世学者将错误情形的无因性思想全面地发展为一般性的无因性思想开启了先河。

让我们进一步考量倡导物权行为独立性的萨维尼是如何解读保罗《论告示》第31卷中的法言的。

保罗《论告示》第31卷（D，41，1，31pr.）："单纯交付，永远不会使所有权移转。若先有出卖或其他正当原因而后据此为交付，则会使所有权移转。"[22]

萨维尼谈到保罗的这一法言，是在1853年的《作为当代罗马法之一部的债权法（Das Obligationenrecht als Theil des heutigen römischen Rechts）》第2卷中。他说：

> 近年来发表的著述，对于保罗《论告示》第31卷中的"交付"作如此理解的人不少：需要先期存在旨在实现"交付"的债权，或者"交付"必须是为了履行（债务）的目的。如此的理解，尽管是以保罗的"先有买卖或其他正当的原因"的话语为依据的，但其真正的目的是一望即知的。保罗的法言，是只字未提到债权债务关系的。而且，实际上也无债权债务关系的任何影子，而仅有有效的交付。向乞丐施舍金钱，金钱的所有权显而易见地随"交付"行为的完成而移转。于此场合，无所谓有债权债务关系的存在。某人提出借贷金钱，而出借人向对方交付了金钱的情形，也与此同。
>
> "正当的原因"的真正的意义，毋宁说应当作这样的说明：交付，通常可以

---

[21] Savigny, *System*, Bd. 3, Beylage Ⅷ Irrthum und Unwissenheit. X., p. 356.

[22] ［意］桑德罗·斯奇巴尼选编：《物与物权》，范怀俊译，中国政法大学出版社1993年版，第58页。

基于各种各样的目的而为之。例如，出租、寄存以及以物设定质权等，皆有交付。但在这些场合，标的物的所有权显然不发生移转。然于买卖、交换（互易）、赠与和消费借贷的情形，标的物一经交付，其所有权即要发生移转。此两种情形中的"交付"的本质差异乃在于，于后一种场合，出卖人有打算移转所有权的意思，而在前一种场合，则没有。由此可以得出如下的结论："交付"，是依行为人双方的意思的合致而使所有权移转的。无该意思的合致，所有权便不移转。[23]

行文至此，萨维尼就自己的这段话语加了一个注释，简要记述了他在《当代罗马法体系》第 3 卷中表述的物权契约思想："交付本身是一个真正的契约。但它不是债权契约，而是物权契约。的确，债权契约（买卖、交换等）可以成为交付的基础，并且实际上大都先于交付而存在，但必须将交付与此种债权契约严格界分开来。"[24]

这里发生疑问的是，此注释中所称的"交付是独立的物权契约"，与"在交付，正是所有权移转的意思促成了所有权的移转"之间，存在何种关联？需注意的一个事实是，萨维尼的契约概念，是以意思表示的合致为其本旨要素的。[25]换言之，交付并不仅仅是一个单纯的标的物的占有的移转，而是一个包含了意思表示的合致的法律行为。亦即，基于内蕴了移转所有权的意思的交付，标的物的所有权方才移转，而且，它是所有权发生移转的原动力。

萨维尼关于"交付"之所以能使所有权发生移转，乃在于当事人有移转所有权的意思的思想，可由罗马法的法言获得佐证。盖尤斯《论日常事务》第 2 卷谓："根据万民法，交付给我们的物为我们所有。因为没有什么比尊重想将其物转让给另一个人的所有权人的意志更符合自然的公平。"[26]关于此项法言与要求存在先期的"正当的原因"的保罗的法言的关系，萨维尼说：

> 交付，通过或透过它，所有权的移转便得以明示（或公示）乃是一般的情况，……但在（人的）自然行为的场合，则可以说是过分抽象与理性的，（故而是不足以判定所有权发生了移转的）。其结果，……为了作出确实的判断，除了考察周围的状况、意图、目的及与交付粘连在一起并引起它发生的法律行为外，别无他途（他法）。真的，这就是"正当的原因"的真正的意义。之所以如此，

---

[23] Savigny, *Das Obligationenrecht als Theil des Heutigen Römischen Rechts*, Bd. 2, Berlin 1853, §.78, p. 256.

[24] Savigny, *System des Heutigen Römischen Rechts*, 3. Bd., Berlin 1840, §.140, S. 257, Anm.（m）.

[25] Savigny, *System des Heutigen Römischen Rechts*, 3. Bd., Berlin 1840, §.140, S. 309. 需注意的是，萨维尼于这里提出：所谓"契约"，系指"复数的人聚在一起，而为规定他们之间的法律关系的一致的意思表示"。

[26] 参见 D. 41, 1, 9, 3. I. 2, 1, 40.

是因为由这里，意图，即当事人的意思是要实现所有权的移转（买卖、交换的情形），抑或相反，通常可以获得明确的认识。由此观之，"先期的存在"应认为是正当的。事实上，债权的先期存在，尽管是一般的情况，但先期存在的也未必一定就是债权。向乞丐施舍食物时，赠与的意图，由行为的外观看十分清楚。施舍的人在为施舍前，即有赠与的意图。而且，因该意图是要移转所有权，所以，该意图也就成为交付的正当的原因。若这样理解"正当的原因"，则保罗与盖尤斯的法言也就不矛盾了，它们只不过是从不同的侧面把握与描述同一事物而已，即一个法言，对于交付，要求有移转所有权的意图，因而是在直截了当地描述事物的本旨；与此相对，另一个法言则要求有"正当的原因"，而该"正当的原因"，指向并表示的，是内在于伴随交付的法律行为的所有权的移转的意图的表征。[27]

　　萨维尼的这些论述，一方面力图对以当事人的意思为移转根据的法言，与以"正当的原因"的"先期存在"为移转根据的法言予以调和，另一方面，也抱有试图统一地说明，债权债务关系先于交付而存在这一一般的情况，及向乞丐施舍食物时，债权债务关系未有先期存在的特殊情况。如前述，在格鲁克看来，仅有事实行为的占有的移转的交付，所有权并不移转，而是需有先于交付的债权债务关系的"正当的原因"，所有权方移转。惟依此思想，势必难以说明向乞丐施舍食物时，尽管无先期的债权债务关系的存在，但却同样有所有权的移转的现象。由于萨维尼从根本上反思了过往对于施舍食物情形的"正当的原因"的理解，故而他提出，交付中内蕴了所有权的移转的意思这一本质要素，由此，交付为独立的物权契约。

　　尽管如此，因"交付"是一个于各种各样的场合皆可发生的行为，故此，仅依交付行为本身，尚不能判明所有权的移转的情况，乃是相当多的。由此，考虑先于交付的债权债务关系也就有其必要。惟在他看来，促使所有权移转的意思，是始终内蕴于作为物权契约的交付中的。先期的债权契约的当事人的意思，是不能使所有权移转的。先期的债权债务关系，只不过是用来判定内蕴于交付中的当事人的意思的"资料"。此在施舍食物的场合，也不例外。的确，于此场合，先期的债权契约并不存在，但所有权的移转的意图由该行为的外观上看，是明了、清楚的。并且，若以判定存在所有权的移转的意思的"资料"为"正当的原因"，则此种场合，称由该行为的外观而清楚地表现出来的施舍食物的"意图"本身为"正当的原因"，也是妥当的。如此，萨维尼所说的"正当的原因"，对于交付而言，即无需于法律上复增加其他内容了。对于所有权的移转而言，其必须的一切移转的要件，皆因有作为物权契约的交付而具备了。但于不清楚或发生疑问时，"正当的原因"则是作为判定有无移转所有权的意思的"资料"而起作用的。故"正当的原因"本身，仅单纯用来表

---

[27] Savigny, *Das Obligationenrecht*, Bd. 2, p. 258.

示与判明情况的"资料"而被启用。萨维尼于《当代罗马法体系》第 3 卷中论及物权契约而启用面向所有权的移转的意思的概念,于施舍食物的场合论及"正当的原因"而启用"赠与的意图",大抵正是出于如此的考虑。也就是说,自行为的全体外观上变得清楚明了的"赠与的意图",与作为该交付的、物权行为之核心要素的所有权的移转的意思,并不是同一个东西,前者,是为了认识后者得以存在的"资料"。[28]

(三)普赫塔的解读

萨维尼的物权契约(物权行为)思想,为相当多的学者所重视。这些学者认为,萨维尼的思想,是关于物权行为的通说。也正因如此,萨维尼才被称颂为物权行为理论的始祖。例如,商法学者莱温·戈尔德施密特(Levin Goldschmidt,1829 – 1897 年)于《商法便览》第 1 卷第 2 分册(1868 年)中就说:让与标的物的所有人与受让标的物的所有人的意思,是抽象(无因)的、只面向所有权的移转的,其与动机和让与的间接目的没有干系。于此意义上而言,交付是一种形式,或者准确地说,是一种抽象(无因)的行为,即独立于原因的行为,此为现今的通说。

内容大致相同的叙述,也可在伯恩哈德·温德沙伊得(Bernhard Windscheid,1817 – 1892 年)的《潘德克顿教科书》(Lehrbuch des Pandektenrechts)中见到:"交付,是所谓的形式行为,而非实质行为。意思(移转所有权的意思——笔者注)本身,便发生法律上的效果,而非意思与规定的原因(如买卖契约)相结合方发生法律上的效果。交付的规定原因(如买卖契约),是所有权的移转意思的认识根据,是不能发生最终的法律效果的东西,这是通说。"[29]

这些叙述给人的印象是:交付的物权契约思想似乎已经获得了多数人的赞同。但是,若仔细考察下面的普赫塔的议论,则可明了,萨维尼的物权行为思想的根本部分并未获得学者的普遍赞同。其中,与萨维尼的物权行为思想的根本部分形成鲜明对垒的,不是别人,而正是萨维尼的弟子与他的柏林大学的讲席位置的继受者的普赫塔(Puchta,1798 – 1846 年)所提倡的学说。

1. 普赫塔的所有权移转说。普赫塔论及"交付",是在其遗稿《当代罗马法讲义》(Vorlesungen über das heutige römische Recht)的第一卷中。他写道:

> 交付,是标的物的占有的现实的移转。它之所以有移转所有权的法律效果,端的在于有与之结合的指向所有权的移转的意思。此项意思存在于当事人双方间。它便是交付的正当的原因。正当的原因,是一个内蕴了关于所有权的授受

---

[28] [日]海老原明夫:"19 世纪德国普通法学上的物权移转理论",载《法学协会杂志》第 106 卷第 1 期。

[29] Bernhard Windscheid, *Lehrbuch des Pandektenrechts*, Frankfurt-Main, 1. Bd. , §. 172, Anm. (16a), 4. Aufl. , 1874, p. 541.

的合致的意思的法律行为，例如买卖、赠与、婚资、清偿及消费借贷等。[30]

可见，普赫塔并非以"交付"为独立的物权契约，而是以之为标的物的单纯的事实上的占有的移转。不过，他也同时认为，要移转标的物的所有权，除需有交付外，尚需有买卖及其他作为"正当的原因"的法律行为。显而易见，这是在所有权的移转上，要求交付需有买卖等"正当的原因"的前述保罗的法言的五体投地般的忠诚的所有权移转思想。自总体上看，属于萨维尼物权契约思想滥觞前格鲁克等人的"取得权源"与"取得方式"的所有权移转思想的范域。如此，普赫塔的学说即在根本上与萨维尼的学说形成了鲜明的对照（或对垒）。

唯在学说的发展史上，普赫塔的学说也曾发生了重要影响。何以他的学说会有如此效果？为明了此一问题，我们有必要继续考察普赫塔的学说。

在上引的那段话语中，普赫塔一方面把"正当的原因"解为所有权的授受的意思，另一方面也把内蕴了所有权的移转的意思的法律行为，说成是"正当的原因"。在这里，他以法律行为为"正当的原因"，虽说是注意到了罗马法的法言的逻辑构造，但他的真意仍然是在强调所有权的授受的意思。他说："在包含了正当的原因的法律行为中，仅所有权的授受的意思对所有权具有意义。法律行为的其余内容，只不过是正当的原因的意思的动机。"[31]

这样，普赫塔即由与交付的"正当的原因"的关联中抽绎出了买卖等法律行为，但作为"正当的原因"而赋予其法律意义的，则仅是所有权的移转的意思这一抽象的要素。普赫塔于《法学阶梯教程》（Cursus der Institutionen，1841 年）中对此有更直截了当的说明：

"正当的原因，系指关于所有权的授受的合致的意思，包含该意思的法律行为的其余内容，一般地说，不属于正当的原因。"[32]如此，因认为"正当的原因"并非指法律行为的全部内容，而仅指蕴藏于该法律行为中的所有权的授受的意思，故而，基于交付的所有权的移转，便独立于作为交付的基础的法律行为了。作为基础的法律行为纵有瑕疵，但只要该瑕疵不至于影响作为"正当的原因"的所有权的移转的意思，则基于交付的所有权的移转，即不会受到影响。对此，普赫塔说：

尽管法律行为因意思的有瑕疵而无效，但该瑕疵只要不是重要的瑕疵、本质的瑕疵，则经由交付，所有权就仍然要移转。例如，双方当事人内心尽管都怀抱要成立有效的法律行为的念头，但结果却发生了一方怀抱赠与、对方怀抱

---

[30] Georg Friedrich Puchta, *Vorlesungen über das Heutige Römische Recht*, hrsg. von Adolf August Friedrich Rudorff, Leipzig, 1. Bd. , §. 148, 1852, p. 294.

[31] Puchta, *Vorlesungen über das Heutige Römische Recht*, 1. Bd. , §. 148, 1852, p. 296.

[32] Puchta, *Cursus der Institutionen*, Leipzig, 2. Bd. , §. 241, 1841, p. 644.

清偿债务的意思的，就属于这种情况。在这里，无论赠与抑或债务的清偿，皆不成立。盖无论就赠与抑或清偿，双方皆未形成合意。虽然如此，所有权还是要移转的。之所以如此，系因为双方当事人的意思是指向并旨在实现所有权的移转的。[33]

这样，从作为"交付"的基础的法律行为的内容中，仅抽绎出"所有权的移转的意思"，并认为要移转所有权，仅需有事实行为的占有的移转，与移转所有权的意思即为已足，而无需再考虑法律行为的其余内容。其结果，在结局上，普赫塔便达到了与萨维尼相同的目的：使以所有权的移转为目的的物权契约无因性地构成，谓为"物权契约的无因性"。无因的物权契约，因仅由占有的移转（交付）与所有权的移转的意思这两项因素构成，故此，普赫塔的思想是，只要具备此两项因素，所有权的移转的要件也就真正的具备了。

2. 普赫塔的学说与萨维尼的学说的差异。不过，需注意的是，以上情况并不表明普赫塔是在追随萨维尼的物权行为学说，正相反，普赫塔与萨维尼在此问题上不但未有合流，而且正是于关键之点上，两人存有重要歧见。如果认为普赫塔是持与萨维尼相同的物权行为学说，那就会致命地妨碍对普赫塔学说的正确理解。[34]亦即，在萨维尼看来，将所有权的移转的意思与原因关系相分离，是自然而然之事。而普赫塔则认为，物权的合意，非独立存在于原因行为之外，而是通过纯粹的理论演绎被抽象出来的。可见，普赫塔倡导和构筑"所有权的移转的意思"的概念，乃有人为的、学问的操作的倾向。时至 19 世纪后半期，德国学者已然普遍地自觉到物权行为的独立性、无因性这一理论构成的法技术特征，于是讨论此法律构成（物权行为独立性、无因性）的法律效果及其实益的著述纷纷面世。萨维尼之说与普赫塔之说的差异，是不应当置于此种历史发展的逻辑上去理解的，两人见解的差异似应作如下的理解：是把"交付"解为独立的法律行为，还是以为只有依单纯的占有的移转（交付），与内蕴于原因行为中的所有权的移转的意思的"结合"，所有权方发生移转。进而言之，普赫塔之说的特征，是不区分物权行为与债权行为，而将交付的"原因"解为一体性的法律行为，而仅以该一体性的法律行为中的"所有权的移转的意思"为无因的因素，并把它抽绎出来，称为"正当的原因"。概言之，所谓"正当的原因"，乃指法律行为的内容中的所有权的移转的意思。这就意味着普赫塔是在契约的一般原因的框架内，来把握所有权的移转的无因性的，从而也就使无因的债权

---

〔33〕 Puchta, *Cursus der Institutionen*, Leipzig, 2. Bd., §. 241, 1841, p. 644.

〔34〕 关于对普赫塔的所有权移转思想发生误解的典型，是德国著名行政法学者奥托·迈耶（Otto Mayer, 1849－1942 年）。该氏于"交付和使用取得的正当的原因——关于罗马法的试论"（Die justa causa bei Tradition und Usukapion. Ein Versuch auf den Gebiete des römischen Rechts, 1871）中对于普赫塔的所有权移转思想作了错误的理解。

契约，即债务约束与债务承认的成立成为可能。[35]尽管萨维尼与普赫塔都把"正当的原因"解为"所有权的移转的意思"，但萨维尼认为"所有权的移转的意思"独立存在于"交付"这一行为中，而普赫塔则不作如是的理解。

如前述，促使萨维尼采独立的物权行为这一崭新的法律构成的，是在对乞丐施舍食物的情形，债法上的义务尽管未有先期存在，但经由"交付"而仍然使所有权发生了移转。在这里，所谓作为"正当的原因"的法律行为应"先于"交付而存在，是站不住脚的。但是，如果像普赫塔那样，将"正当的原因"解为"所有权的移转的意思"，则既可以维持"正当的原因"应先期的存在，又可自圆其说地释明施舍食物的情况。于《法学阶梯教程》中，普赫塔说：

> 在赠与的场合，……打算赠与的意思，是先于标的物的交付而存在的。因而，在这里，正当的原因，不必非为独立的法律行为不可。推而言之，即使有此必要，它也不是指法律行为的全体的内容，而是指该行为所内蕴的所有权的授受的意思。正是它，才是本质的正当的原因。[36]

如此，普赫塔也就成功的、从全局的高度将施舍食物的情形纳入了保罗的法言的解释框架中。将"正当的原因"解作"所有权的移转的意思"，此对于保罗的法言的解释论的贡献是重大的。而且，使作为原因的法律行为即使不成立，所有权也要有效移转意义上的所有权的移转效果的无因性，由要求有"正当的原因"的保罗的法言中，被抽绎出来成为可能。值得指出的是，关于所有权的移转效果的"无因性"，一如后文将要论及的，这在尤里安的法言中业已存在了。

但是，保罗的"若先有买卖与其他正当的原因，而后据此为交付"的法言，是显然排斥以上所有权的移转效果的意义上的"无因性"的。故普赫塔认为，作为"正当的原因"，重要的仅仅是所有权的移转的意思。如果这样考量，则所有权的移转的意思以外的东西纵未有效成立，也不会妨碍基于交付的所有权的移转。只要以所有权的移转的意思替代"正当的原因"，则所有权的移转的效果的"无因性"即可由保罗的法言中被推导出来。

与以上不同，于理论上构筑物权行为独立性的萨维尼，则需要设法解决如何使自己的物权行为无因性理论得以正当化的难题。自正面为之正当化奠定基础的罗马法的法言，无论如何是找不到的。萨维尼关于意思表示的错误的理论，之所以不得

---

[35] 饶富趣味的是，依《法国民法典》第1108条的规定，移转所有权的契约，也要求非有"原因"（cause）不可。该法典对于所有权的变动尽管采有因性，不认有所谓无因性，但无论如何，对于旨在实现物权变动的效果的法律行为，与旨在使债权债务关系有效成立（发生）的法律行为，该法典皆要求必需有"适法的原因"。

[36] Puchta, *Cursus der Institutionen*, 2. Bd., §.241, Anm. (d), 1841, p. 436.

不援引"自由意思的本质"这一哲学的原理,大抵正出于如此的因由。另一方面,他也需要释明保罗的法言的"正当的原因"所指称的是什么。萨维尼由于将交付本身把握为独立的物权行为,所以不可能像普赫塔那样复以"所有权的移转的意思"来替代"正当的原因",从而"正当的原因"只能在物权行为之外去寻找(即只能是物权行为以外的东西),但又因主张物权行为的无因性,故把"正当的原因"规定为具有实质内容的要件,乃是不妥当的。其结果,萨维尼即不得不以"所有权的移转的意图的表征"来替代"正当的原因"。[37]

需要注意的是,对于"正当的原因"作如是理解的,不仅仅是萨维尼一人。前面提到的利奥波德·奥古斯特·瓦恩柯尼希,也系作同样的理解。此外,温德沙伊得与阿道夫·埃克斯纳(Adolf Exner,1841 – 1894 年),也是作如此的理解。这些学者之所以追随萨维尼的物权行为说,绝非出于偶然。盖既然已认可独立的物权契约为一项基本的法观念,则"正当的原因"也就成为一个多余的东西。并且,在学者中间,最彻底地埋葬了"正当的原因"的,是温德沙伊得其人。他说:

"重要之点,是移转标的物的所有权的意思,与取得标的物的所有权的意思发生龃龉时,所有权的移转即变成无效。作为取得的对象的所有权,可谓是重要之点,而移转与取得的原因,则属非重要之点。""无论移转的意思抑或取得的意思,皆无加以明确表示的必要。究竟属于何种意思,只要可以由具体情况推知,便获已足。如果意思得到确定,则既无需返回至伴随该意思的具体的情况,也无需表示由该具体的情况所判明的移转的规定原因。"[38]如此一来,温德沙伊得即从所有权的移转的要件中摒弃了"正当的原因"。

与此不同,如果像普赫塔那样,将交付把握为单纯的占有的移转,则即变成非有"正当的原因"不可。而此正如弗朗茨·霍夫曼(Franz Hofmann)所言:"如果从交付中排除所有的意思的内容,则正当的原因的先期存在,即是必需的。如果交付中不蕴含(移转所有权的)意思,则该意思便需要先期存在。"[39]而且,以交付为占有的移转,并特别重视"正当的原因"的,也不独是普赫塔一人。弗里德里希·路德维希·冯·凯勒(Freiedrich Ludwig von Keller),也为其中之一人。其于《潘德克顿》(Pandekten)中说:

> 仅经由交付,就使标的物的受领人成为所有权人,乃是不充分的。盖交付是一个可以基于各种各样的不同意图而实施的多义性的行为。要发生所有权的移转的效果,依包含了移转所有权的意思的法律行为,然后再为交付,是必要

---

[37] 〔日〕海老原明夫:"19 世纪德国普通法学上的物权移转理论",载《法学协会杂志》第 106 卷第 1 期。
[38] Windscheid, *Lehrbuch des Pandektenrechts*, 1. Bd. , §. 172.
[39] 〔日〕海老原明夫:"19 世纪德国普通法学上的物权移转理论",载《法学协会杂志》第 106 卷第 1 期。

的。此所谓法律行为，即是正当的原因。[40]

此外，学者阿道夫·冯·朔伊尔（Ch. G. Adolf von Scheurl）也持相同的立场。他说：

> 交付本身只是一个单纯的事实，仅有事实上的意义。交付之成为法律行为，及成为取得标的物的手段的，是构成交付的基础、并被该行为所实现的意图。[41]

这些人之所以持与普赫塔相同的看法，与其说是直接受到了其影响的结果，毋宁说他们的立论本身，乃是由罗马法的法言质朴的、顺理成章地推导出来的更为恰当。萨维尼的学说尽管具有极大的魅力，但它与罗马法法源相距甚远，甚至风马牛不相及。故而，对法言进行忠实地解读的人们，在长达半个多世纪的时间中，莫不始终不渝地支持普赫塔之说。

但是，至 19 世纪 60、70 年代，萨维尼的物权行为学说便于民法学界坚如磐石地扎下了根。在此，让我们看看可以证明这一点的例子吧！如所周知，在学说的发展上，通常以莫里茨·福格特（Moritz Voigt）之说为萨维尼学说的"反对说"。故通过莫里茨·福格特的学说，我们也就可以明了萨维尼的学说占据支配地位的情况。于《基于原因的不当得利返还请求权和关于原因与一般权源》（1862 年）中，莫里茨·福格特写道：

> 交付之产生法律上的效果，端的在于该法律行为中存在相应的目的规定。而且，该目的规定的存在，是基于指向它的双方当事人的合意的。故而，它不独是单纯的关于物的授受的合意，而且也是关于该行为的法律上的目的的合意，并构成交付这一法律行为的本质的构成部分。[42]

同时，莫里茨·福格特把交付的"原因"定义为："为给付奠定债权性义务的权利关系，……且成为该给付的履行的交付的基础的，便是交付的原因。"[43]的确，这就是关于交付，要求有作为原因的债权的法律行为（债权行为）的见解，这一见解

---

[40] Friedrich Ludwig von Keller, *Pandekten Vorlesungen*, Leipzig, 1861, §. 127, p. 243.

[41] Ch. G. Adolf von Scheurl, "Sachenerwerb durch Tradition", *Beiträge zur Bearbeitung des Römischen Rechts*, Erlangen, 1853, p. 190.

[42] Moritz Voigt, *Über die Condictiones ob Causam und Über Causa und Titulus im Allgemeinen*, Leipzig, 1862, p. 129.

[43] Moritz Voigt, *Über die Condictiones ob Causam und Über Causa und Titulus im Allgemeinen*, Leipzig, 1862, p. 145.

显而易见是与萨维尼的学说相对垒的。不过，莫里茨·福格特说："此原因的存在，只要让与人主观上确信之就可以了。"显然地，如果如此"软化""原因"这一要件，则交付引起移转所有权的效果，尽管形式上要求有"原因"的存在，但实际上也是采无因说的。[44]

不过，最富趣味的，是莫里茨·福格特将"交付"解作法律行为，并把"关于物的授受的合意"，与"关于该行为的法律目的的合意"相区别，并由此形成对照这一点。他说："'交付'这一行为，是由两个要素构成的：一是授受的行为，属于客观性的要素，二是面向该授受的当事人的合致的意思。"[45]不言自明，这完全是对萨维尼的物权行为学说的重述。莫里茨·福格特即使将交付的效力系于"原因"的存在，但对于单纯的事实上的占有的移转，也不认为是"原因"最初赋予了交付以法律上的效果，而只不过是把本身就是独立的法律行为的"交付"与其"原因"相当"柔和"地连接到了一起。[46]

至此，我们看到，即使是反对萨维尼的学说的莫里茨·福格特，也明显地受到了萨维尼物权行为学说的影响，足见萨氏的学说对于当时的德国民法学界影响之一斑。于19世纪60、70年代，以独立的物权行为为一项基本理念的思想，开始蔓延与渗透开来。当然，在同一时期，对于萨维尼的无因说加以批判、反思的著述也是存在的。特别值得提到的，是在萨维尼所代表的无因说的内部，这一时期乃出现了不同的声音。这些不同的声音，来自那些严格依罗马法法言的固有意义而进行"紧密性""密着性"解释的人们。

二、围绕所有权移转对尤里安法言的无因性解读

尤里安《学说汇纂》第13卷（D. 41，1，36. ）谓："当我们同意物的交付而对交付的原因有异议时，我认为交付无效没有道理。譬如，我认为依遗嘱我有义务将一块土地交付给你，而你却认为它是根据要式口约被交付给你的；又如我把一笔现金赠与你，而你却以之为贷款接受。虽然我们对交付和接受交付的原因有异议，但却并不妨碍我把所有权移转给你。"[47]

乌尔比安（D. 12，1，18. ）谓："关于我怀抱赠与的意思把金钱交付给对象方，而对象方却误为借金受领，尤里安写道：赠与不成立。消费借贷是否成立，需要检讨。我认为，受领人因为是基于别的（即借贷的）意思而受领金钱，所以消费借贷不成立，该金钱不能变成受领人的东西。受领人如果花光了该金钱，则需要为不当得利的返还，但因金钱是依让与人的意思而被花光的，所以受领人可以提出恶意

---

〔44〕　［日］海老原明夫："19世纪德国普通法学上的物权移转理论"，载《法学协会杂志》第106卷第1期。

〔45〕　Moritz Voigt, *Über die Conditiones ob Causam und Über Causa und Titulus im Allgemeinen*, Leipzig, 1862, p. 123.

〔46〕　［日］海老原明夫："19世纪德国普通法学上的物权移转理论"，载《法学协会杂志》第106卷第1期。

〔47〕　［意］桑德罗·斯奇巴尼选编：《物与物权》，范怀俊译，中国政法大学出版社1993年版，第58页。

抗辩。"

以上两项罗马法法言所涉及的，是关于"交付"的原因，如果双方当事人发生"错误"，即一方为赠与，另一方却误为消费借贷时，标的物的所有权是否移转的问题。对此，尤里安认为，经由交付，金钱的所有权移转；与此不同，乌尔比安则认为金钱的所有权不移转。如果把原因"不一致"而所有权仍然要移转的立场称为所有权移转的"无因说"，则尤里安的法言即属之；与此相对，乌尔比安的法言则为"有因说"。惟无论是"无因说"抑或"有因说"，19 世纪的德国普通法学者们对于它的理解皆未获得一致，以下我们考量围绕此两项法言而展开出来的讨论。

（一）格鲁克的解读

格鲁克翔实涉及尤里安与乌尔比安的以上法言的，是在《潘德克顿详解》第四卷（1796 年）"关于契约的错误"里。他写道：

> 导致契约无效的重要的错误，是契约当事人就契约的种类发生的错误。比如，我将一定数额的金钱赠与对象方，而对象方却因错误而当作借金受领即是。按乌尔比安的见解，此种场合，无论赠与或消费借贷皆不成立。[48]
>
> 赠与和消费借贷契约之所以不成立，其理由一望即知。即赠与，以受赠人方面有"接受"（Acceptation）为必要。……而在这里，对象方却因错误而当作借金受领，故并没有所谓"接受"。……另外，该金钱的交付因不是依消费借贷关系而使对象方也要负担义务的情况下实施的，故消费借贷关系也不成立。[49]

换言之，在格鲁克看来，受领人因无"受领"，所以赠与不成立，又因无使对象方也要负担债务的意图，所以消费借贷也不成立。易言之，因发生契约的种类的错误，故契约当然无效。另外，格鲁克尚举出其他的例子来进一步说明自己的观点。他说：

> 我本想通过以物设定质权关系而由对象方取得一定的金钱，但对象方却因错误而误为买取该物。这与我单纯把一定数额的金钱寄存于某处而为交付，而对象方却误为借金受领，是同出一辙的。在这些场合，由于有效的契约皆不成立，故基于所有权，我可以取回已给付的物。亦即，得依原因不存在的不当得利返还请求（condictio sine causa）权而请求返还。[50]

不言自明，格鲁克这里所说的"原因不存在的不当得利返还请求权"，非指原因行为无效，但所有权仍然要移转的萨维尼的"返还给付的请求"（Leistungskondik-

[48] Glück, *Ausführliche Erläuterung der Pandecten*, Bd. 4, 1796, §.297, p.152.
[49] Glück, *Ausführliche Erläuterung der Pandecten*, Bd. 4, 1796, §.297, p.152.
[50] Glück, *Ausführliche Erläuterung der Pandecten*, Bd. 4, 1796, §.297, p.152.

tion），而是指受领人将受领的金钱花光，抑或把物变价成了金钱时，依所有权的返还请求权而要求返还替代物的不当得利返还请求权。也就是说，在格鲁克看来，于发生契约的种类错误而致契约不成立时，标的物的所有权是当然不移转的。惟需注意的是，标的物的所有权尽管不移转，但这并不意味着标的物的受领人是不受任何保护的。对此，乌尔比安的法言的最后一小句明确地谈到了。并且，认为所有权要移转的尤里安的法言也同样谈到了这一点。此外，忠诚于法言的格鲁克也是明确地意识到了这一点的。他说：

> 在前面所举的例子中，我虽然打算把金钱赠与对象方，但对方却误为借贷，并把金钱花光了时，我尽管可以借口对象方有错误而请求返还给付的金钱，但此时，该对象方也是受"恶意抗辩"的保护的。不过，尤里安认为，此种场合，虽然发生错误，但金钱的所有权仍然要移转给对象方。盖双方当事人同时实施了使所有权发生变动的法律行为——意思表示。而且，……受领人至少也是知悉或明了对象方的这一"好意的"（wohlthätig）意图（意思）的。[51]

需注意的是，对照尤里安的法言，可以看到，此所谓"受领人至少知悉或明了对象方的好意的意图（意思）"，于尤里安的法言里是只字未提到的。因而，此可以说是格鲁克对尤里安的法言的创造性解释。格鲁克为自己的这一解释加了一个注脚："本来意义上的消费借贷，即不支付利息的消费借贷，与使他人无偿使用标的物的情形相同，是一种'好意'，从而被视为一种'赠与'。"[52]易言之，在格鲁克看来，消费借贷因也属于一种"赠与"，故而，尽管双方当事人在意思表示上出现不一致（错误），但一定程度的"共通的理解或理会"仍然是存在的。因有该"共通的理解或理会"——即受领人"接纳"对象方的"好意"，所以，标的物的所有权方移转。格鲁克的这一解释，显示了对尤里安的法言的原因尽管有错误，但标的物的所有权依旧要移转的"无因说"的解读作某种程度的有因性理解的端绪，从而被视为 19 世纪 60 年代以后立于有因性的立场来解读尤里安的法言的先驱。[53]

那么，于尤里安和乌尔比安的法言之间，格鲁克本人是站在哪一边的呢？换言之，是追随尤里安，还是从乌尔比安？本来，由契约的种类发生错误将使契约无效这一点看，格鲁克是倾向于乌尔比安的法言的。但是，格鲁克在 1807 年刊行的《潘德克吞详解》第 8 卷里又说了如下的话：

---

[51] Glück, *Ausführliche Erläuterung der Pandecten*, Bd. 4, 1796, §. 297, pp. 152 – 156.

[52] Glück, *Ausführliche Erläuterung der Pandecten*, Bd. 4, 1796, §. 297, p. 297, 156.

[53] ［日］海老原明夫："19 世纪德国普通法学上的物权移转理论"，载《法学协会杂志》第 106 卷第 1 期。于民法学说史上，自 1860 年代以降，由有因性的视角把握和理解尤里安的法言的见解已蔚成风气，弥漫德国。此一时期的学者，称格鲁克为对尤里安的法言作有因性解释的先驱。

关于双方当事人就交付的客体（金钱）形成了合意，而法律上的权源不一致——即一方怀抱赠与，另一方怀抱消费借贷时所为的交付的行为有效，但标的物的所有权得否因交付的完成而移转，学者见解不一。对此，尤里安和乌尔比安持不同的意见。尤里安持肯定说，认为所有权得移转；乌尔比安持否定说并说明了之所以如此的因由。……由乌尔比安用来佐证自己的见解的根据看，可以说他的意见是正确的。而且，一如我在别的地方所讲到的，依法律的类推，这一意见也可以说是优秀的。尤里安的意见呢？如果对照当时的法的惯行，可以说是在领导当时的法律的潮流，故也可谓为妥当……，依尤里安之说，于双方当事人实施了使所有权移转的法律行为时，纵有意思表示的不合意，也不会影响所有权的移转。时至今日，此作为一项法律原则，仍然是妥当的。[54]

所谓"一如我在别的地方所讲到的"，是指格鲁克所声言的，由于无受领人的"接受"，所以"赠与"不成立，又由于对受领人，因无使之承担债务的"意图"，故消费借贷也无从成立。如此一来，从表面上看格鲁克似乎是站在乌尔比安一边，但这只不过是表象，实际上，他是通过谈论乌尔比安和尤里安的法言的差异（或对立），而间接地表达如下的意思：尤里安之说，是罗马法时期本来的固有的立场。于随后的 19 世纪德国普通法学上，于尤里安和乌尔比安之间，赞同尤里安的法言的见解的人占压倒性的多数。唯对于尤里安的法言的真正涵义究竟是什么，学者们的见解却始终未能达成一致。

（二）萨维尼的解读

萨维尼论及尤里安与乌尔比安的法言，是在《当代罗马法体系》第 4 卷（1841 年）"关于赠与契约的性质"里。他在介绍了这两个法言的内容后说：

尤里安的法言的第一句，是单纯涉及所有权的移转的。依尤里安的见解，如果双方当事人一致地想移转所有权，一般而言，即使他们怀抱不同的意思，所有权的移转也是确定的。此为一般原则。尤里安将此"一般原则"适用于两种不同的场合：第一种场合，是双方当事人怀抱清偿的原因，但各自以不同的先期债务得存在为前提；第二种场合，是一方怀抱赠与的原因，而对象方却怀抱负担债务或供与（提供）信用的原因。而且，无论此两种场合中的哪一种场合，于结论上皆无不同。乌尔比安对于所有权的命运的问题，仅在论述消费借贷的有效性时，非常顺便地涉及了。……而且，他的"金钱不能成为受领人的东西"的话语，不能认为是在否定所有权的取得，而是为那些否定消费借贷之不成立的人提供证据。概言之，尤里安认为，使所有权移转的意思，乃是具有决定性的意义的。关于该意思的原因（双方当事人以之为前提的原因）即使不

---

[54] Glück, *Ausführliche Erläuterung der Pandecten*, Bd. 4, 1796, §. 297, pp. 121 – 123.

一致，也不妨碍所有权的移转；与此相对，乌尔比安则认为，由特定的原因所规定或蕴含的移转的意思乃具有决定性的意义。双方当事人怀抱不同的原因时，所有权的移转本身便要受到妨碍。[55]

于这段话语之后，萨维尼尚加了如下的注释：

尤里安之说，可以从《法学阶梯》第二部分第一章关于"物的分类"的第40节"赋予期望把自己的物移转给他人的所有人的意思以效力，是最符合自然公平的道理"的法言找到其根据。之所以这样，是因为该意思在这里乃是明显地存在的，而且对于此点，受领人也是心领神会的。[56]

由以上的叙述，可以明了，萨维尼一方面认为尤里安的法言是在谈论所有权的移转的问题，但同时又认为不能断言乌尔比安的法言是在谈论此一问题，并指明乌尔比安的法言总体上是在谈论债权关系的成立。如果认为乌尔比安的法言不是在谈论所有权的转移问题，则乌尔比安和尤里安的法言便不会从正面形成对立，其结果，关于所有权的移转，尤里安的法言的立场也就变得妥当了。但又因不能否定乌尔比安的法言是在谈论所有权的移转，所以需要决定采取这两个法言中的哪一个法言的立场的问题。对此，萨维尼在注释中，以《法学阶梯》第二部第一章第 40 节的法言为根据，指明从总体上而言，尤里安的法言的立场是正确的。但遗憾的是，萨维尼并未就此展开进一步的论述。盖他是在专门谈论赠与契约的性质问题，所有权的移转，是一个无需涉及的问题。而且，关于所有权的移转，如前述，其早在《当代罗马法体系》第 3 卷里，业已提出了独立的物权行为思想，并在与错误的关联上主张物权行为无因性。因而，在《当代罗马法体系》第 4 卷里论及尤里安与乌尔比安的法言时，在萨维尼看来，所有权的移转的无因性，这早已作为结论而确定下来了。但遗憾的是，萨维尼并未从事使自己的这一结论于乌尔比安和尤里安的法言的对立中得以正当化的作业。此正如拉尼尔伊（Ranieri）所言："萨维尼始终未能与交付相联系来探讨此一难题。"[57]

但是，这并不意味着萨维尼对于尤里安和乌尔比安的法言的对立，并未表示其他的意见。事实上，他即使未有从正面论及所有权的移转，但在与债权契约的成立的关联上，也是作了相当多的论述的，且由此得出的结论，至少间接地对所有权的

---

[55] Savigny, *System des Heutigen Römischen Rechts*, 4. Bd. , 1841, §. 161, p. 159.

[56] Savigny, *System des Heutigen Römischen Rechts*, 4. Bd. , 1841, §. 161, Anm. （d）, p. 160.

[57] Filippo Ranieri, "Die Lehre der Abstrakten Übereignung in der Deutschen Zivilrechtswissenschaft des 19. Jahrhunderts", *Helmut Coing-Walter Wilhelm*, *Wissenschaft und Kodifikation des Privatrechts im 19. Jahrhunder*, Bd. 2, Frankfurt Main, 1977, p. 99.

移转产生了影响。基此考虑，让我们再来读一读《当代罗马法体系》第 4 卷中上文引述过的话语的后面的话语：

> 在这里，成问题的是，法律行为的有效性。对此，乌尔比安说，有效的赠与的确不成立，尤里安也赞同此点。这是无可争议的，且由上述的所谓"一般原则"也可推导出来。这一点，对于我们现在的目的来说，是重要的。[58]

所谓"上述的一般原则"，指前文谈到的赠与依契约而为之时，双方当事人的合意，即赠与人的赠与的意思与受赠人的"接受"，是必需的这一点。但这里饶富趣味的是，萨维尼以乌尔比安的法言为据，说两人在赠与不成立这一点上是一致的。亦即，一如萨维尼所言，尤里安的法言是仅仅在讨论所有权的移转，至于赠与是否成立，则未有涉及。但乌尔比安的法言中有如此的话语："尤里安写道：赠与不成立。"故此，萨维尼作了如下的注释："乌尔比安此处援引的尤里安的法言，显然不是我在本文中所说的'关于取得物的所有权'的第 36 节。之所以如此，盖因至少在优士丁尼《学说汇纂》所收录的范围内，该法言是未有提到这一点的。"[59]

这样，萨维尼遂断言，乌尔比安尽管援引了尤里安的法言，但在未留传给现今的我们的尤里安的法言中，是当然否定了赠与的成立的，并认为在赠与不成立这一点上，两人并无争议。

赠与既然不成立，那么消费借贷又如何呢？对此，萨维尼写道：

> 乌尔比安说，消费借贷契约也是未有缔结的。对此，乌尔比安尽管未有援引尤里安的法言，但这不能认为是双方存在争议的证据。亦即，乌尔比安下断言的根据，是与赠与的场合相同的，即关于该特定的行为，并无合意的存在。[60]

值得注意的是，萨维尼的这一简略的叙述，实际上显示了他的大胆的推论。关于赠与的不成立，在确认乌尔比安与尤里安并无争议后，萨维尼说此点由赠与的成立需有双方当事人的合意这一"一般原则"也可推导出来。此即，萨维尼大抵认为，无论乌尔比安抑或尤里安，皆是依此"一般原则"而否定赠与的成立的。正因如此，萨维尼才说，乌尔比安否定消费借贷成立的根据，乃正在于"和赠与的场合相同，即就该特定的行为，并无合意的存在"。因乌尔比安说："受领人是基于别的意图而受领标的物的，所以消费借贷不成立"，从而，乌尔比安也认为，依此"一般原则"，

---

[58] Savigny, *System des Heutigen Römischen Rechts*, 4. Bd., 1841, §. 161, p. 160.
[59] Savigny, *System des Heutigen Römischen Rechts*, 4. Bd., 1841, §. 161, p. 160.
[60] Savigny, *System des Heutigen Römischen Rechts*, 4. Bd., 1841, §. 161, p. 161.

也是没有问题的。

对此，尤里安如何呢？萨维尼说，关于赠与，尤里安因为是依此"一般原则"而否定其成立的，所以，关于消费借贷也应作同样的判断。故而他说：在这一点（即消费借贷不成立）上，虽然"乌尔比安未有援引尤里安的法言，但也不能认为是他们两人在此问题上存在争议的证据"。

这样，萨维尼于是得出结论：乌尔比安与尤里安，因认为关于这些行为（赠与和消费借贷）并无合意的存在，故而他们是否定赠与和消费借贷关系的成立的。

以上围绕赠与和消费借贷的议论，确实与所有权的移转未有直接的关联，但它却间接地变成了对于萨维尼物权行为思想的一种准备。关于一方怀抱赠与一定金钱的目的而交付金钱，而对象方却怀抱消费借贷的目的受领金钱，尤里安的法言认为，所有权的移转是不受影响的。但在此场合，尤里安是否认为消费借贷成立，此仅由法言本身，是不能下断语的。而且，如果认为尤里安是在肯定消费借贷的成立，则标的物的所有权的移转当是其必然的归结，从而可以作出尤里安的法言中是未有内蕴所有权的移转的无因性因素的结论的。但为了以尤里安的法言来证明自己的物权行为无因性思想，他需要说明尤里安的法言的这一点：尽管赠与、消费借贷不成立，但所有权仍然要移转。只有这样，才能援引它来佐证自己的债权契约不成立，物权契约的效力也不会受其影响的无因性思想。[61]

（三）普赫塔的解读

在乌尔比安与尤里安的法言之间，萨维尼赞同尤里安的法言，认为尤里安的尽管赠与、消费借贷不成立，但所有权仍然要移转。值得注意的是，这一思想，也为普赫塔所主张。关于是否以"交付"为独立的物权行为，萨维尼与普赫塔，对于尤里安和乌尔比安的法言的解释，于根本之点上也是一致的。普赫塔于《现代罗马法讲义》第 1 卷《关于交付的正当的原因》（Von der iusta causa traditionis）里论及尤里安和乌尔比安的法言时说：

> 乌尔比安，此处显然不是在讨论所有权的问题，而是在谈论债权的问题。但却间接地与尤里安的法言形成了对立。乌尔比安说，……如果消费借贷不成立，则不当得利返还请求权便因金钱之被花光而成立，受领人仅因花光了金钱而才负不当得利的返还义务。但金钱之被花光，由于是依给付者的意思而花光的，所以，……可以依恶意抗辩（权）对抗之。在金钱被花光前，并无不当得利返还请求权，而仅有基于所有权的返还请求（权）。尤里安说，在花光前，即有不当得利返还请求（权），但它不是依消费借贷的不当得利返还请求（权），

---

[61]　[日] 海老原明夫："19 世纪德国普通法学上的物权移转理论"，载《法学协会杂志》第 106 卷第 1 期。

而是基于原因之不存在的不当得利返还请求（权）。[62]

概言之，在普赫塔看来，乌尔比安与尤里安的法言的对立之点乃在于，乌尔比安认为，金钱的受领人保持其金钱时，给付者得行使基于所有权的返还请求权，受领人花光了金钱时，一方得行使不当得利的返还请求权。而尤里安则认为，自金钱被交付给对方之时起，给付金钱的人便可行使不当得利的返还请求权。普赫塔的断语的根据，在于乌尔比安的法言说："受领人如果花光了金钱，便可请求返还作为不当得利的金钱。"自反面解释，即是受领人如果没有花光金钱，则无此项权利，而仅可行使基于所有权的返还请求（权）。而尤里安则认为，纵当事人间发生意思表示的不一致，所有权的移转也要发生，故给付者仅可行使基于不当得利的返还请求权。而且，此种场合，普赫塔认为："它不是基于消费借贷的不当得利返还请求权，而是基于原因之不存在的不当得利返还请求权。"可见，普赫塔乃与萨维尼相同，即认为尤里安也是在否定消费借贷的成立的。

那么，对于这两人的法言，普赫塔是站在哪一边的呢？前文谈到，普赫塔因认为，仅依内蕴于原因行为中的所有权的授受的意思，标的物的所有权即要移转，所以可以肯定，他是支持尤里安的法言的。那么，他又是怎样看待乌尔比安的法言的呢？他说：乌尔比安的法言，由于重心在于讨论债权问题，故而对于所有权的议论是不当的。[63]

事实上，普赫塔指陈乌尔比安关于所有权的议论之不当，此无论如何都是难谓妥当的。与其这样说，毋宁说他没有作令人满意的说明，而更多的是在对尤里安与自己的主张作调和性的解释。如所周知，尤里安与乌尔比安的法言的对立的立场，从来就是罗马法言的解释中最为有名的难题之一。19世纪时，几乎所有的德国普通法学者都勇于向这一难题挑战，并力图作自圆其说的释明，但大都未获成功。德国普通法时期的著名学者耶林（Rudolf von Jhering，1818 – 1892 年）的如下话语，可以多少反映出此一时期挑战这一难题的普通法学者们的心境。他说："熟悉罗马法的学者，无论谁都知道这两个法言，也都更加清楚伴随对于它的解读而带来的兴趣与困难。……为调和这两个法言的龃龉而进行的解释的尝试是不计其数。但遗憾的是，迄于现今的各种努力似乎皆未获成功。"[64]不言而喻，此所谓"皆未获成功"，是指尽管众多的德国普通法学者进行了锲而不舍地解释，但其中的任何解释皆未能获得

---

[62] Puchta, *Vorlesungen über des Heutige Römische Recht*, 1. Bd., Beilage ⅩⅤ. Von der justa causa traditionis, 1854 年版，第 492 页；1862 年版，第 494 页；1873 年版，第 505 页。

[63] Puchta, *Vorlesungen über des Heutige Römische Recht*, 1. Bd., Beilage ⅩⅤ. Von der justa causa traditionis, 1852 年版，第 450 页；1854 年版，第 492 页；1862 年版，第 494 页；1873 年版，第 506 页。

[64] Rudolf von Jhering, "Kritisches und Exegetisches Allerlei", Ⅵ. Vereinigung von. 1. 18 pr. de reb. cred. (12. 1) und 1. 36 de A. R. D. (41. 1), *Jahrbücher für die Dogmatik des Heutigen Römischen und Deutschen Privatrechts*, 12. Bd., 1837, p. 389.

学界的普遍认同。于是，对这两个法言作调和的解释（或解读），便成为一个"不可解"的难题，此种局面一直延续至今。

三、不当得利的返还请求权与所有权移转的无因性

如下有必要讨论德国民法的不当得利返还请求权与所有权移转的无因性之间的关联。

如前述，由法言的内在构造证明尤里安的法言是在表达"无因"的思想，这乃是罗马法时期的本来的立场。为了获得此一结论，学者启用的理论构成是，在罗马法上，于实施了原因有瑕疵的交付时，物的原来的所有人，非依所有权的返还请求权，而是依不当得利的返还请求权取回所作的给付。此点，海因里希·德恩堡（Heinrich Dernburg, 1829 - 1907 年）在 1857 年的论文里明确地谈到了。他说："在我们遇到的各个法言上，为交付行为时，让与人的意图不充分的，是不承认得依所有权的返还请求权提起诉讼的，而是仅认可得依不当得利的返还请求权提起诉讼。但不当得利返还请求权的成立要件，是标的物的所有权由让与人移转给了受让人。"[65]

如果仔细分析这段话语，可以明了，并不能由行使基于所有权的返还请求权，而应由行使不当得利的返还请求权推导出所有权移转的无因性。但是，不当得利返还请求权与认可所有权移转的无因性之间，并无必然的直接联系。也就是说，基于所有权的返还请求权与基于不当得利的返还请求权，理论上并非是"二者择一"的关系，而是各有其独立的适用领域。19 世纪的德国普通法学者中，有学者正确地指明了这一点。例如，维也纳大学的弗朗茨·霍夫曼在 1873 年发表的《取得权源、取得方式理论与交付的正当原因》（Die Lehre vom titulus und modus adquirendi, und von der iusta causa traditionis, 1873 年）中便说：

> 依罗马法，即使有效的交付变成无效，易言之，在让与人实际不能行使基于所有权的返还请求权时，纵不能行使此项请求权，也仍然有认可不当得利返还请求权存在的余地。……不当得利返还请求权，多数是在不能行使基于所有权的返还请求权时登场的。……不当得利返还请求权的对象，通常为金钱。在这一点上，由于众所周知的原因，基于所有权的返还请求权是不具实际意义的……，让与人行使不当得利的返还请求权，也不意味着让与人已然丧失了标的物的所有权（即所有权已有效地移转了）。[66]

---

[65] Heinrich Dernburg, "Beitrag zur Lehre von der Justa Causa bei der Tradition", *Archiv für die Civilistische Praxis*, 40. Bd., 1857, p. 2.

[66] Franz Hofmann, *Die Lehre vom Titulus und Modus Adquirendi, und von der Iusta Causa Traditionis*, Wien, 1873, S. 121 - 123.

尽管存在像弗朗茨·霍夫曼这样的认识，但认为正是不当得利的返还请求权为物权移转的无因性奠定了理论基础的人，也还是有的。而且，《德国民法典第一草案立法理由书》（Motive zu dem Entwurfe eines Bürgerlichen Gesetzbuchs für das Deutsche Reich, 1888 年），正是从这一视角来说明物权移转的无因性的合理性的：

> 物权在私权的体系中因被认为占有独立的地位，所以，（德国）民法典必须而且当然应当作如下的理解与规定：使媒介物权交易的法律行为，同私权体系的其他部分的法律行为相独立。不仅如此，无因性还有其历史的基础。即在罗马法上，拟弃诉权、法庭让与以至交付等，皆为无因性。在德国，特别是让与土地所有权的物权的合意（Auflassung）也采无因性。但是，19 世纪的普通法理论及受其影响而制定的诸法典却偏离了这一立场。认为物权取得的要件，除需有取得方式（modus acquirendi）外，尚需有特别的权源（取得权源、法的权源或法的原因）。如果此一见解是正确的，则权源的无效，便会妨碍物权的变动，让与人为了取回所作的给付，就需要提起物权性质的诉讼。唯实际生活中，此等场合，当事人的意思是面向标的物的出让和取得的，并且，只要作了适当的表示，请求返还不当得利的诉讼即可以成立，进而应当承认：该行为所生的物权的移转的效果，是与权源（原因行为）无关的，即它是独立的、无因的。既然依法律行为的物权变动，权源（原因行为）这一要素是无足轻重的，则民法典即应将它摈弃。[67]

如此，原因行为无效，物权也依然要有效移转的无因性，即在德国民法典草案中被规定下来。而且，规定它的历史的理由，是罗马法上的交付（traditio）也是采原因行为无效，物权也要移转的，且有不当得利返还请求权的制度。此所谓交付（traditio）的原因行为无效，物权也要移转，不言而喻，是以尤里安的法言为据的。德国民法典草案的立法理由书，采取了萨维尼与普赫塔的对于尤里安的法言的无因性解读，即无论赠与、消费借贷是否成立，标的物的所有权皆要移转。当然，对于萨维尼与普赫塔对于尤里安的法言的无因性解读，表示反对的人（即作有因性解释的人），也是存在的。于以下篇幅，让我们考察学者是如何立于有因性的立场来解读尤里安的法言的吧！

四、围绕所有权移转对尤里安法言的有因性解读

以上谈到，无论萨维尼、普赫塔还是《德国民法典草案的立法理由书》，莫不对尤里安的法言作如是的理解：让与人怀抱赠与的目的赠与金钱，而受领人却怀抱消费借贷的目的受领金钱，此时，赠与和消费借贷尽管皆不成立，但金钱的所有权仍

---

[67] Motive zu dem Entwurfe eines Bürgerlichen Gesetzbuches für das Deutsche Reich, Bd. Ⅲ. Sachenrecht, Amtliche Ausgabe, Berlin und Leipzig, 1888, p. 6.

然要移转。当然，正因赠与和消费借贷不成立，故所有权的移转才是无因的。但是，自 1860 年代起，出现了对于尤里安的法言是否真的如萨维尼等人所声言的那样为"无因性"举行了奠基礼表示怀疑的声音。尤里安的法言，依萨维尼等人的解释，乃为支撑"无因性"得以成立的最重要的法言，所以，主张尤里安的法言为"有因说"的人，乃对萨维尼等人对于尤里安的法言的解读予以抵制。

通常认为，自 19 世纪中期以降，对于尤里安的法言作有因性解释的学者，乃以福格特为其代表。该氏在《依原因的不当得利返还请求权与关于原因及一般权源》中写道："尤里安的法言，绝不是在否定原因行为的必要性与重要性。准确而言，他是在表述这样的意思：当事人尽管未就原因（行为）达成合意，但原因是存在的。"一望即知，这是由有因性的立场来把握尤里安的法言的。但是，一方面说存在"原因"，另一方面又说关于"原因"欠缺合意，这似乎是矛盾的。不过，在福格特看来，情况则并非如此。福格特认为，交付尽管要求有作为原因的债权行为，但该"原因"的存在，只要让与人主观上予以确信便可以了。

毫无疑问，福格特的观点是很特异的，以致未能获得学界多数人的支持。但赫尔曼·维特（Hermann Witte）在 1864 年对福格特的此一观点加以评论时说的话，值得注意。在他看来，尤里安与乌尔比安的法言的对立，并不在于交付使所有权移转得否需有"原因"这一点。他写道：

> 尤里安说，某人怀抱赠与的目的赠与对方以金钱并为交付，对方却误为借贷而受领时，金钱的所有权移转。乌尔比安说，……"由于受领人是怀抱别的意图受领金钱，所以，金钱不能成为受领人的东西"。在这里，交付有法律上的效力，是否需有原因，并不是双方议论的对象。为交付这一债务的成立奠定基础的意义上的原因（即客观性原因）并无存在的必要，此对两人来说是共同的。与此相对，特别促使所有权移转的动机，或通过所有权的移转而意欲达成的特定目的意义上的原因（即主观性原因）……，则是需要的，且为当然的前提。[68]

赫尔曼·维特在指明尤里安与乌尔比安的法言的差异并不在于"原因"的需要与否后，进一步把"原因"界分为"客观性原因"与"主观性原因"。"主观性原因"，即移转所有权的动机或目的，它蕴藏于当事人的心田中。从而，如果抽出之，也就无所谓有交付本身；但对于"客观性原因"，赫尔曼·维特说，无论尤里安抑或乌尔比安，皆不以之为交付的要件。赫尔曼·维特尽管未有明确指明之所以如此的原因，但他大抵认为，如果"客观性原因"是交付的要件，则尤里安与乌尔比安的

---

[68] 转引自［日］海老原明夫："19 世纪德国普通法学上的物权移转理论"，载《法学协会杂志》第 106 卷第 1 期。

法言也就不会形成对立了。也就是说，"客观性原因"，并不是交付的必需的要件。那么，此二人的对立又表现在何处呢？对此，赫尔曼·维特说：

> 两人的对立之点在于：尤里安由成为问题的赠与和消费借贷的法律行为中，概括和抽象出了二者共通的作为所有权的移转的要素，而不考虑效果上的差异，认为仅在有合意时，方可发生所有权的移转的效果；而乌尔比安则认为，不应把法律行为的各个构成要素作如此的分割，而以赠与和消费借贷的不成立为由来否定所有权的移转效果的发生。对于称乌尔比安的见解难谓优秀的见解，我是抱十分怀疑的态度的。盖所有权的法律上的意义，即它是依赠与而取得，抑或依消费借贷而取得，实际上是截然不同的。进而，绝不能赋予林林总总的法律行为中的让与或取得所有权的抽象的意思以独立性。[69]

赫尔曼·维特的功绩，在于依尤里安的当事人间的意思表示尽管不合致（不合意），但所有权仍要移转的论理构造，而从正面考究尤里安之所以主张所有权的移转的原因。他的结论是，尤里安因由赠与和消费借贷中抽出了共同的要素，所以主张所有权移转。此共同的要素，便是所有权的移转本身。在认为促使所有权移转的共同要素是让与或取得所有权本身这一点上，赫尔曼·维特之说，与仅依移转所有权的意思的合致，便可使所有权移转的萨维尼之说存在共同点。

学者奥托·卡洛娃（Otto Karlowa），也是把尤里安的法言从通说的无因性论的框架中解放出来，并自有因性的视角进行解读的人。他在《法律行为及其效果》（Das Rechtsgeschäft und seine Wirkung，1877 年）中写下了这样的话语："尤里安说，尽管关于授受标的物的原因不一致，但标的物的所有权也要移转于受让人……。与此相对，乌尔比安则强调和重视关于目的的当事人的合意。认为如果没有合意，所有权便不能有效移转。我认为，由法言的对立，是不能得出尤里安是认所有权的授受的意思只要作为事实而存在即获满足的结论的。在尤里安看来，当事人也需要表示：法律允许所有权移转的原因的目的意思。并认为，如果就原因欠缺合意，则仅仅不能达成目的本身，而对所有权的移转并无影响。"[70]

如此，奥托·卡洛娃便明确地指明了尤里安的法言是采有因主义的了。值得提及的是，随着时间的推移，积极主张尤里安的法言是"有因"主义的文献也陆续面世了。其中，立于这样的立场而作了积极的论证的学者还有弗里多林·艾泽勒（Fridolin Eisele，1837－1920 年）。该民在 1855 年《耶林年报》的"私法学杂稿"（Civi-

---

[69] 转引自［日］海老原明夫："19 世纪德国普通法学上的物权移转理论"，载《法学协会杂志》第 106 卷第 1 期。

[70] 转引自［日］海老原明夫："19 世纪德国普通法学上的物权移转理论"，载《法学协会杂志》第 106 卷第 1 期。

listische Kleinigkeiten）的第三部里说："尤里安和乌尔比安的法言的对立，决不在于'交付'是否为无因的物权契约这一点，……而是'交付'为有因契约的立场的内部的对立。"[71]

那么，对于被现今的学者广泛用来支持自己的无因性思想的尤里安的法言，又应当作何解释呢？对此，弗里多林·艾泽勒说：

> 尤里安列举了一方怀抱赠与，而对方却怀抱消费借贷受领金钱的情况。通说认为，于双方当事人怀抱的原因里如果蕴藏了所有权的移转的因素，纵原因不一致，也不会发生问题。如果将此一般化，便与所有权的交付是无因的物权契约没有二致，……在尤里安所举的例子中，不能忽略的重要因素，是一方打算为赠与这件事。那么，赠与的意图，又何以有如此的特别意义呢？[72]

对此，弗里多林·艾泽勒解释说：

> 赠与的意图，为非经济性质的（东西），……，赠与的意图以外的其他一切的意图，属于具有经济性质的意图。基于赠与的意图而为给与的人，使给与的标的物的所有权于法律上移转，如果考虑受领人的财产状态的最终结果，那么可以明了，它比基于信用供与和清偿的原因而为的给与更多。如果进行这样的考量，则可以从量上将赠与的原因与信用供与及清偿的原因作一比较，前者为大的东西，后者为小的东西。[73]

这样，弗里多林·艾泽勒便根据"大的东西包括小的东西"的逻辑，认为赠与的意图内蕴了信用供与（消费借贷）的意图。于是，尤里安即变成不是站在"无因说"的立场上的人了。"由此出发，……不仅是所有权的移转，而且此外的其他结论也可被推导出来。赠与的意图，因内蕴了小的信用供与的意思（意图），所以，尤里安说：小的信用供与的合意是成立的。如此，赠与关系尽管不成立，但消费借贷关系则不能不说是成立的"。[74]

值得提到的是，以上见解，在德国民法典施行后立足于历史的认识而对德国民

[71] 转引自［日］海老原明夫："19 世纪德国普通法学上的物权移转理论"，载《法学协会杂志》第106卷第1期。
[72] 转引自［日］海老原明夫："19 世纪德国普通法学上的物权移转理论"，载《法学协会杂志》第106卷第1期。
[73] 转引自［日］海老原明夫："19 世纪德国普通法学上的物权移转理论"，载《法学协会杂志》第106卷第1期。
[74] 转引自［日］海老原明夫："19 世纪德国普通法学上的物权移转理论"，载《法学协会杂志》第106卷第1期。

法典采无因主义进行批判时，曾作为重要的论据之一而被援用。而且，此种对于尤里安的法言的有因性理解，在德国民法典施行以后的作为历史认识的罗马法史学上，也被维系了下来。例如，恩斯特·拉贝尔（Ernst Rabel，1874－1955 年）于《罗马私法纲要》（Grundzüge des römischen Privatrechts）（1915 年）中谈到"正当的原因"（justa causa）时便说：

> 依罗马法的学说，自己的占有要为所有权这一本权奠定基础。一般而言，自己的占有，非有正当的原因不可。这尽管表现在取得时效中，……但对于交付，也是应当提出同样的要求的。……这一要求虽然给后世的人们留下了非常多的难题，但确切地说，是这样的情况：无论何种场合，……权源，如买卖、赠与及遗赠等的有效存在，是必需的。……让与人打算赠与一定数额的金钱，而受让人却误为借金受领的事例所引发的学说的对立，是不能抵触这一原则的。何以如此呢？因为，大的东西包括小的东西。所以，像《学说汇纂》第 41 卷第 1 章第 36 节最后所指明的那样，尤里安时代的通说（往后，乌尔比安于《学说汇纂》第 12 卷第 1 章第 18 节中同他唱反调），也是肯定所有权要移转的。[75]

此种理解，为现当代罗马法史学所继受。1963 年的《萨维尼法律史、罗马法杂志》（Zeitschrift der Savigny-Stiftung für Rechtsgeschichte，Romanistische Abteilung）刊载了学者京特·雅尔（Günther Jahr）的《关于交付的正当的原因》（Zuriusta causa traditionis）的论文，他指出：

> 古典时期的罗马法及受其影响的所有法律，通常有因性地把握和处理契约问题。这绝不是契约的有效，于契约之外，尚需有以"原因"或债务之发生为"目的的权利关系"，正相反，它只涉及该行为本身的内部构造。如果立足于当代债务法的观点来修正有名的尤里安和乌尔比安的法言的对立，那么，在 A 约定赠与 B10 万单位的金钱，而 B 误为融资的约定而受让时，纵关于法律上的效果（A 负支付 10 万单位的金钱的义务）形成了意思的合致，债务契约也会因欠缺合意而不成立。……关于目的的合意即使成立，该目的也有不能实现，以至落空的可能。盖目的的实现，往往于行为的要件之外，或被当事人的意思以外的情况所左右。……这就是"外部的无因性"，相对应的则是"内部的无因

---

[75] Ernst Rabel, "Grundzüge des Römischen Privatrechts", *Holtzendorff*, *Kohler*, *Enzyklopädie der Rechtswissenschaft in Systematischer Bearbeitung*, 7. der Neubearbeitung 2. Aufl. , 1. Bd. München und Leipzing, 1915, p. 39, 440. auch als Nachdruck, Darmstadt, 1955, p. 66.

性"。[76]

　　归纳言之，在京特·雅尔看来，物权行为的效力，不受其原因行为的效力的影响的特性，便是物权行为的"外部的无因性"。此外，就物权行为本身而言，物权行为系以物权的变动为惟一内容，属中性行为，不具伦理色彩，故不可能有违反公序良俗的情形，此种物权行为本身独立于其目的之外的特性，为物权行为的内部的无因性。[77]

　　需注意的是，京特·雅尔的"外部的无因性"与"内部的无因性"，是分别对应于德国学者海因里希·西贝尔（Heinrich Siber）的"源自法律原因的客观妥当性的无因性"，与"源自关于原因的合意的无因性"的概念的。而且，京特·雅尔说，罗马法上的所有权的移转行为，在外部上是无因的，在内部上是有因的。关于应当如何解读尤里安的法言，京特·雅尔说：

　　　　尤里安于《学说汇纂》第41卷第1章第36节的法言中所下的断语，与我的想法并不对立。……在法言所举的第二个例子里，尤里安依'大的东西包括小的东西'的命题，肯定消费借贷关系是成立的……。尤里安的法言，不能给'内部无因说'——即依单纯的移转的合意便获已足的学说——以任何支持。[78]

　　值得指出的是，关于对尤里安的法言作以上的有因性解释，是否真的合于法史学的认识，这里无从论及。但应当提及的是，对于尤里安的法言的"无因说"这一通说的解释进行批判的"有因说"解读，实质上于现当代的罗马法史学中受到了相当的重视。这只能说明，作"有因说"解读的学者是更加紧扣法言的文意的。与此不同，作为通说的无因性的解读，则是远离法言的文意而进行的自由主义的解读。于此意义上，我们可以说，德国民法无因的所有权移转理论的确立，是应当归功于萨维尼的。

五、结语

　　德国学者罗伯特·诺伊纳（Robert Neuner）于1926年发表的《动产的无因性与有因性的让与》（Abstrakte und kausale übereignung beweglicher Sachen）中说：

　　　　关于所有权的移转，"取得权源"与"取得方式"的思想，……曾几乎支配

---

〔76〕　转引自［日］海老原明夫："19 世纪德国普通法学上的物权移转理论"，载《法学协会杂志》第 106 卷第 1 期。

〔77〕　郑冠宇："物权行为无因性之突破"，载《法学丛刊》第 43 卷第 4 期。

〔78〕　Günther Jahr, "Zur Iusta Causa Traditionis", *Zeitschrift der Savigny Stiftung für Rechtsgeschichte*, 80. Bd., 1963, Romanistische Abteilung, p. 170.

了时至 19 世纪初期的欧洲的全部民法史。即使到了今天，这一思想仍几乎受到所有的国家的重视（德国除外）。此一思想，准确而言，是对一切法律行为作涵括履行在内的一体性的把握。依此思想，交付，是债权行为的完成与归结，绝无独立的法律行为的性质。总之，与独立的物权契约思想形成对照的，正是此一获得广泛支持的"取得权源"与"取得方式"的思想。[79]

"取得权源"与"取得方式"的思想，对欧陆 18 世纪末期勃兴的法典编纂运动产生了重要影响，此表现在它被当时的民法立法采为正式的规定。

1794 年《普鲁士普通邦法》（ALR）第一部第二章第 131 条规定：所谓取得方式，是指人们为取得物权而实施的行为。第 132 条规定：赋予前条所称的行为以取得物权的效力的法律上的原因，称为权源。

1811 年的《奥地利普通民法典》（ABGB）也定有与 1794 年《普鲁士普通邦法》相同的规定。第 380 条规定：无权源与无法律上的取得方式的，不能取得所有权。第 424 条规定：可以成为继受取得的权源的，有契约、遗嘱、判决和法律的规定。第 425 条规定：仅有单纯的权源，所有权不移转。所有权及其他一切的物权，除法律有特别规定外，仅可依法律上的交付与受领而取得。[80] 第 426 条规定：原则上，动产仅能依实物交付而转让于他人。第 431 条规定：不动产所有权仅于将取得行为登记于为此项目而设定的公共簿册中时，方生转让的效力。此项登记，称为过户登记。[81]

如所周知，在立法史上，与以上规定形成鲜明对照的，是《法国民法典》所代表的立法。《法国民法典》系依债权契约的效力而使所有权直接移转的。也就是说，标的物的所有权自债权契约生效时起移转。该法典第 711 条规定：财产所有权，得因继承、生前赠与、遗赠及债的效力而取得或移转。第 1138 条规定：交付物件的义务仅依缔约当事人双方的同意而完成。自物件应交付之日起，即使尚未现实移交，债权人也成为所有人，并负担该物件受损的风险，但如交付人迟延交付，物件受损的风险由交付人负担。

不言而喻，《法国民法典》的以上规定，属于典型的所有权移转的"意思主义"，与需要移转标的物的占有（交付）或进行登记，所有权方才移转的"形式主义"，是明显对立的。但自是否将交付解作独立的物权行为这一点看，可以明了，《法国民法典》实际上是采与"取得权源和取得方式"相同的主义。该民法典，在关于出卖人的义务的部分，尽管设有关于交付（deliv rance）的规定（第 1604 条），但标的物的

---

[79] Robert Neuner, "Abstrakte und Kausale Übereignung Beweglicher Sachen", *Rheinische für Zivilund Prozebrecht des In-und Auslandes*, 14. Jg., 1926, p. 20.

[80] 转引自［日］海老原明夫："19 世纪德国普通法学上的物权移转理论"，载《法学协会杂志》第 106 卷第 1 期。

[81] 苏永钦主编：《民法物权争议问题研究》，五南图书出版公司 1999 年版，第 28 页。

所有权本身因已依债权的效果而移转于买受人，故不以"交付"为权利移转的单独行为，而是解为出卖人在履行使已经成为标的物的所有人的买受人现实的取得标的物的占有或登记的义务。[82] 当然，也不能认为"交付"是一个不具任何法律色彩的单纯的事实行为。盖为"交付"之际，存在着考量为交付行为的人有无相应的行为能力和代理权的问题。惟在与标的物的所有权的移转的法律效果的关系上，是不能把"交付"解为独立的物权行为的。从而，如果把《法国民法典》的规定与 1794 年《普鲁士普通邦法》和 1811 年《奥地利普通民法典》对于所有权的移转的规定相对照，便可明了，于"取得权源"和"取得方式"这两项要素中，《法国民法典》采取的是抛弃后者（即"取得方式"），而仅依前者（即"取得权源"）使所有权移转的主义。

但是，萨维尼则抛弃了以交付为占有的移转的事实行为的立场，而径把它解为以所有权的移转的意思为内核的独立的法律行为，进而使物权行为的效力不受作为原因的债权行为的存在与否及有无效力的影响，学说谓为物权行为的无因性。结果，乃使受萨维尼之说影响的普通法学者与《德国民法典》最终走上了与"取得权源"和"取得方式"分道扬镳的道路。也就是说，以"取得权源"为所有权的移转的要件，固无问题，惟原本不过是单纯的占有的移转的事实行为的"取得方式"，现今却被解为独立的法律行为的物权行为，并使之成为所有权变动的直接的驱动力。在结局上，《德国民法典》采取了严格界分物权行为的支配空间的物权法领域，与债权行为的支配空间的债权法领域的法律构成。《德国民法典第一草案理由书》说：

> "在本草案上，物权行为主要是在关于其固有目的的范围内被规定的。物权行为，因为是以直接引起物权的发生（设定）、移转、消灭为内容的行为，所以只要当事人表示了面向这些目的的意思，就要求有与之相应的单个的物权行为的内容。物权行为必然是无因行为。物权行为，在法律无特别规定时，适用关于法律行为的总则的规定；与此相对，债权法的规定，除有明文外，不得适用于物权行为。"[83]

行文至此，我们看到，关于所有权移转的"取得权源"与"取得方式"的思想之所以历久不衰，以至于为近现代及当代民法立法广为接受，并最终成为当代民法关于所有权移转的基本理论，除了其自身合于人类对于所有权交易的感性与理性认识外，更重要的还在于，它是植根于罗马法这一近现代民法的法源的深厚土壤中的。正因如此，这一思想在由学者格鲁克等人提出后，便为当时的民事立法（如 1794 年

---

[82] ［日］滝沢聿代："物权变动的意思主义·对抗要件主义的继受——以不动产法为中心（四）"，载《法学协会杂志》第 94 卷第 4 号。

[83] Motive (oben Anm). (96), Bd. Ⅲ, p. 7.

的《普鲁士普通邦法》）采为明文规定。19 世纪肇始以后制定的民法典，如 1804 年《法国民法典》、1811 年《奥地利普通民法典》、1896 年《日本民法典》、1907 年《瑞士民法典》、1922 年《苏俄民法典》，以及 1945 年以后诞生的民法典（如 1964 年《苏联民法典》、1992 年开始施行的《新荷兰民法典》与 1996 年的《俄罗斯民法典》等），于总体上，莫不采"取得权源"与"取得方式"的制度，尽管在实际的表述上存在差异。

我国自 1949 年以来的民事立法，譬如 1986 年颁行的《民法通则》与 2007 年 3 月 16 日通过的《物权法》对于所有权的移转，从总体上而言，系采"取得权源"与"取得方式"的思想，称为"债权合同"与"登记或交付"之结合，且不认有所谓物权行为无因性。鉴于此一主义的优越性并与现当代多数国家物权法的规定相通，合于 21 世纪民法发展的潮流，故而可以预料，不独现在而且就是将来，我国的民法典对于所有权移转的立法论与解释论，也将继续沿着这一道路而前行！

论韩国民法典中的共同所有

——因未借鉴罗马法经验导致立法的不完善

● ［韩］Lee Jinki * 著

陈景善**译 郤俊辉*** 校

一、韩国民法典中的共同所有制度

现行《韩国民法》规定了共同所有的法定形式为：共有（Miteigentum[1]，第262条至第270条）、合有（Eigentum zur Gesamthand，第271条至第274条）、总有（Gesamteigentum，genossenschaftliches Eigentum，第275条至第277条）。从比较法的角度而言：1898年实施的《日本民法》只规定了共有；1929年制定并于1930年实施的"中华民国民法"物权编与《德国民法》规定相同，但是较详细地在第817条至第831条规定了共有，作为适用对象。与此不同的是1937年"伪满洲民法"规定了共有之外，还规定了总有，作为共同所有的种类（第240条至第255条）。

二、现行民法中共同所有的立法沿革

至1959年12月31日为止实施的韩国民法典（旧民法）将共有制度作为唯一的共同共有形式。而1957年韩国国会法制司法委员会提交了民法草案审议记录，该草案规定了共有（草案第252条至第261条）的同时还规定了合有（草案案第262条至第264条）。同年，民事法学研究会对此发表了批判性的意见，这些民法学者的见解大多被现行民法所采纳。之后，在1957年第26次定期国会正式会议中，前后3次研读民法制定草案和修改案。直至最终表决通过，民事法学研究会提案的关于共同所有的内容丝毫都没有被修改。因此，本文以民法草案审议记录和民法修改案意见书的内容为基础，介绍现行《韩国民法》规定的共同所有的立法经过以及立法理由。

（一）共有（Eigentum zum Bruchteil）

《韩国民法制定草案》（简称"草案"）中的共有内容与现行民法规定的共有基本一致。立法者也称现行《韩国民法》第262条规定的共有制度与旧民法第249条、

---

　 * 李珽基（Lee Jinki），韩国成均馆大学校、法学专门大学院教授，法学博士。

　 ** 陈景善，中国政法大学教授，博士生导师。

　 *** 郤俊辉，中国政法大学硕士研究生。

〔1〕 或 gewöhnliches oder schlichtes Miteigentum.

第 250 条规定的宗旨相同，只是稍微进行了改良。[2]现行韩国民法规定的共有制度，基本没有跳跃出罗马法规定的共有制度的框架，而与"合有"不同。

（二）合有（Eigentum zur Gesamthand）

草案在第 262 条至第 264 条新设了合有。草案第 262 条规定了合有的意义和内容，草案第 263 条是将现行民法第 271 条的但书、第 273 条第 2 项合并在一起的法律规定，草案 264 条相当于现行民法第 272 条。草案在第 262 条至第 264 条规定的合有制度是将伪满洲民法第 252 条至第 254 条所规定的总有制度直接移植而来的规定。但是，草案第 253 条尤其是第 254 条，其内容并不是关于总有，而是更适合称为合有。[3]而伪满洲民法的总有是具有总有的头部和合有的身子的独特的构造的制度。在制定草案中可以看得出伪满洲民法的失误。制定草案最初制度化的合有与现行民法的合有的定义、性质是完全不同的共同所有形式。草案第 262 条第 1 项规定："某地区的居民、亲属团体、其他习惯上的集合体，如果多数人所有物时称为'合有'。"如此规定是因为当时制定民法的时候，国民依然关心财产关系（Familienstammvermögen），法律亟需回应国民的需求。但是，其中关于"某地区的居民、亲属团体、其他习惯上的集合体"并不是现行《韩国民法》第 275 条规定的意义上的法人，而是更接近于社团。如此，这些团体在本质上无法与合有契合在一起，但是法制司法委员会毫不犹豫地将适合于合有的内容规定在草案第 263 条和第 274 条中，也就是并不是无权利能力社团而是作为合伙体。如上的不协调情形，估计是因为合伙体与非法人社团的区别并不彻底。如此，草案第 262 条规定的合有并不是真正意义上的合有，只是合作共同体团体（genossenschaftlicher Verband）的所有，停留在表现为"总有"的法律概念的程度而已。[4]实际上草案是受"伪满洲民法"规定的所有关系，为"总有"所构成。[5]此外，法制司法委员会简略说明草案第 262 条包含了旧民法第 263 条的宗旨。[6]虽然旧民法第 263 条与草案第 262 条第 2 项之间互相有关联，但与"合有"的本质没有任何关系。草案制定者的目的是：在不动《伪满洲民法》第 252 条至第 254 条的制度本质的情况下，将总有换为合有之外，"直接移植"其他内容。朝鲜高等法院 1927 年 9 月 23 日作出判决（判决录 14 卷 321）指出："祖上财产属于宗氏家族的合有"。从此，该用语一直适用于宗氏家族财产关系，草案第 262 条规定

---

〔2〕 韩国国会法制司法委员会、民法案审议记录（Gutachten zum BGB），1957，162.
〔3〕 梁彰洙持同样的见解，参见"对民法草案国会审议（II）－国会本会议・审议"，载《民法研究》第 3 卷 1994 年第 33 - 115，53 - 63 页。
〔4〕 根据制定案第 262 条第 1 项的将'某个地区的居民、亲族团体其他习惯上的集合体'可理解为无权利能力的社团，这就是现行民法第 275 条规定的总有的母胎。
〔5〕 1947 年 6 月 30 日，根据朝鲜过渡政府行政命令第 3 号所设置的朝鲜法制编纂委员会编制的民法典编纂要纲，物权编要纲五．口项是在未加批判的情况下将"伪满洲民法"第 252 条予以移植（梁彰洙："对草案成立过程的思考"，载《民法研究》第 1 卷 1994 年，第 61 - 110，101 页）。
〔6〕 民法案审议录，第 168 以下。

的合有代替总有，就是承继了此裁判惯例。但因为没有实质性的区分，所以无论称之为"总有"抑或"合有"，这都不重要。

另一方面，制定民法之前，合有并未作为新概念而被熟知，是否采用这一概念完全取决于立法者的想法。主要是这一概念所含有的内容和体系。尽管如此，草案的制定者将合有与总有区别化、概念化，而且贯彻在民法上。其努力在民法学上具有超越时代的价值。该价值便在于：这是包括了共有、合有、总有的现行韩国民法规定的共同共有制度的萌芽。总而言之，将"伪满洲民法"规定的总有制度移植为草案第262条的合有制度。这本身并没有问题。但是，草案第264条规定的"经全体合有者一致同意方可处分变更合有物"的要件，与第262条所列举的团体无法协调。而且，舍弃总有成了该草案的缺陷。[7]在此背景之下，以金曾汉[8]为代表的民法学者们批判草案未能区分合有和总有，混同两者。金曾汉指出：共同所有的类型应取决于作为其主体的人的结合的类型，因此应分类为无权利能力社团的总有、合手的合伙组织中的合有，合伙中的共有。他还认为人为成立的共同所有分为总有与合有两种类型，承继罗马法的德国法也区分为单独所有和立法按份共有，因而无法把握各式各样的人的结合，然后介绍了 G. Beseler 和 O. v. Gierke 的理论，强调应区分合有和总有；为此金曾汉指出，合有与总有概念得到德国私法学者的支持，日本[9]也按共同所有的类型分类。[10]

之后，金曾汉的见解在国会审议草案的程序中，被作为修改案而接受。因而，草案第262条规定的合有自然地就被合手的团体或合伙体的合有所代替了。虽然现行民法规定中合有制度的立法化过程并未清晰地得到说明，但是金曾汉提出的合有规定在现行民法中得到了直接的体现，其见解得到了贯彻，这是不可否认的。[11]

（三）总有（Gesamteigentum, genossenschaftliches Eigentum）

"伪满洲民法"第252条规定的总有被草案的合有代替，在规范非法人社团方面，该规定的欠缺成了立法缺陷。另外，修改了草案第262条的内容，确定合手团体的所有形式为合有的概念，由此奠定了新设总有的正当化基础。国会接受了金曾汉的提案，即：在民法未采纳法人自由设立主义的情形下，无权利能力社团的产生是不可避免的，既不能另设例外规定，也不能增设排斥性规定，基于该立法理由，必

---

［7］ 民事法研究会：《民法案意见书》，1957年，1－18（民法案全体［财产编］에대한総評），1－17，10［李恒宁］："……共同所有的形式现在已经很多，将来也不会少……"但是，这是对具有共同所有的类型和共同所有的形式团体错觉而作出的评价。

［8］ 民事法研究会：《民法案意见书》，1957年，96－106，특히103［金曾汉］："基于什么理由将之前被称为总有的改为合有？"

［9］ 石田文次郎：《物权法论》；我妻荣：《物权法》；末川博：《物权法》。

［10］ 记载着在习惯上，没有必要在民法上规定共同所有（《民法案意见书》，第103条）；金曾汉指出很难认为完全克服了草案第262条。

［11］ 《民法案意见书》，第104条。

须要新设总有。[12]此外，《民事诉讼法》（ZPG）和《不动产登记法》[13]（GBG）规定了无权利能力社团相关规定，因而《民法》也应设立关于所有关系的法律规定，这种现实需求成了立法理由。[14]新设合有规定的同时，在现行民法第275条第1项新设了总有条款："非法人社团的社员作为集合体所有物时，视为总有。"此处的"非法人社团"应为将"某个地区的居民团体、亲属团体其他习惯上的集合体"抽象化的表述，其制度规范的目的主要在于明确宗氏家族财产的所有关系。但是，该总有实际上与非法人团体的单独所有并没有什么不同，这体现在团体的社员只有使用、收益的权利，而处分权归属于社员总会。[15]

制定民法之后，有观点认为总有制度是前近代制度而不断予以批判，至今该批判仍在持续。而且，民法的总有规定对非法人社团的财产所有关系并未充分规范，其法律构成不明确，甚至被怀疑无法发挥规范的作用。而且规范非法人社团的规定过于泛泛，因此，该立法也被批判为只是装饰物而已。[16]在韩国法务部2014年的民法修改案中，也探讨过删除该规定，但是反对意见指出删除该规定如同赋予非法人社团以权利能力，出现逻辑矛盾。总有在法学理论上虽然并不是没有问题，但是并未发生实质性的弊端，因而继续保留。[17]现行民法规定的总有制度是一种共同所有形式，被专门用来规范无法登记为法人的无权利能力社团的财产关系。前句所称无权利能力的社团，以宗氏家族、农村共同体等传统组织和教会为典型。它们的财产实质上属于团体的单独所有，但因为欠缺权利能力，而将其作为全体社员的共同财产来定位。这应该是韩国历史上自生的固有民法要素，因而在罗马法上无法找出能够比较的概念。[18]所以，必须要限制总有的范围。

（四）合有与总有的分离立法

关于共同所有形式的转换，即共有、合有、总有的分化，在民法修改草案中备受瞩目。[19]在制定民法的国会会议的研读程序中，甚至有人赞美这是将各国学者的学说第一次立法化的表现。民法立法者的意思概括而言，就是共同所有的三分法是效仿德国民法学，跳出日本法学框架。在开拓韩国的独到的理论过程中，德国民法学成了最好的依据，给韩国民法带来了便利。[20]在移植"伪满洲民法"的过程中，

---

[12]　第26会国会定期会议速记录第47号（1957）7［玄錫虎］.

[13]　与此相对应的法律规定为：非法人社团有关诉讼当事人能力的规定参见韩国《民事诉讼法》第52条、关于登记能力的参见韩国《不动产登记法》第26条。

[14]　民事法研究会《民法案意见书》1957年，第96以下［金曾汉］. 参见金曾汉："共同所有形式的类型论"，载《法曹协会杂志》2/3（1950）20-48.

[15]　金基善：《韩国物权法》，1990年版，第248页以下。

[16]　郭润直，物权法，1999，［128］.

[17]　韩国法务部：《2014年法务部民法改正试案解说［民法总则·物权编］》，2017年版，第469页以下。

[18]　M. Kaser, *Das Römische Privatrecht*, 1. Absch., 2. Aufl., 1971, § 99 I.

[19]　梁彰洙：《民法研究》1994年第3卷，第56页以下。

[20]　金曾汉："韩国民法的前途"，首尔大学法学大学校法学26/2, 3（1985）11.

出现了合有和总有概念的混乱。此种混乱甚至反映在大法院的判决：教会实体未归属于宗教团体（Orden），其财产的法律性质，在合有和总有之间漂流。这说明在部分情况下，合有和总有的境界并不明确。代表性的实例为：民法制定之后过了30年之后，大法院才以全体合议判决的形式认定教会的法律性质为无权利能力的社团，确定了其所有形式为总有。[21]之后，2006年指出对于非法人社团应适用民法的一般理论，并按此思路解决日后出现的类似教会法律关系纠纷，由此关于教会财产所有关系的法律困惑终于休止。[22]该实例说明，在现行民法中，合有与总有的区分也并不彻底、不明确。

三、罗马法的共同所有

近代民法典基本毫无例外地以罗马法的共有为基础，加之日耳曼法团体理论派生的合有，作为共同所有制度。古代罗马法在处理作为合伙关系前身的 *ercto non cito* 团体的法律文本时，认可了团体成员对物的不可分割的所有者的权利。这是与德国法的合手团体类似的组织，其成员对财产权或个别物不具有份额。尽管如此，因成员之间有着信赖关系，在处分物时并不要求全体成员的同意，各成员在其他成员不干涉的情形下可单独处分或任何时候可以要求分割。而这种所有形式的团体在共和时期初已经消灭。

罗马法规定的共有（communio pro indiviso, Miteigentm nach Bruchteil）在一个物之上多数人各自具有所有权，各自的所有权按一定按份比例相互受限，意味着多数单独所有权的总和。[23]因而，罗马法的共有与现行民法定义的给多数人按分量所归属的单一的所有权，在概念构成上本质上具有不同视角。

罗马法的共有起源于共和初期的农地与经济损失，在无危险的情况下取得可分割的共同体，对此立法需要规范。其后，这种习惯扩大适用于到继承共同体、混合等情形。[24]如此，共有的发生原因不受"合伙"合同的限制。罗马法的共有制度以具体的、具有妥当性的个别事案的解决为中心，有机形成而发展，是反映了浓厚的个人主义思想的法律制度。但是，在罗马法中合有和总有并未发达。

另一方面，存在与这些起源以及生成原因不同的共有，这可以举合伙财共有的例子。罗马的法学家认为在一个物之上，多数合伙人的单独所有权可成立的意义上，将合伙财产表现为共有物，这与固有意义上的共有有所差别。古典时期的合伙（societas）并不是以增减变动社员为要素的法人，也就是说不是合手的团体。新的合伙

---

[21] 大法院判决1993.1.19.，91da1226（全员合议体判决）。

[22] 大法院判决2006.4.20.，2004da37775（全员合议体判决）。

[23] Cels. – Ulp. D. 13.6.5.15；玄胜钟、曹圭昌： 《罗马法》，1996年版，第599页；M. Kaser, R. Knütel, *Römisches Privatrecht*, 19. Aufl., 2008, §23, Rn. 25："持有的份额并不是零散的所有权，是对共有者权利的缩小、是被限制的所有权。"

[24] M. Kaser, *Das Römische Privatrecht*, 1. Absch., 2. Aufl., 1971, §99 II；玄胜钟、曹圭昌：《罗马法》，1996年版，第599页以下。

成员，只有在全体合伙人一致同意的情况下可以入伙，一名合伙成员的退出或死亡带来合伙解散的法律效果。合伙成员未经其他合伙成员的同意可转让其份额，但是受让人无法得到合伙成员的地位。[25]并且，只认可各成员的债务，合伙的债务或合伙成员全体的债务不存在。

共有者在物理上以全部物为对象，在量上其份额（pars pro indiviso）以持有比例为限。[26]共有者中的每个人按持份比例使用、收益共有物，独立于其他共有者，可自由转让、处分份额，份额被侵夺的时候，可以要求返还（vindicatio pro parte）。还有，共有者们可依照转让全部份额的方式转让、处分共有物。共有物的处分与共有份额的全部处分没什么不同，为此需经全体共有者的同意。如同役权的设定或奴隶解放，该处分行为具有不可分的性质。[27]

共有者中的某人放弃其份额或无继承人的情况下死亡时，其份额不会成为无主物，按持份比例增加给其他共有者（ius adcrescendi）。这意味着关于同时增加共有者份额的限制已消灭。[28]份额增加是基于法律规定的权利取得，无需所有权转移的法律行为[29]。共有者享有禁止权（ius prohibendi），即禁止在未经其同意的情况下其他共有者的任意侵害行为[30]。共有者可以以此为根据自力救济，阻止侵害措施。但禁止权只有对全体成员有利时方可行使。[31]

合伙成员在任何时候可以分割诉讼解除共有关系。分割是共有者中的某人未经其他共有者的同意，采取任意侵害共有物的措施时，行使禁止权阻止其措施，而无法达成一致协议而面临的唯一一个救济途径。分割诉讼根据标的物分为共有物分割诉讼（actio communi dividundo）[32]与继承财产分割诉讼（actio familiae erciscundae）[33]。分割诉讼在物权法中消灭共有关系，赋予最终所有者以单独所有权，在债法中分割诉讼是以当事人之间的清算为目的。[34]共有者间排除分割请求权的约定无效[35]。分割诉讼

---

[25] F. Schulz, *Classical Roman Law*, 1954, 550 f. .

[26] 持有份额和部分 – 或区分所有（pars pro diviso）的区别参见 Paul. D. 17. 2. 83.

[27] Kaser, PR, § 99 II Fn. 9 认为多数决原则的传承法源并不时古典时期，如果处分行为为的是共有者之间的利益，那就是起源于古典时期。

[28] Mod. D. 41. 7. 3.

[29] 玄胜钟、曹圭昌：《罗马法》，1996 年版，第 602 页，但是法律规定根据协议分割单独所有权时，按照法定方式应将持有份额转让给取得方。

[30] 这是"禁止的人的权利比侵害的人的权利强"的一般原则的体现（Kaser, Knütel, RP, § 23, Rn. 26）. 对此 Sab. -Pap. D. 10. 3. 28 in re communi neminem dominorum iure facere quicquam invito altere posse…in re einm pari potentiorum causam esse prohibentis constat.

[31] Paul. D. 8. 2. 26…si modo toti societati podest.

[32] Ulp. D. 10. 3. 4 pr. .

[33] Sab. -Pap. D. 10. 3. 28.

[34] Kaser, RP 1, § 99 II 3.

[35] Paul. D. 10. 3. 14. 2.

不仅适用于共有物的分割，还适用于如下诉讼：依据持有比例按份取得收益、按份分担费用、按份分担损害赔偿额等诉讼；是为解决共有者之间产生的所有法律关系而设的概括性的诉讼概念。[36]分割诉讼与现行法规定相同，必须由全体成员参加，是一种固有的必要的共同诉讼。[37]

四、韩国民法典的共有、合有、总有

关于现行民法的共有、合有、总有的分类标准以及内容，民法学者们的见解并不一致。[38]多数见解认为一般共同所有是指多数人共同所有的形式，共有、合有、总有是多数主体之间的法律关系，即基于人的结合关系所区分。[39]与此相反，少数见解认为共有是在量上依据按份持有比例所享有的各自部分的所有权结合而来，这也有一定的道理。[40]

（一）共有与合有

1. 共有

首先，共有在"物按份额多数人所有时"成立（《韩国民法》第262条第1项）。与此不同，合有和总有是旧民法完全没有预想到的变形的共同所有形式。共同所有的客体为物。法学理论上物分为动产与不动产，在法律实务中不动产一般问题较多。共有物为不动产时，应登记其份额（《韩国不动产登记法》第48条第4项）。但是，现行韩国民法没有真正理解份额（Anteil，share）的定义。

共有根据特定性原则（Spezialitäysprinzip）以每个特定物为其标的，原则上不得以集合物为其客体。共有，在观念上的份额的财产团体分为共有者之间的共同利益为目的的团体或动产的附合（Verbindung，《韩国民法》第257条）或混合（Vermischung，民法第258条）或如同多数人共同继承的情形，无关共有者的意思而成立团体（communio incidens），后者团体在外形上与合伙类似。[41]现行韩国民法规定的共有形式是以罗马法共有为原型的所有形态，并没有过度偏离其轨道。因而，份额处分的自由形成共有的核心要素。这是因为共有者之间的内部结合关系或者不存在，即使存在也只是一种松散状态的存在。现行韩国民法与德国民法（§§1416，2032 BGB）或瑞士民法（Artt. 221，662. ZGB）不同，将归属不明确的财产视为夫妻共有（《韩国民法》第830条第2项），将未分割的继承财产作为共同继承人的共有（《韩国民法》第1006条），应该是更加忠实于罗马法的立法。现行《韩国民法》第1006条将继承财产的共有视为第262条所规定的一般共有，解释为"继承财产作为总体

---

[36] 玄胜钟、曹圭昌：《罗马法》，1996年版，第602页以下。

[37] Kaser，PR，§99 II.

[38] 郭润直：《物权法》，1999年版，第127页。

[39] 郭润直：《物权法》，1999年版，第126页，注1。

[40] 梁彰洙、权英俊：《民法 II（权利的变动和救济）》，2011年版，第284页。

[41] R. Sohm，*Institutionen*，*Geschichte und System des Römischen Privatrechts*，17. Aufl.，bearb. v. L. Mitteis，hrsg. v. L. Wenger，1931，§72 IV.

存在时共有不成立，对其他财产权表现为各自的所有权时共有是成立的。"[42]但是，第830条第2项和第1006条中的夫妇财产和继承财产的共有是以财产体为对象的概念，不能等同于固有意义上的共有。

但是以离婚、配偶一方的死亡或共有物的保存为原因请求分割等，在关于其财产体全部的关系上，适用第262条的共有规定也无妨，这并不属于超越共有框架的情形。[43]概言之，以此从这个实证实例我们可以看出来，《韩国民法》第830条第2项和第1006条会成为共有和合有交叉点。现行《韩国民法》第268条规定，共有人之间以5年为期间的禁止分割的约定有效，而且允许更新前款约定。如此，现行韩国民法打破了"共有者排除分割请求的约定为无效"的罗马法框架，往接近合有的方向推进。[44]禁止分割的约定应登记，采用附登记的方式（《韩国不动产登记法》第52条第8号）。进而，大法院判决指出，共有者之间对共有物的使用、收益、管理的特殊约定，即使其约定以持有份额者放弃使用、收益权为内容，如果本质上不侵害持有份额者的权利，共有者的特定继承人也想当然可以继承。[45]毋庸置疑，这点有着肯定促进共有形式使用的效力。

根据共有的原则，赋予共有物的义务是按照持有比例来负担，对此第266条第1项明确作出了规定。"共有者负有按持有份额比例分担对共有物的管理费用及其他费用的义务。"但是，大法院指出，共有者如果就共有物的管理，与第三人签订合同时，根据该合同第三人所主张的管理费用偿还义务依合同解释。因而解释第266条第1项的负担时，规范共有者之间的内部关系为任意性规定，作出了限制性解释。[46]另外，大法院对民法第266条适用于共有者之间的内部关系也作出了限制性解释，共有者就共有物管理与第三人签订协议并约定支付相应费用的情形下，其偿还义务首先应根据合同解释决定，如果合同未约定，成为共有者之间的不可分债务。[47]

如此，大法院为了保护第三人的利益，打破了共有的基本原则。该大法院判决可以说是包括对合伙的妥当的处理。尽管如此，该判决在共有物的保存对全体共有者均有利的角度也具有一定的说服力。与此相比，关于合伙的《韩国民法》第712条的规定，合伙债权人在其债权发生时，已知合伙成员的损失比例的，按照其比例，如若不是每个成员按同一比例行使其债权（《韩国民法》第712条）。规定合伙债权行使方法的第712条与合伙的基本原则明显矛盾，反而与共有协调。基于这种理由，最近比较有力的见解提出根据第712条的合伙成员的内部关系应缩小适用。但是，如

---

[42]　梁彰洙、权英俊：《民法Ⅱ（权利的变动和救济）》，2011年版，第284页。
[43]　金曾韩：《物权法》，第159页Ⅱ："对持有份额的处分即使多少有限制"。
[44]　Paul. D. 10. 3. 14. 2.
[45]　大法院判决2005.5.12.，2005da1827. 比较，或《德国民法》（BGB）第746条。
[46]　大法院判决1985.4.9.，83daka1775；大法院判决2009.11.12.，2009da54034，54041，为了保存共有物而判断诉讼费用为不可分的债务的大法院判决1985.4.9.，83daka1775
[47]　大法院判决1985.4.9.，83daka1775；大法院判决2009.11.12，2009da54034，54041.

此一来，将再次无视基于第 712 条规定的区别对待知情合伙债权人与不知情合伙债权人的立法意图。因为第 712 条规定的债权行使的范围，是根据合伙债权人知道或不知道合伙成员内部关系而有不同。这意味着第 712 条规范的目的是，调整违反合有本质的合伙债权人和合伙成员之间的外部关系。这终究说明规定第 712 条当时，对合有制度的理解还不够充分，亦说明现行民法将共有者自由作为最优先价值来把握，超越了罗马法的共有逐渐倾向于合有。但是，相反而言，也启示可以通过共有规定来充分达到合有的目的。

2. 合有

合有标榜的是，其性质以合有者的连带责任强有力的、人为的约束合有者之间的关系。[48]

根据《韩国民法》第 271 条规定："多数人作为合伙体所有物时，视为合有。"在此，合有或合手式所有的原则是非常弹性化的概念。现行韩国民法上的合有意味着根据法律规定或基于契约发生的合伙体的所有形式。根据《韩国民法》第 271 条的规定，第 704 条的合伙财产是合伙成员之间的合有。"合伙成员的出资、其他合伙财产是合伙成员之间的合有。"可将这两个条文体系解释为"没有合伙就没有合有"。[49]

最终等于韩国现行民法实质上限制合有的数 numerus clausus。[50] 在任何情况下，必须满足的要件为：以共同事业为目的达成一致协议之外，被认定为共同所有的合手财产的转移。大法院认为合伙作为合伙体或合伙财产中的不动产当然应为该合伙体的合有。[51] 与此相关的观点是，成为合有发生原因的合手式合伙，在人的结合关系上，产生了财产的所有形式，在财产的结合关系上产生人的结合关系并非与债法上的合伙完全一致。[52]

合有的标的物为不动产的时候，必须要表示为合有，结束所有权转移登记。否则，将继续留作为登记名义人的个人财产。从这个角度而言，合有登记只具有表示该不动产为合伙财产的消极的功能。因而，没有合伙就没有合有，合有登记其本身并没有其他意思。其理由并不详，根据《不动产登记法》第 48 条第 4 款，在漏掉合有目的的情况下登记权利者，也就是只意味着以全体合有者的申请只是记录个别不动产为合有而已。因而，在登记法上不动产的合有会不受限制地成立。在实务中合有登记事实上就日常化了。但是采用合有的概念有两种不同路径。即：以合手团体

---

〔48〕 H. Hübner, *AT des BGB*, 1985, §13 I 2.

〔49〕 郭润直：《物权法》，第 134 页 I. 德国民法的合手的团体，尤其是取得财产的民事合伙也是持有份额的共有团体的特别形式（J. Wilhelm, *Sachenrecht*, 5. Aufl., 2016, Rn. 156）。

〔50〕 但是容易满足民事合伙（BGB-Gesellschaft）的要件，因此这种限制并没有多大的意义（Wilhelm, Sachenrecht, Rn. 156），这种事例不多。

〔51〕 大法院判决 2002. 6. 14., 2000da30622.

〔52〕 《民法案意见书》，第 191 页〔玄胜钟〕。

或合伙财产所有关系为基础构成理论，将其与类似合伙的团体合同结合立法化的路径；在物权法中以合有作为独自的共同所有的类型制度化的路径。根据第一个路径思维，德国民法中按份共有团体作为特殊类型的合手的团体，尤其是所有财产的民事合伙的法制化立法方式。根据第二个路径就是瑞士民法和现行韩国民法的物权编，直接规定合有的立法方式。

另一方面，共同取得物的时候，其所有形式是共有还是合有并不明确的情况时有发生。大法院判决指出，数人共同购买不动产的情形下，他们想得到的转手收益只是一种为"共同目的的达成"而相互协助的行为，超越协助关系而又不被认定为具有"经营共同事业的目的"时，他们之间的法律关系停留于共有关系，并非是民法上的合伙关系。[53]如果想成为合伙关系，应将取得的物归属于同业体的物，基于全体取得者的意思，按照全体人员的计算处分，为了分红达成一致协议，通过明示或默认。在另外一个判决中，大法院将"买受人数人的情形分为按份负担所有权转移登记义务"和"由合伙体负担全部所有权转移义务"的情形。但是，在内容上与前述判决无区别。[54]

合有者之间的关系是以"合伙"合同或共同目的为基础，以法律拟制的结合关系为其原因，共有者之间的结合关系是以特定物为共同的所有取得的事实关系为原因，既不在之上也不在之下。围绕着共有和合有区别的难点，在把合有法制化的瑞士民法中同样也会出现，其解决方式与现行韩国民法的解释并没有什么差异。[55]在民法物权编如果另设合有的规定，必须在法律上具有需求。但是，在民法的立法过程中，无法查找到对此的讨论和实际调查情况，只是以再解释立法资料的方式勉强可以推论。明确的是，物权编的合有在实际上基本没有效用是众所周知的事实。问题是，在总有和合有中，将客体不视为财产，而是视为物的韩国现行民法第271条的立法态度。原本合有在物权编无法找到自己的定位，而该条如此规定更加萎缩了其作用，否定的一面更强。

（二）物权编的合有规定与债权编的合伙规定的适用关系

韩国民法债权编第703条关于合伙的规定优先于物权法第271条适用。[56]关于合有的民法第271条~第274条的规定是以瑞士民法（ZGB）第652条至第654条[57]为

---

[53]　参见大法院判决2012.8.30.，2010da39918.或权利的共同所有（准共同所有），大法院2004.10.14.，2002da55908；大法院判决2012.2.16，2010da82530（全员合议体判决）。

[54]　参见大法院判决2002.6.14.，2000da30622；大法院判决2006.4.13.，2003da25256.

[55]　KUKO ZGB-Domej，Art. 646 N4.

[56]　参见《瑞士民法典》KUKO ZGB-Domej，Art. 653 N2 。

[57]　民事法研究会：《民法案意见书》，1957年，97–101［金曾汉］。然后 Art. 652 ZGB Gesamteigentum Haben mehrere Personen，die durch Gesetzesvorschrift oder Vertrag zu einer Gemeinschaft verbunden sind，eine Sache kraft ihrer Gemeinschaft zu Eigentum，so sind die Gesamteigentümer，so geht das Recht eines jeden auf die ganzen Sache.

范本移植的立法。1937 年"伪满洲民法"规定了共有和总有，但是对合有未作任何规定。民法学者们直接移植第 271 条的规定，将合有客体解释为物的倾向比较明显。[58]但是，在民法的立法过程中，合有的客体可以为物，但这是常见到的特别财产，也有可能是合伙财产。[59]为此，应分析将合伙财产的合有从合伙成员的地位上切断，在合伙财产中分离，可否在共有的次元纯粹以物权法规范的问题。

合有是合有团体，即合伙财产为前提，以归属于合伙财产的物为对象的概念。因而合有以其对象物是否属于合伙财产为标识。[60]合有关系基于合同或法律规定成立。如此，合有以合手的合伙为前提，如果合伙成立，那以合伙财产为目的的合有也能成立。[61]然后，各合伙成员的权利、即持有的份额在共同目的终止时为止，停留为潜在的权利。[62]在此，合伙财产是根据合伙合同，为了达成同业目的，而出资的财产和以合伙业务执行所取得的财产而形成的财产体。[63]因而，在韩国现行民法的体系中物权法的合有与合伙合同是密不可分的。合伙财产的得失变更在合伙关系存续的期间，并不是按照《韩国民法》第 271 条规定的合有的关系，而是属于合伙业务的执行事项（《韩国民法》第 706 条）。共同事业约束的是禁止各合伙成员处分合有中持有的份额，这点起到决定性作用（《韩国民法》第 273 条第 1 项）。

但是，属于全体成员的以合手方式归属的合伙财产是否必须要构成合有，对此略有疑问。无论如何，在合伙存续的期间，以共同事业目的而支配合伙财产关系，改变财产状态，这是无法避免的。因而，应优先适用合伙合同，其结果很难发现在物权编有关合有的规定存在的价值。基于这些理由，与共有不同的是合有中具有合有者的权利，即，并不是持有的份额而是合伙成员的地位成为基准。合伙成员持有的份额，无法脱离合伙成员的地位。[64]然后，对属于合有财产的个别标的物，以物权法确定每个合有者持有的份额是比较困难的。关于集合物的法理论，即将合有的法理论适用于特定物并不难，但是将特定物固有的法理论扩张适用于集合物（财产体）在现实中并非是易事。另外，持有的份额是以合伙解散清算为原因，分割合伙财产，是尚未现实化的期待性的或潜在性的权利。因此，合伙存续的期间只有属于合伙财产的物的转让才是合有消灭的事由。属于合伙财产的物通过转让脱离关系，其转让对价属于合伙财产。然后，其处分或者依据合伙合同或者是依据民法关于合

〔58〕 参见郭润直：《债法各论》，2000 年版，［178］；《瑞士民法典》KUKO ZGB-Domej, Art. 652 N7。

〔59〕 《民法案意见书》，101［金曾汉］。

〔60〕 Baur, Stürner, *Lehrbuch des Sachenrechts*, 16. Aufl., 1992, § 3 II 1.

〔61〕 郭润直：《物权法》，1999 年版，第 134 页。在此，郭润直认为，合伙财产不仅是全体成员的合有物，构成合伙财产的每个物也按份共有。洪性载：《物权法》，2017 年版，第 352 页。

〔62〕 《民法案意见书》，189［玄胜钟］.

〔63〕 郭润直：《债法各论》，2000 年版，第 177 页 II；金亨培：《债法各论〈契约编〉》，2001 年版，第 754 以下等。

〔64〕 洪性载：《物权法》，2017 年版，第 353 页。

伙的规定。如此，无法处分合有物，即使处分其效果也不归属于个别合有者，而是归属于合伙，因而合伙中持有的份额基本上没有实际利益。另一方面，韩国民法物权编第 272 条规定的"经过合伙成员的一致同意（Einstimmigkeitsprinzip）方可处分合伙财产"，和债权编第 706 条规定的多数决原则（Mehrheitsprinzip）之间是对立的，也有人认为这是立法的错误[65]。这是事实。但是，它们之间的瓜葛并不是基于其他原因，是因为新设了合有规定。

尽管如此，《韩国民法》第 272 条原本是合同优先论压倒的补充性的任意性规定，所以并不存在法律上的混乱。[66]结论是，如果无其他约定，合伙财产的处分并不是第 272 条，而应根据第 706 条第 2 项的多数决原则。但是不可否认的是，第 272 条所规定的合有和合伙制度，未彻底理解法制史的基础上而植入的法律规定。

此外，根据《韩国民法》第 273 条规定只有得到全体合有者的同意方可以处分合有物，该法律规定分离了共有和合有，将结合合有与合伙的立法意图完全淡化了。有观点认为第 273 条违反合有的性质没有适用的批判比较强烈。[67]但这是错误的。因为如此一来，也有可能将合有份额的转让理解为转让合有者的地位。进一步而言，大法院认为未经其他合伙成员的同意对各合伙成员自由转让份额的约定或未追加认定的合意都有效。[68]从此，从合有转向为共有。另一方面，毋庸置疑合有者之中的某人在得到其他合伙成员的一致同意后可将合伙的地位转让。同样的宗旨，大法院认为，不得分离作为合伙成员的资格只处分份额，合伙成员将其份额转让之后，丧失其地位，合伙成员的地位变动意味着关于合伙份额转让的约定立即成立。[69]

（三）合有的现实

现行《韩国民法》第 271 条是多数人的合伙体，是所有物的形式，将其定义为合有。第 704 条规定合伙财产为合有。将体系解释就会得到"没有合伙就没有合有"的结论。[70]这说明韩国现行民法实质上与限制 numerus clausus 合有的数没什么不同。[71]合有的客体也不是特定物，是合伙财产。在这方面《德国民法》第 741 条的立法态度可以效仿，该法规定不是以物为目的而使以权利（Recht）为目的。合有依据合同或法律规定而成立（《韩国民法》第 271 条第 1 项）。此处所指契约是《韩国民法》第 703 条合伙合同，在实证法中其他合有关系的发生原因中没有合同类型。另外，作

---

〔65〕 郭润直：《物权法》，1999 年版，第 134 页 II；金亨培：《债法各论》，第 759 以下等。

〔66〕 金亨培：《债法各论》，第 760 页以下。

〔67〕 郭润直：《物权法》，1999 年版，第 134 页 II。

〔68〕 大法院判决 2016. 8. 30.，2014da19790.

〔69〕 大法院判决 2009. 3. 12.，2006da28454；大法院判决 2013. 10. 24.，2012da47524，47531.

〔70〕 同样的宗旨，参见郭润直：《物权法》，第 134 页 I.

〔71〕 关于德国民法，参见 Jauernig, Berger, Vor §903 Rn. 5 与 Vermögen einer GbR（§718），OHG，KG（HGB 105，161），einer PartG，eines nichtrechtsfähigen Vereins（§54），zum ungeteilten Nachlas（§2032）或 zum Gesamtgut einer Gütergemeinschaft（§§1416，1485）gehören 合有或合手的所有权种类。

为合有发生的原因中实体法条款可举《韩国矿业法》（Mining Industry Act，Bergge-setz）第 17 条第 5 项和《韩国信托法》（Trust Act，Treuhandgesetz）第 50 条第 1 项。《韩国矿业法》第 17 条第 5 项是为规范共同矿业出资人（Joint Mining Applicants）签订合伙协议而拟制的。因而，可以优先适用民法的合伙规定，而物权法的合有规定基本没有介入的余地。《韩国信托法》第 50 条第 1 项规定，受托者为多数人时，信托财产作为它们的合有财产。但是，信托财产作为一个财产体（Masse），第 271 条规定的合有的适用有点困难。委托人和多数受托人之间的法律关系首先应依据信托合同的解释。[72]如果没有信托合同的内容就应在共同受托人之间的法律关系上适用民法的委任或代理。因此，《韩国信托法》第 50 条第 1 项虽有规定，但是民法的合有规定适用于多数受托者的可能性比较低。这种情形是因为适用物权编的合有规定的实际利益不大的时候，在交往中无法马上定位的情况。

（四）合有制度的转用

物权编的合有规定，被合伙制度压倒，在现实中基本没有适用。反而关于合有的规定在立法者根本没有想象到的领域广泛得到运用。

根据《韩国不动产登记法》（GBG）第 48 条第 4 项，如果拟要登记的权利为合有的情形，必须将其意思和全体合有者姓名均登记。但是，《韩国不动产登记法》不要求明确共同事业的目的。真正的合有关系，即合伙关系不存在时，以多数人的名义共同所有不动产的情形形式上可作合有登记。在不存在合伙的实质时，利用合有登记是根据第 273 条禁止合有份额的处分和禁止分割的请求的情形下，对特定不动产作合有登记，以此消灭分割或处分不动产的可能性。这事实上以永久保全为目的，这是转用合有的一种情形。如此迂回使用合有登记的事例还有：①墓地（sepul-chrum）因为是家族团体的财产应为总有。或者为了准备维持、管理所需财源应设定收益型不动产为家族财产（Familienvermögen），生前以全体直系血亲的名义或死亡后发生继承时以全体共同继承人的名义进行转移登记的方式记录；②将夫妇共有财产以夫妇的共同名义进行合有登记的情形。[73]②项所列的合有登记在夫妻关系存续期间，起到禁止处分不动产，保全夫妻共同财产的积极的作用。因而，即使共同事业目的并未被认定，但这种合有登记不会无效。与之相比，设定家族财产时，①项的情形的合有登记的弊端不胜枚举。大法院判决认为：①项所列的登记中惯行对合有份额自由处分的约定，或有关份额的继承约定是有效的。如果这一判旨与家族财产相吻合时，世代相承的家族财产事实上将很有可能成为非融通物（res extra commercium）。由此导致的社会经济上的浪费，已经超越了无法默认的水准。在国会的民法草案第二次审议会中探讨关于处分的限制时，玄锡虎指出这种情况如果认定为是总有的话，比

---

〔72〕 法务部编：《信托法改正案解说》，2010 年，第 402 页以下。

〔73〕 实质上与此类似的目的团体有家合作共同体（参见 genossenschaftliche Hausgemeinschaft）（O. v. Gierke，Deutsches Privatrecht 1. Bd. ［AT und Personenrecht］，1895［Nachdr. 1936］，663ff.）。

合有稍微弱一些。这种情形就是没有足够理解原来规范的法制史背景，是立法脱离法学理论的现象，尤其是对罗马法的研究不足而导致的副作用。

即使作为社会现象合有关系存在时，物权法编的合有在合伙关系存在的期间如同处于休眠状态。合有在合伙关系终结的时候才能现实化，只要合伙关系尚存，合伙合同和有关合伙的民法的规定应优先适用，合有规定就没有其他存在的实际利益。这种结论得出物权法导入合有制度的必要性和存在意义的论证，停留在法理论的次元，没有经过实证性分析是其主要问题。

五、结语

现行民法的物权编将共同所有分为共有、合有和总有，采用共同所有上的三分法，是立法上具有独创性的共同所有制度。由此，共同所有在外形上，构建了完美的体系。新设合有制度，是超越日本民法学的使命意识和借鉴日耳曼法、德国民法的便利性的立法产物。但是，从民法的理论解释学、适用以及实用的角度而言这种立法态度很难说是众望所归。罗马法的经验说明以物权法的所有形式植入的合有是没有实益的。合有追求的共同事业的目的以合同方式足够可以达成。尽管如此，需要解释以共同所有的类型设立合有制度，再重新将合有与合伙有关的债法编规定予以协调。这就如同即使没有该制度也可以完全实现其立法目的，可以说是完全徒劳的努力。但是，从纯粹的法理论观点而言，合有提供很多有意思的值得关注的问题。但是，东亚各国法律习惯于将民事合伙、商事合伙或商事公司区分，分别、孤立地去理解，因而其理论价值并不大。拟修改关于合有的民法规定的想法一直以来都存在。虽然反复进行了修改，但是并未积累到直接适用合有规范的实践经验，这也是其中原因之一。总之，合有的度如同先有意念而未完成的作品。如果研究和理解了罗马法，应该可以提前防止这种消耗和浪费。以这种现实为前提，只认定共同所有的形式为共有，基于立法需求如果适当地应对，就能有效利用罗马法的经验，不会有遗憾。为了改善这种情形，只能期待今后的民法修改。但是，考虑法学历史尚浅、法制史经验不足等制定民法时的时代状况和法学水平，应评价韩国现行民法典的共有制度是充满立法者的血汗和热情的尽最大努力的、最佳民法典，实际上也是一部符合其价值的民法典。

历史和教义学中的地役权：兼及对中国法的评析

● ［意］Antonio Saccoccio* 著

李 媚** 译

一、名称

地役权其在现代法中的制度规则可以说是受罗马法学家影响最大的制度之一。[1]由于前不久我在罗马法大会上所做的报告不太完整全面，因此，在本文中我试图从罗马学和民法学的角度来解决地役权制度中的一些主要问题，并且会对中国相关立法进行检视，以便弄清楚对于这些问题在中国法的条文规范中是否有所涉及，以及是否存在创新和不同之处。

"地役权"这一名称很容易让人联想到"奴役"这一概念，这在很多方面都已经被证实，其让人联想到两块土地之间的关系就像是奴隶（拉丁文是 servus）与其主人的关系一样。[2]1942 年《意大利民法典》第 1027 条定义了地役权："地役权是为某块土地提供便利而在另一块属于不同所有权人的土地上附加的负担。"

对于这一定义，有必要做出的重要反思是：首先，应注意到在这一条文中所使用的是单数的"地役权"这一表达，但这并意味着其是某个"特定的"权利。相反，地役权是一般的权利类别，这表明可以由当事人依照法律所规定的内部架构来决定地役

---

* 安东尼·萨科丘（Antonio Saccoccio），意大利布雷西亚大学教授，法学博士。

** 李媚，中国政法大学比较法学研究院讲师，法学博士。

[1] Significative sono le parole di G. Grosso, nella Prefazione (p. X) al suo *Le servitù prediali nel diritto romano*, Torino, 1969; in tema di servitù «sono rari gli articoli del nostro codice civile che non dicano qualcosa che si trovi, o trovi il suo spunto, nelle fonti romane»; nello stesso senso, cfr. anche G. Tamburrino-A. N. Grattagliano, *Le servitù, in Giurisprudenza sistematica di diritto civile e commerciale* fondata da W. Bigiavi, Torino, 20023, 5. Invero, sebbene sia innegabile che l'istituto mantenga ancora oggi una sua vitale importanza, non possiamo nascondere il fatto che esso oggi non ha la stessa rilevanza che aveva in una società imperniata sulla proprietà fondiaria, come quella romana; cfr. S. Masuelli, *La refectio nelle servitù prediali*, Napoli, 2009, XIII. 其中最重要的是 G. Grosso 在其著作《罗马法上的地役权》的前言中就地役权所说的：我们民法典中的相关条款很少有没有不能在罗马法上找到其渊源或是受到罗马法影响的。同样，G. Tamburrino-A. N. Grattagliano, 在其著作《民商法学体系中的地役权》中也持相同的观点。事实上，不可忽视的是，地役权至今仍然保持其至关重要的地位，虽然不可否认是，如今这一以土地所有权为核心的社会跟当时的罗马并不完全相同。

[2] 参见 ex multis, M. Comporti, "Le Servitù Prediali", *Trattato di Diritto Privato* diretto da P. Rescigno, vol. 8, t. II, 2002, p. 175.

权的具体内容。然而，非常有趣的是，尽管学说理论的主流已经关注并明确指出地役权的这一特征，但仍有部分学者在其作品中坚持使用复数的"地役权"这一表达。[3]

此外，我们发现在名词"役权"的旁边总会附加上形容词"土地的"，这一现象在意大利法学界中仍然受到广泛的批评。事实上，形容词"土地的"可以看作是继承自罗马法上的古老表达方式，特别是基于优士丁尼对人役权和地役权的区分。[4]但在《拿破仑民法典》[5]中已经放弃了这一地役权和人役权的区分，随后在 1865 年的《意大利民法典》中也未规定这一区分。而 1942 年的《意大利民法典》中却仍然保留了"土地的"这一形容词，这被认为是无用且多余的。[6]

二、地役权和物权体系

在各类罗马法和民法学教科书中，地役权显然被界定为跟所有权一样具有物权性质：此类例子不胜枚举，在此无需列明。但如果仔细检视理论学说，特别是检视相关罗马法原始文献，这一观点似乎也值得做出澄清。

首先，需要明确的是，这类文章最大的意义在于其明确了通过分析古罗马法学家的思想以追溯"物权"的概念是不可能的，这是一个伪命题，并且进行这样的回溯也没有多大意义。因为，物权的概念在罗马法原始文献中并不存在。事实上，就术语而言，罗马法中的"他物权"（在他人之物上的权利）概念倒是可以确定。"他物权"这一术语在有关物权论述的罗马法原始文献中可以找到相应痕迹。因此，罗马法学家的经验有助于我们对他物权的学说理论进行构建。[7]当然，从制度构建的

---

[3] Sul punto, con ampi riferimenti anche al diritto romano, vd. soprattutto G. Grosso, *Le Servitù Prediali* cit. , 3 ss. ; A. Burdese, s. v. *Servitù Prediali* (*Diritto Vigente*), NNDI, 17, 1970, p. 131; A. Burdese, "Servitù Prediali", *Trattato di Diritto Civile* diretto da G. Grosso e F. Santoro-Passarelli, III, 4, Milano, 1960, p. 4; M. Comporti, s. v. "Servitù (dir. priv.)", ED, 42, 1990, p. 276; M. Compore, Le Servitù Prediali, cit. , p. 178.

[4] Sulla distinzione basti qui il rimando a R. Nicolò, s. v. Servitù personali, *in NDI*, 12, 1, 1940, p. 285. Sul punto torno anche infra, al § 6.

[5] Vd. la precisazione dell'art. 686 Cc. fr. , dove si chiarisce che i rapporti di servitù possono instaurarsi solo tra fondi; evidente appare la prudenza con cui il legislatore francese si muove, per scongiurare, in quel determinato momento storico, il rischio della rivivescenza del sistema feudale, che la rivoluzione borghese aveva inteso rovesciare.

[6] Per la separazione concettuale tra servitù e usufrutto, vd. , al tempo del primo Cc. italiano, già G. Venezian, *Dell'usufrutto, dell'Uso, dell'Abitazione*, I, Napoli, 1936 (1° 1896), 88 ss. ; Dopo il varo del Codice, tale impostazione è rapidamente divenuta communis opinio: ex multis, cfr. F. Messineo, *Manuale di Diritto Civile e Commerciale* (*Codici e Norme Complementari*), II, Milano, 1965, p. 626; A. Burdese, s. v. *Servitù* (*Diritto Vigente*), cit. , p. 131.

[7] Basti qui il rimando a V. Arangio-Ruiz, "Iura in Re Aliena", *Dizionario Pratico del Diritto Privato* diretto da V. Scialoja, R. de Ruggiero e P. Bonfante, Milano, 1924, p. 117; G. Scherillo, "Il Concetto di Diritti Reali. Considerazioni Storico-dogmatiche", *Studi in onore di E. Betti*, IV, Milano, 1962, 80 ss. e soprattutto a G. Grosso, *I Problemi dei Diritti Reali nell'Impostazione Romana. Lezioni Universitarie*, Torino, s. d. (ma 1944), 74 ss. , in critica a quelle ricostruzioni storiche (soprattutto Perozzi e Biondi) che tendevano a relegare l'antitesi diritto reale-obbligazione a Roma sul piano meramente processuale.

角度来看其中也存在不少问题，特别是有关罗马法原始文献中"对物权"概念的确定本身。而这些问题又与所谓的"经典"物权权能和所谓的"人身性"权能之间的激烈争论有关，前者试图揭示物权是权利人与物之间的直接关系，相反，后者认为物权是提供给某个主体可以排除任何第三人干涉的权能。[8]

潘德克顿法学派的学者们创造了主观权利这一概念，这又带来了一波思想体系上的反思。正是基于这一新创造的概念，人们试图超越原本将物权只看作是主体对某物的直接联系这一观点，更倾向于就主体和物之间的关系进行重新梳理。潘德克顿法学派的学者们认为，物权应是一项针对他人的合法命令（或者正如法律条文中所规定的，任何他人都负有针对物权的消极不作为义务）。也就是说，仍然教条的认为物权只是建立人和物之间的关系，这是不符合逻辑的，实际上，物权不单单是直接将某物专属于某人而已。[9]

根据罗马法学家们用以构建法律制度的方式，这一观点甚至可以在罗马法学家所秉持的所谓"无诉权即无权利 Aktionrechtlichesdenken"（权利与诉权相符的思维模式）中得到支持：显然，这涉及"对物之诉"（针对物本身的诉讼）和"对人之诉"（针对人的诉讼）的区分，根据该理论，物权事实上在两个诉讼层面并不平衡的，准确的说其"对人性"更强。[10]即便是像桑提·罗曼罗（Santi Romano）这样德高望重的法学家都认为，任何一个物权都当然的在主体和某个物之间建立了某种关系，相对于这一关系，同样也使得他人负担了消极不作为的义务（表述为不特定的义务，但也有相应质疑的声音），这构成外部的义务，其并不能从概念上涵盖进物权的内部

---

〔8〕　Segue bene questo dibattito M. Comporti，"Diritti Reali in generale"，*Trattato di Diritto Civile e Commerciale diretto da A. Cicu-F. Messineo-L. Mengoni e continuato da P. Schlesinger*，Milano，2011，9 ss..

〔9〕　参见 già V. Arangio-Ruiz，*Iura in Re Aliena*，cit.，p. 118；successivamente，cfr. pure M. Giorgianni，*Contributo alla Teoria dei Diritti di Godimento su Cosa Altrui*，I，Milano，1940，162 s.；e in M. Giorgianni，*Raccolta di Scritti. Itinerari Giuridici tra pagine Classiche e Recenti Contributi*，Padova，1996，94 s.；M. Giorgianni，"Diritti Reali（Diritto Civile）"，*NNDI*，5，1960，p. 750（= in M. Giorgianni，*Scritti minori*，Napoli，1988，647 s.；U. Natoli，*Il Diritto Soggettivo*，Milano，1943，92 ss.；G. Pugliese，s. v. "Diritti Reali"，*ED*，12，1964，766 ss.；M. Costantino，*Contributo alla Teoria della Proprietà*，Napoli，1967，145 ss.；e，con il titolo Contenuto，esercizio e tutela giuridica della proprietà，anche in M. Gostantino，*Rischi Temuti*，*Danni Attesi e Tutela Privata*，Milano，2002，3 ss.；M. Gostantino，*Esercitazione su Nevrosi per Richiami Impropri a Nozioni Astratte*，in Studi in onore di Piero Schlesinger，II，Milano，2004，875 ss.；M. Gostantino，"Il Diritto di Proprietà"，*Trattato di Diritto Privato* diretto da P. Rescigno，7，I，Torino，2005，257 s.；M. Gostantino，"La Gratuità，la Qualificazione dei Beni e l'Accesso alla Proprietà Altrui"，*Il Principio di Gratuità*，a cura di A. Galasso e S. Mazzarese，Milano，2008，475 ss..

〔10〕　Vd. in questa direzione V. Giuffré，*L'emersione dei «Iura in Re Aliena» ed il Dogma del Numero Chiuso*，Napoli，1992，40 ss. e la lett. ivi cit.；per la prospettiva，decisamente diversa，alla luce della quale Salvatore Romano scinde il rapporto tra potere e diritto soggettivo，collegandosi il primo piuttosto all'autonomia，vd. *infra*，nel testo.

结构中。[11]除此之外，德国法上的这一重构也对将"对物权"进行绝对教条化理解的做法提出了批评，其中的观点大多被意大利民法学界所接受，也不乏详细的论述。但关于这一点，在我看来，即使是极其精致严谨的论文都有可能存在将物权概念（特别是针对地役权）本身有序的教义学解释弄得支离破碎的风险。[12]尤其需要注意，物权是对世权，这至少可以追溯到《十二铜表法》，毫无疑问，这时就已经从第一层次界定物权是某个主体跟某物之间的联系，自然过渡到了对其第二层次的理解之上。

事实上，应该注意到，在罗马法上，最开始的时候，在有关地役权的诉讼中被告只能是供役地的所有权人，[13]随后才通过"扩用诉讼"的方式扩展到可以针对所有的人提起。[14]正是基于这一前提，学者们认为地役权本质上构成对所有权的限制（参见下述第四部分的论述），赋予地役权人针对供役地所有权人进行必要限制的权利；[15]在另一意义上，就像所有权可以要求任何第三人都承担消极不作为的义务一样，地役权跟其他那些在他人物之上的他物权一样，对于那些不相关人也不能要求其承担积极的作为义务。[16]

即使是持有认为物权是直接针对物之上的权利这一极端观点的学者，其往往也

---

[11] 参见 Santi Romano, *Frammenti di un Dizionario Giuridico*, Milano, 1947（rist. Milano, 1983）, v. *Diritti Assoluti*, 59. Addirittura, secondo G. Scherillo, *Il Concetto di Diritti Reali* cit., 100, al dovere di astensione, da egli visto come un precetto primario derivante in qualche modo dalla situazione reale in sé, si colleghe-rebbe un «precetto secondario», che impone al violatore un comportamento positivo, cioè quello di rimettere le cose in pristino. Più estremistica appare la tesi di Biondi, per la quale vd. infra, ntt. 22 e 23.

[12] Vd., per es., P. Rescigno, "Per uno Studio sulla Proprietà", *Riv. dir. civ.*, 1972, I, 47, il quale, compie una articolata analisi del diritto di proprietà, che lo porta a construire diversamente i 'vincoli' e i 'doveri' collegati al diritto di proprietà e ai diritti di godimento, fino ad apprezzare particolarmente in questi ultimi la «particolare relazione che si istituisce tra proprietario e titolare del diritto reale limitato», proponendone addirittura «l'inquadramento in termini di vero e proprio rapporto obbligatorio»; vd. anche infra, nt. 72 – 73.

[13] 参见 D.8, 5, 6, 3 Ulp., 17 ad ed.: Haec autem actio in rem magis est quam in personam et non alii competit quam domino aedium et adversus dominum, sicuti ceterarum servitutium intentio（Questa azione, peraltro, è più reale che personale e non compete a nessun altro che al proprietario dell'edificio e nei riguardi del proprietario, come la pretesa <formulata nelle azioni> delle altre servitù: 参见 *Iustiniani Augusti Digesta seu Pandectae. Digesti o Pandette dell'imperatore Giustiniano*, II, Testo e traduzione, a cura di S. Schipani, Milano, 2005, p. 217).

[14] Vd. D.8, 5, 10, 1 Ulp., 53 ad ed.: Agi autem hac actione poterit non tantum cum eo, in cuius agro aqua oritur vel per cuius fundum ducitur, verum etiam cum omnibus agi poterit, quicumque aquam nos［non］ducere impediunt, exemplo ceterarum servitutium（Si potrà esperire questa azione non solo contro colui nel cui fondo sgorga l'acqua o attraverso il cui fondo è condotta, ma invero, sull'esempio delle altre servitù, si potrà agire anche contro tutti coloro che ci impediscono di condurre l'acqua: Iustiniani Augusti Digesta seu Pandectae, II, cit., 220).

[15] V. Arangio-Ruiz, "La Struttura dei Diritti sulla Cosa Altrui *in Diritto Romano*", *AG*, 81, 1908, 361 ss.; e 82, 1909, p. 417（entrambi in V. Arangio-Ruiz, *Scritti di Diritto Romano*, a cura di B. Biondo, I, Napoli, 1974, 137 ss.）; V. Arangio-Ruiz., *Iura in re aliena*, cit., p. 118.

[16] Vd. le conseguenze che ne fa derivare Fr. Romano, *Diritto e Obbligo nella Teoria del Diritto Reale*, Napoli, 1967（rist. Napoli, 2014）, 131 s., sui cui anche infra, ntt. seguenti, criticando questa impostazione.

会出现矛盾，特别是涉及地役权时。比如，学者萨尔瓦多·罗曼诺认为，权能（包括了处分某物的权能）的概念本质上是脱离主观权利而先在的。[17]就这一点而言，他的学生民法学家弗朗斯科·罗曼诺也认为物权的"减等"构成行使这一权利的限制，而不是构成对权利本身的限制。[18]但事实上，依照他们的观点，所面临的同样困境是其同时也更倾向于不将物权看作是"直接针对某个财产"的，而将物权视为了一般的消极性权利，是一类主观权利。[19]尤其是当说到地役权时，相关制度设计表明地役权也是物权的一种类型，因此，赋予了地役权人一项可以影响他人主观范围的权利，最终得出的结论是：物权是一项绝对权，权利的实现无需获得他人的协助。[20]

在一般意义上，也有学者认为，地役权只不过就是两块土地之间的客观状况，通常与地役权相关的权利和义务并不构成该制度的本质，而仅仅是以某种方式反映出土地本身的某种合法联系。[21]实际上，地役权可以看作是土地之间的一种"紧张状态"，所谓的主观权利也就是建立了这样一种联系，即需役地所有权人可以对供役地施加负担，而不被认为是造成了损害。[22]

这再一次导致了对物权类别的解构，尤其需要注意的是：对该权利的保护可以针对任何人（对世权），这构成该权利的本质。事实上，这种反思路径的极端后果是：认为地役权不可能被他人侵害，因为只有供役地的所有权人才对地役权人负有相应的义务；因此，任何第三人的干涉不会构成对地役权的侵害，但可能造成应赔偿的损失。相反的，如果遵循另一个讨论思路，也有学者认为：就像物权一样，任何第三人对此都负有消极不作为的义务，[23]但实际上，任何人对他人的主观权利都负有这一相同的一般性义务，如此导致的结果是：使得物权的核心被掏空。[24]

在 20 个世纪下半叶，朱塞佩·格罗索（Giuseppe Grosso）恰巧也对该问题做出了澄清，其认为：这里的内部逻辑发生了非常明显的变化，从认为物权是跟客体产生直接的关系，是对该物本身的直接权利（享有权利），过渡到物权人可以合法地排除其他人的干涉。我们可以将此总结为"（对于某物）没有我的允许，你不享有权利去干什么"。[25]因此，在我看来，人们是想要将对"物上权利所负有的义务"外化，

---

[17]　参见 Salv. Romano, "Aspetti Soggettivi dei Diritti sulle Cose", *Riv. trim. dir. e proc. civ.*, 1955, 1009 ss.; Salv. Romano, *Scritti minori*, I, Milano, 1980, p. 434（da cui cito）.

[18]　参见 Fr. Romano, *Diritto e Obbligo* cit., 58 ss. e 130 ss..

[19]　参见 Fr. Romano, *Diritto e Obbligo* cit., 15 s..

[20]　参见 Fr. Romano, *Diritto e Obbligo* cit., 129 s..

[21]　参见 B. Biondi, *Le Servitù Prediali nel Diritto romano*（*Corso di lezioni*）, Milano, 1954, 89 ss..

[22]　参见 U. Brasiello, "Sulla Natura delle Servitù", *RISG*, 90, 1954, p. 251.

[23]　È questa La tesi di M. Comporti, *Contributo allo Studio del Diritto Reale*, Milano, 1977, passim.

[24]　Per una critica serrata, vd. soprattutto A. Burdese, "Il Problema del Diritto Reale nell'Ultima Dottrina", *Riv. dir. civ.*, 1980, I, 210 ss.; A Burdese, "Considerazioni in tema di diritti reali. A proposito di una recente monografia", *Riv. dir. civ.*, 1977, II, 307 ss..

[25]　参见 soprattutto G. Grosso, *I Problemi dei Diritti Reali* cit., 78 ss..

这在某种程度上可以认为构成了物权的本质，这些义务相互关联并排除了原本认为它们只具有主观性的观点。

因此，就以上大致的讨论来看，学者们对某些细节的重复虽然看起来毫无意义，但可以断定的是：所有的物权（地役权包括在其中）都享有对世性（针对所有人提起）（为了能简洁地适用，这一短语已经在使用中被确定）。特别当说到地役权时，相关澄清性的观点都试图在双重思路基础上复述上述观点，往往会集中到对物权（也包括地役权）的"现实"判断上。这一教义学上的观点至今仍然非常重要。一方面，必须强调的事实是，通常对地役权的侵害是来自于供役地的所有权人，但也不排除其他第三人也可能对地役权造成侵害。这个观点实际上包含了几个推论，但又并不仅限于此，这已经成为法学论著中的经典，以至于我们无需列举出相应的引文。另一方面，也有学者一针见血地指出，虽然所有权跟其他在他人物上的物权表现出一定程度的不同，但它们的发展实际上都是基于在同一个物之上并存的不同情形，所有的定限物权，都属于物权这一属的范围之内。毫无疑问，地役权也是一样的（参见下述第6部分），也具有绝对权的特征，这类权利内容的实现并不需要他人的协作。

三、地役权的本质特征

如今学者们能达成的一致意见是，地役权可以被视为是一类具有特殊内容的物权，因为其意味着可以对特定的物[26]进行特定的使用[27]。即地役权会让土地所有

---

[26] Si tratta di un diritto reale specifico, ma a contenuto indeterminato, essendo le parti libere di creare una particolare figura di servitù, seppure nell'ambito della categoria generale: 参见 M. Allara, *Le Nozioni Fondamentali del Diritto Civile*, I, Torino, 1958, 401 ss.; B. Biondi, "Precisazioni in tema di Servitù", *Foro it.*, 1957, I, 1056 s.; A. Piraino Leto, "Tipicità dei Diritti Reali", *Mon. trib.*, 1973, 968 s.; A. Natucci, *Le Servitù*, in *Beni, Proprietà e Diritti Reali*, II, a cura di P. Gallo e A. Natucci, in *Trattato di Diritto Privato* diretto da M. Bessone, VII/2, Torino, 2001, p. 115, il quale parla di «elasticità di contenuto delle servitù»; E. Guerinoni, "Le Servitù Prediali", *Trattato dei diritti reali*, II, *Diritti Reali Parziari*, a cura di A. Gambaro-U. Morello, Milano, 2011, p. 220; M. Comporti, *Le Servitù Prediali*, cit., 208 ss.; G. Palermo, "Nemini res sua Servit: Vincoli Tipici e Atipici", *Nuova giur. civ. comm.*, 2011, II, 335 ss.; e in *Le Servitù Prediali tra Tradizione e Attualità*, Atti del Convegno di studi-Bologna, 21 maggio 2010, a cura di E. Marmocchi, Milano, 2011, 57 ss.; E. Calzolaio, "La Tipicità dei Diritti Reali: Spunti per una Comparazione", *Riv. dir. civ.*, 2016, 1080 ss. (da cui la successiva citazione); e in *Eppur si muove: The Age of Uniform Law. Essays in honour of J. Bonell to Celebrate his 70th Birthday*, II, Rome, 2016, 1945 ss.; Indicativa l'immagine di D. Barbero, "Tipicità, Predialità e Indivisibilità nel Problema dell'Identificazione delle Servitù", *Foro pad.*, 1957, I, p. 1043, che presentava le servitù come uno stampo, nel quale si può far colare un contenuto vario, di cui la legge detta solo i confini.

[27] Non è configurabile una servitù con la quale il titolare del fondo dominante comprima a tal punto il diritto di proprietà, da annullare il godimento del bene che rappresenta il nucleo fondamentale del rapporto dominicale: cfr. G. Tamburrino-A. N. Grattagliano, *Le Servitù* cit., 121. Secondo G. Grosso-G. Deiana, *Le Servitù Prediali* cit., 76 s. potrebbero essere problematici i seguenti esempi: una servitù di pascolo che assorba integralmente il fondo destinato al pascolo oppure una servitù di presa d'acqua appartenente a chi non è proprietario di un fondo adiacente: in questi casi, «si tratta di vedere se resta al proprietario un sufficiente contenuto di proprietà».

权人以其土地来承担相应的义务，众所周知的是[28]，这不仅意味着该供役地的所有权人（也包括后手所有权人），并且所有的第三人都对地役权人负有消极不侵犯其权利的义务。

上述定义将地役权看作是一种负担，在《意大利民法典》中也是如此规定，毫无疑问这为人们提供了这一法律制度的最初框架，特别是就土地的便利方面而言，供役地本身就是为了确保需役地的更便利使用[29]。然而，这对于确定地役权的具体内容却没什么用处，所以，我们说地役权还应包含一些应当明确表述的要件，虽然暂且没有出现在上述的定义当中[30]。

其一，地役权是对他人的物之上所享有的物权。

其二，地役权的内容是确定的，因为地役权人并不享有对物的一般性的利用。其仅能行使由单独约定条款所确定的某一特定权利和权能。[31]

其三，负担义务的被称之为供役地，为其使用而获得便利的另一地块，我们称

---

[28] Ciò sia con riferimento alle *obligationes propter rem* (obbligazioni a causa della cosa), sia ai cd. oneri reali, laddove la differenza non appare sempre così nettamente tracciabile: cfr., per limitarmi ai lavori più recenti, L. Bigliazzi Geri, "Oneri Reali e Obbligazioni Propter Rem", Trattato di Diritto Civile e Commercialediretto da A. Cicu e F. Messineo, Milano, 1983; R. Pennazio, "Apparenza e Obbligazioni «Propter Rem»", *Riv. trim. dir. proc. civ.*, 2005, 987 ss.; A. Burdese, "Le Servitù Prediali. Linee Teoriche e Questioni Pratiche", *Il Giurista Europeo*, collana dir. da L. Garofalo e M. Talamanca, Padova, 2007, 89 ss..

[29] Di tutto ciò il legislatore italiano era perfettamente consapevole; cfr. la Relazione alla Maestà del Re Imperatore del Ministro Guardasigilli (Grandi) presentata nell'udienza del 16 marzo 1942-XX per l'approvazione del testo del Codice civile, Libro della Proprietà, reperibile online all'indirizzo < *https://www. consiglionazionaleforense. it/documents/20182/174648/Libro + III + + − + + Della + Propriet% C3% A0/6ce39eab − 67aa − 41e2 − 8517 − 2c04f7392b73* >, n. 488, 101: «sebbene non si tratti che di un'immagine, la quale raffigura l'aspetto economico del rapporto, più che di una definizione rispondente al rigore del tecnicismo giuridico, ho preferito, per indicare il contenuto del diritto di servitù, conservare nell'art. 1027 la formula "peso imposto sopra un fondo" dell'art. 531 del codice del 1865, anziché sostituire l'espressione "limitazione del godimento di un fondo" proposta nel progetto dalla Commissione Reale (art. 182)». Commentando lo stesso progetto da ultimo citato, già R. Nicolò, *Osservazioni e Proposte della R. Università di Catania al Progetto di Secondo Libro del Codice Civile*, Milano, 1938, p. 65; R. Nicolò, *Raccolta di Scritti*, II, Milano, 1980, p. 1748, aveva evidenziato che «la parola "peso" è certo tecnicamente imprecisa, ma almeno praticamente è assai espressiva, mentre l'espressione "limitazione del godimento" per scolpire l'essenza della servitù vista dal lato passivo è ancora più criticabile, in quanto non è detto che la servitù debba importare in ogni caso per il proprietario del fondo servente una limitazione del godimento. Senza dire poi che la limitazione del godimento è una conseguenza dell'esistenza della servitù e non il momento ontologico di essa».

[30] 参见 A. Burdese, s. v. Servitù, cit., 131 ss.; M. Comporti, s. v. Servitù, cit., 276 ss..

[31] Vd. supra, ntt. 31 e 32.

之为需役地。[32]

其四，地役权相对于土地所有权人所享有的权利是从权利。[33]

其五，地役权是在土地之间构建了一类"土地的合作"关系，这在某种程度上构成物权中的独特类型。[34]

四、地役权的起源

显然，仅在这一篇文章中要追溯几个世纪以来对该问题的激烈讨论是不太可能的，这一讨论涉及罗马法上地役权的起源的问题。因此，我仅限于回顾那些我认为对当下讨论有用的几个要点。

罗马法上的地役权具有严格的特性，虽然其类型不是法定的[35]，当事人可以通

---

[32] Fin troppo noto è il brocardo '*servitus in faciendo consistere nequit*'（la servitù non può comportare un obbligo di fare），con cui si impone al proprietario del fondo servente un semplice dovere di *non facere*（non fare）o di *pati*（tollerare），e mai di facere，se non con riguardo a prestazioni accessorie rispetto alla servitù stessa；cfr.，su punto，P. Boero，"Servitus in faciendo Consistere Nequit: il Contenuto Negativo della Servitù"，*Le Servitù Prediali tra Tradizione e Attualità*，cit.，25 *ss.*.

[33] è stata proposta in dottrina la tesi secondo cui la servitù avrebbe una "essenza modificativa" dei diritti di proprietà dei fondi dominante e servente: cfr. P. Vitucci，s. v.，"Servitù Prediali"，*Dig. disc. priv.*，*sez. civ.*，18，1998，p. 496；«in presenza di una servitù prediale，il contenuto e i limiti reciproci dei diritti di proprietà sui fondi dominante e servente ricevono modificazioni»；E. Guerinoni，*Le Servitù Prediali*，cit.，p. 220.

[34] 参见 F. Messineo，*Manuale*，cit.，p. 627，il quale ravvisa la funzione delle servitù nel favorire il progresso dell'agricoltura e dell'edilizia.

[35] Sulla costruzione da parte della dottrina moderna del 'dogma' o 'enigma' del numero chiuso dei diritti reali e sui tentativi di reperire per esso giustificazioni logico-dogmatiche，vd. V. Giuffré，*L'emersione dei «Iura in Re Aliena»* cit.，6 *ss.*，59 *ss.* La dottrina ha da sempre legato tali ragioni all'ordine pubblico（da ultimi，in tal senso，si pronunciano A. Fusaro，"Il Numero Chiuso dei Diritti Reali"，*Riv. crit. dir. priv.*，2000，439 *ss.*；U. Morello，"Tipicità e Numero Chiuso dei Diritti Reali"，*Trattato dei Diritti Reali*，I，Proprietà e Possesso，a cura di A. Gambaro-U. Morello，Milano，2008，67 *ss.*），pur riconoscendo da tempo la poca consistenza di tali motivazioni，che appaiono slegate da una analisi del concreto contesto socio economico in cui il principio dovrebbe trovare applicazione：cfr. A. Gambaro，"Note sul Principio di Tipicità dei Diritti Reali"，*Clausole e Principi Generali nell'Argomentazione Giurisprudenziale degli Anni Novanta*，a cura di L. Cabella Pisu e L. Nanni，Padova，1998，223 *ss.*；E. Calzolaio，*La Tipicità dei Diritti Reali*，cit.，1080 *ss.*；per una posizione diversa，che mi pare però tutta sbilanciata verso il profilo dell'analisi economica del diritto，vd.，F. Mezzanotte，*La Conformazione Negoziale delle Situazioni di Appartenenza. Numerus Clausus Autonomia Privata e Diritti sui Beni*，Napoli，2015，1 *ss.*，il quale ritiene attualmente ancora più che giustificato il numerus clausus dei diritti reali，sulla scorta di un compito di selezione dei titoli proprietari che il legislatore assume in un'ottica di riduzione dei costi di verifica per gli operatori economici（ma per una prospettiva diversa，che valorizza le recenti aperture della dottrina francese verso il superamento del "dogma"，vd. Id.，"«Liberté Contractuelle» e «Droits Réels»［A proposito di un Recente Dialogo tra Formanti nell'Ordinamento Francese］"，*Riv. dir. civ.*，2013，I，857 *ss.*）. Da ultimo sul punto vd. anche A. Gambaro，"Codice Civile e Diritti Reali"，*Roma e America. Diritto Romano Comune*，39，2018，21 *ss.*.

过协议来确定比如地役权的期限或地役权行使方式等[36]。到了优士丁尼时期，地役权的特性得以确定，仅允许相邻土地的私人之间有设立地役权的自由。[37]

从罗马法共和国末期开始，我们可以认为地役权作为一类定限物权制度逐渐成形，为他人土地的便利而承受负担的地块，称之为供役地，为实现其便利而利用他人土地的另一土地，称之为需役地。但就该制度的起源来看，是非常复杂的，学者们并不能达成一致意见。

地役权的时效取得在《斯克里布尼亚法》（lex Scribonia）之前就出现了，并且，在此之前，地役权也可以通过要式买卖的方式进行移转。在德国法上[38]如今的主流观点[39]仍然认为：罗马法上最早的乡村地役权（iter, actus, via e aquaeductus 私人通行权、负重通行权、给水、排水地役权等）最初被认为是有体物（res corporales），通常是就某一土地的某一部分进行特定利用，在该土地上他人可以通行或是排水：相当于是在这一土地之上为需役地所有权人设立了一个权能，但这一特定的权能原本是专属于供役地的所有权人的。就所有权的结构而言，这相当于在供役地上有两个[40]或多个

---

[36] Vd. M. F. Cursi, *Modus Servitutis. Il Ruolo dell'Autonomia Privata nella Costruzione del Sistema Tipico delle Servitù Prediali*, Napoli, 1999; Ead., "«Modus Servitutis» e «Tipicità Convenzionale» tra Diritto Romano e Codice Civile", *Riv. dir. civ.*, 2000, I, 471 ss..

[37] Vd. I. 2, 3, 4 Si quis velit vicino aliquod ius constituere pactionibus atque stipulationibus id efficere debet (Se taluno vuole costituire in favore di un vicino un qualche diritto di servitù, deve farlo mediante patti e stipulazioni).

[38] 参见 M. Voigt, "über den Bestand und die Historische Entwickleung der Servituten und Servitutenklagen während der Römische Republik", *Berichte über die Verh. der König. Sächs. Gesell. Der Wiss. Zu Leipzig*, Philol. -hist. Classe, 26, 1874, 159 ss.; sugli influssi ricevuti da Voigt nella elaborazione di queste idee, vd. diffusamente L. Capogrossi Colognesi, *La Struttura della Proprietà e la Formazione dei «Iura Praediorum» nell'Età Repubblicana*, I, Milano, 1969, 6 ss..

[39] Ma per autorevoli opinioni contrarie vd. M. Bretone, *La Nozione Romana di Usufrutto*, I, Napoli, 1962, 31 ss.; G. Franciosi, *Studi Sulle Servitù Prediali*, Napoli, 1967, 18 ss.; A. Corbino, *Ricerche sulla Configurazione Originaria delle Servitù*, I, Milano, 1981, partic. 11 ss. (con lett.) e 20 ss.; G. Franciosi, s. v. *Servitù Prediali (Diritto Romano)*, *ED*, 42, 1990, 243 s..

[40] 参见 soprattutto P. Koschaker, Rec. di E. Bussi, "La Formazione dei Dogmi di Diritto Privato nel Diritto Comune (Diritti Reali e Diritti di Obbligazione)", Padova, 1937, *ZSS RA*, 58, 1938, 258 ss.; M. Kaser, "Geteiltes Eigentum im älteren Römischen Recht", *Festschrift Koschaker*, I, Weimar 1939, 445 ss.; in un'ottica non dissimile, cfr. anche L. Capogrossi Colognesi, *La Struttura della Proprietà e la Formazione dei «Iura Praediorum» nell'Età Repubblicana*, II, Milano, 1976, 249 ss., secondo il quale, in particolare, iter e actus (passaggio a piedi e passaggio con bestiame e carri) avrebbero rappresentato il primo modello sul quale costruire l'idea di ius in re aliena (diritti su cosa altrui) come strumento di ridefinizione della proprietà all'inizio concettualmente non divisa con riferimento alle servitù; nella stessa linea, sebbene in totale disaccordo con Capogrossi, cfr. ora C. Möller, Die Servituten. Entwicklungsgeschichte, Funktion und Struktur der grundstückvermittelten Privatrechtverhältnisse im römischen Recht. Mit einem Ausblick auf die Rezeptionsgeschichte und das BGB, Göttingen, 2010, 29 ss. (su cui cfr. la rec. di J. M. Rainer, *Entwicklungsgeschichte, Funktion und Struktur der Servituten*, in Index, 43, 2015, 303 ss.).

共有人在对物的不同部分进行不同的利用（不同的性质）。[41]特别是对于私人通行权而言，这一特征表现更加明显，比如，徒步通行权、负重通行权，这两类地役权的出现早于其他乡村地役权。[42]我同意学者们的这一观点。

到公元前 2 世纪时，地役权制度已开始初具雏形，此时不再认为地役权是所有权结构中的一部分，因为不太可能只确定供役地的某一部分来作为该权能的对象（此时，人们认为基于地役权可以要求供役地上不能加高建筑物或阻挡视线）。在此，地役权已经超越了最初将其作为一类所有权权能的概念界定，这为将地役权统一为一类独立的用益物权类型铺平了道路，其本身就是该土地上的权利，具有财产权的属性。到了拉贝奥时期（公元 1 世纪时期的罗马法学家），地役权制度似乎已经基本成形。[43]

五、地役权的后续发展

从地役权随后的发展来看，正是这一制度的出现导致了他物权制度的构建，基于我们讨论的主题范围的局限，对于这一问题在此不详细展开，而是快速的回顾一下。

在中世纪时期，物权和人身权之间的区别逐渐减弱，随后更是颠覆了罗马法上的原则，[44]二者间发生了一定程度的混淆，或者也可以解释为：如果人们想采用一种更现代的不同方式以便于回应现实日常生活中的问题，则他们会故意地对罗马法的原始资料进行了重构。[45]地役权如其他的他物权类型一样，在所谓的过渡法阶段，理论界从该制度本身的特点和制度发展的角度考虑得并不多，相反更多的是从其与所有权的关系上来进行考察，他物权被看作是对所有权的外部性限制。[46]持这一观

---

〔41〕 É la nota posizione di Giuseppe Grosso, tra i vari scritti del quale mi limito qui a ricordare G. Grosso, "L'evoluzione Storica delle Servitù nel Diritto Romano e il Problema della Tipicità", *SDHI*, 3, 1937, 274 ss.; G. Grosso, *I Problemi dei Diritti Reali nell'Impostazione Romana. Lezioni Universitarie*, Torino, s. d. (ma 1944), 9 ss.; G. Grosso, "La Genesi delle Servitù nel Quadro delle Prospettive dei Problemi di Origine", *BIDR*, 70, 1967, 105 ss.; ma soprattutto G. Grosso, *Le Servitù Prediali nel Diritto Romano*, Torino, 1969, 11 ss.; G. Grosso, *Schemi Giuridici e Società nella Storia del Diritto Privato Romano. Dall'epoca Arcaica alla Giurisprudenza Classica*; *Diritti Reali e Obbligazioni*, Torino, 1970, 243 ss..

〔42〕 Questa, a somiglianza delle viae pubbliche, sarebbe stata originariamente intesa come porzione materiale di suolo che divide due fondi e sulla quale avrebbe pertanto gravato una comproprietà dei titolari dei fondi contigui; solo successivamente essa sarebbe stata costruita come una «servitù autonoma di passaggio dal contenuto ampiamente comprensivo»; cfr. sul punto soprattutto L. Capogrossi Colognesi, *La Struttura della Proprietà* II, cit., 81 ss. e da ultimo anche A. Burdese, *Le Servitù Prediali. Linee Teoriche* cit., p. 3.

〔43〕 参见 L. Capogrossi Colognesi, *La Struttura della Proprietà*, II, cit., 271 ss.; A. Burdese, s. v. "Servitù Prediali (Diritto Romano)", *NNDI*, 17, 1970, p. 120.

〔44〕 Per un es., vd. la cd. Glossa di Colonia (XI sec.), Gl. via est a I. 3, 3 pr.: differentia ab actu in hoc est, quia actus non omnibus datur et ad certum locum datur, via vero omnibus et non ad locum determinatum (la differenza con il passaggio con bestiame e carri è che questa non è data a tutti ed è data per un luogo certo; la via, invece, è data a tutti e per un luogo non determinato).

〔45〕 Così vd. I. Birocchi-M. C. Lampis, s. v. "Servitù (Diritto Intermedio)", *ED*, 42, 1990, p. 262.

〔46〕 Vd. M. Caravale, *Ricerche sulle servitù prediali nel Medioevo*, I, L'età romano-barbarica, Milano, 1969, 125 ss..

点的学者并不少，他们认为所谓的"控制"（在此指的是所有权）是一系列物权性的状态，即以某种方式归属于其领域之内。[47]所有权和地役权的区分在 Glossatori 时期[48]是较为清晰的，先是 Bartolo 随后 Baldo 也论述了这一问题，试图在宽泛意义的所有权概念中实现二者的整合，区分为"物的实体上的所有权"和"法律意义上的所有权"，虽然二者间有清晰的界限，但也在某个时刻重合，因此，这更应认为是逻辑 – 形式上的区分而不是实际具体的区分。[49]

有学者认为，罗马法上在土地所有权之上设立役权的方式实际上是在当事人之间构建了一类债的关系，且基于此而设立的地役权的期限通常不会超过当事人的寿命。[50]在 15 世纪 50 年代，意大利法学家巴托洛梅奥·奇波拉[51]（Bartolomeo Cipolla）的一部重要的作品即涉及我们谈论的这一问题，其重申了地役权和个人给付行为间的区别，确认说设立地役权不仅需要当事人之间的合意，还需要一个具体的行为（例如，挖掘一个水渠供水流过）[52]：但在此之前，地役权人的权利仅仅是来自于合同所要求某人为某一行为。

六、教义学中的地役权

就目前的讨论而言，学者们不认为就地役权的制度规范结构来看其只涉及土地间的状态。[53]地役权的权利内容是否仅仅是请求第三人对该物负有消极不作为的义务，不得妨碍权利人对该土地的利用，还是也应包括利用该供役地的权能，（虽然从逻辑上来看，应界定为需役地所有权人可利用该供役地的权利）。[54]这在理论界引起

---

[47] Fondamentali, in questo campo, sono gli studi di Paolo Grossi: mi limito qui a richiamare il volume *Il dominio e le Cose. Percezioni Medioevali e Moderne dei Diritti Reali*, Milano, 1992 e i vari contributi ivi raccolti dall'a.

[48] Vd., ad es., la gl. *potest intelligi* a D. 8, 1, 3, *nel quale, per Mezzo dell'Uso del Brocardo Servitus Servitutis esse non potest* (non può esistere la servitù di una servitù), netta appare l'impossibilità di assimilare in qualsiasi modo i due istituti.

[49] Per queste problematiche vd. P. Grossi, "'Dominia' e 'Servitutes' (Invenzioni Sistematiche del Diritto Comune in tema di Servitù", già in *Quaderni Fiorentini per la Storia del Pensiero Giuridico Moderno*, 18, 1989; ora in P. Grossi, Il dominio e le cose cit., 57 ss. e partic. 86 ss..

[50] Birocchi-Lampis, *s. v. Servitù* (*Diritto Intermedio*).

[51] I. Birocchi-M. C. Lampis, *s. v. Servitù* (*Diritto Intermedio*), cit., 263.

[52] B. Cepolla, *Tractatus de Servitutibus tam Rusticorum quam Urbanorum Praediorum*, cito dalla ed. Coloniae Agrippinae, 1616, I, 21, 1 c. 85: «per promissionem tantum non acquiritur servitus, nisi realiter constituatur, quia talis sola promissio non constituit ius in re, id est in servitute, sed ius ad rem» (la servitù, sia relativa a fondi rustici che a fondi urbani, non si acquista se non si costituisca concretamente, perché la semplice promessa non è in grado di far nascere un diritto reale, come la servitù, ma solo un diritto sulla cosa <come una obbligazione>).

[53] Mi riferisco alla tesi di Biondi, per la quale vd. supra, ntt. 22 e 23.

[54] Per la prima concezione, vd. M. Allara, *Le Nozioni Fondamentali del Diritto Civile*, cit., 404 ss.; S. Perozzi, *Istituzioni di Diritto Romano*, I, Milano, 1947, 608 ss.; per la seconda, che mi pare decisamente preferibile, vd. G. Grosso, *I Problemi dei Diritti Reali* cit., 82 ss..

了广泛的讨论，也会对地役权制度的法律构成产生影响。[55]将地役权作为他人之物上的定限物权，这实际在欧洲范围内进行了两次制度重构。古老的地役权制度的重构始终伴随着个人主义和所有权绝对的观念，这也是大部分自然法法学家和启蒙主义法学家的观点，随后通过法国大革命[56]而广为传播。在《拿破仑民法典》第544条对所有权的经典定义中，其强调所有权的完整性和绝对性，这在法国法典评注学派中更是受到推崇。[57]这一新观念将所有权看作是个人的自然权利，所有权相对其他的"他物权"处于核心主导地位，[58]有必要通过物权法定原则[59]以便避免对所有权的侵害。因此，在《拿破仑民法典》中，他物权被认为是"所有权不同的变化形式"，这在法典的第二编中有明显的表现。且在随后的法国法典评注学派的著作中，所有权仍然被认为是"基本权利的集合"，而其他所有的定限物权则被认为是所有权的肢体或是分支。[60]

---

[55] Ad esempio, costruiti i diritti reali con un riferimento pregnante alla 'facoltà di godere della cosa', non si può nascondere la difficoltà di comprendere nel concetto le servitù negative: per alcune considerazioni sul punto, vd. però G. Pugliese, *s. v. Diritti reali*, cit., 768 s. .

[56] In realtà, per un ridimensionamento del ruolo di Pothier nella costruzione di un concetto unificato di proprietà vd. P. Grossi, "Un Paradiso per Pothier (Robert Joseph Pothier e la Proprietà 'Moderna')", *Quaderni Fiorentini per la Storia del Pensiero Giuridico*, 14, 1985, ora in P. Grossi, *Il Dominio e le Cose* cit., 385 ss. (da cui cito), in forte polemica con O. T. Scozzafava, *I Beni e le Forme Giuridiche di Appartenenza*, Milano, 1982, 45 ss., che, più recentemente, torna sul tema in P. Grossi, "Una Lontana Replica a Paolo Grossi", *Riv. crit. dir. priv.*, 2005, 669 ss. .

[57] S. Rodotà, *La Definizione della Proprietà nella Codificazione Napoleonica*, ora in S. Rodtà, *Il Terribile Diritto. Studi sulla proprietà privata e i beni comuni*, Bologna, 1981, 75 ss.; M. Comporti, "Ideologia e Norma nel Diritto di Proprietà", *Riv. dir. civ.*, 1984, *I*, 288 ss. .

[58] La proprietà viene proclamata diritto naturale, sacro ed inviolabile dalla Dichiarazione dei diritti dell'uomo e del cittadino del 1789 (art. 2, 17) ed inserita fra i diritti fondamentali dalla Costituzione francese del 1791; cfr., sul punto, P. Grossi, "Naturalismo e Formalismo nella Sistematica Medievale delle Situazioni Reali", ora in P. Grossi, *Il Dominio e le Cose* cit., 21 ss. La stessa Carta di Nizza del 2000 (art. 17) pare inserire la proprietà tra i diritti fondamentali dell'individuo.

[59] L'idea della divisione del dominio si trova in realtà già accolta in R. J. Pothier, "Trattato del Diritto e Dominio di Proprietà (trad. it.)", *Opere*, III, Livorno, 1841, p. 3; questo a., dopo aver affermato che il principale ius in re (diritto su cosa altrui) è «il diritto di dominio di proprietà», precisava che le altre specie di diritti reali «da questo procedono e ne sono come tante frazioni».

[60] 参见 C. E. Delvincourt, *Institutes de Droit Civil Français Conformément aux Dispositions du Code Napoléon*, I, Paris, 1808, p. 320: «il résulte…qu'il peut exister une infinité de droits réel détachés de la propriété, et qui en sont comme autant de démembremens»; V. Marcadè, *Explication Théorique et Pratique du Code Civil*, II, Paris, 1886, p. 571: «on sait déjà qu'on appelle en génerel servitude tout démembrement de la propriété d'un chose»; C. B. M. Toullier, *Le Droit Civil Français Suivant l'Ordre du Code*, III, Paris, 1811, p. 288 «diminution de droit»; Duranton, *Cours de Droit Civil Suivant le Code français*, IV, Paris, 1826, p. 397, il quale, però, proprio sul punto qui in esame precisa che «on ne considère pas les servitudes comme en étant des démembramens, mais bien comme des qualités actives et passives des héritages»; cfr. al riguardo P. Grossi, "Tradizioni e Modelli nella Sistemazione post-unitaria della Proprietà", *Quaderni Fiorentini*, 5/6 (1976/77), Itinerari moderni della proprietà, I, Milano, 1978, 229 ss. .

　　"肢体"或是"分支"这一词汇的使用，明显是用于指称从完整的或完全的所有权中分解出了其他的物权（也被称之为"不完整的或半完整所有权"）。因此，定限物权相对于完整的所有权仅具有其部分权能，但二者的区别仅体现在数量上而不是性质上。[61]这一将物权置于他人物之上的方式，似乎隐藏了一个法学家们的隐忧：即不能削弱所有权本身的绝对性这一原则。[62]这一重构走到极致，有学者甚至认为地役权是需役地所有权的一种扩张和边界延伸，这使得需役地所有权人可以享有更多的对土地的利用和收益，这一负担对随后的所有后手所有权人都一样。[63]

　　这一观念从《德国民法典第二草案》开始发生转变。特别是温德沙伊德教授对所有权进行了不同的重构，其将所有权看作是权能整体，由该物的所有权人享有，而不是将所有权看作是各项单独权能的简单总括或是集合。其特别区分了所有权和他物权二者不同的结构和性质（而不仅仅只是权能数量上的区分）。[64]随后，温德沙伊德教授的这一重构也被意大利学界所接受，这一新的所有权模式使得所有权成为一项可以从逻辑上区别于他物权的实体权利。由此产生了这两类权利之间的对比，人们意识到，在永续的无限定的所有权和有期限且限定的他物权之间是有区别的。[65]

　　事实上，如今理论界对于所有权是否是一项主观权利仍然存在争议。[66]因此，人们更愿意谈论总体的主观法律状态，为了其利益而赋予所有权人相关权能，比如，使用和处分该物，相对的也对所有权人产生了相应的义务（税收的、行政的等），或

---

[61]　P. Grossi, *Tradizioni e Modelli* cit. , 201 ss. ; vd. anche la posizione di Duranton, ricordata *supra*, alla nt. precedente.

[62]　参见 M. Comporti, *s. v. Servitù*, cit. , 280 dove vd. alla nt. 28 i richiami alla letteratura giuridica italiana dell'Ottocento, in cui queste idee circolavano ampiamente.

[63]　参见 U. Brasiello, *Sulla Natura delle Servitù*, cit. , p. 258; per la servitù come diritto 'modificativo' della proprietà, vd. *supra*, nt. 38.

[64]　Illuminanti sul punto sono le note di Fadda e Bensa alla trad. it. delle Pandette di Windscheid (cfr. Fadda e Bensa, *Note a Diritto delle Pandette*, I, t. 2, Torino, 1925, § 167, pp. 115 – 117): «non si può dire che la proprietà consti di una somma di singole facoltà, che sia una riunione di singole facoltà. La proprietà è la pienezza del diritto sulla cosa, e le singole facoltà che in essa vanno distinte, non sono che estrinsecazioni e manifestazioni di questa pienezza. La proprietà come tale è illimitata, ma ammette restrizioni [...] . Se la restrizione vien meno, tosto la proprietà esplica di nuovo tutta la pienezza». Segue bene il passaggio dalla 'vecchia' concezione, ancora viva in Germania ad es. in Glück, alla "nuova" concezione, Comporti, § 3.

[65]　Vd. sul punto M. Comporti, s. v. Servitù, cit. , 281 e la lett. cit. alla nt. 37.

[66]　Sul dibattito che, nell'Italia degli anni'50, portava, partendo da opposte visioni, a negare alla proprietà o al diritto di credito la natura di diritto soggettivo vd. P. Rescigno, *Per uno Studio sulla Proprietà*, cit. , 46 nt. 67.

者所有权人也必须尊重权利之外的其他主体或是集体的利益。[67] 这正是所谓的"所有权的危机"。这一危机在 1942 年《意大利民法典》中仍然存在，其中规定了"所有权和定限物权"，[68] 将这两个类别同质化，这毫无疑问被认为是"概念误解的结果"，定限物权实际是完全自主的概念。[69] 事实上，他物权是通过对所有权的权能进行限制而设立的，因此，在同一个物[70] 之上同时存在他人的物权。也就是说，这一限制削弱了所有权人对该物的最广泛的利用，从而使得他人具有利用或使用该物的可能性。从一般意义上来说，他人对该物的利用的权能较少，设立他物权的情况并不是常态。这会在所有权和他物权之间的动态关系中，对所谓的作为母权利的所有权产生限制。[71]

七、地役权的主要分类

之前我们已经说过优士丁尼已将役权区分为人役权和地役权，都作为一类用益权。通过巴托洛梅奥·奇波拉[72]（Bartolomeo Cipolla）的论述，在"过渡法"中不再采取这一区分，而是对役权发展出了三种不同的类型区分：其一，人役权，特定人利用他人所有物的权利，在这一情况下，就主人和奴隶之间的关系也可以归入到这一役权当中。其二，混合役权，从物到人都承担义务，例如，用益权和使用权；其三，地役权。在这其中，地役权是最主要的役权类型[73]。至于为何抛弃这一分类类

---

〔67〕 参见 P. Perlingieri, *Introduzione alla Problematica della «Proprietà»*, Napoli, s. d. （ma 1971）, *passim e partic.* 70 ss. ; ma anche P. Rescigno, *Per uno Studio sulla Proprietà*, cit. , 1 ss. Per una rilettura della proprietà in chiave di "diritto partecipativo" e non（solo）di diritto "escludente", teso a delimitare una sfera privata scevra da intromissioni, vd. ora L. Mengoni, "Proprietà e Libertà", *Riv. crit. dir. priv.* , 1988, 427 ss. ; S. Rodotà, *Ricerche, Ipotesi, Problemi dal dopoguerra ad oggi*, ora in S. Rodota, *Il Terribile Diritto* cit. , 448 ss. ; E. Caterini, "Proprietà", *Trattato di Diritto Civile del Consiglio Nazionale del Notariato*, diretto da P. Perlingieri, III, 3, Napoli, 2005, 167 ss. ; L. Nivarra, "La Funzione Sociale della Proprietà: dalla Strategia alla Tattica", *Riv. crit. dir. priv.* , 2013, 504 ss. ; nonché, con più ampio riferimento alle fonti del diritto di proprietà, F. Addis, "*Fonti Legali della Proprietà e Decentramento Normativo*", *Riv. dir. civ.* , 1994, II, 15 ss. .

〔68〕 参见 P. Rescigno, *Per uno Studio sulla Proprietà*, cit. , p. 16.

〔69〕 参见 P. Rescigno, "Proprietà, Diritto Reale e Credito", *Jus*, 1965, 472 ss. , che vede come una illusione il riconoscimento di caratteri comuni a proprietà e diritti reali limitati; P. Rescigon, *Per uno Studio sulla Proprietà* cit. , 1 ss. e particolarmente 47 ss. .

〔70〕 Da ultimo, in questo senso, mi pare si muova anche la recente dottrina francese: 参见, ad es. , C. Larroumet, *Droit Civil*, II, *Les Biens. Droit réel Principaux*, Paris, 2006, p. 22, dove si ribadisce che il titolare di un diritto reale limitato usa alcune（ma non tutte）delle facoltà spettanti al proprietario; cfr. anche J. - L. Bergel, "Droits réels de Jouissance et Valorisation des biens: les Propositions de Réforme du Droit des biens", *Droit Civil, Civilité des Droits. Mélanges en l'honneur de Jean-Louis Mouralis*, Aix-en-Provence, 2011, 19 ss. .

〔71〕 Così vd. M. Comporti, *Le servitù Prediali*, cit. , 179 ss. .

〔72〕 Vd. supra, nt. 28.

〔73〕 Vd. Ciccaglione, 34.

型，我在上述第一点中已经论及。

有趣的是对地役权的分类，在中世纪中还出现了合意地役权、自然地役权和强制地役权的分类。第一类是基于当事人之间的协议；第二类是来自于土地之间的自然状态，某块土地必须为另一块土地服务；第三类是基于各类理由，某一主体有权要求在他人土地上设立役权。

所谓的自然地役权，在《学说汇纂》中有两个片段呈现出该制度的雏形，分别是乌尔比安和保罗的片段，在《学说汇纂》第39卷第3章第1个片段的第22段，以及在《学说汇纂》第39卷第3章第2个片段的首段。当然，自然地役权这一概念的提出要归功于法国的学者们[74]。随后在欧洲各国民法典当中都可以找到这一制度。例如，《法国民法典》第639条，1865年《意大利民法典》第532条，都对这一法定地役权进行了完整的规定。由此也产生了一些混淆，特别是跟强制地役权[75]之间如何区分。相反，在1942年的《意大利民法典》中却吸收了学界对此所提出的批评，没有规定这一自然地役权的类型，仅仅区分了强制地役权强制地役权（第二节）和意定地役权（第三节），以及在第五节规定了时效取得地役权和根据家父指定取得地役权。当然，这一规定也是存在问题的，因为用以确定地役权设立方式的标准仍然会使人纠结这到底是强制地役权，还是非强制地役权（独立于设立的方式），而事实上，在1942年的《意大利民法典》中并没有规定这样的区分标准。[76]

另一类分类是区分积极的地役权和消极不作为地役权。这也可以追溯到罗马法上，在《意大利民法典》第1073条中也有对消极不作为地役权的规定，这一区分很重要，因为两类不同地役权之间有不同的取得和消灭规则。

同样，在《意大利民法典》第1073条中，还区分了连续性地役权和非连续性地役权。依照法典中的术语，连续性的地役权不是必须要求役权人本人行使；而非连续性的地役权则必须役权人本人行使。这一区分对于如何确定未行使役权提供了有用的标准。

最后，我们还可以区分显性地役权和隐性地役权。这一区分是基于是否有基本的地役权载体，在《意大利民法典》第1061条有对隐性地役权的明确规定，其规定没有"可见的、永久性的工作物供役权行使的"则是隐性地役权。

八、中国《物权法》中的地役权

2007年的中国《物权法》中有几个有趣的问题，我有必要在此提出。

首先，我们可以发现，对比于上述第一点中所提到的《意大利民法典》上关于地役权的规定——其使用的是单数的地役权这一术语，但2007年中国《物权法》第

---

〔74〕 Cuiacio, In libros Pauli ad ed. comm. ad lib 49 ad 1, 2 de aqua pluv arc., *Opera*, V, Prati, 1838, 1063 ss.; Donello, De iure civile lib. 11 cap. 9 n. 3 ss., *Opera omnia*, III Maceratae 1829, p. 297; Duareno, Comm. in tit. III de aq. pluv. arc., *Opera*, Francoforte, 1607, 605 ss..

〔75〕 Vd. Comporti, s. v. Servitù Prediali（dir. priv.）, n. 15.

〔76〕 参见 Comporti, s. v. Servitù Prediali（dir. priv.）, n. 11, con la lett. precedente.

十四章的标题中使用的是复数的地役权这一术语。但事实上，在具体的条文中说到地役权时，却又使用了单数。我的相关思考显然是基于我非常优秀的同事朱塞佩·特拉西莱先生所翻译的版本，但非常遗憾的是，由于语言障碍，对我而言仍然不能阅读中文条文本身。

对于标题中所使用的形容词"土地的"，我在上述的第一点中已经说明，在最近的意大利民法学界，主流观点认为这一形容词是多余的。

但有趣的是，我们看看《物权法》第156条的规定。在第156条使用的术语是"获得不动产的最大用益"跟"利用他人的不动产"联系起来。如果此处的用益在某种程度上跟《意大利民法典》第1027条所规定的条件类似，那毫无疑问，我们又回到了罗马法学家们已经广泛讨论过的"对土地的用益"问题。这一用益或使用的概念在现行的《意大利民法典》中并没有明确的规定。相反，在1865年《意大利民法典》第531条[77]却对此进行了规定，1942年《意大利民法典》显然故意删除了这一规定。因为1942年《意大利民法典》的立法者认为使用这一概念只是对用益概念的重复。

在这一关键的定义中，中国现行法律中对地役权的定义也与《意大利民法典》有所区别，其将地役权界定为是地役权人的主要权能，而不是着眼于是土地上的负担。但从土地负担角度对地役权进行定义，几乎是所有现代民法典[78]中的选择。基于对罗马法学家们的著作进行教义学的分析，将地役权制度看作是土地之间的关系[79]，从而避免使用权利或义务这样的术语。[80]

然而，更恰当的做法是，立法者们应考察更普遍的不动产，而不仅仅局限于土地。就不动产而言，在中国法上排除了原本地役权制度中所谓的不规则地役权的类型，例如，工业地役权、农业地役权或是并存的地役权，而这些地役权的类型，在意大利法学界中在1942年《意大利民法典》颁布之前也存在广泛争议。[81]

---

[77] Art. 531 Cc. it. 1865：«La servitù prediale consiste nel peso imposto sopra un fondo per l'uso e l'utilità di un fondo appartenente ad altro proprietario».

[78] Così vd. il Cc. fr. («charge», art. 637), quello italiano («peso», art. 1027); quello spagnolo («gravamen», art. 530); analoga appare l'impostazione del BGB (§§ 1018 e 1019) e del Cc. svizzero (art. 730). Ma vd. il Cc. di Parma del 1820, che parla di un 'diritto stabilito per l'utilità di un fondo'.

[79] La Relazione del Guardasigilli al Cc. it. 1942 (n. 144) precisa questo concetto affermando che l'immagine del 'peso' «esprime con maggiore immediatezza il carattere reale della servitù e sopra tutto pone in risalto il distacco delle vere e proprie servitù prediali dalle limitazioni della proprietà».

[80] Non mi pare cogliere il punto Barbero, *Il Sistema del Diritto Privato* a cura di A. Liserre e G. Floridia, Torino, 1988, 537, quando ritiene assurdo che il nostro legislatore usi il termine 'peso' per indicare un diritto.

[81] Vd. soprattutto Carnelutti, *Usucapione della Proprietà Industriale*, Milano, 1938, 85 ss.; Grosso, "Servitù Fondiarie e Servitù Aziendali", *Riv. del dir. comm.*, 1938, II, p. 462, che proponeva, de iure condendo, la configurabilità di tali servitù; è poi invece prevalsa l'opinione secondo la quale tali rapporti sono configurabili esclusivamente come rapporti di tipo obbligatorio: cfr. Grosso-Deiana, *Le Servitù Prediali*, 6 ss.; Branca, *Servitù Prediali*, 8 ss.; Biondi, *Servitù*, 151 ss..

并且中国《物权法》不仅没有规定强制性地役权，也没有规定所谓的自然地役权，甚至立法者根本没有考虑到以遗嘱设立地役权的方式，或是所谓的根据家父指定取得的地役权的方式，以及时效取得地役权的方式。仅仅在中国《物权法》第 156 条（该条也是随后其他条款的基础）确定当事人之间的协议可以设立地役权。或许在这一点上，也可以促使中国的学者们进一步做出反思。

此外，即使是通过协议设立地役权，仅仅在当事人达成协议的时候，地役权就有效设立了。如果是以这一方式设立地役权，那么就有必要解释一下随后的第 158 条，其规定地役权只有登记之后才可以对抗善意的第三人。

具有中国特色的制度同样体现在《物权法》第 161 条的规定中，在该条中其预设的前提是地役权是非永久性的，这当然是受制于更适合中国国情的对土地所有权的管理模式。

随后中国《物权法》第 163 条规定，如果土地上已为他人设立其他的用益物权，则未经用益物权人同意，土地所有权人不得设立地役权：或许最好是规定一个跟《意大利民法典》第 1060 条相似的规范，该规定没有要求土地所有权人要征求土地上其他用益物权人的同意，只要该设立的地役权不会损害用益物权的行使。

《物权法》第 164 条规定了所谓的同时转让原则，即地役权不得单独转让。但随后解释性的规定似乎又不那么连贯其规定如果土地承包经营权、建设用地使用权等转让的合同中另有约定，则地役权将不存在于该土地之上。[82]

对《物权法》第 166 条和第 167 条仍存在的疑问是：这两条规定在我看来表述的是同样的规则，即转移部分需役地或是供役地的情况，没有必要重复规定。在这两类情形下，中国的立法者规定地役权都继续存在，需役地继续享有便利，而供役地继续承担义务，但又仅局限于转让部分涉及地役权的情况。

这两条规定似乎在某种程度上违反了地役权不可分的原则。例外的情况是，如果是转让供役地的一部分，1942 年《意大利民法典》第 1071 条[83]的规定可以借鉴：如果对供役地进行了分割并且只由某一确定部分的土地承担役权负担，则其他部分土地的役权均告解除。

相反，如果是转移需役地的一部分，在此即没有理由认为地役权不应存在于整块需役地之上，甚至对于那些就目前情况来看地役权暂时无用的土地的部分。前提条件是不应对供役地造成额外的负担，这正是《意大利民法典》第 1071 条所规

---

[82] Non chiaro appare se il contratto a cui la norma si riferisce sia quello che ha costituito la servitù o quello che ha determinato il trasferimento del diritto di gestione.

[83] Discusso è se, a seguito della divisione del fondo dominante, la servitù resti un rapporto unitario, in omaggio al principio dell'indivisibilità, e quindi continui a gravare su ogni parte del fondo servente ed a giovare ogni parte del fondo dominante, oppure si frazioni, dando luogo a tante servitù quante sono le porzioni in cui viene diviso il fondo dominante, con reciproca autonomia per le successive vicende; sul problema, cfr., con letteratura, Comporti, n. 34.

定的。

还值得注意的是，在该两条中仅仅规定了转移部分土地的情况，却没有对分割土地的情况作出明确规定，例如，团体解散要分割土地：或许更好的做法是对土地分割对地役权的影响作出一般性的规定，而不是仅仅只规定转移的情况。

最后，很有意思的是中国《物权法》第 168 条的规定，依照该规定如果地役权合同解除，则会导致这一地役权消灭。中国立法者就该问题所采取的立场也一直都是意大利法学界所面临的争议问题。这与我们所认为的地役权在合同完成缔结那一刻即立即设立是存在冲突的。因此，地役权不会因为不履行支付义务或是滥用地役权[84]所导致的合同解除而消灭。相反的，这里更好的处理方式是规定：如果是因不履行合同所确定支付义务，特别是经催告后在合理期限内仍未支付，或存在滥用地役权的情形而解除了地役权合同的，此时应转变法律后果，确定地役权非正当行使所受的损失。[85]

---

[84] 参见 Biondi, *Le Servitù*, 412；Tabet, "La Locazione-conduzione", *Trattato di Diritto Civile e Commerciale-diretto* da A. Cicu e F. Messineo, ⅩⅩⅤ, 1972, 148 ss..

[85] 参见 Rubino, "La Compravendita", *Trattato di Diritto Civile e Commercialediretto* da A. Cicu e F. Messineo, ⅩⅩⅢ,1971, p. 1012；Mirabelli, "Dei Contratti in generale", *Commentario del Codice Civile*, Ⅳ, t. 2, Torino, 1958, 515 ss.；Comporti, s. v. *Servitù*（*dir. priv.*）, n. 19.；Sul punto, con ampi riferimenti anche al diritto romano, vd. soprattutto Grosso, *Le Servitù*, 3 ss..

民法典担保物权制度修正评述

——以《民法典各分编（草案）》为分析对象 *

●高圣平 **

摘要：《民法典各分编（草案）》在《物权法》的基础上，主要扩充了担保财产的范围、修正了抵押物转让规则，完善了权利竞存时的优先顺位规则，删除了具体登记机构的规定。为反映新一轮农村土地制度改革的成果，应将土地承包经营权、土地经营权和宅基地使用权明定为担保财产；在应收账款之外，增列不动产收费权、收益权作为权利质权的标的权利。抵押物转让规则除了维系抵押权的追及效力之外，还要注意平衡抵押权人、抵押人和抵押物取得人之间的利益。优先顺位规则体系由一般规则和特别规则构成，坚持"先公示者优先""未公示者平等"的一般优先顺位规则，相关特别规则在文字表述上应作完善。在删除登记机构的具体规定之后，应作出授权性规定，赋予国务院参酌机构改革的具体情势作出统一动产担保登记机构的规定。

关键词：担保财产；土地经营权；不动产收益权；优先顺位规则；统一动产担保登记机构

《民法典各分编（草案）》（以下简称《一审稿》）已经第十三届全国人大常委会第五次会议第一次审议，并于 2018 年 9 月 5 日在中国人大网上公开征求意见。就担保制度在民法典中的体系定位问题，《一审稿》没有采纳学界关于担保法独立成编的建议，而是以人的担保和物的担保为类型化基础，将《担保法》上的保证作为一种有名合同，置于民法典分则的第二编"合同"中的第十三章"保证合同"；将《担保法》上的定金作为一种违约救济方式，置于第二编"合同"中的第八章"违约责

---

* 本文是中国人民大学科学研究基金（中央高校基本科研业务费专项资金资助）研究品牌计划基础研究项目："中国民法典担保法立法研究"（17XNI001）的阶段性研究成果。

** 高圣平，法学博士，中国人民大学法学院教授、博士生导师，教育部人文社会科学重点研究基地中国人民大学民商事法律科学研究中心专职研究员。

任"第 376 条至第 378 条;[1]将《物权法》第四编"担保物权"置于民法典分则的第一编"物权"中的第十六章"担保物权一般规定"、第十七章"抵押权"、第十八章"质权"和第十九章"留置权"。《一审稿》"结合现实需要",进一步完善了担保物权制度。[2]无论从体系安排上,还是具体制度的设计上,《一审稿》都不无检讨的必要。

一、分编立法模式下的立法技术

在立法政策上,我国民法典分则将由物权编、合同编、人格权编、婚姻家庭编、继承编、侵权责任编等六编依次构成。这一结构安排是在遵循内容具有基础性、普遍性、稳定性和平等自愿性等原则的基础上确定的。[3]担保法虽然符合这些原则,但并没有作为独立一编被纳入民法典,民法典也就没有了调整担保法律关系的一般规定("小总则")。如此,极易导致"担保物权一般规定"和"保证合同"之间的重复。例如,《一审稿》第 179 条规定了担保合同与主合同之间的关系,第 472 条也规定了保证合同与主合同之间的关系;第 180 条规定了担保物权的担保范围,第 480 条也规定了保证担保的范围;第 182 条规定了债务人转移债务对物上保证人的影响,第 487 条也规定了债务人转移债务对保证人的影响。这些重复规定的规则之间条文表述上也存在差异。

为使立法简约,这些共通适用的规则应在一起规定,构成担保制度的"小总则"。"提取公因式"是民法典总分体系立法技术的经典表达,它通过将共性法律规范抽象出来,使其与具体性规范在逻辑上相互呼应,从而使民法典形成一个逻辑严密的体系。[4]我国实定法上,《担保法》第一章"总则"和《最高人民法院关于适用〈中华人民共和国担保法〉若干问题的解释》(以下简称《担保法解释》)第一章"关于总则部分的解释",即为担保制度的总则性规定,以下再设置保证、抵押、质押、留置、定金等类型化的具体担保制度,如此形成担保法的总分则体系。由此可见,虽然《担保法》是因应愈演愈烈的"三角债"问题和保全银行信贷资产的应景之作,[5]但其体系化的努力却值得赞同。这一立法模式暗合了德国法就担保制度的

---

[1] 定金并不仅限于违约定金,我国现行法上所承认的定金种类还包括证约定金、成约定金、解约定金、立约定金等四种,参见高圣平:《担保法论》,法律出版社 2009 年版,第 591－594 页;曹士兵:《中国担保制度与担保方法》,中国法制出版社 2015 年版,第 403－407 页。《一审稿》的这一做法漠视了定金的其他种类,极易引起解释上的困难。

[2] 参见沈春耀(全国人大常委会法制工作委员会主任):"关于《民法典各分编(草案)》的说明",2018 年 8 月 27 日在第十三届全国人民代表大会常务委员会第五次会议上。

[3] 参见沈春耀(全国人大常委会法制工作委员会主任):"关于《民法典各分编(草案)》的说明",2018 年 8 月 27 日在第十三届全国人民代表大会常务委员会第五次会议上。

[4] 参见李建华、何松威、麻锐:"论民法典'提取公因式'的立法技术",载《河南社会科学》2015 年第 9 期。

[5] 参见全国人大常委会法制工作委员会民法室编著:《中华人民共和国担保法释义》,法律出版社 1995 年版,第 1－2 页。

体系安排。《德国民法典》秉承物债二分体系，人的担保和物的担保依其效力分别规定于第二编"债之关系法"和第三编"物权法"，但在第一编"总则"中设专章规定"提供担保"，置于"权利的行使"之下，规定担保法的一般规则，其理由在于，担保制度是权利实现的组成部分，无论是人的担保，还是物的担保，都是权利实现的保障或手段。[6]这一体系安排在一定程度上体现着总分结构和物债二分体系的融合。虽然商事实践的发展早已突破了《德国民法典》这部古老的法典，担保法总则规定的实际功能已大为减弱，[7]但这仅仅只表明德国担保法总则及担保法体系面临重构的必要，总分结构的体系化意义仍然不容小觑。值得注意的是，在比较法上，《法国民法典》2006 年修正时单独设立第四编，规定涵盖人的担保和物的担保的统一担保制度，虽然深受美国担保法的影响，[8]但其对担保法独立体系的重视，[9]值得赞同。而该编并无严格意义上的担保法总则，[10]这与《法国民法典》并不采行总分结构有关。[11]从已经公布的中国民法典的结构安排来看，总分结构仍然是整部法典应遵循的体系化基础，如此，担保法总则的规定依然是无法回避的话题。

在立法技术上，我国民法典中担保法总则可以仿效《德国民法典》，规定于"总则"编，作为民事权利及其实现规则的组成部分。但这一方案的可行性值得怀疑。一个折中的方案是，以"担保物权一般规定"章或"保证合同"章"一般规定"作为担保法总则。从《一审稿》的内容来看，尚无法确定这两部分中哪一部分起到担保法总则的作用。例如，关于担保的适用范围和反担保的规则（《担保法》"总则"第 2、4 条），规定于"担保物权一般规定"的第 178 条，而"保证合同"未作规定；但就担保人的除外规则，规定于"保证合同""一般规定"的第 473 条，"担保物权一般规定"中没有规定。笔者建议，基于物权编在合同编之前的既定法典顺序安排，应以"担保物权一般规定"作为担保法总则，该章既是担保物权的小总则，也可准用于保证。基于此，前述共通规则应置于"担保物权一般规定"章，与此相应，"保证合同"章中不再规定。

同时，《一审稿》中"担保物权一般规定"对于共通适用于抵押权、质权等物上担保的规则应进一步提取"公因式"，体现总则在分则中的普遍适用特征。例如，"抵押权"章第 192 条规定流抵契约的禁止，第 199 条规定抵押权人的保全请求权，

---

〔6〕　Vgl. Ludwig Kuhlenbeck, *Von den Pandekten zum Bürgerlichen Gesetzbuch Band 1*, Berlin, 1898, S. 577.

〔7〕　参见《德国民法典》，台湾大学法律学院、台大法学基金会编译，北京大学出版社 2017 年版，第 201 页。

〔8〕　See Paul Omar, "Updating the Framework for Asset Security in France The Reforms of 2006", *2 J. Comp. L.*, 189（2007）.

〔9〕　参见李世刚：《法国担保法改革》，法律出版社 2011 年版，第 3 页。

〔10〕　其中第 2287 条勉强可以纳入担保法总则范畴。

〔11〕　参见［德］K. 茨威格特、H. 克茨：《比较法总论》，潘汉典等译，法律出版社 2004 年版，第 142 - 143 页。

第 201 条规定抵押权的实行方式，第 204 条规定抵押财产变价款的分配规则；"质权"章第 219 条又规定流质契约的禁止，第 224 条规定质权人的保全请求权，第 227 条规定质权的实行方式，第 229 条规定质押财产变价款的分配规则；"留置权"章第 246 条又规定留置财产变价款的分配规则。条文之间重复甚多。

二、担保财产范围的修改

在市场经济条件下，但凡具有交换价值的财产均应作为担保财产。《物权法》在《担保法》的基础上扩充了担保财产的范围，在一定程度上发挥了社会经济生活中典型财产的金融价值，但基于对金融安全的关注，对于部分财产进入金融领域仍然做了相应限制。《一审稿》就抵押财产新增"海域使用权"（第 186 条第 1 款第 3 项），删去《物权法》第 180 条第 1 款第 3 项"以招标、拍卖、公开协商等方式取得的荒地等土地承包经营权"；就质押财产，将"应收账款"修改为"取得应收账款、不动产收益的权利"（第 231 条第 6 项）。

《海域使用管理法》中明确规定了海域使用权，《物权法》在"用益物权"编"一般规定"中也明确规定："依法取得的海域使用权受法律保护"。《一审稿》第 123 条重复了这一规定。虽然海域使用权的取得需要经过行政主管部门的审批，但学说上多认为，其为不同于准物权或特许物权的一种用益物权。[12]在民法典编纂过程中，有学者建议将其上升为一种典型的、重要的用益物权类型，[13]并将其正面列举为抵押财产之一，以防免海域使用权担保上登记机构、登记效力、设立等问题上的争议。[14]《一审稿》增列"海域使用权"，值得赞同。但同样规定于《一审稿》"用益物权一般规定"的"探矿权、采矿权、取水权和使用水域、滩涂从事养殖、捕捞的权利"（第 124 条）同样也有融资担保的需要。这些不动产权利同样属于可以转让的财产，具有交换价值，同样符合抵押财产的条件，亦应增列为抵押财产。值得注意的是，虽然《一审稿》第 186 条第 1 款第 8 项"法律、行政法规未禁止抵押的其他财产"足以涵盖上述财产，但这些财产进入融资担保领域之后，公示方法以及效力如何，《一审稿》并未作出规定，由此而出现登记机构、登记生效抑或登记对抗等解释争议，不若就正面列举这些财产，明定其登记机构和登记效力。

《一审稿》就新一轮农村土地制度改革成果的吸收颇费周章。第 186 条删去了现行法上允许"以招标、拍卖、公开协商等方式取得的荒地等土地承包经营权"可以抵押的规定；第 190 条保留了"耕地、宅基地、自留地、自留山等集体所有的土地使用权，但法律规定可以抵押的除外"。但第 135 条又规定"通过招标、拍卖、公开协商等方式承包荒地等农村土地"，"其土地承包经营权可以转让、入股、抵押或者以其他方式流转"；第 209 条又规定了"土地承包经营权、土地经营权"抵押权实行

---

[12] 参见崔建远："海域使用权制度及其反思"，载《政法论坛》2004 年第 6 期。

[13] 刘保玉、吴安青："民法典物权编的结构安排与内容设计"，载《甘肃政法学院学报》2017 年第 6 期。

[14] 参见高圣平："民法典担保物权法编纂：问题与展望"，载《清华法学》2018 年第 2 期。

后的限制性规则。这些规则之间的冲突至为明显。立法说明中指出，"在总结有关改革试点实践经验的基础上，结合农村土地承包法修改的审议情况、各方面提出的意见和基层调研情况，草案对物权法的用益物权制度、担保物权制度作了相应修改"，"修改了土地承包经营权抵押的相关规定"；"关于宅基地'三权分置'问题和农民住房财产权抵押问题，考虑到这两个问题主要涉及《土地管理法》的修改，国务院有关部门正在抓紧推进起草工作。因此，物权编草案这一部分内容暂未修改，待国务院修改土地管理法的议案提请审议后，再作统筹研究和修改。"[15]

在党的十八大以来启动的深化农村土地制度改革试点中，"农村承包土地的经营权""农民住房财产权"抵押贷款试点工作[16]稳步推进，立法机关通过并决定，授权国务院在相应试点地区暂时调整实施《物权法》《担保法》关于集体所有的耕地使用权、宅基地使用权不得抵押的规定。[17]在解释上，这里的"农村承包土地的经营权"，既包括土地承包经营权的，也涵盖土地经营权；[18]"农民住房财产权"是指"农民住房所有权及所占宅基地使用权"。[19]这一试点工作取得了良好的效果，应当在民法典中得到反映。[20]基于正面列举担保财产所体现的指引作用，第186条应将土地承包经营权、土地经营权、宅基地使用权明确规定为抵押财产，同时删除第190条的相应禁止性规定。值得注意的是，土地经营权是承包地"三权"分置的产物，是派生于土地承包经营权的一种农地利用权利，[21]政策文件倾向于将其定性为债权。[22]土地

---

〔15〕 参见沈春耀（全国人大常委会法制工作委员会主任）："关于《民法典各分编（草案）》的说明"，2018年8月27日在第十三届全国人民代表大会常务委员会第五次会议上。

〔16〕 《国务院关于开展农村承包土地的经营权和农民住房财产权抵押贷款试点的指导意见》（国发〔2015〕45号）；《全国人民代表大会常务委员会关于授权国务院在北京市大兴区等232个试点县（市、区）、天津市蓟县等59个试点县（市、区）行政区域分别暂时调整实施有关法律规定的决定》。

〔17〕 《全国人民代表大会常务委员会关于授权国务院在北京市大兴区等232个试点县（市、区）、天津市蓟县等59个试点县（市、区）行政区域分别暂时调整实施有关法律规定的决定》。

〔18〕 高圣平："承包土地的经营权抵押规则之构建——兼评重庆城乡统筹综合配套改革试点模式"，载《法商研究》2016年第1期；《中共中央办公厅、国务院办公厅关于完善农村土地所有权承包权经营权分置办法的意见》（以下简称《三权分置意见》）；《农村承包土地的经营权抵押贷款试点暂行办法》第5条至第7条。

〔19〕 高圣平："农民住房财产权抵押规则的重构"，载《政治与法律》2016年第1期；《农民住房财产权抵押贷款试点暂行办法》第2条。

〔20〕 参见王利明：《我国民法典重大疑难问题之研究》，法律出版社2016年版，第395页。

〔21〕 参见韩长赋："土地'三权分置'是中国农村改革的又一次重大创新"，载《光明日报》2016年1月26日；《三权分置意见》。

〔22〕 参见刘云生、吴昭军："政策文本中的农地三权分置：路径审视与法权建构"，载《农业经济问题》2017年第6期。《三权分置意见》指出："提倡通过流转合同鉴证、交易鉴证等多种方式对土地经营权予以确认，促进土地经营权功能更好实现"。此外，该意见还指出，土地经营权人改良土壤、建设农业生产、附属、配套设施等须征得承包人同意；再流转或抵押土地经营权除须征得承包人书面同意之外，还应并向农民集体书面备案。此与将土地经营权定性为物权的应有表述大相径庭。

经营权所反映的承包地流转关系主要是出租和转包方式，基于体系考虑和使新型农业经营主体取得稳定经营预期和融资担保的政策目标，笔者主张土地经营权为债权，但同时赋予其登记能力。[23]有学者认为，"如将土地经营权定性为债权，就只能质押，不能抵押。"[24]笔者对此不敢苟同，权利即可作为抵押权的标的，又可作为质权的标的，权利质权的标的须为与质权性质不相抵触的财产权利。[25]新型农业经营主体以其土地经营权设定担保之后仍得行使其土地经营权，已与质权性质相抵触，因为如若设定质权，新型农业经营主体必不得行使其土地经营权。如此，土地经营权上设定的是抵押权。

《一审稿》以"取得应收账款、不动产收益的权利"取代"应收账款"值得商榷。《应收账款质押登记办法》将应收账款界定为"权利人因提供一定的货物、服务或设施而获得的要求义务人付款的权利以及依法享有的其他付款请求权，包括现有的和未来的金钱债权，但不包括因票据或其他有价证券而产生的付款请求权，以及法律、行政法规禁止转让的付款请求权。"学说上认为，应收账款是因合同而生的金钱给付之债，排除了不当得利、无因管理、侵权责任等法定之债，也排除了因合同而生的非金钱给付之债。[26]但《应收账款质押登记办法》所列举的应收账款中，"能源、交通运输、水利、环境保护、市政工程等基础设施和公用事业项目收益权"多基于行政特许而产生，难以解释其"合同基础"，将其纳入应收账款，过于牵强，也就有了单独将其规定为一类出质权利的必要。[27]但《一审稿》"取得应收账款、不动产收益的权利"的表述有欠妥当。应收账款本属金钱给付请求权，取得这一金钱给付请求权的权利就不再是应收账款，而是合同，但合同本身是不能作为权利质权的标的，仅仅只是因合同而产生的金钱给付请求权才是权利质权的标的。建议将该项修改为应收账款、不动产收费权或收益权，同时鉴于两者在产生基础上的差异，将两者分列，作为各别的权利类型分项予以规定。

三、抵押物转让规则的修正

就抵押物转让，我国立法政策上变化较大。《担保法》上否认抵押权的追及效

---

[23] 详细论证参见高圣平："承包地三权分置的法律表达"，载《中国法学》2018年第4期；高圣平："论农村土地权利结构的重构——以《农村土地承包法》的修改为中心"，载《法学》2018年第2期。

[24] 参见陶钟太朗、杨环："论'三权分置'的制度实现：权属定位及路径依赖"，载《南京农业大学学报（社会科学版）》2017年第3期；张占斌："'三权分置'背景下'三权'的权利属性及权能构造问题研究"，载《西南大学学报（社会科学版）》2017年第1期；宋志红："'三权分置'关键是土地经营权定性"，载《中国合作经济》2016年第10期。

[25] 参见谢在全：《民法物权论》，中国政法大学出版社2011年版，第1012页；郑冠宇：《民法物权》，新学林出版公司2014年版，第638页。

[26] 参见高圣平：《担保法论》，法律出版社2009年版，第542页。《应收账款质押登记办法》第2条第2款关于应收账款的兜底性规定"其他以合同为基础的具有金钱给付内容的债权"，也表明应收账款是因合同而生的金钱给付之债。

[27] 参见王利明："我国民法典物权编中担保物权制度的发展与完善"，载《法学评论》2017年第3期。

力，将抵押物转让行为的效力系于抵押人是否通知抵押权人并告知受让人转让物已经抵押的事实，抵押人未通知抵押权人或未告知受让人的，转让行为无效，抵押权人有权追回抵押物。[28] 在抵押人已经通知抵押权人并告知受让人的情况下，抵押权人有权就转让价金优先受偿，立法态度上采取所谓转让价金的物上代位主义。《担保法解释》维系了抵押人通知抵押权人且告知受让人的情形下，抵押权人就转让价金的物上代位权，但将抵押人未通知抵押权人或未告知受让人的情形下的法律效果修改为：抵押权已登记的，抵押权有追及效力，但受让人有涤除权，可以代替债务人清偿债务，使抵押权归于消灭；抵押权未登记的，抵押权不得对抗受让人，抵押权人因此所受损失，由抵押人承担赔偿责任。[29]《物权法》将抵押物转让的效果系于抵押权人是否同意，抵押权人若同意，实行价金物上代位主义；抵押权人未同意的，抵押人不得转让抵押财产，但受让人代为清偿债务消灭抵押权的除外。立法理由在于，《担保法》上，抵押物的转让不以抵押权人的意旨为转移，对抵押权人利益的保护不周，要求抵押物转让须经抵押权人事先同意，这可以保护抵押权人和受让人的利益，以免抵押人利用制度漏洞获得不正当利益，节省经济运行的成本。[30]《物权法》的这一规定在解释适用上存在较大的争议，如抵押财产转让合同的效力如何认定。就此，第八次全国法院民事商事审判工作会议（民事部分）纪要（2016 年 11 月 30 日）指出："物权法第 191 条第 2 款并非针对抵押财产转让合同的效力性强制性规定，当事人仅以转让抵押房地产未经抵押权人同意为由，请求确认转让合同无效的，不予支持。受让人在抵押登记未涂销时要求办理过户登记的，不予支持。"这在一定程度上将无权处分的规则适用于抵押财产的转让，但也否认抵押权的物上追及效力。

《一审稿》第 197 条规定："抵押期间，抵押人转让抵押财产的，应当通知抵押权人。当事人另有约定的，按照其约定。""抵押财产转让的，抵押权不受影响。抵押权人能够证明抵押财产转让可能损害抵押权的，可以要求抵押人将转让所得的价款向抵押权人提前清偿债务或者提存。转让的价款超过债权数额的部分归抵押人所有，不足部分由债务人清偿。"这一规定值得讨论。

第一，这一规定以承认抵押权的追及效力为前提，颇合法理。抵押权是所有权上所设定的权利负担，但这一权利负担体现为抵押权可得实现之时就抵押物变价并优先受偿，抵押权的权能也就并不包括所有物的占有、使用、收益和处分。由此可见，抵押权的设定并不使抵押人丧失对抵押物的处分权。[31] "抵押权本质上是'对

---

[28] 参见全国人大常委会法制工作委员会民法室编著：《中华人民共和国担保法释义》，法律出版社 1995 年版，第 67 页。

[29] 参见李国光等：《最高人民法院〈关于适用中华人民共和国担保法若干问题的解释〉理解与适用》，吉林人民出版社 2000 年版，第 258－259 页。

[30] 参见胡康生主编：《中华人民共和国物权法释义》，法律出版社 2007 年版，第 481－482 页。

[31] 参见谢在全：《民法物权论》，中国政法大学出版社 2011 年版，第 700 页；全国人大常委会法制工作委员会民法室编著：《中华人民共和国担保法释义》，法律出版社 1995 年版，第 66－67 页。

物'的权利，而非'对人'的权利",[32]抵押权的追及效力是其物权本性的体现，无论抵押物辗转落入何人之手，抵押权人均可追及至抵押物之所在并行使抵押权。[33]《物权法》以牺牲抵押权的追及效力这一具有体系价值的制度为代价，来寻求抵押人、抵押物取得人和抵押权人之间的利益平衡，已广受批评。[34]基于此，《一审稿》从维系物权的整体效力的角度，赋予抵押权以追及效力，值得赞同。但令人遗憾的是，本条在承认抵押权的追及效力、强化抵押权人权利的同时，却没有关注抵押物取得人的利益诉求。虽然在抵押权可得行使之前，抵押物取得人对于抵押财产的利用不受影响，但抵押物取得人在特定情形下可能需要取得清洁的所有权。此际，如承认抵押物取得人的涤除权，抵押物取得人可以代替债务人清偿其全部债务，使抵押权归于消灭，同时明定受让人清偿债务后可以向抵押人追偿。如此，可以较好地平衡抵押权人、抵押人和抵押物取得人之间的利益。

第二，这一规定将价金物上代位的适用局限于"抵押权人能够证明抵押财产转让可能损害抵押权的"情形，过于狭窄。抵押权的追及效力对抵押物转让后的交易秩序的破坏不容忽视，学说上和实定法上均认为有缓和的必要。抵押权作为担保主债务清偿的权利，其权利内容除了追及至抵押物之所在行使变价权和优先受偿权之外，如在抵押物发生形态或者性质的变化而有代位物时，抵押权仍可追及至抵押物的代位物，此为抵押权的追及效力之扩张。[35]准此，在承认抵押权的追及效力的同时，也承认价金物上代位，允许抵押人将转让抵押物所得的价款向抵押权人提前清偿债务或者提存，以此消灭抵押权，受让人所取得的抵押物所有权即为没有抵押负担的所有权，如此对交易各方均为有利。本条规定比较准确地把握了仅承认价金物上代位的弊端，但却在承认抵押权追及效力的前提下，将抵押权人的价金物上代位请求权做了相应限制，值得商榷。同时承认抵押权的追及效力和价金物上代位效力，由抵押权人参酌具体情势选择行使，有利于保护抵押权人的利益。应当注意的是，本条所定"抵押权人能够证明抵押财产转让可能损害抵押权的"情形已为《一审稿》第199条的文义所能涵盖。该条指出："抵押人的行为足以使抵押财产价值减少的，抵押权人有权要求抵押人停止其行为。抵押财产价值减少的，抵押权人有权要求恢

---

[32] "新疆三山娱乐有限公司等与中国农业银行新疆维吾尔自治区分行营业部等金融借款合同纠纷案"，最高人民法院［2012］民二终字第113号民事判决书。

[33] 参见崔建远："民法分则物权编立法研究"，载《中国法学》2017年第2期。

[34] 参见梁上上、贝金欣："抵押物转让中的利益衡量与制度设计"，载《法学研究》2005年第4期；孙鹏、王勤劳、范雪飞：《担保物权法原理》，中国人民大学出版社2009年版，第183页；王洪亮："不动产抵押物转让规则新解"，载《财经法学》2015年第2期；孙宪忠、徐蓓："《物权法》第191条的缺陷分析和修正方案"，载《清华法学》2017年第2期。

[35] 参见刘得宽："论抵押权之物上代位性"，载刘得宽：《民法诸问题与新展望》，作者1979年自版，第356页；邹海林："论抵押权的追及效力及其缓和——兼论《物权法》第191条的制度逻辑和修正"，载《法学家》2018年第1期。

复抵押财产的价值，或者提供与减少的价值相应的担保。抵押人不恢复抵押财产的价值也不提供担保的，抵押权人有权要求债务人提前清偿债务。"本条再作特别规定，构成规范效用重复。[36]

第三，这一规定将"通知抵押权人"作为抵押人转让抵押财产的程序性前提条件，但并未规定违反了这一程序性要件的法律后果。同时明确这一前置性的程序性要件可依当事人之特约予以排除适用。"通知抵押权人"貌似可以保护抵押权人的利益免受抵押人转让抵押物的损害，但这种假定因抵押权的追及效力而不具有任何价值。学说上认为，抵押物的转让和抵押权的追及效力分属不同的制度体系，抵押物转让的法律行为应当如何为之以及如何发生效力，与抵押权的追及效力不应当发生关联。[37]"通知抵押权人"的唯一意义可能在于抵押权人据以判断行使保全请求权的必要，但这一规则不仅无助于强化抵押权人利益的保护，而且增加了抵押人转让抵押物的不公平负担。

第四，这一规定没有考虑物上保证人的利益。在交易实践中，为确定抵押物的合理价格并促进交易，抵押人转让抵押物之时，确有消除抵押物上的权利负担的现实需要。如抵押人同时又是债务人，其自可清偿主债务，从而在从属性规则之下消灭抵押权；但如抵押人为债务人之外的第三人（物上保证人），抵押人是否可以借由清偿主债务而消灭抵押权，则不无疑问。此时，赋予物上保证人除去抵押请求权实有必要。[38]

综上，建议将本条修改为："抵押期间，抵押人转让抵押财产的，抵押权的效力不因此受到影响。受让人或者抵押人可以代替债务人清偿其全部债务，使抵押权消灭。受让人清偿债务后可以向抵押人追偿。""抵押期间，抵押人转让抵押财产的，应当将转让所得的价款向抵押权人提前清偿债务或者提存。转让的价款超过债权数额的部分归抵押人所有，不足部分由债务人清偿。"

四、权利竞存时的优先顺位规则的修正

权利竞存时的优先顺位规则是担保物权制度的重要内容，制定明晰的优先顺位规则，有利于担保交易当事人或潜在当事人预估交易风险，以此达到促进担保交易的目的。《一审稿》结合商事实践的发展，就权利竞存时的优先顺位规则作了重大修正。

（一）抵押权竞存时的优先顺位规则及其作用

就抵押权竞存的优先顺位，《一审稿》坚持了"先登记者优先""未登记者平

---

[36] 邹海林："论抵押权的追及效力及其缓和——兼论《物权法》第191条的制度逻辑和修正"，载《法学家》2018年第1期。

[37] 邹海林："论抵押权的追及效力及其缓和——兼论《物权法》第191条的制度逻辑和修正"，载《法学家》2018年第1期。

[38] 徐银波："我国抵押物转让制度的'体'冲突与完善"，载《武汉理工大学学报（社会科学版）》2014年第4期，第629-630页。

等"的基本规则，但删除了《物权法》第199条第1项关于登记"顺序相同的，按照债权比例清偿"的规定。这一规则源于《担保法》第54条。为明确"顺序相同"的情形，《担保法解释》第58条第1款规定："当事人同一天在不同的法定登记部门办理抵押物登记的，视为顺序相同。"在解释上，登记是将物权变动的事实和其他法定事项记载于特定簿册的行为，登记时间自是以记载于登记簿并可供查询之时为准。[39]就同一登记机构办理的登记而言，"记载于登记簿并可供查询"的时间必然存在先后顺序，数抵押权之间不大可能出现"顺序相同"的问题。但在分散登记的情形之下，同一日登记的抵押权之间的顺序无从判断，[40]《担保法解释》将此种情形视为顺序相同。[41]在实行不动产统一登记制之后，就同一不动产而言，只记载于一个登记簿，其上数个抵押权之间的顺序至为明显。至于动产，《一审稿》倡导"建立统一的动产抵押和权利质押登记制度"，[42]果若如此，不大可能出现"顺序相同"的情形；即使采取分散登记，各登记簿的构建也是以标的物类别区分为基础，如船舶登记簿、机动车登记簿、动产抵押登记簿，不会出现同一动产在不同登记簿登记的情形，也就不大可能出现登记顺序无从判断的情形。《一审稿》删除这一规定，值得赞同。

《一审稿》第205条第2款规定："其他登记的担保物权，清偿顺序参照前款规定。"将上述"先登记者优先""未登记者平等"的基本规则准用予其他登记的担保物权。例如，以登记为公示方法的权利质权，并不排斥同一权利之上重复设定数个质权，就数个权利质权之间优先顺位的判断，即可准用上述抵押权竞存时的规则。该款表述尚存疑问的有二：

第一，这一规则是否准用于可以登记的具有担保功能的权利？例如，就所有权保留交易出卖人保留的所有权和融资租赁交易中出租人保有的所有权，《一审稿》规定了未经登记不得对抗第三人的规则（第431条第2款、第536条），这一规则在一定程度上统合了动产担保交易的公示方法和公示效力，实值赞同。但《一审稿》拒绝在形式上将这两种具有担保功能的交易重构为担保交易，未将此两类交易置于"担保物权"体系之下。如买受人、承租人不当处分标的物，在其上为他人设定抵押权，第三人善意取得抵押权，数项权利之间即发生竞存，如此就出现了出卖人、出租人的所有权与第三人的抵押权竞存时何者优先的问题。借助于登记公示方法的引

---

[39]　参见王利明：《物权法研究》（第四版），中国人民大学出版社2016年版，第273页；朱岩、高圣平、陈鑫：《中国物权法评注》，北京大学出版社2007年版，第115页。

[40]　在房地一体原则之下，以房屋抵押的，该房屋占用范围内的建设用地使用权同时抵押；以建设用地使用权抵押的，该土地上的房屋同时抵押。但在房、地分别登记的情形下，如不同的抵押权人于同一日办理房屋抵押登记、建设用地使用权抵押登记，两个抵押权之间的顺序即无从判断。

[41]　参见李国光等：《最高人民法院〈关于适用中华人民共和国担保法若干问题的解释〉理解与适用》，吉林人民出版社2000年版，第218-219页。

[42]　沈春耀："关于《民法典各分编（草案）》的说明"，2018年8月27日在第十三届全国人民代表大会常务委员会第五次会议上。

入，所有权保留和融资租赁不再是"隐蔽"的交易，出卖人、出租人自可经由登记保全特定标的物之上的优先顺位。此际，上述优先顺位规则自有准用空间。但《一审稿》使用的是："其他登记的担保物权"，但所有权保留交易中出卖人保留的所有权、融资租赁交易中出租人保有的所有权，虽起担保作用，但形式上仍属所有权，是否由"其他登记的担保物权"的文义能涵盖，尚须解释。

第二，准用前款规定的清偿顺序是否仅限于已经登记的担保（物）权？自其文义，"其他登记的担保物权"似应解释为该担保物权以登记为限，如此解释对于准用第1项而言自无疑问，但《一审稿》第205条第1款的适用范围并不仅限于"登记的担保物权（抵押权）"之间，而是一体适用于登记的抵押权（涵盖登记生效主义之下的不动产抵押权和权利抵押权以及登记对抗主义之下的动产抵押权）和未登记的抵押权（仅指动产抵押权）。在登记生效主义之下，未登记，抵押权并不设定，此时不发生和其他已经登记的抵押权的竞存问题，也不发生未登记的抵押权之间就标的物变价款的清偿顺序问题，也就没有了《一审稿》第205条第1款第2、3项的适用空间；[43]在登记对抗主义之下，抵押权因当事人之间的生效抵押合同而生，是否登记不影响抵押权的设定，此时才有必要讨论已登记的抵押权和未登记的抵押权之间以及未登记的抵押权之间的顺位问题。由此可见，《一审稿》第205条第1款既调整登记的抵押权，也调整未登记的抵押权。其他担保权自应依其采登记生效或登记对抗分别准用第1款所定规则。《一审稿》第205条第2款仅限于"登记的担保物权"，将可得准用的担保物权限定于采登记生效主义之下的担保物权，至为可议。

综上，为防解释冲突，笔者建议将该款修改为："其他担保权的清偿顺序参见前款规定。"这样，《一审稿》第205条起着担保权竞存时优先顺位的一般规定的作用，民法典中其他优先顺位规则构成这一一般规定的例外，是为优先顺位规则的特别规定，并得优先适用。如《一审稿》第206条关于抵押权与质权竞存时的优先顺位规则（该条的理论基础同于本条），第207条关于购置款抵押权的超优先顺位规则，第247条关于抵押权或质权与留置权竞存时的优先顺位规则等，均为特别规定。

（二）抵押权与质权竞存时的优先顺位规则

抵押权设定之后，作为担保物的动产仍由抵押人占有，抵押权并不限制抵押物的处分，抵押人自可将该动产再次设定动产质权；动产质权设定之后，虽移转占有给质权人，但仍属出质人所有的财产，而动产抵押权不以移转标的物占有为必要，出质人仍得以该动产设定动产抵押权。就抵押权与质权竞存时的优先顺位，《担保法解释》第79条第1款规定："同一财产法定登记的抵押权与质权并存时，抵押权人

---

[43] 在登记生效主义之下，数抵押权均为登记之时，不发生抵押权之间的竞存问题，自无《一审稿》第206条第1款第3项适用的可能。虽然裁判的发展表明，此时抵押人应承担违约责任，但数个违约责任之间是依债的平等性而展开，且及于债务人的全部责任财产，并不仅限于"拍卖、变卖抵押财产所得的价款"，其规范基础也不是《一审稿》第206条第1款第3项。

优先于质权人受偿。"其理由在于：其一，同一动产上只能出现先设定抵押权后设定质权的情形，"质权设定在先抵押权设定在后的情况几乎不存在"；[44]其二，动产抵押权以登记为公示方法，登记的时间可得确定；动产质权以交付为公示方法，但交付的时间不易确定，且易为当事人之间恶意串通而改变。准此，登记公示的效力要优于占有的效力。[45]

《一审稿》第 206 条修改了《担保法解释》关于抵押权与质权竞存时的优先顺位规则，明确规定："同一财产既设立抵押权又设立质权的，拍卖、变卖该财产所得的价款按照登记、交付的时间先后确定清偿顺序。"值得赞同，理由在于：其一，质权设定在先抵押权设定在后的情形同样可能存在，如同一动产先设定质权但担保数额相对该动产价值较少的债务，为充分发挥该动产的金融价值，自应允许出质人再以该动产设定不移转占有的动产抵押权。至于债权人是否接受已经设定质权的动产作为抵押物，自应由其自行判断。更何况，债权人有可能不知道或不应当知道抵押物已经设定质权。其二，《担保法解释》是对担保法的解释，在《担保法》之下，交通运输工具、企业动产抵押奉行登记生效主义，其他动产采取登记对抗主义。司法解释仅及于"法定登记的抵押权"，并未虑及采取登记对抗主义的其他动产上的抵押权。《物权法》之下，所有动产抵押均采登记对抗主义，但该法并未规定抵押权和质权并存时的优先顺位问题，学说和裁判上即存在《担保法解释》第 79 条是否仍得适用的争议。[46]登记效力上的改变必然引起权利竞存时优先顺位规则的修改。其三，《担保法解释》的法政策选择的基础在于登记的公示效力要强于交付，但登记和交付即为物权变动的公示方法，其效力有法律直接作出规定，在法律上没有明确规定何种公示方法具有优先效力的情况下，两者之间并无优劣之分。[47]在体系解释的视角下，动产抵押权从其登记之日起取得对抗第三人的效力（《一审稿》第 194 条），这里的"第三人"自然包括在其后设立的动产质权的权利人；动产质权从动产交付之日起生效（《一审稿》第 220 条），自可取得对抗第三人的效力，这里的"第三人"理应涵盖设立在其后的动产抵押权的权利人。至于交付时间的具体判断，自应在当事人之间分配证明责任，法院依证据规则予以认定。如此，抵押权和质权竞存时依其取得时对抗效力的时间先后定其优先顺位，是符合体系解释的妥当结论，也符合确定前述优先顺位的基本法理。《一审稿》第 205 条所确立的"先登记者优先""未

---

[44] 参见李国光等：《最高人民法院〈关于适用中华人民共和国担保法若干问题的解释〉理解与适用》，吉林人民出版社 2000 年版，第 283 页。

[45] 参见李国光等：《最高人民法院〈关于适用中华人民共和国担保法若干问题的解释〉理解与适用》，吉林人民出版社 2000 年版，第 283 - 284 页。

[46] 参见王利明：《物权法研究》，中国人民大学出版社 2016 年版，第 1342 - 1343 页；龙俊："动产抵押对抗规则研究"，载《法学家》2016 年第 3 期；柳苗："论动产抵押与动产质押的竞合"，载《中国海洋大学学报（社会科学版）》2016 年第 1 期。

[47] 参见王利明："我国民法典物权编中担保物权制度的发展与完善"，载《法学评论》2017 年第 3 期。

登记者平等"的基本规则,更为一般的表述即为"先公示者优先""未公示者平等"。

(三)抵押权与租赁权的关系

基于抵押权非移转标的物占有的特征,在抵押权存续期间,抵押物仍得由抵押人占有、使用、收益,抵押人自可将该抵押物出租给承租人占有、使用。反之,抵押人将标的物出租给承租人后,仍保有标的物所有权,自可以之为抵押权人设定不以占有标的物为前提的抵押权。如此,"先抵押,后出租""先出租,后抵押"两种情形均可能出现。就此,《物权法》第190条规定:"订立抵押合同前抵押财产已出租的,原租赁关系不受该抵押权的影响。抵押权设立后抵押财产出租的,该租赁关系不得对抗已登记的抵押权。"这一规则秉承了租赁权物权化保护的基本法政策。《合同法》第229条规定:"租赁物在租赁期间发生所有权变动的,不影响租赁合同的效力。"通说上认为,本条确立了"买卖不破租赁"规则,[48]租赁物所有权的变动不得对抗承租人的租赁权,[49]承租人对租赁物仍可继续占有、使用。[50]抵押权的实现必然涉及抵押物所有权的变动,自会发生与租赁权竞存的情形。但《物权法》第190条的实施效果并不理想,已经滋生了道德风险。裁判实践的发展已逐渐限缩租赁权的保护程度,以遏制虚假租赁的发生。[51]例如,江苏省高级人民法院执行局于2015年11月24日发布《关于执行不动产时承租人主张租赁权的若干问题解答》,其中指出,承租人在申请人对该不动产设立抵押权、法院查封之前已签订了书面租赁合同并占有使用该不动产的,承租人取得了该不动产的租赁权,法院在租赁期内带租拍卖。被执行人与承租人虽在抵押权设立、法院查封之前订立租赁合同并交付使用该不动产,但申请执行人有证据证明,被执行人与承租人之间恶意串通,以明显不合理的低价租赁,或伪造交付租金证据的,适用《最高人民法院关于办理执行异议和复议案件若干问题的规定》第31条第2款规定处理。对于承租人占有使用不动产的认定,该局认为承租人占有使用不动产主要是指承租人(包括次承租人)已支付租金且对该不动产已经用于生活、生产、经营、装修等情形。承租人以已向被执行人支付全部租金、以该不动产使用权抵债、已向房产管理部门登记备案、以该不

---

[48] 参见王利明:《合同法研究》(第3卷),中国人民大学出版社2012年版,第296页;不过,亦有学者对其提出质疑,认为本条明确的是"买卖破除租赁"规则,参见朱庆育:"'买卖不破租赁'的正当性",载《中德私法研究》(第1卷),北京大学出版社2006年版,第32页。徐澜波教授对此说给予了有力的回应。参见徐澜波:"'买卖不破租赁'规则的立法技术分析",载《法学》2008年第3期。

[49] 参见王利明:《合同法研究》(第3卷),中国人民大学出版社2012年版,第296页。

[50] 参见崔建远:《合同法》,北京大学出版社2013年版,第486页。

[51] 被执行不动产上的租赁权易于成立且在外观上难辨真伪,致使众多债务人利用法律的漏洞签订虚假租赁合同,已然成为一种典型的规避执行行为。参见卢正敏:"执行程序中的虚假租赁及其法律应对",载《中国法学》2013年第4期。因公示方法的欠缺给交易实践带来的影响,另见翟新辉:"租赁权公示是取得物权对抗效力的要件",载《法律适用》2007年第9期。

动产所在地为新设公司营业地址为由主张租赁权，请求法院带租拍卖或拍卖后阻止向受让人移交占有的，而该不动产仍为被执行人或其他人占有使用的，不属于承租人占有使用的情形。

《一审稿》第196条在这一裁判经验的基础上，规定："抵押权设立前抵押财产已出租并转移占有的，原租赁关系不受该抵押权的影响。"这一规则将"订立抵押合同前"修改为"抵押权设立前"，颇值赞同。"订立抵押合同"并不表明抵押权的设定，[52] 就不动产抵押权而言，仅仅订立抵押合同，而未办理抵押权设立登记，抵押权即未设定，在抵押财产上不存在该所谓的抵押权，自不发生与租赁权竞存的问题。这一规则增加"转移占有"作为租赁权优先保护的要件，并同时删除了"先抵押，后出租"的规定。如此，产生两个问题：

第一，学说上以为，赋予基于租赁合同所产生的债权以对抗效力，是"公权力对人民自治的一种干预"。[53] "权利对于第三人之对抗效力与权利之公示作用应相伴而生，乃法律之基本原则。"[54] 赋予租赁权以对抗效力会使租赁物的受让人和抵押权人存在着潜在的风险，[55] 其他国家及地区"多同时搭配一定租赁权公示性之措施"，要求租赁权经公示后，承租人才受到优先保护，以限制租赁权对抗效力的绝对扩张。[56] 准此，通过公示外观让第三人知悉，使第三人免受无法预测之损害，保护交易的安全，[57] 真正补足了租赁权的对抗效力。基于此，《一审稿》第196条以占有作为补足租赁权的对抗效力的方法。但占有对于不动产权利而言公示力不足。第196条以不动产为制度原型，也主要适用于不动产抵押权和不动产租赁权之间的关系。不动产权利以登记为公示方法，登记簿具有公信力，在不动产抵押交易中，抵押权人自可经查询不动产登记簿，探知相应不动产之上的权利及其限制现状，以进一步决定是否接受该不动产作为担保物，以及进一步确定以该不动产担保的债权数额。这一规则的修改意味着，抵押权人为控制交易风险，除了查询不动产登记簿之外，尚需实地探知该不动产占有情况，如此，增加了抵押交易的成本，不利于融通市场交易。笔者建议，基于租赁权物权化保护的政策目标，考虑到租赁关系的隐蔽性可能危及第三人、承租人的利益，应赋予租赁权以登记能力，承租人经由登记保全自己的权利，第三人经由查询登记簿亦能探知特定不动产上的权利限制。果若如此，本条可以修改为"抵押权设立前抵押财产已出租并登记的，原租赁关系不受该抵押权的影响。"

---

〔52〕 参见程啸："民法典物权编担保物权制度的完善"，载《比较法研究》2018年第2期。

〔53〕 苏永钦：《走入新世纪的私法自治》，中国政法大学出版社2002年版，第335页。

〔54〕 黄立主编：《民法债编各论》（上），中国政法大学出版社2003年版，第307页。

〔55〕 参见宁红丽："我国租赁权对抗力制度的理论反思"，载《法学杂志》2005年第2期。

〔56〕 参见黄立主编：《民法债编各论》（上），中国政法大学出版社2003年版，第304页。

〔57〕 参见谢哲胜："物权的公示"，载王文杰主编：《变动中的物权法》，清华大学出版社2004年版，第2页。

第二,《物权法》第 190 条后段规定:"抵押权设立后抵押财产出租的,该租赁关系不得对抗已登记的抵押权。"这一规则一体适用于不动产和动产。就不动产而言,不动产抵押权未登记即不设定,就无从发生抵押权和租赁权的竞合问题(抵押权的效力尚不及于该标的物)。就动产而言,动产抵押权未经登记不得对抗第三人,本段之文义显然将租赁权作为未经登记不得对抗的第三人范围。在《物权法》立法过程中,就已设定抵押权的抵押物出租所引起的权利冲突如何处理尚存争议。[58]《一审稿》删除这一规定,是否意味着,后者可为《一审稿》第 194 条的文义所能涵盖?依该条,动产抵押权未经登记不得对抗的是"善意第三人",由此引发的问题是:承租人是否需要在租赁关系成立时查询动产登记簿以探知特定动产之上的权利状况以证明自己的"善意"?承租人是否属于这里的"第三人"?通说上认为,这里的"第三人"仅限于物权人,[59]最高人民法院相关司法解释也将同采意思主义物权变动模式中的"第三人"解释为"物权人"。[60]新近的研究表明,就标的物取得了支配利益的债权人亦在"第三人"之列,[61]但这一学说尚未取得通说地位。有鉴于此,为防杜解释分歧,应维持《物权法》第 190 条后段规定。

此外,《一审稿》第 195 条将浮动抵押权的效力不得对抗正常经营活动中已支付合理价款并取得抵押财产的买受人的规则,上升为动产抵押权效力的一般规则,以此明确动产抵押权和动产抵押物取得人之间的权利顺位规则;第 207 条规定的购置款抵押权的超优先顺位,符合交易中信用接受者的基本预期,有利于促进供给侧改革下贸易融资的发展,值得赞同。

五、结语

在现代市场经济体制之下,维系信贷资金安全的担保法制起着决定性的作用。健全、高效、明晰的担保法制可以修复信贷市场失灵的状况,并因此促进竞争环境下融资交易的发展。[62]《一审稿》就担保物权制度的修正,虽不无完善的必要,但契合了融资市场的需要,诸如较为宽泛的担保物范围、明晰的优先顺位规则、统一的登记机构等,值得赞同。就统一的登记机构而言,《一审稿》删去了登记机构的具体

[58] 参见全国人大常委会法制工作委员会民法室:《中华人民共和国物权法条文说明、立法理由及相关规定》,北京大学出版社 2017 年版,第 394 页。

[59] 参见王利明:《物权法研究》,中国人民大学出版社 2016 年版,第 1271 页;崔建远:《物权:规范与学说——以中国物权法的解释论为中心》,清华大学出版社 2011 年版,第 779 - 780 页;高圣平:《担保法论》,法律出版社 2009 年版,第 407 页。

[60] 参见最高人民法院民事审判第一庭编著:《最高人民法院物权法司法解释(一)理解与适用》,人民法院出版社 2016 年版,第 180 页。

[61] 参见龙俊:"中国物权法上的登记对抗主义",载《法学研究》2012 年第 5 期;程啸:《担保物权研究》,中国人民大学出版社 2017 年版,第 289 页。

[62] See Teresa Rodriguez de las Heras Ballell, "Digital Technology-Based Solutions for Enhanced Effectiveness of Secured Transactions Law: The Road to Perfection?", *81 Law and Contemporary Problems*, 21 (2018), p. 23.

规定，其立法理由在于："目前动产抵押和权利质押的登记机构较为分散，不能完全适应现代市场经济发展的需要。建立统一的动产抵押和权利质押登记制度有助于进一步发挥其融资担保功能。考虑到统一登记的具体规则宜由国务院规定，草案删除了有关动产抵押和权利质押具体登记机构的内容，为建立统一的动产抵押和权利质押登记制度留下空间。"〔63〕但《一审稿》在删除《物权法》相关具体登记机构表述的同时，并未同时就统一的动产担保登记作出授权性规定。建议增设一条，"国家实行统一的动产和权利担保登记制度。统一登记的范围、登记机构和登记办法，由法律、行政法规规定。"但不容否认的是，《一审稿》远未达到建构健全、高效、明晰的担保法制的目标，相关规则还有提升的必要。

---

〔63〕　参见沈春耀："关于《民法典各分编（草案）》的说明"，2018 年 8 月 27 日在第十三届全国人民代表大会常务委员会第五次会议上。

我国占有改定制度存在的问题和架构设置 *

●靳文静**王　芳***

摘要： 占有改定作为观念交付最典型的一种方式，实质是物权变动意思主义的法律表现。由于欠缺动产物权变动的外在表象而导致第三人无从判断物权的实际变动状况，可能导致善意第三人的利益受损和交易秩序的安全问题。我国现行的法律规定无法有效地解决占有改定在法律适用中产生的所有问题，目前正在进行的《民法典草案分则编》中也没有对这一问题作出相应的回应，鉴于此，本文在对占有改定制度存在问题的原因进行分析的基础上，结合大陆法系其他国家对此制度规范的经验，提出我国将来民法典分则对占有改定制度的架构应当围绕增加间接占有制度、将占有改定从动产交付体系中抽离而置于动产所有权取得制度中，以及对区分占有改定的对内效力和对外效力三个方面进行重新架构的立法建议。

关键词： 占有改定；观念交付；公信效力；间接占有

一、我国现行法中占有改定规则存在的问题和原因分析

《中华人民共和国物权法》（以下简称《物权法》）第二章第二节将占有改定与现实交付、简易交付和指示交付并列作为动产交付的四种类型，没有对其适用的条件和效力进行区分性规定，按照这一逻辑，四种方式取得的物权在法律适用的范围、条件和法律效力上应当完全相同。但是，《最高人民法院关于适用〈中华人民共和国物权法〉若干问题的解释（一）》（以下简称《司解（一）》）第18条的规定[1]却通

---

* 本文是国家社科基金重点项目"民法典分则立法的外在与内在体系研究"（项目号：18AFX014）的阶段性成果。本文是在作者之一（靳文静）发表的论文"我国《民法典·物权编》制定中如何对占有改定制度进行完善——从大陆法系立例进行分析"一文基础上，由两名作者对此问题进一步研究的成果。特此说明。

** 靳文静，中国政法大学民商经济法学院副教授，硕士生导师，法学博士，主要从事民法领域研究。

*** 王芳：中国政法大学外国语学院副教授，硕士生导师，法学博士，主要从事法律翻译和国际仲裁法的教学和研究。

[1] 第18条规定："物权法第一百零六条第一款第一项所称的'受让人受让该不动产或者动产时'，是指依法完成不动产物权转移登记或者动产交付之时。当事人以物权法第二十五条规定的方式交付动产的，转让动产法律行为生效时为动产交付之时；当事人以物权法第二十六条规定的方式交付动产的，转让人与受让人之间有关转让返还原物请求权的协议生效时为动产交付之时。"

过反向解释的方式将占有改定与上述三种动产交付在善意取得制度中的适用进行了区分。按照该条规定，现实交付、简易交付和指示交付可以作为第三人善意取得动产物权方式，而占有改定不能作为动产物权的取得方式。这一规定导致占有改定与其它动产交付方式在法律效力方面是否相同的争论。由于占有改定制度移植于欧陆各国的民法典，本文从占有改定的制度渊源切入，通过对大陆法系不同立法例中占有改定法律效力的规范进行比较和分析，运用民法的有关原理，对我国占有改定制度进行分析，找出问题的根源，并探寻解决问题的对策。

我国现行法对占有改定法律效力的规定存在问题主要有下列几个方面的原因：

(一)《物权法》第二章第二节"动产交付"中"交付"的外延与其他法律条文中"交付"的外延均前后不相一致，导致占有改定的法律效力在法律解释上出现歧义

《物权法》第二章第一节"动产交付"中的"交付"包括现实交付（第23条）、简易交付（第25条）、指示交付（第26条）和占有改定（第27条）四种交付方式。[2]但在《物权法》其他法律条文中的"交付"却只能被解释为"现实交付"（即转移占有），并不包括占有改定，涉及的法律条文主要有：物权公示公信原则中的"动产交付（第6条)"[3]、善意取得中的"动产交付"（第106条)[4]和动产质权中的"交付"（第208条和第212条)[5]。从上述法条的立法背景、价值功能和法律解释进行分析，上述法律条文中的"交付"均是以转移物的占有为基本特征和条件，占有改定并不符合这一条件，因而不应被包含在上述法律条文的"交付"方式中。《物权法》作为一部法律，同一法律术语在不同法律条文中的外延前后不一致，不仅有违法律本身的基本逻辑，还导致了占有改定法律效力理论认识上的困惑。

---

〔2〕 该章节规定的"动产交付"方式包括了现实交付（第23条）、简易交付（第25条）、指示交付（第26条）和占有改定（第27条）四种交付方式。

〔3〕 《物权法》第6条规定，"不动产物权的设立、变更、转让和消灭，应当依照法律规定登记。动产物权的设立和转让，应当依照法律规定交付"，此处的"交付"作为与"登记"相并列的公示方式，必须具备客观的外在特征，在此条件下，"交付"就只能被解释为现实交付，即"转移占有"，占有改定不符合公示原则的要求，因此不能作为公示原则中的"交付"理解。

〔4〕 《物权法》第106条关于善意取得的条件中规定的"不动产已经登记或者动产已经交付给受让人"的"交付"，针对的是动产物权的善意取得条件，从善意取得制度本身制度功能分析，此处的"交付受让人"与"不动产完成登记"相并列的内容，被解释为"由受让人完成了物权公示"的现实交付应当是符合法律的体系化解释。

〔5〕 《物权法》第212条规定，"质权自出质人交付质押财产时设立"，此处的交付所指的也只能是"转移质物的占有"，这一点在各国法律中规定完全相同。《物权法》第208条第1款明确规定了"转移占有"，而在第2款内容中却用"交付"一词替代了第1款中的"转移占有"，尽管存在字面表述上的差异，但是按照法律的体系解释方法，二者的真正含义应当是一致的。

(二)《物权法》第五编"占有"制度中缺失间接占有制度，导致占有改定的理论基础和具体适用规则缺失

《物权法》在"动产交付"中没有对占有改定取得的物权能否对抗善意第三人（即外部法律效力）问题进行规定，这一法律上的漏洞本可通过《物权法》的相关制度进行有效补救，比如，借鉴其他国家民法典的做法，在物权法分论的具体制度（如动产质权、善意取得、货币所有权等）中限制占有改定方式的适用；或者在"占有"制度中纳入间接占有制度，通过规定间接占有的具体类型、适用条件和法律效力，从而确定占有改定的法律效力，如德国和瑞士的民法典。遗憾的是，我国《物权法》对此没有采取任何相应的补救措施，导致占有改定对外效力的制度缺漏没有得到补救。同时，由于《物权法》的"占有"制度中欠缺间接占有制度及其具体法律规则，导致占有改定制度不仅在理论基础方面出现缺失，而且在具体适用方面也出现缺失。

(三) 占有改定公信效力问题争论的根本原因在于《物权法》体系设计的瑕疵

虽然我国《物权法》采纳了形式主义立法例的物债二分的财产权体系和物权公示制度，将占有改定作为动产物权取得方式之一进行了规定，但涉及占有改定的法律效力和适用范围方面却没有采纳该立法例的做法（即通过占有制度中的间接占有制度对占有改定进行具体规范），结果导致了占有改定的法律效力和具体适用规则方面的规范缺失；不仅如此，在涉及"动产交付"体系上也没有采纳形式主义立法例的体系规范，相反却采纳了意思主义代表《法国民法典》的交付体系（广义的交付），将现实交付和观念交付统一规定在"动产的交付"中，这种前后逻辑矛盾的体系设计导致《物权法》既没有像《德国民法典》通过间接占有的相关法律规则来解决占有改定与现实交付在法律效力上的区分；也没有像《法国民法典》或《日本民法典》那样通过特别的法律条文（如即时取得、一物二卖等）和相关制度对占有改定与现实交付发生效力冲突时提供相应的解决规则，[6] 从而导致占有改定具体法律效力和具体适用规则的缺失，在法律上留下了"真空地带"。

由于上述几个方面的原因导致了占有改定在对外效力方面出现了法律上的缺漏，这一问题直接体现在我国《物权法》和其他相关规定中关于占有改定的适用范围过窄，难以应对实践需要。

对于占有改定的适用范围，我国除了《物权法》第 212 条和第 208 条对动产质权的规定、[7]《司解（一）》第 18 条对动产善意取得条件的规定两种情形外再无其他相

---

[6] 《最高人民法院关于适用〈中华人民共和国物权法〉若干问题的解释（一）》（以下简称《司解（一）》）第 18 条也只是通过反向解释的方式对占有改定的适用范围进行了限制在一定程度上起到对占有改定公信效力限制的功能。

[7] 该条规定，"质权自出质人交付质押财产时设立"，此处的交付所指的也只能是"转移质物的占有"，这一点在各国法律中规定完全相同。《物权法》第 208 条第 1 款明确规定了"转移占有"，而在第 2 款内容中却用"交付"一词替代了第 1 款中的"转移占有"，尽管存在字面表述上的差异，但是按照法律的体系解释方法，二者的真正含义应当是一致的。

关规定，与此做法形成鲜明对比的是，欧陆各国在近现代以来的民法典中将占有改定的适用范围进行了严格限缩，主要体现在动产质权的设立、善意取得和货币所有权移转等方面。近代各国把动产质权设定方式明确规定为转移占有或现实交付，从而将占有改定排除在动产质权的设立方式之外；在即时取得或者善意取得制度中各国法律也明确规定：在无权处分中，如出让人与第三人将占有改定作为动产物权转移的交付方式，当原所有权人追及行使物权返还请求权时，受让人不得主张适用善意取得而对抗原权利人的权利；〔8〕货币所有权转移中，由于货币的固有属性使其在交易中呈现所有权与占有不可分离的特点，对于货币的现实占有人，法律上不问取得之原因以及有无正当权利而认可其为货币的归属者，将货币所有权转移排除在占有改定之外〔9〕。通过上述一系列法律规则的适用，占有改定的公信效力在近现代民法中被明确排除。

二、占有改定制度设计的立法例及比较分析

占有改定起源于罗马法中的"constitutum possessorium"制度。在早期的古罗马法中，所有权转移必须完成让渡（traditio），即实际交付，此种交付在一般意义上是将某有体物置于他人的管控之下，其结果是接受人相应地取得该物的持有、占有或者所有权。〔10〕因此说，古罗马法中早期的"交付"仅限于以转移有体物的占有为特征的现实交付方式，并不包括后来的观念交付方式。在后古典法及优士丁尼法时期，罗马法创造了"占有协议"，此种"占有名义的转换"条款，属于"短手让渡"的范畴。〔11〕在占有改定中，如果是让与人保留对物的用益权但是将所有权移转给受让人，此时的用益权已不再是真正的用益权，而只是为了避免实际交付标的物而虚设的用益权，故而其期限极为短暂。从罗马法历史渊源中可以发现，占有改定制度是优士丁尼时代略式物的让渡在法学理论的影响下直接摆脱现实、直接、手递手的活动而转变为通过双方合意来完成所有权转移这一方式的产物〔12〕，是在现实交付严格的形式主义规则无法满足社会交易效率需求所产生的一种交易方式，该法律规则后来被大陆法系各国的民法典立法所继受，各国在继受和发展的过程中又深受各自财产法体系（比如法国的"财产权一体化"体系和德国"财产权二元化"体系）的影

---

〔8〕 但是另一种情况下受让人则可以适用善意取得：买卖双方通过占有改定确定物的所有权移转，之后出让人虽然丧失了所有权，但是基于占有改定的约定继续占有了该标的物，并且基于占有将该物让与第三人，第三人如果符合善意取得条件，则可发生善意取得动产标的物的所有权，作为此时的原权利人不能以自己因占有改定取得的物权对抗善意取得第三人。

〔9〕 如果货币在当事人之间通过约定将某些特定货币进行了特定化并使之成了独立而特定的物，此种情况可否作为占有改定的标的物可以另行考虑。参见靳文静："占有改定制度在大陆法系民法中的形成和发展"，该文在2014年中国政法大学举办的"罗马法・中国民法典论坛国际研讨会"上的专题发言。

〔10〕 A. burdese, *Manuale di Diritto Romano*, Torino, 1993, pp. 304－305. 该部分内容是由留学意大利的中国政法大学比较法研究院翟远见副教授帮助翻译的。

〔11〕 尹田：《法国物权法》，法律出版社2009年版，第191页。

〔12〕 参见赵军蒙："论占有改定"，载《法学论坛》2000年第3期。

响，导致了占有改定制度在两大立法例（意思主义立法例和形式主义立法例）的国家中产生了不同的制度设计。[13]

（一）意思主义立法例下占有改定制度设计

《法国民法典》作为意思主义立法例的代表，明确规定，动产物权变动是当事人约定的"应当交付标的物时"而非实际交付该标的物时，以此为基础构建了法国民法统一的动产物权交付制度体系。依据《法国民法典》第 1138 条和第 1583 条的规定，交付标的物的买卖合同，经缔约当事人合意，合同即告成立，自约定交付该物之时起，买受人即成为物的所有人并由其承担物之风险。[14]《法国民法典》中的动产物权变动中物权的转移是以当事人的合意（"约定应当交付该物之时"）为要件，而交付（实际转移占有）是买卖合同中出卖人应当履行的主要义务。并非物权变动的公示要件。交付是指为转移出卖物使其归买受人支配和占有，主要包括交付标的物的从物以及旨在能够长时间使用该物所需的一切物件[15]，它是出卖人履行的合同债务，如果出卖人不履行该交付义务，产生的法律责任是"买受人有权解除买卖合同或者请求取得标的物的占有"[16]依据上述规定，即使没有标的物的实际交付，也不影响动产物权在当事人之间发生物权变动的法律后果。对于基于买卖等法律行为取得的动产物权而言，物权转移仅与"合意"有关而与是否"交付"无关，即：物权的取得与公示是分离的、没有法律上的关联。依此立法理念和法律逻辑，既然交付不与公示挂钩，占有改定作为交付的一种方式也就顺理成章，[17]因此法国民法典第 1606 条将几种不同的交付方式（包括占有改定）规定在同一个法律条文中的立法方式完全符合该法典的逻辑体系。该条规定：动产物品的交付，以下列方式为之：[18]

---

[13] 参见靳文静："占有改定公示效力问题的法理分析"，载《学说汇纂》（第 6 卷），元照出版社 2015 年版。

[14] 《法国民法典》第 1138 条："交付标的物之债，一经缔结契约的诸当事人同意，即告完全成立。交付标的物之债，自该物应当交付之时起，债权人即成为物之所有人，并由其承担物之风险，即使尚未进行物的移交，亦同；但是，债务人如已受到移交催告，不在此限；在此场合仍由债务人承担风险。"参见《法国民法典》，罗结珍译，北京大学出版社 2010 年版，第 304 页。

[15] 《法国民法典》第 1615 条："交付标的物的义务包括交付其从物以及原本旨在能够长时间使用该物所需的一切物件。"参见《法国民法典》，罗结珍译，北京大学出版社 2010 年版，第 391 页。

[16] 《法国民法典》第 1610 条规定："如出卖人在双方当事人约定的时间内未进行交付，在延迟的原因完全是由出卖人当方面造成时，买受人得选择：或者要求解除买卖，或者要求对标的物的占有。"参见：《法国民法典》，罗结珍译，北京大学出版社 2010 年版，第 390 页。

[17] 靳文静："占有改定取得的物权能否对抗善意第三人？——兼评我国《物权法》第 27 条的法律适用"，载《中国政法大学学报》2015 年第 4 期。

[18] 将出卖之物交至海关仓库（例如，将出卖的汽车交至海关仓库）并不构成第 1606 条意义上的交付行为（最高司法法院第一民事庭，1978 年 10 月 25 日）。出卖人将其卖出的商品交付承运人运输，承运人不作任何保留，即告出卖人履行了交付义务（最高司法法院商事庭，1996 年 10 月 8 日）。只要买受人的委托代理人在出卖人处对商品进行了检查并将其交给承运人，出卖人即告履行了交付义务（最高司法法院商事庭，1998 年 2 月 17 日）。

——或者，实物交付（tradition）；

——或者，交给存放该动产物品的建筑物的钥匙；

——或者，如在买卖之当时不能搬运，或者如买受人以另一名义已经将这些动产置于其权力之下，仅需各当事人同意，即告进行了交付。[19]

上述的物权变动意思主义虽然认为物权变动在当事人之间无需公示，但是此种规定的前提是不涉及第三人的利益；如果涉及对抗善意第三人的问题，《法国民法典》采取了下列两种做法：一是在不动产物权变动中规定："非经登记，不得对抗第三人"。[20]通过不动产登记制度对不动产物权变动的对抗效力（公信力）做出了明确规定的；二是对于动产物权变动，物权取得虽然基于"合意"，但现实的占有（现实交付）、权利证书以及动产公证三种方式均可起到决定争议物权归属的作用。在现实交付符合"善意"的条件下可以发生对抗权利证书之间的效力，[21]即：当发生动产"一物二卖"情况出现时，经过现实交付取得的动产所有权具有对抗第三人的物之权利（包括权利证书的持有人）。至于动产权利的公证效力，依据《法国公证法》第119条之规定，公证书的效力有两个方面：一是判决上的证明力；二是执行力。由于法国的财产公证仅限于特殊财产（如夫妻财产契约、赠与合同、离婚诉讼期间的财产等），并且只有在特殊情况下（如诉讼等）适用，存在严格的适用条件限制，[22]并不适用于一般的动产物权变动的效力。

《法国民法典》对于占有改定的对外效力（对抗第三人效力）在该法典第1606条第3款做了规定，在出卖人保有占有（"标的物不能搬运"）的情况下，将所有权转让给买受人，从而造成了占有与所有权的分离时，出卖人据以作为持有人保留出卖之物的"占有名义转换"，不能等于实际的交付，因为他并没有告知第三人。[23]在上述交易行为中，受让人虽然取得了标的物之所有权，但是由于标的物的持有与其所有权分离，第三人无法通过对物的占有判断物之归属，这种转让只能被当事人之

---

〔19〕　参见《法国民法典》，罗结珍译，北京大学出版社2010年版，第390页。

〔20〕　江平主编：《物权法教程》，中国政法大学出版社2007年版，第73页。

〔21〕　《法国民法典》第1141条的规定：如负担义务先后向二人给付或交付之物完全是动产，二人中现实占有该物的人权利优先，并为物的所有人，即使其证书日期在后，亦无影响，但以其是善意占有为限。《法国民法典》，罗结珍译，北京大学出版社2010年版，第305页。

〔22〕　《法国公证法》第19条规定："公证书不仅皆具备判决上的证明力，而且在法兰西共和国的全部领域内具有执行力。"法国的公证制度明确规定夫妻财产契约（又称婚前财产契约）、赠与合同、公证遗嘱、不动产买卖契约、不动产抵押契约、撤销扣押文书、不动产完工后所有权转移文书（《法国民法典》第1601–2条）、农业从业者、手工艺者、商人夫妻间法定代理行为的撤销文书（《法国农村法》第789–2条）、处于离婚诉讼期夫妻的财产清单、家庭财产分割协议（《法国民法典》1450条）、人工受精者与捐精者之间同意的协议（《法国民法典》第311–20条）等属于必须公证的范围。参见程春明："法国公证法律制度的基础理论与实践"，载《域外司法》2005年第6期。

〔23〕　〔法〕弗朗索瓦·泰雷、菲利普·森勒尔：《法国财产法》，罗结珍译，中国法制出版社2008年版，第493页。

间的协议所确认，[24]也只能在当事人之间发生权利变动的法律效力，不能发生对抗第三人的效力。这一点可以从以下《法国民法典》中的两个法律制度的规则中得到体现：

一是"一物二卖"中基于现实交付的买受人取得的权利优先于基于其他交付方式（包括占有改定）买受人的权利。依《法国民法典》第1141条的规定[25]，在发生"一物二卖"的情况下，如果两个买受人分别以占有改定方式与现实交付方式在买卖行为中出现时，现实交付的买受人取得的权利不仅优先于占有改定的买受人取得的权利，而且具有对抗权利证书的效力，[26]这一规定与《法国民法典》第2276条规定的"在动产方面，占有即等于所有权证书"的法律精神是一致的，这里的占有要求具备的两项条件是："必须具备占有的条件"和"占有人应当是善意"。[27]

二是动产即时取得制度。当占有人获得出让人无支配权的动产时，如其为善意，其自主占有可使其即时取得所有权，在这种情况下，该动产真正的所有人被予以"牺牲"。由于法国民法中的动产即时取得制度需要具备"有效占有""自主占有不存在瑕疵"和"占有人须为善意"三个条件，[28]使得该制度在动产交易中对善意第三人的保护方面与德国民法典中的善意取得制度价值存在一定程度上的相似性。依上述法律规则，假如无权处分中的受让人没有取得"有效占有"，而是以占有改定方式与无处分权人约定取得动产，受让人取得的权利不能对抗原权利人。

总之，在法国民法中，物权的效力核心在于对物的支配，物权的取得与是否公示之间没有必然联系，依此规则，占有改定在当事人之间的物权变动效力方面自当与其他交付方式相同，即发生物权移转的效力和标的物风险一并转移的效力。但是，占有改定由于其欠缺自主占有的外在方式，在任何情况下均不存在对抗第三人效力的可能性，这一点与现实交付不同。通过对《法国民法典》中动产所有权移转的法律规则（当事人合意）和交付规则之间关系以及占有改定和善意取得法律规则的关系分析，本文得出的结论之一是：意思主义立法例下占有改定作为动产物权变动的一种方式，与其它交付方式一样发生动产物权变动的法律后果，但是由于其没有完

---

[24] 此种转让无论采用何种形式，其总是具有抽象性，亦即所有权转让与标的物转让不同，其无法'自我表现'，所有权转让本身在客观上无任何迹象，无任何特别形式宣称。参见尹田：《法国物权法》，法律出版社2009年版，第205页。

[25] 该条规定：如负担义务先后向二人给付或交付之物完全是动产，二人中现实占有（possession reell）该物的人权利优先，并为物的所有人，即使其权利证书日期在后，亦无影响，但以其是善意占有为限。《法国民法典》，罗结珍译，北京大学出版社2010年版，第305页。

[26] 例如，所有人甲将自己的手表分别卖与乙、丙二人，对乙约定了占有改定的交付方式，对丙则是实际交付，则该手表的所有权应当归丙。丙的权利不仅优先于乙，而且可以对抗交易之外的第三人对该手表的权利主张。

[27] ［法］弗朗索瓦·泰雷、菲利普·森勒尔：《法国财产法》，罗结珍译，中国法制出版社2008年版，第518页。

[28] 参见尹田：《法国物权法》，法律出版社2009年版，第211-216页。

成实际交付，因此基于占有改定取得的物权不得对抗现实交付的买受人和其他善意第三人，即不具有对抗第三人的效力。作为意思主义立法例之一的《日本民法典》对于占有改定也做出了类似于法国法的制度设计。

《日本民法典》在财产权制度的设计上是"形式上仿效德国法，内容上仿效法国法"的立法模式，[29]该法典对于物权变动的法律效力上采纳了《法国民法典》的意思主义和公示对抗主义，即动产的交付（占有）或者不动产的登记只能作为对抗第三人的要件而非物权取得的公示要件。[30]在日本民法中，没有外观表象仍发生物权变动的效果，但是，在对第三人的关系中需要表象（占有要件）。[31]由于"交付"是作为对抗要件，必须要构成物权变动的表象，因此物权变动中的"交付"限于现实交付，即转移标的物的占有。由于交付产生的动产物权具有对抗第三人的效力，交付的公信力由此产生，《日本民法典》第192条的内容体现的正是占有的公信力，[32]在动产交易中是通过公信原则来保护交易安全。日本判例通过对无权处分行为中的占有改定所发生的法律后果问题的解释，否定了占有改定的公信效力。理由是：①在无权处分人继续占有期间，占有的外观没有改变，本权利人（即所有人）对无权处分人的信赖依然存在；②即使在无权处分人和相对人之间缔结了让与、租赁的契约，由于本权利人通过无权处分人的占有（依据代理人的占有）并不消失，因此，相对人与无权处分人并不产生占有改定。[33]由此认为在无权处分行为中，如果出让人与第三人通过占有改定的方式实施了无权处分行为，并不能产生占有改定的法律效力（受让人取得物权），更不能据此对抗原所有权人的物权。但是如果是出让人与第三人实施了实际交付，则会适用善意取得，受让人取得该动产的物权并且可以对抗原所有权人。[34]因此说作为对抗要件主义的日本民法典在动产物权的公示方式是现实交付，占有改定作为间接占有的一种类型，虽然可以在当事人之间产生物权变动的法律后果，但并不具有对抗善意第三人的效力，这一做法显然与法国民法典规则相似，体现了意思主义立法例的特点。

（二）形式主义立法例下占有改定的制度设计

物权变动形式主义立法例包括以德国民法为代表的物权形式主义和以瑞士民法

---

[29] 靳文静："我国《民法典·物权编》制定中如何对占有改定制度进行完善——从大陆法系立法例进行分析"，载《暨南大学学报》2018年第7期。

[30] 日本民法典176条［物权的设定及转移］："物权的设定及转移，只因当事人的意思表示而发生效力。"第178条［动产物权让与的对抗效力］："关于动产物权的让与，非交付其动产，不能对抗第三人。"参见《日本民法典》，王爱群译，法律出版社2014年版，第39页。

[31] ［日］我妻荣：《新订物权法》，罗丽译，中国法制出版社2008年版，第45页。

[32] 《日本民法典》第192条规定：［即时取得］"通过交易行为平稳而公然地开始占有动产的人，善意且无过失的，立即取得行使于动产上的权利。"参见《日本民法典》，王爱群译，法律出版社2014年版，第39页。

[33] ［日］我妻荣：《新订物权法》，罗丽译，中国法制出版社2008年版，第232页。

[34] 靳文静："占有改定公示效力问题的法理分析"，载《学说汇纂》（第6卷），元照出版社2015年版。

为代表的债权形式主义两种类型。二者均是以财产权的物债二分体系为基础并将对世性作为物权的本质特征，在民法典上明确规定以动产交付和不动产登记作为物权变动的公示方式和对抗第三人的条件。二者之间对占有改定的规制虽然基本精神一致，但在体系设置和理论依据方面却存在差异。

德国民法创造了物债二分的财产权模式，在此基础上将物权确定为对世性权利并以此区别于债权的对人性。作为对世性权利，法律规定了第三人的不作为义务，与之相对应的是，如若权利发生变动，权利人当然有义务"昭告"天下让第三人知晓，公示制度应运而生。不动产的登记和动产的交付正是被德国学者创造出来作为物权变动的形式要件，是《德国民法典》物权变动公示制度的具体体现。由于此处的"交付"是作为动产所有权变动的公示方式创造出来的，它与动产公示的外在性"挂钩"决定了"交付"原则上应当被限定为现实交付，在《德国民法典》中被明确解释为"对动产的直接占有"。简易交付由于其外在的表现符合公示的特征和要求，因而在《德国民法典》中将其与现实交付置于同一个法律条文中进行了规定，[35] 二者适用相同的法律规则；而占有改定是基于当事人合意产生物权转移的方式，属于意思自治范畴，不符合公示的外在性和客观性，自然就被排除在"交付"的规则之外。[36] 如此就产生一个体系设置的问题：一方面动产物权变动的原则必须符合公示要件，另一方面占有改定作为一种动产物权变动的方式却不符合公示要件，如此，占有改定在动产物权变动体系中如何设置就成为一个问题。擅长逻辑思维的德国学者最终想出了一个方案：一方面在动产所有权的变动中规定了"交付"（包括现实交付和简易交付）是对动产的直接占有；对于占有改定，则将其作为"替代交付"进行了规定，明确规定，此种交付中的受让人的占有是一种间接占有，[37] 与实际交付的法律效力不同（在现实交付和简易交付中，买受人取得直接占有）。占有改定的法律效力是参照该法典"占有编"中第 868 条［间接占有］的规定，即"用益权人、质权人、收益承租人、使用承租人、受寄人，或基于类似之法律关系，在一定时期对于他人有为占有之权利或义务者，该他人亦为占有人（间接占有）"[38] 由于占有在《德国民法典》中被定性为事实状态，与意思表示无关，将占有改定作为间接占有的一种类型进行规定，

---

〔35〕 《德国民法典》第 929 条［合意和交付］规定："关于动产所有权之让与，应由所有人以物的交付于受让人，并由双方就此为所有权移转之合意。受让人已占有其他者于所有权之合意时，即生让与之效力"。参见《德国民法典》，台湾大学法律学院、台大法学基金会编译，北京大学出版社 2017 年版，第 810 页。

〔36〕 靳文静："占有改定取得的物权能否对抗善意第三人？——兼评我国《物权法》第 27 条的法律适用"，载《中国政法大学学报》2015 年第 4 期。

〔37〕 《德国民法典》第 930 条［占有改定］规定："动产由所有人占有着，得与受让人约定法律关系，使受让人因此取得间接占有，以代交付"。参见《德国民法典》，台湾大学法律学院、台大法学基金会编译，北京大学出版社 2017 年版，第 811 页。

〔38〕 《德国民法典》第 868 条的规定。参见《德国民法典》，台湾大学法律学院、台大法学基金会编译，北京大学出版社 2017 年版，第 776 页。

使其具有非常独特的体系结构：一方面是作为动产所有权变动的一种方式，具有在当事人之间产生动产所有权变动的法律效果；同时占有改定作为占有制度中规范的内容之一，适用间接占有的相关法律规则。《德国民法典》通过上述的体系设计，在弥补交付体系漏洞的同时通过占有改定制度实现了交付体系和占有体系两个法律制度对占有改定法律规范方面的逻辑对接。不仅如此，对于指示交付，德国民法典并没有在动产所有权交付的体系中进行规定，而是直接作为"间接占有的请求权转让"问题将其规定在"占有编"中，此种处理方式充分说明德国民法典中的交付是建立在物权变动公示原则的基础上。总之，德国民法典中交付体系的构成是：在所有权的取得方式中，现实交付和简易交付规定被规定在同一个法条中，占有改定作为一种替代交付方式不仅在动产所有权取得制度中进行了单独规定。同时还在占有制度的"间接占有"中进行了规范。

《德国民法典》中占有改定的法律构造与理论基础在于直接占有与间接占有的区分。[39]当事人之间通过约定，由出让人转移所有权于受让人但同时保留物的直接占有，出让人仍为直接占有人；受让人因享有所有权却不实际占有标的物而成为法律上的间接占有人，出让的双方形成了直接占有人和间接占有人的媒介关系，均享有占有的法律保护。根据法律规定，基于保管、租赁等法律关系而占有他人之物的人是间接占有人，[40]间接占有人如果将物的返还请求权让与他人时，其间接占有随之移转于该他人。[41]间接占有作为法律抽象思维的产物，创设初衷在于将占有保护的效力以及取得时效的保护范围扩大，创设其的原因有两个方面，一是在于适应所

---

[39] 约霍沃（Johow）在其起草的《物权法预草案》采纳了德国普通法的理论，关于占有改定的第 62 条规定："若原占有人基于对取得人的一项法律关系有权以持有人的身份保留物者，则原占有人在获得取得人之同意后表示此后为取得人行使事实管领力时，即可完成交付。"德国民法第一起草权委员会承袭了这一规定，仍然保留了"占有人"与"持有人"这对术语，但与德国普通法相比，就持有人的地位，还做了如下决定性的修改，即也赋予持有人享有占有保护权。后由于受到日耳曼法学者的批判（在日耳曼法上，占有与本权密不可分，占有既包括单纯的事实，也有单纯的权利，还有二者的结合体），第二起草委员会遂决定称原来的持有人为占有人，称原来的占有人为间接占有人，以便在术语上统一称呼所有受占有法保护的人对物之关系为占有。最终，这些规定体现在了《德国民法典》中的第 930 条："物由所有权人占有的，可以通过所有权人与受让人之间约定的法律关系，使受让人因此取得间接占有而代替交付"。参见［德］罗士安："善意取得、间接占有与《德国民法典》的设计者"，张双根译，载王洪亮等主编：《中德私法研究》（第 2 卷），北京大学出版社 2006 年版，第 72 – 73 页。

[40] 《德国民法典》第 868 条［间接占有］："用益权人、质权人、收益承租人、使用承租人、受寄人，或基于类似之法律关系，在一定时期对于他人有为占有之权利或义务者，该他人亦为占有人（间接占有）。"参见《德国民法典》，台湾大学法律学院、台大法学基金会编译，北京大学出版社 2017 年版，第 776 页。

[41] 《德国民法典》第 870 条［间接占有之移转］规定："间接占有得因占有物返还请求权之让与而移转。"参见《德国民法典》，台湾大学法律学院、台大法学基金会编译，北京大学出版社 2017 年版，第 777 页。

有权观念化，适应以利用为中心的物权法价值构造，保护所有权人；二是扩大取得时效的范围，尽快确定物的归属和维护占有秩序。由于间接占有与交易保护无关，作为间接占有类型之一的占有改定在法典中也就被否定了其公示和公信效力，该法典第933条还规定："依照第930条而让与的物不属于让与人，且让与人将该物交付给取得人的，取得人成为所有人，但取得人在此时非为善意的除外"。德国民法典所遵循的基本思想是：取得人的占有状态是纯粹的，占有人的任何一种权利都必须被排除。[42] 即便让与人此时仅是占有改定中的直接占有人，第三人亦可适用善意取得制度取得动产的所有权而排除了原权利人的权利。第933条通过对善意取得法律效力的肯定，否定了原权利人通过占有改定方式取得物权的公示和公信效力。

债权形式主义在财产权上也采用了物债二分的体系，将动产的交付与不动产的登记作为物权变动的生效要件和公示方式，非经不动产登记或动产交付不能发生物权转移的法律效力。与物权形式主义不同的是，债权形式主义否认物权行为的独立性和无因性，明确规定物权变动的法律效力受到其原因行为（债权行为）的影响。作为债权形式主义立法例代表的《瑞士民法典》，明确规定了动产所有权转移的规则是"转移占有"（即现实交付）。[43] 对于占有改定的法律规制，《瑞士民法典》的做法在体系设置上与《德国民法典》相似：一方面在"动产所有权"中将其作为动产所有权取得的一种方式进行了规定，[44] 同时在"占有"制度中将占有改定作为"转移占有"的类型之一进行规定并且明确了此种"不经交付让与物而完成"的行为在第三人不知情时不能产生对抗第三人的效力。[45] 在瑞士民法上，出让人将独立占有物转让给受让人，从而发生了占有改定，作为独立占有转移的附带效果，出让人此时取得非独立占有的地位。对于受让人来说，基于占有改定虽然能够取得物权，但其取得的权利不得对抗第三人。与《德国民法典》不同的是，《瑞士民法典》通过法律规定直接、明确地否定了占有改定的对抗第三人的公信效力。[46] 此外，《瑞士民法

---

[42] 税兵："占有改定与善意取得——兼论民法规范漏洞的填补"，载《法学研究》2009年第5期。

[43] 《瑞士民法典》第714条第1款［取得方法］规定："动产所有权的让与，须移转占有于受让人。"参见《瑞士民法典》，戴永盛译，中国政法大学出版社2016年版，第256页。

[44] 《瑞士民法典》717条第（1）项［未占有而取得］规定："1. 因特殊的法律关系，让与物由让与人继续占有时，如意图以此损害第三人或规避关于动产担保之规定者，其所有权让与，对第三人不生效力。"参见《瑞士民法典》，戴永盛译，中国政法大学出版社2016年版，第256-257页。

[45] 《瑞士民法典》在其第二十四章"占有"的第924条［未交付而移转物的占有］规定："1. 第三人或让与人本人，因特殊的法律关系，得继续保持对物的占有者，虽未交付物，仍发生占有移转。2. 前款占有移转，非经让与人通知第三人，对第三人，不生效力。第三人，得基于其得拒绝向让与人移转占有相同的原因，而拒绝向受让人移转占有。"参见《瑞士民法典》，戴永盛译，中国政法大学出版社2016年版，第351页。

[46] 靳文静："占有改定的比较法分析"，载李树忠主编：《法大民商经济法评论》，人民法院出版社2016年版。

典》的占有改定是建立在独立占有与非独立占有的区分基础上，与德国民法中的直接占有与间接占有存在构造上的区别：德国法上出让人继续保留其直接占有，受让人获得间接占有；瑞士民法上出让人将独立占有转让给受让人后，处于非独立占有人的地位，通过对非独立所有权人物权对抗效力的限制，从而否定占有改定对抗第三人效力的公信力。[47]

综上所述，两大立法例在占有改定法律效力的立法上存在两个方面的相同之处也存在一定的差异，相似之处是二者均确认占有改定在当事人之间发生动产物权变动的法律效力，同时却规定基于占有改定取得的物权不具有对抗善意第三人的效力，即否定了占有改定取得的物权的公信力。但是二者在占有改定法律效力的立法基础和体系设计的基础两个方面却存在明显的差异：立法基础方面，意思主义立法例将观念交付与现实交付规定在统一的交付体系中，其立法的基础是财产权一体化（即物债不分），在此基础上物权的取得与是否完成实际交付无关（基于当事人合意），物权变动的实际交付对当事人的物权得丧没有影响，仅在对抗第三人时才会发挥功能，即"交付"适用的对象和条件是物权变动中对抗第三人（公信力的问题）。占有改定由于仅仅完成了当事人之间的合意，所以虽然在当事人之间能否产生物权变动的效力，但是并不具备对抗第三人的公信效力；形式主义立法例将动产交付与物权公示原则直接挂钩，其立法基础是物债二分的财产权体系和物权的对世性，物权的对世性本质要求其权利变动必须公示（既然物权具有对抗第三人的效力，那么物权的变动就有义务让第三人知晓，知晓的手段就是公示），于是，以转移占有为特征的动产交付（即现实交付）和不动产登记就被立法者创造出来分别作为动产和不动产物权变动的生效要件和公示方式在法律上确认下来。[48]占有改定由于不具备上述"交付"的公示特征，其公示效力就被否定，结果被排除在一般意义上的"交付"的体系之外，作为动产所有权变动的特殊方式进行了单独规定（在《德国民法典》"动产所有权的取得和丧失"中作为一种特殊方式在第930条规定，同时在"占有编"的间接占有制度中对其适用进行了解释[49]）。由于占有改定并不属于一般意义上的"交付"方式，基于此种方式取得的物权在形式主义立法例的民法典中被否定公信力在逻辑上也就顺理成章；此外两种立法例在占有改定的体系基础上存在差异：意思主义立法例的立法体系是交付方式的一体化，在财产权利移转上该立法例采取了当

---

[47] 靳文静："我国《民法典·物权编》制定中，如何对占有改定制度进行完善——从大陆法系立法例进行分析"，载《暨南大学学报》2018年第7期。

[48] 本文认为：交付的"阳光"性和公示性本身就存在一定的不足，将其列入动产公示方式也属勉强。理由是：对动产来说所有权人的占有与用益权人的占有对第三人来说外在的表象并无区别，这与经过第三方的严格程序审查并以一定的法定方式表现出来的不动产登记相比，交付具有的权利公示效力显然难以相提并论。

[49] 《德国民法典》第868、869条，本文第二部分有详述。参见《德国民法典》，台湾大学法律学院、台大法学基金会编译，北京大学出版社2017年版，第776页。

事人的意思自治原则，财产权利在当事人之间是否发生变动与公示没有必要的关联，导致物权变动与"交付"在法律上脱钩，因此在《法国民法典》上形成了以现实交付、简易交付和占有改定等若干交付方式一体化规定的交付体系。尽管物权变动在法律上不以公示为条件，是否公示并不影响物权变动在当事人之间的法律后果，但法国民法典通过在一些具体法律制度中规定动产的现实交付方式才具有对抗第三人的公信力，从而反向否定了占有改定的公信力。[50] 如此规定的效果是：通过占有改定发生的动产物权变动虽然不影响当事人之间物权变动后果，但不能对抗善意第三人；形式主义立法例的立法体系是交付体系的二元化，现实交付和替代交付分别规定，前者具有交付的公式和公信效力，后者由于欠缺公示特性仅具有物权转移的效力而无对抗善意第三人的公信力。德国和瑞士的民法典均是将现实交付与登记明确规定为物权变动的公示方式并赋予其物权变动的效力和对抗第三人的效力，既确认了交付的公示效力也确认了其对抗第三人的公信效力。在此前提下，占有改定由于不符合动产公示的特征，所以不能作为一般的交付规则，将其规定在"占有"制度中作为间接占有或者非独立占有的一种方式对其法律适用进行了规定，占有改定作为当事人之间通过合意变动动产物权的方式，在不涉及第三人利益的情况下，法律承认其物权变动的法律效果与其他动产的交付方式相同，在当事人之间均发生动产物权变动的法律后果；但是如果涉及第三人利益，则不具有对抗第三人的法律效力。

三、未来民法典分则中占有改定制度的体系架构

基于上述原因分析，本文认为我国未来民法典分则编在占有改定制度的体系架构上，可以考虑从下列几个路径进行：

（一）在"占有"制度中增加间接占有

立法表达：明确规定"〔间接占有〕：用益权人、质权人、收益承租人、使用承租人、受寄人，或基于类似之法律关系，在一定时期对于他人有为占有之权利或义务者，该他人亦为占有人（间接占有）"。

采纳《德国民法典》或者《瑞士民法典》的做法，在《物权法》的"占有"制度中规定占有的类型，明确直接占有与间接占有的区分类型，在间接占有制度中列举其具体类型、适用条件和适用范围。[51] 占有改定就可以做到有法可依。因为作为间接占有的一种类型，占有改定的受让人取得的物权属于受让人的间接占有，适用间接占有的相关规定。

---

〔50〕《法国民法典》第1141条的规定："如负担义务先后向二人给付或交付之物完全是动产，二人中现实占有该物的人权利优先，并为物的所有人，即使其证书日期在后，亦无影响，但以其是善意占有为限。"《法国民法典》，罗结珍译，北京大学出版社2010年版，第305页。

〔51〕靳文静："我国《民法典·物权编》制定中如何对占有改定制度进行完善——从大陆法系立法例进行分析"，载《暨南大学学报》2018年第7期。

（二）将占有改定由原来的"动产物权交付"体系中抽离，置于"动产所有权"
取得方式中

立法表达：在"动产所有权取得方式"中，规定"［占有改定］基于当事人的
约定由出让人继续占有该动产的，所有权自该约定生效时发生效力"。

在所有权一编中，涉及所有权取得时，将占有改定作为动产所有权取得的一种
方式进行规定。作为动产的交付方式，无论是在民法的理论上，还是在司法实践中，
占有改定实际上仅存在于动产所有权的取得方式中，在他物权制度中并未适用，因
此物权法将其作为动产物权的取得方式扩大了占有改定的适用范围，在逻辑上是不
妥当的。将来的民法典分则中应当借鉴大陆法系的做法，将其从"动产交付"体系
中抽离，置于"动产所有权取得"制度中。

（三）将占有改定的法律效力分为对内效力和对外效力两个方面进行规定

立法表达："［占有改定］动产所有权转让时，双方又约定由出让人继续占有该
动产的，所有权自该约定生效时发生效力；但是买受人取得的权利不得对抗实际占
有的其他买受人和善意第三人。"

增加对占有改定对外效力的限制性规定，同时规定此种交付方式取得的动产所
有权不得对抗基于实际交付取得的所有权人和其他善意第三人的权利，这一点在欧
陆国家两大立法例国家均作了上述规定。两种立法例在规范占有改定的法律效力时，
都是将占有改定的法律效力分为两个方面：一是对内效力，即在当事人之间发生所
有权变动的法律效力，这一点上与其他交付方式的法律效力相同；二是对外效力，
即基于占有改定取得的物权不具有对抗善意第三人的效力，这是基于占有改定公信
力的欠缺。[52]

由于占有改定属于交付替代，被学者称之为"非真正之交付"[53]。在欧陆国家
的民法典中，占有改定均是动产所有所有权取得的一种方式，并在当事人之间发生
动产所有权变动的法律效果。但是在对抗第三人效力（对外效力）上，各国均通过
不同的方式限制其对抗实际占有的买受人和其他善意第三人的效力。

物权法将占有改定作为"动产交付"的几种方式之一进行规定，将其置于"物
权的变动"中，由此推定物权法对此问题的规范目的在于明确几种交付方式均可以
产生动产物权变动的法律效力，至于对抗效力等问题并不在此考虑范围之内。《物权
法》第27条规定的占有媒介关系不仅可以基于明示约定而且还可基于默示的意思表
示而发生，在当事人已明示约定所有权移转的时刻，自然可期待出让人自那一时刻

［52］ 靳文静："我国《民法典·物权编》制定中如何对占有改定制度进行完善——从大陆法系立法例进
行分析"，载《暨南大学学报》2018年第7期。

［53］ 谢在全：《民法物权论》，中国政法大学出版社1999年版，第100页。

起由自主占有改变为他主占有，受让人也自那刻起取得了转让物的间接占有。[54]至于占有改定对抗第三人的效力问题，此处规定实际上并未涉及，而且在之后的法律规范中也无相关规定，直至最高人民法院的《司解（一）》在涉及善意取得制度的适用范围时才做出了反向解释，否认了占有改定在善意取得制度中的对抗第三人的外部效力，[55]此解释是我国《物权法》关于占有改定法律适用范围限制的一个重要补充，但是，由于此规定仅限于善意取得制度，至于占有改定在其他方面的适用仍然处于失范的状态，需要在将来的民法典中进行统一完善。

四、结论

由于我国物权法体系的构建主要是以形式主义立法例为基础，因此我国将来在完善占有改定制度时，应当借鉴形式主义立法例国家的做法，围绕占有改定的对内效力和对外效力这一核心问题，在占有制度中确定间接占有制度作为占有改定适用的理论和逻辑前提，在此基础上，将占有改定的对内效力和对外效力分别规定，对内效力仅涉及动产所有权变动的双方当事人；对外效力则需要明确占有改定取得的所有权只有在第三人是恶意的情况下，才会发生对抗效力，对于善意的第三人则不发生对抗效力；在体系方面，可以考虑将占有改定置于"动产所有权的取得方式"进行规定，将占有改定从原有的"物权变动"体系中抽离，置于动产所有权取得的体系中，作为动产所有权取得的一种特殊方式。通过上述的制度设计和完善，不仅解决了占有改定法律效力的缺陷给将来的法律适用带来的问题，而且实现了我国动产物权变动体系的科学性和逻辑性。

---

[54] 庄加园："间接占有与占有改定下的所有权变动——兼评《中华人民共和国物权法》第27条"，载《中外法学》2013年第2期。

[55] 最高人民法院于2015年12月颁布、2016年3月1日起施行的《司解（一）》第18条规定："物权法第一百零六条第一款第一项所称的'受让人受让该不动产或者动产时'，是指依法完成不动产物权转移登记或者动产交付之时。当事人以物权法第二十五条规定的方式交付动产的，转让动产法律行为生效时为动产交付之时；当事人以物权法第二十六条规定的方式交付动产的，转让人与受让人之间有关转让返还原物请求权的协议生效时为动产交付之时。"该条规定虽然没有直接规定占有改定的公示公信效力，但是该规定通过在动产的善意取得制度中将交付方式限定为现实交付、简易交付和指示交付三种方式，排除了占有改定在善意取得中的适用，等于反向否定了受让人通过占有改定方式取得的物权对抗原权利人的法律效力，即否定了占有改定的公信效力。

五、民法典与婚姻家庭、继承

婚姻：合格的同居

● ［墨］ Jorge Adame Goddard *　著

罗冠男**　译

概要：简介；一、正确婚姻和不正确或者无效婚姻之间的对立；二、婚姻的古罗马规范；三、从经验中得出的对现行婚姻立法有借鉴的一些结论。

简介

对婚姻的法律规范也受到现行道德规范的必要约束。男女之间的结合，性方面的欲望、生育和教育子女是所有民族伦理道德关注的主题，也反映在关于婚姻的习俗和法律规范中。关于婚姻的道德和法律之间的关联如此紧密，似乎研究古罗马人对婚姻的法律制度是徒劳无功的，特别是本文中讨论的共和国时期和公国时期，这是一个有着自己伦理道德的时期，被其宗教信仰和哲学信念所约束，与当代国家和民族的有所不同。众所周知，在所有的民族和文化当中，都会产生不同种类的男女之间的结合，其中一些是为了生育和教育子女。这一共同的现象就使得研究古罗马的法律经验来认识它用来规范婚姻的方法变得有必要，并且可以从中学到如何对现实进行规范。

人们经常认为，对婚姻的立法应当确定一些要件来判断像婚姻这种法律上的结合，如果不能满足这些条件，就不是真正的婚姻，而是无效或者非法的婚姻。男女之间的结合被简单地划分为是婚姻或者不是婚姻。

为了研究古罗马的法律经验，我主要参考了罗伯特·费奥利的文章"古罗马婚姻的结构"[1]，这篇文章旁征博引并且引用了很多重要文献，从乌尔比安关于"尤里安关于通奸的法律"的一篇文章出发，作者分析了丈夫可以控告女子通奸的婚姻结合，男子不能控告女子通奸的结合，以及只构成强奸的结合。

不仅仅是对古罗马，而是对所有民族中有可能的结合，本人提出可能对现行的

---

* 乔治·阿代姆·高达德（Jorge Adame Goddard），墨西哥国立大学法律研究所博士。

** 罗冠男，法学博士，中国政法大学法律史学研究院副教授。

〔1〕 R. Fiori, "La Struttura del Matrimonio Romano", *Bulletino dell'Istituto di Diritto Romano* （BIDR）, vol. CV（2011）, pp. 197 ss. , Da qui in avanti Fiori.

婚姻立法有用的结论，这些结论开始的前提就是：只区分有效的婚姻和无效的婚姻是不够的，需要对可能的结合进行区分，然后确定哪一种对全人类的发展最有益。

一、合法婚姻和不合法婚姻或者无效婚姻的对立

在优士丁尼的《法学阶梯》（1, 10 pr.）中，合法的婚姻被定义为符合订立的条件的结合，即需要在没有法律障碍的罗马市民之间缔结，达到法定的年龄和双方的同意，如果是未成年人的话，需要其父母的同意。

合法婚姻的最重要的效果就是，在其中出生的子女是合法的子女，将处于家父的责任和权力之下。

而不满足这些条件的结合就不被认为是婚姻（1, 10, 12）。《法学阶梯》中写道："并不意味着就没有丈夫，也没有妻子，也没有婚姻，也没有嫁资。"然后又补充道：这样的结合中出生的子女被称为非婚生子女或者私生子，他们不在家父的权力之下，只能跟随母亲的社会地位。合法婚姻和无效婚姻之间的这种对比在理论上非常清楚，但是在实际中却并非如此。很多结合具有结婚的意思但是却不满足法定的要件，但是一直持续并且被当事人双方和生活的社区认为是婚姻，而另一些结合看起来和婚姻一样，因为它满足所有的要件，但是双方却没有结婚的意愿。

在中国婚姻法中也存在着这种对立。法律[2]规定了结婚的条件：结婚双方完全自愿，达到最低年龄（男22岁，女20岁），不存在近亲属、疾病和处于其他种类结合之中的障碍。并且增加了不可缺少的形式上要件：符合所有要件的双方必须进行登记。法律规定登记才产生法律关系，即配偶之间的权利和义务。[3]

不登记的婚姻结合在所有国家都普遍存在，在中国也是。[4]那么没登记的婚姻法律效力如何呢？也就是符合除登记以外所有结婚要件的结合。中国最高人民法院已经确定这样的结合是非法的，[5]2001年修订婚姻法之后，认可这样的结合，但是要求当事人补办结婚证。但是在登记之前，这样的结合产生什么样的效力呢？因为登记产生婚姻关系，所以可以得出这样的结论：在这样的结合中不存在婚姻关系，即在当事人之间没有法律承认的权利和义务。

对于没有登记，也不符合婚姻其他要件的结合，比如一方被胁迫或者一方重婚，或者一方没有达到法定的年龄，法律[6]规定这样的婚姻自始无效，在当事人之间不存在婚姻之中的权利和义务。

在古罗马的婚姻规范中，关于"合法"和"不合法"的婚姻的后果，最重要的

---

[2] 《中华人民共和国婚姻法》第5、6、7条。

[3] 《中华人民共和国婚姻法》第8条。

[4] 根据 Giuseppe Terracina 教授的统计，在一些地区，这样的结合占到60%到70%，参见《中华人民共和国婚姻法》意大利语翻译的注释。

[5] 根据 Giuseppe Terracina 教授的统计，在一些地区，这样的结合占到60%到70%，参见《中华人民共和国婚姻法》意大利语翻译的注释。

[6] 《中华人民共和国婚姻法》第12条。

区别就在于子女的地位：合法婚姻中出生的子女是婚生子女，并且处于家父的权力和责任之下。但是这一区别几乎在现行的立法中已经消失了，比如在中国法中[7]，父母之间的不同结合对子女来说没有区别。今天，法律承认的婚姻结合和不符合婚姻法律要件的结合之间的不同法律后果只影响双方当事人。

既然大量不满足法律要件，但是存在并且被生活的地区认为是婚姻的结合，生育的子女与婚生子女有着相同的权利，是否承认符合法律要件的结合是婚姻是否更加方便？是不是不能将婚姻理解为独立于立法和法律规范的事实？为了回答这些问题，可以考察古罗马在这方面的法律经验。

二、古罗马婚姻法律规范

作为一项普遍的规范，根据习惯法（或者婚姻习惯法），古罗马的婚姻需要优士丁尼《法学阶梯》片段当中提到的三个要件：合法结婚的权利（conubium），达到要求的年龄和合意；另外不能具有亲属的结婚障碍，不管是人法中的（直系亲属或者兄弟姐妹）还是市民法中的（旁系亲属或者姻亲），不能具有法律中规定因为社会地位不同而形成的障碍。

事实上，还存在好几种不满足上述要件的结合，但是一样会产生一定的法律效力。罗伯特·费奥利（Roberto Fiori）[8]教授对具有婚姻特征的不同结合进行了分类，以及不同种类的姘居，主要根据丈夫能不能控告妻子通奸 [Ulp. D. 48，5，14（13）]。比如，在一些案例当中，不合法的妻子（uxor iniusta）是丈夫的表姐妹、堂姐妹或者侄女、外甥女，她们不可能是合法的妻子，但是丈夫可以控告她们通奸，也就是说这样的结合也产生了婚姻一样的效力。在另一些案例当中，男子与不满12周岁，即不到合法年龄的女子结婚，这样的结合就不可能像婚姻一样，但是丈夫可以控告女子通奸，并且认为一旦女子到达法定年龄，婚姻就有效了。另一种相似的情况就是一个行省的长官违反法律规定与本省的女子结了婚，他可以控告女子通奸，但是如果他们持续同居，他们的婚姻并不会因为丈夫放弃该职位而有效。另一种特殊的情况，是丈夫与妓女结婚：这样的婚姻违反了《尤里安和帕比亚法》；即使这一结合满足了其他的所有要件，这一婚姻仍然因为女子之前的职业而被禁止，她被叫做 uxor vulgaris：这种结合中的子女相对于其他非法婚姻中的子女处于更不利的地位，因为他们被认为是私生子，即使确切地知道谁是生父，也不可被认领；但是，丈夫可以控告妻子通奸，所以从这个角度来看，女子是被当做妻子一样看待的。

还有一些结合不被认为是婚姻，而被认为是姘居。罗伯特·费奥利指出，只考虑每个结合是否符合姘居的法定要件是不够的。这些结合是不合法的婚姻（如果违反了习惯法要件）或者非法的婚姻（如果违反了婚姻法律）。而姘居是不同的，因为男子没有婚意，即没有与女子结婚并且与她分享自己社会地位的意愿。姘妇一般社

---

[7]《中华人民共和国婚姻法》第25条。

[8] "La Struttura del Matrimonio Romano", *BIDR*, vol. CV, 2011.

会地位低下，与她们可以稳定地保持性关系，并不犯强奸罪；另一方面，如果与被认为值得尊敬和诚实的未婚女子进行性交易，则会犯此罪。男子不能控告女子通奸，除非在一种情况下：奴隶主解放了一个女奴隶，并且将她作为妍妇，则认为女子具有合法妻子一样的地位，丈夫可以控告她通奸。在其他的情况下，妍妇都不能被指控通奸。

和其他不合法的婚姻不同，比如不满足年龄的结合可以在之后变为合法的婚姻，只要丈夫没有婚意，妍居就不会变为婚姻。

我认为，罗伯特·费奥利做出的分类说明了，婚姻与男女之间自由组成的其他全部满足或者部分满足法定要件的结合共存，这样的结合也会在配偶和同居者之间产生一定的效果，即使不是法定的全部合法婚姻的效果。罗伯特·费奥利进一步中肯地指出，莫蒂斯汀（D. 2，3，2，1）提出的婚姻的概念是"广义的"：即男女之间为了增加财产和分担神的和人的义务而组成的结合，这一概念承认了各类结合，而不仅仅是满足法定要件的结合，也不仅仅是他提到的结合。

另一方面，对婚姻和妍居进行的分类，包括法定的和违法的，合法的和不合法的婚姻，说明婚姻不仅仅需要同居，这种同居要带着缔结婚姻的意愿，即"婚意"；如果缺乏这种意愿，同居就会变成合法的妍居，如果女子是值得尊敬和诚实的，则会作为强奸罪进行惩罚。罗伯特·费奥利的研究显示，不能认为妍居是不满足习惯法和成文法规定的合法婚姻要件的结合。妍居没有缔结婚姻的意愿，但是有共同生活的意愿，包括稳定的同居和肉体上的关系，但是没有结婚的意愿。法学家的作品指出，婚姻和妍居之间的区别在于意愿是非常明显的："应当认为妍妇是处于这种意愿才处于这种状态"（Paul. 19 resp. D. 25，7，4）；"妍妇与妻子只从意愿上进行区别"（PS 2，20，1）；在提到一个被推测为妻子的女子时，乌尔比安说她并不是，因为"男子对她没有将其作为妻子的感情，而只有将其作为妍妇的感情"（Ulp. 32 ad Sab. D. 24，1，3，1）。

什么能构成"婚意"呢？在共和国时期，以及公国时期，可以认为一个基本的因素是当事人有生育子女的意愿。通常都是男子，作为依法缔结婚姻的一方，来宣誓他结婚是为了生育子女。[9]

罗伯特·费奥利[10]提出"婚意"当中最基础的是男子愿意让女子分享他的社会地位。正如马勒恰诺所说（12 Inst. D. 25，7，3 pr），也存在外邦的自由女性，或者社会地位低下提供性交易的女性，与她们是不能缔结合法婚姻的；与诚实的女性的结合不是妍居，而是婚姻或者是构成犯罪的非法结合（强奸）。乌尔比安（2 ad leg. Iul. et Pap. D. 25，7，1，1），引用了阿提·利契诺的观点，同样提出，找妍妇要找那些不会和她们结合不可能犯强奸罪的女性，就不用担心被惩罚。

---

〔9〕 Orestano, *La Struttura Giuridica del Matrimonio Romano*, p. 105（apud Fiori, n. 185）.

〔10〕 Fiori, p. 221 ss. .

我认为，生育子女的意愿就代表了分享社会地位的意愿，这两者都是"婚意"的基本要素。不满足所有要件的婚姻，有可能随着时间的推移而满足，比如年龄要件，婚姻就变为合法。但是姘居随着时间的推移并不会变成婚姻，需要当事人明确表达缔结婚姻的合意，而不是同居的合意才行。[11]

根据对古罗马经验的分析，可以认为，婚姻首先是男女之间稳定的结合和同居，其中男子具有生育子女以及和女子分享社会地位的意愿，即"婚意"。超越古罗马经验中的男性视角，可以认为双方当事人都有生育子女和具有相同社会地位的意愿。

三、从经验中得出的对现行婚姻立法有借鉴的一些结论

在所有的社会和所有的时代中，都存在男女为了共同生活和性的结合而结合。他们不是根据法律的规定而结合，而是根据社交的自然冲动和性的欲望来结合。

这样的结合可以是为了不同的目的缔结。可以是单纯喜欢在一起而结合；也可以是为了稳定的共同生活，可以是为了生活平等互助或者一方服从于另一方。也可以是为了相互帮助、并且生育子女的稳定同居结合。

男女之间的结合，尽管从肉体上的同居来看表面上是一样的，但是根据当事人的意愿和目的是有所不同的；从他们的结合中产生的义务、道德义务是根据配偶的不同语言和合意产生的结果：如果意愿是共同生活，那么义务就是相互帮助和同居，而临时的结合就没有这样的义务；如果有生育的意愿，义务就是照顾子女（从孕育开始），如果没有这一意愿，孩子就是个麻烦事。

对于同样的当事人和他们生活的社区，不同结合也有可能产生不同的结果。临时同居的结合的当事人根据喜好来享用对方的肉体，但不产生固定的关系。稳定的集合在双方之间产生固定的关系，如果有生育子女的意愿，还产生不同世代之间的固定关系（父母和子女），父母之间也会因为有对子女的共同责任而关系更加稳固。

不同结合产生的社会效果也大有不同。临时的结合对社区来说没有任何有利的效果。稳定但不打算生育子女的结合，双方可以在经济和健康方面相互照顾，因此对社区来说是有利的，可以减轻救济费用的负担，但是对社区没有建设性的贡献。生育并且教育子女的稳定结合给社区带来新的公民，这是对其未来和延续的保证。

考虑到男女结合这方面事实的婚姻立法，会更好进行规范而有利于社区的利益。不同种类的结合有可能会受到法律的惩罚：有的结合是法律允许和宽容的，另一些是禁止的；还有的是被法律承认并且鼓励的。

在古罗马的经验中，临时的结合是可以根据特定的情况被允许和宽容的；但是，

---

[11] 帕比尼安（12 resp. D. 29, 5, 31）的片段中，关于一个对姘妇做出的赠与，他们之后缔结了婚姻，赠与是否无效的问题，正如丈夫和妻子之间禁止赠与的规定；帕比尼安认为，不能将七出有效的赠与认为是无效，但是可能要在实际上考察在赠与做出的那段时间是否有婚姻存在，考虑他们之间的人身性质和结合的种类，允许其作为姘夫做出赠与，但是如果有证明文件，也有可能是有"婚意"的婚姻。在这种情况下，很明显的是姘居不会因为时间的推移而变成婚姻，需要新的行为，即缔结婚姻的新合意的表达。

如果和一个值得尊敬和诚实的女子组成这种结合，则被法律禁止并且受到法律的惩罚，因为构成了强奸罪。对这种结合进行惩罚的决定要根据当时的社会伦理道德：如果认为性的结合只是为了双方的愉悦，这些结合就没有限制地被允许；但是如果性的结合只在特定的情况下才合法，比如是自由结成的或在特定年龄的人们之间，那么违反了社会伦理的要求就会被禁止或者惩罚。

在古罗马经验中，稳定但是不打算生育子女或者双方不平等的稳定结合，被认为是姘居而不是婚姻，是允许但是不鼓励的结合。在现实中可以认为姘居是为了私人的利益而不是社会的利益的结合，被认可和允许已经足够了；或者有人认为能够减少救济费用的结合就具有公共利益，这种情况下可以鼓励当事人结成这种满足婚姻要件，但是不打算生育和教育子女的平等结合。

根据古罗马的伦理道德，只有具有生育子女和分享社会地位意愿的结合，才被称为合法婚姻。首先是社会传统，然后是法律规定了其要件，即便这一结合是根据社会道德缔结的。而具有生育子女和分享社会地位意愿的男女结合，不满足所有的要件，比如其中一个没有缔结合法婚姻的权利（conubium），或者没有达到法定的年龄，那么就是有瑕疵的婚姻，但是仍然是婚姻而不是姘居，当然除了同居之外（每个持久的结合都具有的共同要素），还具有结婚的意愿。

鉴于各种结合的复杂性，我们应该避免有效婚姻和无效婚姻的简单两分法。对立法者来说：承认不同种类的结合，对每一种结合都有相关的制度，将其中一种对社会发展最有利的结合命名为婚姻，并规定其最低的要件和违反其产生的义务时的法定惩罚。同时，承认这些结合产生的义务，不是由法律规定的，而是由当事人的合意决定的，义务的内容就取决于他们想要组成的结合的类型。

民法典未成年人监护立法体例辩思 *

●夏吟兰 **

摘要:《民法总则》明确规定了监护制度的基本框架及主要内容,将儿童最大利益原则以及儿童自主权原则作为未成年人监护的基本原则,并体现在未成年人监护制度的具体规定中,发展和充实了我国未成年人监护制度。在婚姻家庭编立法中应当坚持儿童最大利益原则,分别单列父母子女关系章及监护章,明确规定"父母责任",进一步区分监护、亲权、父母抚养权三个法律术语的不同内涵。在父母子女关系章中应更好地明晰父母子女之间的权利义务关系,凸显父母作为未成年子女首要责任人的作用,传承我国优秀家庭文化传统,弘扬社会主义婚姻家庭核心价值观。在监护章中要进一步完善与细化监护制度,明确规定监护监督制度,强化国家监护的兜底责任,最大限度地优先保护未成年人的权利。通过完善未成年人监护立法体例,体现民法典逻辑体系和价值理念的和谐统一,使民法典对未成年人的保护形成有机结合,有序互补,协调一致的体系化格局。

关键词:监护;亲权;父母责任;立法体例;儿童最大利益原则

一、引言

监护是保护无民事行为能力人或者限制民事行为能力人的合法权益,弥补其民事行为能力不足,协助其通过民事法律行为实现自身利益的法律制度。监护制度与民事主体制度、婚姻家庭制度等相关制度相互联系和相互作用,是民法典中不可或缺的重要制度,也是此次民法总则重点完善的制度之一。《民法总则》建构起监护制度的基本框架,规定了监护制度的基本原则与基本内容,初步确立了"以家庭监护为基础,社会监护为补充,国家监护为兜底"[1]的具有中国特色的未成年人监护体系。王泽鉴先生指出:"民法典的制定乃基于法典化的理念,即将涉及民众生活的私

---

* 此文已发表于《法学家》2018 年第 4 期。

** 夏吟兰,法学博士,中国政法大学教授,博士生导师。

[1] 全国人民代表大会常务委员会副委员长李建国:《关于中华人民共和国民法总则(草案)的说明》,2017 年 3 月 8 日在第十二届全国人民代表大会第五次会议上的讲话。《民法总则立法背景与观点全集》编写组编:《民法总则立法背景与观点全集》,法律出版社 2017 年版,第 54 页。

法关系，在一定原则之下作通盘完整的规范。"〔2〕在民法典体系下，婚姻家庭编亲子关系以及监护制度的编纂如何反映民法总则与民法分则之间的总分关系，体现民法总则监护制度所确立的基本原则与基本框架，更好地明晰父母子女之间的权利义务关系，强化父母责任，最大限度地优先保护未成年人〔3〕的权利，维护未成年人的利益，弘扬社会主义婚姻家庭核心价值观，实现民法典的体系逻辑自恰是婚姻家庭编立法必须认真权衡考量的问题。

二、《民法总则》对未成年人监护制度的发展与传承

（一）民法总则发展与充实了我国未成年人监护制度

《民法总则》在第二章第二节规定了监护制度，包括未成年人监护与成年监护两大类型。第27条至第39条对法定监护人范围、顺位、指定监护、遗嘱监护、协议监护、监护争议解决程序、监护人的职责、监护人履行监护职责应遵循的原则、撤销监护人资格、恢复监护人资格、国家监护等作出了明确的规定，其中有10条涉及未成年人监护。《民法总则》对未成年人监护的规定在传承《民法通则》规定的同时，更新了监护制度的理念，丰富了具体措施，进一步完善了我国的未成年人监护制度，初步确立具有中国特色的未成年人监护制度体系。

《民法总则》在民法通则监护制度的基础上，进一步发展和充实了未成年人监护制度，将儿童最大利益原则以及儿童自主权原则作为未成年人监护的基本理念及基本原则，并将这一理念体现在未成年人监护制度的具体规定中，彰显了尊重和保障人权的宪法精神以及保护未成年人生存权、发展权、受保护权、参与权的立法理念。在第31条明确规定了指定监护人的原则为尊重被监护人的意见，最有利于被监护人的利益〔4〕，并在第35条监护职责的履行中明确规定："监护人应当按照最有利于被监护人的原则履行监护职责。监护人除为维护被监护人利益外，不得处分被监护人的财产。未成年人的监护人履行监护职责，在作出与被监护人利益有关的决定时，应当根据被监护人的年龄和智力状况，尊重被监护人的真实意愿。"

现代监护制度是为被监护人的利益而设立的，对无行为能力或限制行为能力的自然人通过设立监护以补足其行为能力，保护其法定权利，这不仅涉及公民的私权利，也需要国家公权力适当介入以保障监护功能的实现，因此，监护制度的私法公法化是现代各国监护制度发展的大趋势。最高人民法院在2016年5月31日公布了12

---

〔2〕 王泽鉴：《民法总则》，中国政法大学出版社2001年版，第22页。

〔3〕 本文中所称未成年人（子女）与《儿童权利公约》中所称儿童均指18周岁以下者，为尊重《婚姻法》《未成年人保护法》《儿童权利公约》的表述习惯，本文在不同语境下使用不同用语。另外，为避免重复，本文中的子女除特别标明外均指未成年子女。

〔4〕 《民法总则》第31条："居民委员会、村民委员会、民政部门或者人民法院应当尊重被监护人的真实意愿，按照最有利于被监护人的原则在依法具有监护资格的人中指定监护人。"

起侵害未成年人权益被撤销监护人资格的典型案例〔5〕，其中卢某某被撤销监护人资格一案是由民政部门申请撤销未成年人亲生父母监护权并最终担任监护人的典型案例，〔6〕体现了通过公权力介入家庭监护，全面保护未成年人利益的理念。《民法总则》通过指定监护人、设立临时监护，以及在必要的情况下由相关机构、民政部门担任临时监护人或者监护人，初步建立对未成年人的国家监护，强化政府的监护职能，〔7〕构建了"以家庭监护为基础，社会监护为补充，国家监护为兜底"〔8〕的具有中国特色的未成年人监护体系。此外，《民法总则》还增设了监护种类，除法定监护、指定监护外，增加了遗嘱指定监护、协议监护、临时监护以及国家监护等多种形式，并明确规定监护人的指定程序、撤销监护人资格的情形、撤销的程序以及撤销的后果、救助措施。总之，《民法总则》设立的未成年人监护制度试图通过多种措施、多种形式、全方位地保护未成年人的权益。

但是，我们也必须注意到，《民法总则》在第 27 条第 1 款明确规定父母是未成年子女的监护人。在第 2 款规定，未成年人的父母已经死亡或者没有监护能力的由有监护能力的亲属、个人或者组织按照顺序担任监护人。这一规定将父母与其他监护人，父母责任与监护职责混为一谈，采用了大监护的立法体例，与《民法通则》一脉相承，〔9〕保留了《民法通则》大监护的传统。这种传承引发了笔者对于民法典未成年人监护制度立法体例的思考：如果说在民法通则时代采用大监护制度具有历史的必然性和局限性，是当时立法的权宜之计，在经过此后 30 余年的民事、家事立

---

〔5〕 最高人民法院公布 12 起侵害未成年人权益被撤销监护人资格典型案例，来源：最高人民法院官方微信，最后访问时间：2016 年 5 月 31 日。

〔6〕 卢某某系卢某一的父亲，卢某某明知卢某一未满 14 周岁且精神发育迟滞，仍与其发生性关系并导致卢某一怀孕被判刑入狱。四川省泸州市纳溪区民政局向法院申请撤销被申请人卢某某监护权。泸州市纳溪区人民法院经审理认为，被申请人卢某某作为卢某一的监护人，对被监护人卢某一实施性侵，严重损害了卢某一的身心健康，已经不适合再担任卢某一的监护人，故对申请人泸州市纳溪区民政局的申请，依法予以支持。由于卢某一的母亲患重度精神发育迟滞，无独立生活能力，不能尽到监护责任，其祖父母、外祖父母均已去世，其姐姐系未成年人，无监护能力。另外，综合卢某一的其他亲属的经济条件及身体状况等因素，亦不适合担任卢某一的监护人，依照《中华人民共和国民法通则》及最高人民法院、最高人民检察院、公安部、民政部《关于依法处理监护人侵害未成年人权益行为若干问题的意见》相关规定，依法判决撤销被申请人卢某某对卢某一的监护人资格，指定泸州市纳溪区民政局担任卢某一的监护人。

〔7〕 《民法总则》第 31 条第 3 款、第 32 条、第 36 条。

〔8〕 全国人民代表大会常务委员会副委员长李建国：《关于中华人民共和国民法总则（草案）的说明》，2017 年 3 月 8 日在第十二届全国人民代表大会第五次会议上的讲话。《民法总则立法背景与观点全集》编写组：《民法总则立法背景与观点全集》，法律出版社 2017 年版，第 54 页

〔9〕 1986 年《民法通则》确立了我国的未成年人监护制度，第 16 条规定："未成年人的父母是未成年人的监护人。未成年人的父母已经死亡或者没有监护能力的，由其祖父母外祖父母、兄姐或者是关系密切的亲属、朋友以及未成年人的父母所在单位、村（居）委会按照顺序根据其意愿及能力担任监护人。"

法、司法、学理研究之后制定的中国民法典，未成年人监护制度不应再迁就民法通则立法传统，而应当以子女最大利益为原则，按照民事与家事立法的逻辑体系与价值体系确定婚姻家庭编中亲子关系立法与未成年人监护制度立法的体例与内容。

（二）民法总则监护制度立法体例观点交锋及立法机关的选择

在民法总则起草过程中，就监护制度的立法体例有过许多的讨论。专家学者主要有四种观点：一是广义监护说。主张在民法总则中规定比较完善的监护制度，不在婚姻家庭编中另行规定。监护制度的核心功能在于对自然人行为能力进行补足。20世纪中叶以后，人们把自然人放在更核心的地位，整个的规则是以对人的权利的尊重和救济为主要思路，将监护制度放在自然人一章中的"民事权利能力和民事行为能力"之后，是合适的，具有理论基础性、体系逻辑性和制度衔接性。[10]二是狭义监护说。主张民法总则只对监护做原则性规定，具体内容在婚姻家庭编中单独专章规定，从立法科学性、体系化看，民法总则对监护只宜作简略性的规定，监护的主要内容应该放在婚姻家庭编中进行规定。"现在正在起草的民法典已经明确将亲属法包括进来，故监护应放在亲属法中而不是自然人制度中更合理。而从逻辑上看，在无行为能力与限制行为能力人后，应该理所当然地规定对行为能力欠缺的救济制度，即法定代理。至于对生活、教育等照顾，则应当是亲权的内容。"[11]三是单行法规说。主张民法总则作原则性规定，以单行法的形式全面规定监护制度。四是两种均可说。认为将监护制度放在民法总则的自然人部分，还是放在婚姻家庭编，从理论上和逻辑上，都是可以讲得通的，也是行得通的。现在的立法关键是充实监护制度的内容，进一步健全并形成完善的监护制度[12]。从多次研讨会以及相关学者的研究成果看，婚姻家庭法学界的大多数学者支持第二种观点，在立法技术、体例编排上，我国监护制度应当形成民法总则编和婚姻家庭编分工协作、有机互补、有序结合、统一协调的立法架构。[13]从立法的科学性、体系化出发，应当在民法总则的自然人一章中对监护做原则性规定，确立监护的基本原则以及制度架构，对于监护制度的具体内容与具体规定放在婚姻家庭编中作专章规定。

立法机关在总结司法实践经验的基础上部分接受了专家学者的意见，在《民法总则》中确立了未成年人监护制度的基本架构，并拓展完善了相关规定。立法机关将监护放在民法总则中的主要考虑是：第一，《民法总则》第一章第一节规定了民事权利能力和民事行为能力，其中将民事行为能力分为完全民事行为能力、限制民事

---

[10] 参见《民法总则立法背景与观点全集》编写组编：《民法总则立法背景与观点全集》，法律出版社2017年版，第585页。

[11] 李永军：《民法总论》，法律出版社2006年版，第272页。

[12] 参见石宏主编：《〈中华人民共和国民法总则〉条文说明、立法理由及相关规定》，北京大学出版社2017年版，第59页。

[13] 参见薛宁兰："关于民法总则监护制度的立法建议"，载夏吟兰、龙翼飞主编：《家事法研究》（2016年卷），社会科学文献出版社2016年版，第245页。

行为能力和无民事行为能力。监护是保障无民事行为能力人和限制民事行为能力人的权益，弥补其民事行为能力不足的法律制度，紧接着对自然人民事行为能力制度作出规定，具有逻辑合理性。第二，我国的监护制度不仅包括家庭监护，还包括社会监护和国家监护。如果说在自然人一章规定监护制度存在体例问题，在婚姻家庭编中规定社会监护和国家监护也同样存在体例问题。第三，民法通则规定的监护制度已经实施了30年，实践中出现了很多新情况新问题急需解决，若放在婚姻家庭编规定，还要经过较长时间才能出台，不利于当前实践需要。[14]由此可见，一方面，民法总则关于监护制度的修改完善已经考虑了监护制度与相关制度之间的关系；另一方面，民法总则关于监护制度的修改完善还不是终局结果，是考虑社会实践需要的暂时做法。因此，婚姻家庭编在编纂制定时仍有修改完善的空间，关键是如何设计并体现民法典中未成年人监护制度逻辑结构的体系化以及通过制度完善实现儿童利益最大化。

三、对《民法总则》采大监护体例的质疑

（一）未成年人监护相关概念辨析

我国现行法律体系中关于父母对未成年子女权利义务的规定比较分散，主要体现在《民法总则》《民法通则》《婚姻法》《未成年人保护法》以及相关司法解释和部门规章及地方性法规中。[15]这些规定构成了监护制度的基本内容，表明我国现行民事法律体系采用大监护概念，将亲权内容纳入监护中，为全体未成年人统一设立监护制度。但是，我们应当看到，在《民法通则》大监护概念下，由于没有将父母对子女的责任与其他监护人对未成年人的监护职责区分开来，导致多年来在我国的相关法律研究及法律规定中抚养（直接抚养与间接抚养）、亲权（父母照顾权）、监护三个概念纠缠不清，并直接造成在司法实践中适用抚养权、直接抚养权、监护权以及随某某共同生活等术语时的混乱。因此，讨论民法典背景下的未成年人监护立法体例的问题，首先应当厘清监护、亲权、抚养三个概念，在同一概念体系下讨论术语的涵义及其如何使用。

法学语境下的监护，滥觞于罗马法。罗马法中的监护是指由市民法赋予的、对那些因年龄原因不能自我保护的自由人给予保护的一种权利。监护人的含义来源于

---

[14] 参见石宏主编：《〈中华人民共和国民法总则〉条文说明、立法理由及相关规定》，北京大学出版社2017年版，第59－60页。

[15] 《民法通则》第16条第1款规定，"未成年人的父母是未成年人的监护人"，《民法总则》第27条规定，"父母是未成年子女的监护人"。2001年修订的《婚姻法》规定了"父母对子女有抚养教育的义务"，"父母有管教和保护未成年子女的权利和义务"；"父母与子女间的关系不因父母离婚而消除。离婚后，子女无论由父方或母方抚养，仍是父母双方的子女"；"离婚后一方抚养的子女，另一方应负担必要的生活费和教育费的一部或全部"。《未成年人保护法》设专章规定"家庭保护"，并在第10条明确规定：父母或者其他监护人应当创造良好、和睦的家庭环境，依法履行对未成年人的监护职责和抚养义务。

他们对被监护人的保护，他们犹如看守寺庙的人被称为寺庙保护人一样。[16]尽管现代监护制度均来源于罗马法，但近代以来，关于父母对未成年子女的监护，一直有大监护与小监护之别。所谓大监护，也称之为广义监护制度，形成于盎格鲁－萨克森法的英美法系，英美法系在立法传统上没有亲权的概念，对所有的未成年子女，无论其是否有父母均适用监护制度（Custody of Children）。[17]广义监护制度是对所有未成年人以及无行为能力和限制行为能力人的人身、财产权益进行监督和保护的制度。所谓小监护，也称之为狭义监护制度，大陆法系各国多采用亲权与监护并行的制度模式，对有父母的未成年子女以亲权制度（Parent Power）予以监督和保护，对不在亲权照护之下的未成年人以及精神病人等无行为能力和限制行为能力人则适用监护制度。因此，小监护的制度特征是将亲权与监护制度各自分离并相互独立，监护制度是亲权制度的延长或补充。大陆法系国家仅将未受父母亲权（父母照顾权）保护的未成年人作为设立监护人的对象。在父母双方均死亡或均无能力担任监护人，或者均被剥夺监护资格，或者无法查明家庭状况时，才需要为未成年人设立监护人。德国民法典明确规定当未成年人不在父母照顾之下，或父母处于无权代理或父母状况不明的，可以为其设立监护人。监护的成立必须符合法定条件，法院通常依职权发出监护的命令，选任监护人。[18]在现代社会，无论广义监护还是狭义监护，监护的目的都是为了保护被监护人的权益，因此，监护制度需要公权力的介入来保障其功能的实现。在没有适当监护人的时候，由国家充当监护人，在有适当监护人时，国家是最终的监护监督人。[19]

亲权在罗马法称为父权（patria potestas），有支配权利之意义。在日耳曼法称为Mundium（Munt，Mund），有保护权利之意义。近代立法已具有由支配权利而趋于保护权利之趋势。亲权系父母基于其身份，对于未成年子女以教养保护为目的之权利义务之集合。[20]时至今日，亲权制度已从父母的权利演化为父母的责任与义务。在联合国《儿童权利公约》[21]的影响下，现代各国亲子关系立法已经由"父母本位"逐渐发展为"子女本位"。一些国家的亲属法将"父母权力""亲权""监护权"这

---

〔16〕 ［意］桑德罗·斯奇巴尼选编：《婚姻·家庭和遗产继承》，费安玲译，中国政法大学出版社2001年版，第151页。

〔17〕 Custody of Children 父母对未成年子女的照顾、管理、教育和抚养。薛波主编：《元照英美法词典》，法律出版社2003年版，第361页。

〔18〕 《德国民法典》第1773条至第1895条。《德国民法典》（第4版），陈卫佐译注，法律出版社2015年版，第494－551页。

〔19〕 参见王竹青、杨科：《监护制度比较研究》，知识产权出版社2010年版，第17页。

〔20〕 史尚宽：《亲属法论》，中国政法大学出版社2000年版，第656－658页。

〔21〕 1989年联合国《儿童权利公约》于1990年9月2日正式生效，我国于1990年加入该公约，目前已有193个国家成为《儿童权利公约》的缔约国。

些传统法律术语转变为"父母照顾""父母责任"。[22]即使一些国家仍然沿用原有术语，其亲子立法也强调亲权和监护权的实质是责任，是职责，是义务。因此，当代意义的亲权（父母责任）是指父母基于身份对未成年子女以教养保护为目的而履行的责任与义务，学者也将其称为"义务权"。[23]《法国民法典》第371-1条将亲权定义为："以子女利益为最终目的的各项权利和义务之整体。"[24]在大陆法系国家，子女出生后，父母是当然亲权人（责任人），负有身份照护和财产照护义务；亲权人均死亡或丧失/被剥夺亲权时，才为未成年人选任监护人。

抚养是独立于亲权（父母责任）或监护之外的父母对子女在经济上扶助供养、提供衣食住行、生活照料的法定义务。抚养是基于父母与子女之间的身份法律关系而由法律明确规定的法定义务，具有强制性。几乎所有国家的相关法律都明确规定父母有抚养未成年子女的义务，并作为独立的义务或作为扶养义务的一部分专门作出规定。抚养义务具有伦理学和社会学的意义，父母与子女是最近的直系血亲，父母生育与养育子女是源于血缘亲情的本能以及制度的保障。正如费孝通先生所说：生育制度是人类种族绵延的人为保障。从生物层面上讲，生殖是损己利人的，新的生命的产生没有不靠母体的消耗和亏损，而孩子的生活供养也是父母自己的牺牲。[25]父母是抚养义务人，未成年子女是被抚养的权利人，只有义务人履行义务，才能保证权利人实现权利。父母作为子女生命的给予者，在子女来到这个世界时，便将自己置于一种责任关系——对子女的养育之责中。[26]父母对子女的抚养义务是生活保持义务，不以抚养人有抚养能力为条件，无论父母的生活条件、抚养能力如何，都应当在自己的能力范围内为子女提供衣食住行，父母不得因给付子女抚养费会危害或降低自身的生活水平而不承担抚养义务。如《德国民法典》第1603条第2款规定，父母有义务将所有可处分的资金平均使用于自身生计和子女的扶养。[27]父母对子女的抚养义务具有人身专属性，与人身权利密切相关，子女受抚养的权利不得转让，不得放弃，也不得被剥夺。父母抚养子女的义务是强制性义务，父母不履行义务必须承担相应的法律责任。

我国自1950年《婚姻法》以来就明确规定父母有抚养子女的义务。1950年《婚姻法》将父母子女关系单独成章，并在该章中用4条规定了父母子女间的权利义务关系，第13条明确规定：父母对于子女有抚养教育的义务。1980年《婚姻法》以扩大法律对家庭成员的调整范围为目的，将父母子女关系与夫妻关系合并，改称家庭关系，仍然将"父母对子女的抚养教育义务"作为父母的首要义务，并增加规定了

---

[22] 如德国亲属法将亲权改称为父母照顾、英国儿童法将父母监护改称为父母责任，强调父母身份是责任而非权利。
[23] 参见［德］卡尔·拉伦茨：《德国民法通论》（上），王晓晔等译，法律出版社2003年版，第283页。
[24] 《法国民法典》，罗结珍译，北京大学出版社2010年版，第114页。
[25] 参见费孝通：《乡土中国 生育制度》，北京大学出版社2010年版，第109-110页。
[26] 参见［美］伊恩·罗伯逊：《社会学》，黄育馥译，商务印书馆1994年版，第108-109页。
[27] 《德国民法典》（第4版），陈卫佐译注，法律出版社2015年版，第494页。

父母不履行抚养义务时，未成年的或不能独立生活的子女，有要求父母付给抚养费的权利（1980 年《婚姻法》第 15 条）。同时，增加了父母责任的规定，"父母有管教和保护未成年子女的权利和义务，在未成年子女对国家、集体或他人造成损失时，父母有赔偿经济损失的义务"（第 17 条）。2001 年《婚姻法（修正案）》在 1980 年《婚姻法》的基础上，强化了父母的法律责任：父母有保护和教育未成年子女的权利和义务。在未成年子女对国家、集体或他人造成损失时，父母有承担民事责任的义务（第 23 条）。为了强化父母对子女的抚养义务，2011 年《最高人民法院关于适用〈中华人民共和国婚姻法〉若干问题的解释（二）》第 3 条进一步强调："婚姻关系存续期间，父母双方或者一方拒不履行抚养子女义务，未成年或者不能独立生活的子女请求支付抚养费的，人民法院应予支持。"换言之，当父母双方或一方拒不履行抚养子女义务，导致未成年子女或不能独立生活的成年子女的受抚养权被侵犯时，子女享有向法院起诉追索抚养费之权利。我国历次婚姻法都明确规定，无论子女是否与父母共同生活，均为父母双方的子女。父母双方离婚，解除的只是配偶之间的权利义务关系，父母子女之间的权利义务关系并未解除，父母仍然是未成年子女的法定抚养人。抚养又分为直接抚养和间接抚养。子女在父母未婚、分居、离婚或一方死亡的情况下均有可能只能与父母一方生活，从这个意义上讲，我国婚姻法将父母对未成年子女的抚养分为直接抚养与间接抚养。与未成年子女共同生活的父母一方为直接抚养方，对子女行使的是直接抚养的权利义务，包括对未成年子女生活起居的照顾、部分生活费与教育费的负担以及对日常生活事务的决定。不能与未成年子女共同生活的一方为间接抚养方，对未成年子女行使的是间接抚养的权利与义务，对未成年子女承担支付抚养费的义务并享有未成年子女重大事项的参与决定权及探望未成年子女的权利。[28]

显然，我国婚姻法多年来明确规定父母对子女有抚养义务，但未将抚养义务与亲权（父母责任）区别开来，民法典制定婚姻家庭编时，一方面应当坚持这一立法传统，仍然明确将父母对子女的抚养作为父母的首要义务，突出父母履行抚养义务的重要性；另一方面要单独规定父母责任，将父母对未成年子女人身和财产上的权利义务单独成节，区分父母的抚养义务与父母责任。

（二）大监护体例消解了父母与其他监护人的重要区别

大监护体例将父母与其他监护人均设立在监护制度之下，尽管父母是首要监护人，只有在父母死亡，或父母没有能力担任监护人时才按照监护顺序确定监护人，但我们必须看到，父母之于未成年子女的亲权（父母责任）[29]与一般监护人之于被

---

[28] 详见 2001 年《婚姻法（修正案）》第 36、37、38 条。

[29] 亲权是大陆法系各国亲属法传统上规定父母承担的教养、保护子女的权利义务的总称。在当代该术语已有所变化，本文认为应当以父母责任取代亲权，下文中将专门讨论。为避免在讨论前读者的疑惑，此处仍然使用亲权，将父母责任放在括号中以体现作者的观点。

监护人监护权的产生、依据、内容、性质，特别是立法理念上具有重要区别，而如果采用大监护体例在立法上消解了这些区别，不利于维护婚姻家庭的伦理关系，保护未成年子女的权益。

第一，性质不同。父母对未成年子女的亲权（父母责任）具有自然属性，本质上属于人伦关系。父母与子女是血缘关系最近的直系血亲，无论是从血缘关系、伦理亲情还是法理依据，子女出生之后，父母对未成年子女都天然地具有抚育照顾的权利与义务。正如费孝通先生在他的《生育制度》中所指出的："抚育作用所以能使男女长期结合成夫妇是出于人类抚育作用的两个特性：一是孩子需要全盘的生活教育；二是这教育过程相当的长。孩子所依赖于父母的，并不是生活的一部分，而是全部。"[30]亲权（父母责任）的设立以亲子关系的产生为基础，无须批准，自然取得。监护本质上具有行为能力补足之功能，是人为的制度设计，与亲权在性质上有根本的不同。因此，监护权的设立与取得必须经过法定程序，非依法定程序不产生法律效力。如日本民法典规定未成年人没有对其行使亲权的人，或行使亲权的人没有管理权的，可以为其设立监护人。监护的成立必须符合法定条件，家庭法院在作出监护开始的裁定时，依职权选任监护人。[31]

第二，法律依据不同。父母对未成年子女的权利义务是公民的基本权利，具有宪法依据。家庭关系是最基本的社会关系，古今中外均受到国家的特殊保护。亲子关系作为家庭关系的重要部分，是国际人权公约、各国宪法以及相关法律规定的基本权利。《儿童权利公约》明确规定："家庭作为社会的基本单位，作为家庭所有成员、特别是儿童的成长和幸福的自然环境，应获得必要的保护和协助，以充分负起它在社会上的责任。"[32]《德国基本法》第6条第1款规定：婚姻和家庭受国家之特别保护。第2款规定照料和照顾子女为父母之自然权利，亦为其至高义务。德国家庭法深受宪法中基本权利的影响，强调父母对未成年子女承担重要的责任。[33]我国《宪法》第49条明确规定："婚姻、家庭、母亲和儿童受国家的保护。父母有抚养教育未成年子女的义务。"婚姻家庭立法应当充分体现宪法精神，明确规定父母对未成年子女的抚养义务以及父母的亲权（父母责任），确保父母实现抚养教育未成年子女的基本权利，非因特殊原因及法律规定，不得违反父母的意愿使未成年子女与家庭分离。监护制度的设立就是在父母不能履行或不当履行其亲权（父母责任）时，法律为未成年人设立的保护措施。因此，亲权（父母责任）是人身专属权，关涉基本权利和人权，也是父母必须履行的义务。而未成年人监护是人为设置的制度，只是

---

[30] 参见费孝通：《乡土中国　生育制度》，北京大学出版社2010年版，第122页。

[31] 《日本民法典》第838～843条。《最新日本民法典》，渠涛编译，法律出版社2006年版，第178－179页。

[32] 《儿童权利公约》序言第五段，参见联合国人权事务中心翻译：《人权国际文件汇编》，联合国出版物1994年版，第161页。

[33] ［德］迪特尔·施瓦布：《德国家庭法》，王葆莳译，法律出版社2010年版，第260页。

对亲权的延长与补充，其人权及宪法基础是未成年人权利受法律的特殊保护，国家及社会在未成年人权利受到侵害或有侵害之虞时通过监护制度予以干预或补充。在特定情况下，监护通过法律程序将父母对未成年子女的照顾事务转让给其他监护人或组织。

第三，立法理念不同。亲子立法对亲权（父母责任）基于信任而采取放任主义。如前所述，亲权（父母责任）是基于血缘亲情亲子身份关系而产生的父母对未成年子女的义务与责任，故立法者相信父母较之其他人或机构更关心子女的利益，为了子女的生存与发展更愿意付出和奉献，更不计较利害得失。直至今日，父母和家庭对于子女的人格形成和个性教育仍然具有其他社会关系无法替代的作用。因此，各国的亲属法大多基于信任而对亲权（父母责任）立法采取放任主义，立法对亲权人的限制较少，也未设立亲权监督机构。当然，各国为了保护未成年子女的利益，均明确规定了对不当使用或滥用亲权者剥夺亲权的程序和法律后果。[34] 监护制度具有社会法的属性，是为了保护无行为能力及限制行为能力人设立的，因此，各国立法大多采限制主义，法律对监护产生的条件、程序、监护职责及其履行，监护权的剥夺与终止均有明确规定，为了防止监护人滥用监护权，还专门规定监护监督制度，监护人行使监护权须受法院、监护当局或其他监护监督人的监督，以确保被监护人的权益得到实现。为了确保监护人更好地履行监护职责，许多国家规定监护人可以获得一定的报酬，酬劳的数额根据监护事务的范围和难度确定。

第四，权利义务内容不同。父母对未成年子女的权利义务内容相当广泛，监护人的监护职责则受到一定的限制。父母对未成年子女的亲权（父母责任）除法律另有规定外囊括几乎一切事项，父母对于未成年子女的人身和财产均具有一定的决定权，包括子女姓名决定权、居所指定权、交往限制权、子女交还请求权以及法定代理权、财产管理权等等。父母行使亲权不得采取暴力方式，但在一定条件下可以采取强制性手段。如《日本民法典》第 822 条规定了惩戒权：行使亲权的人在必要的范围内可以亲自惩戒其子女，或经家庭法院的许可，将其送入惩戒所。监护人对被监护人的监护职责包括身心监护、财产监护和法定代理，与亲权相比受到一定的限制，《日本民法典》第 857 条规定，未成年人监护人对于变更既定的教育方法及居所、将未成年人送入惩戒所、许可其营业或撤销其许可以及对营业的限制等，有监护监督人时，须取得其同意。[35]

第五，公权力介入力度不同。亲子关系在本质上仍属于私法领域，公权力的介入受到比例原则的限制。尽管近年来亲子关系立法有私法公法化趋势，但各国亲属

---

[34] 为了保护未成年人，许多国家规定了强制报告义务，那些在工作中有可能与未成年受害者接触的机构及其工作人员都有向有权机构强制报告的义务。

[35] 《最新日本民法典》，渠涛编译，法律出版社 2006 年版，第 175、182 页。

法仍明确规定公权力的介入必须以谦抑的态度保持一定限度，符合比例原则，[36]并尽量采取替代性措施，不使子女简单轻易地脱离亲权（父母责任）。如法国民法典规定了"教育性救助"作为替代性措施，在出现亲权不彰的情形时，法官将尽量让家庭参与救助措施，受到教育性措施帮助的儿童的父与母继续行使与此种措施不相抵触的全部亲权权能。在执行教育性救助措施期间，非经少年法官允许，父母不得解除对子女的亲权。[37]《德国民法典》第 1666a 条亦作出了类似的规定，即只有在"危险不能以其他方式，亦不能通过公共救济免除时，始得准许采取与子女脱离父母家庭有关的措施"。因此，亲权之下的未成年子女由其父母履行教养和保护职责，在其不当履行或不能履行亲权时，经替代性措施也无法改变现状的，公权力才会介入。当然，国家公权力的介入并不消除家庭在监护制度中的重要作用，取消家庭的监护职能。父母不能担任亲权人时，亲属关系依然是确定监护人的重要人选，国家公权力只是作为监护制度的制定者、监督者以及最后责任的承担者，确保未成年人、限制行为能力及无行为能力人权益的实现。

监护制度则兼具私法与公法双重属性，私法公法化是现代监护制度的重要特点。为更好地保障未成年人和其他无行为能力、限制行为能力人的权益，许多国家对监护制度加大了公权力干预和监督的力度：一方面从司法程序上介入和干预监护，如设立专门的监护法院、监护法官，由家庭法院或监护法院、监护法官选任监护人、指定监护监督人以确保被监护人的利益；另一方面，通过设立专门的行政机构，如未成年人保护机构协助监护等方式介入具体的监护事务。如德国的青少年福利局是官方监护人，代表国家行使监护权。瑞士的未成年人保护机构为不在亲权下的子女指定监护人并对监护人实施监护监督。[38]现代国家一般认为，对需要照顾的人提供充分保护不仅是国家的任务，同时也是一项公共任务。但实际上，由于多方面的原因，完成这一任务的不是机关，而是私人，所以监护人和被监护人、照管人和被照管人之间的关系仍属于私法范畴。公法在该领域的影响主要表现在：这些法律关系必须经过法院行为才能成立和消灭。此外，监护法院还承担着监督照管人行为的义务。[39]

亲权（父母责任）是基于亲子之间的血缘关系自然产生并受到法律确认的，处于亲权保护之下的未成年人，其利益已能得到充分保护，无需通过监护制度另行保护。对未成年人而言，监护制度是亲权制度不能发挥作用时的有效补充和延伸，无

---

[36] 国家对父母权利的干预措施，必须和父母不履行义务的严重程度以及维护子女利益的要求相适应。即具有必要性、适当性、足够性。

[37] 《法国民法典》第九编亲权第二节教育性救助，罗结珍译，北京大学出版社 2010 年版，第 120 ~ 123 页。

[38] 《德国民法典》（第 4 版），陈卫佐译，法律出版社 2015 年版，第 1773 条至第 1895 条；《瑞士民法典》，于海涛、赵希璇译，法律出版社 2016 年版，第 327 条。

[39] [德] 迪特尔·施瓦布：《德国家庭法》，王葆莳译，法律出版社 2010 年版，第 444 页。

论从逻辑体系还是价值体系，我国都应明确采取监护与亲权（父母责任）分离的立法模式，以实现民法典的逻辑完整，体例完备。

（三）大监护体例不利于传承中国优秀家庭文化与伦理道德的精华

中华民族许多优秀的婚姻家庭伦理道德，在维系婚姻家庭乃至社会和谐稳定方面发挥了重要作用，也是制定婚姻家庭法律制度重要的自然法与习惯法渊源。民法典婚姻家庭编立法要引导人们树立积极、健康、文明的婚姻家庭观念和生活方式，在全社会形成夫妻和睦、家庭和谐、父慈母爱、子孝孙贤的氛围和风尚。[40]

中国的法文化传统中虽然没有亲权制度，但父母抚养教育子女的责任与义务深入人心，所谓"养不教，父之过"。"父慈子孝"是中国传统文化的核心，古代礼法处理亲子关系的基本原则就是"亲亲""爱亲"，亲亲就是仁，而"孝悌"为仁之本。[41] 疼爱教育子女，孝顺体恤父母是中国优良的传统文化与伦理道德，是古代社会调整亲子关系的重要道德规范与法律规制。中国近代婚姻家庭立法始于清末，1930 年公布的国民党政府的民法亲属编，从形式上完成了中国亲属法从古代向近、现代的过渡。尽管 1930 年民法亲属编未采纳亲权的概念，但明确继受小监护体例，第 1091 条规定："未成年人无父母，或父母均不能行使负担对于其未成年子女之权利义务时，应置监护人。"并对传统亲权的内容有比较明确具体的规定。虽然此时的亲权内容仍带有浓厚的封建色彩，存在明显的性别歧视，[42] 但父母对子女养育、照顾、保护的亲权内容已成为亲属编立法的重要内容。新中国成立以后，1950 年《婚姻法》彻底废除了封建主义婚姻家庭制度，对亲子关系作专章规定，在规范父母子女间的权利义务关系时，保留了养老育幼的优良传统文化和伦理道德，明确规定男女平等。在第 13 条中明确规定："父母对于子女有抚养教育的义务；子女对于父母有赡养扶助的义务；双方均不得虐待遗弃"。1980 年《婚姻法》在此基础上增加了父母对未成年子女有管教和保护责任的规定。在第 17 条规定："父母有管教和保护未成年子女的权利和义务。在未成年子女对国家、集体或他人造成损害时，父母有赔偿经济损失的义务。"拓展了父母对未成年子女权利与义务的规定。2001 年《婚姻法（修正案）》坚持了这一规定。由此可以看出，抚养教育，照顾保护未成年子女在中国几千年的伦理道德和法文化中一以贯之，是亲子关系的核心内容。只是抚养教育的目的从宗法社会的传宗接代，家族本位逐渐向现代社会的子女本位，子女最大利益转化。因此，可以说，中国的婚姻家庭立法虽无亲权之概念，但实有亲权之理念。父母对未成年子女之权利义务与其他自然人或组织对未成年人的监护职责在性质上有根本的不同，中国社会"血浓于水"的传统文化强调的正是父母对子女无法

---

〔40〕 参见姜建初："将社会主义核心价值观融入婚姻家庭编"，载《检察日报》2016 年 11 月 30 日。

〔41〕 参见杨大文主编：《亲属法》，法律出版社 1997 年版，第 265 页。

〔42〕 中国的家族是父权家长制的，父祖是统治的首脑，一切权利都集中在他的手中，并得到法律对其统治权的承认和支持。参见瞿同祖：《中国法律与中国社会》，中华书局 1981 年版，第 5－6 页。

割舍的血缘亲情，对未成年子女教养和保护的全情投入以及不计得失、不求回报、无怨无悔的付出与奉献，这种血缘亲情的道德责任在婚姻家庭法上就构成了父母对子女的不可推卸，不能转让、不得放弃的法律义务。

习近平总书记对法治与德治的关系有过非常精辟的论述："法律是成文的道德，道德是内心的法律。法律和道德都具有规范社会行为、调节社会关系、维护社会秩序的作用，在国家治理中都有其地位和功能。法安天下，德润人心。法律有效实施有赖于道德支持，道德践行也离不开法律约束。法治和德治不可分离、不可偏废，国家治理需要法律和道德协同发力。"[43]在婚姻家庭领域，法律与道德密不可分，中国传统的优秀的家庭文化与伦理道德在调整婚姻家庭关系中具有不可替代的作用。我国亲子关系立法应当传承优秀的婚姻家庭传统文化与伦理道德的精华，体现养老育幼的社会主义婚姻家庭的核心价值观，构建平等、和睦、文明的婚姻家庭关系。

四、婚姻家庭编应采父母责任与监护之二元结构

（一）亲子关系章应明确规定"父母责任"一节

鉴于父母责任与其他监护人履行监护职责有实质性的不同，我国应当在编纂婚姻家庭编时采取小监护的二元结构，区分父母责任与监护，并应明确规定"父母责任"作为上位概念，统领父母对子女的权利义务关系。

婚姻家庭编应当改变 1980 年《婚姻法》以来将父母子女关系列入家庭关系混合立法的方法，将父母子女关系单独成章，独立规定，凸显亲子关系的重要性。为了体现父母照顾保护子女的身份属性、权利义务的专属性、集合性以及权利义务的双重属性，应在父母子女关系章中规定独立的父母对子女承担权利义务的制度，但其上位术语不能再沿用传统的"亲权"。应当明确将"父母责任"作为父母对子女的权利义务总称之法律术语。在父母子女关系章中单列"父母责任"一节，就父母对未成年子女应当承担的照顾、教育、保护、共同居住、确定姓名、法定代理、财产管理等责任作出明确具体的规定。

就大陆法系各国 21 世纪以来修改的亲子立法可知，现代意义上的亲权、父母照顾、父母责任的内涵基本趋同，我国在编纂婚姻家庭编时适用何种术语的关键是要考虑我国的语境、文化以及立法传统。有学者提出我国亲子关系立法应当采用大陆法系普遍适用的亲权一词作为父母对子女权利义务的上位概念。[44]笔者认为，我国从未使用过"亲权"的概念，且"亲权"已被质疑具有父母威权的意蕴，国外的立法也正在逐渐抛弃这一概念，因此，不必要也不适合在此时引入我国亲子关系立法，

---

〔43〕 "习近平主持中共中央政治局第十七次集体学习"，载 http://www.gov.cn/xinwen/2016 – 12/10/content_5146257.htm，最后访问时间：2017 年 4 月 14 日。

〔44〕 一些学者在早期研究中提出要建立中国的亲权制度。如李莉："我国亲权制度的建立和完善新论"，载《吉林大学社会科学学报》1999 年第 5 期；蒋月、韩珺："论父母保护教养未成年子女的权利义务——兼论亲权与监护之争"，载《东南学术》2001 年第 3 期；张竞芳："亲权制度研究"，载《商丘师范学院学报》2006 年第 3 期。

避免新法出台即面临概念过时之窘境。有学者提出要师法德国，引入"父母照顾权"。[45]笔者认为"父母照顾权"一词在汉语语境下内容狭窄，从字面理解无法涵盖父母对子女照顾、养育、教育、保护等所有的权利义务的内容，难以作为上位概念。[46]

"父母责任"是子女本位立法理念下国际社会倡导使用的术语。联合国《儿童权利公约》第 27 条规定："父母或其他负责照顾儿童的人负有在其能力和经济条件许可范围内确保儿童发展所需生活条件的首要责任。"人权事务委员会认为：保证儿童受到必要保护的责任落在家庭、社会和国家身上。虽然公约没有说明这种责任应如何分配，但家庭，特别是父母对创造条件，促进儿童个性的和谐发展，使他们享受公约确认的各项权利负有主要责任。[47]欧洲家庭法委员会提出统一欧洲各国关于父母亲权（监护）的术语为"父母责任"，并将其定义为：促进和保护子女福利的权利和义务的集合。英国 1989 年《儿童法》第 3 条规定：本法所称父母责任，是指父母对子女及其财产依法享有的权利、权力、权限及承担的义务和责任。[48]笔者认为，"父母责任"较之"亲权"或"父母照顾"更适合中国的语言习惯和立法理念。在现代中国语境下，责任就是分内应做之事，要求做好某件事或行事达到一定标准。未做好份内之事，就应当追究相应的责任。[49]第一层词义中的"责任"比较宽泛，在法理中可以理解为广义的法律责任，即一般意义上法律义务的同义语。第二层词义中的"责任"在法理中应解释为狭义的法律责任，是由违法行为所引起的不利法律后果。[50]父母责任是指父母具有排除他人的照顾、教育、保护子女的权利和义务的总和，是义务权。第一，"父母责任"一词强调父母基于身份对未成年子女应承担义务，其重点是义务、是责任。父母对未成年子女首先应承担义务，其次才享有一定的权利，而且设立权利的目的同样是为了保护子女的利益，如父母的法定代理权、子女返还请求权，因此，从这个意义上理解，权利也是责任。第二，"父母责任"一词的中国涵义及准确性均较"亲权""父母照顾"更好，更本土化，涵盖面更广。照顾、教育、保护都是责任，是必须履行的义务。第三，"父母责任"的效力更明确，父母未能履行或未能全面履行法定的义务，就应当承担不利的法律后果。最后，也是最重要的，父母责任体现了子女本位，儿童利益优先，保护未成年人合法权益的立法理念。故此，用"父母责任"取代"亲权"，更能体现现代亲子立法的子女本位精神；用"父母责任"取代"父母照顾"，更能准确反映父母对子女应承担义务的内

〔45〕　参见王丽萍：《亲子法研究》，法律出版社 2004 年版，第 152 页。

〔46〕　所谓"照顾"根据现代汉语词典的解释，其核心意思是指考虑、注意，可以扩展理解为关照、照管。

〔47〕　人权事务委员会 1989 年第 35 届会议，第 17 号一般性意见，第 24 条。

〔48〕　蒋月等译：《英国婚姻家庭制定法选集》，法律出版社 2008 年版，第 138 页。

〔49〕　中国社会科学院语言研究所词典编辑室编：《现代汉语词典》，商务印书馆 1989 年版，第 1444 页。现代汉语辞海编辑委员会编：《现代汉语辞海》，中国书籍出版社 2003 年版，第 1340 页。

〔50〕　参见张文显主编：《法理学》，高等教育出版社 2001 年版，第 120 – 121 页。

涵，"父母责任"作为父母对子女的权利义务总称之法律术语既符合法理也便于被公众理解。[51]

父母责任主要涵盖父母对子女人身与财产上的责任。父母对子女人身上的责任是指父母对未成年子女的人身进行照顾、保护、教育的权利与义务。主要包括对未成年子女日常生活起居的照料、为其确定姓名、指定居所、予以保护、对其进行教育约束并确保其接受义务教育的责任，但父母不得滥用上述权利，采取不适当的教育措施；父母一方有保证子女与另一方父母或者其他近亲属交往的责任；在未成年子女被他人拐骗、劫持、隐藏或收留时，父母享有子女交还请求权。在涉及未成年子女重大利益时，父母应当告之子女本人，并有听取和参考到达一定年龄或有识别能力的未成年子女意见的责任。对子女财产上的责任主要是对未成年子女的财产及其收益享有管理权及法定的用益权。未成年子女因继承、受赠、劳动所得或因其他原因无偿取得的财产及其收益均属于其个人财产，享有所有权。父母对未成年子女的个人财产及其收益有管理和保护的责任，父母管理子女财产时应尽到如同管理自己财产一样的谨慎义务。父母对子女财产只有在为未成年子女利益时才有有限的用益权，用益权负担的费用主要包括子女的生活费用、教育费用、医疗费用等等。如子女患重大疾病医疗费用过高，父母的财产不足以负担时，为了子女的利益，父母可以代为出售子女名下的房产，所得款项应当全部用于未成年子女本人。如《西班牙民法典》第 164 条规定：双亲管理子女财产应尽到如同管理自己财产一样的谨慎注意义务，履行各种管理义务和抵押法中规定的各项特别义务。[52]父母是未成年子女的法定代理人，有权代理子女实施法律行为、诉讼行为及其他法律允许的行为，但不得损害子女的合法权益。未成年子女给他人造成损害的，父母应当承担民事责任。

（二）在婚姻家庭编中应专门设立监护章

我国民法典的体例是总则统领分则，采取"提取公因式"的方法，将民事法律制度中具有普遍适用性和引领性的规定抽象、概括于总则之中。从体系化的结构分析，监护作为弥补法律主体行为能力的一项制度，应当由总则作出原则性、框架性的规定，具体内容则应当放在婚姻家庭编的监护章中予以细化规定。这样既保留了监护制度的独立性，又强调了"父母责任"的重要性，同时还能够维持民法典的整体性和协同性。

监护制度是亲权制度的延伸，作为弥补亲权的方法与亲属制度密切相关。大陆法系的多数国家均将监护制度置于亲属编或人法之中。如《德国民法典》将监护置于第四编亲属编中的第三章，在第二章亲属关系之后；《意大利民法典》将监护置于第一编人与家庭中的第十章，在亲权之后；《日本民法典》也将监护置于第四编亲属

---

[51] 参见夏吟兰："比较法视野下的'父母责任'"，载《北方法学》2016 年第 1 期。

[52] 《西班牙民法典》，潘灯、马琴译，中国政法大学出版社 2013 年版，第 68 页。

编中的第五章，在第四章亲权之后。《魁北克民法典》将监护放在人法中，将未成年人监护和成年人的保护性监管分别规定。我国在《民法总则》中规定监护的基本框架及主要内容，在婚姻家庭编中还应单列监护制度一章，这样，既能够体现民法典逻辑体系和价值体系的和谐、统一，也能够进一步完善细化监护制度，更好地保护未成人利益，使民法典未成年人保护立法体例形成有机结合，有序互补，协调一致的体系化格局。

监护制度内容繁杂，作为具有统领性的民法总则不可能铺陈开来详尽规定。尽管《民法总则》已经对未成年人的法定监护人范围、顺序，监护种类、监护争议解决程序、监护人的职责、监护人履行监护职责应遵循的原则、撤销监护人资格以及恢复监护人资格等均作出了明确的规定。但是，一方面总则的规定仍有需要完善细化之处，另一方面对总则的规定也需要在具体内容甚至是程序方面进一步具体化，以便于更好地在司法实践中贯彻实施。将监护制度单列一章，可以克服监护制度简约、原则、缺乏可操作性的不足，有利于监护制度的完善。

应当在监护种类中增设委托监护。《民法总则》在《民法通则》的基础上进一步丰富了监护的种类，除法定监护、指定监护外，增加了遗嘱监护、协议监护、临时监护、国家监护等等。但从我国的具体国情出发，为了更好地保护未成年人的利益，笔者认为还应当明确规定委托监护制度，以解决留守儿童因父母外出打工而疏于被监护甚至无人监护的问题。[53]从20世纪80年代初至今，随着市场经济的发展，我国流动人口规模与增长速度，都呈现快速增长的态势。留守儿童的数量也随之快速增长。2010年，全国18岁以下留守儿童数量达6973万人，其中农村留守儿童规模高达6103万人。[54]这些远离父母的留守儿童，或者由祖父母、外祖父母及其他亲属履行照顾、教育等监护职责，或者处于疏于监护甚至无人监护的状态，突发事件、人身伤害案件等各类事件频发。因此，应当设立委托监护制度，允许暂时不能履行父母责任者将全部或部分监护职责委托给具有监护能力的人。《民法通则》颁布之后，《最高人民法院关于贯彻执行〈中华人民共和国民法通则〉若干问题的意见（试行）》（以下简称《民通意见》）与《未成年人保护法》对委托监护有过明确规定，[55]但因这些规定过于概括简单，未能得到真正的贯彻实施。婚姻家庭编应当在监护一章中，对委托监护作出明确具体的规定，包括委托监护的形式、任职资格、双方的权利义务以及如何对受委托一方的监护职责进行监督等内容。

---

〔53〕 2016年2月14日国务院颁布《关于加强农村留守儿童关爱保护工作的意见》，将留守儿童界定为："留守儿童是指父母双方外出务工或一方外出务工另一方无监护能力、不满十六周岁的未成年人。"

〔54〕 参见段成荣："解决留守儿童问题的根本在于止住源头"，载《武汉大学学报（人文科学版）》2016年第2期。

〔55〕 《未成年人保护法》第16条规定："父母因外出务工或者其他原因不能履行对未成年人监护职责的，应当委托有监护能力的其他成年人代为监护"。《民通意见》第22条："父母因外出务工或者其他原因不能履行对未成年人监护职责的，应当委托有监护能力的其他成年人代为监护。"

应当在监护章中增加监护监督制度。监护监督制度是通过设立监护监督人，对监护人的行为进行监督和约束，以更好地保护被监护人的利益。监护监督人的监督贯穿监护始终，可以在被监护人权益受侵害之前阻止侵害的发生，也可以在侵害行为发生之初及时发现、及时阻止，防止侵害后果的进一步扩大。监护监督人的设置是国家对监护人进行监督的手段，通过监护监督人，国家对监护人的监督可以达到及时、高效的效果。[56] 大陆法系许多国家的民法典亲属编或相关法律中均规定了监护监督制度，当未成年人父母之外的其他自然人或组织担任监护人时，由监护监督人对监护人的监护行为进行监督，促使监护人认真履行监护职责，防止监护人因个人私利而侵害被监护人的利益。在未成年被监护人受到侵害时，监护监督人应当及时向有关部门报告。

各国规定的具体监护监督制度有所不同，各有特点。如法国民法典采用亲属会议与监护法官相结合的监护监督机制。由亲属会议从其成员中任命一名监护监督人。监护人在实施任何重大行为之前，均应通知监护监督人并听取其意见。监护监督人在认定监护人履行监护职责中有过错时，应当立即向监护法官报告，否则应对未成年被监护人承担责任。[57]《德国民法典》则规定家庭法院和政府青少年福利局相结合的监督机制。除父母指定监护监督人外，家庭法院负责选任监护监督人。监护人是青少年福利局的，不需要选任监护监督人。青少年福利局在德国未成年人监护制度中起重要作用，它既可以为法院选任监护人提供咨询意见，也可以直接担任监护人，在不担任监护人时，还可以被选任为监护监督人。监护监督人的职责包括要求监护人报告监护职责的执行情况、查阅与监护相关的文件、向家庭法院报告监护人违反义务的行为及其他应当由家庭法院裁判的事件等。对监护人违反义务必须立即报告家庭法院，家庭法院有权干预。[58] 日本对监护人的监督是通过家庭法院和监护监督人（亲属或检察官）共同进行的。家庭法院根据未成年被监护人及其亲属或未成年人的监护人的请求，或者依职权可以选任未成年人的监护监督人。监护监督人的权利包括随时要求监护人报告监护事务或者提出财产目录，或者对监护事务或被监护人的财产状况进行调查。[59] 日本亲属法改革后建立了更加严密的监护监督体系，除有司法权的法院通过选任监护人进行直接监督外，对监护人皆设监护监督人，以更加细密地保护被监护人。[60]

由国家公权力监督监护人的履职情况和保障被监护人的利益是必要且可行的。考虑到我国社会重伦理、重亲情的传统，可以采取多层次监护监督模式。首先，可以在被监护人的近亲属或关系密切的朋友（如邻居）中指定监护监督人，发挥他们

---

〔56〕 参见王竹青："论未成年人国家监护的立法构建"，载《河北法学》2017年第5期。

〔57〕《法国民法典》第409、410条，罗结珍译，北京大学出版社2010年版，第135页。

〔58〕《德国民法典》第1774条至第1851条，陈卫佐译注，法律出版社2015年版，第531－548页。

〔59〕《最新日本民法典》第848条至第851条，渠涛编译，法律出版社2006年版，第180－181页。

〔60〕 参见［日］宇田川幸则："浅论日本关于成年人监护制度的修改"，载渠涛主编：《中日民商法研究》（第1卷），法律出版社2003年版。

关心被监护人的利益、距离近、熟悉情况的优势。其次，可以由特定的机构担任监护人，如居（村）委会对于其区域内的监护人和被监护人的情况较为了解，可以担任监护监督人。再次，设立专门的行政监督机构，对监护人履行职责的情况进行必要的监督。在我国现有的行政框架下，民政部门担任行政监督机构较为合宜。[61]最后，检察机关可以代表国家作为监护的司法监督机关。我国《宪法》明确规定，检察机关是国家的法律监督机关（第129条）。2012年修订的《民事诉讼法》第14条将"人民检察院有权对民事审判活动实行法律监督"修改为"人民检察院有权对民事诉讼实行法律监督"，扩大了检察机关监督权的范围。监护人出现违反监护职责的情形时，监护监督人或者其他有监护资格的人及相关机构均可以向检察机关报告，由检察机关向人民法院起诉。检察机关代表国家行使监护监督的权利，更有利于保护被监护的未成年人的利益，也能够充分体现国家监护的作用和力度。

此外，还应当进一步明确遗嘱监护、协议监护的条件及效力，细化监护人的监护职责，增设监护人监护费用及报酬请求权，增设监护人拒绝与辞任条款，增设监护关系终止时财产清算条款，明确国家监护的具体路径和方法等。未成年人监护制度应当鼓励和监督监护人尽职尽责地履行监护责任，最大限度地帮助未成年被监护人免受伤害、虐待，维护其身体、心理及情感的需求与健康，实现儿童的最大利益。

（三）二元结构的设立应以儿童最大利益为基本原则

无论是亲子关系章中的父母责任还是监护章中的未成年人监护制度的设立均应以儿童最大利益为基本原则。儿童最大利益原则不仅是《儿童权利公约》的基本原则，同时也是评估儿童权利的基本标准。在处理与儿童相关的问题时，应以儿童利益为首要的考虑，将儿童利益置于优先地位。儿童最大利益原则的作用可以从以下三个方面理解：首先，强调把儿童作为个体权利主体而不是作为一个家庭或群体的成员来加以保护；其次，该原则被作为处理儿童事务的准则；最后，它是对各国儿童保护立法和司法提出的纲领性条款。[62]在亲子关系及未成年人监护立法中，儿童最大利益原则至少应包括以下几点：

第一，儿童利益优先，给予儿童特殊保护。所谓儿童利益最大化，就是在儿童的生存权、发展权、受保护权、参与家庭、文化和社会生活的权利等等方面均应以儿童利益作为首要考虑的出发点，从一切方面给予儿童特殊保护。在亲子关系与监护关系中，确保儿童利益最大化，就是要确保儿童在家庭生活中，在父母与监护人的能力范围内最大限度地获得抚养、照顾、教育和保护，使其在生理、心理等方面都能达到最佳状态。因此，在亲子关系章中，应将未成年子女作为权利主体，规定其应享有的人身权利和财产权利，包括：未成年子女享有受抚养权、受教育权、受

---

〔61〕 参见夏吟兰、林建军、黄晶："民法典体系下监护制度完善建议报告"，载夏吟兰、龙翼飞主编：《家事法研究》（2016卷），社会科学文献出版社2016年版，第244页。

〔62〕 参见王雪梅："儿童权利保护的'最大利益原则'研究"，载《环球法律评论》2002年第4期。

保护权以及个人财产的所有权等。父母应当全面履行抚养、教育、保护未成年子女的义务。父母应当妥善管理、保护未成年子女的财产。父母是未成年子女的法定代理人，有权代理子女实施法律行为，但不得损害子女的利益。应当强调父母作为未成年子女的首要责任人，必须恪尽职守，履行父母责任，否则将承担行政、民事、刑事的法律责任。在监护章中，应当明确规定对未成年监护人设立的监护措施，必须符合儿童最大利益原则。监护人必须为被监护人提供必要的生活条件，照顾与教育被监护人，及时编制被监护人的财产清单，妥善管理被监护人的财产，除非为了被监护人的利益，不得处分被监护人的财产。监护人有义务保护被监护人免受人身和财产侵害。

第二，涉及未成年人利益时应听取其意见，尊重儿童自主权。儿童作为社会成员的重要组成部分，同成年人一样具有独立的权利主体地位。[63] 现代社会儿童不再仅仅是易受社会及父母伤害、需要保护的对象，而是拥有自主决定权、人身完整性和人格尊严的权利主体。《儿童权利公约》第 12 条确立了尊重儿童意见的原则，强调尊重儿童的发言权，要倾听儿童意见。这一条显现出对儿童作为权利主体的认可。虽然儿童由于年龄、智力的问题无法完全独立地行使权利，但这并不代表儿童不享有作为一个独立个体所应享有的权利。因此，在涉及儿童重大利益时应当听取达到一定年龄或者具有一定辨识能力的儿童的意见。

儿童相对成年人而言，是年龄较小且缺乏社会经验和生活经验的弱势群体，因此，儿童的年龄和成熟程度是国际法律文件和国内法律规范的标准要素。儿童权利委员会一贯强调，儿童是积极的权利主体，对于儿童的意见应根据其年龄和成熟程度给予考虑。各国国内立法在寻求儿童自主权与儿童保护之间的平衡时，也重点强调儿童的年龄和成熟程度。例如，有些国家适用年龄标准，《德国民法典》规定 7 周岁以上为限制行为能力人，可以独立进行与其年龄、智力相适应的民事活动。《俄罗斯婚姻家庭法典》规定在处理涉及子女利益的问题时，必须考虑 10 周岁以上的未成年子女的意见。有些国家适用成熟度标准，没有关于年龄的限制性规定。如法国民法典将"有辨识能力"作为儿童行使自主权的条件。[64] 年龄较小、明显不成熟的儿童比年龄较大相对成熟的儿童应当受到更多的保护和照顾，而后者在决定自身事务时享有更多的自主参与权、自主决定权。我国《民法总则》较之《民法通则》下调了限制民事行为能力的未成年人的年龄标准，由 10 周岁降低为 8 周岁，以更好地尊重未成年人的自主意识，尊重他们的参与权与参与能力。[65] 在亲子关系立法中，涉

---

〔63〕 参见王勇民：《儿童权利保护的国际法研究》，法律出版社 2010 年版，第 22 页。

〔64〕 《德国民法典》第 106 条，《俄罗斯婚姻家庭法典》第 57 条，《法国民法典》第 388－1 条。

〔65〕 《民法总则》第 19 条规定："八周岁以上的未成年人为限制民事行为能力人，实施民事法律行为由其法定代理人代理或者经其法定代理人同意、追认，但是可以独立实施纯获利益的民事法律行为或者与其年龄、智力相适应的民事法律行为。"

及子女身份的确认、子女抚养、父母离婚时直接抚养方的确定、父母探望权以及子女的教育、医疗、家庭生活等涉及子女重大利益问题时应当明确规定须征询8周岁以上或有识别能力的未成年子女的意见。在为儿童设立监护人时，也应当考虑8周岁以上或有识别能力的未成年人的意见。我国《民法总则》第35条第2款规定：未成年人的监护人履行监护职责，在作出与被监护人利益有关的决定时，应当根据被监护人的年龄和智力状况，尊重被监护人的真实意愿。当然，在征询儿童意见时，年龄和成熟程度应当一并作为考量的因素，不应当把年龄作为唯一标准而妨碍较小年龄的具有一定识别能力的儿童发表意见。总之，在涉及儿童利益的问题时，允许有识别能力的未成年子女表达意见，尊重他们的参与权和参与能力，符合儿童的最大利益，有利于维护儿童权益。

例如，北京市高级人民法院、北京市人力资源和社会社会保障局与北京市妇联于2016年12月6日发布的北京市维护妇女儿童典型案例中，刘某诉单某变更抚养权案[66]的审理即体现了儿童最大利益原则与尊重儿童自主权原则。[67]法院在判决离婚后父母对子女直接抚养权的变更时，首先要考虑变更抚养权是否符合儿童最大利益，要在了解父母双方的工作及生活状况，子女的生活居住、学习环境以及身心发育状况，与父母的互动沟通情况等诸多因素后综合做出判断。其次要尊重儿童自主权，征询有识别能力的8周岁以上的孩子的意见，最后作出有利于未成年子女健康成长的裁判。

第三，公权力的介入是实现儿童最大利益的保障性措施。父母及监护人的利益与儿童的利益并不总是一致，在一些情形下会发生冲突或具有冲突的现实危险，为了保护处于弱势的儿童的利益，父母或监护人的行使权利，不得危害或者存在伤害儿童身心健康及其财产状况的可能性。根据1996年《儿童权利公约》第4条第1款

---

[66] 北京市维护妇女儿童权益典型案例，载 http://www.bjwomen.gov.cn/2017.2.7，最后访问日期：2017年7月18日。

[67] 刘某（女）与单某（男）原系夫妻关系，二人于1999年6月18日登记结婚。婚后育有一子单某男（2003年出生）、一女单某女（2008年出生）。2011年7月，刘某与单某协议离婚，双方约定两个孩子均由男方抚养，刘某不支付抚养费，有权随时探视。二人离婚后，单某长期在上海工作，两个孩子实际由刘某及父母抚养。双方对此均表示认可。2014年3月，刘某起诉要求：变更子女抚养权，两个孩子由自己抚养。法院经审理后认为父母对于子女的抚养，不仅要提供必需的生活、教育费用，更重要的是营造安全、幸福的生活氛围，通过言传身教、身体力行建立子女的健康人格与品行。父母离婚后，子女抚养权的归属应该综合考虑父母双方的工作生活条件及子女生活环境、身心发育、朋辈群体的稳定与健康等因素。刘某与单某虽然协议约定子女的抚养权归单某，但由于工作原因，单某不能与子女共同生活，子女的实际抚养人为刘某。单某无法长期稳定的陪伴女子成长。同时，单某男已年满十周岁，明确表示愿与刘某共同生活；单某女出生后，从未与哥哥分开生活，已建立亲密、和睦的兄妹关系。从儿童利益最大化的原则出发，单某男与单某女应继续共同生活；从现实生活关系看，刘某与子女之间的家庭关系更为稳定，家庭成员之间的关系更为密切。单某男、单某女由刘某抚养更为适宜。

的规定，当父母责任承担者的利益与儿童利益发生冲突时，司法机构应当任命其他人或者主体作为儿童的特殊代理人，代表儿童或者由具有识别能力的儿童自行行使权利。这意味着在父母或监护人与儿童利益冲突中，公权力应当及时介入，确保儿童利益优先。《德国民法典》第 1666 条第 1 款规定，为避免子女受到危险而在特定事务上剥夺父母的照顾权。在保佐范围内，父母照顾受到相应的限制。父母对设立了保佐的事项没有管辖权，也没有法定代理权（第 1630 第 1 款）。[68]一些国家对子女权益根据不同情况规定了不同的保护措施，受害人及其公权力机构可根据不同的情况加以选择，包括为子女任命特殊代理人，限制父母与子女的接触权，限制甚至剥夺父母履行父母责任的权利，公权力机构也可以任命其他人或组织监督父母责任承担者对儿童的财产进行管理。我国《民法总则》第 36 条原则性地规定了剥夺监护人资格的情形及路径：监护人实施严重损害被监护人身心健康的行为，怠于履行监护职责，或者无法履行监护职责并且拒绝将监护职责部分或全部委托给他人，导致被监护人处于危困状态或者实施其他严重危害被监护人行为的，人民法院可以根据有关个人或组织的申请，撤销其监护人资格，安排必要的临时监护措施，并按照最有利于被监护人的原则依法指定监护人。显然，为了保护未成年子女的利益，我国亲子关系章应当进一步明确规定剥夺或者限制父母责任的具体情形以及公权力介入亲子关系的具体路径及方法。

五、结论

民法典未成年人监护立法体例应当形成有机结合，有序互补，协调一致的体系化格局。未成年人监护体例应当以保护未成年人的权益为目标，以儿童人权理念为指导，将儿童最大利益原则作为确立未成年人监护体例及亲子关系、监护制度的基本原则。依据民法总则确立的"以家庭监护为基础，社会监护为补充，国家监护为兜底"的原则性规定，在婚姻家庭编中采取小监护的二元结构，强化父母责任，完善监护制度。一方面，要在亲子关系章中强化父母责任，明确父母作为子女的首要责任人地位，明晰父母对子女的具体权利义务关系，全面保护未成年子女利益。另一方面，要在监护章中完善监护制度，细化监护内容与监护类型，明确监护职责及监护监督模式。最终形成父母、亲友、社会、国家四位一体全方位对未成年人的保护机制和监护体系。父母是未成年人保护的第一环，未成年子女在家庭中应当得到父母尽职尽责的抚养、关爱、教育和保护。在第一环出现问题时，其他亲属及有意愿、有能力的个人或社会组织是未成年人保护的第二环，他们必须按照有关监护的规定认真履行监护职责，接受监护监督人及相关组织的监督，确保未成年被监护人利益的实现。在第二环出现问题时，相关的社会团体及基层群众性组织是未成年人保护的第三环，通过直接担任临时监护人、提供辅导帮助或担任监护监督人等方式

---

〔68〕《德国民法典》（第 4 版），陈卫佐译注，法律出版社 2015 年版，第 505、510 页。

承担社会监护职责。最后一个保护环是国家监护。国家有关部门应当代表国家通过协助父母、帮助家庭、担任监护人、履行监护监督职责等各种方式，完成"国家兜底"的未成年人守护者的国家责任，确保未成年人健康成长，快乐生活，真正实现未成年人利益最大化。

当自由遭遇皇库利益以及其他利益
——为保全自由而判给遗产制度研究 *

◉徐国栋 **

摘要： 马尔库斯皇帝在公元 169 – 180 年之间针对一个奴隶的信访发布的一个敕答中创立了为保全自由而判给遗产的制度。该制度基于斯多亚的泛平等哲学确立，在基督教皇帝优士丁尼手里得到了极大发展。它体现了罗马法中的有利于自由权原则，强调自由权高于经济利益，体现了罗马法的人权观念。后人对该制度的众多研究，聚焦于敕答的接受人是奴隶、解放自由人还是遗嘱人的朋友的问题，并竭力排除此等接受人是奴隶的可能，以维持奴隶只能是主人获得财产的工具这一命题的绝对性。但这种排除并无说服力。为保全自由而判给遗产制度由于奴隶制在近代的寂灭没有完全地保留在现代法中，但它的残片存活于当代的代位制度、债的承担制度、第三人代为履行制度、债的更新制度、破产和解等制度中。

关键词： 马尔库斯皇帝；奴隶赎身；有利于自由权原则；信访制度；斯多亚哲学

一、保留在优士丁尼《法学阶梯》中的文本及其初步解释

马尔库斯·奥勒留（Marcus Aurelius，公元 121 – 180 年）是个幸运的皇帝，因为他的一些立法的文本得以完整地流传下来。除了公元 169 年颁布的关于弗拉维亚乱伦案的敕答、[1] 颁布时间不详的关于解放被以遗产信托方式授予自由的特罗菲姆

---

* 本文已发表于《中外法学》2018 年第 5 期，收入本文集时有补充。感谢比萨大学教授 Aldo Petrucci、米兰大学教授 Lorenzo Gagliardi，罗马二大 Laura Formichella 博士，中南财经政法大学黄美玲博士为写作本文提供的帮助。

** 徐国栋（1961 年 – ），厦门大学法学院罗马法研究所教授。

[1] 我们为这些事情震动：一是你长时间在不知法律的情况下与你的舅舅过婚姻生活，二是你缔结这样的婚姻竟然得到了你祖母的同意，三是你的子女众多，考虑到这些情况，兹决定：你从这个持续了 40 年的婚姻所出的子女是婚生子女。参见 Sandro Schipani, *Iustiniani Augusti Digesta seu Pandectae*, Testo e Traduzione, IV, 20 – 27, Milano：Giuffrè, 2011, p. 175. 对于这一敕答的分析，参见徐国栋："无效与可撤销婚姻中诚信当事人的保护"，载《中国法学》2013 年第 5 期。

思（Trophimus）的程序问题的敕答以外，[2]还有一个关于奴隶顶替破产的主人还债从而拯救自己的自由的敕答。其辞曰：

> I. 3, 11, 1. 如果在其遗嘱中已授予某人自由的维尔京纽斯·瓦伦斯无任何法定继承人，其财产处在应被出卖的地位，对此事有管辖权的人应考虑你为了既落实直接遗留的自由，又落实以信托方式遗留的自由，将财产判给你的愿望。如果你适当地担保每个债权人之债额将受全额偿付，被直接授予自由者确实将成为自由人，完全如同遗产已被接受一样。然而，要求继承人进行解放的人将从你获得自由。如果你愿意仅以直接接受了自由的人也成为你的解放自由人为条件把财产判给你，事实上，你也愿意如此，如果处在这种状况的人同意，朕授权你如此。为免朕的这一敕答的恩惠因其他原因变得落空，如果皇库愿意主张遗产，照管朕的财产者要知道：优先于金钱利益的是自由之事业，聚积财产必须不妨碍保全如果根据遗嘱接受遗产就能取得自由者之自由。[3]

马尔库斯·奥勒留的敕答中提到的遗嘱人是维尔京纽斯·瓦伦斯。他立遗嘱授予他富有的奴隶伯比流斯·路福斯和其他奴隶自由，同时作其他遗嘱处分，但无人根据这一遗嘱接受遗产，因为被指定的继承人怀疑遗产超过债务，会发生破产。而瓦伦斯又无法定继承人，却有一大群债权人，他的遗产要由债权人拍卖还债。此时，伯比流斯·路福斯请求承担死者的债务，以便避免拍卖遗产程序，继续走遗嘱继承程序，由此兑现死者对自己允诺的解放。马尔库斯·奥勒留的敕答同意了其请求，并要求他对遗产的债权人作出全额偿债的担保。一旦他这样做了，遗嘱直接解放的奴隶将获得自由，遗嘱人成为此等被解放的奴隶的恩主，后者是前者的冥府的解放自由人。至于通过遗产信托实施解放的奴隶，也就是说，遗嘱人委托其继承人在接受遗产后实施解放的奴隶，此时转为直接解放，伯比流斯·路福斯也成为以这种方式解放的奴隶的恩主。但如果伯比流斯·路福斯希望被遗嘱人直接解放的奴隶也成为自己的解放自由人，如果他们同意，皇帝将进行这方面的授权。如果他们不同意，则伯比流斯·路福斯尽管不能当他们的恩主，但为他们的所有人。[4]

但伯比流斯·路福斯可能误判了维尔京纽斯·瓦伦斯的遗产资不抵债，事实上，它可能资大于债。管理皇库的官员有可能因此主张皇库的继承权，这样能增加皇库

---

[2] D. 40, 5, 37（乌尔比安：《遗产信托》第6卷）。See Mommsen and Alan Watson (ed.), *The Digest of Justinian*, Vol. 3, Philadelphia: University of Pennsylvania Press, 1985, p. 449.

[3] 参见［古罗马］优士丁尼：《法学阶梯》，徐国栋译，中国政法大学出版社2005年版，第337页。

[4] Véase Pedro Gómez de la Serna, *D. Justiniani Institutionum Libri IV*, Tomo II, Madrid: Libreria de Sanchez, 1856, p. 108.

的收入，也增加了自己的政绩。[5]皇帝于是告诫他们一个原则："优先于金钱利益的是自由之事业。"这等于要求皇库放弃主张维尔京纽斯·瓦伦斯的遗产，实际上用皇库的可得遗产份额承担了解放奴隶的开销，同时把遗产的其他部分判归遗产的债权人。[6]无疑，这样的处理体现了人格利益高于财产利益的精神。

二、保留在乌尔比安的《告示评注》中的马尔库斯敕答文本

上述文本未被收录在优士丁尼《法典》中，故我们不知其颁布年月。马尔库斯皇帝从公元161年到公元180年在位，其中，从公元161年到公元169年与其养父的儿子路求斯·维努斯（Lucius Verus，公元130－169年）共同执政。在他们共治期间，都是联名发布敕答。维努斯死后，马尔库斯才单独发布敕答。上述敕答是马尔库斯单独发布的，它的发布时间当在公元169年到公元180年之间。到公元533年优士丁尼组织班子[7]编订《法学阶梯》时，这个敕答已有364－353年的历史。其间发生了许多变故，其中最大的是395年东西两个罗马帝国分治以及476年西罗马帝国的"灭亡"。在这样的大变故后，东罗马帝国皇帝优士丁尼的编写班子是如何获得马尔库斯敕答的文本的，是个问题。西班牙学者佩德罗·国梅斯·德·拉·塞尔纳认为优士丁尼的编写班子是从乌尔比安的《告示评注》第60卷中被收录在《学说汇纂》第40卷第5题第4节的第2号及以下、第8号和第12号法言中获得的。[8]乌尔比安（Domitius Ulpianus）生活在170－228年间，在卡拉卡拉皇帝时期担任过信访办主官，负责起草敕答。在亚历山大·塞维鲁斯皇帝时期，他担任元首顾问委员会的主席和禁卫军长官。[9]这样的经历让乌尔比安能接触皇帝档案，了解马尔库斯敕答的内容。这样，我们就找到了马尔库斯敕答的原文与优士丁尼《法学阶梯》的转述之间的桥梁。为了达成对马尔库斯敕答的全面理解，不妨把乌尔比安的有关转述翻译如下。

D.40，5，4，2.如果某人无遗嘱而死，以小遗嘱（codicilli）应许了自由，而无遗嘱继承人并不接受遗产，神君马尔库斯的敕令的恩惠即使在此等情形也要落实，该敕令命令自由属于奴隶，而遗产要判给他，但他要就全额偿付每个

[5] See Wynne Williams, "Individuality in the Imperial Constitutions: Hadrian and the Antonines", *The Journal of Roman Studies*, 66 (1976), p. 80.

[6] 参见Tommaso Masiello, "Liberità e vantaggio patrimoniale in un rescritto di Marco Aurelio", *Labeo*, 21 (1975), pp. 18－19.

[7] 实际上，这个班子只有两个成员，来自贝鲁特法律学校的多罗兑乌斯和来自君士坦丁堡法律学校的提奥菲鲁斯。前者负责编写第1－2卷，后者负责编写第3－4卷。

[8] Véase Pedro Gómez de la Serna, *D. Justiniani Institutionum Libri IV*, Tomo II, Madrid: Libreria de Sanchez, 1856, p. 108.

[9] 参见徐国栋：《罗马公法要论》，北京大学出版社2014年版，第73页

债权人提供担保。[10]

　　D.40，5，4，8. 马尔库斯的意图是：只有在就全额偿付每个债权人作出了充分担保时才判给遗产。什么是"充分"？提供保证人或提供质物当然构成"充分"，但如果相信承担人的允诺，即使他未提出保证人，也构成"充分"。[11]

　　D.40，5，4，12. 敕令揭示了被解放者将成为谁的解放自由人。直接接受了自由权的人将成为死者的解放自由人，要求判给自己遗产的人希望附加直接接受自由的人也成为他的解放自由人的条件的，除外。[12]

　　把优士丁尼的班子的转述与乌尔比安的转述比较，我们可发现前者更像一个有细节的原始文本，后者则更像一些摘要或解释，由此我们可以怀疑佩德罗·国梅斯·德·拉·塞尔纳的敕答来源说明是否妥当。我认为不当。有理由相信，优士丁尼的班子在编写《法学阶梯》时利用了西罗马帝国的官方档案，尽管我们不知道这批档案是如何逃脱战乱到达这些编写者的手里的。但马尔库斯的敕答进入优士丁尼《法学阶梯》时肯定要经过简写处理，[13]从而损失一些内容。通过研读乌尔比安的转述，我们可以还原一些损失掉的细节，例如，被伯比流斯·路福斯解放的奴隶成为维尔京纽斯·瓦伦斯的解放自由人的可能性。还可澄清一些疑问，例如，关于承担人的身份。乌尔比安明确告诉我们是奴隶，而现代研究者在这个问题上十分纠结，这点下文将展开。

　　实际上，哥尔迪安二世的一个敕答比乌尔比安的《告示评注》更可能保留了马尔库斯敕答的文本。哥尔迪安二世（Marcus Antonius Gordianus，公元 192 - 238 年）是继马克西米安之后于 238 年登位的罗马皇帝，他在致庇西斯特拉图斯（Pisistratus）的一个敕答（C.7，2，6.，发布年月不详）中说：如果其遗嘱规定解放你的人的遗产被其继承人因为负债过多而拒绝，你并非不公正地要求遵守遗嘱人的遗嘱中涉及你的部分，为了保护自由的利益，如果你允诺满足遗产的债权人，准许你的要求；这是最博学的皇帝神君马尔库斯已决定过的。[14]按照这个敕答，庇西斯特拉图斯是一个奴隶，其主人以遗嘱解放他，但该遗嘱指定的继承人因为遗产债务过多拒绝接受遗

---

〔10〕　See Mommsen and Alan Watson（ed.），*The Digest of Justinian*，Vol.3，Philadelphia：University of Pennsylvania Press，1985，p.437.

〔11〕　See Mommsen and Alan Watson（ed.），*The Digest of Justinian*，Vol.3，Philadelphia：University of Pennsylvania Press，1985，p.437.

〔12〕　See Mommsen and Alan Watson（ed.），*The Digest of Justinian*，Vol.3，Philadelphia：University of Pennsylvania Press，1985，p.438.

〔13〕　意大利学者 Contardo Ferrini 认为，只有这个长篇敕答的头几句话属于马尔库斯的原文，其他都经过添加。参见 Tommaso Masiello，"Libertà e vantaggio patrimoniale in un rescritto di Marco Aurelio"，*Labeo*，21（1975），p.10.

〔14〕　See S. P. Scott（trans. and ed.），*The Civil Law including The Twelve Tables*，*The Institutes of Gaius*，*The Rules of Ulpian*，*The Opinions of Paulus*，*The Enactments of Justinian*，*and The Constitution of Leo*，Cincinnati：The General Trust Company，1932，Vol. XIV，p.114.

产，此时，庇西斯特拉图斯的自由权期待面临泡汤的危险。于是他以奴隶之身向哥尔迪安二世皇帝的"信访办"求助，该办给予回复，内容是重述马尔库斯敕答的内容。稍有增加的是明确了死者遗嘱继承受挫的原因是遗产负债过多（下文将要提到的帕比尼安阐述这个敕答的文字中讲到的受挫原因是遗嘱无效！）。这个敕答强化了马尔库斯皇帝敕答的接受人伯比流斯·路福斯是奴隶的假设，由此衍生出主人的财产与奴隶庇西斯特拉图斯的财产分离（不然主人不可能继承破产），奴隶富于主人的推论。

三、关于伯比流斯·路福斯的身份的争议

马尔库斯的上述敕答表明其接受人叫伯比流斯·路福斯。这不像是个奴隶的名字，但敕答的文字表明他是奴隶，于是发生了对伯比流斯是否为奴隶的质疑。形成了如下三说。

（一）奴隶说

马尔库斯敕答所在的《法学阶梯》第 3 卷的作者提奥菲鲁斯（Theophilus）认为敕答的接收人伯比流斯·路福斯是根据遗嘱获得自由权的奴隶之一。[15]如前所述，乌尔比安在其转述马尔库斯敕答的《告示评注》第 60 卷（D. 40，5，4.）中也明确说敕答的接收人是奴隶，为保留其自由判决他承担主人的财产。[16]张启泰在其翻译的《法学阶梯》也用注释把伯比流斯标注为奴隶。[17]此说的理由十分简单：在优士丁尼《法学阶梯》引述马尔库斯的上述敕答前，明确说：如果根据遗嘱从主人接受了自由的人，在无人按该遗嘱接受遗产的情况下，希望把财产判给他们，以便保留自由，将听从他们。[18]按照此语，敕答的接受人伯比流斯·路福斯是奴隶。维尔京纽斯·瓦伦斯的遗嘱授予了他自由权，但遗嘱人遭遇遗产破产，其遗嘱不能兑现，伯比流斯的期待要落空，为了避免如此，他提出承担瓦伦斯在遗嘱中作出的一切允诺，以便保留自己的自由。

（二）解放自由人说

德国学者维斯滕贝格（Joannes Ortwinus Westenberg，1667 – 1737 年）认为伯比流斯是解放自由人。[19]法国学者奥尔托兰（M. Ortolan，1802 – 1873 年）和之。[20]英国

---

[15] 参见 Theophilus，Gul. Otto Reitz，Mylius，Johann Heinrich，Nannius，Petr.，*Teophilou Antikēnsōros Ta euhriskomena Paraphrasis Graeca Institutionum Caesarearum Corpus Juris Civilis.* Institutiones，Hagae Comitis：apud fratres Ottonem et Petrum Thollios，1751，p. 604.

[16] See Mommsen and Alan Watson（ed.），*The Digest of Justinian*，Vol. 3，Philadelphia：University of Pennsylvania Press，1985，p. 437.

[17] 参见［古罗马］查士丁尼：《法学总论——法学阶梯》，张企泰译，商务印书馆1989 年版，第155 页注释1。

[18] 参见［古罗马］优士丁尼：《法学阶梯》，徐国栋译，中国政法大学出版社2005 年版，第337 页。

[19] 参见 Joannes Ortvinus Westenbergius，*Divus Marcus seu Dissertationes ad Constitutiones Marci Aurelii Antonii*，Lugduni Batavorum：Janssonios Vander Aa，1736，p. 316.

[20] See T. Lambert Mears（trans.），*Analysis of M. Ortolan's Institutes of Justinian*，*Including the History and Generalization of Roman Law*，London：Lawbook Exchange，Ltd.，2008，p. 255.

学者巴克兰（W. W. Buckland，1859－1946年）亦和之。[21]理由是奴隶不可能有两个名字，而是通常被叫做塞尤斯（Seius）、斯提古斯（Stichus）等。这个敕答中的奴隶的全称是伯比流斯·路福斯，包括两个部分，不是一个奴隶的名字。伯比流斯（Popilius）是一个典型的贵族名字，路福斯（Rufus）这个名字也经常是自由人用的。[22]

（三）死者朋友说

解放自由人说存在问题，因为解放自由人通常采取恩主的族名作为自己的族名。因此，Popilius应是路福斯的恩主的族名，但主人的名字中没有"伯比流斯"的成分。如此，路福斯就不是维尔京纽斯·瓦伦斯解放的，因为两者的族名不一致。所以，路福斯应是一个家外人。所以，德国学者芬克瑙尔（Thomas Finkenauer）认为伯比流斯是一个家外人，因为伯比流斯是恩主的族名。[23]英国学者布农特（P. A. Brunt）进一步认为，伯比流斯是死者的朋友，为了拯救死者的名誉出手接受遗产。[24]本文持伯比流斯奴隶说。因为马尔库斯敕答文本的重整者提奥菲鲁斯、这一敕答的重要研究者乌尔比安、这一敕答的重要转述者哥尔迪安二世都说敕答的接受人是一个奴隶，他们距离伯比流斯案件的时代都较解放自由人说、死者朋友说的持论者更近，没有理由怀疑他们的言辞。伯比流斯·路福斯姓名的不同一般不足以成为推翻他们的论述的理由。不排除一些主人不按常理为自己的奴隶起名的可能，如同一些养狗者用一些自己厌恶的外国政治人物的名字为自己的狗命名一样。事实上，戴克里先和马克西米利安于公元293年发布的一个敕答就涉及一个奴隶使用自由人的专用姓氏的案件（C. 7，16，9.）。[25]后文将谈到的自买自身的奴隶斯塔贝流斯·埃罗斯（Staberius Eros）也有两个名字。

四、帝政时期敕答的受领人类型

马尔库斯敕答的接收人不管是一个奴隶或解放自由人或家外人，都是一个私人，换言之，并非官员。皇帝的敕答相当于最高人民法院的批复，按当代中国的体制，最高人民法院的批复只针对省级高级法院作出，不针对私人作出。但在罗马帝国，敕答的接受人可能是解放自由人、士兵甚至奴隶。[26]此等敕答以皇帝的名义由皇帝的工作班子请愿办（A libelis）制作后发出。请愿办接受来自全国各地的请愿和陈情

[21] See William Warwick Buckland, *The Roman Law of Slavery: The Condition of the Slave in Private Law from Augustus to Justinian*, Cambridge: Cambridge University Press, 1908, p. 622.

[22] 参见 Tommaso Masiello, "Liberità e vantaggio patrimoniale in un rescritto di Marco Aurelio", *Labeo*, 21 (1975), p. 16.

[23] Vgl. Thomas Finkenauer, "Sklaverei und Freilassung im Römischen Recht", *Symposium für Hans Josef Wieling zum 70*, Geburtstag, Springer-Verlag, 2007, p. 23.

[24] See P. A. Brunt, *Studies in Stoicism*, Oxford: Oxford University Press, 2013, p. 402.

[25] 其中，请愿人控告一个女奴所生的人，说他在自己的名字上加了只有自由人才能用的姓，但被控告者说自己并非奴隶，只是戴了奴隶的标志。显然，这是一个奴隶用自由人姓氏的案子。

[26] See Judith Evans Grubbs, *Women and the Law in the Roman Empire*, *A Sourcebook on Marrige*, *Divorce and Widowhood*, London and New Nork: Routledge, 2002, p. 3.

文件等，由克劳丢斯（公元前 10 年～公元前 54 年）皇帝创立。他任用一批自己的解放自由人充当秘书班子，分为书信股（Ab epistulis，对寄给皇帝的信进行整理）、会计股（A rationibus，负责财务事宜）、请愿办、签名股（Subscriptio，负责把皇帝对于请愿所做的答复转化为公文体，加上签名等要素）、审理股（A cognitionibus，负责司法）、学术股（A studiis，负责起草皇帝的一些文件）等几大部门。[27]一个希腊籍奴隶波利比阿（Polibius，并非著名的历史学家波利比阿）曾担任克劳丢斯的请愿办的负责人。[28]如前所述，乌尔比安当过卡拉卡拉皇帝的请愿办的负责人。自阿德里亚努斯皇帝以降，请愿办通常交给骑士阶级的成员负责，因为许多请愿涉及法律问题，而骑士阶级是所谓的司法阶级。自君士坦丁一世皇帝开始，请愿办改名为代表皇帝受理请愿事宜的长官（magister libellorum sacrarumque cognitionum）。许多法学家曾供职于这个机构，例如帕比尼安和乌尔比安。请愿办的批复构成皇帝的敕答，它们是《格里高利法典》和《赫尔摩格尼法典》的主要内容。[29]

似乎可以把古罗马的请愿办类比于当代中国的信访办。伯比流斯·路福斯愿意替维尔京纽斯·路福斯承担遗产债务的书面请求到达了请愿办，该办作出答复，于是有了马尔库斯皇帝的敕答。但未见我国信访办的答复成为法律的事例，古罗马的信访办的答复做到了这一点，是罗马的特色。

五、马尔库斯敕答的思想基础

在马尔库斯皇帝的时代，罗马城的 1/3 人口是奴隶。[30]圣奥古斯丁（公元 354 - 430 年）说，在他的时代，差不多每家都有奴隶。[31]但奴隶制的正当性在当时受到挑战，因为这个时代罗马流行起了斯多亚哲学。这种哲学毫不迟疑地将平等原则适用于奴隶，理由是奴隶与自由人一样，都是神的儿女。[32]所以，斯多亚哲学家塞内卡（Lucius Annaeus Seneca，公元前 4 年至公元 65 年）就认为，从伦理的意义上讲，奴隶制是不道德的。他还要求人们以由己推人的方式将奴隶作为精神平等的伙伴、朋友来对待。[33]奴隶斯多亚哲学家爱比克泰德（Epictetus，公元 50 - 135 年）不把奴隶

〔27〕 参见［日］盐野七生：《罗马人的故事Ⅶ：恶名昭著的皇帝》，彭士晃译，三民书局 2002 年版，第 303～305 页。

〔28〕 参见 Marisa De Filippi, *Dignitas tra Repubblica e Principato*, Bari: Cacucci Editore, 2009, p. 50.

〔29〕 See Tony Honoré, Magister Libellorum, "magister of petition", http://classics. oxfordre. com/view/10. 1093/acrefore/9780199381135. 001. 0001/acrefore - 9780199381135 - e - 3867，最后访问日期：2018 年 6 月 10 日。

〔30〕 See Jon Gauthier, "Marcus Aurelius and Slavery in the Roman Empire", http://www. foldi. me/2013/Marcus-Aurelius-and-slavery-in-the-Roman-Empire，最后访问日期：2018 年 6 月 11 日。

〔31〕 See Kyle Harper, *Slavery in the Late Roman World AD* 275 - 425, Cambridge: Cambridge University Press, 2011, p. 4.

〔32〕 参见余卫东、费雪莱："论斯多葛学派平等思想"，载《湖北大学学报（哲学社会科学版）》2013 年第 3 期。

〔33〕 参见史彤彪："自然法视域中的奴隶制度"，载《政治与法律》2010 年第 3 期。

看作一种身份，而看作一种境遇。在他看来，凡是受身外之物羁绊的人都是奴隶，凡不受此等羁绊的人都是自由人。身外之物有家人、财产、名声、对生命的爱恋等，它们都是欲望的对象。无欲则自由，有欲者为奴。[34] 所以，无欲的奴隶是自由人，有欲的自由人是奴隶。自由与否，惟在心也！通过这样的论证，爱比克泰德蔑视奴隶制，并抹平了奴隶与自由人的精神界限。如果说无欲是一种美德，则奴隶亦可具有之。故斯多亚哲学不同意亚里士多德的只有贵族具有美德的观点，认为奴隶也具有美德。各得其所的正义原则因此也要适用于奴隶。[35] 马尔库斯是个斯多亚哲学家，爱比克泰德的私淑弟子，所以是个同情奴隶者，他把自己的奴隶与自己的家人和朋友相提并论，认为都是他对之负有特别义务的人。[36]

但是，奴隶制处在私法与公法的交界处。其私法方面表现为奴隶大多是私人所有权的客体，除了亚伯拉罕·林肯那样的狠角色，无人敢以国家的名义废奴，这跟以剥夺吸烟者的财产让他们无法买烟的方式禁烟的破坏性是一样的。其公法方面表现为罗马国家对奴隶制的否定态度以及可以在这方面发力的范围。罗马公法在这方面的修为是善用一切可以使奴隶制得到限制的机会，马尔库斯的敕答就是一个例子。它使一个奄奄一息的让一些奴隶获得自由的机会得到拯救，温和地实现敕答作者的同情奴隶观念，但不能说是反奴隶制观念，因为作为一个保守主义者，马尔库斯皇帝并不主张废奴。他甚至还与其儿子康茂德共同发布过一个敕答，要求所有的总督、长官、军队和要塞司令协助对逃奴者进行追寻，如果追寻到，要交出他们。任何在其土地上藏奴者，如果涉及犯罪，都要受到惩罚（D. 11，4，1，2.）。[37]

六、马尔库斯敕答的制度基础

在认定伯比流斯·路福斯为奴隶的情况下，马尔库斯敕答运作的基础是奴隶有或可以取得独立于主人的财产，以至于可以在主人死后代其还债，这样的假设与 I. 1，8，1. 讲到的奴隶只能是主人取得财产的工具的原则[38]冲突。那么，这样的假设是否现实？我的答案是肯定的。

在公元前 450 年的《十二铜表法》中，就允许奴隶有独立于主人的财产。这种允许体现在第 1 表第 12 条。其辞曰：在遗嘱中被宣布解放的人，以向继承人支付 10 000 阿斯

---

〔34〕 参见［古希腊］爱比克泰德：《爱比克泰德论说集》，王文华译，商务印书馆 2009 年版，第 486 –
487 页。

〔35〕 See P. A. Brunt，"Marcus Aurelius and Slavery"，*Bulletin of the Institute of Classical Studies*，42. S71
（1998），p. 139.

〔36〕 See P. A. Brunt，"Marcus Aurelius and Slavery"，*Bulletin of the Institute of Classical Studies*，42. S71
（1998），p. 139.

〔37〕 See Mommsen and Alan Watson（ed.），*The Digest of Justinian*，Vol. 3，Philadelphia：University of Penn-
sylvania Press，1985，p. 345.

〔38〕 其辞曰：而由奴隶取得的一切，都是为主人取得。参见［古罗马］优士丁尼：《法学阶梯》，徐国栋
译，中国政法大学出版社 2005 年版，第 37 页。

为条件的，即使继承人出卖了他，他应通过向买受人给付上述金钱获得自由。[39] 按照本条，遗嘱人附条件解放一个奴隶，条件是向遗嘱人的继承人支付 10 000 阿斯，这等于是自赎自身了。这 10 000 阿斯，当然是这名奴隶自己的财产！但继承人可能因为厌恶这名可能取得自由权的奴隶或出于其他原因，隐瞒遗嘱人设定的解放条件出卖他，此时的继承人按后世的法律构成诈骗（Stellionatus）（乌尔比安：《萨宾评注》第 28 卷。D. 40，7，9，1.）。[40] 但这名奴隶获得解放的机会仍然存在，只要他向自己的新主人支付 10 000 阿斯。本条与马尔库斯敕答的思想基础一样，都是有利于自由权原则。尤其重要的是，本条为后世的奴隶自买自身（suis nummis emptus）制度开辟了道路。按照这一制度，奴隶通过第三人用自己的钱向主人购买自己的自由。[41] 之所以要通过第三人购买，是为了隔断原来主人的恩主权，被解放者成为此等第三人的解放自由人。但第三人只扮演一个"白手套"的角色，他没有用自己的钱赎买被解放者的自由，所以，后者也不欠他的，没有义务提供解放自由人要对其恩主提供的劳务。[42] 此等第三人是受信托人，他有解放委托他的奴隶的道德义务，但无法律义务。换言之，如果他买下奴隶后拒不解放他，该奴隶也无可奈何。直到马尔库斯与维努斯共同执政时才解决了这一问题。他们授权此等奴隶到法院要求强制执行解放允诺，从而把道德义务法律化，创立了奴隶自买自身制度。[43] 当然，这一制度创立在为保全自由而判给遗产制度之前，因为前者是在马尔库斯与维努斯共同执政时期创立的，后者是在马尔库斯单独执政时期创立的。显然，后者是前者的逻辑发展。

这两个制度都以奴隶有自己的财产的假定为基础，都挑战了奴隶只能是主人取得财产的工具的原则。所以，学者纷纷回避这一问题。例如说买金是奴隶的特有产，尽管严格来说它还是主人财产的一部分，但奴隶可用它来买自己的自由。[44] 又如说

---

[39] 参见徐国栋、[意] 阿尔多·贝特鲁奇、[意] 纪慰民译："十二表法新译本"，载《河北法学》2005 年第 11 期。

[40] See Mommsen and Alan Watson (ed.), *The Digest of Justinian*, Vol. 3, Philadelphia: University of Pennsylvania Press, 1985, p. 461.

[41] See Henrik Mouristsen, *The Freedman in the Roman World*, Cambridge: Cambridge University Press, 2011, p. 172. 按照雨果·多诺的说法，此时奴隶还要与其主人订立一份协议，允许前者通过第三人自买自身。参见 Hugonis Donelli, *Opera Omnia*, Tomus Primus I, Roma: Typis Josephi Salviuggi, 1828, p. 259.

[42] See Patricia Crone, *Roman*, *Provincial*, *and Islamic Law: The Origins of the Islamic Patronate*, Cambridge: Cambridge University Press, 2002, p. 86.

[43] See Adolf Berger, *Encyclopedic Dictionary of Roman Law*, Philadelphia: The American Philosophical Society, 1991, p. 670. See also William Warwick Buckland, *The Roman Law of Slavery: The Condition of the Slave in Private Law from Augustus to Justinian*, Cambridge: Cambridge University Press, 1908, p. 636.

[44] See P. A. Brunt, "Marcus Aurelius and Slavery", *Bulletin of the Institute of Classical Studies*, 42. S71 (1998), p. 143.

买金是赠款、贷款。[45]总之，回避奴隶有自己的钱财的可能。但苏埃托纽斯（Sueto-nius，公元69－122年）告诉我们，有一个叫做斯塔贝流斯·埃罗斯的奴隶，通过教小孩子语法赚了一些钱，委托第三人从拍卖台上用他自己的钱买下他，然后立即解放之。[46]这位奴隶学者的价款几何？根据盐野七生的研究，一名当教师的奴隶的价格等于罗马市内的一栋住宅或拿波里近郊的海滨别墅。[47]所以，有些奴隶不仅有钱，而且很有钱。《十二铜表法》第7表第12条涉及的奴隶至少拥有10 000阿斯的财产。1阿斯相当于1磅铜，10 000阿斯就是10 000磅铜，等于4.536吨，这是个大数目。按照长江有色金属网2018年1月10日的报价，1吨黄铜价值44 066元，此数乘以4.536，约等于199 883.4元，这在现在也是一笔大款。在第六任王塞尔维尤斯·图流斯的改革中，这相当于第五等级的法定财产。一个奴隶拿得出这么多的钱赎买自己的自由，可以说他是大款了。因此，说罗马法中奴隶只是会说话的工具，具有相当浓厚的文学表达的色彩。非独此也，即使买金是给奴隶的赠款，严格按照法律，它也应为奴隶的主人取得，因为奴隶在获得解放前的那一刻仍属于主人，此时获得的一切都是为主人取得。所以，必须承认，在古罗马，有的奴隶可以有私产。这种情况从《十二铜表法》时代至马尔库斯的时代始终存在。斯塔贝流斯·埃罗斯就是共和晚期人。陈兆璋认为，罗马到了拜占庭时期（公元476－1453年）才有可以拥有自己财产的希腊—埃及型奴隶。[48]此论可能把有私财型奴隶的产生时间说得晚了些，而且把其存在范围说得窄了些：这种奴隶在全罗马帝国存在，而非仅存在于该帝国的希腊－埃及文化区域。

既然奴隶有私财，当他们的主人有何实益？主人莫不成了荣誉头衔？情况并非如此。我估计，主人大概可以从这些被放"单飞"的奴隶的收入中抽成。至于比例多少，那是以后要研究的问题。

七、马尔库斯敕答的受益人

马尔库斯敕答的受益人何在？I.3，11，2.认为它既有利于遗产债务承担人等人的自由，又有利于死者。[49]对于承担人等人有利，乃因为承担人自身及其同伴奴隶即将泡汤的自由得到了拯救。有利于死者，乃因为他的遗产由此不会被债权人占有并拍卖，避免了无遗嘱而死或破产的耻辱。否则，债权人可连续占有死者的财产15

---

〔45〕 See P. A. Brunt, "Marcus Aurelius and Slavery", *Bulletin of the Institute of Classical Studies*, 42. S71 (1998), p. 146.

〔46〕 See Henrik Mouristsen, *The Freedman in the Roman World*, Cambridge：Cambridge University Press, 2011, p. 172.

〔47〕 参见［日］盐野七生：《罗马人的故事Ⅲ：胜者的迷思》，林雪婷译，三民书局1998年版，第146页。

〔48〕 参见陈兆璋："试论拜占庭帝国从奴隶制向封建制过渡的几个问题"，载《厦门大学学报》1964年第1期。

〔49〕 参见［古罗马］优士丁尼：《法学阶梯》，徐国栋译，中国政法大学出版社2005年版，第337页。

天，并选出一位负责人，由他在 5 天内主持拍卖，在 20 天内把财产判给买主。[50]实际上，I. 3, 11, 2. 漏说了马尔库斯敕答的第三个受益方：死者的债权人。维尔京纽斯·瓦伦斯的遗产不足以偿债，故指定的遗嘱继承人无人愿意接受继承。此时应转入法定继承，但维尔京纽斯·瓦伦斯没有法定继承人。这时，其遗产应由死者的债权人占有并拍卖，但他们不可能得到全额清偿，不然就不会发生遗产破产了。现在承担人出来一肩扛起死者的所有债务，死者的债权人由此可得到全额（包括本金和利息）清偿，受益莫大焉！所以，执行马尔库斯的敕答，会带来死者、承担人自身及其同伴奴隶、死者的债权人三赢的效果，真是最好的结局！实际上，这样的处分还会巩固人身利益高于无论是谁的财产利益的道德原则，有利于淳化社会风气，消解金钱至上观念的毒素。

然而，这样的处理有一个被牺牲者，那就是皇库。维尔京纽斯·瓦伦斯的遗产既无遗嘱继承人，又无法定继承人，按照公元前 18 年颁布的《关于等级结婚的优流斯法》（Lex Iulia de maritandis ordinibus），构成落空遗产（Vacatio）。如果此等遗产无债权人或债权人怠于主张其权利，则它们归皇库继承。[51]但皇库可能考虑到遗产资不抵债放弃这一继承。维尔京纽斯·瓦伦斯的债务被伯比流斯·路福斯承担后，可能发现瓦伦斯的遗嘱继承人误判遗产破产，遗产实际上是资大于债的。此时，如果皇库裁判官过于操切，就会主张皇库的继承权，从而否认伯比流斯·路福斯对维尔京纽斯·瓦伦斯的债务承担。为了杜绝这种可能，马尔库斯发出了"优先于金钱利益的是自由之事业"的告诫，张扬了有利于自由权原则。

但马尔库斯并非在任何时候都让皇库利益屈从于奴隶的自由权之获得，皇库吃亏，要"吃"之有道。如果主人为了诈欺债权人而以生前赠与或遗嘱的方式解放奴隶，而皇库在债权人之列，马尔库斯皇帝认定这样的解放无效。显然，尽管诈欺性的解放也是解放，能让一些奴隶获得自由，但皇库不能成为诈欺的牺牲品。[52]

八、后人对马尔库斯敕答的解释和扩张

马尔库斯皇帝的上述敕答尽管大仁大德，但属于个案处理，不是具有普遍性的法律制度。[53]它能够造福于伯比流斯·路福斯及其同伴奴隶以及其他本案关系方，

[50] Gai. 3, 79. 参见［古罗马］盖尤斯：《法学阶梯》，黄风译，中国政法大学出版社 1996 年版，第222 页。

[51] 参见齐云、徐国栋："罗马的法律和元老院决议大全"，载徐国栋主编：《罗马法与现代民法》（第 8卷），厦门大学出版社 2015 年版，第 203 页。

[52] See P. A. Brunt, *The Digest of Justinian*, Vol. 3, Philadelphia: University of Pennsylvania Press, 1985, . , p. 143.

[53] I. 1, 2, 6. 但元首决定之事也有法律的效力……这些规定中某些是针对人的具体情况的，也不被取作先例，因为元首无意如此。事实上，由于某人的功劳而容许他的东西，或如果裁决处某人刑罚，或如果不作为先例地救济某人，都不超出该人。……参见［古罗马］优士丁尼：《法学阶梯》，徐国栋译，中国政法大学出版社 2005 年版，第 19 页。

已完成其功能，然后寿终正寝。而且，该敕答产生于五贤帝时期[54]的治世，之后便是乱世或治乱交替之世，在乱世，具有仁德的制度很容易被毁弃。但在罗马法律界，具有马尔库斯皇帝一样的同情奴隶思想的人太多，他们不顾世道的治乱，硬是把马尔库斯皇帝创立的判例演绎成具有普遍性的制度，使之造福于更多的奴隶。他们的如此修为是通过解释和扩张马尔库斯敕答来完成的。

（一）帕比尼安的解释和扩张

生活在乱世的帕比尼安[55]在其《解答集》第9卷（D. 40, 4, 50, 1. ）中说：

> 神君马尔库斯为保留自由已作出了规定，他的这方面的规定应适用于遗嘱被认定为无效、遗产因而应被出售的情形。而另一方面，它特别规定，对遗产被作为落空遗产被皇库主张的情形，这一敕令并不适用。为了让依遗嘱得到解放的奴隶能得到死者的财产，已决定，死者的承担人应向法院提交适当的担保允诺，如同死者的其他解放自由人要做的或家外继承人要做的一样……[56]

在这个法言中，帕比尼安把维尔京纽斯·瓦伦斯的遗嘱继承受挫的原因确定为遗嘱无效，与上文采用的债务过多导致指定的继承人不愿接受遗产的理由不同。另外，帕比尼安扩张了可以承担死者债务的主体的范围，把解放自由人和家外人补充进来，他们与原来被允许承担债务者的奴隶并列。解放自由人是已被死者解放的奴隶，他们由于受过死者的自由权赠与的恩惠负有报恩的义务，作出这样的承担算是履行此等义务。家外人是不通过家父权彼此联系的人，[57]死者的被解放的子女属此，跟死者毫无亲属法上的关联的人也属此。他们在作出承担死者债务的决定后，同样要向法院保证履行对死者债权人的债务。帕比尼安告诉我们，这样的保证并非物保，而是担保允诺而已。它当然没有物保可靠，但容易作出。此等"容易"进一步导致有关奴隶获得自由的"容易"。

或问，对死者无任何报恩义务的家外人为何要承担死者的债务？当然，这里的家外人也可能是死者的朋友，他们基于友情这样做，但他们也可能是与死者没有任何情谊关系的人，他们承担死者债务的理由并非有利于死者本身，而是为了拯救依据死者的遗嘱得到解放的奴隶的自由权。于是，古代的废奴主义者的形象便进入我们的想象中，让我们把他们与美国内战前操作"地下铁道"（偷运南方的黑奴到北方

---

[54] 即安东尼王朝的5个皇帝，他们是内尔瓦、图拉真、阿德里亚努斯、安东尼努斯·皮尤斯、马尔库斯·奥勒留。他们前后相继，维持了80多年的政治清明时期。

[55] 帕比尼安由于拒绝为卡拉卡拉皇帝（公元188－217年）杀害其兄弟杰塔（Publius Septimius Antoni-nus Geta）的行为辩护，公元212年根据该皇帝的命令被斩首。故说他生活于乱世。

[56] See Mommsen and Alan Watson（ed.）, *The Digest of Justinian*, Vol. 3, Philadelphia: University of Penn-sylvania Press, 1985, p. 434.

[57] 参见［古罗马］优士丁尼:《法学阶梯》，徐国栋译，中国政法大学出版社2005年版，第92页。

并解放之的管道）的废奴主义者联系起来。他们无力从根本上废除万恶的奴隶制，于是他们采用一点一点地减少为奴者的数目的方法来渐进地消解奴隶制。用来承担死者债务的，可能是他们自己的金钱，也可能是他们募集到的基金中的款项。而基金会是罗马法中早就有的慈善性制度。

（二）优士丁尼对马尔库斯敕答的发展

1. 在 I. 3，11，3.[58]中对马尔库斯的敕答的扩张。该敕答本来只适用于本遗嘱授予了某个奴隶自由的情况，为了贯彻有利于自由权原则，现在把它扩张适用于两种情况：①某人无遗嘱而死，以小遗嘱授予了自由，而在法定继承中遗产未被接受。这时允许按照小遗嘱授予自由。小遗嘱是在本遗嘱订立后对其内容进行微调的文书，它本身不能作为一个独立的遗嘱。[59]所以，它的存在不能阻却法定继承的开始。但优士丁尼在 I. 3，11，3. 中网开一面，允许在法定继承受挫时复活小遗嘱，以达成对自由的拯救。此为扩张一。扩张二为：马尔库斯敕答以前的适用原因是遗嘱继承中遗产未被接受，现在，法定继承中遗产未被接受也是原因。两种不接受皆因为潜在继承人料定遗产破产。②某人订立遗嘱而死，以小遗嘱授予了自由。在这种情形，按照常规，小遗嘱无效，因为此等遗嘱只能微调本遗嘱的内容，不能为独立的处分，但优士丁尼为了拯救依据小遗嘱获得解放的奴隶的自由，网开一面，允许此时的小遗嘱有效。这样的安排当然很人道。

2. 在 I. 3，11，6.[60]中把马尔库斯的敕答扩用于以生前赠与授予的自由。马尔库斯之敕答原本只适用于在遗嘱中授予了奴隶自由的情形。这涉及 I. 3，11，6. 与 I. 1，6，3. 的关系，后者讲的是《艾流斯和森求斯法》（Lex Aelia Sentia）调整的主人因生前赠予解放奴隶过多导致破产的情形。根据该段，一旦发现死者在主、客观上均有诈欺债权人的意思，奴隶应得不到自由。但 I. 3，11，6 允许某个奴隶接受此等主人的全部遗产以避免调查其主人是否有诈欺其债权人的意图。如果调查的结论是肯定的，这个奴隶的自由权可能泡汤。现在，他通过避免调查保全了自己的自由。这使得敕令的适用从死因行为扩及生前行为，从遗产破产扩及普通破产，实现了适用范围的扩大化。但是，优士丁尼的上述扩张重申了奴隶有独立于主人的财产，可以代主人承担债务的假设。

3. 在 C. 7，2，15. 中细化了马尔库斯敕答的适用规则。C. 7，2，15. 是优士丁尼于 531～532 年致大区长官约翰的一个敕答。其中，优士丁尼首先复述了马尔库斯敕答的内容，说明维尔京纽斯·瓦伦斯的遗嘱继承受挫的原因是指定的继承人担心遗产资不抵债而拒绝继承，然后说愿意承担瓦伦斯债务的有家外人或被瓦伦斯的遗嘱授予自由，现在其得到解放的机会遭遇危险的一个奴隶。最后说到对马尔库斯敕

---

〔58〕 参见［古罗马］优士丁尼：《法学阶梯》，徐国栋译，中国政法大学出版社 2005 年版，第 339 页。
〔59〕 参见徐国栋：《优士丁尼〈法学阶梯〉评注》，北京大学出版社 2011 年版，第 328 页。
〔60〕 参见［古罗马］优士丁尼：《法学阶梯》，徐国栋译，中国政法大学出版社 2005 年版，第 341 页。

答的解释充满疑惑，所以作出自己的敕答消解之。敕答的接受人是东方大区长官约翰。优士丁尼时期的罗马实行区、省、大区、皇帝的四级三审制。[61] 大区长官略近于省高级法院的院长。担任这一职务的约翰在审判实践中经常遇到适用马尔库斯敕答方面的问题，遂汇总垂询作为最高法院院长的皇帝。优士丁尼作出这一敕答。请注意，它并非"信访办"对私人作出，而是最高法院对省级高级法院作出，类似于我国最高人民法院针对省级人民高院疑问的批复。

该敕答的基本内容如下：

（1）进入继承的某人，允诺兑现死者的授予自由允诺，没有全额偿付债权人，而只是部分偿付，债权人接受的，也适用马尔库斯的敕令。[62] 如此，发生对死者债务的部分承担，比起全额承担容易得多，由此降低了承担者的门槛。

（2）如果被允诺授予自由的奴隶不止一个，其中一些人希望接受自由权，另一些愿意继续当奴隶，各听其便。后者要当的是承担人的奴隶。[63] 看来，并非所有的奴隶都希望自由，也有甘愿换个主子继续当奴隶者，如此有人管吃管喝，比自己汗流满面挣面包安逸。

（3）如果接受遗产的人并不允诺执行全部的自由权赠予，只允诺执行其中的一部分，如果遗产的价值足以全额偿付债权人，要让所有的奴隶都获得自由；如果不足以全额偿付债权人，可只让部分奴隶获得自由。这种情况中的承担人只允诺兑现部分待自由人的自由权，法律把对这种允诺的接受与遗产的状况挂钩。如果遗产并不像潜在继承人预料的那样资不抵债，则不接受此等允诺，而强令解放全部奴隶；在相反的情形，则接受此等允诺，满足于部分奴隶得到解放。

（4）如果不是一个人，而是多人来主张遗产，如果他们同时出现，允许他们共同接受遗产，但事前要提供满足债权人并执行解放允诺的担保；如果他们在不同的时间出现，先出现者享有提供担保的优先权。如果他不能提供担保，则允许其他人按照提出主张的时间先后提供，但这一切都必须在1年内完成。这里允许多人承担一人的债务，并根据是同时出现还是次第出现决定不同的处理方法。同时出现的，多人共同承担，这无疑减少了达成解放的难度。次第出现的，按照竞争性的程序决定谁承担，由此，实际上还是一人承担。另外规定了1年的除斥期间，以免法律关系长期处于不确定状态。除斥期间过后会发生什么？我认为是遗产破产成立，待自由人的解放期望泡汤，遗产债权人占有遗产并拍卖之。如果遗产不至于破产，皇库将取得剩余遗产。

---

〔61〕 参见徐国栋：《罗马公法要论》，北京大学出版社2014年版，第174页。

〔62〕 See S. P. Scott（trans. and ed.），*The Civil Law including The Twelve Tables*，*The Institutes of Gaius*，*The Rules of Ulpian*，*The Opinions of Paulus*，*The Enactments of Justinian*，*and The Constitution of Leo*，Cincinnati：The General Trust Company，1932，Vol. XIV，p. 116.

〔63〕 参见 Giovanni Lughetti，*La Legislazione Imperiale nelle Istituzioni di Giustiniano*，Milano：Giuffrè，1996，p. 293.

（5）如果一个申请人允诺解放某些奴隶，但并非全部，而其他申请人准备提供担保满足全部债权人并执行所有的解放允诺，只接受后者的申请，因为后者能让更多的奴隶得到自由。

（6）如果某个奴隶先接受了其主人的遗产以及自己的自由权，而第二、第三个申请人或其他人提出了更慷慨的赠与自由条件或提出了更可靠的担保，则接受后一些人的申请，但第一个申请人的自由权要保留，而后来的申请必须在第一个申请作出后的1年内完成。[64]这一安排保全了第一个申请人的自由，但该申请人显然未能满足所有的遗产债权人，所以，优士丁尼允许其他人继续提出申请，以便既更大程度保全遗产债权人的债权，又让更多的奴隶从家外人获得解放。然而，对于未来的申请，不能无限等待，只能以1年为期。

4. 在 I. 3, 11, 5. 中确立了"已获自由权的奴隶的身份不可恢复原状"原则。[65]这涉及恢复原状权与自由权冲突时有利于后者的处理。恢复原状权是阿德里亚努斯皇帝赋予不满25岁者的救济，如果他们接受了资不抵债的遗产，可以反悔，以体恤他们的理智不足。但他们的反悔会使已获自由的奴隶的自由权面临重失。优士丁尼提出的解决方案是接受了遗产的继承人可以把财产关系恢复原状，但已获得自由者的身份不可恢复为奴隶。这样，立法者又一次使自由的人格利益压倒突然冒出来的法定继承人的经济利益。

至此可问，马尔库斯敕答的思想基础是斯多亚哲学，那么优士丁尼发展这一敕答的思想基础又是什么？马尔库斯（公元121－180年）的时代与优士丁尼（公元482－565年）的时代相差3个世纪许，两个时代的官方意识形态发生了巨大的变化。如果说，马尔库斯时代是斯多亚哲学当家，在优士丁尼时代，处于这种地位的是基督教。在马尔库斯的时代，基督教还是罗马帝国的异教，因此受到迫害，帝国制造了众多的基督教烈士，尤其是在戴克里先皇帝时期。但到了君士坦丁大帝（公元272－337年）时期，通过他发布的《米兰告示》，基督教取得了与其他宗教平等的地位。392年，狄奥多西一世（公元347－395年）宣布基督教为罗马帝国的国教，并严禁其他宗教。继承这一遗产，优士丁尼是非常热心的基督教皇帝。富有意味的是，基督教也认为一切的人类都是神的儿女，彼此间是兄弟姐妹，因此是平等的，不得彼此奴役。正是基于这一思想，优士丁尼致力于发展马尔库斯的敕答，丰富其内容。这一工作的高潮是彻底废除奴隶制，这是一个渐进的过程，基督教会在其中起到了重要作用。废除奴隶制的第一步是确立基督徒不得彼此为奴的戒条。1772年，意大利颁布法律废除了奴隶制。由此开头，欧洲国家先后废除了奴隶制，使马尔库斯的

---

[64] See S. P. Scott (trans. and ed.), *The Civil Law including The Twelve Tables*, *The Institutes of Gaius*, *The Rules of Ulpian*, *The Opinions of Paulus*, *The Enactments of Justinian*, *and The Constitution of Leo*, Cincinnati: The General Trust Company, 1932, Vol. XIV, p. 117.

[65] 参见徐国栋：《优士丁尼〈法学阶梯〉评注》，北京大学出版社2011年版，第387页。

敕答失去了存在基础。

九、结论

马尔库斯的敕答创立了一种制度：为保全自由而判给遗产（addictio bonorum lib-ertatum conservandurum causa），该制度基于斯多亚哲学而立，在基督教皇帝优士丁尼手里得到了极大发展，它体现了罗马法中的有利于自由权原则，强调自由权高于经济利益，甚至高于皇库利益，体现了罗马法的人权观念。[66] 该制度因为奴隶制在基督教时代被废除而无后世立法的直接继受，但它存活于当代的代位制度、债的承担制度、第三人代为履行制度、债的更新、破产和解等制度中。说代位，乃因为伯比流斯·路福斯确实取代了维尔京纽斯·瓦伦斯在债的关系中的位置，尽管在对马尔库斯敕答的讨论中只谈到了债务的承担，但债务与债权相伴随，从事理之性质来看，伯比流斯完全有代瓦伦斯索债的可能。这种代位从债法的角度讲就是债的承担，从履行的角度讲就是第三人代为履行，从债的当事人变更的角度讲就是债的主体更新。伯比流斯通过承担瓦伦斯的全部债务并向后者的债权人作出偿付担保，从而阻止了一次遗产破产，当然也可以把这一过程看作破产和解。富有意味的是，原制度属于继承法，其派生制度则都属于债法和破产法。

仍然富有意味的是，创立为保全自由而判给遗产制度的马尔库斯敕答是其"信访办"对一个私人请愿者的复函，它见证了帝政罗马的请愿制度。然而，发展为保全自由而判给遗产制度的优士丁尼敕答却是一个最高法院院长给大区法院院长提出的疑难问题的批复。两种敕答，都是古罗马下情上达的渠道。第一个渠道的反应文件能成为法律渊源，令人惊异并产生学习的愿望。

至为重要的是，马尔库斯的敕答证明了"奴隶只能是主人取得财产的工具"的说法的片面性。从《十二铜表法》开始，一些奴隶就有独立于主人的财产，甚至为数不小，并可以运用此等财产赎买自己的自由或解救其主人的破产困境。或许我们可以按照陈兆璋教授的方法，把只能为主人取得财产的奴隶称为纯奴隶，[67] 把有自己财产的奴隶称为半奴隶。按照摩西·芬利（Moses Finley，1912－1986 年）的说法，在奴隶与自由人之间，存在一系列的过渡带，犹如在黑与白之间存在许多中间色。[68] 至于半奴隶的钱从何来？有以下可能：①奴隶从主人分派给他的收益特有产中取得的收益。此等财产的所有权属于奴隶主，但有时，主人允许在特有产中有分别财产（res separata），即不计入主人的财产簿，而计入奴隶自己的账户的财产[69]

---

〔66〕 Voir F. B. J. Wubbe，"l'Humanitas de Justinien"，*Tijdschrift voor Rechtsgeschiedenis*，58（1990），p. 254.

〔67〕 参见陈兆璋："试论拜占庭帝国从奴隶制向封建制过渡的几个问题"，载《厦门大学学报》1964 年第 1 期。

〔68〕 参见 Moses Finley，*Economia e Società nel Mondo Antico*，a cura di Brent D. Shaw e Richard P. Saller，Roma-Bari：Laterza，1984，p. 129，143.

〔69〕 参见 Sonia Rosetti，"L'acquisto della Libertà per Cause Diverse dalla Manomissone in Diritto Romano"，*Tesi di laurea dell'Università degli Studi di Bologna Facoltà di Giurisprudenza*，2000/2001，p. 129，131.

②外来的盈利，例如奴隶因发现而取得其所有权的财宝。又如主人每月给奴隶的食物，奴隶可以省下来一部分把它卖给家外人或同伴，所得价款自有；主人给的零花钱；由于帮助主人打猎成功得到的猎物，或主人允许奴隶自由处分的一些羊只；[70] 还有体育比赛赢得的奖金。[71] 就赛车运动而言，奖金的数目不菲，例如，格勒士参加了 686 场比赛，47 场夺冠，130 场获得第二名，111 场获得第三名，共获得奖金 1 558 346 塞斯特斯。[72] 这是一笔巨款。从理论上说，奴隶获得的奖金应归奴隶主，但如此处置奖金会挫伤奴隶夺冠的积极性。所以，明智的奴隶主选择与奴隶分享奖金。[73] 半奴隶的逐渐增多，于是导致了奴隶制的废弛，最终被农奴制取代。

[70]　参见 Sonia Rosetti, "L'acquisto della Libertà per Cause Diverse dalla Manomissone in Diritto Romano", *Tesi di laurea dell'Università degli Studi di Bologna Facoltà di Giurisprudenza*, 2000/2001, p. 129, 131.

[71]　Lát Szabó Béla, *Sportjogtörténet*, Kézirat lezárva: 2015, p. 110.

[72]　参见 [荷] 菲克·梅杰：《古罗马的马车竞赛》，李小均译，广西师范大学出版社 2014 年版，第 100、103 页。

[73]　参见 [荷] 菲克·梅杰：《古罗马的马车竞赛》，李小均译，广西师范大学出版社 2014 年版，第 101、103 页。

《民法典·继承编》的编纂理念与制度构想[*]

●王歌雅[**]

摘要：理念决定立法走向与制度构想。关注《民法典·继承编》的编纂理念，并将实现意志自由、承担道德责任融入制度构想之中，才能推进并提升《民法典·继承编》的编纂进程与质量水准，吻合社会需要与民众诉求。为保障《民法典·继承编》编纂的科学、严谨与适用，应重点关注继承制度的补充与完善、继承与创新，并在完善丧失继承权的法定事由、更新遗嘱的形式与效力、补益遗赠扶养协议规范等环节进行研讨与突破，以促进我国继承制度的法典化与制度化。

关键词：《民法典·继承编》；编纂理念；制度构想

《民法典·继承编》的编纂，是《民法典》编纂进程中的重要组成部分，关涉民众的继承观念、继承习惯、继承行为与继承认知。而编纂出具有时代意义与国别特色的《民法典·继承编》，不仅是法治中国建设的必然要求，也是民众表达继承夙愿、实现继承期待的制度保障，更是牵引民众继承观念、修正继承习惯、规范继承行为、矫正继承认知的法律依据。古人云："法不阿贵，绳不挠曲。"[1]

一、回顾与思考

众所周知，自新中国成立以来，编纂《中华人民共和国民法典》（简称《民法典》）的立法追求就从未停止。历次编纂《民法典》，均涉及继承编的体系置放与制度设计、现实观照与价值追求、权益保障与人文关怀。然而，由于种种历史原因，《民法典》编纂时断时续，有关继承编的立法研讨与理论探究也随之间断持续。

1985 年 10 月 1 日，伴随《中华人民共和国继承法》（简称《继承法》）的颁行，结束了新中国成立以后未有《继承法》的社会现状，掀起了宣讲《继承法》的普法高潮，民间巷议《继承法》及其实施效果成为社会关注之一。与此同时，学界也围

---

[*] 本文已发表于《求是学刊》2018 年第 6 期。本文系 2015 年度国家社科基金重大项目"20 世纪中国婚姻史研究"（项目编号：15DZB050）的阶段性成果。黑龙江省人力资源与社会保障厅领军人才资助项目"民法典·继承编的编纂策略与制度研究"的阶段性研究成果。

[**] 王歌雅，女，黑龙江大学法学院教授、博士生导师，中国法学会婚姻法学研究会副会长，主要研究方向为民事权利、人身权法、性别与法律等。

[1] 《韩非子·有度》。

绕《继承法》的立法得失、制度优劣、司法适用、权益保障等进行了多方探讨，形成了关注、思考、研究《继承法》的时代特色与学术风气，推出了具有时代背景、特定内涵的学术作品与理论观点。这一特定历史时期的学术作品与理论观点，既是新中国成立后有关《民法典·继承编》历次起草进程中的立法观点、学术研讨的延续与争鸣，也是推进《民法典·继承编》编纂进程的时代基础与思想渊源。尽管《继承法》是特定时代的立法产物，且具有"宜粗不宜细"的立法特点，但其担负了"维护公民的私有财产的继承权"之神圣职责，并为特定历史时期继承诉求的实现、继承纠纷的解决、继承权益的维护提供了法律依据与法律规范，具有划时代的意义。

时代变迁、观念更新，推动着继承法治前行，牵引着继承法制完善。在《继承法》实施 30 余年之际，恰逢《民法典·继承编》的编纂，如何完善我国的继承法律制度，如何编纂出良善、严谨、科学、完备的《民法典·继承编》，已成为法律界与民众层的普遍关注之一。对此，《民法典·继承编》应重点关注并客观应对如下问题：一是《民法典·继承编》体系框架的建构；二是《民法典·继承编》制度设计的科学；三是《民法典·继承编》法律规范的严谨；四是《民法典·继承编》民众期待的回应；五是《民法典·继承编》适用效果的预测。对上述问题的关注与解决，既是回应民众继承期待的司法要求，也是完善我国继承制度的必然路径。同时，更是保障《民法典·继承编》严谨、规范、科学、前瞻的核心要求。

二、诉求与理念

早在《继承法》颁行之际，法学界就曾对《继承法》的基本原则进行了阐释，形成了有关继承法的基本原则之争。即围绕《继承法》的基本原则，有"四原则"说、"五原则"说、"六原则"说，等等。[2] 之所以产生上述学术争鸣，是因为《继承法》并未规定基本原则，且认为其基本原则内蕴于《继承法》的具体法律规范之中。于是，法学界从不同的角度对内蕴于具体继承法律规范中的精神与思想、观念与追求进行了多方解读。基于对《继承法》立法传统的沿袭，加之《民法总则》关于基本原则的具体规定，中国法学会《民法典·继承编》编纂项目组的专家建议稿[简称《民法典·继承编（专家建议稿）》]未对基本原则进行界定，但有关基本原则或价值理念的核心思想与主旨精神已通过体系设计、制度架构、规范表达、目的追求等进行了嵌入与内置。而这种嵌入与内置，在于寻求与塑造合乎德性的继承制度与继承规范，进而牵引并规范合乎德性的继承观念与继承行为。即"如果人们在做着公正的事或做事有节制，他们就已经是公正的或节制的人了。"[3] 继承行为如此，继承人与继承利益相关者也如此。

（一）实现意志自由

意志自由意味着行为自由。继承的意志自由内涵主体在继承法制的框架下自由

〔2〕 郭明瑞、房少坤编著：《继承法》，法律出版社 1996 年版，第 34 页。
〔3〕 ［古希腊］亚里士多德：《尼各马可伦理学》，廖申白译，商务印书馆 2003 年版，第 41 页。

地实施继承行为。为实现继承主体的意志自由，《民法典·继承编》应通过体系设计、制度设计、规范设计加以保障。因为，意志自由是现代社会重要的法律价值与伦理价值，不仅预示着继承主体的心灵自主与行为自由，也标志着自由的继承行为对现代社会以及继承秩序所具有的观念牵引与行为指向。

1. 意志自由的实现途径。继承主体意志自由的实现，必须遵循一定的法制路径。该路径体现为继承关系诸要素之间的逻辑自洽与和谐统一。为确保继承主体的意志自由，《民法典·继承编》应回应相关继承期待：一是增列继承的含义。《继承法》并未规定继承的含义，有关继承含义的表述曾是注释法学的责任。如在民法学上，继承有广义与狭义之分。广义的继承，指对死者生前权利义务的承受；狭义的继承，指对死者生前的财产权利义务的承受，又称财产继承。[4] 面对有关继承的种种表述，《民法典·继承编》应做出界定，即继承，"是指按照法律规定或者遗嘱指定将自然人死亡时遗留的个人财产转移给其一定范围内的亲属承受的法律制度。死亡的自然人为被继承人，取得遗产的亲属为继承人，死者遗留的个人财产为遗产。"[5] 对继承定义予以增列，并将其界定在狭义的概念范畴之内，可在明确继承关系要素的同时，为继承制度的后续展开奠定基础。二是界定遗产的范围。时代不同，国度不同，遗产的种类与范围以及立法例也不同。如大陆法系国家多沿用罗马法中的"概括继承"制度，将财产、财产权利和债务都归入遗产之列；英国继承法则规定只有从被继承人的全部财产中扣除其生前所负债务，其余部分才作为遗产来继承。[6] 而《继承法》第 33 条有关遗产的界定，既不同于大陆法系国家的继承立法，也不同于英美法系国家的继承制度。为吻合社会生活发展的必然及回应民众的继承需求，同时兼顾《民法总则》第 124 条的规定，[7]《民法典·继承编》应对遗产的范围进行界定。有观点认为，应采取"列举＋兜底""积极＋消极"相结合的方式对遗产范围进行规定。[8] 然而，不论采取何种方式界定遗产的范围，都应体现如下立法优势：兼顾社会生活中出现的新型财产种类；全面囊括可以继承的遗产范围；回应有关遗产范围的理论争鸣与司法争议；架构严谨与开放、前瞻与科学的遗产范围。故遗产范围应涵盖被继承人的财产所有权、其他物权、占有，可继承的财产债权及其担保，有价证券载有的财产权益，知识产权、股权、合伙中的财产收益，人格权衍生的财产利益，互联网络中的虚拟财产，被继承人的其他合法财产权益等。至于被继承人的专属性权利和法律规定不得继承的权利、涉及被继承人个人信息权、隐私权的其他互联网络

---

[4] 参见郭明瑞、房少坤编著：《继承法》，法律出版社 1996 年版，第 1 页。

[5] 《民法典·继承编（专家建议稿）》第 1 条。

[6] 蓝承烈、杨震主编：《继承法新论》，黑龙江教育出版社 1993 年版，第 59 页。

[7] 《民法总则》第 124 条规定："自然人依法享有继承权，自然人合法的私有财产，可以依法继承。"

[8] 本文所引学术观点仅为中国法学会《民法典·继承编》编纂项目组专家的观点。在此，对各位专家的智慧奉献与思想结论表示感谢。

虚拟财产不属于遗产。[9]当然，《民法典·继承编（专家建议稿）》第 2 条则有更简洁的表述与界定。[10]三是规定继承的效力顺序。继承的效力顺序，即继承权行使的优先与劣后的顺序。规定效力顺序，将明确继承的路径，兼顾意思自治的原则。即"继承开始后，按照下列顺序进行：①继承协议或遗赠扶养协议；②遗嘱或遗赠；③法定继承。"[11]关注继承路径的规定，才能为继承主体实现意志自由提供法律指引与行为规范，从而达至合法的继承。意志自由，即法制框架下的自由。

2. 意志自由的实现保障。继承主体意志自由的实现，除需依赖相关法制路径外，还需具备相应的保障措施。保障措施，将以一系列的制度架构加以体现。首先，关注继承能力的界定。继承能力乃继承权利能力，即"继承人享有的能够继承被继承人遗产的法律资格。一切生存着的人都具有继承能力"。[12]人无继承能力，将无法实现继承。而如何界定继承能力，应关注本国的立法传统、司法实践经验以及域外立法例的参照。例如，鉴于我国《继承法》未规定继承能力的立法现状，基于维护继承主体意志自由的立法目的，应对继承能力进行两方面的界定：一是明确继承能力的含义。即"继承人须在继承开始时具有民事权利能力，才能取得遗产。"[13]二是明确胎儿的继承能力。关于胎儿的继承能力，素有不同的立法例：概括主义与特殊主义。前者往往规定胎儿以将来非死产者为限，关于其个人利益之保护视为已出生。如《瑞士民法典》第 544 条规定："婴儿自怀胎时起有继承能力，但已出生时生存的为限。死婴无继承资格。"[14]后者则在有关胎儿具体利益的保护事项上仅规定其享有相应的能力。《继承法》第 28 条仅规定：为胎儿保留必要的遗产份额，并未赋予胎儿以继承能力，只是为遗产处理提供了解决对策或指导原则，属于特殊主义的立法模式。尽管我国《民法总则》第 16 条对胎儿的民事权利能力作出了原则性规定，[15]但为侧重解决胎儿的继承能力问题，《民法典·继承编》应对《继承法》的立法空缺予以弥补。即"被继承人死亡前已受孕的胎儿，就继承视为已出生。原则上由胎儿的母亲或者父亲代理行使相关权利，若胎儿的母亲或者父亲没有民事行为能力，则由其他亲属代理行使相关权利。胎儿出生时是死体的，保留的份额按照法定继承处

---

[9] 杨立新等："《中华人民共和国继承法》修正草案建议稿"，载《河南财经政法大学学报》2012 年第 5 期。

[10] 《民法典·继承编（专家建议稿）》第 2 条规定：遗产是被继承人死亡时遗留的个人财产，包括：①被继承人享有的财产所有权、用益物权、担保物权和占有；②被继承人享有的债权、债务；③被继承人享有的知识产权、股权、合伙权益中的财产权益；④因自然人死亡而获得的补偿金、赔偿金等，法律另有规定者除外；⑤非专属于被继承人的其他财产权益。

[11] 《民法典·继承编（专家建议稿）》第 5 条。

[12] 吴国平：《我国财产继承制度立法研究》，厦门大学出版社 2014 年版，第 8 页。

[13] 《民法典·继承编（专家建议稿）》第 10 条第 1 款。

[14] 《瑞士民法典》，殷生根译，法律出版社 1987 年版，第 143 页。

[15] 《民法总则》第 16 条规定："涉及遗产继承、接受赠与等胎儿利益保护的，胎儿视为具有民事权利能力。但是胎儿娩出时为死体的，其民事权利能力自始不存在。"

理。"[16] 上述规定采取了概括主义的立法模式，其立法意义在于明确了以下内涵：一是胎儿获得继承权的前提应为在被继承人死亡时已受孕。如果仅仅是冷冻精子或卵子以及冷冻胚胎不得享有继承权。二是胎儿的继承权由其母亲或父亲等近亲属代理行使，以为胎儿放弃继承权留有余地。三是胎儿出生时为死体的，其已经继承的遗产按照法定继承重新分配。其次，关注继承回复请求权的界定。继承回复请求权，是指当合法继承人的继承权受到他人的非法侵害时，继承人所享有的请求确认其继承权并返还遗产的权利。该权利是特别独立的请求权、包括的原状请求权、以继承权的确认和遗产返还为内涵的请求权。[17] 关于继承回复请求权的性质，学界素有形成权说、请求权说、形成权兼请求权说，且以形成权兼请求权说为通说。至于继承回复请求权的成立要件则包括三方面：一是不当继承人事实上已经占有、分享或处分遗产；二是不当继承人对遗产的占有没有合法根据，即无权占有；三是不当继承人否认真正继承人的继承。[18] 为明确继承回复请求权的内涵及行使条件，《民法典·继承编》应对该权利进行界定。即"继承人可以请求确认自己的继承人资格，以对抗任何一个以继承人名义或者无任何名义地对遗产占有、管理、处分的人，从而获得遗产返还。继承人仅请求确认继承人资格的，不适用诉讼时效"。[19] 该规定的立法意义在于：对继承主体的意志自由予以保障，以便继承主体充分维护自己的继承权益；明确了继承回复请求权的权能，即确认继承资格与返还遗产；明确继承资格的确认，不适用诉讼时效。

继承意志自由，存在于法律与道德之间。法律范畴需要提供实现意志自由的制度架构与保障措施；道德范畴需要提供满足意志自由的理性情怀与节制能力。即继承意志自由的实现，在于合乎法律规范与道德规范。因为，"节制的人欲求适当的事物，并且是以适当的方式和在适当的时间"。[20]

（二）承担道德责任

道德责任意味着行为规范。继承的道德责任蕴含主体在继承法制的框架下自由地承担继承义务。为督促、引导主体承担相应的继承义务，《民法典·继承编》应通过制度设计、规范完善加以约束。因为，道德责任是现代社会重要的社会责任与行为规范，不仅预示着继承主体的行为自主与行为自制，也标志着道德的继承行为对现代社会以及继承秩序所具有的德性昭示与行为引导。

1. 道德责任承担的前提。"继承领域的权利协调与制度保障至关重要。而良好的制度设计不仅有助于促进个人的福祉，也促进公共福祉；不仅符合个人利益，也符

---

[16] 《民法典·继承编（专家建议稿）》第 10 条第 2、3 款。
[17] 蓝承烈、杨震主编：《继承法新论》，黑龙江教育出版社 1993 年版，第 50 页。
[18] 蓝承烈、杨震主编：《继承法新论》，黑龙江教育出版社 1993 年版，第 51 页。
[19] 《民法典·继承编（专家建议稿）》第 15 条。
[20] ［古希腊］亚里士多德：《尼各马可伦理学》，廖申白译，商务印书馆 2003 年版，第 94 页。

合公共利益。"〔21〕为均衡保护继承主体与利害关系人的利益,《民法典·继承编》应对继承主体的义务承担进行规范设计,以维护继承秩序与社会和谐。首先,应界定继承开始通知的义务。"继承开始的通知,有助于继承人、遗嘱执行人及时地行使权利、履行义务,并对遗产分割进行有效监督。"〔22〕继承开始的通知,应包括如下内容:"知道被继承人死亡的继承人、遗嘱执行人对被继承人死亡的事实负有通知义务。继承人和遗嘱执行人不知道被继承人死亡,或者虽然知道,但无能力通知的,由负责处理被继承人死亡事件的部门或基层组织通知。恶意隐瞒或者拖延通知被继承人死亡事实的继承人,给他人造成损害的,应当承担损害赔偿责任。"〔23〕上述规定,立法意义有三:一是对《继承法》第 23 条和《最高人民法院关于贯彻执行〈中华人民共和国继承法〉若干问题的意见》(以下简称《继承法意见》)〔24〕第 44 条内涵的法律精神的沿袭与发展;二是明确规定了继承开始通知的义务主体包括继承人、遗嘱执行人以及负责处理被继承人死亡事件的部门或基层组织,以利于责任的承担;三是界定了恶意隐瞒或拖延继承通知的继承主体的损害赔偿责任。即"人是自由的,并且应该对自己所做的事情负有道德上责任。即道德责任依赖于自由"。〔25〕其次,应界定继承开始时遗产的临时管理。"遗产继承,既体现出经济基础与上层建筑的关系,也体现出继承人与被继承人之间的伦理关系以及个人与社会之间的资源配置。"〔26〕为妥善处理遗产继承与义务承担之间的关系,《民法典·继承编》应对继承开始时的遗产管理进行界定与完善。即"继承开始后,遗产的占有人或者知道被继承人死亡的继承人应当作为临时保管人妥善保管遗产,遇有遗产易腐烂变质等紧急情况的,为了保全遗产的价值,可以对遗产予以合理的处分。无人继承或继承人不明的遗产,由负责处理被继承人死亡事件的部门或基层组织作为临时保管人。临时保管人负有向遗嘱执行人或遗产管理人报告遗产情况并移交遗产的义务。"〔27〕这一规定的立法意义有二:一是超越了《继承法》第 24 条的现行规定,明确了临时遗产保管人;二是将临时遗产保管人的职责界定为妥善保管遗产、保全遗产价值、合理处分遗产以及报告遗产情况、移交遗产。妥善保管遗产,就是有效保护继承主体及利害关系人的权益。同时,也可防止因遗产无人管理所导致的遗产的毁损、灭失、被隐匿或被侵吞等情形的发生。

2. 道德责任承担的保障。保障债权人的利益,是继承立法的道德责任,也是继

---

〔21〕 王歌雅:"论继承法的修正",载《中国法学》2013 年第 6 期。

〔22〕 王歌雅:"论继承法的修正",载《中国法学》2013 年第 6 期。

〔23〕 《民法典·继承编(专家建议稿)》第 60 条。

〔24〕 1985 年 9 月 11 日发布的《最高人民法院关于贯彻执行〈中华人民共和国继承法〉若干问题的意见》。

〔25〕 姚大志:"我们为什么对自己的行为负有道德责任?——相容论的解释及其问题",载《江苏社会科学》2016 年第 6 期。

〔26〕 王歌雅:"论继承法的修正",载《中国法学》2013 年第 6 期。

〔27〕 《民法典·继承编(专家建议稿)》第 62 条。

承主体及其利害关系人的道德义务。道德义务，常被界定为有义务去做的事，甚至被表达为所信奉的道德原则。即"一个人对某种行为是否在道德上负有责任，这取决于他是否违反了道德义务，而道德义务则是由表达了道德原则的理由规定的。"[28]为保障债权人的利益，应关注如下环节：一是遗产清单的制作。遗产清单，既是继承主体行使继承权的基础，也是遗产管理人分割遗产的保障；同时，也是债权人保障债权的凭证。为保障遗产清单制作得准确、清晰、全面，应对遗产清单的制作期间予以规定。如遗产清单制作错误，将损害继承主体及相关利害关系人的切身利益。对此，应明确赋予利害关系人通过司法程序更正错误的请求权。即"遗产管理人应当在就任后六个月内编制遗产清单。利害关系人有证据证明遗产清单错误的，可以请求人民法院予以变更。"[29]二是债权的通知与公告。继承开始后，继承主体与利害关系人难于在最佳时间把握继承开始的事实，而遗产管理人也难于在最佳时间把握全部债权人的信息与债权数量及种类。为保障债权人的利益，应界定债权通知与公告的主体、期间以及公告期间遗产管理人的非给付义务。倘债权人未在公告期间申报债权，则承担相应的失权后果。即"继承人或遗产管理人应当及时通知已知的债权人申报债权；自知道继承开始后的一个月内请求人民法院发布公告，催告未知的债权人申报债权。前款规定的公告期不得少于三个月。在公告期间内遗产管理人不得对任何债权人或受遗赠人履行给付义务，但为了遗产利益给付的除外。遗产债权人于公告期间内未申报债权，其他债务已经清偿的，仅就剩余遗产有受偿的权利；遗产已经分割的，仅就后发现的遗产有受偿的权利"。[30]三是遗产债务清偿的顺序。如何界定遗产债务的清偿顺序，关乎《民法典·继承编》的道德责任与社会责任。突破《继承法》第 34 条及其《继承法意见》第 61 条的立法及司法局限，并参考《破产法》等清算规则，可对遗产债务清偿顺序进行如下界定："遗产债务按照以下顺序清偿：①合理的丧葬费用；②遗产管理费或遗嘱执行费等继承费用；③被继承人生前欠缴的税款；④被继承人的生前债务及家庭债务中应当由遗产承担的债务。有证据证明遗赠扶养协议的受遗赠人履行了扶养义务的，与第 4 项债务处于同一顺位。被继承人的遗产不足以清偿遗产债务的，在遗产债务清偿前，应当为被继承人扶养的无劳动能力，又没有生活来源的继承人保留必要的遗产份额。"[31]上述规定的立法思考在于：一是继承费用关涉继承行为的完成以及继承主体及利害关系人的利益，其相关费用应作为首先应由遗产支付的费用；二是合理的丧葬费与继承主体的生养死葬义务密切相关，即便遗产不足以支付该费用，也应由法定继承人来承担；

---

[28] 姚大志："我们为什么对自己的行为负有道德责任？——相容论的解释及其问题"，载《江苏社会科学》2016 年第 6 期。
[29] 《民法典·继承编（专家建议稿）》第 71 条。
[30] 《民法典·继承编（专家建议稿）》第 73 条。
[31] 《民法典·继承编（专家建议稿）》第 75 条。

三是在遗产债务清偿时，即便遗产不足以清偿遗产债务，也应为"双缺乏"继承人保留必要的遗产份额。因为"家庭是社会的细胞，担负着养老育幼的职能。自然人生前所担负的扶养义务，在其死亡后应用其遗产来继续履行。因此，将遗产遗留给其家庭成员，特别是'双缺乏'人，是对'双缺乏'继承人的生活保障，也是对个人利益与公共利益的有效协调；是中华民族赡老育幼美德的实践，也是为国家、社会排忧解难的体现。"[32]

继承道德责任的承担，仰赖于道德自律与法律规范。法律规范是道德自律的基础与前提，道德自律是法律规范的内化与升华。而构建严谨完备的继承法律制度与继承法律规范，方可为继承领域道德责任的承担提供路径与保障。同时，也可为继承主体与利害关系人提供权益自制与改革恶习的工具。

三、继承与创新

《民法典·继承编》的编纂，既是继承制度的法典化选择，也是《继承法》发展与完善的必由路径。在《民法典·继承编》的编纂进程中，如何处理继承与创新、立法与司法的关系，将成为民法典编纂成功与否的关键。在注重实现意志自由、承担道德责任的编纂理念的指引下，《民法典·继承编》的编纂，尚需在延续《继承法》中的切实可行的相关制度的基础上，通过关注继承诉求与域外立法例的发展趋势，客观设计继承制度与继承规范，以期实现继承制度的科学与严谨、系统与完善。

（一）完善丧失继承权的事由

在传统继承法领域，继承权的丧失，有广义、狭义之分。就广义而言，继承权的丧失，包括剥夺继承权、继承人的废除及特留份的剥夺。就狭义而言，继承权的丧失，仅指继承权的剥夺。[33]依《继承法》第7条规定而言，继承权的丧失，相当于传统继承立法中的剥夺继承权。即继承人由于实施了法定违法行为，而依法自然丧失取得被继承人遗产的权利。该继承权的丧失，乃是继承既得权的丧失，而非继承期待权的丧失。[34]

1. 丧失继承权事由的增补。《继承法》第7条规定的丧失继承权的事由包括四类：故意杀害被继承人的；为争夺遗产而杀害其他继承人的；遗弃被继承人的，或者虐待被继承人情节严重的；伪造、篡改或者销毁遗嘱，情节严重的。在上述事由中，前两项为丧失继承权的绝对事由，而后两项为丧失继承权的相对事由。自《继承法》实施以来，围绕继承权丧失的事由，学界一直存在两种争论：一是《继承法》所规定的丧失继承权的事由相对较窄，不能涵盖其他应界定为丧失继承权的相关事由。例如，隐匿遗嘱的；以欺诈或者胁迫的手段迫使或者妨碍被继承人设立、变更、撤销遗嘱的。上述情形均将制约或阻碍遗嘱人的自由意志，并将影响继承的形式公

〔32〕 王歌雅："论继承法的修正"，载《中国法学》2013年第6期。
〔33〕 蓝承烈、杨震主编：《继承法新论》，黑龙江教育出版社1993年版，第39页。
〔34〕 蓝承烈、杨震主编：《继承法新论》，黑龙江教育出版社1993年版，第60页。

平与实质正义。二是关于丧失继承权的相对事由的界定并非衡平、客观。尽管有关丧失继承权的相对事由的界定源于立法政策的指导，但如何通过立法改革或规范设计达到矫正继承人主观恶意的目的、规范继承行为、维护继承秩序，依然是继承立法的目的。因此，应适当扩大丧失继承权的相对事由。即除故意杀害被继承人原则上绝对丧失继承权外，其他情形均可在符合法定条件的前提下作为丧失继承权的相对事由，可不确认其丧失继承权或确认其回复继承权。为此，《民法典·继承编》可作如下规定："继承人有下列行为之一的，丧失继承权：①故意杀害被继承人的；②为争夺遗产而杀害其他继承人的；③遗弃被继承人或者虐待被继承人情节严重的；④伪造、篡改或者销毁、隐匿遗嘱的；⑤以欺诈或者胁迫的手段，迫使或者妨碍被继承人设立、变更或者撤销遗嘱，情节严重。继承人因前款第3、4、5种情形丧失继承权，如经被继承人宽恕的，可不确认其丧失继承权。因前款第1种情形，而继承人不具备完全民事行为能力，或者未造成严重后果、确有悔改表现的，经被继承人宽恕，可以确认其继承权回复。被继承人知道继承人存在丧失继承资格的事由，仍然在遗嘱中指定其为继承人的，视为宽恕，但存在为争夺遗产而杀害其他继承人，或者完全民事行为能力人故意杀害继承人后果严重的除外。"〔35〕如何在发挥法律的惩戒功能与尊重被继承人的意志之间寻求衡平，应属《民法典·继承编》编纂的重要事项之一。

2. 丧失继承权效力的增补。关于丧失继承权的效力，学界争论主要二：一是继承权丧失的事由是否准用受遗赠权的丧失；二是丧失继承权的效力是否溯及继承开始。为完善继承权丧失的制度体系与法律规范，《民法典·继承编》应作如下规定："继承权丧失的事由准用于受遗赠权的丧失。继承人丧失继承权的，其效力溯及继承开始之时。"〔36〕其立法意义体现在两方面：一是回应民众的诉求。受遗赠人是继承人以外的人，其与遗嘱人不具有法定的扶养关系。受遗赠人如果实施有关"丧失继承权"的法定事由，既构成犯罪行为或侵权行为，也将伤害遗嘱人及其继承人的情感，有违公序良俗与诚信风范。剥夺其受遗赠权，吻合道义与人伦精神。二是回应司法实践的疑问。在社会生活中，丧失继承权的事由，通常发生在继承开始之前或之后。发生在继承开始之前者，将引发丧失继承权的后果；而发生在继承开始之后者，法学界和实务界素有争议。倘丧失继承权的效力不溯及继承开始之时，则丧失继承权的立法目的无以实现。即依据当然继承原则，继承开始之时，遗产权益即概括转移给被继承人，故继承人丧失继承权的效力，应溯及继承开始之时。该规定吻合将继承权划分为既得继承权与期待继承权的基本理论，且其丧失继承权是指既得继承权的丧失。

---

〔35〕《民法典·继承编（专家建议稿）》第11条第1、2、3、4款。
〔36〕《民法典·继承编（专家建议稿）》第11条第5、6款。

（二）更新遗嘱的形式与效力

遗嘱的形式与效力，是《民法典·继承编》编纂进程中的重要环节。"为实现遗嘱自由、完善法律规制、确保遗嘱制度的体系化、适用化与科学化，"[37]应更新遗嘱的形式与效力。因为，"遗嘱形式属于遗嘱的形式要件，遗嘱形式有效并不意味着遗嘱内容有效，它仅表明可以执行遗嘱，但不意味着必定执行遗嘱。"[38]

1. 增加遗嘱形式。伴随民众继承观念的提升，通过遗嘱处理自身财产和身后事务的意识逐步增强。如何以简便的方式承载明确的遗嘱意愿，既是民众的继承期待，也是继承立法完善与前行的必然要求。而丰富遗嘱形式，成为《民法典·继承编》的应然选择。即在保留《继承法》所规定的原有五种遗嘱形式的基础上，兼顾社会生活需要与民众操作遗嘱的便利，适当增加、丰富遗嘱形式，为民众拟定、操作遗嘱预留自由空间。即"增加打印遗嘱、电子数据遗嘱、录像遗嘱、密封遗嘱。同时，规制遗嘱设立的要件与程序"。[39]增加遗嘱形式，"有助于促进遗嘱继承制度的发展，保障民众利用遗嘱形式处分财产的权利，实现意思自治。"[40]

2. 完善遗嘱的设立要件与程序。不同形式的遗嘱，其成立要件不同。鉴于《继承法》对遗嘱形式成立要件规定的简洁与欠缺，应对不同形式遗嘱的成立要件予以完善：一是打印遗嘱。即"通过打印机打印的遗嘱，应当有两个以上见证人在场见证。遗嘱人和见证人应当在遗嘱每一页内容的结尾处签名，注明年、月、日和遗嘱的页数。打印遗嘱没有前款见证人，但能够证明为遗嘱人真实意思表示的，不影响遗嘱的效力"。[41]二是录音、录像遗嘱。即"以录音、录像形式设立的遗嘱，应当有两个以上见证人在场见证。录音、录像遗嘱中应当有对录制日期、地点、见证人姓名的说明和见证人自愿做见证的说明。录音、录像遗嘱作成后，应当当场密封，并由遗嘱人、见证人在密封处签名或按指印，注明年、月、日。遗嘱人不能签名的可由本人按指印"。[42]三是密封遗嘱。即"遗嘱人可以将自书遗嘱、代书遗嘱、录音录像遗嘱密封后，交与公证机关、律师事务所、有关组织机构或个人保存。遗嘱保存人应当向遗嘱人交付遗嘱保存证书。遗嘱保存证书应当记明遗嘱提交的日期，并由保存人签名或加盖公章。遗嘱人和遗嘱保存人应在遗嘱密封处签名或加盖公章。遗嘱人不能签名的可由本人按指印。被密封的遗嘱不符合自书、代书、录音、录像等遗嘱形式，但符合密封遗嘱形式的，不影响其效力。密封遗嘱形式上有瑕疵、被不当开启或被返还给遗嘱人，但符合自书、代书、录音、录像遗嘱方式的，按照相应

---

[37] 王歌雅："《继承法》修正：体系建构与制度选择"，载《求是学刊》2013 年第 2 期。

[38] 郭明瑞："论遗嘱形式瑕疵对遗嘱效力的影响——兼论遗嘱形式的立法完善"，载《求是学刊》2013 年第 2 期。

[39] 王歌雅："论继承法的修正"，载《中国法学》2013 年第 6 期。

[40] 王歌雅："论继承法的修正"，载《中国法学》2013 年第 6 期。

[41] 《民法典·继承编（专家建议稿）》第 23 条。

[42] 《民法典·继承编（专家建议稿）》第 24 条。

的遗嘱方式确定效力"。[43]四是口头遗嘱。即"遗嘱人在危急情况下，可以设立口头遗嘱。口头遗嘱应当有两个以上见证人在场见证。危急情况解除后，口头遗嘱自遗嘱人能够用其他方式设立遗嘱之时起，经过三个月失效。见证人应当及时将口头遗嘱作成记录并签名，注明年、月、日"。[44]在上述遗嘱的制作过程中，"如有增减、涂改而变更遗嘱内容的，应在增减、涂改之处另行签名或按指印，否则变更部分不生效力"。[45]对遗嘱要件的完善，便于建立形式合法的遗嘱，实现遗嘱人的自由意志。

3. 完善遗嘱效力。《继承法意见》第 42 条虽赋予公证遗嘱在五种遗嘱形式中具有效力优先的地位，但公证遗嘱的撤销与变更则具有程序上的繁琐与苛刻，不利民众制定、撤销、变更遗嘱。因而，应"改变公证遗嘱的最高效力位接，构建多种遗嘱形式效力平行的格局"。[46]即"遗嘱人可以另立遗嘱明确表示撤回、变更自己先前所立的遗嘱。遗嘱人故意销毁遗嘱的，视为撤回。设立遗嘱后，遗嘱人实施与遗嘱内容相反的行为，视为对遗嘱相关内容的撤回。立有数份遗嘱，内容相抵触的，以最后的遗嘱为准，前遗嘱抵触部分视为撤回"。[47]同时，应对遗嘱的相对无效事项予以规制。即"遗嘱中没有注明年、月、日的，只有存在其他遗嘱且不能确定设立先后时，或不能判断遗嘱能力时，才可认定遗嘱无效。见证人对口头遗嘱没有记录、代书或打印的遗嘱没有标明页数、没有在每一页签字的，只有在对遗嘱内容的确定和真实性判断产生实质影响时，才可认定遗嘱无效"。[48]因为，"认定遗嘱形式是否符合要求，一般只涉及继承人及受遗赠人利益，而不涉及社会利益和其他人利益。也正因为如此，若当事人对于遗嘱的形式是否符合要求并无争议，不论该遗嘱是否符合规定的形式，他人无权主张该遗嘱因形式不合要求而无效，人民法院也不应主动审查遗嘱形式是否符合要求"。[49]

（三）补益遗赠扶养协议规范

遗赠扶养协议，是《继承法》独具特色的制度，具有赡老育幼的功能。在人口老龄化、老人赡养扶助面临严峻挑战的社会背景下，充实完善该制度具有现实意义与社会意义。即赋予有能力扶养者以道德义务与社会责任，并激励其完成既定扶养目标，方能享有获得遗赠的权利。这既是公平的，也是道德的。

1. 完善遗赠扶养协议的订立。《继承法》第 31 条规定了遗赠扶养协议，明确了

---

[43] 《民法典·继承编（专家建议稿）》第 26 条。

[44] 《民法典·继承编（专家建议稿）》第 27 条。

[45] 《民法典·继承编（专家建议稿）》第 29 条。

[46] 王歌雅："论继承法的修正"，载《中国法学》2013 年第 6 期。

[47] 《民法典·继承编（专家建议稿）》第 30 条。

[48] 《民法典·继承编（专家建议稿）》第 31 条。

[49] 郭明瑞："论遗嘱形式瑕疵对遗嘱效力的影响——兼论遗嘱形式的立法完善"，载《求是学刊》2013 年第 2 期。

种类与效力，但仍有欠缺。为保障民众依法订立遗赠扶养协议的权益，应补益该制度设计的不足，填充立法欠缺。即"自然人可以与自然人、法人或其他社会组织订立遗赠扶养协议，约定由扶养人对遗赠人承担扶养义务，扶养人享有在遗赠人死亡后取得协议约定的财产的权利。协议没有具体指明遗赠财产范围的，视为遗赠全部财产。订立遗赠扶养协议的主体须有完全民事行为能力。遗赠扶养协议应当以书面的形式订立"。[50]上述规定的立法意义有三：一是延续《继承法》的传统规定，扶助民众完成生养死葬的现实需要与民俗需要。二是拓宽扶养渠道。即将法人或其他社会组织纳入其中，有助于增加遗赠扶养协议的主体，调动社会养老机构、民间救助机构的积极性，推进我国养老事业的发展，提升老人、残障人士等的生存质量与人格尊严。三是明确扶养与遗赠的范围。扶养，包括生活照料与精神抚慰，是身心的高度统一。遗赠，有约定从约定，无约定则视为遗赠全部财产。

2. 规范遗赠扶养协议的解除。《继承法》对遗赠扶养协议的解除未作明确规定。尽管《继承法意见》第 56 条规定了相关内容，但依然未全面规范遗赠扶养协议的履行与解除。为解决遗赠扶养协议纠纷，督促当事人履行义务，应规范协议的履行与解除行为，以弥补立法不足。即"扶养人无正当理由不履行扶养义务的，遗赠人有权解除协议，扶养人不能享有受遗赠的权利，已经支付的扶养费用一般不予返还。由于遗赠人的原因使遗赠扶养协议无法履行的，扶养人有权解除合同，已经支付的扶养费用应当予以返还。因其他原因致遗赠扶养协议实际上未履行的，扶养人不能取得遗赠财产"。[51]其立法意义有三：一是明确遗赠扶养协议的解除事由；二是明确遗赠扶养协议的解除后果；三是贯彻了权利与义务相一致的精神。即遗赠扶养协议决定了主体的义务与权利。而当一方主体违反了义务或没有能力继续履行义务时，应解除该协议，这是公平的法律观与道德观。

综上，《民法典·继承编》的编纂，既是继承法现代化的必然要求，也是继承制度法典化的应然路径。关注我国继承立法的渊源，把握《民法典·继承编》的编纂策略，建构科学严谨的继承制度，才能推动我国继承立法的发展，满足民众的继承需求。而民众的继承行为必须建立在法律规范的基础上。即"一个人只有具备评价客观的'真和善'的规范能力，他才能出于正当的理由去做正确的事情"。[52]因为，"自由和道德责任都基于客观的价值"。

---

[50] 《民法典·继承编（专家建议稿）》第 53 条。

[51] 《民法典·继承编（专家建议稿）》第 54 条。

[52] 姚大志："我们为什么对自己的行为负有道德责任？——相容论的解释及其问题"，载《江苏社会科学》2016 年第 6 期。

罗马法中的"死因继承"模式

◉ ［意］Riccardo Cardilli [*] 著

许剑波^{**} 译

一、现代民法典的继承模式及其思想

当今世界上的现代民法典，大多数采用混合继承模式，该模式是糅合遗嘱继承和法定继承的立法选择。这两种继承在死因概括继承人（successore universale）的确定形式上有所区别。

遗嘱继承表现依个人意愿选择本人继承人（erede）的力量，如今各国法律制度中均通过某些形式来限制因死亡而产生的效果，这些表达意愿的形式表现多种多样。法定继承指的是一种绝对继承次序（尽管有些法律对继承主体的次序安排不同：子女，配偶，同居者，兄弟姐妹，父母等），它是符合一定社会习惯的绝对继承次序。遗嘱继承的存在并不意味着法定继承有缺陷，法定继承是最能反映社会意识的制度，它受社会、宗教、政治情感等等不同因素的深刻影响。

混合继承模式中的两种继承形式彼此不存在优先性。虽然在资产阶级法典时期确定了遗嘱自治原则，但是法典（在可变的范围内）通过一些强制性规定对该原则作出限制，以支持与被继承人存在某种关系的一类人，以免他们被排除在继承范围之外。

事实上，19 世纪下半叶的资产阶级私法完全"遗忘"了非财产性的继承内容，而只强调财产性的继承内容，并融合潘德克顿体系的意愿说。因此作为单方法律行为的遗嘱在当时受到强调和关注。

同样，卡尔·马克思也认为，私有财产制度和遗嘱继承制度，两者都属于保护和加强资产阶级的法律功能框架。就像欧洲古代制度里，通过实行法定继承保护地主贵族财富。

和社会主义国家消灭私有财产的做法不同，以个人性财产和生产性财产的区分为基础，死因继承保护了前一种财产利益，而没有保护后一种。

　＊ 里卡尔多·卡尔迪利（Riccardo Cardilli），意大利罗马第二大学法学院教授。

＊＊ 许剑波，意大利罗马第二大学法学院博士研究生。

二、混合模式与罗马裁判官作用

罗马裁判官由人民直接选举产生，被皇帝授予权力以行使裁判权。在公元前3世纪到公元2世纪期间，裁判官制度是罗马法产生的基本来源之一。

裁判官建立了混合继承模式，首次将两个古老的继承形式（遗嘱和法律）融合在一起。

在罗马法渊源里，继承人（erede）和遗产（eredità）概念是市民法的基本概念，因此裁判官没有权力指定某人是继承人（erede）或者具有取得遗产（eredità）的权利。但是，裁判官逐渐确认了一类主体，他们可以通过裁判官的授予获得继承财产，即在一定条件下可以违反市民法上有关继承人（erede）的规定。

这个新的来源于裁判官的法律制度，便是遗产占有，它包括三个主要形式：据遗嘱的遗产占有、无遗嘱的遗产占有和违背遗嘱的遗产占有。通过裁判官司法权的行使，这种新的继承法以法定继承和遗嘱继承双重结构为基础，被纳入市民法继承体系。

面对现实社会的新需求，裁判官法通过遗产占有制度，采用了将两种形式融合的折中办法：虽然存在有效遗嘱，但在遗嘱之外规定绝对继承范围。

如笔者所言，这种要求自治的遗嘱行为中必须留有绝对继承人遗产（eredità）配额的新模式（为了方便起见，我们可以将混合模式认为是遗嘱继承和法定继承的混合），被纳入在优士丁尼法典有关继承法的统一内容中，并且为后来的继承法在民法典中的发展奠定了基础。

在罗马法中，混合模式是完全不同的第三类模式，该模式在罗马法传统中得到了发展。在不同的民法典中，法律对混合模式的具体规定各有差异。比如拉美民法典。还比如意大利民法典关于特留份继承人的立法规定（不能将特留份继承同法定继承、遗嘱继承相混淆）。中国1985年《继承法》中规定了必留份制度，该制度并没有从外部限制通过遗嘱以确定继承人（erede）的自治权，但它从内部限制了遗嘱人的意愿安排，它要求遗嘱确立的继承人必须属于法律规定的继承人范围。（第16条："公民可以立遗嘱将个人财产指定由法定继承人的一人或者数人继承"）。

三、处于法（ius）和法律（lex）之中的死因继承模式——需要深入讨论死因继承中两种对立形式（遗嘱继承和法定继承）的传统根源

公元前754年–公元前3、2世纪的建城期间，通过强有力的法律一体化进程，罗马市民社会的法律（ius civile）形成。罗马并不是一个现代意义上的国家，但它建立了以政治自愿原则为基础的多种族（拉丁人、萨宾人、翁布里亚人、伊特鲁里亚人）人类社会，这些种族拥有不同的语言、军事制度、经济情况和宗教习俗。因此，对城邦建设而言，抛开这些种族渊源而建立一个面向所有市民的共同法，实属困难。

国王和祭司团，尤其是祭司，在制定共同的市民法过程中作出重要贡献。

我们可以发现，罗马法时代存在大量前市民化的法律（iura precivici，更确切地说是一种习惯），它以法律面前市民地位平等化斗争为基础。我们可以在贵族统治阶

级（贵族）与新兴贫困市民阶层间的政治冲突中，找到这种平等化斗争的根源。

市民法中市民平等化的确立，其实质上意味着产生于种族群体习惯、被认为用以调整社会关系的法律原则对所有市民的接纳。

罗马继承法同样具有上述市民法特征。自古风时期起，罗马继承法就表现出遗嘱继承和无遗嘱继承两种模式的二元论特点。这种二元论，一方面显示了家父有权决定在其死后谁人继任其位的无上权力和自治性，另一方面，二元论保留了一种不容改变的规则，即尊重以家子们是平等继承人（erede）为核心的家族传承。

从学说上看（Franz Wieacker），二元论反映了具有父权性和权威性的模式与具有团体性和占有性的模式这两种对立逻辑，在整合了不同风俗习惯的市民法古老制度之下，两者存在冲突。

我们还可以从政治经济的角度，分析这两种具有不同文化的继承形式。一方面，具有父权性和权威性的模式产生于好战且具有贵族阶级性质的团体（团体可以指氏族，也可以指家庭），另一方面，具有团体性和占有性的模式是农民文化的产物。这两种继承模式不可避免地发生冲突，但又以彼此为依据。家父或者能够通过自治且有效力的方式为家庭指定继承人，或者家父没有这种权力，由其子、兄弟或家庭一员在他死后接替他的位置。

此外，还存在一个未言明的原则背景，从过去到现在，它始终在罗马法法律传统中占据重要地位。依据该原则，人的自然死亡并不会终结他的法律生命，法律生命可以在其死后延续。法律拉丁语上将此称之为承继（sub-cedere），即跟随（seguire）、接替（subentrare）。

自然死亡并不意味着法律生命的终结，它并不是一些学者所认为的那样，是一种人死之后的法律人格；在罗马法上，它是死者在法律上的延续，是被法律在继承范围内保护的。

实际上，《十二铜表法》前的习惯表现了有关这两种继承形式的历史辩证，我们可以从《十二铜表法》中找到具有意义的解决办法。

XII Tab. V. 4 – 5

4. SI INTESTATO MORITUR, CUI SUUS HERES NEC ESCIT, ADGNATUS PROXIMUS FAMILIAM HABETO.

Se muore senza testamento chi non ha un erede suo, abbia la famiglia il parente prossimo.

5. SI ADGNATUS NEC ESCIT, GENTILES FAMILIAM HABENTO.

Se non c'è il parente prossimo, abbiano i membri della gens la famiglia.

《十二铜表法》第五表第4、5条：

第4条：某人在无继承人且未订立遗嘱的情况下去世，他的家属为其近亲。

第5条：如果没有近亲，其氏族成员为继承人。

《十二铜表法》（451 – 450 a. C. ）完全能代表我们上述谈论的古代继承模式复杂性。古代法上这两种对立的死因继承制度，有关它的冲突解决办法罗马法学者众说纷纭。他们从一种演化的观点推断，认为家子的绝对继承或许是最古老的制度，遗嘱仅在没有家子的情况下介入。又或许，遗嘱是最古老的制度，根据遗嘱的历史优先权，只有在缺乏有效遗嘱的情况下，才选择无遗嘱继承作为一种可适用的替代制度。

在笔者看来，这种从历史线性演化角度作出的解释，没有考虑到历史并非是单纯的线性演化。实际上，由《十二铜表法》确定的制度，似乎表明了父权继承模式的优先性，这个模式确定了通过遗嘱指定继承人（erede）的自由。也就是说，只有在某人死前没有订立遗嘱（si intestato moritur）的情况下，才能采用由法律规定的绝对继承次序（第一顺位继承人，近亲属和氏族成员）。与罗马继承法后来出现的制度不同，即裁判官规定对与被继承人有配偶关系或血缘关系的人提供绝对保护，即使他们在遗嘱中被剥夺了继承权；古罗马继承法规定的是两个平行但相互对立的制度，且遗嘱继承形式具有优先地位。

四、遗嘱继承模式

在共和时期，罗马法的三种遗嘱类型是：公共遗嘱、军事遗嘱和司秤遗嘱，之后这三类遗嘱被修改为：裁判官遗嘱、皇帝遗嘱和教会遗嘱。

继承人（erede）的设立被认为遗嘱的起源和基础[1]，被继承人最先作出的意思表示便是继承人（erede）的设立（随后还有遗赠、监护等内容），它是遗嘱的基础目标和理由。订立遗嘱最重要的原因和本意就是人为地确立继承人（erede）。而自权人收养（adrogatio，即一个自权人被另一个自权人收养）则是人为地创造一个家子。

自权人收养这种非常古老的制度，它在库里亚民众会议中举行。和会前遗嘱不同，人为地创造自己家子的意思表示需要向民众会议作出提案。大祭司在民众会议上所说的话，展示了人民为求建立某一种法律关系的意愿，这种建立法律关系的力量可以从 velitis iubeatis（意为：想要什么，要求什么）[2]中看到。

这种在民众会议上创造家子的行为，它并不关注两个家父的意愿，它考虑的是，在法和法律上，确认张三变成李四家子的民众意愿。这种被确认的法律资格视同自然资格（uti… quam si ex eo patre matreque familias ius natus esset）。自权人收养带来的最严重后果是家父拥有决定其生死的权力，它和古罗马从家子出生时起家父就对家子拥有的权力相同。自权人收养的程式（Haec ita, uti dixi, ita vos Quirites rogo）很有可能和会前遗嘱程式（ita do ita lego ita testor itaque vos Quirites testimonium mihi per-

---

[1] 罗马法中需要区别 erede 和 successore，erede 包括财产和身份的继承，但是 successore 只包括财产方面下的继承人。所有的 erede 都是 successore，但不是所有的 successore 都是 erede。

[2] 在古罗马民众会议上，大祭司向民众会议和收养人说，你要什么，要求什么？（cosa vuole? cosa comonda?）然后民众会议和收养人做具体说明。

hibetote；Gai 2，104）不同[3]。因此笔者认为，Aul. Gell. XV，27，3 中所言的因会前遗嘱而集合于民众会议的市民（in populi contione），他们是家父遗愿的见证人，其意见不能决定家父的遗愿。然而，在自权人收养中，市民的意见表示具有确立性，这种确立性是一种经市民通过便成为法律的一类法律的基本特征。

市民在会前遗嘱和自权人收养两种模式中不同角色，表明了将两种具有不同实质效果行为相连接的法律障碍。以人为地创造家子为内容的自权人收养制度目的，是设立一位家父对另一位家父的父权，而该家父即被收养人自动地失去其自权人的身份，依法变成收养人的家子。因此，自权人收养制度触及一种绝对的宪法原则，这种宪法原则包括对家子的家父权和城邦政治组成两个内容。

但继承人的设立（erede）没有这种需要。如果比较 Gai. 2，117 中继承人（erede）的设立仪式（solemnis institutio）和 Gai. 2，127 中剥夺家子继承权的程序，我们能发现被继承人意愿的确立性。这种确立性是确立自己继承人（erede）的权力，不需要将民众的同意作为必要条件。继承人的设立（erede）这种单一结构，在全体市民对其情况已经知晓的基础上，依会前遗嘱中被继承人的确立性意愿而设立：ita do ita lego ita testor itaque vos Quirites testimonium mihi perhibetote.

自权人收养和会前遗嘱程式的时间地点仪式化，使学者们认为两者之间存在一种强烈的历史联系。他们认为会前遗嘱有可能是从死因自权人收养这种更古老的制度而来。这种联系貌似涉及家子设立（即继承人设立）中行为功能的转化。之前为了设立继承人（erede），必须收养死因自权人，但后来可直接通过会前遗嘱确定继承人（erede）。如此，死因收养中继承人的设立不再需要创造一个家父父权，行为仪式因此也发生了变化。

称铜式遗嘱是会前遗嘱之后的遗嘱形式。称铜式遗嘱并没有摒弃程式和具有公开作用的民众参与，但它对形式有所简化，且保留五个成年罗马人见证的规定（Gai 2，105），还有遗嘱当事人和司秤的参加。这种称铜式行为（gestum per aes et libram）符合要式买卖（mancipatio）的程序，在满足死因功能的同时保留了本身的形式规则。

继承人的设立（heredis institutio）是会前遗嘱的核心内容，结合穆齐（Q. Mucio）在《十二铜表法》第 5 表第 3 条中指出的最高权威（latissima potestas，Pomp. l. 5 ad Q. Mucium D. 50，16，120）以及遗赠制度，笔者认为，称铜式遗嘱程式和十二表法相关内容彼此间具有非常重要的关系。

需要强调的是，在《十二铜表法》时期，设立遗嘱就被视为一种法（ius），而且它和祭司团规定的会前遗嘱规则有关，因此它早在法律（lex publica）确认前就已存在。这种观点可以由盖尤斯《法学阶梯》中的一些片段做支持：

---

[3] Haec ita, uti dixi, ita vos Quirites rogo 在这种程式中，大祭司向民众会议作的是一个提案，（ita do ita lego ita testor itaque vos Quirites testimonium mihi perhibetote；Gai 2，104）大祭司要求民众会议做见证人。

Gai. II, 115~117

为使遗嘱在市民法上有效，仅仅上述提到过的家产买卖、证人和遗嘱公告是不够的。首先需要审查的是：继承人（erede）的设立需要采用惯例的要式方式。如果不是这样设立的，家产买卖不会发生效力，而且参加的公证人或者公告遗嘱，也毫无效用。此外，设立继承人（erede）的要式程式是："提兹是我的继承人（erede）。"

为了使称铜式遗嘱在市民法的范围内有效，仅满足要式买卖的语言和行为要求远远不够，通过公告（nuncupatio）表明本人意愿也不足够。对此，盖尤斯强调，继承人（erede）的设立需要采用继承人设立的神圣程式（ante omnia requirendum est, an institutio heredis solemni more facta sit），它是遗嘱的起源和基础。遗嘱的有效条件之一，就是遗嘱应该按照市民法的规定设立（Gai. II, 114）。

继承人的设立（erede）是会前遗嘱的基本规定，且盖尤斯提到的神圣习惯（solemnis mos）具有重要作用。实际上，家庭要式买卖的形式对称铜式遗嘱有影响。对此，不管称铜式遗嘱是否按照死因公告（nuncupatio mortis causa）的形式，毕竟这种形式是符合《十二铜表法》第四表第1条和第五表第3条"按照法律（legem publicam）对家产买受人（买主）有约束力"的要求，但无论如何，称铜式遗嘱的神圣仪式符合习惯。

在称铜式遗嘱中，即在称铜式行为中清楚明确作出的公告，被继承人通过遗书作出的遗愿具有约束力的原因，是因为它符合《十二铜表法》的内容（secundum legem publicam：… ita ius esto [tab. V, 3 e tab. VI, 1]）。这种内容的基础是早期对遗愿有规定的习惯法（尤其是关于继承人的设立，和下文会谈到的遗赠）。而《十二铜表法》前的神圣习惯，是按照祭司团有关会前遗嘱的内容而形成的。

这种新的死因称铜式行为，给当时的法（ius）带来"颠覆性"的变化（其导致很多更加古老的遗嘱类型消失），祭司们从两个互相联系的角度对该行为进行审查。一方面，他们在法律（lex publica）基础上求证这种遗嘱的法律重要性，而没有在他们创造的市民法规定，如会前遗嘱和军事遗嘱等典型行为中求证。另一方面，他们审查这种遗嘱的法律重要性与《十二铜表法》前市民法之间的协调，因为后者要求通过神圣习惯表达主观性目的，且这种主观性目的是按照十二铜表法前市民法的规定来限定行为效果。对符合法律（lex publica，《十二铜表法》第六表第1条和第五表第3条）、遵循继承人（erede）设定的古老形式这两个要求，称铜式行为的程式能够充分满足。

对此，笔者对上述所言作出一些总结。遗嘱具有自主决定其继承人（erede）的根本作用。设立继承人（erede）的意愿是家父的确立性意愿，社会不能对其进行干预和限制，但必须为社会所公开和了解。剥夺家子继承权的程式是设立他人为继承人（erede）的前提，因为在古罗马文化中，根据具有父权性和权威性的模式，家子是当然的继承人（erede），但家子继承这种制度并不是绝对的，反而可以通过家父意愿以变更继承人。

五、第一顺位法定继承人（erede）、无遗嘱继承和罗马家庭

《十二铜表法》中的第一顺位法定继承人制度，一方面强调了第一顺位法定继承人排除近宗亲属，另一方面强调了继承人（erede）与近宗亲属或氏族成员的地位不同。

鉴于剥夺家子继承权程式的重要性，我们可以将第一顺位法定继承人认为是家子。第一顺位法定继承人制度可能无法真正地引起继承，但是它触及了家父死后古代家庭延续性文化的根基。《十二铜表法》已规定：如果家父去世时没有订立遗嘱，且没有第一顺位法定继承人，那么家庭的身份与财产由被继承人的近宗亲属和氏族成员继承。

因此，这两种相互作用的继承形式，因为家子第一顺位法定继承人资格的可变更性，如果通过遗嘱想设立另一个继承人（erede），需要先在社会面前进行剥夺家子继承权的程式。该程式特别重要，并从因果方面限制任意性。

六、罗马传统和概念的重要性：继承人（erede）、遗产（eredità）和继承制度（successione）

最后，笔者对一些术语进行分析。罗马法原生核心是继承人（erede）地位，从继承人（erede）这种概念基础上衍生出遗产（eredità）概念。

继承人（erede）和遗产（eredità）具有法律宗教的含义，它们意味着在家父死后家子是继承人（erede）。就家子的法律地位而言，似乎它并不是一成不变的，家父可以通过剥夺家子继承权的自治行为来改变其继承地位。

也就是说，在民众会议口头会前遗嘱中，家父可以剥夺家子的继承权（如果存在家子，那么对家子继承权的剥夺是遗嘱有效的条件），而且家父可以通过个人意愿另选他人作为继承人（erede）。

因此，继承人（erede）的法律宗教地位是法律宗教集合体的表现，其特点并不是财产性，而是法律宗教性。从这一点来看，遗产（eredità）也具有相同的内涵，在古代法中财产性只是遗产（eredità）的一方面（甚至不是最重要的一方面）：遗产是一种高度复杂的法律宗教概念，其特征在于它的法（ius）内涵而不是它的物质组成（Gai. 2，14）。盖尤斯在一个片段中给出了具有意义的定义，该定义之后被收录到优士丁尼《学说汇纂》法律词汇一卷当中。

Dig. 50. 16. 24

Gaius 6 ad ed. provinc.

Nihil est aliud "hereditas" quam successio in universum ius quod defunctus habuit.

盖尤斯给行省告示第 6 卷：

遗产是死者所拥有的在法律范围内的继承内容。

　　有意思的是，这种形成于罗马法基本法律传统中古老且长久的术语（继承人 erede 和遗产 eredità），对两种古老的继承形式都通用。

　　这两个术语属于习俗化、前市民化的古代罗马法律文化，这种文化的复杂性被概括在伟大的市民法之中。

　　而继承（successione）这一概念，是古典法学家解释复杂继承模式的产物，古典法学家们确定了继承（successione）的统一概念，以满足涉及人类死亡法律问题的复杂认知。

六、民法典与刑法

犯罪行为是债的发生原因吗?

——从"罗马法私犯"到"我国刑事责令退赔"的思考

◉姜　瀛*

摘要: 从罗马法私犯概念出发,我们可以发现犯罪与侵权行为的密切关联,犯罪行为属于债的发生原因。然而,我国的刑事退赔制度将债权救济简化为刑事执行措施,表现出刑法对私法的强制干预,这种干预不当地限制了被害人所享有的债权及其救济途径,致使被害人的债权难以得到全面保护,从实质上改变了债的品性。我国被害人财产性救济的制度完善,首先应当回归到债法的基本原理。现有的责令退赔制度应被解释为一种保护被害人利益的便利措施,在犯罪人认罪认罚且被害人认可退赔数额的情况下才具有可执行性。责令退赔制度无法从根本上否定被害人通过司法诉讼途径寻求债权救济的正当性。

关键词: 犯罪行为;侵权之债;罗马法私犯;刑事退赔

刑法以法益保护与人权保障为基本目标,定罪与量刑成为刑法之核心内容。然而,从维护社会整体利益的角度出来,犯罪损失的挽回与被害人的救济也属于刑事法治建设中的重要一环。近年来,最高司法机关出台了一系列司法解释,试图进一步明确被害人救济的实践操作。然而,问题并没有从根本上解决。一些学者与司法实务人员开始对我国被害人救济问题进行反思,围绕着责令退赔制度、附带民事诉讼制度以及二者关系提出若干意见。应当看到,目前的研究集中在发现"制度缺陷"与寻求"制度完善",研究多是从刑事执行的角度来探讨被害人救济问题。由于研究未能从民事权利的视角来作出思考,因而无法触及问题的根源。在本文看来,实践中的系列问题乃是源于理论困惑,有必要立足于债法原理对刑事责令退赔制度作出新的思考。

一、罗马法私犯的简要考察

从罗马法私犯概念出发,我们可以发现犯罪与侵权行为的关联性与同一性。事实上,这种关联性与同一性在多数大陆法系国家都保持着,但我国在完善被害人救济制度的过程中,这种本质上的关联性与同一性却逐渐被忽视了。

---

* 姜瀛,法学博士,大连理工大学法律系讲师,大阪大学访问学者。

　　不同时期的罗马法对私犯的理解存在一定的差异。盖尤斯在其《法学阶梯》里明确记录："现在我们转向债，它要么从私犯产生，有如某人实施盗窃、抢劫财产、致人损害、侵辱他人。在所有这些情况中，债都是一种，而因契约产生的债分为4种"。[1]在优士丁尼时期，私犯的范围涉及四种主要的形式：盗窃、抢劫、损害与侵辱。同时，因私犯所产生的诉讼，被区分为罚金之诉、损害赔偿之诉和混合之诉。从现代法律观念来看，罚金之诉属严格的对人之诉，属刑事性质，诉权不能转移。损害赔偿之诉属对物之诉，属民事性质。因此，受害人在提起罚金诉时，也可同时提起损害赔偿之诉，即混合诉。[2]以盗窃为例，罗马法上的盗窃是以获利为目的，欺诈地窃取他人的可动物，或者经被窃人同意而持有物品的人非法使用或非法侵吞该物。在优士丁尼法中，人们将盗窃区分为窃取、窃用和侵占三种。对于盗窃，受害人可选择提起"盗窃之诉""损害赔偿之诉"或"返还所有物之诉"。[3]

　　同时，私犯的法律后果表现出一种变化发展的过程，是由复仇到罚金到赔偿的发展过程。这一过程的发展是渐变的，出现过复仇与罚金并存，也可能是罚金与赔偿同在。在《十二铜表法》时期，私犯中受害人的复仇权利交由法律来规定而不再由私人之间解决，形成了私犯中罚金的法律后果，具有了财产性惩罚性质。随后，私犯的另一法律后果出现了，即赔偿。有观点认为，"私犯后果的罚金向赔偿过渡是不明显的，甚至于在赔偿金出现之后，它与罚金并存的局面就再没有完全消失过"。[4]事实上，当对于共同体内部的秩序需求提高时，选择一种公共的力量来对侵害者进行制裁就显得更为重要。私人的报复行为必然受到限制，取而代之的是由国家控制的惩罚机制以及私法层面上的赔偿。因此，正如有学者所指出："由准私犯上溯，到私犯再到犯罪，都是债的这一原因的发展过程。再往上溯，可以上溯到同态复仇；再上溯到血亲复仇。正是按照这种上溯的轨迹，人们才会认为，犯罪是产生债的真正的和惟一的渊源。"[5]

　　当然，对于罗马法所涉及的犯罪问题，我们很难运用现代的法律理论进行还原。有学者曾经指出，"一个试图重构古罗马刑法的人，他一定会发现这是对其知识、判

---

〔1〕　齐云："近现代侵权法立法模式溯源：罗马法上的私犯与准私犯研究"，载《苏州大学学报（法学版）》2017年第4期。

〔2〕　齐云："近现代侵权法立法模式溯源：罗马法上的私犯与准私犯研究"，载《苏州大学学报（法学版）》2017年第4期。

〔3〕　［意］彼德罗·彭梵得：《罗马法教科书》，黄风译，中国政法大学出版社1992年版，第402页。

〔4〕　麻昌华："罗马法上的侵权行为法"，载《私法研究》（第3卷），中国政法大学出版社2003年版，第212页。

〔5〕　参见［意］彼德罗·彭梵得：《罗马法教科书》，黄风译，中国政法大学出版社1992年版，第401页

断力以及其睿智的一个永无休止、令其精疲力竭的挑战"。[6]因为在罗马法里并不存在现代社会这种侵权与犯罪的区分，将侵犯私人权益的犯罪作为一种特殊类别的违法行为的观念，对罗马国家来说仍然是缺乏的。罗马人所关心的不是一种违法行为在道德应受谴责的程度，而是对此种违法行为的受害人应给予何种救济，以及对违法者应给予何种惩罚。[7]因此，想要用现代的刑法理论来思考罗马法中刑法或犯罪问题，这在逻辑上可能会出现明显的偏差。

　　从罗马法私犯的制度设置来看，罗马法中并未作出严格区分（现代意义上的）侵权与犯罪，甚至可以说，现代意义上的诸多自然犯罪（如盗窃），在罗马法时期都可能不具备犯罪的性质。但反而言之，无论何时，我们都无法否认，"盗窃"所引起的法律后果在罗马法中开始具备了债的品性，这正是侵权之债产生的基础。因此，立足于现今的法律思维而言，"犯罪是产生债的真正的和惟一的渊源"这一说法并没有不妥之处。即使在今日，"犯罪是债产生的原因"也应当是基本的法理。

二、我国关于被害人财产性救济现有法律及司法解释的梳理

　　我国《刑法》第64条规定："犯罪分子违法所得的一切财物，应当予以追缴或者责令退赔；对被害人的合法财产，应当及时返还；违禁品和供犯罪所用的本人财物，应当予以没收。没收的财物和罚金，一律上缴国库，不得挪用和自行处理。"从功能上讲，该条明确了我国在刑事涉案财物问题上的"处理措施"和"处理对象"。具体来看，前者涉及"追缴、责令退赔、返还、没收、上缴"等不同措施；而后者包括"犯罪分子违法所得的一切财物、被害人的合法财产、违禁品和供犯罪所用的本人财物"等不同对象。[8]就被害人救济问题而言，根据该条规定，违法所得可以追缴的，追缴后返还；违法所得无法追缴（或只能部分追缴）的，责令退赔并返还。易言之，此处责令退赔所针对的并非是违法所得，而是以被告人的合法财产。

　　此外，最高人民法院于2012年11月5日颁布的《关于适用〈中华人民共和国刑事诉讼法〉的解释》（2013年1月1日起施行，以下简称《刑诉法解释》）第138条规定："被害人因人身权利受到犯罪侵犯或者财物被犯罪分子毁坏而遭受物质损失的，有权在刑事诉讼过程中提起附带民事诉讼"；第139条规定："被告人非法占有、处置被害人财产的，应当依法予以追缴或者责令退赔。被害人提起附带民事诉讼的，人民法院不予受理。"此后，最高人民法院《关于适用刑法第六十四条有关问题的批复》（法［2013］229号，以下简称《第六十四条批复》）进一步指出："被告人非法

［6］　W. D. Aston, "Problems of Roman Criminal Law", *Journal of the Society of Comparative Legislation*, New Series, Vol. 13, No. 2（1913），pp. 213 – 231. 转引自王华胜："罗马法中的'刑法'与'惩罚法'——从《古代法》的误译说起"，载《西南民族大学学报（人文社会科学版）》2010年第11期。

［7］　王华胜："罗马法中的'刑法'与'惩罚法'——从《古代法》的误译说起"，载《西南民族大学学报（人文社会科学版）》2010年第11期。

［8］　张磊："《刑法》第64条财物处理措施的反思与完善"，载《现代法学》2016年第6期。

占有、处置被害人财产的，应当依法予以追缴或者责令退赔。据此，追缴或者责令退赔的具体内容，应当在判决主文中写明；其中，判决前已经发还被害人的财产，应当注明。被害人提起附带民事诉讼，或者另行提起民事诉讼请求返还被非法占有、处置的财产的，人民法院不予受理。"可以看到，《刑诉法解释》与《第六十四条批复》为司法实践操作确立了基本的格调，也即对于"被告人非法占有、处置被害人财产"的情形，应通过"追缴或者责令退赔"的方式寻求救济，不应被纳入刑事附带民事诉讼的范畴。

此后，为了规范刑事案件所涉及的财产执行问题，最高人民法院 2014 年 9 月 1日颁布《关于刑事裁判涉财产部分执行的若干规定》（2014 年 11 月 6 日起施行，以下简称《刑事财产执行规定》）第 1 条第 1 款规定："本规定所称刑事裁判涉财产部分的执行，是指发生法律效力的刑事裁判主文确定的下列事项的执行：①罚金、没收财产；②责令退赔；③处置随案移送的赃款赃物；④没收随案移送的供犯罪所用本人财物；⑤其他应当由人民法院执行的相关事项"。该条第 2 款规定，"刑事附带民事裁判的执行，适用民事执行的有关规定"。此外，第 6 条第 3 款规定："判处追缴或者责令退赔的，应当明确追缴或者退赔的金额或财物的名称、数量等相关情况"；第 10 条第 4 款规定："对于被害人的损失，应当按照刑事裁判认定的实际损失予以发还或者赔偿"。从上述条文的设置来看，《刑事财产执行规定》立足于执行的角度，将刑事案件中被害人救济被划分为两个维度，一是可以刑事附带民事诉讼的，二是责令退赔的。前者属于民事执行，后者则属于刑事财产执行。易言之，"刑事附带民事诉讼案件是在刑事诉讼程序中解决民事赔偿问题，本质上应归类于民事案件，适用民事执行的相关规定，因此未被列入刑事裁判涉财产部分的执行范围"。[9]

通过对上述司法解释的梳理，我们可以发现，似乎犯罪行为直接引发人身损害或财产损失的，才会成为债的发生原因，因此才会涉及民事执行的问题；而犯罪行为未直接引发人身损害或财产损失的——犯罪人占有、处置被害人财产的，应当追缴或责令退赔，是否属于债的发生原因并不明确，或者说无关紧要，因为这一问题被定性为刑事财产执行。而从司法解释的名称（"刑事执行"）以及将"责令退赔"与"刑事附带民事诉讼"分别罗列的条文模式来看，似乎"责令退赔"并不是源于民法上债的发生原因，或者说责令退赔在实质意义上已经不具备民事权利救济的品性。

需要补充说明的是，在 2012 年新《刑事诉讼法》实施以前，"对于追缴或责令退赔后未能足额赔偿被害人损失的，被害人可以另行民事诉讼"。可见，在新《刑事诉讼法》出台前后，最高司法机关对责令退赔的理解存在两种截然不同的立场。

---

[9] "规范刑事裁判涉财产部分的执行维护刑罚的严肃性与当事人合法权益——最高人民法院执行局负责人就《关于刑事裁判涉财产部分执行的若干规定》答记者问"，载《人民法院报》2014 年 11 月 16 日。

那么，针对有被害人的犯罪而言——无被害人犯罪不涉及被害人救济问题，犯罪行为究竟还是不是一种侵权行为，被害人在遭受犯罪行为侵害之后，是否产生侵权之债？尤其是对于"被告人非法占有、处置被害人财产"的情形而言，被害人是否享有最基本的作为债权人的救济方式呢？

三、相关司法解释的立场及其反思

对于"被告人非法占有、处置被害人财产"所引发的责令退赔问题以及《刑事财产执行规定》的相关内容，学界存在不同的看法。有观点认为："根据《刑事财产执行规定》，涉及刑事被害人索赔问题，应当在刑事退赔程序中一并解决。以退赔程序解决经济犯罪的民事赔偿问题，无疑节省了国家司法资源，减少了当事人的讼累，同时因与刑事责任的追究同步，更有利于促使被告人主动及时赔偿被害人经济损失。"[10] 也有观点指出："由司法机关直接责令犯罪分子退赔，代为包办行使被害人的民事权利，过于重视了公权的作用和国家利益，而忽视了被害人行使民事权利的自主化和利益的个性化。"[11] 还有观点认为："最高人民法院《关于适用〈中华人民共和国刑事诉讼法〉的解释》第139条规定，'刑事侵财案件的被害人无权提起刑事附带民事诉讼'的逻辑是'司法机关通过国家权力都无法追缴回来或无法退赔的，通过诉讼的方式就更不可能实现得了，实现不了的权利就不用给了'。"[12] 可以看到，上述学者从被害人实践操作的便利性、责令退赔的制度局限性以及逻辑原因等不同角度提出了肯定或批判的看法。然而，上述探讨多是从实践层面来思考"被告人非法占有、处置被害人财产"后责令退赔的相关问题，没有触及问题的本质。

本质上讲，责令退赔是强制犯罪分子对因其犯罪行为所造成的损失作出退还或赔偿，是对刑事被害人所遭受财产损失的救济手段。由于责令退赔适用于赃款赃物已被用掉、毁坏或挥霍即无法退还的情形，因此责令退赔是司法机关强制犯罪人以其合法财产对被害人损失所应进行的赔偿。也即责令退赔的本质属于司法机关推动的财产权救济。一旦司法权力触及他人的合法财产，为另一方当事人提供救济，那么，是否要考虑请求权基础？追缴所针对的是被害人所有的财物，这里并不涉及债的问题，其请求权基础应是源于返还原物请求权。而责令退赔的理论依据不明确。从基本法理上讲，我们很难说立法可以根本地改变权利的性质，更不用说是通过司法解释来作出改变；但从实际情况来看，责令退赔的依据似乎已经超越了债权的品性。

直观来看，以《刑事财产执行规定》为基础的"责令退赔"实践操作，其毕其

---

[10] "规范刑事裁判涉财产部分的执行维护刑罚的严肃性与当事人合法权益——最高人民法院执行局负责人就《关于刑事裁判涉财产部分执行的若干规定》答记者问"，载《人民法院报》2014年11月16日。

[11] 李以游："刑事诉讼中责令退赔问题的几点思考"，载《河北法学》2014年第11期。

[12] 胡学相、甘莉："我国刑事被害人民事赔偿权的缺陷与完善——兼评相关司法解释的合理性"，载《法治研究》2006年第4期。

功于一役地在刑事诉讼中解决被害人救济的特点，决定了其具有刑事程序固有的特点，而其所针对的对象却是犯罪人的合法财产。责令退赔是一种强行的制度"嫁接"，是将民事权利刑事化。关于刑事诉讼与民事诉讼中权利救济的差异，有学者曾指出："在公诉案件中强调社会普遍利益的维护，强调公诉机关可以代表被害人的要求，却多少忽视了社会利益的多元化和矛盾性，忽视了被害人的独特要求。"[13]毫无疑问，责令退赔实质上表现出国家代替被害人行使权利的特点，具有便捷性，可以简化被害人的诉讼负担。然而，考虑到刑事诉讼中的公诉制度是民众将自己的权利让渡给国家所形成的制度样态，具有其宪法依据；而赔偿请求的权利并未被让渡给国家，以责令退赔为基础实现被害人权利救济不仅在理论上难以证诚，更缺乏根本性法律依据。

应当看到，以刑事程序为基础的责令退赔规定，其制度设计中必然无法全面融入权利救济的意识，对被害人的定位及其权利保护都可能存在缺陷。这种缺陷直接表现为，国家代为包办行使被害人权利，难以满足每位被害人个性化的具体利益需求，以赔偿为目标的债权如何才能满足权利主体自身的利益需要，只有权利主体才能准确知晓。过于注重便捷、效率而忽视了逻辑理性与权利本质，必将影响到实践效果。在本文看来，最高司法机关相关法律解释中"大包大揽"的制度设计，反映出"刑法（公权力）对私权的不尊重"。

四、日本被害人赔偿救济的制度构造考察

理论上来看，日本学者立足于一般侵权行为的构成要件来解释犯罪行为的民法性质，其与罗马法对私犯的基本定位具有相似性。有学者指出："在民事责任与刑事责任的关系上，可能存在重合的情况。在作为民事责任的产生原因的侵权行为中，有一部分情形是源于犯罪行为对他人所造成的损害。也即，犯罪行为本身，只要符合侵权行为的构成要件，就会产生民事责任，一种损害赔偿的责任。"[14]一般侵权行为的构成要件包括"故意或过失、权利侵害、违法性、因果关系以及责任能力"。[15]因此，只要涉及被害人的犯罪行为，往往都符合侵权行为的构成要件，因而自然可以构成侵权之债。

从制度构造来看，日本的被害人出于权利救济的需要，需要通过民事诉讼来要求犯罪人就其犯罪行为承担赔偿责任，这是民刑分离的基本法理。理论上，刑事责任和民事责任的产生方式上是完全不同的。一方面，刑事责任的产生方式是以"疑点利益归属被告"原则为基础的，否则便无刑事责任。另一方面，民事责任的产生

---

〔13〕 龙宗智：《相对合理主义》，中国政法大学出版社 1999 年版，第 56 页。

〔14〕 ［日］西原春夫："民事責任と刑事責任"，载［日］有泉亨主编：《現代損害賠償法講座》，日本評論社 1976 年版，第 25 页。

〔15〕 ［日］窪田充見：《不法行為法》，有斐閣 2007 年版，第 25 页。

方式是法院基于双方出具的证据与诉讼请求而经过综合判断所产生的。[16]可能会出现不具有刑事责任（无罪的情况），但却存在民事责任的情况，美国的辛普森案是一个典型的例子，日本也有类似案例。总之，对于某一犯罪行为而言，刑事责任与民事责任无论如何都是不同层面的问题，这一基本法理一直被坚守着。

如上所述，原则上，日本是将民事赔偿请求（诉讼）与刑事诉讼分开进行的，被害人要求赔偿损失是一种私的权利。但近年来，从支持犯罪被害者的角度出发，日本新设立了两个制度，一是《犯罪被害财产等による被害回復給付金の支給に関する法律》（简称《被害财产回復給付金法》）规定的"被害财产之回复给付金制度"，二是《犯罪被害者等の権利利益の保護を図るための刑事手続に付随する措置に関する法律》（简称《犯罪被害人权利保护法》）经修改后（2008 年）中引入的"损害赔偿命令制度"。

"被害财产之回复给付金制度"是指将财产犯罪（如欺诈犯罪或高利金领受犯罪等）获得的财产（犯罪受害人财产）没收后，返回给受害人的制度。这一制度与我国的追缴犯罪所得制度较为接近。"损害赔偿命令制度"是指，对于一定类型的犯罪（主要涉及谋杀、伤害、强迫猥亵、强奸、拘禁、诱拐等侵犯人身权犯罪[17]），被害人或者死亡被害人的家属可以在完成刑事审判的同时向法院提出"损害赔偿命令"的申请，且这个申请应该在第一审刑事辩论结束之前完成。从名称上来看，日本的"损害赔偿命令制度"是源于英美法上的"损害回复命令"（Restitution Order）或"赔偿命令"（Compensation order）等制度，但同时也借鉴了以德国为代表的"附带民事诉讼制度"。[18]

整体来看，"被害财产之回复给付金制度"是为了便于被害人财产分配，在没收的犯罪所得不足以回复被害人损失的情况，被害人仍然要通过民事诉讼途径寻求救济。而"损害赔偿命令制度"中则是考虑到被害人人身伤害或心理伤害可能需要尽快地得到治疗或帮助，因而在刑事诉讼中引入了"简化版"的民事赔偿请求制度，但被害人仍然可以选择——在刑事诉讼中不申请损害赔偿命令——通过普通的民事诉讼程序寻求权利救济。同时，依据《犯罪被害人权利保护法》第 34 条第 1 款的规定，如果任何一方当事人对法院关于损害赔偿命令的决定提出异议时，它就将转为正常的民事诉讼程序。总之，上述两个制度都是为了减轻被害人的负担而设计的便利措施，二者并没有否定被害人通过民事诉讼途径寻求权利救济的正当性与可能性，也即没有影响到犯罪行为所引发的侵权之债的基本品性。

---

[16] 参见 ［日］守屋典子、高橋正人、京野哲也：《犯罪被害者のための新しい刑事司法》（第 2 版），明石書店 2009 年版，第 23、177 页。

[17] 详见日本《犯罪被害人权利保护法》第 23 条第 1 款。

[18] 见 ［日］守屋典子、高橋正人、京野哲也：《犯罪被害者のための新しい刑事司法》（第 2 版），明石書店 2009 年版，第 159 页。

五、我国司法实践中的问题呈现

目前，由《刑诉法解释》《第六十四条批复》《刑事财产执行规定》等司法解释所确立的责令赔偿制度，在司法实践中暴露出一系列问题，有必要作进一步检讨。

1. 刑事责任与民事责任"捆绑"的问题。正如前文所指出，责令退赔制度将刑事责任与民事责任完全捆绑在一起，强调二者的同一性，这是一种粗犷的制度架构，与基本法理相违背，会引发一系列问题。首先，责令退赔被视为刑事程序，其证明标准是延续或者说贯彻了刑事诉讼中优势证据标准，而民事诉讼的证明标准只需达到高度盖然性即可。此外，多次犯中未能被认定为犯罪的部分行为可能不会被纳入到责令退赔的范围之内，被害人没法单独对此寻求救济；共同犯罪中可能存在未能被认定为犯罪的部分行为人，其责令赔偿中也难以让其承担民事责任。同时，还存在被害人主张追加民事责任主体的问题。总之，将被害人的民事权利救济纳入到责令退赔制度进而与刑事责任捆绑在一起，具有诸多的风险，无法全面保护被害人的权利。

2. 责令退赔的程序性救济问题。对于法院所做出的责令退赔判决，即使被害人或犯罪人存在异议，似乎难以寻求程序上的救济，《刑事财产执行规定》并没有相关的规定。因此，我们可以认为，一旦法院作出责令退赔的认定，那么，这就是最终的裁判结论，被害人不是诉讼程序的参与人，不能提出上诉或寻求其他救济；而犯罪人即使提出上诉，也无法以不服"责令退赔内容"作为依据。可以说，在责令退赔是一种"司法化"色彩极度弱化的措施。

3. 债权受偿顺位问题。《刑事财产执行规定》强调责令赔偿的优先性，公权力对于私法的"优越感"油然而生。具体来看，《刑事财产执行规定》第13条规定："被执行人在执行中同时承担刑事责任、民事责任，其财产不足以支付的，按照下列顺序执行：①人身损害赔偿中的医疗费用；②退赔被害人的损失；③其他民事债务；④罚金；⑤没收财产。"然而，"退赔被害人的损失"优先于"其他民事债务"之强制性规定，明显缺乏理论依据。

4. 民事执行标的与刑事责令退赔的冲突问题。目前，《刑事财产执行规定》第14条规定："（刑事）执行过程中，当事人、利害关系人认为执行行为违反法律规定，或者案外人对执行标的主张足以阻止执行的实体权利，向执行法院提出书面异议的，执行法院应当依照民事诉讼法第二百二十五条的规定处理。"这一条仅仅是对刑事案件财产执行过程中出现了执行异议的情形。然而，若是在犯罪人的合法财产成为民事执行标的被纳入到民事执行过程中时，刑事裁判所作出的责令退赔应当如何执行，规定也并不明确。

六、见解：理论上的回归

对于责令退赔制度而言，制度上的调整应依托于理论上的反思。只有在理论上回归到债的本质品性，明确被害人权利的法理基础，我们才能确立其某种便捷的权利实现措施。

1. 犯罪行为（无被害人犯罪除外）——无论其是否引发直接的人身或财产损失——具有侵权之债的性质；虽可能具有一定的特殊性，但本质上不能否定其作为债的发生原因的正当性，也不能强行限定其债的品性。这是后续相关制度设计的理论前提，必须坚守。

2. 犯罪人的合法财产，按照债法基本原理，对各债权人平等受偿。有观点指出，"由于刑事案件的被害人对于遭受犯罪侵害的事实无法预测和避免，被害人对被非法占有、处置的财产主张权利只能通过追缴或者退赔予以解决，在赃款赃物追缴不能的情况下，被执行人在赃款赃物等值范围内予以赔偿，该赔偿优先于其他民事债务具有合理性"。[19] 在本文看来，就"可预测性"与"可避免性"而言，犯罪行为与侵权行为并没有本质的区别，普通交通事故所引发的损害赔偿与构成交通肇事犯罪所引发的被害人赔偿救济，其"可预测性"与"可避免性"应当是相同的。尤其是置于民事救济的视角下，我们所要探讨的犯罪被害人救济就是侵权损害赔偿的问题。如果普通的侵权之债不具备优先受偿性的话，那么，因犯罪行为所产生的赔偿请求也不应具有优先性，这也是贯彻债法的基本原理。

3. 犯罪人合法财产的范围，应当是犯罪所得财物以外的财产；即使是作案工具（如电脑），如果系犯罪人合法取得财物，也应首先被纳入到被害救济的财物范围之内。而对于犯罪所得财物，追缴后直接返还相关被害人即可，不涉及责令退赔的问题。

4. 无论是刑事附带民事诉讼，还是责令退赔制度，都只是为实现被害人救济的便捷化的制度设计。这种便捷性制度设计不应影响到债的基本品性与民事权利救济的基本框架，这种品性的回归是维护被害人权利的基本保障。其中，责令退赔制度应当被定位为一种便于的执行措施，不能取代民事诉讼上的救济。在本文看来，责令退赔应当是在犯罪人对犯罪事实认同、被害人对退赔数额认同的情况下所作出的确认，具备某种"调解"的性质，因此可以成为执行上的依据；在被害人不认可责令退赔数额、不认可责任承担者或者存在其他异议时，应告知其另行提起民事诉讼、寻求权利救济。

---

[19] "规范刑事裁判涉财产部分的执行维护刑罚的严肃性与当事人合法权益——最高人民法院执行局负责人就《关于刑事裁判涉财产部分执行的若干规定》答记者问"，载《人民法院报》2014年11月16日。

意大利刑法法典化及其改革展望

◉ ［意］Antonio Fiorella * 　著

耿佳宁** 　译

一、效力持久的 1930 年《意大利刑法典》

意大利现行刑法肇始于 1930 年，即所谓的"洛克法典"，此称谓来源于时任司法部部长的阿尔弗莱多·洛克（Alfredo Rocco）教授之姓氏。全面修改刑法典的尝试曾备受抵制，在这些尝试的过程中，虽有一系列密集的修改动作，但其涵摄范围有限，刑法体系（包括刑法典和附属刑事立法）在整体上几乎没有变化。一些尝试修改了法典的部分内容，其他尝试则作用于附属立法；但是，无论在哪种情况下，改革即便有时较为深入，也总是不能与旧有规范很好地协调起来。为什么改革如此频繁却只能触及部分内容，政治家或评论者观察到了一些偶然因素，但在一个更宽泛的历史投影下，他们更倾向于强调一个观点：无论历史的、体制的还是社会的，无论意大利的还是国外的，缺乏统一主流价值的大环境不允许也无法允许对法典的整体修改，（因为）这些主流价值有助于在意大利形成对像法典这样复杂且有分量的结构之广泛认同，尤其当法典涉及刑事领域时。

所以，很多人都认为，在所谓"小步走"政策之下，这一时期的规范活力不高，改革仅体现为有限的、实用的调整。下文即将澄清：实用主义（本身）似乎不是关键。如果将其理解为"不细致"，即，缺乏确定的体系化指引，容易倒向"盲目"，则实用主义会受到严厉批评。然而，如果正确理解实用主义，亦即，将其理解为一种方法，这种方法能保证人们不沉溺于不可控的纯粹基本范畴，避免在空洞且抽象的议题上空耗精力，则实用主义在构建规范体系方面有着超常的建设性潜力。

最近在意大利出现了一种趋势，信任整体改革，倡导形成全新的刑法典，我们不应忽视这种"务实"的需求。此需求根植于社会与政治的变迁，社会与政治的变迁使得新的价值（至少是新的评价层级或视角）在意大利被确证，而通过这些新的评价层级或视角，人们发现有必要培育一种精确的认知。换言之，在意大利人们意识到，应重点以体系的全面改革来重新定义"当代性"，这里，体系的全面改革通过

---

* 安东尼奥·菲奥莱拉（Antonio Fiorella），意大利罗马第一大学法学院刑法学教席教授。

** 耿佳宁，中国政法大学刑事司法学院讲师，意大利罗马第一大学法学博士。

对刑法"现实化面貌"的勾勒，忠实地映射出当代意大利社会永不停息的自我认识。

二、洛克法典及刑法体系的变迁

洛克法典的持久使人惊讶，在历史的维度，其起草及生效与国家体制密切相关。它由法西斯政权打造，而该政权随着第二次世界大战而崩溃。随着法西斯政权的消亡，通过 1947 年制定、1948 年生效的共和国宪法，民主国家被建立。于是我们不得不自问：如何解释洛克法典这种超常的持久性？诚然，法西斯政权在立法的方方面面（包括刑事立法）都体现了政治镇压与种族歧视，但是，洛克法典同时还包含了重要的自由价值，这些价值在 19 世纪和 20 世纪初被广泛接受。我们不应忽视洛克法典确认并进一步强化了严格的合法性原则，该原则要求罪刑条文及相关构成要件应由法律明确规定，并由按照规定法官适用，排斥不明确的犯罪构成和不利于被告人的类推解释。与上述立场完全不同，德国"国家—社会"的刑法体系允许更明显地扩张适用构成要件。此外，意大利洛克法典的另一特点是，在规范和构成要件的制定方面具有高度凝练的技术性智慧，较之于其他刑法典（对构成要件）解构地更为精细。然而，有必要考虑，自由的精神以及立法技术上的精确性是否足以说明 1930 年刑法典如此持久的效力？在我看来，似乎不能给出肯定答案。

在我看来，1930 年至今没有整体修改刑法典，并非由于人们不相信刑罚作为民主社会治理工具的重要性。诚然，在西方国家，有时人们会提到刑法的"衰落"；认为刑罚早已过时，转而提出一种没有刑罚的再社会化措施法。然而，这种想法只能说明目前刑法正经历着的有效性危机（这种危机不限于意大利）；但该危机并不当然意味着放弃刑事干预的社会意愿和/或政策。公民对刑罚有着日益增长的广泛需求，在社会问题的敏感领域更是如此，例如，有组织犯罪或经济的扭曲，每个公民对此都怀有远超出国界的担忧。然而，刑法学家不得不坚持刑事介入的威慑边界，反对不当使用刑事手段。法律总是赋予刑罚纯粹的象征目的，而忽视其最后性，当所有其他类型的处罚或规制均失败时，才动用刑罚。

三、接上：革新的因素

虽然第二次世界大战后的意大利立法者并不总能充分保证"新"与"旧"的必要协调，但他们并非一无是处，（因为）他们表现出一种操作精神：提出了一些被证明是极广泛且意义重大的调整。这些调整使得建立于 1930 年的刑法体系变得更加灵活，随时准备接受当代社会的刺激，并且无论如何，这些调整都从根本上改变了洛克法典稳定的制裁体系，进而改变了整个体系的面貌。

其他改革对刑法的现代化也有所贡献，例如，去刑罚化运动、短期自由刑的替代处罚以及监狱法的修改，这里监狱法的修改旨在建立一个在执行阶段考虑刑罚的人性化和罪犯的再社会化的处罚体系。

我们还不能忽视宪法法院对洛克法典总则和分则中不合时宜之处所做的修正，这些修正使得"刑事违法"更加符合 1948 年《宪法》意图赋予它的新形象。

（刑法典）根据宪法、社会和政治新现实的每次调整，都削弱了全面改革洛克法典的迫切性。

四、所谓判例的补充

面对自 1945 年以来一直在向前推进的现实，再加上全球形势的变化，意大利立法者需要适应兼具刑事性或独具刑事性的国际规范框架，因此，洛克法典的原始体系总是处于调整之中。

正是在这种背景下，我们能更好地理解一个重要现象，此现象被称作"判例的补充"；我们应明确，意大利这样以遵守议会颁布的法律为基础的宪法体系，在何种程度上允许以司法方式创制入罪规范及加重刑罚？

尽管从一方面来说，立法者无法满足实际需要是不可避免的，从而才需判例作为补充，但是，判例的补充不仅违反具有宪法渊源的法律保留原则，而且也无法保证法律体系的整体平衡。在意大利这种不遵循先例权威的体系中，法官的决定无法保证必要的确定性。新的司法判决会改变先前判决，从而，参照物（本身）摇摆不定，以至于我们目睹过并正在目睹先前判例的不断变动。判例在一定范围内的变动属于本能，甚至连最高法院的联合庭（意大利普通司法管辖权的最高机构）也无法避免。可如果判例缺乏对法律的稳定援引，则它将使整个体系陷入根本性的不安全；进而动摇整个体系的可知性和可计算性。

在一定程度上，为了体系的封闭性，2017 年改革（所谓"奥兰多改革"）第 1 条第 66 款旨在通过巩固最高法院联合庭发布的法律原则，来稳定前述体系；在此意义上，至少在最高法院各庭对上诉决定无法达成一致意见时，应将之提交联合庭。所以，只有联合庭可以回溯其先例；对此方案也不乏疑虑，因为它会在一定程度上肯定判例制法，从而损害对法律的遵守。无论如何，在我看来，这一"程序导向"的原则表明没有人可以拒绝"体系"：它要求对刑法原则的明确界定，不允许在个别场合随机地选择如何解释这些原则，也不允许在适用时由（具体）判例进行解读。上述原则最重要的价值在于巩固了一种想法：作为尊重受保护的价值的第一步，出于平等对待的考虑，刑事法律的接受者必须能够认识它，为此应尽量避免解释和适用的不确定性。

同时人们坚信，在意大利体系中，无论多优质的判例都不能替代立法者的体系修订而成为刑法的制度渊源。

五、刑法典的中心地位：批评意见

一些人反对将法典化的刑事规置于中心地位，主张所谓的"去法典化"。相反，（他们）认为，特定刑事领域的"离散"内生于我们的时代，并且有着令人信服的历史原因，所以，（在他们看来）问题的解决有赖于构建所谓的"下位刑事体系"。

面对总是偏离法典化体系中心的民事立法，考虑到民法典的现实作用，那达里诺·伊勒迪（Natalino Irti）曾权威性地以令人信服的方式提出了去法典化的议题。在民法体系中，民法典本该是"宪法"那样的存在，然而很多人仅将之视为据以重构法典外和相关下位体系的解释逻辑与范围之"范式"。其他学者则认为，民事领域的"法典"主张本身没有过时，但其定义角度应有所变化，将法典定位为民事领域原则的集合，不失为更好的选择。

然而，对于刑事立法而言，如果将下位体系理解为或多或少地背离构成了目前乃至未来刑法典基础的基本原则的规范领域，那么，创建下位体系的想法似乎不获支持。刑法基本原则具有宪法意义，刑法典使之且应使之具体化，以确保人的自由。故而，于此处，（在民法和刑法领域）真正的问题是不同的，（后者的问题）在于，确定这些所谓下位体系可以背离刑法典基本原则的程度。如果这种背离是本质性的，那么可能同时违反宪法原则。谈到下位体系，则存在形成不可调和且不可接受的裂痕之虞；至少在某种意义上，（解决下位体系的问题意味着）试图使违宪性规范变得可接受。另一个问题可能在于，在规划如何组织众多刑事下位体系时，人们只想强调个别领域的特殊性；规范的特殊性可以表现得较为强烈，但本身不能脱离于符合宪法的整体体系；在任何时候，只要出现"刑事的"（字样），那么选择正确刑事立法技术的议题就永远不应被忽视，我们将在第七部分谈及此内容。

六、改革草案及其意义，近期奥兰多改革中的"法律保留"

在意大利，关于新法典必要且持久的中心地位，似乎认识已较为成熟，同时，这种认识逐步深化为一种新的改革智慧。1945 年至今，有许多修订草案被提出，其中比较近的一波始于 20 世纪 80 年代末。本文所称"草案"取其狭义，多为政府提出。这些改革草案应被认为具有最重要的意义，因为它们构建了一个全新的法典，而后者成为整个体系适格且实际的中心；（这些改革草案）尊重洛克法典坚实且广泛的规范基础，但将所有对它而言必要的修订整合在一起；特别重视犯罪和刑罚的宪法面貌。尽管上述草案特点各异，但它们都不是一般政策选择的结果，而是技术倾向或刑事政策的具体观念之产物。

并非偶然地，意大利立法者从这些草案中已经汲取并将继续汲取经验。最近的2017 年奥兰多草案（第 103 号法律）便是激活重要进程的最好示范，此草案使得新体系在整体上更符合宪法原则，如严格的合法性原则、侵害性原则、犯罪事实的个人原则以及刑罚的再教育性（人道性）。考虑到法典保留规定的合理化意愿，奥兰多改革拒绝分散立法。2017 年第 103 号法律第 1 条第 85 款第 q 项事实上从便利法律认识从而可在立法层面即保障刑罚的教育功能的角度，确立了上述法典保留（原则）。2008 年第 21 号立法令第 1 条在刑法典中（第 3 条第二分条）引入"法典保留原则"。对于那些如笔者一样，将构建指导受众行动的体系作为出发点的学者而言，它关涉一种值得特别关注的发展前景。

人们当然会问，在渊源位阶上法典保留有何意义。对此，尽管不能认为法典具有异于普通法律的渊源效力，但根据 2017 年第 103 号法律第 1 条第 85 款第 q 项之明确规定，没人可以忽视法典保留与宪法保障刑法规范的可知性要求有关（尽管这种联系可能是间接的）。在这方面，法典保留本身具有相应的宪法意义，在确证刑罚的再教育性和刑事责任的个人化等宪法原则方面有着举足轻重的影响。同时，法典保留作为对刑事规范中法典中心地位的再确认，肯定法典是整个体系的参照点与平衡点；现行《刑法》第16条的涵摄范围也随之发展，该条规定，本法典的规定也适用于由其他刑事法律调整的问题，只要后者未做出不同规定。

在刑法典中引入新的罪刑规范，则需要使之适应法典体系，并对刑法分则进行相应的修订和调整。

为了确认法典保留原则的一般约束力，保证罪刑条款可知性的基本逻辑以及犯罪和刑罚的侵害性与个人化前提，2008年新增的刑法第3条第二分条对法典保留项下的罪刑规范未做区分。

七、意大利司法部草案对于推动新刑法典修改进程的贡献

就刑法典总则的修订而言，司法部草案遵守宪法原则，根据犯罪的物质性原则，着力强化犯罪类型的严格合法性，这一点主要体现在对具有刑法意义之行为的界定方面。

但是，意大利司法部草案不仅意欲强化犯罪的形式结构，为了使刑罚介入正当化，它们还力图全面确保犯罪准确、合理的实质结构，即关注刑罚的接受者，关注其对前述价值的含义之认识，或认识的可能性，如果这些价值被侵犯，则刑罚及对罪犯的再教育将会启动。

因此，意大利司法部改革草案关注对启蒙主义的自由原则之充分落实，这一内容被形象地表达为：无侵害则无犯罪（侵害性原则）。所以，司法部改革草案关注提前刑法保护的限度；不允许刑法介入事实上对于人的利益没有实害或具体危险的行为。特别是在解决现代性问题的过程中，改革草案不愿沉溺于人的"技术性版本"，而是向接受者澄清刑法不欲将其行为视为机器的运转。刑法规范的接受者应能理解刑罚的实质含义，如果犯罪不要求具体的侵害，则接受者当然无法理解上述内容；因为，被告人本来便有以抽象方式或以推定方式产生的危险，但（这种危险）可能只是在具体情境中的单纯设想。除此之外，侵害还应落在接受者的认识或可认识的范围内。

所以，意大利司法部草案重视从实质的视角巩固罪过原则之内容，罪过原则以具体背景下特定主体对事实的可支配性与可谴责性的判断为前提。风险社会导致犯罪类型的重心由故意转向过失。即，风险社会表明在刑法领域的许多方面，居于中心地位的犯罪心理要素发生了变化。过失因其证明标准，似乎总是允许严格形式，有导致客观责任之虞，洛克法典明显显示出这种倾向。这是旧体系的一个局限，无论过去还是现在，在所有方面包括那些不显眼的地方，我们都必须清晰无误地克服它。从相似的视角，改革草案重视以严格的个人化标准建构过失（Pagliaro草案提出的方案）；Grosso草案和Nordio草案明确，规范的客观违反不足以成立刑法上的过失，还应证明对结果有预见可能性（Grosso草案另外补充了结果回避可能性）。责难的根源在于对结果的预见可能性，反过来说，没有预见可能性，当关涉极个人化的刑事责任时，国家不得对个人因过失归责。对于确立限制刑罚的刑法理念而言这是必要的，该说法并无实益。只有当刑罚切实以再教育的要求为根基时，它才是正当、合法的，再教育的要求以存在一个需要教育的主体为前提，而只有当行为人有意识地违反规范（故意）或者可以预见到自己行为的损害后果（过失）时，他才能表现出对法律价值的反对，从而，才存在前述需要教育的主体。

上述意大利司法部改革草案当然关注规则的接受者，有时规则的接受者以被告人的面貌出现，宪法推定被告人无罪，按照可能的罪犯这一身份对待之。意大利《宪法》确立的刑罚的人道化理念如是要求。因此，新的制裁体系不认同洛克法典的苛刻和严厉。随着对保安处分信心的崩塌（1991 年开始的几次大改革均不承认"可归责的主体"，在此意义上和范围内，所谓的双轨制体系被废除；Nordio 草案规定了控制措施、治疗和再教育支持），新的处罚体系克服了曾在重要部分支配洛克法典的机械化甚至绝对化的视角，将关注点落在"人"上，不再回避对"再教育"的批判性反思。

在哪一点上可认为"刑事处罚总是毫无疑问地能够进行再教育"的幻想破灭？再教育由意大利宪法确立，是刑罚的一种目的；但是，除了对该原则的多种解释之外，还应当审慎评估为了努力实现再教育的理想而侵犯个人人格的风险。所以，诚然出发点是再教育，但更实际地来看，可以将之具体化为再社会化：再社会化意味着，我们应当在可能的限度内尽力排除任何去社会制裁，以支持被判刑者回归合法性。

欧洲人权法院 2013 年"Torreggiani 案"的判决，通过对意大利监禁体系诸缺陷之审查，最终间接地敦促了所谓"适当的去监禁化"，这一理念在一些司法部改革草案中已被提出；通过设计灵活的体系，使得监禁刑真正成为"残余情形"（即例外）。对系统进行适当改造的想法肇始于 Pagliaro 草案（1991 年）；后来的 Grosso 草案（2001 年）提出在刑法典中引入家庭监禁和公共服务工作；Nordio 草案（2005 年）从先前改革中汲取经验，不再将监禁作为刑事处罚的本质和全部内容，构建了一个非常细致的处罚体系。于 2007 年推出的 Pisapia 草案，借鉴了先前草案，总结、强化并再规划了这些草案的结构，使得一个观念愈发清晰：在新的制裁体系中，限制人身自由的刑罚应当仅占据一个"残留"的空间：在忠实解释最后手段标准时，根据Pisapia 草案，在任何情况下，监禁刑均以构成犯罪的事实体现了负价值的适当内容为前提，只有在其他处罚力有不逮的情况下，才规定并适用监禁刑。

简言之，《意大利宪法》第 27 条第 3 款确立的刑罚的再教育原则（和人道主义原则一样），支配了 1988 年起诸改革草案的大部分革新内容，大力推动了去监禁化进程，而去监禁化正是罪犯再社会化的基础因素。

八、接上：仍关于"去监禁化"和"去犯罪化"

澄清了放弃法典及其中心地位的不可接受性，（我们）在界定刑罚体系时，目标便是如何革新法典，使之更符合我们的时代，即推动对刑事法律的认知，通过当且仅当必要时才规定监禁刑的方式，切实控制（刑事）违法的实质严重性；总之努力克服监禁的去社会化影响。但同时，也有不少人相信，去监禁化应当生发于适当的、以预防为导向的去犯罪化，去犯罪化是指，清洗刑法体系，将那些（客观及/或主观）严重性不足以使其具有刑法意义的犯罪类型清除出去。

实际上，意大利刑法体系饱含具体的去犯罪化措施；但是，通过废除缺乏足够严重性的犯罪要件而抽象地去犯罪化的尝试并未成功。由于种种原因，没什么比针对目前的犯罪类型进行真正的、令人满意的去犯罪化更为艰难。因此，总的来说，所有推动非犯罪化的努力都未带来令人欣慰的结果。刑法学界正专注于寻找这一现象的原因，他们相信，一旦克服这些困难，去犯罪化能够大大增加使体系合理化的动力。在任何情况下，向前的脚步已经标明了路线，无论刑法还是犯罪学亦或监狱学，为应对其发展，都必须跟随前人的脚步。

意大利宪法法院认为，刑罚的再教育功能居于体系的中心；至少可以在再社会化或回归合法性的意义上落实（再教育）原则。然而，我们必须要问自己，如果不取其最佳含义，使重新进入（社会）的想法是不是一个模棱两可的起点。因为，"使重新进入"也可以被理解为，将人驱逐出社会环境然后又使之重新进入。事实上，很多违反刑法的人原本是很偶然地实施了犯罪，不应据此断然地认为他们是"脱离环境的"。不，罪犯应被看作社会环境的一部分，人们必须这样做，因为他们没有离开；尤其鉴于没人能忽视监狱是如何在缺少结构和治疗方案的情况下面临"去社会化"的尖锐影响之风险，又因为现有监狱系统的落后性，罪犯不应被驱离社会环境。

意大利体系中不再规定死刑。至于无期徒刑，人们曾相信，公众无法接受一项全面废止它的整体改革。然而，现在人们倾向于将此问题纳入不以监禁刑为中心的处罚体系当中。换言之，在这方面，似乎有必要建立一个详尽的体系，其中，处罚（制裁）代表解决社会冲突的形式，这种形式与作为镇压手段的纯粹且简单的刑罚观念不同。概言之，一种思想运动似乎在意大利得到确证，根据这种运动，新的刑事制裁体系不应以监禁为中心，而应通过对无期徒刑的潜在废除，设立不同的处罚以尽可能地体现再教育性。

在刑罚的裁量中，不应忽视对犯罪的内源性因素与外源性因素的正确区分，前者具有从严处罚的意义，后者具有从宽处罚的意义。此外，还不应忽视，只有行为人对从重处罚的客观要素有罪过（Pagliaro 草案第 39 条第 2 款），才能适用（从重处罚情节）；只有出于减轻刑罚的目的，（法官）才能评估行为人再犯新罪的能力（同上条）。在这个层面，有必要恢复因人调整处遇这种观念中好的部分。如果个人不能对自己负责，那么社会也无法做到这一点。没人能否认犯罪是受环境因素、家庭因素和社会因素共同决定的，没有这些因素可能人原本不会犯罪；同样人们不能否认这些因素可能发生变化，从而使得犯罪人变得尊重刑法。对刚才所说的事项进行诚实的评估，应促使我们反思所谓的"痛苦的神秘主义"，让我们开始思考与个人责任相称的刑罚裁量，以尽可能地为犯罪人的恢复做好准备。

九、体系的趋向与奥兰多改革中的监禁政策

2017 年改革（奥兰多改革）代表了一次有意义的尝试，通往后现代制度的必要通道实际上倾向于重新整合一个新的、有价值的刑法体系；（这种刑法体系的）发展应遵守宪法原则，并与晚近以来的主要改革草案相协调。在改革过程中，刑罚的执行规范占据了中心地位。人们认为最值得审慎评估的方面之一在于，需要更好地界定"家庭监禁"，拒绝总是死灰复燃的想法，即认为"家庭监禁"违背了平等原则，允许富人以金钱换刑罚。家庭监禁更好的定义方式似乎是非监狱式监禁，但依据 2014 年第 67 号法律第 1 款第 a 项的逻辑，它似乎被理解为"在不同于监狱的共同商定之处监禁"；这里的处所是指，由于地方本身的特点，可以更好地促进再教育进程、也允许团结活动之处。例如，经法官同意罪犯租用或使用的适用于志愿活动或恢复性司法活动的住所。

无论如何，监禁刑当然应被显著限制在绝对必要的范围内；但同时，刑罚的再教育（与人性化）原则应当渗透进整个体系，这需要与对接受者朝着受保护的价值之有效引导、可知规范的位置以及侵害性原则、刑事责任的个人原则结合起来，并尤其注意在其特定实质内容中正确建立刑事违法行为的结构；不再将刑罚的前提限定为真正受行为人支配的、已经认识且希望（故意）或至少可预见的（过失）侵害性事实。

在重构整个体系时，2017 年奥兰多改革似乎诠释了它所追求的监狱政策发展进路的"最佳时代精神"。此改革较为突出之处体现在，刑罚的监外执行、删除再教育路径和监狱福利的自动性、恢复性司法活动的激励措施、有偿工作机会、用以维持家庭关系和承认情感权的视听联系、外国囚犯的融合、新的未成年人再教育措施等方面。2017 年奥兰多草案对附加刑的修改也值得单独一书，它确定附加刑的上限与主刑的上限相关。附加刑有阻碍罪犯再社会化之虞，这种风险会导致合宪性的疑问，上述革新对于避免这种风险而言，似乎十分适当。

自 Pagliaro 草案开始（1988–1991 年），对保安处分规则的修改一直是重点之一，无论洛克法典还是宪法（第 25 条第 3 款），保安处分都代表了法律对罪犯危险性而非犯罪事实的回应。宪法法院对于体系的发展也有贡献；除了法律之外，宪法法院的介入在某些情况下非常尖锐。但如同 2017 年奥兰多改革提出的那样，体系应当更加清晰和合理化。最基本的（步骤）便是不支持删去保安处分的主张。如今，保安处分可以被看作防卫主义刑法的体现，即，基于具有危险性的主体的治疗和/或控制措施的一般规则构想。（刑法）应当追求保护目的，此目的的追求要靠一种确实不同于刑罚的措施，如同我们宪法体系所要求的那样，这种措施应尽可能地去掉痛苦性的内容。

十、刑法典分则

刑法典分则充满了富有当代性的（犯罪）类型，如恐怖犯罪，公职人员侵犯公共行政的新规定（大幅提高贿赂罪的刑罚），环境犯罪，侵犯动物情感的犯罪，对母亲的犯罪，侵犯个人自由的新规定（奴役、儿童卖淫、贩卖人口和贩卖器官、剥削劳工、种族、族裔和宗教歧视等犯罪都在其中），性犯罪的扩张，拷打，隐私罪，信息通讯犯罪，高利贷的新类型，洗钱犯罪和反洗钱。新罪名大多规定于附属立法，而它们应当被重新纳入刑法典，即使不是出于其他目的，为了全面适用法典保留原则（2018 年由《意大利刑法典》第 3 条第二分条引入）也应将之纳入法典。

在我看来，Pagliaro 草案（1991 年）和 Nordio 草案（2005 年）草案最有意义的方面之一体现为对刑法典分则的重大重构；体系的中心落在"人"上，同时在刑法典中引入基础性的民法内容，比如，企业经济犯罪的不同表现形式以及破产犯罪。至于"人"——作为终极价值——应当被置于体系的中心，其基本的表现形式（生命、安全、健康、自由、财产）应当受到保护。人在社会构成中、在团体及其表现中，即，在家庭、工作、经济、环境中有所投影；人有时在更高层次的整体形式中，即，在国家及其组成部分中也有所投影：国家被视为宪法秩序，被视为立法、司法和行政权，被视为公共行政。所以，人被置于改革思想的中心；这种认识不仅促进了对被害人的保护，也启发我们应以与规则的接受者相关联的方式来构建刑法。

十一、从传统刑法到处罚法．法典间的关系，特别是刑法典与民法典间的关系

在意大利，新的犯罪和刑罚体系应被置于更宽泛的刑事处罚体系之中，目前该体系基于三大支柱：第一个支柱是传统刑法，包括"和平法官"的刑法；第二个支柱是广义的刑法，即准刑法或处罚法，单位基于犯罪的责任制度便是其中重要的组成部分。在我看来，如同 Grosso 草案设想的那样，单位基于犯罪的责任应被引入刑法典；此制度是当前意大利刑法体系中非常重要的内容，因为它详细规定了有助于确定单位基于犯罪的违法之前提，同时兼顾刑法的基本原则，（通过组织模式制度）将违法事实因果性且主观地归责于单位。

至于法典间的关系，特别是刑法典与民法典间的关系，具体涉及如下问题：判断当一方有前置规定时，此规定是否适用于另一方。如此，就渊源和解释而言，1942 年（1942 年 3 月 16 日第 262 号皇家法令）前置于民法的一般规范被引入意大利，该规范对于刑法体系具有直接意义，它明确了刑法适用中禁止类推及例外（《关于一般法律的规定》第 14 条）。

在犯罪体系的附属领域，（民法与刑法）可相互依赖。试想，《关于公司和财团的刑法规定》就直接被引入到民法典（第 2621 条及以下）之中。上述法律规定了公司犯罪，规范的涵摄范围与刑法典总则规定相似。

此处涉及 2017 年奥兰多改革第 1 条第 85 款第 q 项提到的包含了犯罪构成要件的独立规范实体。但是，为了充分评估此定位或其他类似定位的含义，有必要考虑一个与刑法的制定技术有关的问题。没有包含于刑法典的罪刑规范理论上有以下去处：（a）偶然地、零星地出现于附属法律中，或者（b）位于某个旨在全面规制某一特定领域的完整规范之中。在第二种情况下，存在真正的"单一文本"，尽管该文本未体现出法典化的规范中才有的绝对统一性，但在其结构方面与法典有一定程度的相似。

为了更准确也更直接地认识某一特别规则的全部内容，通常人们会采用将法典外的刑事规则体系化（前述第二种情况）的技术；所以，鉴于（法典外的罪刑规范）对刑事领域的影响，可以接受此方法。

但是，法典外的安排（前述第一种和第二种情况）可能只对应罪刑规范形成中的处罚技术，使得罪刑规范看起来似乎仅限于为不遵守规则而设置制裁，此时，（未被遵守的）规则之内容"完全"由引用的刑法外参照规范确定。（我们）不应支持这种所谓的处罚技术，因为它有使刑法的适用未经必要协调、仅依赖于其他部门法的方法和目的之虞。同时，解释者最终会在适用中发生相当大的问题，因为他们需要将刑事规范的逻辑与刑法外的规则联系起来。这会产生一系列重大困难，这些困难与对"真正的"罪刑条款之文本进行不当重构有关，罪刑条文由立法者保障而不是让解释者去"猜想"；立法者应准确起草规范和犯罪要件，提前确定这些规范具体和特别的内容；而解释者应利用立法的明确性，适用内容足够确定的规范。

如所周知，法典间的联系是多样的，这种联系对于界定规则的特定方面具有特别重要的意义。就刑法典而言，试想一种极其普遍的情形，即，在具体规定中为了确定构成要件要素（所谓规范的犯罪构成要件要素）援引民法规定或制度。考虑到刑法会规制不履行或不正当行使权利的（行为），并具有限制正当化事由成立与否的一般效果，法典间的联系对于搞清某种民事性质的违规或滥用在何种程度上可能具体化为犯罪，具有特别重要的意义。

在这方面，若要看意大利进行的技术研究（该技术将被援引的刑法外法律的含义限定于"刑事理由"），则需研读诸司法部改革草案，它们赋予"新"以终极意义；Pagliaro 草案似乎尤为重要，当犯罪要素的确定需援引其他部门的规则时，该草案运用正确的方法重构了犯罪构成要件。

此外，刑法典与民法典（或行政法等其他事项）的关系将协调与个别化管辖权的不同表现形式作为基本问题。例如，（它们的关系）关涉到当刑法规定中援引民法内容时，谁应处理与刑法有关的民法问题。大多数时候，之所以会出现这种现象，是因为犯罪构成要件规定所使用的语言或逻辑，即所谓"规范的构成要件要素"，这些要素只有通过对其他法律规范的协调性理解才能确证。

特别是 1989 年起施行的新《意大利刑事诉讼法》规定，除非有例外，否则在意大利与刑法有关的民法或其他问题由刑事法官裁决：必须经"前置"审判的制度在意大利已被废止，刑事法官不必再为了使相关决定协调一致而等待其管辖之下的案件所涉非刑法问题的解决方案。

规范构成要件要素的含义通常由刑事法官决定；应当将之作为刑法的独立概念进行解释，即，将规范的构成要件要素之刑法外的含义与刑事立法者特定的意愿相协调，在界定犯罪构成要件之时，自然也不能忽视与被援引的刑法外规范之必要协调。上述解释方案不仅影响犯罪（客观）事实的证明，还影响心理性要素的证明。

十二、接上：统一的违法行为新体系之展望

如今，刑法法典化成为重构一般制裁体系规定的关键问题。要根据违法行为的不同种类，设置不同性质的处罚，首先便要将刑事违法与民事违法、行政违法区别开来。

去犯罪化的重要议题也涉及违法行为的分类。如所周知，自 1930 年洛克法典形成的刑法体系以降，刑事领域的划定乃基于形式上的刑罚种类。但是，欧洲人权法院以超国家层面的宪法性保障为根据，重新划定了刑事领域，以实质定义取代或补全了形式定义：推定（体系）的性质应基于其实际目的及痛苦性内容。欧洲人权法院的上述做法进一步激化了现有问题，（若要）模糊传统的边界，则必须重新找到准确界定整个体系的线索；为此，必须理解（不同领域的）准确差异。

如所周知，关于刑法体系的一般范围，最近的参照来自于 2016 年第 67 号法律，该法律确立了改革犯罪制裁规则及引入相应的行政、民事制裁措施的路径（第 2 条第 1 款）。对去刑罚化的情形，规定了民事的财产性处罚，并要求此处罚与违法的严重程度、违法的反复性、责任主体的富裕程度、行为人减轻或消除影响的举动以及行为人的人格和经济状况相适应。所以，虽是民事制裁，但实质上仍受到刑罚裁量逻辑的影响。但最高法院联合庭 2017 年第 16601 号判决明确指出，此规定没有产生一般性的影响。在这方面，鉴于惩罚性赔偿制度代表了当今意大利民事违法学说与判例发展的极重要方面，我们不能忽视规定了这种惩罚性民事制裁的特别规范。

正是在这种制裁框架及其更精准的区分下，人们首先应当更好地协调刑法典和民法典之间的关系，（同时不应忽视另一个经常被提及的要求——对行政法中的违法行为进行更合适、更相当、更协调的法典化）。

图书在版编目（ＣＩＰ）数据

罗马法·中国法与民法法典化：文选. 二十一世纪民法典的科学体系/费安玲，（意）桑德罗·斯奇巴尼主编. —北京：中国政法大学出版社，2020.7

ISBN 978-7-5620-9581-1

Ⅰ.①罗…　Ⅱ.①费…　②桑…　Ⅲ.①罗马法－关系－民法－研究－中国

Ⅳ.①D904.1②D923.04

中国版本图书馆CIP数据核字(2020)第145627号

出 版 者	中国政法大学出版社
地　　　址	北京市海淀区西土城路 25 号
邮寄地址	北京 100088 信箱 8034 分箱　邮编 100088
网　　　址	http://www.cuplpress.com (网络实名：中国政法大学出版社)
电　　　话	010-58908285(总编室)　　58908334(邮购部)
承　　　印	保定市中画美凯印刷有限公司
开　　　本	720mm×960mm　1/16
印　　　张	33.75
字　　　数	700 千字
版　　　次	2020 年 7 月第 1 版
印　　　次	2020 年 7 月第 1 次印刷
定　　　价	118.00 元